Kohlhammer

Bernd Kollmann

Neutestamentliche Schlüsseltexte für den Religionsunterricht

Verlag W. Kohlhammer

1. Auflage 2019

Alle Rechte vorbehalten
© W. Kohlhammer GmbH, Stuttgart
Gesamtherstellung: W. Kohlhammer GmbH, Stuttgart

Print:
ISBN 978-3-17-034114-2

E-Book-Formate:
pdf: ISBN 978-3-17-034115-9

Für den Inhalt abgedruckter oder verlinkter Websites ist ausschließlich der jeweilige Betreiber verantwortlich. Die W. Kohlhammer GmbH hat keinen Einfluss auf die verknüpften Seiten und übernimmt hierfür keinerlei Haftung.

Inhalt

Vorwort 9

I. Grundfragen der Bibeldidaktik 11
- Begründungen biblischen Lernens 11
- Die Rolle der Bibel im Religionsunterricht 12
- Die Bibel in der Lebenswelt von Kindern und Jugendlichen 17
- Konzepte der Bibeldidaktik 23

II. Kreative Methoden der Bibeldidaktik 29
- Biblisches Erzählen und Narrative Exegese 29
- Szenisches Spiel, Bibliodrama und Bibliolog 32
- Kreatives Schreiben 35
- Hermeneutik der Verfremdung 36
- Erschließung biblischer Texte mit Filmsequenzen 38
- Arbeit mit Popsongs im Religionsunterricht 41
- Aspekte ethischen Lernens mit der Bibel 42
- Theologische Gespräche in kooperativer Gruppenarbeit 43

III. Die Geburtsgeschichte Jesu (Weihnachten) 47
- Die Geburtsgeschichten Jesu bei Matthäus und Lukas 47
- Die Ursprünge von Weihnachten und Epiphanias 49
- Das Thema »Weihnachten« im Religionsunterricht 51
- Schlüsseltext 1: Ankündigung der Geburt Jesu (Lk 1,26-38) 52
- Schlüsseltext 2: Verheißung des Immanuel (Mt 1,18-25) 55
- Schlüsseltext 3: Die Geburt Jesu (Lk 2,1-20) 58
- Schlüsseltext 4: Die Magier aus dem Morgenland (Mt 2,1-12) 61

IV. Nachfolgegeschichten 65
- Nachfolge, Jüngerschaft und Lebensstil der Anhänger Jesu 65
- Didaktische Perspektiven der Nachfolgegeschichten 69
- Schlüsseltext 1: Berufung der ersten Jünger (Mk 1,16-20) 70
- Schlüsseltext 2: Vom reichen Jüngling (Mk 10,17-31) 73
- Schlüsseltext 3: Frauen in der Nachfolge Jesu (Lk 8,1-3) 76

V. Wundererzählungen 81
- Überlieferung und Bedeutung der Wunder Jesu 81
- Konzeptionen der Wunderhermeneutik 85
- Das Wunderverständnis von Kindern und Jugendlichen 90
- Perspektiven und Wege der Wunderdidaktik 95
- Schlüsseltext 1: Heilung eines Gelähmten (Mk 2,1-12/Joh 5,1-18) 98
- Schlüsseltext 2: Die Sturmstillung (Mk 4,35-41) 102
- Schlüsseltext 3: Heilung des besessenen Geraseners (Mk 5,1-20) 106
- Schlüsseltext 4: Erweckung der Jairus-Tochter (Mk 5,21-24.35-43) 110

- Schlüsseltext 5: Die Speisung der 5000 (Mk 6,30-44) 112
- Schlüsseltext 6: Die Heilung des blinden Bartimäus (Mk 10,46-52) 117

VI. Texte der Bergpredigt 123
- Aufbau und Auslegung der Bergpredigt 123
- Bedeutung der Bergpredigt für den Religionsunterricht 127
- Schlüsseltext 1: Die Seligpreisungen (Mt 5,3-12) 129
- Schlüsseltext 2: Die »Antithesen« (Mt 5,21-48) 132
- Schlüsseltext 3: Das Vaterunser (Mt 6,9-13) 140
- Schlüsseltext 4: Die Goldene Regel (Mt 7,12) 145

VII. Gleichnisse Jesu 151
- Etappen der Gleichnisauslegung 151
- Konzeptionen der Gleichnisdidaktik 157
- Schlüsseltext 1: Gleichnis vom Senfkorn und vom Sauerteig (Mt 13,31-33) 164
- Schlüsseltext 2: Gleichnis vom barmherzigen Samariter (Lk 10,30-35) 166
- Schlüsseltext 3: Gleichnis vom verlorenen Schaf (Lk 15,3-7par.) 170
- Schlüsseltext 4: Gleichnis vom verlorenen Sohn (Lk 15,11-32) 172
- Schlüsseltext 5: Gleichnis von den Arbeitern im Weinberg (Mt 20,1-15) 177

VIII. Streitgespräche Jesu 183
- Streiten mit Jesus 183
- Didaktische Relevanz der Streitgespräche 185
- Schlüsseltext 1: Ährenraufen am Sabbat (Mk 2,23-28) 187
- Schlüsseltext 2: Heilung eines Mannes am Sabbat (Mk 3,1-6) 192
- Schlüsseltext 3: Die Segnung der Kinder (Mk 10,13-16) 194
- Schlüsseltext 4: Jesu Einkehr bei Zachäus (Lk 19,1-10) 197
- Schlüsseltext 5: Jesus und die Ehebrecherin (Joh 7,53–8,11) 202

IX. Die Passion Jesu 207
- Historische und rechtsgeschichtliche Fragen des Prozesses Jesu 207
- Der Tod Jesu im Religionsunterricht 212
- Schlüsseltext 1: Jesu Einzug in Jerusalem (Mk 11,1-11) 215
- Schlüsseltext 2: Die Tempelreinigung (Mk 11,15-19) 217
- Schlüsseltext 3: Das letzte Abendmahl Jesu (Mk 14,22-25) 220
- Schlüsseltext 4: Auslieferung Jesu durch Judas (Mk 14,32-53a) 226
- Schlüsseltext 5: Die Kreuzigung Jesu (Mk 15,20b-41) 230

X. Die Auferstehung Jesu (Ostern) 235
- Ablauf und Bewertung der Osterereignisse 235
- Didaktische Perspektiven der Ostergeschichten 240
- Schlüsseltext 1: Entdeckung des leeren Grabes (Mk 16,1-8) 242
- Schlüsseltext 2: Erscheinung vor Maria Magdalena (Mt 28,9-10/Joh 20,14-18) 247
- Schlüsseltext 3: Die Emmausjünger (Lk 24,13-35) 249

XI. Texte der Apostelgeschichte zur Frühzeit der Kirche 253
- Die Apostelgeschichte und ihr didaktisches Potenzial 253
- Schlüsseltext 1: Die Himmelfahrt Jesu (Apg 1,4-11) 254
- Schlüsseltext 2: Das Pfingstwunder (Apg 2,1-13) 258
- Schlüsseltext 3: Taufe des äthiopischen Kämmerers (Apg 8,26-40) 263

XII. Ausgewählte Texte von und über Paulus 269
- Paulus und seine Briefe 269
- Paulus im Religionsunterricht 273
- Schlüsseltext 1: Der Leidenskatalog 2Kor 11,23b-33 274
- Schlüsseltext 2: Die Bekehrung des Saulus (Apg 9,1-9) 277
- Schlüsseltext 3: Das »Hohelied der Liebe« (1Kor 13,1-13) 283
- Schlüsseltext 4: Die Auferstehung der Toten (1Kor 15,12-58) 286
- Schlüsseltext 5: Verurteilung von Homosexualität (Röm 1,26-27/1Kor 6,9) 291
- Schlüsseltext 6: Die Glaubensgerechtigkeit (Röm 3,21-31) 294
- Schlüsseltext 7: Die Errettung Israels (Röm 11,1-36) 297

XIII. Texte der Johannesoffenbarung 301
- Von der Zwiespältigkeit apokalyptischen Denkens 301
- Die Johannesoffenbarung im Religionsunterricht 304
- Schlüsseltext 1: Die Vision der sieben Siegel (Apk 6,1–8,1) 306
- Schlüsseltext 2: Die beiden Tiere (Apk 13,1-18) 310
- Schlüsseltext 3: Das Weltgericht (Apk 20,11-15) 313

XIV. Anhang 316
- Literaturverzeichnis 316
- Abkürzungen antiker Autoren und Schriften 336
- Bibelstellen (in Auswahl) 339

Vorwort

Das vorliegende Lehrbuch unternimmt einen Brückenschlag zwischen Bibelexegese und Bibeldidaktik. Es setzt mit Überblicken zu Grundfragen biblischen Lernens und zu neueren bibeldidaktischen Methoden ein, bevor es sich zentralen Themenfeldern des Neuen Testaments zuwendet. In den einzelnen Kapiteln schließt sich an eine Erörterung sowohl fachwissenschaftlicher als auch fachdidaktischer Grundfragen der unterschiedlichen Bereiche jeweils die exegetische Bearbeitung von Schlüsseltexten an, die zudem einen Ausblick auf konkrete religionspädagogische Anknüpfungspunkte und didaktische Konkretionen bietet. Religionspädagoginnen und Religionspädagogen in Studium und Beruf erhalten so verlässliche Informationen über fachwissenschaftliche Hintergründe und fachdidaktische Perspektiven der zentralen neutestamentlichen Texte und Themen. Für weitergehende Fragen, die das Neue Testament betreffen, verweise ich auf mein 2014 ebenfalls im Kohlhammer-Verlag erschienenes Kompendium »Neues Testament kompakt«. Die Auswahl der Schlüsseltexte orientiert sich an den Lehrplänen für den Religionsunterricht, womit es um wichtige und repräsentative Texte des Neuen Testaments für die religionspädagogische Praxis geht. Es handelt sich aber auch in dem Sinne um Schlüsseltexte, dass sie wegen ihrer besonderen Bedeutung Kindern und Jugendlichen einen vertieften Zugang zur Bibel erschließen. Die Mehrzahl der im Rahmen der didaktischen Konkretionen angesprochenen Kunstwerke, Popsongs, Zeitungsberichte und Texte ist im Internet leicht zugänglich.

Das Buch ist weitgehend aus meiner nun schon fast zweiundzwanzigjährigen Lehrtätigkeit an der Universität Siegen erwachsen und wurde in Teilen mit Studierenden erprobt. Immer wieder als großes berufliches Glück empfinde ich das kollegial-freundschaftliche Miteinander und das konstruktive Arbeitsklima, das wir in Siegen innerhalb des Seminars für Evangelische Theologie wie auch mit den Kollegen des Seminars für Katholische Theologie pflegen. Julia Zubcic vom Kohlhammer-Verlag danke ich für die gründliche Durchsicht des Manuskripts und die gute Zusammenarbeit bei der Fertigstellung des Buches. Meine studentischen Hilfskräfte Kathrin Klein und Ann-Kathrin Pilz sowie mein Mitarbeiter Patrick van Boven haben mich beim Korrekturlesen unterstützt. Das Foto auf Seite 67 hat meine Frau Christine Wyatt beigesteuert. Annette Schäfer gilt mein Dank für die zuverlässige Erledigung aller Aufgaben im Sekretariat.

Siegen und Wolfsburg, im Dezember 2018 · Bernd Kollmann

I. Grundfragen der Bibeldidaktik

Die Beziehung von Bibel und Religionsunterricht ist ein ebenso wichtiges wie ambivalent besetztes Thema der religionspädagogischen Diskussion. Auf der einen Seite stellt die Bibel die konstitutive Glaubensurkunde des Christentums dar und erfreut sich im Raum der Kirchen als Heilige Schrift größter Autorität, die im Protestantismus im Rahmen des *sola scriptura*-Prinzips besonders stark ausgeprägt ist. Auf der anderen Seite ist die Bibel in der Schule nur ein Buch unter vielen und leidet in der Gesellschaft seit Jahrzehnten unter einem massiven Bedeutungsverlust. Vor diesem Hintergrund wird immer wieder die Sinnhaftigkeit dessen bezweifelt, Kinder und Jugendliche im Religionsunterricht mit den alten und oftmals als schwierig oder fremd empfundenen Texten der Bibel zu konfrontieren. Nicht selten ist von einer »Bibelmüdigkeit« der Schülerinnen und Schüler die Rede. Die kontroverse Debatte um die religionspädagogische Relevanz der Bibel wird auf unterschiedlichen Themenfeldern virulent. Von besonderer Bedeutsamkeit sind die Grundsatzfragen, wie sich die Notwendigkeit biblischen Lernens begründen lässt und welcher Stellenwert der Auseinandersetzung mit der Bibel im Religionsunterricht einzuräumen ist. Hinzu kommen die strittigen Punkte, inwieweit Kinder und Jugendliche mit biblischen Geschichten noch etwas anfangen können und welche Gestalt ein Konzept der Bibeldidaktik haben sollte, das den Herausforderungen der postmodernen Schülerwelt gewachsen ist.

Debatte um die religionspädagogische Relevanz der Bibel

■ Begründungen biblischen Lernens

Für das Arbeiten und Lernen mit der Bibel gibt es sowohl unter theologischen als auch unter bildungstheoretischen Gesichtspunkten eine Vielzahl guter Gründe (KROPAČ ⁶2010, 417-421; SCHAMBECK 2009, 68-81, FRICKE 2012, 374-376). Aus theologischer Perspektive ist *erstens* das ungeschminkte Menschenbild der Bibel bedeutsam, das die Abgründe der menschlichen Existenz nicht ausklammert. Die Bibel zeigt den Menschen in seiner ganzen Ambivalenz als ein Geschöpf Gottes, das einerseits zu Liebe und Zuwendung fähig ist, andererseits unter dem Einfluss von Angst, Neid oder Hass aber auch vor äußerster Gewalt und Zerstörung nicht zurückschreckt. Die ganze Fülle des Lebens mit seinen Höhen und Tiefen, der Glanz wie auch das Elend des Menschen kommen in der Bibel zur Sprache. *Zweitens* thematisiert die Bibel die substanziellen Grundfragen des Menschen und motiviert dazu, sich in der Begegnung mit dem existenziellen Ringen und Hoffen der biblischen Gestalten des eigenen Daseins bewusster zu werden und sich auf die Suche nach neuen Existenzmöglichkeiten zu machen. *Drittens* beschränkt sich die Bibel nicht auf die Beschreibung und Analyse der Realität, sondern kultiviert die Kraft der Phantasie und bietet Visionen der Hoffnung für die Welt. Sie ist ein Wegweiser dazu, Gegenwelten zu vermeintlich unveränderlichen Strukturen zu entwerfen und verwirklichen. *Viertens* ergibt sich dadurch eine zentrale Bedeutung der Bibel, dass diese als konstitutive Glaubensurkunde der Kirche, an der sich die gesamte christliche Glaubenslehre und Glaubenspraxis messen lassen muss, einen einzigartigen Rang einnimmt.

Theologische Begründungen biblischen Lernens

Die Bibel bringt die Fülle des Lebens mit allen Höhen und Tiefen zur Sprache

Die Bibel ist in dem Sinne Wort Gottes, dass sie ein durch menschliche Autoren vermitteltes Zeugnis der göttlichen Selbstoffenbarung darstellt. *Fünftens* schließlich enthält die Bibel eine Einladung zur heilvollen Begegnung mit Gott, der in den biblischen Schriften seine bleibenden Spuren hinterlassen hat.

Bildungstheoretische Begründungen biblischen Lernens

Aus bildungstheoretischer Perspektive stellt *erstens* die Bedeutung der Bibel als kulturbildender Kraft einen maßgeblichen Grund dafür dar, sich intensiv mit ihr zu beschäftigen. Unsere Sprache, Musik, Kunst und Literatur wurden nachhaltig durch die Bibel geprägt. Grundkenntnisse in der biblischen Tradition zählen zur Allgemeinbildung und sind unabdingbare Voraussetzung, um die Bedeutung der eigenen Kultur erschließen zu können. *Zweitens* spielt die Bibel in den gesellschaftlichen Diskursen über aktuelle Themen wie Bewahrung der Schöpfung, Schutz der Familie, Schutz des Lebens, soziale Gerechtigkeit, Migration oder Erhaltung des Friedens eine wichtige Rolle bei der Wertebildung. Die Heiligen Schriften haben wichtige Impulse für die ethische Orientierung bewahrt. *Drittens* vermittelt das Lernen an und mit der Bibel allgemeine wie auch religiöse Sprachfähigkeit. Sprache erschließt Wirklichkeit. Biblisches Lernen verhilft dazu, mit Sprache vertraut zu werden, und vermittelt darüber hinaus die Kompetenz, durch eine existenzielle Erschließung der Wirklichkeit auch religiös ausdrucksfähig zu werden. *Viertens* leistet die Beschäftigung mit der Bibel einen wichtigen Beitrag zur Identitätsbildung, indem sie die großen Fragen »Wer bin ich?« und »Welchen Sinn hat mein Leben?« thematisiert. Mit ihren Bildern wie Geschichten von Erfahrungen, die Menschen mit Gott und mit anderen gemacht haben, gibt sie für die Suche nach der eigenen Identität Orientierung und hält ein reiches Reservoir an Anregungen bereit. *Fünftens* schließlich ist das kritisch-utopische Potenzial der Bibel, das die bestehenden Verhältnisse kritisch hinterfragt und noch nicht verwirklichte Möglichkeiten des individuellen wie gesellschaftlichen Lebens einklagt, insofern bildungstheoretisch bedeutsam, als Schule und Bildung auch einen Beitrag zu Veränderungen im Sinne eines humaneren Lebens und einer gerechteren Globalisierung leisten wollen.

> Die Beschäftigung mit der Bibel fördert die Identitätsbildung

■ Die Rolle der Bibel im Religionsunterricht

Evangelische Unterweisung/Kerygmatische Katechese

Kaum ein Thema hat die religionspädagogische Diskussion der vergangenen sechs Jahrzehnte derart nachhaltig beschäftigt wie die Frage nach dem Stellenwert der Bibel im Religionsunterricht. In der Evangelischen Unterweisung als der nach dem Zweiten Weltkrieg im Protestantismus zunächst dominanten Konzeption des schulischen Religionsunterrichts, deren wichtigste Vertreter *Gerhard Bohne* und *Helmuth Kittel* waren (LÄMMERMANN ²1999, 63-94), stand die Bibel gemeinsam mit Gesangbuch und Katechismus als zentrale Urkunde des christlichen Glaubens im Mittelpunkt des Unterrichtsgeschehens. Die Evangelische Unterweisung war maßgeblich von der Dialektischen Theologie *Karl Barths* und *Friedrich Gogartens* inspiriert und verstand sich vor dem Hintergrund des Versagens der Kirchen während der Zeit des Nationalsozialismus als Gegenentwurf zu einem Religionsunterricht, der auf die Erweckung oder Pflege eines religiösen Gefühls abzielte und in dem der christliche Glaube als eine Art religiöses Kulturgut galt. Durch die konsequente Orientierung an dem in der Bibel bezeugten

Wort Gottes sollte der Religionsunterricht im rechten Umgang mit dem Evangelium unterweisen und von Überfremdung durch Ideologien befreit werden. Innerhalb des schulischen Fächerkanons wurde ihm programmatisch die Rolle des »Störfaktors« zugewiesen, der mit einer ständigen Hinterfragung der Fachweltanschauungen durch das Evangelium einen kritischen Beitrag zur Bildung leistete. Die Lehrkraft bezog im Konzept der Evangelischen Unterweisung ihre Legitimität aus dem Missionsbefehl Jesu (Mk 28,16-20) und war mit der Aufgabe betraut, als engagierter Zeuge durch Auslegung der Schrift die Schülerinnen und Schüler zur Entscheidung gegenüber dem Anspruch des Wortes Gottes zu führen. Bei aller berechtigten, vor allem auf die einseitige Ableitung des Religionsunterrichts aus dem Verkündigungsauftrag der Kirche zielenden Kritik an der Evangelischen Unterweisung gehört zu ihren bleibend gültigen Grundeinsichten, dass der Religionslehrer oder die Religionslehrerin in der Sache des Evangeliums engagiert sein muss, das Evangelium auch kritisch in die Welt der Schule hineinzuwirken hat und der Religionsunterricht in Mitverantwortung der Kirchen zu gestalten ist (STURM ⁵1997, 50). Auf römisch-katholischer Seite hatte die Evangelische Unterweisung in der kerygmatischen Bibelkatechese ihr Pendant, wo ebenfalls die Bibel als zur persönlichen Glaubensentscheidung aufrufendes Zeugnis vom Wort Gottes im Mittelpunkt des Unterrichtsgeschehens stand und der Lehrperson die Rolle des Verkündigers oder der Verkündigerin zugeschrieben wurde (OTT 1995, 291-292).

Die Lehrkraft muss in der Sache des Evangeliums engagiert sein

Ende der 1950er Jahre wuchs in der evangelischen Religionspädagogik die Kritik am Konzept der Unterweisung und es entwickelte sich der Hermeneutische Religionsunterricht, als dessen Begründer *Martin Stallmann* gelten kann. Die Zentralstellung der Bibel im Unterricht blieb gewahrt, doch war sie nicht mehr Wort Gottes im Sinne einer formell beschworenen Autorität, und alttestamentliche Texte traten angesichts der ausgeprägten Fokussierung auf das neutestamentliche Kerygma von Tod und Auferstehung Christi in den Hintergrund (PREUL 1977, 27). Anders als die Evangelische Unterweisung leitet der hermeneutische Ansatz den Religionsunterricht aus dem Bildungsauftrag der Schule ab (STALLMANN 1958, 198-200) und sieht ihn als Unterrichtsfach an, das kein geringeres didaktisches Niveau als andere Fächer haben darf. Aus der schultheoretischen Begründung des Religionsunterrichts ergibt sich, dass in dessen Zentrum nicht die Verkündigung zur Glaubenserweckung, sondern die engagierte und methodisch reflektierte Interpretation von Texten steht, wie sie sich auch in anderen Fächern vollzieht. Der Hermeneutische Religionsunterricht ist maßgeblich durch die existenziale Theologie *Rudolf Bultmanns* geprägt, der sich als Exeget auch in religionspädagogische Debatten einschaltete. Er übte deutliche Kritik an der Evangelischen Unterweisung und sah die zentrale Aufgabe des Religionsunterrichts in der Befähigung der Lernenden, sich durch ein Verstehen der neutestamentlichen Glaubenslehren von Sünde und Gnade ihrer eigenen Existenz bewusst zu werden (LÄMMERMANN ²1999, 99-100). Zu beanstanden ist am Hermeneutischen Religionsunterricht ein Übergewicht an historischen Themen und Texten, wobei sich in der Praxis die Einübung der exegetischen Methoden nicht selten verselbstständigte und das eigentliche Ziel einer existenzbezogenen Aneignung der biblischen Überlieferungen aus dem Blickfeld geriet. Zudem traf er mit seinen sehr allgemeinen Kategorien der Existenzerhellung, bei der Begriffe wie

Hermeneutischer Religionsunterricht

»Angst« oder »Sorge« im Vordergrund standen, nicht die konkrete Erfahrungswelt der Jugendlichen (BERG ³2003, 104). Ganz ähnlich zog auf römisch-katholischer Seite die mit dem Hermeneutischen Religionsunterricht eng verwandte Hermeneutische Bibeldidaktik die Kritik auf sich, bei der Auslegung des Bibeltextes zu sehr den abstrakten Kategorien der Existenzphilosophie verpflichtet zu sein, ohne die konkrete Lebenswelt der jungen Menschen im Blick zu haben, und bei der religionspädagogischen Rezeption der wissenschaftlichen Bibelexegese zur bloßen Einübung von deren Methodik zu tendieren (OTT 1995, 294-295).

Problemorientierter Religionsunterricht

Mit der Konzeption des Problemorientierten Religionsunterrichts, der die Lebenswirklichkeit der Schülerinnen und Schüler konsequent in das Zentrum des Unterrichtsgeschehens rückte, erlitt die Bibel einen massiven Bedeutungsverlust. *Hans-Bernhard Kaufmann* verneinte 1968 in einem programmatischen Aufsatz die Frage, ob die Bibel im Mittelpunkt des Religionsunterrichts stehen muss, entschieden und hob damit ein Grundprinzip praktisch aller bis dahin existierenden Lehrpläne aus den Angeln. Die traditionelle Fokussierung auf die Bibel als Gegenstand und Stoff des Religionsunterrichts sei ein Selbstmissverständnis und weder theologisch noch didaktisch gerechtfertigt. Dem Hermeneutischen Religionsunterricht mit seinem Bemühen um die Auslegung biblischer Texte wird eine »Philologisierung« vorgeworfen und anstelle der Fokussierung auf die christliche Tradition eine Schülerorientierung gefordert. Die biblischen Texte müssten »im Kontext der geschichtlichen Welt und der menschlichen Lebenswirklichkeit sowie im Dialog mit dem Welt- und Selbstverständnis der heute lebenden Menschen zur Sprache gebracht werden« (KAUFMANN 1968, 79). Im Problemorientierten Religionsunterricht können biblische Texte demnach nur dann Verwendung finden und didaktische Relevanz entfalten, wenn sie Probleme der gegenwärtigen Alltagswelt widerspiegeln und die ihnen innewohnenden Sinngehalte den Interessen der Schülerinnen und Schüler auf deren jeweiliger Entwicklungsstufe entsprechen. Dies führte nicht selten zu einem selektiven Verfahren, bei dem man alles aus der Bibel, was für die gegenwärtige Erfahrung scheinbar bedeutungslos war, ausblendete und biblischen Texten auch dort, wo sie etwas zu Gegenwartsproblemen zu sagen hatten, eine untergeordnete Stellung gegenüber anderen Unterrichtsmaterialien einräumte. Die »Mainzer Thesen zum Religionsunterricht in der Grundschule« (OTTO/RAUSCHENBERGER 1970, 325-327) wollten die Bibel zwar nicht prinzipiell aus dem Religionsunterricht ausgeschlossen wissen, hielten aber in jedem Fall die kritische Rückfrage für notwendig, ob denn »der Umweg über den biblischen Text« zur Erhellung der Situation des Kindes überhaupt notwendig sei. *Horst Gloy* forderte für den Religionsunterricht eine Arbeit an Themen statt an Texten, bei der die Bibel weit in den Hintergrund rückte. Da ein Großteil der Schülerinnen und Schüler über keinerlei Vorstellungselemente aus dem christlichen Glauben verfüge, richte bei der Behandlung eines in der Klasse relevanten Themas, beispielsweise »Angst vor dem Tod«, ein zu frühes Drängen auf eine »sachgemäße« Auseinandersetzung mit biblischen Texten und deren zu wenig problembezogene Einführung mehr Schaden als Nutzen an (GLOY 1971, 67-79).

Die Symboldidaktik von Hubertus Halbfas

In den 1980er Jahren konnte sich die Bibel wieder aus der Randstellung befreien, in die sie durch den Problemorientierten Religionsunterricht gedrängt worden war. Nach einer Phase didaktischer Praxis, in der die Erschließung von

> Der Problemorientierte Religionsunterricht fordert die Arbeit an Themen statt an Texten

Bibeltexten weithin nur noch über Problemstellungen gegenwärtiger Wirklichkeit erfolgte, brach ein »biblischer Frühling« in der Religionspädagogik an (STECK 1982, 170). Dabei setzte sich die Einsicht durch, dass eine nicht einseitig von der Problemorientierung diktierte Auseinandersetzung mit der Bibel zu den unverzichtbaren Inhalten der Religionsdidaktik zählt. Maßgeblichen Anteil daran hatte die Symboldidaktik, in der biblische Überlieferungen unter dem Aspekt ihrer Symbole und Symbolsprache in den Fokus rücken. *Hubertus Halbfas* als Begründer der Symboldidaktik fordert zur Überwindung eines einseitig am Intellekt orientierten Lernens die Entwicklung eines »dritten Auges«, das ein »metawissenschaftliches«, sinnlich-emotionales Eindringen in die Tiefe der Wirklichkeit ermöglicht. Im Hintergrund steht der tiefenpsychologische Ansatz von *Carl Gustav Jung*, dem zufolge in einer Tiefenschicht der menschlichen Seele bestimmte Urbilder (Archetypen) abgelagert sind, die sich bei der Lebensbewältigung von unschätzbarem Wert erweisen. Angesichts der Verkopfung unserer Kultur und des Verlustes von Ganzheit machten die zeitlos gültigen archetypischen Symbole ein umfassendes und zugleich unerschöpfliches Angebot zur Sinnfindung, das Halbfas im Religionsunterricht zu erschließen versucht. Die Schülerinnen und Schüler sollen in einem primär für die Grundschule konzipierten Programm der Symbolerziehung »durch beständigen Umgang mit Symbolen, betrachtend, erzählend, hörend, spielend, handelnd« für die Kommunikation mit den ewig gegebenen Symbolen sensibilisiert und zur unmittelbaren Wahrnehmung in Symbolen befähigt werden (HALBFAS 1982, 128). Der Symbolschatz der Bibel spielt dabei eine wichtige Rolle, besitzt aber keine Sonderstellung innerhalb der archetypischen Symbole aus den Religionen und ursprünglichen Kulturen. Es sei freigestellt, auf welchem Feld man die Symbolsprache der Mythen, Riten, Märchen, Sagen und Legenden erlernen wolle (ebd., 132).

Der Symbolschatz der Bibel gibt Hilfe zur Lebensbewältigung

Für *Peter Biehl* ist dagegen Unterricht nach dem Symbolansatz zugleich schülerorientierter, bibelorientierter und gesellschaftskritischer Unterricht (BIEHL ²1991, 184). Er entwirft für die Sekundarstufe I und II eine *kritische* Symbolkunde, deren Fokus auf der didaktischen Funktion von Symbolen als Brücke zwischen Gegenwart und Vergangenheit liegt (ebd., 154-195). Symbole seien für die bewusste Vertiefung von Lebenserfahrungen in besonderer Weise geeignet, da sich in ihnen das »unbedingt Angehende« eines Lebenszusammenhangs anschaulich fokussiere. Die Erfahrungen, die den biblischen Texten zugrunde liegen, hätten sich in Symbolen wie »Hand«, »Haus«, »Weg«, »Brot«, »Wasser« oder »Kreuz« verdichtet. Mit diesem Moment der Verdichtung oder der Konzentration sei eine expressive Kraft verbunden. Dass Symbole eine Beziehung zwischen den in biblischen Texten präsenten Erfahrungen und gegenwärtigen Erfahrungen stiften, wird zum Anschub von Lernprozessen nutzbar gemacht. Fragen wie die nach Identität, Liebe oder Wahrheit böten einen hermeneutischen Schlüssel, mit dem die Symbole aus der heutigen Lebenswelt und die Symbole aus der christlichen Überlieferung in ein spannungsvolles Verhältnis gebracht werden könnten. Konkret geht es darum, die christlichen Symbole als Kontrastsymbole fruchtbar zu machen, in denen Alltagserfahrungen durchbrochen werden. Methodisch entspreche das Bibliodrama dem symboldidaktischen Ansatz am besten (BIEHL ²2007, 62). Angesichts der Affinität von Symbolsprache und Körpersprache ist ein kreativer und leibhaftiger, insbesondere bibliodramatischer oder gestalterischer

Die Symboldidaktik von Peter Biehl

Umgang mit religiösen Symbolen aus der Bibel und der heutigen Lebenswelt intendiert. Sein Ziel findet er darin, mit der Frage, welchen Symbolen wir vertrauen können, einen Streit um die Interpretation der Wirklichkeit auszulösen und den Wahrnehmungshorizont für das Verständnis des Evangeliums zu öffnen. *Ursula Früchtel* zeigt, dass sich biblische Geschichten auch über zahlreiche weitere Symbole zur Anregung von Lernprozessen fruchtbar machen lassen (FRÜCHTEL ²1994). Sie reklamiert allerdings für den Symbolschatz der Bibel eine unverwechselbare Sonderstellung innerhalb der Symbolwelt der Märchen, Mythen oder Religionen und versteht ihren Ansatz als bewusste Kampfansage an die in der Tradition von Halbfas oder Biehl stehenden Symbolkonzeptionen.

Performative Religionsdidaktik

Die zu Beginn unseres Jahrtausends entwickelte Performative Religionsdidaktik (KLIE/LEONHARD 2008; MENDL 2016) knüpft an die Symboldidaktik und Zeichendidaktik (Semiotik) an. Wenn sie auf die Erschließung praktischer Inanspruchnahme von Religion abzielt, liegt die Prämisse zugrunde, dass die christliche Religion nur als erzählte, gestaltete und gefeierte Religion begreifbar wird. Die szenische Ausdehnung sei wichtig für den Religionsunterricht, weil sich die Praxis des Evangeliums nicht auf abstrakte Einsichten und Bewusstseinsphänomene beschränke. Vor diesem Hintergrund geht es im Unterrichtsgeschehen um die Inszenierung oder den probeweise erfolgenden Vollzug von Religion im Sinne der experimentellen Ingebrauchnahme religiöser Symbole und Zeichen. »In einem performativen Prozess werden wie bei einem Theaterstück durch fortlaufende Produktion und Rezeption verschiedenster Zeichensysteme Bedeutungen freigesetzt« (KLIE/LEONHARD 2008, 19). Der Bibel kommt in diesem Zusammenhang eine wichtige Rolle zu, doch soll sie nicht mittels texthermeneutischer Methoden, sondern durch ästhetische und gestalterische Lernwege erschlossen werden. Reduziere man die Heilige Schrift auf einen informationshaltigen Text, dann verkenne man ihre Gestaltqualität und habe das Wesentliche schon verfehlt. »Erst in Klanggestalt gebracht, erst im je aktuellen Verlauten ist die Bibel religionspädagogisch von Belang. Unterrichtsgegenstand ist also die ihren religiösen Gebrauch leitende Struktur. Im expressiven Nachbuchstabieren und im Gestalten ihrer Vorgaben bleibt evangelische Religion bei sich und wird probeweise begehbar« (KLIE 2003, 174). Auf der »Spielwiese des Performativen« ist es allerdings wichtig, die Dignität biblischer Texte zu bewahren und sie vor unstatthaftem Zugriff zu schützen (MEURER 2016, 146-147).

> Die Bibel ist nicht nur ein informationshaltiger Text, sondern hat auch Gestaltqualität

Kinder- und Jugendtheologie

In der Ende des 20. Jh. in den wissenschaftlichen Diskurs eingeführten und derzeit zu den einflussreichsten Konzepten der Religionspädagogik zählenden »Kindertheologie« (BÜTTNER u.a. 2014), deren Wurzeln in der »Kinderphilosophie« liegen, spielt die Bibel dadurch eine wichtige Rolle, dass Kinder als kompetente Exegeten biblischer Texte und gleichberechtigte theologische Gesprächspartner über biblische Themen in das Blickfeld rücken. Die Kindertheologie lässt sich als eine Theologie von Kindern, eine Theologie mit Kindern und eine Theologie für Kinder bestimmen (SCHWEITZER 2003, 9-18). Im Zuge einer Wahrnehmung der *Theologie von Kindern* zeigt sich, dass diese vor dem Hintergrund ihrer Lebenswelt und Sinnsuche ganz eigene religiöse Vorstellungen und Zugänge zu biblischen Texten haben, die das Wissen der Erwachsenen ergänzen und ihnen zum Gewinn neuer Einsichten verhelfen können. Die *Theologie mit Kindern* ist durch die Praxis eines gemeinsamen theologischen Fragens und Suchens nach

Antworten mit Kindern gekennzeichnet. Diese Auseinandersetzung mit theologischen Themen und Problemstellungen kann sich beispielsweise anhand von biblischen Texten vollziehen, wobei die oftmals brillanten Deutungen der Kinder von Seiten der Lehrperson ernst genommen und konstruktiv aufgegriffen werden. Erfahrungsberichte, die um das gemeinsame Theologisieren über alt- und neutestamentliche Texte kreisen (BUCHER 2003; BÜTTNER/SCHREINER 2004), bieten anschauliche Beispiele für die exegetische Kompetenz von Kindern. Bei der *Theologie für Kinder* geht es darum, dass Deutungsangebote mit weiterführenden Impulsen bereitgestellt werden, die Kinder theologisch herausfordern und in ihrer Fragekompetenz fördern, daneben aber auch auf theologische Aufklärung, etwa die Korrektur verängstigender Gottesbilder, abzielen. In jüngerer Vergangenheit hat sich analog zum Konzept der Kindertheologie eine »Jugendtheologie« etabliert (SCHLAG/SCHWEITZER 2011; DIETERICH 2012; FREUDENBERGER-LÖTZ 2012), die auch danach fragt, wie Jugendliche mit der Bibel umgehen und welche ganz eigenen Deutungsweisen biblischer Texte sie dabei erkennen lassen (TROI-BOECK/KESSLER/NOTH 2015; ROOSE/BÜTTNER/SCHLAG 2018).

Insgesamt zeigt der Überblick, dass vor dem Hintergrund des weitgehenden Bedeutungsverlustes, den die Bibel im Problemorientierten Religionsunterricht erlitten hatte, ein Umdenken einsetzte. Nachdem die Entwicklung lange Zeit nach der Devise »Immer weniger Bibel im Religionsunterricht« verlaufen war, ist seit den 1980er Jahren eine unter dem Leitmotto »Wieder hin zur Bibel« stehende Kehrtwende erkennbar. Mit diesem Paradigmenwechsel wird der Tatsache Rechnung getragen, dass es sowohl theologisch als auch bildungstheoretisch gute Gründe für biblisches Lernen gibt und das Potenzial der Bibel für den Religionsunterricht nicht leichtfertig verschenkt werden darf. Die prägenden religionspädagogischen Konzepte der jüngeren Vergangenheit wie Symboldidaktik, Performative Religionsdidaktik und Kinder- bzw. Jugendtheologie stimmen darin überein, dass der Bibel ein fester Platz im Unterrichtsgeschehen zukommt. Unterschiedliche Auffassungen bestehen lediglich darüber, mit welcher Methodik und auf welchen Lernwegen sie am besten in ihrer Lebensrelevanz für Heranwachsende zu erschließen ist.

Fazit

Das Potenzial der Bibel für den Religionsunterricht darf nicht leichtfertig verschenkt werden

■ Die Bibel in der Lebenswelt von Kindern und Jugendlichen

Veränderte Lesegewohnheiten, ein Rückgang biblischen Wissens und eine sinkende Akzeptanz der Bibel in der Gesellschaft (THEIS 2017) stellen die Bibeldidaktik vor große Herausforderungen und Probleme. Die Zahl der Menschen, die mindestens einmal wöchentlich ein Buch zur Hand nehmen, ist nach einer Untersuchung des Instituts für Demoskopie Allensbach von 49 Prozent im Jahr 2012 auf 42 Prozent im Jahr 2017 gesunken, wobei die Rückläufigkeit die junge und mittlere Generation in besonderem Maße betrifft. Im Hinblick auf die Bibellektüre stellen sich die Werte noch dramatischer dar. Laut der Shell Jugendstudie von 2000 schauen 79 Prozent der deutschen Jugendlichen nie und 19 Prozent selten in die Heilige Schrift (FUCHS-HEINRITZ 2000, 167). Eine Umfrage des Allensbacher Instituts von 2005 kommt zu dem Ergebnis, dass von den 16- bis 29-jährigen Deutschen nur noch 7 Prozent regelmäßig oder sporadisch zur Bibel greifen. Bes-

Rückgang biblischen Wissens

ser sind die Werte bei Jugendlichen aus freikirchlichen Gemeinden. Laut einer Umfrage von 2003 lesen aus dieser Gruppe zumindest 26 Prozent regelmäßig und 43 Prozent unregelmäßig, nur 31 Prozent hingegen nie in der Bibel (GREINER 2003, 322-358). Vor dem skizzierten Hintergrund wird seit langem beklagt, dass Kinder und Jugendliche aufgrund eines signifikanten Traditionsabbruchs ein zunehmendes Desinteresse an der Bibel zeigen, oftmals nur über rudimentäre Bibelkenntnisse verfügen und der Bibel nur geringe Bedeutung für die eigene Lebenswirklichkeit beimessen. Empirische Studien zum Bibelwissen, zur Bibelrezeption und zu christologischen Vorstellungen von Kindern und Jugendlichen vermitteln einen genaueren Eindruck davon, welchen Zugang diese überhaupt noch zur Bibel haben, welches ihre Lieblingsgeschichten aus dem Alten oder Neuen Testament sind und in welcher Weise sie über Jesus Christus denken. Die Untersuchungsergebnisse liefern wichtige Erkenntnisse und Impulse für die Weiterentwicklung der Bibeldidaktik. Erst in Ansätzen erforscht ist der Einfluss des sozialen Milieus auf das Bibelverständnis Jugendlicher (RIEGEL ²2018, 674-677).

Die Studie von Ronald Goldman

Pionierarbeit auf dem Feld der Erforschung der Bibelrezeption leistete *Ronald Goldman*, der die Bibelkonzepte britischer Kinder und Jugendlicher im Alter von 6-16 Jahren als Teil einer Studie zur Entwicklung des religiösen Denkens von der Kindheit bis zur Adoleszenz untersuchte (GOLDMAN 1964, 69-86). Das Bibelverständnis wurde unter vier Blickwinkeln (Charakter der Bibel; Entstehung der Bibel; Wahrheit der Bibel; Relevanz der Bibel und mögliche Wiederholung biblischer Erfahrung) beleuchtet. Dazu legte Goldman den Probanden Fragen wie »What kind of book is the Bible?« oder »How did the Bible come to be written?« vor und interviewte sie zu drei Bibeltexten (Brennender Dornbusch; Durchzug der Israeliten durchs Meer; Versuchung Jesu). Unter dem Strich ergaben sich für Goldman drei Entwicklungsstufen zum Bibelkonzept im Kindes- und Jugendalter. Bis zum Alter von 8-9 Jahren gilt Gott, Jesus oder eine andere mächtige Person als Verfasser der Bibel, die im buchstäblichen Sinn für wahr gehalten, aber einer längst vergangenen Zeit zugewiesen wird. Zudem sind die Kinder eher auf das äußere Erscheinungsbild der Bibel fokussiert. In der Altersstufe von etwa 10-12 Jahren beginnt sich die Aufmerksamkeit verstärkt auf den Inhalt der Bibel zu richten, als deren Verfasser nun menschliche Autoren gelten, wobei aber Gott als Quelle oder Urheber des in den biblischen Geschichten Berichteten angesehen wird. Ab dem Alter von 13-14 Jahren rücken die Botschaft und religiöse Bedeutung der Bibel vertieft in den Blick. Die Wahrheit der biblischen Geschichten wird damit begründet, dass sie Augenzeugenberichte seien, die mit anderen Informationsquellen und der eigenen Erfahrung in Einklang stehen. Gleichzeitig betonen die Befragten zunehmend den symbolischen Sinn biblischer Aussagen und gegen davon aus, dass die biblischen Autoren eher inspiriert waren, als dass sie sich genau an die Fakten hielten. Zudem wird den biblischen Texte Gegenwartsrelevanz beigemessen. Gott spreche auch heute noch zu den Menschen, wie er es damals zu Mose im Dornbusch tat, und Versuchungen, wie Jesus sie erfuhr, gebe es weiterhin, wenn auch in anderer Form. Unter dem Strich ist die Bibel laut Goldman kein Buch für Kinder, sondern erst für Jugendliche. Er wendet sich aufgrund seiner Untersuchungsergebnisse gegen einen verfrühten Bibelunterricht, da Heranwachsende im Stadium eines präformalen Denkens noch nicht in der Lage seien, den

Ronald Goldman erforschte die Bibelkonzepte britischer Kinder und Jugendlicher

wahren, nämlich abstrakten Sinn der biblischen Geschichten zu erfassen (ebd., 51-67.220-221.226-227).

Kalevi Tamminen veröffentlichte 1993 die Ergebnisse einer bereits von 1974 bis 1980 in drei Etappen durchgeführten Untersuchung zur Erfassung der religiösen Entwicklung von Kindern, Jugendlichen und jungen Erwachsenen in Finnland, bei der es auch um das Bibelkonzept ging (TAMMINEN 1993, 146-166). In der Durchführung orientiert sich die Studie eng an der Vorgehensweise von Goldman. Die Probanden sollten nach Betrachtung eines Fotos, auf dem zwei Mädchen eine Bibel anschauen, den Satz »Die Bibel ist ...« vervollständigen und zudem zu den drei bereits von Goldman herangezogenen biblischen Geschichten (Brennender Dornbusch; Durchzug der Israeliten durchs Meer; Versuchung Jesu) dahingehend Stellung beziehen, ob diese so passiert seien. Dazu wurde eine fünfteilige Skala vorgegeben, die von »Ja, alles ist geschehen« bis zu »Nein, nichts davon ist wirklich geschehen« reichte. Bei der Folgestudie von 1976, an der sich 277 der Probanden erneut beteiligten, kamen ergänzend auch Fotos von einem in der Bibel lesenden Jungen oder Mädchen zum Einsatz, wobei der Satz »Er/sie betrachtet die Bibel und wundert sich über etwas, das ihr/ihm schon früher mal in den Sinn gekommen ist. Er/sie denkt nach über ...« zu vervollständigen war. Die Auswertung führte zu dem Ergebnis, dass es anders als in Goldmans Studie auf den unterschiedlichen Altersstufen nur geringfügige Veränderungen in der Haltung der Schülerinnen und Schüler zur Bedeutung (wertvoll; heilig) und zum Inhalt (Erzählungen über die Vergangenheit; Erzählung über Gott und Jesus; Wort Gottes; Lebensregel) der Bibel gab. Allerdings zeigte sich mit zunehmendem Alter eine Verschiebung des Schülerinteresses von singulären biblischen Erzählungen zu grundsätzlicheren Fragen nach der Glaubwürdigkeit der Bibel und ihrer Bedeutung als Buch. In ähnlicher Weise war das Bewusstsein für die potenzielle Relevanz der Bibel als geistliche oder ethische Lebensregel in höheren Klassen stärker ausgeprägt als in niedrigeren Klassen. Zudem nahmen mit steigendem Alter negative Aussagen zur Bibel, Zweifel an der Glaubwürdigkeit der Bibel und die Abkehr von einem buchstäblichen Verständnis der Bibel zu.

Als Meilenstein in der empirischen Erforschung des Bibelwissens und der Lebensrelevanz der Bibel bei Heranwachsenden in Deutschland gilt gemeinhin die Studie von *Martin Bröking-Bortfeldt* aus den frühen 1980er Jahren, der 750 Schülerinnen und Schüler zwischen 13 und 16 Jahren nach der Bedeutung der Bibel für ihr Leben befragte (BRÖKING-BORTFELDT ²1989). Er legte den Jugendlichen einen Fragebogen vor, in dem es unter anderem um die Häufigkeit der Bibellektüre, um besonders beeindruckende Geschichten und Gestalten aus der Bibel und um die Orte der Begegnung mit der Bibel (Elternhaus, Schule, Kirchengemeinde) ging. Dabei zeigte sich, dass nur acht Prozent der befragten Jugendlichen ziemlich oft oder regelmäßig, 39 Prozent hingegen eigentlich nie in der Bibel lasen. Als besonders beeindruckende Texte wurden aus dem Alten Testament die Schöpfungsgeschichte, die Sintflutgeschichte und die Exoduserzählung, aus dem Neuen Testament die Geburtsgeschichte Jesu und die Gleichnisse vom verlorenen Sohn, barmherzigen Samariter und verlorenen Schaf genannt. Der lebensgeschichtliche Ort, an dem die Jugendlichen der Bibel begegneten, waren in erster Linie der Konfirmandenunterricht (65%) und der Religionsunterricht

---

Die Studie von Kalevi Tamminen

Mit zunehmendem Alter rückt die Frage nach der Glaubwürdigkeit der Bibel in den Fokus

Die Studie von Martin Bröking-Bortfeldt

(45 %), während das Elternhaus (5 %) eine völlig untergeordnete Rolle spielte. Als Konsequenz aus seiner Studie plädierte Bröking-Bortfeldt für einen problemorientierten Bibelunterricht, da am ehesten noch biblische Motive wie Frieden, Gerechtigkeit und Befreiung von den Jugendlichen als relevant für ihr Leben und ihre Wirklichkeitsdeutung empfunden würden.

Die Studie von Horst Klaus Berg

Im Jahr 1989 befragte *Horst Klaus Berg* mehr als 4000 relativ zufällig ausgewählte Schülerinnen und Schüler aus Baden-Württemberg zu ihrer Einstellung gegenüber der Bibel (BERG ³2003, 12-19). Die Probanden besuchten die Sekundarstufe I in Haupt- und Realschulen, in einem Fall auch des Gymnasiums, oder die Berufsschule. Methodisch orientierte Berg sich an der Untersuchung von Bröking-Bortfeldt, dessen Fragenkatalog in stark abgespeckter und leicht veränderter Form die Grundlage der Befragung bildete. Zu den wichtigen Ergebnissen zählt, dass die Konfession für die Einstellung zur Bibel kaum eine Rolle spielt, die Frage »Hat die Bibel für Dich eine große Bedeutung?« mit zunehmendem Alter immer stärker verneint wird und bezüglich der Frage »Wie sollte man sich Deiner Meinung nach mit der Bibel im Religionsunterricht beschäftigen?« bei Jugendlichen der Fokus auf der Diskussion von Gegenwartsproblemen unter Einbeziehung biblischer Texte liegt. Unter dem Strich konstatiert Berg einerseits ein von Jugendlichen im Verlauf der Adoleszenz immer stärker empfundenes Relevanzdefizit der Bibel für das eigene Leben, andererseits aber auch ein durch den bisherigen Religionsunterricht nicht abgedecktes Interesse an einem lebensbezogenen und erfahrungsorientierten Zugang zur Bibel, womit sich Ansatzpunkte für eine produktive Weiterentwicklung der Bibeldidaktik ergäben (ebd., 18-19).

Die Studie von U. Arnold, H. Hanisch und G. Orth

Ursula Arnold, *Helmut Hanisch* und *Gottfried Orth* haben 24 Interviews über Glaubensthemen publiziert, die sie mit neun- bis elfjährigen Kindern aus Religionsklassen in Deutschland und Österreich führten (ARNOLD/HANISCH/ORTH 1997). In den Interviews, die unter systematischen Gesichtspunkten ausgewertet wurden (ORTH/HANISCH 1998), kam auch die Frage zur Sprache, welche Geschichten aus der Bibel die Schülerinnen und Schülern kennen und lieben. Nur wenige der Befragten hatten keine Bibelgeschichte parat. Viele Kinder erzählten Geschichten, die ihnen wichtig waren und mit denen sie in unterschiedlicher Weise persönliche Lebenszusammenhänge verbanden. »Für manche sind biblische Geschichten relevant, weil sich an ihnen Glaubensfragen entzünden. Andere finden sich in Geschichten emotional wieder. Sie dienen ihnen zur persönlichen Stärkung. Schließlich gibt es Geschichten, die für Kinder ethisch bedeutungsvoll erscheinen und sie zu entsprechendem Handeln auffordern« (ORTH/HANISCH 1998, 116).

> Die meisten Kinder haben Lieblingsgeschichten aus der Bibel

Die Studie von H. Hanisch und A.A. Bucher

Helmut Hanisch und *Anton A. Bucher* gingen in einer empirischen Studie, an der sich rund 2400 evangelische wie katholische Kinder aus Baden-Württemberg und Berlin im Durchschnittsalter von zehn Jahren beteiligten, den Fragen nach, über welches biblische Wissen Grundschulkinder verfügen, wie sie sich biblische Geschichten aneignen und wo sie diesen begegnen (HANISCH/BUCHER 2002). Die Ergebnisse zeigten, dass Kindern am Ende ihrer Grundschulzeit spontan eine ganze Reihe biblischer Geschichten einfallen. Im Durchschnitt wurden von jedem Kind knapp fünf biblische Texte genannt, wobei nur 3,5 Prozent der Befragten keine einzige Geschichte in den Sinn kam. Mädchen erzielten dabei, wie auch bei einem zusätzlich im Multiple-Choice-Verfahren durchgeführten Bibeltest, signifikant bessere Ergebnisse als Jungen. Insgesamt kannten die Kinder deutlich mehr alttestamentliche als neutestamentliche Texte oder Motive. Aus dem Alten Testament lagen die Moseerzählungen und die Sintflutgeschichte, aus dem Neuen Testament die Geburtsgeschichte Jesu und der Passionsbericht an der Spitze. 80 Prozent der Kinder hatten eine Lieblingsgeschichte, die sie in erster Linie aus dem Religionsunterricht kannten. Etwa die Hälfte von ihnen besaß zwar Kinderbibeln, las aber kaum darin. Im Gesamtergebnis zeigte sich, dass die befragten Kinder überwiegend ein positives Verhältnis zur Bibel bekundeten und eine deutliche Mehrheit sich wünschte, weitere biblische Geschichten kennen zu lernen. Die Religiosität der Kinder (Glaube an Gott; Gebet; Besuch des Kindergottesdienstes) hatte nur geringen Einfluss auf die Bibelkenntnisse, korrelierte aber signifikant mit einer positiven Einstellung zur Bibel.

Die von *Helmut Hanisch* und *Siegfried Hoppe-Graff* durchgeführte Studie zu Jesus Christus im Religions- und Ethikunterricht fragt gezielt danach, welche Vorstellungen Jugendliche im Durchschnittsalter von 12 Jahren von Jesus Christus haben und welche persönliche Bedeutung sie mit ihm verbinden (HANISCH/HOPPE-GRAFF 2002). Befragt wurden 32 Sechstklässler aus Sachsen, von denen die einen ein evangelisches Gymnasium besuchten und seit Beginn ihrer Schulzeit am Religionsunterricht teilnahmen, während die anderen ein städtisches Gymnasium besuchten und dort seit der fünften Klasse am Ethikunterricht teilnahmen. Von den 18 Schülerinnen und Schülern des evangelischen Gymnasiums konnte ein großer Teil weder die Geburt Jesu zeitlich einordnen noch den geographischen Rahmen und das religiöse Umfeld seines Wirkens bestimmen. Die Verkündigung Jesu wurde fast ausschließlich mit inhaltlich nicht konkretisierten Aussagen wie »Religion«, »Kirche«, »Glaube« und »Auslegung biblischer Geschichten« oder mit moralischen Vorstellungen wie »mit anderen teilen«, »sich untereinander vertragen« und »niemandem Schaden zufügen« in Verbindung gebracht. Die Wunder Jesu wurden unter anderem als Ausdruck der Barmherzigkeit und Macht Gottes, Beweis der Gottessohnschaft und Hilfsbereitschaft Jesu oder moralischer Appell, sich für andere einzusetzen, interpretiert. Zum Tod Jesu äußerten sich sechs der Befragten überhaupt nicht, die anderen zeigten weitgehend kein Verständnis seiner Bedeutung. Die Ostergeschichten konnten die meisten Jugendlichen wiedergeben, ohne ihnen Relevanz für ihre Konstruktion des Begriffes von Jesus Christus Bedeutung beizumessen. Knapp die Hälfte der befragten Jugendlichen berichtete von einer persönlichen, teilweise geradezu existenziellen Beziehung zu Jesus Christus, wobei die Frage des persönlichen Glaubens aber in keiner kausalen Beziehung zur Differenziertheit der Vorstellungen von Jesus Christus stand. Bei den 14 befragten Schülerinnen und Schülern des städtischen Gymnasiums zeigten sich insgesamt deutlich bruchstückhaftere Kenntnisse und Begriffskonstruktionen. Da sie mit einer Ausnahme den Glauben an Jesus Christus als bedeutungslos ansahen, fehlte ihnen offenkundig die Motivation zu einer näheren Beschäftigung mit seiner Person.

Tobias Ziegler geht in seiner empirischen Studie zu der Frage, ob Jesus von Heranwachsenden eher als unnahbarer Übermensch oder als bester Freund betrachtet wird, den elementaren Zugängen Jugendlicher zur Christologie nach (ZIEGLER 2006). Grundlage seiner Untersuchung sind 386 Aufsätze von Schü-

> Die Studie von H. Hanisch und S. Hoppe-Graff

> Viele Jugendliche können das Wirken Jesu zeitlich und geographisch nicht einordnen

> Die Studie von Tobias Ziegler

lerinnen und Schülern der 11. Jahrgangsstufe aus 25 Religionsgymnasialklassen in Baden-Württemberg. Den Jugendlichen im Alter von 16-17 Jahren wurde die Aufgabe gestellt, unter dem Thema »Was ich von Jesus denke« einer fiktiven Person aus ihrem Freundeskreis, die noch nie etwas über Jesus gehört hatte, ihre eigene Sicht über das Leben und die Bedeutung Jesu darzulegen. Für die Gliederung ihrer Aufsätze konnten die Jugendlichen sich an den Aspekten »Wer war Jesus? Was wollte er?«, »Warum glauben Menschen an Jesus Christus?«, Was haben Leben und Tod mit dem Glauben an Gott zu tun?«, »Was kann uns Jesus heute sagen?« und »Was bedeutet Jesus für mich?« orientieren. Die auf die Identität Jesu abzielende Frage, wer er war, beantworteten 82 Prozent der Jugendlichen mit »Sohn Gottes« und verbanden damit ganz unterschiedliche Vorstellungen wie irdischer Stellvertreter Gottes, menschliches Abbild Gottes, Sprachrohr Gottes oder biologischer Abkömmling Gottes. Bei den Antworten auf die Frage »Was wollte er?«, in der es um die Intention des irdischen Wirkens Jesu ging, stand sein Wirken als Helfer und Heiler mit 80 Prozent weit vor dem Wirken als Prediger und Verkündiger (35 Prozent) an der Spitze. Soweit die Christologie von den Jugendlichen unter Verweis auf Evangelientexte narrativ entfaltet wurde, nahmen sie deutlich häufiger auf die Geburt Jesu (64 Prozent) als auf seinen Tod (55 Prozent), seine Auferstehung (35 Prozent) und seine Himmelfahrt oder Weiterexistenz bei Gott (16 Prozent) Bezug. Unter dem Strich zeigt sich für Ziegler in den Aufsätzen ein überraschend heterogenes Bild der Jugendlichen von Jesus Christus, dessen Spannbreite von »kritiklos-indifferent« (14,3 Prozent) über »kritisch-ablehnend« (24,4 Prozent), »zweifelnd-unsicher« (16,8 Prozent) und »kritisch-aufgeschlossen« (19,9 Prozent) bis hin zu »kritikloszustimmend« (23,6 Prozent) reicht. Wichtig für die Bibeldidaktik ist zudem die Erkenntnis, »dass in der Regel bei mindestens einem Drittel der Schülerinnen und Schüler einer Klasse ein erkennbares Interesse an einer Auseinandersetzung mit dem Thema ›Jesus Christus‹ bzw. an einer Reflexion christologischer Fragen vorhanden ist« (ZIEGLER 2006, 196). Dabei spielte es keine Rolle, ob die betreffenden Jugendlichen dem Glauben an Jesus aufgeschlossen oder eher ablehnend gegenüberstanden.

Ein Drittel der Jugendlichen steht der Beschäftigung mit Jesus Christus offen gegenüber

Bibeldidaktische Konsequenzen

Die empirischen Untersuchungen zeigen, dass Kinder der Bibel recht offen begegnen und auch Jugendliche durchaus Interesse an biblischen Texten bekunden, sofern diese spannend sind. Selbst dem Glauben gegenüber kritisch eingestellte Schülerinnen und Schüler zeigen in gewissem Grad die Bereitschaft, sich intensiver mit der Person Jesu zu beschäftigen und christologische Fragen zu reflektieren. Umgekehrt wird deutlich, dass das bibelkundliche Wissen seit langem rapide sinkt und die Vorstellungen von Jesus vielfach unkonkret oder undifferenziert bleiben. Zudem bereiten den Kindern und Jugendlichen viele Bibeltexte Schwierigkeiten oder sie erkennen in ihnen keinen Bezug zu ihrer eigenen Lebenssituation. Da die jüngere Generation sich weitestgehend von der Bibellektüre verabschiedet hat und die Bibel sich als Kulturgut im Auflösungsprozess befindet, kommt dem Religionsunterricht besondere Verantwortung zu. Er wird zunehmend zum wichtigsten und für viele sogar zum letzten Ort, wo überhaupt noch Begegnungen mit biblischen Geschichten stattfinden. Die schulische Bibeldidaktik hat die Aufgabe, auf eine spannende Weise elementare Bibelkenntnisse zu vermitteln und Kommunikationsprozesse mit den Bibeltexten in Gang zu setzen. Von den Texten hervorgerufene Zweifel und Schwierigkeiten, wie sie in den empirischen Untersuchungen anschaulich zu Tage treten, gilt es im Unterricht ernst zu nehmen und aufzugreifen. Zudem hat die Bibeldidaktik die in vielen Schülerinterviews als Relevanzdefizit sichtbar werdende Fähigkeit zu fördern, das Potenzial biblischer Erzählungen als Orientierungshilfen und Hoffnungsstrahlen für das eigene Leben wahrzunehmen. Eine Voraussetzung dafür ist, dass bei der didaktischen Vermittlung biblischer Traditionen Anknüpfungspunkte in der Lebenswelt der Kinder und Jugendlichen gesucht werden, die ihnen helfen, die existenzielle Relevanz der Texte zu erschließen.

■ Konzepte der Bibeldidaktik

Mit der als Reaktion auf den Problemorientierten Religionsunterricht erfolgten Rückbesinnung auf die Bibel als unverzichtbares Medium des Unterrichtsgeschehens ist die Entwicklung unterschiedlicher Konzepte biblischen Lernens verbunden. Einen der profiliertesten und einflussreichsten bibeldidaktischen Entwürfe hat *Ingo Baldermann* vorgelegt. Er versteht die Bibel als ein Buch des Lernens, das über eine ihm innewohnende eigene Didaktik verfügt und auf immer neuen Wegen den Menschen die Augen für hoffnungsstiftende Erfahrungen öffnen will (BALDERMANN 1980; DERS. 1996, 1-23). Dabei grenzt er sich scharf von einer für den Hermeneutischen Religionsunterricht charakteristischen Vorgehensweise ab, die den Text durch die historisch-kritische Erhellung seines Skopus zunächst in eine weit über unserer Wirklichkeit liegende Höhe der Abstraktion hieve und ihn dann mit der Frage nach der Anwendung oder Konkretisierung in einem wiederum gewalttätigen Akt auf die Ebene unserer Erfahrung herabhole, um seiner Gegenwartsbedeutung auf die Spur zu kommen. Während dabei in Wirklichkeit nur Abstand zum Text geschaffen und dieser seiner ansteckenden Lebendigkeit beraubt werde, komme es durch einen »natürlichen« Umgang mit den biblischen Texten zu einem wirklichen Verstehen in Form eines dialogischen Lernprozesses.

Die Bibeldidaktik von Ingo Baldermann

»Irgendetwas reizt mein Interesse, ein Funke springt über, ich bin angesprochen und frage zurück, versuche mehr und Genaueres wahrzunehmen; unerwartet entsteht an noch ganz anderen Punkten Resonanz, und so gewinnen die Menschen, die dort reden, mit ihren Erfahrungen in ihrer Welt deutlichere Konturen. Das ist der Anfang des Verstehens: Die toten Buchstaben bleiben nicht tot, sondern reden mich an und ziehen mich ins Gespräch.« (BALDERMANN 1996, 3)

Der Bibelunterricht hat für Baldermann als »Sprachlehre des Glaubens« die Aufgabe, diese eigene Didaktik der biblischen Texte ungehindert zur Wirkung kommen zu lassen. Das von der Bibel initiierte Lernen bestehe nicht in der Anhäufung eines jederzeit abrufbaren »Container-Wissens«, sondern in der dialogischen Begegnung mit den Erfahrungen früherer Menschen, um daran eigene Erfahrungen zu machen und zur Mündigkeit zu gelangen. In Abgrenzung von einem fundamentalistischen Schriftverständnis wird der Bibel die Rolle einer »belebenden kritischen Partnerin« (ebd., 9) zugeschrieben. Ihrem Wesen nach ist die Biblische Didaktik für Baldermann eine Didaktik der Hoffnung, da die Bibel einen Entwurf widerstandsfähiger und die Tiefen der Seele erreichender Hoffnung bietet, der Erfahrungen von Trauer, Schmerz und Verzweiflung aufnimmt und Antworten darauf gibt. Eine Zentralstellung kommt den alttestamentlichen Klagepsalmen zu, die durch eine dynamische Bewegung von Angst und tiefster Verzweiflung hin zu Trost und Zuversicht gekennzeichnet sind. Schlüsselworte wie »Ich bin wie ein zerbrochenes Gefäß« (Ps 31,19) oder »Du legst mich in des Todes Staub« (Ps 22,16) böten den Schülerinnen und Schülern eine Sprache, über ihre Ängste zu sprechen, um dann wie die Psalmbeter aus der Klage heraus Widerstand gegen die Übermacht der Angst zu entwickeln und ihr Hoffnung entgegenzusetzen (BALDERMANN [7]2004, 60-79). Auch bei der Beschäftigung mit Evangelientexten gehe es darum, mit den Kindern solche widerstandsfähige Hoffnung zu entdecken (BALDERMANN [2]1993). Methodisch liegt in dem auf die Primarstufe und frühe Sekundarstufe I bezogenen Konzept der Fokus auf dem Biblischen Erzählen, dem assoziierenden Gespräch und der nonverbalen Gestaltung von Bibeltexten durch Malen, Pantomime oder Klangbilder. Empirische Erkenntnisse zur kindlichen Rezeption von Bibeltexten werden kaum berücksichtigt.

Das Elementarisierungskonzept von Nipkow/Schweitzer

Das von *Karl Ernst Nipkow* begründete und von *Friedrich Schweitzer* weiterentwickelte »Tübinger Elementarisierungskonzept« eignet sich für die religionspädagogische Erschließung biblischer Texte, aber auch übergreifender theologischer Fragen und Themen und ist damit kein ausschließlich bibeldidaktisches Konzept. Bei dem angestrebten elementaren Lernen geht es nicht um die vereinfachende Reduzierung komplexer biblischer oder theologischer Inhalte auf ein vermutetes Schülerniveau. Das Elementarisierungskonzept versteht sich vielmehr als ein religionsdidaktisches Modell für die Vorbereitung und Durchführung von Unterricht, das durch eine Konzentration auf diejenigen pädagogischen Lernvollzüge gekennzeichnet ist, die sich im Blick auf die Inhalte wie auf die Lernenden als grundlegend bedeutsam und in diesem Sinne als elementar erweisen. Im Rahmen einer Verschränkung von Sachorientierung und Schülerorientierung wird das Anliegen verfolgt, zwischen der Sache des Glaubens und den Ansprüchen des Bibeltextes einerseits und der Lebenswelt wie den Verstehensmöglichkeiten der Lernenden andererseits zu vermitteln. In seiner vierdimensionalen Grundform unterscheidet das Elementarisierungskonzept zwischen elementaren Strukturen, elementaren Erfahrungen, elementaren Zugängen und elementarer Wahrheit (NIPKOW 1986, 600-608; SCHWEITZER u.a. 1995, 24-31). Beim Herausarbeiten der *elementaren Strukturen* einer biblischen Überlieferung geht es im Wesentlichen um eine exegetische Analyse zur Erhellung der Figurenkonstellationen, des inneren Gefälles, der zentralen Sachbegriffe und der Aussagelinien des Textes. Der Begriff der *elementaren Erfahrungen* bezieht sich sowohl auf die gegenwärtige als auch auf die vergangene Lebenswelt, wobei nach dem Muster der Korrelationsdidaktik die Verschränkung von Tradition und Gegenwart, die Verknüpfung der in den Text eingegangenen Erfahrungen mit analogen heutigen Erfahrungen angestrebt wird. Durch die Freilegung der im Bibeltext verborgenen Glaubenserfahrungen der damaligen Menschen soll den Lernenden die Möglichkeit eröffnet werden, ähnliche existenzielle Erfahrungen in ihrem eigenen Leben machen zu können. Unter dem Aspekt der *elementaren Zugänge* wendet sich das Elementarisierungskonzept den individuellen Verstehensvoraussetzungen der Schülerinnen und Schüler zu, die sich mit Hilfe empirischer Untersuchungen zur Rezeption von Bibeltexten und einschlägiger Stufenmodelle zur kognitiven, moralischen und

> Elementarisierung meint kein Herunterkochen der Lerninhalte auf ein vermutetes Schülerniveau

religiösen Entwicklung des Menschen erhellen lassen. Es geht zum einen um die Reflexion dessen, wie sich Heranwachsende selbst einen Verstehensweg zu biblischen Geschichten bahnen können, und zum anderen um die Frage, durch welche Verstehensangebote ihnen ein erweiterter oder vertiefter Zugang eröffnet werden kann. Die Dimension der *elementaren* Wahrheit beinhaltet unterschiedlichste Facetten der in der Begegnung mit dem biblischen Text virulent werdenden Wahrheitsfrage. In der Ausgestaltung des Modells durch *Friedrich Schweitzer* kam mit den *elementaren Lernwegen* oder *elementaren Lernformen*, die sich den Mitteln und Methoden der didaktischen Erschließung zuwenden, eine weitere Dimension hinzu, um der einseitigen Fokussierung auf die Inhalte gegenzusteuern (SCHWEITZER 2003, 24-26.187-201).

Das ebenfalls dem Ansatz der Korrelationsdidaktik verpflichtete Konzept von *Horst Klaus Berg* setzt bei einer Analyse der Lebens- und Erfahrungswelt der Schülerinnen und Schüler ein, um diese mit den von der Bibel bereitgehaltenen Erfahrungen und Lernchancen in Beziehung zu setzen und zu verflechten (BERG ³2003, 20-24). Die Alltagswirklichkeit der Jugendlichen sieht er durch Kompliziertheit des Lebens, Fremdbestimmung, Anonymität, Hoffnungslosigkeit, Zwang zur Perfektion, Hektik und ein Erleben des gesellschaftlichen Umfelds als eines bedrohlichen Dschungels gekennzeichnet. Als wesentliche Aufgabe der Bibeldidaktik ergebe sich, die Heranwachsenden bei der Aufdeckung ihrer Erfahrungen und der Erkenntnis ihrer Situation zu unterstützen, um dann die von der Bibel gebotenen Orientierungs- und Hoffnungssituationen freizusetzen. In diesem Zusammenhang identifiziert Berg innerhalb der Bibel ein Ensemble von sechs »Grundbescheiden« (ebd., 76-95), in denen sich gegenwartsrelevante konstitutive Erfahrungen, Einsichten und Bekenntnisse verdichteten, nämlich »Gott schenkt Leben«, »Gott stiftet Gemeinschaft«, »Gott befreit die Unterdrückten«, »Gott gibt seinen Geist« und »Gott herrscht in Ewigkeit«. Zur Erschließung des in den »Grundbescheiden« verborgenen Orientierungs- und Hoffnungspotenzials der Bibel formuliert Berg eine Reihe bibeldidaktischer Grundsätze (ebd., 150-175), in denen es unter anderem um die Erschließung biblischer Überlieferungen als in einer konkreten lebensgeschichtlichen Situation entstandener »Antworttexte« und als Modellen gelingenden Lebens geht, und präsentiert ein breites Spektrum von Unterrichtsmethoden (ebd., 182-204). Dieses umfasst neben unterschiedlichen Formen kreativer Textarbeit auch Erzählen, Singen, Spielen oder spontanes Gestalten, um die Lernenden ganzheitlich anzusprechen und ihnen den Lebensbezug der biblischen Überlieferung aufzuzeigen.

Das Konzept der »offenen Bibeldidaktik« von *Gerd Theißen* stellt vor dem Hintergrund einer zunehmenden Säkularisierung die Frage, welche Bestände biblischen Wissens an zukünftige Generationen weitergegeben werden sollen und wie man zum Umgang mit der Bibel motivieren kann. Es wendet sich vor allem an Menschen, die entweder nicht christlich sozialisiert sind oder für ein weltoffenes Christentum stehen, um bei diesen beiden Zielgruppen eine Liebe zur Bibel zu entfachen und die Bibel als Sprache religiöser Erfahrungen für alle verständlich zu machen. Konservative Gläubige brauche man hingegen nicht von der Bedeutung der Bibel zu überzeugen (THEISSEN 2003, 12-13). Ausgangspunkt des Konzepts ist die Betrachtung der Bibel als Kulturgut, das jeder gebildete

Mensch unabhängig von seiner Einstellung zum Glauben studieren sollte (ebd., 28-62). Die von der kerygmatischen, hermeneutischen und problemorientierten Bibeldidaktik sowie der symboldidaktischen Bibellektüre herausgearbeiteten Lernchancen im Umgang mit der Bibel will Theißen kritisch aufnehmen und in Richtung einer offenen Bibeldidaktik weiterführen (ebd., 63-115). Die Frage, was aus der Fülle des biblischen Stoffes als Lerngegenstand in Betracht kommt, wird anhand der Kriterien der Elementarisierung und der Dialogisierung entschieden. Die Aufgabe der Elementarisierung vollzieht sich für Theißen in der Suche nach biblischen Grundaxiomen und Grundmotiven, wobei zwei Grundaxiome (Monotheismus und Erlöserglauben) und vierzehn Grundmotive (u.a. Schöpfung; Weisheit; Wunder; Hoffnung; Gericht; Rechtfertigung) ausgemacht werden (ebd., 131-173). Im Rahmen der Dialogisierung wird danach gefragt, wie diese biblischen Grundaxiome und Grundmotive unter den Bedingungen einer pluralistischen Welt zum Dialog mit der säkularen Kultur der Gegenwart, mit anderen Religionen und mit anderen Konfessionen befähigen (ebd., 174-266). Abschließend gilt das Augenmerk der Frage nach der Methodik, mit der man zum Bibelstudium motivieren kann (ebd., 267-345), wobei nach allgemeinen Erwägungen zur Motivation im Unterricht vor allem textorientierte Methoden im Mittelpunkt stehen.

Die Bibeldidaktik von Peter Müller

Die Bibeldidaktik von *Peter Müller* geht von der Beobachtung aus, dass die Bibel für viele ein »Buch mit sieben Siegeln« ist, das zunächst einmal geöffnet werden muss, um die Schülerinnen und Schüler mit ihm ins Gespräch bringen und Lernprozesse in Gang setzen zu können. Vor diesem Hintergrund sucht er gezielt nach Schlüsseln, die dazu geeignet sind, Kindern und Jugendlichen eine Tür zur Bibel aufzuschließen. Bei diesen Schlüsseln handelt es sich um Bibeltexte, die sowohl der Lebenswelt der Lernenden als auch der Vielfalt der biblischen Tradition Rechnung tragen. Einerseits müssen die Schlüsseltexte bei den Lernenden Interesse oder Neugier wecken und eine Anschlussfähigkeit an deren Denkhorizont und Wirklichkeitsverständnis aufweisen. Andererseits müssen sie die Möglichkeit eröffnen, ohne Reglementierung oder Festlegung der Wege die Fülle der Bibel in unterschiedliche Richtungen zu erschließen, indem sich von ihnen aus innerbiblische Querverbindungen ziehen lassen (MÜLLER 2009, 89-90). Innerhalb der Bibel macht Müller mit »Gott und die Welt«, »Gott und Mensch«, »Glauben, Hoffen, Handeln« und »Jesus Christus« vier übergeordnete Themenkreise aus, die untereinander in vielfältigen Beziehungen stehen und sich in zentralen biblischen Einzelthemen wie »Schöpfung«, »Wunder und Wirklichkeit«, »Tod und Auferweckung« oder »Schuld und Sühne« überschneiden. Mit komprimierten Wissenslandkarten zu den vier großen Themenkreisen und deren inhaltlichen Überschneidungen sollen in elementarisierter Form grundlegende Wege in die Bibel erschlossen werden. Gleichzeitig böten diese Themenkreise aber auch Anschlussmöglichkeiten an die Fragen, die Kinder und Jugendliche an die Bibel heranbringen. Dies seien die Frage nach Gott und der Bedeutung Jesu, die Frage nach der Welt und ihrer Herkunft, die Frage nach Leid, Sünde und Bösem in der Welt, die Frage nach dem Wunderbaren, die Frage nach Treue und Wahrheit und die Frage nach Leistung und Gnade (ebd., 97-105). Bei der Suche nach Ansatzpunkten, mit deren Hilfe die Lebenswelt der Kinder und Jugendlichen mit biblischen Grundaussagen in Beziehung gesetzt werden kann, spielen für Müller

> Schlüsseltexte öffnen Kindern und Jugendlichen eine Tür zur Bibel

religiöse Motive oder biblische Anspielungen in Werbung, Popkultur und Film eine zentrale Rolle.

Mirjam Schambeck legt den Entwurf einer stark vom literaturtheoretischen Diskurs und der intertextuellen Bibelauslegung geprägten »bibeltheologischen Didaktik« vor. Im Zentrum steht das Bemühen, die »Welt des Textes« und die »Welt der Leserinnen und Leser« zueinander sprechen zu lassen. Eine Wechselbeziehung zwischen beiden ergibt sich bereits dadurch, dass einerseits die »Welt des Textes« neben dem physischen Text auch die den Textsinn konstituierende Rekonstruktionsleistung der Leserinnen und Leser mit einschließt, andererseits zur »Welt der Leserinnen und Leser« neben deren Vorwissen, Sozialisation und Verstehensvoraussetzungen auch deren Beziehung zum Text gehört. »Ziel der bibeltheologischen Didaktik ist es, die Vielfalt der Stimmen eines Textes und der Stimmen der Leser im Zusammenhang mit dem Text zu einer Symphonie zusammenklingen zu lassen, in der die vielen Stimmen noch erkennbar sind« (SCHAMBECK 2009, 144). Die Bewegungen, die von der im Unterrichtsgeschehen initiierten Begegnung der Schülerinnen und Schüler mit dem Text in Gang gesetzt werden, sollen gefördert und kommunikabel gemacht werden, damit sie nicht ungehört verklingen. Die Analyse dieser Bewegungen geschieht in drei Richtungen (ebd., 12-13). Erstens werden die Bewegungen in der Welt der als Sinnstifter des Textes ernstgenommenen Leserinnen und Leser analysiert und in Parametern wie Vorwissen, Absichten, Erwartungen und Zielen beschrieben. Zweitens unterzieht Schambeck auch die auf Seiten des Textes stattfindenden Bewegungen einer Reflexion. Bei der Beschäftigung mit dem Bibeltext wird auf das Verfahren der intertextuellen Exegese zurückgegriffen, welche die Verwobenheit eines Bibeltextes mit der Gesamtheit der biblischen Schriften und deren »roter Fäden« aufzuzeigen versucht. Damit lade die »Welt des Textes« die Leserinnen und Leser dazu ein, auch die eigenen Sinnzusammenhänge in das Auslegungsverfahren zu integrieren und die »Welt des Textes« für die persönlichen Lebensdeutungen zu befragen. Drittens schließlich will die »bibeltheologische Didaktik« die Lernenden zur Kommunikation darüber befähigen, was sich durch die Begegnung mit dem Text bei ihnen verändert hat, damit die gewonnenen religiösen Erfahrungen auch für andere relevant werden. Im Blick auf die Praxisrelevanz soll die Begegnung mit biblischen Texten einen Beitrag dazu leisten, »die konkrete Welt besser, menschenfreundlicher, lebensdienlicher zu gestalten« (ebd., 144). Methodisch liegt der Fokus auf Lernformen, welche die eigene Kreativität und Kommunikationsfähigkeit fördern und herausfordern.

> Die »bibeltheologische Didaktik« von Mirjam Schambeck

> Die Vielfalt der Stimmen des Textes und der Stimmen der Leser/innen zum Text sollen eine Symphonie bilden

Unter dem Strich zeigt sich deutlich, dass die Bibeldidaktik trotz oder vielleicht sogar wegen aller Traditionsabbrüche und der wachsenden Fremdheit der Bibel Hochkonjunktur hat. Unterschiedliche Entwürfe biblischen Lernens liegen auf dem Tisch, die sich unter Berücksichtigung aktueller exegetischer, soziologischer, literaturwissenschaftlicher und entwicklungspsychologischer Erkenntnisse darum bemühen, das Potenzial der Bibel mit kreativer Methodik zu erschließen und auf lebendigen Lernwegen in der Lebenswelt der Schülerinnen und Schüler zum Sprechen zu bringen. Vor dem Hintergrund der Gemeinsamkeiten wie auch Eigenheiten der einzelnen Ansätze stellt sich die Frage nach den Konturen eines tragfähigen Konzepts der Bibeldidaktik für das 21. Jahrhundert. *Michael Fricke*

> Konturen einer Bibeldidaktik für das 21. Jh.

hat diesbezüglich mit »Wahrnehmung der Lebenswelt der Postmoderne«, »Normative Programmatik der Didaktik«, »Mit Kindern und Jugendlichen die Bibel entdecken« und »Elementare biblische Formen und Inhalte« vier wichtige Felder benannt und inhaltlich präzisiert (FRICKE 2009, 69-84).

Wahrnehmung der Lebenswelt der Postmoderne

- Pluralität, Autonomie und Individualität als Maximen der Postmoderne.
- Kirchliche Enttraditionalisierung; Abschied der jüngeren Generation von der Bibellektüre.

Normative Programmatik der Didaktik

- Wahrnehmung empirischer Forschung, ohne dieser einen normativen Rang einzuräumen
- Entwurf eines didaktischen Programms (Erschließung lebensbejahender Glaubenserfahrungen der Bibel; Erwerb der Fähigkeit zur Unterscheidung zwischen biblischem Wort und dessen Deutung; Förderung eines Wirklichkeitsverständnisses, das von der Komplementarität von biblischem und naturwissenschaftlichem Denken geprägt ist)

Mit Kindern und Jugendlichen die Bibel entdecken

- Förderung der Aneignung biblischer Inhalte durch die Schülerinnen und Schüler anstatt »Wissenstransport«.
- Wahrnehmung der Theologie von Kindern und Gestaltung des Unterrichts als theologisches Fragen und Antworten gemeinsam mit Kindern.
- Entwicklung einer Jugendtheologie (verfremdete Rezeptionen biblischer Motive als Mittel, damit sich Jugendliche den Texten annähern und an ihnen reiben können; Wege des Lernens über die Sinnes- und Körpererfahrung).
- Keine absolute Beliebigkeit der Auslegung, sondern Rückbindung der Schülerdeutungen an exegetische und hermeneutische Erkenntnisse zum Text.

Elementare biblische Formen und Inhalte

- Bibel als Schule der Sprache und des Ausdrucks.
- Bibel als Schatz von Bildern des Trostes und der Geborgenheit.
- Bibel als Orientierungshilfe zu ethischem Handeln.
- Bibel als Reservoir von Reibeflächen, die zu neuem Denken und Handeln herausfordern.
- Bibel als Schule des Narrativierens, die Impulse zur Betrachtung des eigenen Lebens in einem bestimmten Licht gibt und beim Erzählen unserer eigenen »Story« eine Hilfe sein kann.
- Bibel als Hilfe, Träume und Hoffnungen zu kultivieren.
- Gemeinsame Beschäftigung mit der Bibel zur gegenseitigen Inspiration.

Konturen einer Bibeldidaktik des 21. Jh. (nach M. Fricke)

II. Kreative Methoden der Bibeldidaktik

Existenzielle biblische Lernprozesse stehen und fallen mit der Qualität und Vielfalt des eingesetzten Methodeninstrumentariums. Zum lebendigen Lernen mit der Bibel hat sich eine Fülle bewährter älterer und faszinierender neuerer Methoden herausgebildet. Dazu zählen neben textorientierten Zugängen wie Biblisches Erzählen, Bibliolog oder kreatives Schreiben auch stärker handlungsorientierte Zugänge wie Rollenspiel, Bibliodrama oder das Arbeiten mit Standbildern. Vor dem Hintergrund der starken Prägung der Kinder und Jugendlichen durch audiovisuelle Medien, die im Zuge der Digitalisierung nochmals einen neuen Schub erfahren hat, kommt zudem der Erschließung biblischer Texte durch Filmsequenzen, Videoclips und Popsongs große Bedeutung zu. Die Grenze zwischen Unterrichtsmethode und Interpretationsmodell ist fließend. Die meisten der nachfolgend dargestellten Ansätze, die nur einen exemplarischen Ausschnitt des vielfältigen bibeldidaktischen Methodeninstrumentariums (ZIMMERMANN/ZIMMERMANN ²2018, 491-662; TROUE 2013) bieten, sind ihrem Selbstverständnis nach nicht nur Vermittlungsmethoden, sondern auch eigenständige hermeneutische Konzepte. Sie treten mit dem Anspruch an, verschüttete oder bislang noch nicht erschlossene Facetten der biblischen Texte zum Vorschein zu bringen und durch wissenschaftlich reflektierte Interpretationsverfahren neue Verstehensmöglichkeiten anzuregen.

Lebendiges Lernen mit der Bibel

■ Biblisches Erzählen und Narrative Exegese

Erzählen stellt im Alltag von Menschen aller Zeiten eine elementare Form der Kommunikation dar. Anders als das Lesen ist das Erzählen ein dialogischer Prozess, zu dem mindestens zwei Personen gehören. Indem die Zuhörenden durch Gestik, Mimik oder Zwischenfragen Signale an die Erzählerin oder den Erzähler zurücksenden und damit Einfluss auf den weiteren Erzählverlauf nehmen, kommt es zu einem Wechselspiel, bei dem beide Seiten aktiv sind und miteinander kommunizieren. Das Christentum ist von seinen Ursprüngen her eine Erzählgemeinschaft und sollte sich auf seine »narrative Unschuld« zurückbesinnen, die es durch die Dominanz des wissenschaftlichen Diskurses in der Theologie verloren hat (WEINRICH 1973, 329-334). Nacherzählungen biblischer Geschichten bringen abstrakte theologische Aussagen anschaulich und lebensnah auf den Punkt. Das Hören von Geschichten hat trotz zunehmender Prägung unseres Alltags durch visuelle Medien nichts an Attraktivität eingebüßt. Es regt die Phantasie an, eigene Bilder zu erzeugen, und besticht durch die persönliche Kommunikation »face to face«, die durch nichts zu ersetzen ist (BALDERMANN 2001, 437). Vor allem die Primarstufe und die frühe Sekundarstufe I sind nach wie vor Orte, wo eine schulische Erzählkultur entwickelt und gepflegt werden kann.

Das Christentum als Erzählgemeinschaft

Das Christentum sollte sich auf seine narrative Unschuld zurückbesinnen

Der Reiz der Erzählung besteht darin, dass sie in eine allzu vertraut gewordene Situation Neues einbringt, den Zwängen des alltäglichen Lebens gegenüber ein kritisches Korrektiv darstellt und verborgene Verständniskategorien erschließt.

Angebot von Identifikationsmöglichkeiten

Sie holt Entferntes in die Gegenwart und nimmt die Adressaten unmittelbar in das biblische Geschehen hinein. Im Akt des Erzählens geht es um das Angebot erfahrungsnaher Identifikationsmöglichkeiten mit biblischen Gestalten. Dadurch in Gang gesetzte Prozesse der Selbsterkenntnis überbrücken die Distanz zum Text und eröffnen neue Dimensionen, indem sie die Hoffnung auf eine der biblischen Situation vergleichbare Gotteserfahrung im eigenen Leben wecken und Kraft für einen neuen Anfang spenden. Die Nacherzählung ist nicht einfach eine Kopie der biblischen Geschichte, sondern das Resultat eines kreativen Vorgangs, bei dem die erzählende Person selbst ganz dabei ist und sich intensiv mit dem biblischen Text beschäftigt haben muss. Durch bibelwissenschaftlich reflektiertes Nacherzählen kann bereits die Erstbegegnung mit einer biblischen Geschichte interpretativ gesteuert werden. Es entzieht die Hörerinnen und Hörer dem autoritativen Druck der biblischen Tradition und bahnt ihnen den Weg zu einer eigenständigen Deutung der Texte.

Texttreue oder Phantasiearbeit?

Kontrovers diskutiert wird die Frage, wie eng sich eine Nacherzählung am biblischen Text bewegen muss. Die zwei großen Schulrichtungen »Biblischen Erzählens«, die sich gegenüberstehen und in diesem Punkt gegensätzliche Auffassungen vertreten, werden von *Dietrich Steinwede* und *Walter Neidhart* repräsentiert (WEGENAST 1983, 96-106; URBACH ²1981). Die Konzeption von Steinwede ist durch die Maximen »Texttreue« und »Entfaltung der theologischen Mitte« gekennzeichnet. Das Gefüge der sprachlichen Bausteine eines Textes und damit das Besondere seines Gehaltes und seiner Atmosphäre soll bei der theologischen Entfaltung in der Nacherzählung möglichst authentisch erhalten bleiben. Alles Ausmalen, Ausschmücken, Psychologisieren, Moralisieren oder Aktualisieren verderbe den Text von der Sprache wie der Sache her. Wichtigste Erzählregel Steinwedes ist die sprachliche Elementarisierung, die durch die Verwendung von Präsens und direkter Rede, das Vermeiden von Nebensätzen, die Bevorzugung von Verben gegenüber Substantiven und die Zurückhaltung gegenüber Adjektiven charakterisiert ist. Hinzu kommen die intensivierende Wiederholung und die Umschreibung erklärungsbedürftiger biblischer Begriffe. Bei Neidhart hingegen dominiert das Motto der Phantasiearbeit. Der Erzähler oder die Erzählerin ist zwar an den theologischen Gehalt der biblischen Geschichte gebunden, aber in der Wahl der erzählerischen Mittel und Bilder frei. Ausschmückungen, Subjektivität und emotionale Parteinahme sind bewusst beabsichtigt. Der Handlungsablauf der biblischen Vorlage wird zu epischer Breite zerdehnt und um Nebenzüge bereichert. Personen werden hinzufunden und die vermuteten Gefühle der Erzählfiguren zum Ausdruck gebracht.

Bei Walter Neidhart dominiert das Motto der Phantasiearbeit

Umwelt-, Rahmen- und Verlaufsgeschichte

Biblisches Erzählen kann sich neben der auf den Bibeltext fokussierten Nacherzählung als »klassischer Form« auch der Umweltgeschichte, der Geschichte zur literarischen Ursprungssituation, der Rahmengeschichte und der Verlaufsgeschichte bedienen (NEIDHART/EGGENBERGER ⁶1990, 9-10; ADAM ⁵2010, 146). Die Umweltgeschichte vermittelt Informationen über die Zeit, Geschichte und Umwelt der Bibel, um den historischen, politischen und geographischen Kontext biblischer Texte zu erhellen. Geschichten zur literarischen Ursprungssituation sollen die Entstehung eines biblischen Textes aufzeigen. Mit der Rahmenerzählung wird eine fiktive historische oder gegenwärtige Situation geschaffen, in der die biblische Geschichte zu Gehör kommt, um die von ihr transportierte Botschaft fassbar zu machen. Es geht um die Veranschaulichung der Problemsituation oder aktuellen Frage, auf die der Text eine Antwort gibt. Verlaufsgeschichten versuchen, die alten Erzählungen, wie sie von den biblischen Autoren für die Menschen ihrer Zeit geschrieben wurden, mit heutigen gestalterischen Mitteln für Schülerinnen und Schüler verschiedener Altersstufen umzuformen.

Zur Vorbereitung einer Nacherzählung ist es notwendig, den Lebenszusammenhang und die Kernaussage der biblischen Ursprungsgeschichte zu rekonstruieren, den Abstand oder auch die Nähe zu der gegenwärtigen Lebenssituation der Schülerinnen und Schüler zu reflektieren und auf dieser Grundlage einen theologisch verantworteten Erzählentwurf zu entwickeln (GRETHLEIN 2000, 38). In diesem Zusammenhang muss der Erzähler oder die Erzählerin im Vorfeld auch die kognitiven Möglichkeiten und gefühlsmäßigen Interessen der Adressaten bedenken und sich Gedanken zur Stimme, Mimik und Gestik beim Nacherzählen machen. Als die vier großen Gefahren beim Nacherzählen biblischer Geschichten gelten weithin das Historisieren, Psychologisieren, Modernisieren und Moralisieren (ADAM [5]2010, 148-149). Beim Historisieren werden die biblischen Texte derart stark als Geschichten aus der Vergangenheit dargeboten, dass bei den Hörerinnen und Hörern der Eindruck erweckt wird, als ob diese sie nichts mehr angingen. Die Psychologisierung läuft Gefahr, über den Gemütszustand der handelnden Personen oder gar Gottes mehr zu erzählen, als im Text steht. Beim Modernisieren kann die Wahl eines Jargons der Gegenwart oder das Einbringen moderner Motive zu misslungenen Nacherzählungen führen. Durch das Moralisieren wird die Interpretation des Textes häufig in eine völlig falsche Richtung gelenkt, etwa wenn man beim Gleichnis vom verlorenen Sohn den vom damaligen Erbrecht abgedeckten Wunsch nach vorzeitiger Auszahlung des Erbanteils so darstellt, als ob der jüngere Sohn undankbar gewesen sei und den Tod des Vaters nicht habe abwarten können. An Stelle eigener Nacherzählungen kann auch auf geeignete Geschichten aus Kinderbibeln (vgl. ADAM/LACHMANN 2006; RENZ 2006) oder Erzählbüchern zur Bibel (NEIDHART/EGGENBERGER [6]1990; NEIDHART [2]1993/1997; TSCHIRCH 1997) zurückgegriffen werden. Grundsätzlich ist das freie Vortragen einem Vorlesen der Nacherzählung vorzuziehen, wobei durch Mimik und Blickkontakt ein Kommunikationsprozess mit den Hörerinnen und Hörern in Gang gesetzt wird.

Eng mit dem Biblischen Erzählen verwandt ist die Narrative Exegese, die auf eine unterhaltsame und ausschmückende, doch gleichzeitig den Erkenntnissen historisch-kritischer Bibelforschung verpflichtete Nach- oder Neuerzählung biblischer Texte abzielt. Dabei geht es nicht zuletzt darum, die Verwurzelung neutestamentlicher Traditionen in ihren kulturellen, politischen und sozialen Kontexten transparent zu machen. Gelungene Beispiele sind *Gerd Theißens* auch als Comic vorliegender (SCHREIBER 2013) Jesusroman »Der Schatten des Galiläers« ([20]2007), der historische Jesusforschung in erzählender Form bietet und dabei die Jesusgeschichte in eine fiktive Rahmenerzählung von dem für die Römer als Spitzel tätigen Getreidehändler Andreas einbettet, und *Walter J. Hollenwegers* »Konflikt in Korinth« ([5]1987), wo in Form narrativer Exegese die Gottesdienstkonflikte aus 1Kor 12–14 erhellt und nachgezeichnet werden. Beide Werke eignen sich gut für den Religionsunterricht in höheren Klassenstufen.

> Methodik und Gefahren Biblischen Erzählens

> Das Einbringen moderner Motive kann zu misslungenen Nacherzählungen führen

> Narrative Exegese

■ Szenisches Spiel, Bibliodrama und Bibliolog

Korrektur rationaler Engführung von Lernprozessen

Wer unter Ausschluss des sinnlich Erfahrbaren allein auf der kognitiven Ebene verbleibt, wird kaum in der Lage sein, das Erfahrungs- und Sinnpotenzial der Bibel in ganzer Tiefe zu erschließen. Methoden aus dem Umfeld des Rollenspiels und Bibliodramas brechen eine rationale Engführung von Lernprozessen auf. Das Spiel zielt darauf ab, Wahrnehmungen zu erweitern und körperliche oder auch sprachliche Verhaltensmuster zu aktivieren, zu diskutieren und zu reflektieren. Durch den Tausch der eigenen Wirklichkeit mit der Wirklichkeit der gespielten Rolle wird spontan und intuitiv eine lebensnahe Begegnung mit dem biblischen Text in Gang gesetzt. Dies beinhaltet eine beträchtliche Erweiterung der Verstehensmöglichkeiten, indem neben dem Intellekt auch die Sprache des Körpers ins Spiel kommt und durch Förderung kreativer Fähigkeiten einer einseitigen »Verkopfung« des Lernens entgegengewirkt wird.

Rollenspiel und Bibliodrama

Die spielerische Darstellung von Szenen aus biblischen Texten bietet die Chance, neue Möglichkeiten an sich selbst zu erproben, ohne dauerhaft auf diese festgelegt zu bleiben. Die Wirklichkeit der gespielten Rolle überlagert temporär die eigene Wirklichkeit. Durch Rollenübernahme und Rollentausch eröffnet das Medium des Spiels Perspektivenwechsel, indem versuchsweise die Identifikation mit wechselnden Charakteren erfolgt. In geschlossenen Rollenspielen zu neutestamentlichen Erzählungen (z.B. MULTHAUPT 1994) schlüpfen die Beteiligten in die Haut der unterschiedlichen Handlungsträger, beispielsweise des blinden Bartimäus oder des Zöllners Zachäus, und lernen sich in deren Leben hineinzudenken. Dadurch werden besonders intensive Identifikationsprozesse und unmittelbare emotionale Beteiligung gefördert, als deren Folge der im biblischen Geschehen enthaltene Zuspruch oder Anspruch Gottes in der eigenen Lebensgeschichte neu erfahrbar wird. Noch tiefer ist die Begegnung des Ich mit der biblischen Tradition im Bibliodrama (MARTIN ³2011; PAULER 1996), das methodisch als ein aufgewertetes, um Lebensbezug und Reflexion bereichertes Rollenspiel betrachtet werden kann und zudem durch Offenheit gekennzeichnet ist. Es handelt sich bei dem Bibliodrama um eine wissenschaftlich reflektierte Form interaktionalen und erfahrungsbezogenen Umgangs mit der Bibel. Anders als die historisch-kritische Exegese blickt das Bibliodrama nicht distanziert auf den Text zurück, sondern beschäftigt sich mit der biblischen Geschichte, wie sie jetzt im Menschen lebt, und macht dabei Anleihen bei der tiefenpsychologischen Hermeneutik. Die Bibel soll als Quelle heilender Erneuerung wiederentdeckt werden. Als ganzheitliches, sich im Leib mit Kopf, Herz und allen seinen Gliedern abspielendes Verfahren der Bibelauslegung zielt das Bibliodrama auf eine Selbsterkenntnis im Spiegel biblischer Überlieferungen und den Gewinn neuer Lebensperspektiven ab.

> Im Rollenspiel schlüpft man versuchsweise in die Haut der biblischen Gestalten

Bandbreite bibliodramatischer Ansätze

Die Bandbreite bibliodramatischer Ansätze umfasst textzentriertes, spielpädagogisch inspiriertes, seelsorgerliches, mimetisches und psychodramatisches Bibliodrama (LOHKEMPER-SOBIECH 1998, 11-28). Bei allen Schwierigkeiten, diese unterschiedlichen Konzeptionen auf einen einheitlichen Nenner zu bringen, kann Bibliodrama als offener Interaktionsprozess definiert werden, der einer Person innerhalb eines Gruppengeschehens die ganzheitliche Begegnung mit einem biblischen Text ermöglicht. Bibliodrama vollzieht sich damit im Spannungsfeld der drei Pole Text, Ich und Gruppe. Im Rahmen eines Gruppengeschehens wird unter Anleitung erfahrener Bibliodramatikerinnen oder Bibliodramatiker auf dem Wege ganzheitlicher, die Körpersprache miteinbeziehender Bibelauslegung der Versuch unternommen, biblische Überlieferungen in einen gewinnbringenden Zusammenhang mit der individuellen Lebens- und Glaubensgeschichte zu bringen. Die Konfrontation eigener, auch unbewusster Erfahrungen mit den in biblischen Texten verborgenen Erfahrungen anderer bringt Bewegung hervor und erschließt neue Lebensperspektiven. Dabei geht es gleichermaßen um das Bewusstmachen von Vorbehalten oder Blockaden gegenüber dem biblischen Text wie um die Entdeckung des ihm innewohnenden befreienden Potenzials. Steht demnach die Begegnung zwischen dem biblischen Text und dem Ich im Zentrum des bibliodramatischen Geschehens, so kommt der Gruppe als weiterer entscheidender Größe eine tragende und unterstützende Funktion zu. Sie ist der Ort, an dem die spielerische Konfrontation mit der biblischen Tradition geschieht, Interaktionsprozesse in Gang kommen und die dabei gewonnene Erfahrung aufgearbeitet wird. Von der Durchführung her ist für die meisten Formen von Bibliodrama ein sich wiederholender Dreischritt charakteristisch, nämlich die Öffnung für den Text (Warming up, Meditation), das szenische Spiel (kreative Phase) und die intensive Reflexion des Erlebten (Feedback, Aufarbeitung und Bewertung). Beim ersten und dritten Schritt ist eine Rückkoppelung an historisch-kritische Exegese sinnvoll, um den Text vor unangemessenen Projektionen und willkürlicher Vereinnahmung zu schützen.

Ein ausgeführtes Bibliodrama ist ausgesprochen zeitintensiv und lebt davon, dass Menschen sich unter qualifizierter Leitung in einem geschützten Raum mit Offenheit und Vertrauen auf sich selber, die anderen und den biblischen Text einlassen. Es versteht sich von selbst, dass diese Form des Bibliodramas nicht ohne Weiteres auf Schule und Unterricht mit ihren ganz anderen Rahmenbedingungen übertragbar ist. Die uneingeschränkte Freiwilligkeit und die damit verbundene hohe Motivation bei der Beteiligung an Bibliodramaseminaren ist in der Schule ebenso wie Vertraulichkeit im Normalfall nicht gegeben. Der Eskalation von Spannungen oder dem Aufbrechen tief sitzender Konflikte sollte im Religionsunterricht schon deshalb von vornherein Einhalt geboten werden, weil emotionale Prozesse ausgelöst werden könnten, die eine Lehrkraft mit unzureichender Erfahrung in Psychologie und Gruppendynamik nicht mehr zu steuern und aufzufangen vermag. Zudem besteht die Gefahr einer didaktischen Instrumentalisierung bibliodramatischer Elemente, der gegenüber das Bibliodrama als offener Gruppenprozess mit nicht allgemein abrufbarem oder gar durch Noten zu bewertendem Endresultat sich wesensmäßig sperrt.

Spannungen des Bibliodramas zum Lernort Schule

Das Bibliodrama ist nur bedingt mit den schulischen Rahmenbedingungen vereinbar

Auch wenn damit die Rahmenbedingungen des Schulbetriebs ein ausgeführtes Bibliodrama mit derartiger Tiefendimension, wie sie in mehrtägigen Seminaren erreicht wird, kaum zulassen, sollte das Bibliodrama im Religionsunterricht nicht einfach ignoriert oder aus pragmatisch-strukturellen Erwägungen heraus kategorisch abgewiesen werden. In elementarisierter Form ist das Bibliodrama auch in der Schule gewinnbringend einsetzbar, wobei der auf maximal neunzigminütige Unterrichtssequenzen begrenzte Zeitrahmen die Chance einer Konzentration auf das Wesentliche in sich birgt. Bibliodramatische Elemente sind im Religionsunterricht sinnvoll, weil sie die Lebenswirklichkeit der Schülerinnen und

Integration bibliodramatischer Elemente in den RU

Schüler in den Mittelpunkt stellen, einen ganzheitlichen Zugang zu biblischer Tradition vermitteln und mit der Integration der dabei gewonnenen Erfahrungen in die eigene Lebenswelt einen entscheidenden Beitrag zur Identitätsfindung leisten. Als ein Gruppenprozess, dessen Ergebnisse nicht objektiv erfassbar sind und sich damit der Leistungsbewertung entziehen, lässt sich das Bibliodrama kaum mit solchen Formen des Religionsunterrichtes verbinden, in denen die Vermittlung und Kontrolle religiösen Wissens im Vordergrund steht. Bibliodramatisches Arbeiten ist hingegen gut in jede Art des handlungsorientierten Religionsunterrichts mit therapeutischer oder identitätsbildender Ausrichtung integrierbar.

Charakter und Anliegen des Bibliologs

In einem engen Verwandtschaftsverhältnis zum Bibliodrama steht der von dem Psychodramatiker und Literaturwissenschaftler *Peter A. Pitzele* unter Mitwirkung seiner Ehefrau *Susan Pitzele* entwickelte Bibliolog (PITZELE 1998; POHL-PATALONG ³2013/²2013). Der Bibliolog bewegt sich in der Tradition der jüdischen Bibelauslegung des Midrasch und versucht dem biblischen Text (»schwarzes Feuer«) dadurch näher zu kommen, dass dessen Zwischenräume oder Leerstellen (»weißes Feuer«) kreativ mit eigenen Gedanken gefüllt werden. In Analogie zum Bibliodrama zielt der zuweilen als dessen »kleine Schwester« bezeichnete Bibliolog auf die Inszenierung einer Begegnung zwischen der Welt der Bibel und der Lebenswelt der Menschen ab, um die Aktualität und Lebensrelevanz der biblischen Texte erlebbar werden zu lassen und unabhängig von Vorkenntnissen einen neuen Zugang zu ihnen zu ermöglichen. Anders als beim Bibliodrama gehen allerdings beim Bibliolog die daran Mitwirkenden nicht körperlich ins Spiel, sondern bleiben auf ihren Plätzen sitzen. Das Geschehen bewegt sich nur auf der sprachlichen Ebene und bleibt enger am Text. Zudem ist der in der Grundform in 15-20 Minuten zu bewältigende Bibliolog weniger zeitintensiv als das Bibliodrama und kann auch mit größeren Gruppen durchgeführt werden. Somit eignet sich der Bibliolog auch gut für den schulischen Religionsunterricht. Ein weiterer wesentlicher Unterschied zum Bibliodrama liegt darin, dass der Bibliolog die Bereitschaft, sich persönlich zu öffnen, nicht zur Voraussetzung für die Teilnahme macht und man auch passiv an ihm teilnehmen kann, ohne angesprochen oder befragt zu werden.

> Der Bibliolog ist die kleine Schwester des Bibliodramas

Durchführung des Bibliologs

Methodisch schließt sich an die Textauswahl der Prozess der Konzeption des Bibliologs an. Dabei entwirft die den Bibliolog leitende Person (Bibliologe oder Bibliologin) eine Art Choreographie, die durch die biblische Geschichte führt und die Begegnung mit ihr ermöglicht. In diesem Zusammenhang wird nach einer intensiven meditativen wie auch exegetischen Beschäftigung mit dem ausgewählten Text festgelegt, welche Szenen daraus im Mittelpunkt stehen sollen, mit welchen Rollen sich die Teilnehmenden identifizieren sollen und welche Fragen an sie gerichtet werden sollen. Nach einem Prolog und einer narrativen Einführung in die ausgewählte biblische Geschichte beginnt der eigentliche Bibliolog mit dem *enroling*, bei dem den beteiligten Personen die Rolle einer biblischen Gestalt aus dem Text zugewiesen wird. In dieser Rolle können sie sich äußern und dabei ihre eigenen Lebenserfahrungen einbringen. Die beiden Grundtechniken bei der Durchführung eines Bibliologs sind das *echoing* und das *interviewing*. Beim *echoing* nimmt der Bibliologe oder die Bibliologin jede Äußerung, die von den Teilnehmenden in ihrer Rolle getätigt wurde, sprachlich auf und gibt sie mit eigenen Worten wieder. Dabei geht es nicht nur um die Benennung der zentralen

Inhalte der Äußerung, sondern vor allem auch um das Erfassen der darin enthaltenen Gefühle. Während des *echoing* tritt die Leitung neben die teilnehmende Person, nimmt Blickkontakt mit ihr auf und spricht in deren Rolle bzw. als deren Sprachrohr in Ich-Form in dieselbe Richtung wie sie. Durch das *echoing* erfolgen ein Hörbarwerden und eine Wertschätzung subjektiver Äußerungen, die Menschen zu einer intensiveren Auseinandersetzung mit biblischen Texten ermutigt, ihnen neue Erfahrungen erschließt und ihnen zuweilen dabei hilft, sich selbst noch etwas besser zu verstehen. Das Echo kann von den am Bibliog teilnehmenden Menschen wie ein Spiegel erlebt werden, in dem sie sich selbst und ihre Füllung der Rolle noch einmal anschauen können und Linien wahrnehmen, die sie vorher noch gar nicht richtig gesehen haben. Gelegentlich äußern sie, dass ihnen erst durch das *echoing* klar geworden sei, was sie selbst eigentlich gemeint hätten (POHL-PATALONG 2005, 56). Beim *interviewing* schlüpft die Bibliologin oder der Bibliologe dagegen wieder in die eigene Rolle zurück, bewegt sich räumlich in die Position des Gegenübers und versucht durch vertieftes Nachfragen einen Anstoß zu bislang noch nicht Gesagtem zu geben. Durch den mehrfachen Rollenwechsel vom *echoing* zum *interviewing* und die jeweils damit verbundene Positionsveränderung entsteht eine Art »kleiner Tanz«, der dem Bibliolog eine besondere Dynamik verleihen kann.

Durch mehrfachen Rollenwechsel vom »echoing« zum »interviewing« entsteht ein »kleiner Tanz«

■ Kreatives Schreiben

Kreatives Schreiben oder *Creative Writing* ist ein übergeordneter Begriff für eine Vielzahl unterschiedlicher Konzepte, welche die Überzeugung verbindet, dass jeder Mensch über ein kreativ-sprachliches Potenzial verfügt, das er bei entsprechender methodischer Anleitung in vielfältigen Schreibmöglichkeiten realisieren und aktualisieren kann. Das kreative Schreiben ist ein ganzheitlicher Vorgang, in den alle Sinne einbezogen werden, und zielt darauf ab, durch die Kraft der Imagination etwas Neues entstehen zu lassen. Da kreatives Schreiben dem Individuum neue Ausdrucksmöglichkeiten für die Selbstentfaltung bietet, ist es immer auch mit Selbsterfahrung verbunden, die den schreibenden Menschen bei seinen Aktivitäten begleitet. Im Kern geht das kreative Schreiben bis in die Antike zurück, wo sich beispielsweise die literarische Paraphrase oder Neuerzählung vorliegender schriftstellerischer Werke großer Beliebtheit erfreute. Der neuzeitliche Begriff des *Creative Writing* wurde im 20. Jh. in den USA geprägt und zunächst meist im Sinne der Vermittlung von Schreibmethoden im Rahmen universitärer Schreibkurse verstanden. In der Schule hielt das kreative Schreiben in den 1990er Jahren zunächst in den Deutschunterricht Einzug und fasste bald auch in praktisch allen anderen Fächern Fuß, in denen das Schreiben eine Rolle spielt.

Charakter und Bedeutung des Kreativen Schreibens

Kreative Schreibmethoden fördern die Freude am Schreiben und stärken die Schreibmotivation. Sie müssen daher ungewöhnlich, faszinierend, stimulierend und phantasievoll sein, um Kindern oder Jugendlichen das Hineintauchen in andere Wirklichkeiten zu ermöglichen und ihnen neue Perspektiven zu eröffnen. *Ingrid Böttcher* unterteilt vor diesem Hintergrund die Verfahren des kreativen Schreibens in sechs Gruppen, nämlich assoziatives Schreiben, Schreibspiele, Schreiben nach Vorgaben, Regeln oder Mustern, Schreiben zu und nach Texten,

Kreative Schreibmethoden

Schreiben zu Stimuli und Weiterschreiben an kreativen Texten (BÖTTCHER 1999, 22-32). Die Mehrzahl dieser Verfahren lässt sich auch im Religionsunterricht anwenden, wobei in bibeldidaktischen Zusammenhängen dem Schreiben zu und nach bereits vorliegenden Texten besondere Bedeutung zukommt. Der Pool der methodischen Möglichkeiten ist dabei nahezu unerschöpflich (ZIMMERMANN ²2018, 553-555). So ließe sich die Aufgabe an die Schülerinnen und Schüler stellen, biblische Geschichten aus der Perspektive beteiligter oder hinzuerfundener Personen neu zu schreiben. Beispielsweise könnte einer der Träger des Gelähmten (Mk 2,3) über die spektakulären Begleitumstände von dessen Heilung berichten oder die im Bibeltext nicht vorkommende Frau des Zachäus in einem Brief an ihre beste Freundin schildern, was sich in ihrem Haus zugetragen hat (Lk 19,1-10). Eine andere Möglichkeit besteht darin, biblische Geschichten weiterschreiben zu lassen und dabei etwa die Frage in den Blickpunkt zu rücken, ob der ältere Bruder des verlorenen Sohns dem Appell des Vaters zum Einstimmen in die Freude (Lk 15,32) gefolgt ist oder was der von den Dämonen befreite Gerasener (Mk 5,1-20) bei der Rückkehr in sein Haus (Mk 5,19) erlebt hat. Eine weitere reizvolle Aufgabe kreativen Schreibens an Bibeltexten ist deren aktualisierende Übertragung in die heutige Zeit, indem beispielsweise eine in der Gegenwart spielende Version des Gleichnisses vom barmherzigen Samariter entworfen wird. Neben dem auf den biblischen Text selbst bezogenen kreativen Schreiben ist auch die kreative schreiberische Auseinandersetzung mit poetischen Texten zur Bibel möglich (ebd., 555).

Die Möglichkeiten kreativen Schreibens sind nahezu unerschöpflich

■ Hermeneutik der Verfremdung

Anliegen der Hermeneutik der Verfremdung

Die »Hermeneutik der Verfremdung« (BERG ³1996, 366-385) zielt darauf ab, fest eingespielte Wahrnehmungsmuster zwischen dem biblischen Text und dessen Rezipienten aufzubrechen. In den durch Gewöhnungseffekte, Ausgrenzung aus der Wirklichkeit oder Einordnung in starre Wahrnehmungsmuster ausgebrannt wirkenden und vielen Menschen fremd gewordenen Überlieferungen soll wieder Feuer entfacht werden. Im Hintergrund steht die Verfremdungstheorie, der »V-Effekt«, den *Bertolt Brecht* (1898-1956) im Hinblick auf eine Erneuerung des Theaters programmatisch entwickelt hat.

»Der V-Effekt besteht darin, dass das Ding, das zum Verständnis gebracht, auf welches das Augenmerk gelenkt werden soll, aus einem gewöhnlichen, bekannten, unmittelbar vorliegenden Ding zu einem besonderen, auffälligen, unerwarteten Ding gemacht wird. Das Selbstverständliche wird in gewisser Weise unverständlich gemacht, das geschieht aber nur, um es dann um so verständlicher zu machen. Damit aus dem Bekannten etwas Erkanntes werden kann, muss es aus seiner Unauffälligkeit herauskommen; es muss mit der Gewohnheit gebrochen werden, das betreffende Ding bedürfe keiner Erläuterung. Es wird, wie tausendfach, bescheiden, populär es sein mag, nunmehr zu etwas Ungewöhnlichem gestempelt.« (BRECHT 1973, 155)

Die Wirkkraft des »fremden Blickes«

Der »fremde Blick« auf biblische Erzählungen vermag entscheidend zur Überbrückung der tiefen Kluft zwischen der historischen Situation des Textes und der Gegenwart der Hörerinnen und Hörer beizutragen. Er regt zur Auseinandersetzung an und haucht den durch Gewöhnungseffekte abgeschliffenen Überlieferungen, die den einen allzu vertraut geworden sind und von den anderen als wirklichkeitsfern abgetan werden, neues Leben ein. Durch verfremdete Wiedergabe biblischer Tradition wird Staunen und Neugierde geweckt, ein Reflexionsprozess über die eigene Einstellung zum Text in Gang gesetzt und produktiver Widerspruch hervorgerufen.

Die Verfremdung biblischer Texte kann literarisch oder visuell erfolgen. Da Verfremdungen verhärtete Perspektiven auf biblische Überlieferungen aufbrechen wollen, entfalten sie besondere Wirkung, wenn sie einen stark provokativen Charakter haben und gewissermaßen quer zum Bibeltext stehen. Vielfältiges Material für literarische Verfremdungen findet sich in der zwölfbändigen Reihe »Biblische Texte verfremdet« (BERG/BERG 1986-1990) und in speziellen Anthologien, in denen literarische Texte zur Bibel aus der Weltliteratur zusammengestellt sind (vgl. LANGENHORST ⁵2018, 604-610). Eine der wichtigsten Techniken literarischer Verfremdung ist die Veränderung der sprachlichen Form, bei der beispielsweise eine Erzählung zu einem Gedicht umformuliert wird. Auch die Übertragung einer biblischen Tradition in einen neuen zeitlichen oder geographischen Lebenszusammenhang oder die Einführung zusätzlicher Akteure zieht Verfremdung nach sich. Daneben kommen Veränderungen im Umfeld des Bibeltextes in Betracht, indem dieser einen neuen Rahmen erhält oder mit anderen Bibeltexten kombiniert wird.

Literarische Verfremdung

Neben der literarischen Umformung biblischer Texte in eine ganz andere Gestalt eröffnen auch visuelle Verfremdungen aus dem Bereich der bildenden Kunst neue Verstehensmöglichkeiten. Die visuelle Verfremdung ist ein eigenständiges, überwiegend nur noch recht locker mit der biblischen Vorlage verbundenes Feld und erfolgt durch Bilder, Skulpturen, Karikaturen oder Montagen. Dabei ist zwischen gewollten und ungewollten Verfremdungen zu unterscheiden. Gewollte Verfremdungen entstehen in bewusster Anlehnung an einen Bibeltext und verfolgen das Ziel, dessen Inhalt interpretativ ins Bild zu setzen und unter neuen Blickwinkeln zu beleuchten. Einzelne Kunstwerke, die zu ihrer Zeit als besonders provokativ empfunden wurden und einen Sturm der Entrüstung hervorriefen, haben Diskussionen angestoßen, die zu einer differenzierteren Betrachtung biblischer Texte beitrugen. So wirkte das Gemälde »Der zwölfjährige Jesus im Tempel« von *Max Liebermann*, das Jesus als dunkelhaarigen, barfüßigen Knaben mit Schläfenlocken und spitzer Nase zeigte, im Jahr 1879 mit seiner naturalistischen Darstellung des Gottessohns derart schockierend auf die bürgerliche Christenheit, dass der Künstler sich dem auch von Antisemitismus getragenen Druck der Öffentlichkeit beugte und das Gemälde überarbeitete. Auf lange Sicht hat dieser »Jesus-Skandal« (FAASS 2009) aber das Bewusstsein für die Verwurzelung Jesu im zeitgenössischen antiken Judentum geschärft. In nahezu jedem Religionsbuch wie auch im Internet finden sich unterschiedlichste bildliche Umsetzungen biblischer Geschichten aus dem Bereich der Malerei, die sich mit bewährten Methoden der Bildbetrachtung (LANGE ⁵2010, 247-261; GRETHLEIN 2000, 19-25) vertieft erschließen lassen. Für den Religionsunterricht besonders ertragreich ist das Fotoprojekt I.N.R.I von *Serge Bramly* und *Bettina Rheims*, die eine Vielzahl von Evangelientraditionen in einer sinnlichen Ästhetik darbieten, wie sie aus der Modefotografie oder Lifestylemagazinen bekannt ist (BRAMLY/RHEIMS 1998).

Visuelle Verfremdung

> Manche Kunstwerke zu biblischen Geschichten riefen einen Sturm der Entrüstung hervor

Ungewollte Verfremdung

Daneben gibt es künstlerische Darstellungen, die ungewollt Bezüge zu einer biblischen Überlieferung aufweisen und deren Verständnis erweitern oder vertiefen können. Dies ist etwa bei den Werken »Streichholzhändler I« (1920) und »Streichholzhändler« (1921) von *Otto Dix* im Blick auf die Bartimäusgeschichte der Fall. Beide Arbeiten gehören in eine Reihe sogenannter »Krüppelbilder«, in denen sich Dix ab 1920 mit den Folgen des Ersten Weltkriegs auseinanderzusetzen begann. Der durch seine Militärmütze als ehemaliger Soldat gekennzeichnete Streichholzhändler, der im Krieg neben dem Augenlicht auch Arme und Beine verloren hat, verkörpert die hoffnungslose Existenz des Heers von Straßenverkäufern in den Anfängen der Weimarer Republik. Während er nahe dem Rinnstein auf dem Pflaster des Gehsteigs seine Ware anpreist, wenden sich die vornehm gekleideten Repräsentanten des Bürgertums – ein Herr in gestreiften Hosen, eine Dame im Spitzenrock, ein weiterer Herr mit Gamaschen – fluchtartig von ihm ab. Das Bild ist in keiner Weise durch die Bartimäusgeschichte aus Mk 10,46-52 inspiriert, erschließt aber als ungewollte Verfremdung deren Betrachtung als Mitgefühlsgeschichte, in der Sympathie für den Blinden geweckt und zur Zuwendung ihm gegenüber aufgerufen wird.

Provokative Kraft der Karikatur

Eine der stärksten Waffen gegen festgefahrene Denkschablonen ist die visuelle Verfremdung in Form der Karikatur, die gezielt das Mittel der Provokation einsetzt und dabei auch das Risiko einer Verletzung religiöser Gefühle in Kauf nimmt. Ein plastisches Beispiel sind die Cartoons aus dem Comicbuch »Leben des Jesus« (2002) von *Gerhard Haderer*, das bei seinem Erscheinen einen Sturm der Entrüstung hervorrief und dem Künstler von Seiten der römisch-katholischen wie der griechisch-orthodoxen Kirche den Vorwurf der Blasphemie eintrug. Dort wird etwa der Seewandel dahingehend dargestellt, dass Jesus von Weihrauch benebelt ein Holzbrett ergriff und damit zum Spaß über den See Gennesaret surfte. Auch wenn dies kaum die Intention der neutestamentlichen Erzählung treffen dürfte, eignet sich die provokative Darstellung gut als Aufhänger, um über den tieferen Sinn der Wundergeschichte und verfehlte rationalistische Deutungsmuster in das Gespräch zu kommen.

Die Karikatur ist die schärfste Waffe der Verfremdung

■ Erschließung biblischer Texte mit Filmsequenzen

Bedeutung audiovisueller Medien

Unsere Gesellschaft ist in einem noch nie dagewesenen Maße von audiovisuellen Medien geprägt. Filme bilden einen wichtigen Teil der Lebenswelt von Kindern und Jugendlichen und haben sich in der Religionspädagogik einen festen Platz erobert, auch wenn aufgrund der inflationären Allgegenwart bewegter Bilder auf Fernsehkanälen und Internetplattformen die Filmbetrachtung im Unterricht an Attraktivität verloren hat. Das Medium Film schafft Zugänge zum biblischen Text, dessen Fremdheit und archaische Sprache vielen Menschen Schwierigkeiten bereitet. Zudem bringt die audiovisuelle Wahrnehmung biblischer Stoffe insofern einen erheblichen Erkenntnisgewinn, als sie neue Sehweisen, Erfahrungen und Wirklichkeitsdimensionen eröffnet. Durch die Kraft der Bilder und Töne bietet das Medium Film einen ganzheitlichen Zugang zu biblischer Tradition, setzt das rationale wie emotionale Potenzial des Betrachters frei und ruft dadurch in besonderem Maße Identifikation und Empathie hervor. Künstlerisch anspruchsvolle oder auch provokative Bibelfilme muten den Zuschauerinnen und Zuschauern neue Perspektiven zu. Kritisch zu bedenken ist, dass der Film die kreative Tätigkeit der Phantasie einschränkt, indem er bereits fertige Bilder liefert.

Unter den strukturellen Bedingungen des schulischen Religionsunterrichts kann es in der Regel nur um die Arbeit mit thematisch geeigneten Filmausschnitten und nicht um das Anschauen ganzer Filme von abendfüllender Länge gehen. Für das Leben Jesu liegt eine Fülle von mehr oder weniger stark historisierenden Verfilmungen vor (TIEMANN 1995, 144-191; ZWICK/HUBER 1999; TIEMANN 2002, 53-183), in denen sich Szenen praktisch sämtlicher religionspädagogisch relevanten Schlüsseltexte aus den Evangelien finden. Die Arbeit der Drehbuchautoren, Regisseure und Produzenten von Jesusfilmen ist in ihrer inhaltlichen Bedeutung und Wirkung keinesfalls zu unterschätzen. Durch die gezielte Auswahl, Anordnung und Interpretation der Szenen schaffen sie eine eigenständige, in aller Regel von intensiver theologischer Reflexion durchdrungene Darstellung des Lebens Jesu. Mit der visuellen Umsetzung und musikalischen Untermalung biblischer Texte verfügt der Film zudem über Gestaltungsmöglichkeiten, die das literarische Genre nicht besitzt. Man kann ohne Übertreibung von einer reflektierten »Theologie des Jesusfilms« sprechen. Besonderen Reiz üben Filme aus, in denen die Jesusgeschichte in provokativer Weise neu beleuchtet wird, wie es in »Die letzte Versuchung Jesu« (1988) von *Martin Scorcese* der Fall ist, oder eine Aktualisierung erfährt, wofür »Jesus von Montreal« (1989) von *Denys Arcond* und »Son of Man« (2006) von *Mark Dornford-May* gelungene Beispiele sind (ZWICK ²2018, 630-631). Für niedrigere Klassenstufen bieten sich Episoden aus der auch unter dem Titel »Codename Jesus« vertriebenen Zeichentrickserie »Verbotene Geschichten« (1995) an. Ungleich schlechter steht es um neuere cineastische Werke über den Apostel Paulus, doch ist zumindest das zweiteilige Epos »Die Bibel – Paulus« (2000) von *Roger Young* verfügbar. Zudem soll 2020 der von *Ben Affleck* und *Matt Damon* produzierte Film »Paul the Apostle« erscheinen.

Jesusfilme und Paulusfilme

Bei der bibeldidaktischen Arbeit mit Filmausschnitten können diese entweder eine hinführende Funktion wahrnehmen, indem sie dem »Warming up« für die Beschäftigung mit dem Bibeltext dienen, oder zur visuellen Vertiefung bereits erarbeiteter Textinhalte herangezogen werden. Dabei sind folgende, in der Reihenfolge teilweise variablen Arbeitsschritte für eine Aufarbeitung und Vertiefung des Gesehenen geeignet (HENNING 1995, 51-59; TIEMANN 1995, 15-21):

Analyse von Filmausschnitten

- Spontane Äußerung der unmittelbaren Eindrücke, Gefühle und Assoziationen zum Filmausschnitt.
- Klärung von Verständnisschwierigkeiten.
- Beobachtungen zu Darstellung, Handlungsablauf, Kameraführung, Schnitt, Musik u.ä.
- Wahrnehmung der Ästhetik, Bildsprache und emotionalen Wirkung des Gesehenen.
- Klärung der Entstehungsbedingungen des Films (zeit- und filmgeschichtliche Einordnung; Informationen zu Regisseur, Drehbuchautor, Produzent).
- Analyse der Darstellung, insbesondere was deren theologische bzw. christologische Implikationen angeht.
- Konfrontation der filmischen Inszenierung mit ihrer biblischen Grundlage.
- Filmvergleich (Gegenüberstellung von Filmsequenzen zum selben Bibeltext aus unterschiedlichen Jesusfilmen).
- Einbeziehung der Rezeptionsgeschichte des Films (Pressekritik, öffentliche Resonanz, ggf. auch Proteste wie etwa bei dem Film »Die letzte Versuchung Jesu«).

Methoden systematischer Filmanalyse

Sofern im Rahmen von Projektunterricht die Möglichkeit zum Anschauen vollständiger Bibelfilme besteht, können diese mit dem auf die Filmrealität, die Bedingungsrealität, die Bezugsrealität und die Wirkungsrealität fokussierten Modell der systematischen Filmanalyse (KORTE ³2004, 23-24) durchleuchtet werden. Die Mehrzahl der oben für die Auswertung von Filmsequenzen benannten Aspekte begegnet dort in stärker systematisierter Form wieder. Bei der Analyse der Filmrealität geht es um eine immanente Bestandsaufnahme, die alle am Film selbst feststellbaren Daten, Informationen und Aussagen (Inhalt; Form; Technik; Handlungsstruktur; Spannungsdramaturgie) ermittelt. Die Analyse der Bedingungsrealität widmet sich den zeitgeschichtlichen Kontextfaktoren, welche die inhaltliche und formale Gestaltung des Films beeinflusst haben (gesellschaftliche Situation und Stand der Technik zur Entstehungszeit des Films; Stellung des Films im Vergleich zur zeitgenössischen Filmproduktion, zu inhaltlich ähnlichen Filmen und zu weiteren Produktionen des Regisseurs; Gründe für die filmische Aktualisierung gerade dieses Inhalts in der betreffenden zeitgeschichtlichen Situation). Die Analyse der Bezugsrealität beinhaltet eine Erarbeitung der im Film thematisierten historischen Problematik, indem nach dem Verhältnis der filmischen Darstellung zur realen Bedeutung des gemeinten Problems und zu den zugrundeliegenden historischen Ereignissen gefragt wird. Die Analyse der Wirkungsrealität schließlich kreist um die Rezeption des Films (Laufzeit; Zuschauerzahl; Publikumsstruktur; Rezeptionsgeschichte). Für weniger zeitintensive Analysen von Filmen oder Filmsequenzen im Religionsunterricht eignen sich die vier Fragen »Was habe ich wahrgenommen, gesehen, gehört?«, »Was habe ich gefühlt?«, »Welche Einfälle oder Assoziationen sind mir gekommen?« und »Welchen Schluss ziehe ich in Hinblick auf die Mitte, das zentrale Problem, die ›Message‹ des Filmes?« (KIRSNER/WERMKE 2000, 182-183), um die Fülle der Impressionen zu strukturieren und unter Einbeziehung der biblischen Textgrundlage das Gespräch über das Gesehene in Gang zu setzen.

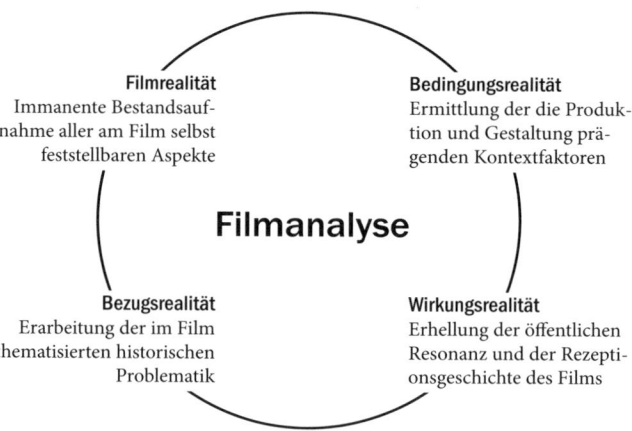

Dimensionen der Filmanalyse nach H. Korte

■ Arbeit mit Popsongs im Religionsunterricht

Im Rahmen einer an den Lebenswelten der Jugendlichen orientierten Religionspädagogik kommt der Pop- und Rockkultur hervorgehobene Bedeutung zu. Sie prägt den Alltag der Jugendlichen und spielt bei der Identitätsbildung eine wichtige Rolle. In den Liedtexten spiegeln sich latent oder offen existenzielle Grundfragen wie Angst, Leid, Glück oder Lebenssinn wider. Viele Songs und Musikvideos enthalten religiöse Botschaften oder verarbeiten biblische Motive. Als positiv besetztes Ausdrucksmedium, das fest in der Alltagswelt der Heranwachsenden verankert ist und wichtige Sinnfragen thematisiert, kann die Pop- und Rockmusik Zugang zu zentralen biblischen Texten und Themen eröffnen (BÖHM/BUSCHMANN ³2006; GÜNTHER 2015). Insbesondere in der Sekundarstufe II bietet es sich für die Lehrenden an, Songs mit religiösen Inhalten und biblischen Anspielungen heranzuziehen, um mit Jugendlichen über neutestamentliche Texte und Themen ins Gespräch zu kommen. Anschauliche Beispiele sind die Rockballade »Hymn« (1977) von *Barclay James Harvest*, die geradezu ein Kompendium der Christologie bietet, *Bruce Springsteens* Song »My Fathers House« (1982), der enge Bezüge zum Gleichnis vom verlorenen Sohn aufweist, und »I still haven't found what I'm looking for« (1987) von *U 2*, wo der Kreuzestod Jesu und das Reich Gottes thematisiert werden. Schier unendlich erscheint die Zahl der Popsongs, die sich bei der Beschäftigung mit den Wundern Jesu und der Wunderfrage heranziehen lassen. Erwähnt seien nur »All I need is a miracle« von *Mike and the Mechanics*, »The miracle« von *Queen*, »Wunder geschehen« von *Nena* und »Wunder« von *Andreas Bourani*. In Analogie zu Filmsequenzen können Songs entweder als »Warming up« zur Beschäftigung mit dem biblischen Text dienen oder nach dessen Behandlung zur Vertiefung ausgewählter Aspekte zum Einsatz kommen.

Popsongs als Träger existenzieller Botschaften

Die Rockballade »Hymn« von Barclay James Harvest bietet ein Kompendium der Christologie

Methodisch empfiehlt sich bei der bibeldidaktischen Arbeit mit Pop- oder Rocksongs ein mehrstufiges Verfahren. Am Anfang steht das Hören der Musik. Dabei muss die Lehrkraft entscheiden, ob sie einen rein auditiven Erstzugang wählt oder den Song in Form eines gleichzeitig auch visualisierenden und damit möglicherweise vom Text ablenkenden Videoclips präsentiert. Nach dem Hören des Songs werden erste Wahrnehmungen, Assoziationen und Gefühle festgehalten. Zum systematisierten Auffangen der Ersteindrücke während der auditiven Rezeption des Songs eignet sich ein Stimmungsbarometer in Form einer Adjektivliste (BÖHM/BUSCHMANN ³2006, 113), bei der die Schülerinnen und Schüler auf einer Skala ankreuzen, inwieweit sie den Song beispielsweise als heiter oder gedrückt, angenehm oder unangenehm, hoffnungsvoll oder hoffnungslos, farbig oder grau, friedlich oder aggressiv empfunden haben. Daran sollte sich eine detaillierte Analyse des Liedtextes unter Einbeziehung wichtiger Hintergrundinformationen anschließen, bei der auch die »Message« des Songs herauszuarbeiten ist. Die Hintergrundinformationen (Entstehungsbedingungen des Songs; Biographie des Interpreten oder der Bandmitglieder; Rezeption des Songs) können die Schülerinnen und Schüler eigenständig recherchieren. In einem letzten Schritt sollte dann der Vergleich mit den im Song anklingenden biblischen Texten oder Motiven erfolgen und danach gefragt werden, inwieweit sich neue Perspektiven für deren Verständnis ergeben.

Methodisches Vorgehen

■ Aspekte ethischen Lernens mit der Bibel

Formen ethischen Lernens

Im ethischen Lernen geht es um die inhaltliche Auseinandersetzung mit Wertvorstellungen und Normen. Das Ziel ethischen Lernens besteht in der Befähigung der Schülerinnen und Schüler, Wertdiskurse zu führen und ein eigenständiges ethisches Urteilsvermögen zu entwickeln (ZIEBERTZ ⁶2010, 434). Dadurch werden die Heranwachsenden in die Lage versetzt, verantwortete Entscheidungen darüber zu treffen, welche Werte gelten sollen und welche Normen oder Perspektiven ethischen Handelns sich daraus ergeben. In der Religionspädagogik gibt es unterschiedliche Ansätze ethischen Lernens, die sich teilweise überschneiden. Die sechs wichtigsten Formen (ENGLERT 2015, 108-112) sind das an prominenten Personen oder auch an »local heroes« orientierte *Lernen an Vorbildern*, die auf die zentrale Rolle sinnträchtiger Erzählungen für die Begründung moralischer Handlungsorientierungen hinweisende *Narrative Ethik*, die nach der Bedeutung und Hierarchie der das Leben eines Menschen oder einer Gemeinschaft bestimmenden Werte fragende *Wertebildung*, die auf die Normen oder Geltung moralischer Verhaltensstandards abhebende *Entwicklung ethischer Urteilskompetenz*, der stärker auf die emotionale Ebene (z.B. Empathie) fokussierte *Aufbau moralischer Grundhaltungen* und schließlich die auf die soziale Lebenswelt der Heranwachsenden ausgerichtete *Etablierung moralischer Milieus und Räume zur Förderung ethischen Handelns* (z.B. Gestaltung der Schule als »gerechte Gemeinschaft«). Das Spezifikum ethischen Lernens im Religionsunterricht liegt darin, die ethische Urteils- und Handlungskompetenz gezielt im Licht der biblischen Botschaft und christlichen Lehre zu entwickeln und zu entfalten. Neutestamentliche Texte spielen vor allem in der »Narrativen Ethik«, bei der Wertebildung und bei der Entwicklung ethischer Urteilskompetenz eine zentrale Rolle.

Narrative Ethik

Die Narrative Ethik betrachtet Erzählungen oder »Stories« unterschiedlichster Art, in denen es um gelebte Moral geht, als integralen Bestandteil des Ethos. Ein wichtiger Aspekt ist dabei die Einsicht, dass die sittliche Erkenntnis narrativ fundiert ist (FISCHER 2007, 235-252) und die in sinnträchtigen Geschichten entfalteten Deutungs- und Handlungshorizonte der Ausbildung ethischer Sensitivität und Wahrnehmungsfähigkeit dienen (ENGLERT 2015, 110). Vor diesem Hintergrund kommt Erzählungen aus dem Kosmos der Bibel, in denen der Glaube an Gott nicht ohne Belang für die Beziehung zum Nächsten bleibt und die für moralisches Handeln sensibilisieren, etwa dem Gleichnis vom barmherzigen Samariter, hervorgehobene Bedeutung zu. Wer an derartigen Erzählzusammenhängen ethisch signifikanter biblischer Geschichten als Beispielen gelebter Moral teilhat, »wird mit Deutungen der Welt und deren Beziehung zu Gott konfrontiert, die das Verständnis seiner eigenen Rolle in dieser Welt schwerlich unberührt lassen« (ebd., 115-116).

Vier Modelle der Wertebildung

Bei der für ethisches Lernen konstitutiven Wertebildung lassen sich methodisch vier unterschiedliche Modelle der unterrichtlichen Auseinandersetzung mit Werten unterscheiden, nämlich die Wertübertragung, die Werterhellung, die Wertentwicklung und die Wertkommunikation (ZIEBERTZ ⁶2010, 439-445). Bei der oftmals als indoktrinär kritisierten Wertübertragung sollen die Lernenden Werte und Normen übernehmen, welche die Lehrenden zuvor aus einer Reihe möglicher Alternativen ausgewählt haben. Der an Kohlbergs Modell der Stufen des moralischen Urteilens orientierte Ansatz der Wertentwicklung zielt darauf ab, mit Hilfe von Dilemma-Geschichten die ethische Urteilskompetenz der Heranwachsenden stufenweise zu erhöhen, und trägt der Notwendigkeit der eigenständigen Positionierung im Rahmen der Wertepluralität ebenfalls kaum Rechnung. Die Modelle der Werterhellung und der Wertkommunikation bieten nach allgemeiner Überzeugung die besten Chancen, der Freiheit der Jugendlichen gerecht zu werden und sie gleichzeitig dazu zu befähigen, zu Werten in ihrer Vielfalt interpretativ Stellung nehmen zu können. Während es der Werterhellung darum geht, dass die Heranwachsenden sich die von ihnen verinnerlichten moralischen Einstellungen bewusst machen und sich gegebenenfalls davon emanzipieren, besteht das Ziel der Wertkommunikation darin, durch argumentative Diskussionsprozesse mit Perspektivenwechsel die Urteilskompetenz zu gewinnen, welche Werte im Rahmen der Wertepluralität Bedeutung haben und für das ethische Handeln Geltung beanspruchen können.

Sowohl bei der Werterhellung als auch bei der Wertkommunikation kommt neutestamentlichen Texten wie den ethischen Radikalismen Jesu oder den ermahnenden Passagen der Paulusbriefe eine wichtige Bedeutung zu, ohne dass Weisungen allerdings allein wegen ihrer Zugehörigkeit zur Bibel unhinterfragt ethische Autorität beanspruchen könnten. Alle Ethik vollzieht sich vielmehr im Spannungsfeld zwischen dem biblisch bezeugten Wort Gottes als Grund christlichen Glaubens wie Handelns und der gegenwärtigen Situation des Menschen. *Bedeutung von Bibeltexten bei der Wertebildung*

»Grundsätzlich ist dabei festzustellen, daß die Bibel, als Heilige Schrift gelesen, einerseits den Rang eines normativen Textes hat, andererseits aber nicht als unmittelbare Quelle theologischer Ethik beansprucht werden kann. Normierende Instanz ist die Schrift, soweit sie das Wort Gottes vergegenwärtigt, nicht aber im Sinne eines Gesetzesbuches. Für die ethische Urteilsbildung haben die Schriften der Bibel den Rang einer *Quelle* und *exemplarische* Bedeutung. Zu den Quellen ethischer Urteilsbildung gehören aber auch Erfahrung und Vernunft. Theologische Ethik ist der Versuch eines durch das Zeugnis der Schrift geleiteten kritischen Umgangs mit vorgängiger Lebenserfahrung, der die Wahrnehmung von Verantwortung ermöglichen soll« (KÖRTNER 1999, 234).

Insbesondere auf Themenfeldern wie Ehe, Familie, Sexualität, Geschlechterrollen und Sklaverei ist bei der ethischen Urteilsbildung die historische wie kulturelle Bedingtheit und Begrenztheit der neutestamentlichen Sittenlehre zu bedenken. In Abgrenzung von einer biblizistischen Ethik sind moralische Maximen wie das absolute Verbot der Ehescheidung, die Verurteilung gleichgeschlechtlicher Liebe, der Aufruf zur Unterordnung der Frau unter den Mann oder die Verpflichtung der Sklaven zum uneingeschränkten Gehorsam gegenüber ihren Herren immer auch in ihrem zeitgeschichtlichen Kontext wie vor dem Hintergrund der apokalyptischen Naherwartung des Weltendes zu betrachten und kritisch auf ihre bleibende Gültigkeit hin zu befragen. *Abgrenzung von biblizistischer Ethik*

■ Theologische Gespräche in kooperativer Gruppenarbeit

Innerhalb des Konzepts der Kinder- und Jugendtheologie, wo die Schülerinnen und Schüler als kompetente Exegeten biblischer Texte und gleichberechtigte theologische Gesprächspartner über biblische Themen in das Blickfeld rücken, wird intensiv über Methoden der Gesprächsgestaltung und kooperativen Gruppenarbeit im Religionsunterricht reflektiert. Dabei geht es maßgeblich um die Förderung des eigenständigen theologischen Denkens. Eine wichtige Rolle spielen theologische Gespräche in kooperativer Gruppenarbeit nach der Placemat-Methode, Gruppenarbeit nach der Kugellager-Methode und die strukturierte theologische Kontroverse.

Placemat-Methode

Die Placemat-Methode (BRÜNING/SAUM ⁵2009, 25-27; FREUDENBERGER-LÖTZ 2012, 109-110), bei der die Schülerinnen und Schüler nach dem dreischrittigen Prinzip »Denken – Austauschen – Vorstellen« eine vorgegebene Fragestellung erarbeiten, diskutieren und präsentieren, zählt zu den Klassikern der Gruppenarbeitsmethoden kooperativen Lernens. Es handelt es sich um ein Verfahren, bei dem unter Nutzung eines grafisch gestalteten Placemats kooperative Arbeitsabläufe strukturiert und Arbeitsresultate unterschiedlicher Personen zusammengeführt werden. Die Arbeitsgruppen bestehen idealerweise aus vier Mitgliedern. Das aus einem Papierblatt der Größe DIN A2 oder DIN A3 gefertigte Placemat enthält vier Arbeitsfelder für die einzelnen Gruppenmitglieder und ein gemeinsames Feld in der Mitte. Damit eröffnet sich die Möglichkeit, sowohl individuelle Arbeitsergebnisse als auch Ergebnisse aus Gruppenarbeitsprozessen festzuhalten. Indem jedes Gruppenmitglied ein eigenes Feld auf dem Placemat-Bogen ausfüllt und damit einen eigenen inhaltlichen Beitrag zur Bewältigung der Fragestellung leistet, wird auch jede Stellungnahme berücksichtigt und die individuelle Verantwortung des Einzelnen für die Gruppe unterstrichen. Dass auf den ersten Blick sichtbar wird, wer welche Gedanken eingebracht hat oder in welchem Feld keine Ergebnisse zu finden sind, motiviert in besonderem Maße zur Mitarbeit. Gleichzeitig fördert die Methode aber auch das gemeinsame Gespräch innerhalb der Gruppe, da das Placemat im Laufe des Gruppenarbeitsprozesses gedreht wird

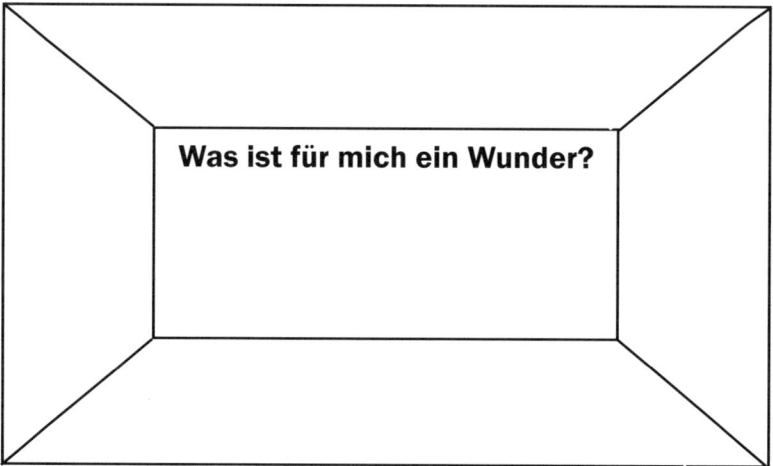

Placemat für eine Vierergruppe

und es in der Mitte ein in gemeinsamer Verantwortung auszufüllendes Feld für alle Gruppenmitglieder gibt. Zum Beginn des Arbeitsprozesses wird im zentral angeordneten Feld des Placemats von der Lehrkraft die im theologischen Gespräch zu erörternde Frage, etwa »Was ist für mich ein Wunder?« oder »Warum musste Jesus sterben?«, schriftlich fixiert. In einer Einzelarbeitsphase halten die Schülerinnen und Schüler in ihrem persönlichen Feld auf den Außenseiten des Placemats die eigenen Gedanken und Assoziationen zu der vorgegebenen theologischen Frage fest. Anschließend erfolgt ein Austausch und Vergleich der individuellen Ergebnisse, sodass alle Gruppenmitglieder am Ende die Notizen der anderen gesehen und nachvollzogen haben. Dazu wird in der Gruppe das Placemat im Uhrzeigersinn schrittweise gedreht, bis es wieder in seine Ausgangsposition zurückgekehrt ist. Auf diese Weise kann jedes Gruppenmitglied die Beiträge der anderen lesen. Als nächstes setzt in der Gruppe ein gemeinsames Gespräch über die individuellen Äußerungen zu der theologischen Frage ein, in dessen Verlauf die Gruppenmitglieder die Möglichkeit haben, ihre Beiträge im eigenen Feld zu ergänzen oder zu korrigieren. Die wichtigsten Ergebnisse des gemeinsamen Gesprächs werden im zentralen Feld festgehalten. Dabei ist die Vorgabe sinnvoll, dass die Gruppe sich auf eine bestimmte Anzahl von Punkten beschränkt. Abschließend werden die Ergebnisse im gesamten Klassenverband präsentiert. Dazu können die Placemats der Einzelgruppen in die Mitte eines Stuhlkreises gelegt oder an die Wand projiziert werden. Die Placemat-Methode eignet sich sowohl sehr gut zum Einstieg in ein theologisches Thema, indem Vorkenntnisse abgefragt werden, als auch zur abschließenden Diskussion und Vertiefung eines Themenkomplexes.

Eine andere kommunikative Methode des intensiven Austauschs zwischen den Lernenden, die sich auch gut zur Bewältigung biblisch-theologischer Themen eignet, ist das »Kugellager«. Es handelt sich um ein zeitlich begrenztes Gespräch mit wechselnden Partnern. Die Erörterung von neuen Inhalten ist damit ebenso möglich wie die Wiederholung und Vertiefung von bereits Besprochenem. Das »Kugellager« besteht aus einem äußeren und einem inneren Stuhlkreis, in dem sich jeweils zwei Gesprächspartner gegenübersitzen. Die Lehrkraft gibt einen Impuls zum Gespräch oder stellt eine konkrete Aufgabe, über die sich die Paare nach einem vorher bestimmten Zeitintervall austauschen. Nach Ablauf der festgelegten Zeit drehen sich, ähnlich wie bei einem Kugellager, auf ein Zeichen hin der Innen- und Außenkreis in gegensätzlicher Richtung einen Platz weiter. Auf diese Art und Weise sitzen sich neue Paare gegenüber, die sich wiederum im Gespräch mit der gestellten Aufgabe beschäftigen. Wenn in unterschiedlichen Konstellationen mehrmals über dasselbe Thema gesprochen wird, kann dies zur Klärung der eigenen Gedanken beitragen. Die Zahl der Wechsel ist abhängig von den Inhalten, der Konzentration und der zur Verfügung stehenden Gesamtzeit. Die Methode lässt nicht nur viel Spielraum für Kreativität, sondern ermöglicht auch einen intensiven und abwechslungsreichen Austausch in der Gruppe.

Das Kugellager

Innenkreis und Außenkreis rotieren wie ein Kugellager

Eine dritte wichtige Methode des Theologisierens mit Kindern und Jugendlichen ist die strukturierte theologische Kontroverse, die darauf abzielt, strittige Auseinandersetzungen über theologische Themen zu fördern und die eigene Haltung dazu mit Positionen aus der Fachliteratur in Beziehung zu setzen (FREUDENBERGER-LÖTZ 2012, 111-112). Die Schülerinnen und Schüler bilden dazu Vierergruppen. In einer Aneignungsphase beschäftigen sich in jeder Vierergruppe zwei Expertenpaare unter Heranziehung geeigneten Materials aus der Fachliteratur mit einem Standpunkt zu der im Mittelpunkt der Lerneinheit stehenden theologischen Frage. Die von den Expertenpaaren bearbeiteten Stand-

Strukturierte theologische Kontroverse

punkte zum Thema, etwa »Wie können wir die Wunder Jesu verstehen?« oder »War der Kreuzestod Jesu heilsnotwendig?«, sollten möglichst konträr sein. In der Vermittlungsphase präsentieren die Expertenpaare innerhalb der Vierergruppe einander ihre jeweils behandelte Position. Es schließt sich als dritte Phase das theologische Gespräch innerhalb der Gruppe an, in dem die Schülerinnen und Schüler nun frei über das Thema diskutieren und unter Einbeziehung des zuvor erworbenen Wissens über die beiden konträren Standpunkte ihre persönlichen Meinungen austauschen. Am Ende finden sich die Viererguppen wieder im Klassenverband zusammen, wo es zur Präsentation der Ergebnisse, zum vertieften theologischen Gespräch und eventuell auch zu einer Podiumsdiskussion kommt.

III. Die Geburtsgeschichte Jesu (Weihnachten)

Kein Fest des Kirchenjahres hat eine derartige Popularität gewonnen wie Weihnachten. Die Geschichte von der Geburt Jesu zählt zu den bekanntesten biblischen Texten und ist in aller Munde. An Weihnachten haftet eine Vielzahl von Traditionen und Gebräuchen. Als Fest des Friedens und der Freude im Kreis der Familie ist es mit besonderen Erwartungen verbunden und hochgradig mit Emotionen besetzt. Auch von kirchenfernen Menschen wird das Weihnachtsfest mit großer Selbstverständlichkeit gefeiert und stellt nicht zuletzt wegen der Geschenke für viele den Höhepunkt des Jahres dar. Vor diesem Hintergrund überrascht es, dass das Neue Testament kein allzu ausgeprägtes Interesse an der Geburt Jesu zeigt. Die theologisch bedeutsame Menschwerdung des Gottessohnes wird zwar in der alten Bekenntnistradition formelhaft festgehalten (Phil 2,6-7; Gal 4,4; Joh 1,14), doch Geburtsgeschichten Jesu finden sich in der Bibel nur bei Matthäus und Lukas. Die Erzählungen, die sich um die Geburt Jesu ranken, gehören somit zu den Randphänomenen und den jüngsten Schichten der neutestamentlichen Jesusüberlieferung. Dadurch stehen sie nicht von vornherein geschichtlich im Zweifel, zeigen sich aber in vielerlei Hinsicht von dem Interesse geprägt, die Geburt Jesu in das Licht alttestamentlicher Verheißungen zu rücken und mit mythischen Motiven aus der hellenistischen Tradition anzureichern. Manche Details der Weihnachtsgeschichte, die einen prägenden Einfluss auf die Volksfrömmigkeit hatten, stammen sogar erst aus apokryphen Evangelien oder altkirchlichen Legenden. Dies gilt für Ochse und Esel an der Krippe Jesu wie auch für die Dreizahl und die Namen der Magier aus dem Morgenland.

Geringes Interesse der Bibel an der Geburt Jesu

Die Geburtsgeschichten sind ein Randphänomen der Jesusüberlieferung

■ Die Geburtsgeschichten Jesu bei Matthäus und Lukas

Jeder der vier Evangelisten beginnt sein Werk in einer ihm eigentümlichen Weise, um seiner Darstellung des Weges Jesu durch individuelle Schwerpunktsetzung von Anfang an den eigenen Stempel aufzudrücken. Bei Markus, dem Begründer der literarischen Gattung des Evangeliums, betritt Jesus erst im Erwachsenenalter die Bühne, um sich von Johannes taufen zu lassen und durch die Herabkunft des Geistes zum Gottessohn zu werden (Mk 1,9-11). Das Johannesevangelium schaltet den Anfängen des Wirkens Jesu einen hymnischen Prolog vor, der die Geburt Jesu als Menschwerdung des göttlichen Logos preist (Joh 1,1-18). Matthäus und Lukas setzen dagegen in den ersten beiden Kapiteln ihrer Evangelien mit Geburts- und Kindheitsgeschichten Jesu ein.

Unterschiedlicher Beginn der vier Evangelien

Bei Matthäus wird Jesus gleich zu Beginn des Evangeliums mit dem Stammbaum in die Heilsgeschichte Israels eingeordnet, die mit den Erzvätern Abraham, Isaak und Jakob beginnt (Mt 1,1-17). Die nachfolgende Ankündigung der Geburt Jesu an Josef (1,18-25) ist vom Motiv der Zeugung durch den Geist geprägt und als Erfüllung der Immanuelverheißung aus Jes 7,14 gekennzeichnet. Die Geburt Jesu selbst wird nicht erzählt, sondern lediglich konstatiert (1,25). Daran schließt sich ein Kreis von Erzählungen an, die von der Anbetung des neugeborenen Kin-

Die matthäische Vorgeschichte Jesu

des durch Magier aus dem Osten (Mt 2,1-12), der Flucht nach Ägypten (2,13-15), dem Kindermord des Herodes (2,16-18) und der Rückkehr der Heiligen Familie in das jüdische Mutterland nach Nazareth (2,19-23) berichten.

Die lukanische Vorgeschichte Jesu

Bei Lukas, der als einziger Evangelist mit einem Vorwort nach den Konventionen der griechisch-römischen Literatur einsetzt (Lk 1,1-4), werden die Vorgeschichte von Johannes dem Täufer und die Vorgeschichte Jesu kunstvoll ineinander verwoben. Die Ankündigung der Geburt des Täufers (1,5-25) begründet dessen besondere Stellung in der Heilsgeschichte Gottes mit seinem Volk. Sie ist von einer Feststellung der kinderlosen Ehe von Elisabeth und Zacharias, einer Engelserscheinung und einer Anweisung für die Namensgebung begleitet. Die parallel strukturierte Ankündigung der Geburt Jesu an Maria (1,26-38) überbietet dies durch das Motiv der Jungfrauengeburt. Im Mittelpunkt von Marias Besuch bei Elisabeth (1,39-56) steht der Lobgesang der Gottesmutter, das Magnifikat. Es handelt sich um einen Psalm voller alttestamentlicher Bezüge, der das Wirken Gottes preist. In seinem jetzigen Kontext interpretiert er die bevorstehende Geburt Jesu auch in politischen Dimensionen als Machtwechsel mit Herstellung sozialer Gerechtigkeit. Die Geburt Johannes des Täufers (1,57-80) ist mit einem Wunder an Zacharias verbunden, der von seiner Stummheit geheilt wird. Sein Lobgesang, das Benediktus, ist als Pendant zum Magnifikat der Maria ebenfalls im Stil alttestamentlicher Psalmen gehalten und preist die Rettungstaten Gottes. Anders als Matthäus bietet Lukas eine ausführliche Erzählung der Geburt Jesu (2,1-7) und bettet diese in die allgemeine Weltgeschichte ein. Anstelle einer Anbetung des Kindes durch Magier ist von einer Huldigung durch Hirten die Rede (2,8-20). Mit der Beschneidung Jesu und der Darbietung des Reinigungsopfers im Tempel (2,21-40) wird dem jüdischen Ritualgesetz (Lev 12,2-8) Rechnung getragen. Der greise Simon und die Witwe Hanna als vorbildhafte Gerechte legen das vom Geist eingegebene Zeugnis für den Messias ab. Die Geschichte vom zwölfjährigen Jesus im Tempel (Lk 2,41-52) ist von dem Motiv geprägt, dass bedeutende Gestalten der Menschheitsgeschichte bereits in ihrer Kindheit eine große geistige Reife und Spuren ihrer künftigen Bedeutung erkennen lassen. Später liefert auch Lukas noch einen Stammbaum Jesu (3,23-28), der bis zu Adam zurückführt und nur bedingt mit der Ahnentafel Jesu in Mt 1,2-17 übereinstimmt. Beide Genealogien zeichnen trotz der Vorstellung von der Jungfrauengeburt die väterliche Herkunftslinie Jesu als Sohn Josefs nach.

Beide Stammbäume zeichnen trotz Jungfrauengeburt die väterliche Linie Jesu nach

Gerüst alter Grundüberzeugungen zur Geburt Jesu

Die engeren Berührungen zwischen der matthäischen und lukanischen Vorgeschichte des Wirkens Jesu erweisen sich als minimal. Lediglich die Erzählungen von der Ankündigung der Geburt Jesu (Mt 1,18-25; Lk 1,26-38) könnten auf einen gemeinsamen Traditionskern zurückgehen. Über weite Strecken sind die verarbeiteten Überlieferungen von unterschiedlicher Natur und an manchen Punkten, etwa bei der Frage des ursprünglichen Wohnorts von Josef und Maria, auch nicht miteinander vereinbar. Beide Evangelisten wissen aber um die Verlobung Marias mit Josef, die Ankündigung der Geburt, die jungfräuliche Empfängnis Jesu aufgrund der Zeugung durch den Geist, die Geburt Jesu in Bethlehem und eine Huldigung des neugeborenen Kindes. Dies zeigt, dass es alte Grundüberzeugungen und Überlieferungen zur Geburt Jesu gegeben hat, auf die Matthäus und Lukas unabhängig voneinander zurückgreifen konnten.

Matthäus	Lukas
Mt 1,1-17: Stammbaum Jesu	Lk 3,23-38: Stammbaum Jesu
— — —	Lk 1,5-25: Ankündigung der Geburt des Johannes an Zacharias
Mt 1,18-25: Ankündigung der Geburt Jesu an Josef	Lk 1,26-38: Ankündigung der Geburt Jesu an Maria
— — —	Lk 1,39-56: Marias Besuch bei Elisabeth
— — —	Lk 1,57-80: Geburt des Johannes
(Mt 1,25: Erwähnung der Geburt Jesu)	Lk 2,1-7: Geburt Jesu
Mt 2,1-12: Anbetung Jesu durch Magier aus dem Osten	Lk 2,8-20: Huldigung Jesu durch Hirten aus der Umgebung
Mt 2,13-18: Flucht nach Ägypten und Kindermord des Herodes	— — —
Mt 2,19-23: Rückkehr der Heiligen Familie aus Ägypten	— — —
— — —	Lk 2,21-40: Jesu Beschneidung und Darstellung im Tempel
— — —	Lk 2,41-52: Der zwölfjährige Jesus im Tempel

Geburts- und Kindheitsgeschichten Jesu in den Evangelien

■ Die Ursprünge von Weihnachten und Epiphanias

Der erstmals im 12. Jh. für die Feier der Geburt Jesu belegte Begriff »Weihnachten« (*wihen nahten*) bezeichnete bei den Germanen die geweihten Nächte in der Zeit der Wintersonnenwende und hat ursprünglich keinerlei christlichen Bezug. Während Ostern von Anfang an eine zentrale Rolle im Jahreszyklus des kirchlichen Lebens spielte, kam das Weihnachtsfest erst deutlich später auf. Die biblischen Berichte machen keine Angaben über das Datum der Geburt Jesu. Die Spekulationen darüber setzten im 2. Jh. ein und führten zunächst zu ganz unterschiedlichen Ergebnissen. Der 25. Dezember hat dabei anfangs keine Rolle gespielt. Noch im 3. Jh. gingen viele von einer Geburt Jesu im Frühling aus. Vermutlich stand dabei der Gedanke im Hintergrund, dass herausragende Persönlichkeiten eine volle Zahl von Jahren lebten. Da Jesu Kreuzigung zur Passahzeit im Frühling erfolgte, musste er folglich auch im Frühling geboren sein. Wohl im frühen 4. Jh. etablierte sich dann im Osten der 6. Januar als vermeintlicher Geburtstag Jesu. An diesem Tag wurde im Gedenken an die Offenbarung (Epiphanie) der Göttlichkeit des Herrn das Epiphaniasfest begangen, dessen Hauptinhalt anfangs die Feier der Geburt Jesu war. Der Bischof Epiphanius von Salamis (315-403) datiert zusätzlich die angeblich zwei Jahre nach der Geburt Jesu erfolgte Anbetung durch die Magier und das dreißig Jahre nach der Geburt Jesu vollbrachte Weinwunder von Kana auf Epiphanias (Epiph., *haer.* 51,22,3-11; 51,30,1-3). Ob es für Epiphanias heidnische Vorläuferfeste gab, etwa die Feier der Geburt des

Spekulationen um den Tag der Geburt Jesu

Sonnengottes Aion, ist umstritten. Das älteste Zeugnis für die Festlegung der Geburt Jesu auf den 25. Dezember ist der von Philolacus erstellte Chronograph aus dem Jahr 354, der vermutlich auf Quellenmaterial aus dem Jahr 336 basiert (ROLL 2003, 453). Dieses Datum konnte sich allgemein durchsetzen, obgleich es in einzelnen Kirchengebieten des Ostens noch lange Zeit mit einer Feier der Geburt Jesu an Epiphanias konkurrierte. Beispielsweise schildert die Pilgerin Egeria, die um 384 das Heilige Land besuchte, in ihrem Reisebericht (Eg., *it*. 25,6-8) ausführlich die an Epiphanias in Bethlehem und Jerusalem anlässlich des Geburtstags Jesu abgehaltenen gottesdienstlichen Feierlichkeiten (RÖWEKAMP 1995, 84-86). Wenn heute noch zahlreiche orthodoxe Kirchen die Geburt Jesu im Januar feiern, hat das allerdings einen anderen Grund. Es liegt an der Ablehnung der Gregorianischen Kalenderreform aus dem 16. Jh. und dem Festhalten am Julianischen Kalender, dessen 25. Dezember im Gregorianischen Kalender dem 7. Januar entspricht.

Ableitung des Weihnachtsfestes aus dem Sonnenkult

Für den unbestrittenen Sachverhalt, dass das Fest der Geburt Jesu erst Mitte des 4. Jh. verbindlich auf den 25. Dezember gelegt wurde, gibt es unterschiedliche Erklärungen (ROLL 2003, 455-458). Am plausibelsten ist eine religionsgeschichtliche Ableitung des Geburtsdatums Jesu aus dem römischen Sonnenkult. Der 25. Dezember markierte im Julianischen Kalender den Tag der Wintersonnenwende, den Kaiser Aurelian um 275 zum Festtag für den unbesiegten Sonnengott (*Sol Invictus*) erhoben hatte. An diesem Tag wurde im Römischen Reich mit öffentlichen Spielen und Festivitäten zu Ehren des Sol Invictus, den man mit Mithras identifizierte, die Neugeburt der vom Winterdunkel nicht besiegten Sonne gefeiert. Die im Westen einsetzende und sich von dort allmählich verbreitende Festlegung der Geburt Jesu auf den 25. Dezember dürfte sich einer gezielten Übernahme und Christianisierung des Festes des Sol Invictus verdanken. Möglicherweise war es sogar Kaiser Konstantin, der den Geburtstag des Erlösers auf den allbekannten Geburtstag des Sonnengottes gelegt hat (DEMANDT 2005, 10). Mit der bewussten Anknüpfung der Kirche an herrschende kulturelle Strömungen ließ sich die gesellschaftliche Stellung der christlichen Religion festigen. Zudem konnte die Begehung des Weihnachtsfestes am 25. Dezember Christen vom Besuch heidnischer Festivitäten zu Ehren des Sol Invictus abhalten und allen Reichsbewohnern sinnbildlich veranschaulichen, dass mit Christus und nicht mit dem unbesiegten Sonnengott das wahre Licht in die Welt gekommen war.

> Zur Wintersonnenwende feierte man den Sieg des Sonnengottes über die Finsternis

Alternative Erklärungsmodelle

Mit der Ableitung aus dem Sonnenkult konkurriert ein Erklärungsmodell, das Fremdeinfluss in Abrede stellt und das Weihnachtsdatum als Resultat altkirchlicher Berechnungshypothesen betrachtet, denen zufolge Jesu Todestag mit dem Tag seiner Empfängnis zusammenfiel und beide Ereignisse auf den 25. März zu datieren sind. Aus diesen Zahlenspekulationen ergibt sich ein neun Monate späteres Geburtsdatum Jesu am 25. Dezember. Eine dritte Theorie zur Entstehung von Weihnachten (FÖRSTER 2007, 299-309) knüpft zwar wie die religionsgeschichtliche Ableitung an die Wintersonnenwende an, bezweifelt aber, dass es ein reichsweit bekanntes und tief im Volk verwurzeltes Fest zu Ehren des unbesiegten Sonnengottes gegeben habe. Folglich könne die Terminierung von Weihnachten auf den 25. Dezember nicht damit erklärt werden, dass man im Zuge der Inkulturation ein heidnisches Fest für den Sonnengott zu verdrängen versuchte.

Vielmehr habe die Kirche in Rom im 4. Jh. vor dem Hintergrund einer christologischen Deutung von Maleachi 3,20 (»Euch aber, die meinen Namen fürchten, soll aufgehen die Sonne der Gerechtigkeit und Heil unter ihren Flügeln«) das Fest der Geburt Jesu auf den Tag der Wintersonnenwende verlegt.

Sobald sich die Feier der Geburt Jesu am 25. Dezember allgemein durchzusetzen begann, musste das Epiphaniasfest am 6. Januar inhaltlich neu ausgerichtet werden. Dabei rückte nicht zuletzt unter dem Eindruck der Epiphaniaspredigten Augustins (354-430) die Anbetung des neugeborenen Kindes durch die Magier aus dem Morgenland (Mt 2,1-12) nun thematisch in den Mittelpunkt. Zudem gedachte man an diesem Tag weiterhin der Taufe Jesu (Mk 1,9-11) und des Weinwunders von Kana (Joh 2,1-11) als Erweisen der Offenbarung des göttlichen Wesens Jesu. Seit die Sterndeuter aus dem Osten, denen bereits um 200 n. Chr. von Tertullian eine königliche Würde zugesprochen wurde (Tert., *adv. Marc.* 3,13), im 6. Jh. endgültig zu Königen wurden (POWELL 2000, 459-480), bezeichnet man Epiphanias auch als das Fest der Heiligen Drei Könige.

Neue Sinnfüllung von Epiphanias

■ Das Thema »Weihnachten« im Religionsunterricht

Didaktisch ist das Thema »Weihnachten« geradezu ein Glücksfall (MÜLLER 2001, 257), da kaum ein anderer Bibeltext derart bekannt ist wie die Weihnachtsgeschichte und die Weihnachtsfeiertage gesellschaftlich einen hohen Stellenwert haben. Bei den Schülerinnen und Schülern ist das Weihnachtsfest nahezu uneingeschränkt positiv besetzt und mit unterschiedlichsten Sehnsüchten wie Hoffnungen verbunden. Die historischen Probleme, die von den Geburtsgeschichten Jesu als relativ jungen und in besonderem Maße von der Theologie der Gemeinde geprägten Evangelienüberlieferungen aufgeworfen werden, rufen didaktisch nach einem symbolträchtigen Verstehen der Texte als Glaubenszeugnisse und einer Vermittlung der theologischen Substanz der Weihnachtsbotschaft, wobei einer Überschätzung der Bedeutung des Weihnachtsfestes für den christlichen Glauben gegenzusteuern ist (LACHMANN 1999, 86-87). In diesem Zusammenhang kann an den Schatz der positiven Emotionen und Erfahrungen angeknüpft werden, die sich auf Seiten der Schülerinnen und Schüler an Weihnachten festmachen. Allerdings sollte in höheren Schulstufen auch die Diskrepanz zur Sprache kommen, die zwischen den Kernaussagen der biblischen Weihnachtsbotschaft und der von ausufernder Kommerzialisierung wie oberflächlicher »Verkitschung« bestimmten Gestaltung des Weihnachtsfestes in der gesellschaftlichen Wirklichkeit besteht.

Vermittlung des Kerygmas der Weihnachtsgeschichte

Das Thema »Weihnachten« ist didaktisch ein Glücksfall

Für die didaktische Erschließung des Themas »Weihnachten« bietet sich eine Reihe unterschiedlicher Möglichkeiten und Zugänge an. Im *sachkundlichen Ansatz* geht es darum, dass die Schülerinnen und Schüler Kenntnisse über biblischen Ursprung, Alter, Sinn und Gestaltung des Weihnachtsfestes gewinnen. Ein wichtiger Aspekt ist dabei die Unterscheidung zwischen spezifisch christlichen Inhalten des Weihnachtsfestes und nicht in der biblischen Tradition verwurzelten Motiven wie etwa dem Adventskranz, dem Weihnachtsmann oder dem Weihnachtsbaum. Von Bedeutung ist zudem, ein Bewusstsein dafür zu schaffen, dass Weihnachten theologisch im Schatten von Karfreitag und Ostern steht und

Wege der didaktischen Erschließung

erst vergleichsweise spät Aufnahme in den christlichen Festkalender gefunden hat. Der *interkulturelle Ansatz* setzt erfahrungsbezogen bei den Weihnachtsbräuchen in der Lebenswelt der Schülerinnen und Schüler ein, um diese dann mit der Gestaltung des Weihnachtsfestes in anderen Ländern oder Kulturen zu vergleichen. Neben unterschiedlichen Bezeichnungen für das Fest der Geburt Jesu wie Weihnachten, Navidad oder Christmas sind die Fragen spannend, welcher Tag im Zentrum des Festgeschehens steht (Heiligabend; erster Weihnachtstag; 7. Januar) und mit welchen Gebräuchen die Feier in unterschiedlichen Ländern oder Kulturen verbunden ist. Dazu gibt es neben sachkundlichen Informationen (VOSSEN 2012) eine Vielzahl kindgerechter Geschichten (BERBIG 2008; SACK 2008). Der interkulturelle Zugang lässt sich um den *interreligiösen Ansatz* erweitern, der das achttägige jüdische Chanukkafest vergleichend mit einbezieht. Als Tempelweihfest, das an die Wiederherstellung des Jahwekults im Jerusalemer Tempel durch die Makkabäer 164 v. Chr. erinnert, hat Chanukka einen gänzlich anderen Hintergrund. Es weist aber als Lichterfest in der dunklen Jahreszeit, das nach dem jüdischen Kalender am 25. Tag des Monats Kislew (November/Dezember) beginnt und sich daher zeitlich mit dem christlichen Advent überschneidet, Berührungen mit Weihnachten auf. Ähnlich wie beim Adventskranz wird beim Chanukkaleuchter immer eine Kerze mehr angezündet, bis die Vollzahl von acht erreicht ist. Für die Thematisierung der Unterschiede und Gemeinsamkeiten zwischen Chanukka und Advent eignet sich das Kapitel »Acht Tage und vier Wochen« aus »Mona und der alte Mann« (STASZEWSKI 2012, 62-66). Für höhere Jahrgangsstufen bietet es sich an, auch die seit dem späten 19. Jh. im liberalen Judentum zu beobachtende und vom orthodoxen Judentum scharf kritisierte Assimilation von Chanukka an das Weihnachtsfest zu thematisieren, wie sie sich im Phänomen des »Chanukkabaums« (LOEWY ³2011) widerspiegelt. Dem *problemorientierten Ansatz* geht es um die kritische Hinterfragung eines in hohem Maße von Kommerz und Kitsch beherrschten Weihnachtsverständnisses, indem das Kontrast- und Protestpotenzial der biblischen Texte gezielt zu Gehör gebracht wird. Nicht König Herodes der Große oder Kaiser Augustus, sondern das Kind in der Krippe in all seiner Niedrigkeit erweist sich als Friedensbringer und Heiland der Welt. Die Geburtsgeschichten des Matthäus- und Lukasevangeliums sind von Motiven wie Armut, Wohnungsnot, Willkürherrschaft und Flucht geprägt. Sie enthalten implizit den ethischen Anspruch, Solidarität mit den Obdachlosen ohne Herberge und den vor Despoten auf der Flucht Befindlichen zu üben. Mit dem *symboldidaktischen Ansatz* lässt sich insbesondere über das Symbol »Licht« der tiefere Sinn der Weihnachtsgeschichte erschließen.

> Chanukka ist wie Weihnachten ein Lichterfest in der dunklen Jahreszeit

■ Schlüsseltext 1: Ankündigung der Geburt Jesu (Lk 1,26-38)

Aufbau und Inhalt von Lk 1,26-38

Mit der Ankündigung der Geburt Jesu (Lk 1,26-38) betritt Maria im Lukasevangelium die Bühne. Die Erzählung bildet im jetzigen Kontext das Gegenstück zur vorangehenden Verheißung der Geburt von Johannes dem Täufer an Zacharias (1,5-25). Wie dort erscheint der Engel Gabriel als himmlischer Gesandter, um die Geburt eines von Gott erwählten Kindes anzukündigen. War bereits die Schwangerschaft der wegen ihres hohen Alters eigentlich nicht mehr gebärfähigen Elisabeth ein Wunder, so wird dies bei Maria durch das Motiv der Jungfrauengeburt, das in der Zeugung des Jesuskindes die heilvolle Gegenwart des Gottesgeistes am Werk sieht, nochmals überboten. Mit den Stilelementen der Engelserscheinung, der Verheißung eines Sohnes und des Auftrags zur Namensgebung greift die Erzählung auf ein traditionelles Muster zurück, das sich bereits in den Geschichten von der Ankündigung der Geburt Ismaels (Gen 16,11) und Simsons (Ps.-Philo, *lib. ant.* 42,3; vgl. Ri 13,3-5) findet. Lukas hat die Erzählung von der Geburtsankündigung an Maria in der Gemeindetradition vorgefunden, geringfügig überarbeitet und durch die redaktionelle Notiz 1,36 mit der vorangehenden Verheißung der Geburt des Täufers verbunden (BOVON ²2012, 66).

Die Erzählung in Lk 1,26-38 kreist um Maria (BECKER 2001), die in Nazareth lebt und mit Josef aus dem Haus Davids verlobt ist. Wenn die künftige Mutter Jesu in Lk 1,27 als Jungfrau (*parthenos*) vorgestellt wird, steht wie in Mt 1,18-25 die Septuagintafassung der Immanuelverheißung aus Jes 7,14 im Hintergrund (THEOBALD 2018, 45-63), die zudem in Lk 1,31 fast wörtlich anklingt. Das Verlöbnis stellte die verbindliche Zusage der Eheschließung dar (WOLTER 2008, 87). Maria gehört somit rechtlich bereits zur Familie Josefs, lebt aber noch in ihrem Elternhaus, das in Lk 1,26-38 der Ort des Geschehens ist. Sie scheint aus einer einfachen Familie zu stammen, anders als bei Elisabeth (Lk 1,5) verlautet nichts über eine priesterliche Herkunft. Während die Bibel keine Angaben zum sozialen Status Marias macht, porträtiert sie der Christengegner Celsus im 2. Jh. n. Chr. unter Rückgriff auf jüdische Tradition als arme Landfrau, die ihren Lebensunterhalt als Spinnerin verdiente (Orig., *Cels.* I,28). Nach dem Talmud soll sie Haarflechterin gewesen sein (*bSchab* 104b). Bezogen auf das durchschnittliche Heiratsalter von Frauen in der Antike, wird sich Maria im Alter von etwa vierzehn Jahren befunden haben, als sie Jesus gebar.

> Maria

> Maria war bei der Geburt Jesu ungefähr 14 Jahre alt

Im Mittelpunkt der Episode steht die kunstvoll aufgebaute Rede Gabriels, der in der jüdischen Mythologie einer der Erzengel ist. Maria empfängt die Verheißung, bald schwanger zu werden und einen Sohn zur Welt zu bringen, den sie Jesus nennen soll (Lk 1,31). Anders als in Mt 1,21 wird keine Erläuterung des Namens hinzugefügt. Da Maria kraft der Verlobung mit Josef bereits rechtsverbindlich zum Geschlecht Davids zählt, wird Jesus genealogisch in die Davidlinie hineingeboren. Die Ankündigung Gabriels, dass man Jesus als Sohn des Höchsten verehren werde (Lk 1,32a), bringt die Vorstellung der Inthronisation Jesu als des messianischen Gottessohns zum Ausdruck, da »Höchster« eine Bezeichnung Gottes ist und der davidische Messias als Sohn Gottes gilt (2Sam 7,14; Ps 89,27-28). In Erfüllung der Verheißung aus Jes 9,6 wird Gott ihm den Thron Davids und die ewige Herrschaft über Israel geben, das hier feierlich als Haus Jakobs bezeichnet wird (Lk 1,32b-33). Auf die skeptische Rückfrage Marias, wie angesichts ihrer Jungfräulichkeit eine Schwangerschaft eintreten solle (1,34), offenbart ihr der Engel, dass Gottes Geist die Stelle des menschlichen Vaters einnehmen und Jesus darum die Bezeichnung »Sohn Gottes« tragen werde (1,35).

> Jesus als Gottessohn und davidischer Messias

Der Begriff »Messias« (der Gesalbte; griech. *christos*) verweist eigentlich auf ein Salbungsritual, das im Alten Testament für Könige, Priester und Propheten bezeugt ist. In der Regel versteht man allerdings unter dem Messias eine von Gott gesandte endzeitliche Rettergestalt, die aufgrund ihrer Nähe zu Gott über ein besonderes Charisma verfügt, mit ihrem Kommen den Anbruch der neu-

> Messiaserwartung im antiken Judentum

en Welt Gottes einleitet und Israel oder der gesamten Menschheit ewiges Heil bringt (KARRER 1991). Die Messiaserwartung des neutestamentlichen Zeitalters ist hochgradig mit der Davidtradition verbunden und knüpft an alttestamentliche Verheißungen über das Auftreten von königlichen Heilsbringern (Jes 9,1-6; 11,1-9; Mi 5,1-5; Sach 9,9-10) an, die allerdings nicht explizit als Messias bezeichnet werden. Andere alttestamentliche Texte wie Jakobs Verheißung an Juda (Gen 49,10), Bileams Ankündigung eines Sterns aus Jakob (Num 24,17), die Nathanweissagung über den ewigen Fortbestand des davidischen Königtums (2Sam 7), der Lobgesang auf den bei seiner Inthronisation von Gott als Sohn angenommenen König (Ps 2), die Verheißung des Immanuel (Jes 7,14), das Lied über den stellvertretend für Israel leidenden Gottesknecht (Jes 53) oder die Prophezeiung des Amos über die Hütte Davids (Am 9,11-12) beziehen sich ursprünglich nicht auf eine endzeitliche Rettergestalt, wurden aber im antiken Judentum vielfach messianisch gedeutet. Das wichtigste Zeugnis für die jüdische Messiaserwartung um die Zeitenwende sind die vermutlich aus pharisäischen Kreisen stammenden Psalmen Salomos (1. Jh. v. Chr.). Sie bringen die Hoffnung auf einen königlichen Sohn Davids zum Ausdruck, der als kriegerischer Messias das erwählte Gottesvolk von seinen Feinden befreit und alle Ungerechtigkeit aus der Mitte Israels entfernt (*PsSal* 17). Die Erzählung in Lk 1,26-38 hebt die Bedeutung des in Kürze zur Welt kommenden Jesuskindes als Gottessohn und davidischer Messias hervor. Kraft der vom Geist gewirkten Empfängnis ist Jesus der Sohn Gottes und wird von Gott mit der ewigen messianischen Herrschaft über Israel betraut. Um seinen Heilsplan durchzuführen, erwählt Gott mit Maria ein ungefähr vierzehnjähriges Mädchen aus bescheidenen Verhältnissen.

Didaktische Anknüpfungspunkte

Lk 1,26-38 ist einer der zentralen Marientexte des Neuen Testaments. Grundschulkindern eröffnet sich durch Bildbetrachtungen und die Bearbeitung von Textpuzzles, Bildpuzzles und Ausmalbildern (FREDE/LANDWEHR ³2009, 23.35.41.138) ein kreativer Zugang zum Inhalt der Erzählung. Insbesondere für den Religionsunterricht in konfessionell gemischten Lerngruppen bietet es sich an, Lk 1,26-38 als Ausgangspunkt für eine vertiefte Beschäftigung mit Maria zu nehmen und unter Einbeziehung von Mariendarstellungen und Marienfesten der unterschiedlichen Bedeutung der Mutter Jesu für evangelische und katholische Gläubige nachzuspüren. Mithilfe der Placemat-Methode oder eines Fragebogens lassen sich die Vorkenntnisse der Schülerinnen und Schüler zu Maria erhellen, um dann der Frage nachzugehen, was im Text über Maria gesagt wird und welche Gefühle bei der Engelserscheinung mit Ankündigung der Schwangerschaft in ihr vorgegangen sein könnten. Vertiefend lässt sich das Magnifikat Marias (Lk 1,46-55) einbeziehen und durch performative Elemente erschließen, indem die Körperhaltung, mit der Maria den Lobpreis Gottes gesprochen haben könnte, nachgestellt und darauf hin befragt wird, was die Erwählung zur Mutter Jesu für Maria wohl bedeutet hat (FELBER/WEISSENFELDT 2017, 24-25). In der Sekundarstufe I und II kann im Rahmen interreligiösen Lernens mit den Schülerinnen und Schülern die Rezeption von Lk 1,26-38 im Koran (Sure 3,47; 19,19-22), wo das Wunder der jungfräulichen Empfängnis noch stärker als im Neuen Testament betont wird, analysiert werden, um im Anschluss daran Grundzüge des muslimischen Jesusbildes zu erarbeiten.

> Im Rahmen interreligiösen Lernens lohnt sich ein Blick auf das Marienbild des Korans

■ Schlüsseltext 2: Verheißung des Immanuel (Mt 1,18-25)

Auch bei Matthäus ist von der Verheißung der Geburt Jesu die Rede. Die Erzählung in Mt 1,18-25 beruht auf einem ähnlichen Grundgerüst wie Lk 1,26-38, da in beiden Fällen ein Engel die Geburt des vom Geist gezeugten Kindes ankündigt und den Auftrag erteilt, ihm den Namen Jesus zu geben. Während sich aber bei Lukas der Engel Gottes an Maria wendet, ist die Handlung bei Matthäus ganz auf die Person Josefs fokussiert. Zudem ist in Mt 1,18-25 die Schwangerschaft Marias bereits offensichtlich. Josef will Maria, mit der er durch die Verlobung eine rechtsgültige Bindung eingegangen ist, den Scheidebrief (vgl. Dtn 24,1) ausstellen, da er selbst nicht der Vater des Kindes sein kann und nach menschlichem Ermessen nur die sexuelle Beziehung Marias zu einem anderen Mann als Erklärung in Betracht kommt. In dieser Situation erscheint Josef im Traum ein namenlos bleibender Engel, der ihn über die wahre Herkunft des bald zur Welt kommenden Kindes aufklärt. Gleichzeitig wird Josef aufgefordert, Maria nicht zu verstoßen und ihr Kind durch Namensgebung anzunehmen. Als Josef aus seinem Traum erwacht, befolgt er die ihm aufgetragenen Weisungen. Indem sich an den Auftrag zur Namensgebung auch eine Erläuterung des Namens anschließt, lehnt sich Mt 1,18-25 noch enger als Lk 1,26-38 an das Schema der mit Ismael und Simson verbundenen alttestamentlich-jüdischen Geburtsankündigungen (Gen 16,11; Ps.-Philo, *lib. ant.* 42,3) an. Matthäus hat die Geschichte in der Tradition vorgefunden und grundlegend überarbeitet. Dabei wurde sie um das Erfüllungszitat aus Jes 7,14 ergänzt und mit zentralen Motiven der matthäischen Christologie angereichert (Luz ^{5}2002, 142-143). Das zur Welt kommende göttliche Kind erweist sich als Davidssohn, Retter von den Sünden und Immanuel.

Aufbau und Inhalt von Mt 1,18-25

Ein wichtiges Anliegen der Erzählung besteht darin, den vom Geist gezeugten Jesus in die Nachkommenschaft Davids einzugliedern. Vor dem Hintergrund der jüdischen Hoffnung auf einen königlichen Messias aus dem Stamme Davids (Jes 11,1) präsentiert Matthäus gleich zum Auftakt seines Evangeliums Jesus programmatisch als messianischen Davidssohn (Mt 1,1) und untermauert die Herkunft Jesu aus dem Geschlecht Davids durch den die Linie Josefs nachzeichnenden Stammbaum (1,6). Da Josef im Horizont der Glaubensaussage von der Jungfrauengeburt aber nicht der leibliche Vater Jesu sein kann, entsteht eine Spannung, die in Mt 1,18-25 bewältigt wird. Indem der aus dem Geschlecht Davids stammende Josef (1,20) mit der Namensgebung Jesus als seinen Sohn annimmt, wird dieser in die mit David verbundene Verheißungsgeschichte Israels hineingestellt. Im weiteren Verlauf seines Evangeliums rückt Matthäus die ihm aus der Bartimäusgeschichte (Mk 10,46-52) bekannte Vorstellung, dass Jesus sich speziell durch Wunderheilungen als Davidssohn erweist, betont in den Vordergrund (Mt 9,27; 15,22; 20,30-31; 21,15). Gegenüber der Hoffnung Israels auf einen Davidssohn, der als kriegerischer Messias mit eisernem Stab regiert (*PsSal* 17), bedeutet dies eine Korrektur. Matthäus zeichnet ein Bild vom Davidssohn als friedvollem Herrscher, der seine Regentschaft durch das Erbarmen mit den Leidenden und Schwachen begründet. Israels wirklicher Messias ist der heilende Davidssohn Jesus, der den Kranken hilft und die Gemeinde begleitet.

Eingliederung Jesu in die Nachkommenschaft Davids

Der Davidssohn Jesus ist kein kriegerischer Messias

In Mt 1,23 wird die Ankündigung der jungfräulichen Geburt Jesu als Erfüllung der Immanuelverheißung des Propheten Jesaja (Jes 7,14) gekennzeichnet (Broer

Jesus als der Immanuel aus Jesaja 7

2010, 171-186). Bei Jesaja ist damit noch nicht die Vorstellung einer übernatürlichen Zeugung und das Kommen einer messianischen Heilsgestalt verbunden. Im alttestamentlichen Kontext handelt es sich bei Immanuel um einen Sohn des Ahas, den eine geschlechtsreife junge Frau (hebr. *almah*) aus dem unmittelbaren Umfeld des Königs zeitnah zur Welt bringen wird. Mit der Frau ist wohl Abi, die Gattin von Ahas (2Kön 18,2), gemeint. In der Septuaginta wird *almah* (Jes 7,14) mit *parthenos* übersetzt, das im Griechischen gewöhnlich eine Jungfrau bezeichnet. Dabei steht nicht zwangsläufig die Vorstellung der Jungfrauengeburt im Hintergrund, sondern der Übersetzer könnte daran gedacht haben, dass eine zu jener Zeit noch unberührte Frau später als Verheiratete ein Kind namens Immanuel gebären wird (BROWN 1977, 148-149). Dann hätte erst die von Matthäus und Lukas rezipierte Tradition Jes 7,14 im Sinne einer Jungfrauengeburt interpretiert. Erfüllungs- oder Reflexionszitate aus dem Alten Testament begegnen an zehn Stellen des Matthäusevangeliums, wobei der Wortlaut nicht immer dem Text der Septuaginta folgt. Matthäus gibt sich als christlicher Schriftgelehrter zu erkennen, der in der Lage ist, durch souveränen Umgang mit der Schrift Grundthemen seiner Theologie, darunter die Betrachtung Jesu als Immanuel, betont als Erfüllung prophetischer Verheißung hervorzuheben. Wenn allein das Christusgeschehen als Erfüllung der alttestamentlichen Prophetie gilt, spiegelt sich darin ein exklusiver Anspruch der judenchristlichen Gemeinde des Matthäus auf die Heiligen Schriften des Judentums wider. Die Aussage, dass Jesus der von Jesaja verheißene Immanuel (»Gott mit uns«) ist, legt sich wie eine Klammer um das Evangelium. Schon vor seiner Geburt wird Jesus als Immanuel präsentiert (Mt 1,23) und am Ende verabschiedet sich der Auferstandene mit der Verheißung »Siehe, ich bin mit euch alle Tage bis an der Welt Ende« von den Jüngern (28,20). Damit bringt Matthäus die Gewissheit zum Ausdruck, dass der Herr auch über seinen Tod hinaus bei seiner Gemeinde als Immanuel gegenwärtig ist.

Göttliche Zeugung und Jungfrauengeburt

In den Geburtsankündigungserzählungen des Matthäus und Lukas verbinden sich die nicht zwangsläufig zusammengehörigen Vorstellungen der göttlichen Zeugung und der Jungfrauengeburt. Es handelt sich um Glaubensaussagen, die sonst im Neuen Testament nicht belegt sind und mit denen unter Rückgriff auf Vorstellungen aus der hellenistischen Umwelt die Göttlichkeit Jesu in besonderer Weise herausgestellt werden soll. Zum Motiv der übernatürlichen Zeugung gibt es eine Reihe religionsgeschichtlicher Analogien und Vorbilder.

> Auch Platon, Alexander und Augustus wurden angeblich von einem Gott gezeugt

Von Platon erzählte man, nicht Ariston, sondern der Heilgott Apollon sei sein Vater (Diog. Laert., *vit. phil.* 3,2). Alexander der Große galt als Sohn von Zeus Ammon, der angeblich Alexanders Mutter Olympias in Gestalt einer Schlange beiwohnte (Plut., *Alex.* 2-3). Ganz ähnlich soll sich die Zeugung des Kaisers Augustus durch Apollon zugetragen haben (Suet., *Aug.* 94,4). Philon von Alexandria (*cher.* 45-47) denkt im Rahmen allegorischer Schriftauslegung an eine göttliche Zeugung der Stammväter Israels, da sich in ihnen göttliche Tugenden verkörpern. Als Analogie für die Jungfrauengeburt verweist schon der christliche Apologet Justin um 150 n. Chr. auf Danaë (Just., *apol.* I 22), die noch unberührt war und von ihrem Vater in einem streng bewachten Verlies eingesperrt wurde. Dort kam Zeus in Gestalt goldenen Regens auf sie herab, woraufhin sie ihm Perseus gebar. Vergil hingegen kündigt zwar die Rückkehr einer Jungfrau, womit die Göttin Dike gemeint ist, und die himmlische Entsendung eines das

Goldene Zeitalter einläutenden Kindes an (Verg., *buc.* 4), sagt aber nicht, dass die Jungfrau das Kind auch gebar (BROWN 1977, 564). In jüdischer Tradition ist das Motiv der Empfängnis eines Kindes ohne Geschlechtsverkehr bei der Geburt Melchisedeks bezeugt, dessen Vater Nir wie Josef seine vermeintlich untreue Frau verstoßen will (*slavHen* 71,1-23). Aus der Notiz in Mt 1,25, dass Josef bis zur Geburt Jesu keinen sexuellen Verkehr mit Maria hatte, leitete man bald die Vorstellung einer immerwährenden Jungfräulichkeit Marias ab. Sie findet sich bereits Ende des 2. Jh. im apokryphen Protevangelium des Jakobus, wo die in der Bibel erwähnten Geschwister Jesu (Mk 6,3) als Kinder Josefs aus einer früheren Ehe gelten, und wurde 553 auf dem Konzil von Konstantinopel zum verbindlichen Dogma erklärt. Anders als in der römisch-katholischen Kirche und den orthodoxen Kirchen spielt das Dogma im Protestantismus keine ausgeprägte Rolle.

> Nach dem Dogma von 553 blieb Maria für alle Zeiten Jungfrau

In die an Josef gerichtete Engelrede ist eine Erklärung des Namens Jesu eingeflochten, die der Entfaltung der soteriologischen Bedeutung des zur Welt kommenden göttlichen Kindes dient (Mt 1,21). Dem Namen Jesus (»Jahwe hilft«) wird unter offenkundigem Rückgriff auf Ps 130,8 der Sinngehalt »er wird sein Volk von seinen Sünden retten« zugesprochen. Mit dieser Konzentration des rettenden Handelns Jesu auf die Sündenvergebung rückt Matthäus ein Motiv in den Vordergrund, das nach seinem Verständnis zentral für die Sendung Jesu ist. Jesus besitzt in seinem Erdenleben die Vollmacht zur Sündenvergebung (Mt 9,1-8) und sein Tod geschieht zur Vergebung der Sünden, wie Matthäus im Kelchwort seines Abendmahlsberichts betont hervorhebt (Mt 26,28). Matthäus erweitert somit die traditionelle Erzählung von der Namensgebung Jesu um zentrale Motive seiner Christologie und Soteriologie, die er im weiteren Verlauf seines Evangeliums entfaltet. Die besondere Heilsbedeutung des zur Welt kommenden göttlichen Jesuskindes liegt darin, dass er sich als Davidssohn, Erlöser von den Sünden und Immanuel (»Gott mit uns«) erweist.

Jesus als Retter von den Sünden

Mt 1,18-25 regt Kinder und Jugendliche mit den Motiven der Zeugung Jesu durch den Geist Gottes und der Jungfrauengeburt zu einer intensiven Auseinandersetzung mit der Frage an, ob Jesus mehr als nur ein Mensch war und welche Bedeutung er für sie selbst hat. Neben den Wundern und der Auferstehung zählen die Gottessohnschaft und die Jungfrauengeburt zu den von Jugendlichen am stärksten in Frage gestellten biblischen Aussagen über Jesus (ZIEGLER 2006, 366-367). Die maßgeblich aus Mt 1,18-25 abgeleitete Aussage des Apostolischen Glaubensbekenntnisses »empfangen durch den Heiligen Geist, geboren von der Jungfrau Maria« lässt sich im Religionsunterricht unter dem Aspekt erörtern, ob man dies heute noch glauben kann und wie man es verstehen soll. Anregungen bei der Suche nach einer eigenen Antwort bieten die Stellungnahmen, die andere zum Thema abgegeben haben. So veröffentlichte die »Welt« am 22.12.2013 unter der Schlagzeile »Wie kam Jesus auf die Welt?« recht konträre Statements von *Rainer Maria Woelki, Robert Spaemann, Wolfgang Huber, Josef H. Reichholf, Uta Ranke-Heinemann, Wolfgang Schmidbauer* und *Susanne Gaschke* dazu, inwieweit sie an »unbefleckte Empfängnis« und Jungfrauengeburt glauben. Als Impuls für die Beschäftigung mit der Frage nach der Bedeutung Jesu für das eigene Leben eignet sich die verfremdete Nacherzählung von Mk 8,27-30 aus einem Schulbuch für die neunte Klasse, in der die Jünger auf die Frage Jesu, für wen ihn die Leute halten, antworten (FRICKE 2007, 143):

Didaktische Anknüpfungspunkte

»‹Nach den aktuellen Meinungsumfragen halten dich 42% für einen großen Philosophen und Religionsstifter, 35% für rückständig oder belanglos und 23% bekennen dich als den Sohn Gottes›. Jesus stutzt ein wenig und fragt dann: ‹Und ihr, für wen haltet ihr mich?› Petrus sagt: ‹Meister, lange Zeit folgen wir dir schon, aber nimm es mir nicht übel, auch ich frage mich immer noch, wer du eigentlich bist. Ich weiß darauf noch keine Antwort.›«

Erschließung der Inkarnation

In der Sekundarstufe II kann das Glaubensbekenntnis von Nizäa und Konstantinopel mit der Aussage der Wesensgleichheit (Homousie) von Vater und Sohn als Einstieg dazu dienen, dass die Schülerinnen und Schüler sich mit dem Titel »Sohn Gottes« auseinandersetzen und anhand ausgewählter Texte zur Inkarnationstheologie Weihnachten aus christologisch-theologischer Perspektive wahrnehmen (GOLDBECK 2016, 7-12). Eine andere Möglichkeit, die Bedeutung der Menschwerdung Jesu zu erschließen, eröffnet sich durch die Einbeziehung des Popsongs »Hymn« (1977) von *Barclay James Harvest* (BÖHM/BUSCHMANN ³2006, 143-145), der nach dem Muster neutestamentlicher Christushymnen wie Phil 2,6-11 oder Hebr 1,3-4 das Christusgeschehen in seinen drei Stufen (Präexistenz, Erdenleben, Erhöhung) besingt und die Inkarnation mit der Songzeile »When Jesus came down from heaven to earth, the people said it was a virgin birth« umschreibt.

■ Schlüsseltext 3: Die Geburt Jesu (Lk 2,1-20)

Aufbau und Inhalt von Lk 2,1-20

Lukas bettet die Geburt Jesu in die Weltgeschichte ein, um die universale Bedeutung des Geschehens in den Fokus zu rücken, an dem durch den Lobpreis der Engel auch die himmlischen Mächte partizipieren. Der Text zerfällt in drei Teile. Zunächst wird erzählt, wie es wegen eines kaiserlichen Dekrets zur Steuerveranlagung dazu kam, dass Josef und Maria nach Bethlehem reisten und Jesus dort zur Welt kam (Lk 2,1-7). Im Zentrum steht eine Engelserscheinung vor den Hirten, bei der die Geburt Jesu gedeutet und bejubelt wird (2,8-14). Den Abschluss bildet der Besuch der Hirten an der Krippe des neugeborenen Kindes (2,15-20).

Der Zensus des Quirinius

Nach Lk 2,1-5 ist die Bethlehemreise Josefs und seiner hochschwangeren Frau Maria durch einen von Kaiser Augustus angeordneten Zensus (*apographē*) motiviert, dessen Organisation in den Händen des syrischen Statthalters Quirinius lag. Augustus hatte den Zensus in den Provinzen des Reiches zur Bemessung der Kopf- und Grundsteuer eingeführt. Mit dem erstmals bei der Neueinrichtung einer Provinz abgehaltenen und dann in regelmäßigen Abständen wiederholten Zensus verschafften sich die Behörden Informationen über die Zahl der kopfsteuerpflichtigen Personen und deren Vermögensverhältnisse. Normalerweise gab der Mann als Hausvorstand diese Erklärung für alle Familienmitglieder ab. Wenn Frauen eigenen Grundbesitz hatten, mussten auch sie vor den Behörden erscheinen. Aus dem Werk des Josephus geht allerdings hervor, dass der Zensus des Quirinius nicht während der Herrschaft des Herodes erfolgte, sondern in das Jahr 6 n. Chr. fiel, als der Herodessohn Archelaos abgesetzt und sein Herrschaftsgebiet in die römische Provinz Judäa umgewandelt wurde (Joseph., *ant.* 18,1-9). Da zwischen der Geburt Jesu gegen Ende der Regierungszeit des Herodes und der Einrichtung der römischen Provinz Judäa eine zeitliche Lücke von mindestens zehn Jahren klafft, ist Lukas

> Die Römer führten in den Provinzen einen Zensus zur Bemessung der Steuern durch

mit der geschichtlichen Einbettung des Weihnachtsgeschehens in den Zensus des Quirinius ein chronologischer Irrtum unterlaufen (SCHÜRER 1973, 399-427). Alle Versuche, einen Zensus des Quirinius zur Zeit der Geburt Jesu plausibel zu machen, scheitern daran, dass sich eine Statthalterschaft des Quirinius in Syrien zu Lebzeiten von Herodes dem Großen nicht belegen lässt. Zudem bestand von römischer Seite aus keinerlei Veranlassung, in einem innenpolitisch autonomen Herrschaftsgebiet wie dem Herodesreich einen Zensus durchzuführen.

Wenn es im Geburtsjahr Jesu keine römische Steuerschätzung gab, dann fällt die von Lukas gegebene Begründung für die Bethlehemreise des in Nazareth lebenden Ehepaars Maria und Josef in sich zusammen. Von Bethlehem als Geburtsort Jesu spricht im Neuen Testament sonst nur noch Matthäus (Mt 2,1-6). Er betrachtet Bethlehem als Wohnort der Heiligen Familie und sieht in der dortigen Geburt Jesu die Erfüllung der Verheißung des Propheten Micha, dass der erwartete Heilsherrscher aus Bethlehem, der Stadt Davids, kommen werde (Mi 5,1). Das Markusevangelium als älteste Evangelienschrift kennt dagegen keine Weihnachtsgeschichte und vermittelt deutlich den Eindruck, dass Jesus aus Nazareth stammt. Die kritische Bibelwissenschaft rechnet daher damit, dass Bethlehem aus dogmatischen Gründen zum Geburtsort Jesu wurde. Weil der Messias nach der Schrift in Bethlehem zur Welt kommen musste, sei Jesu Geburt von Nazareth dorthin verlegt worden (THEISSEN/MERZ ⁴2011, 158-159; KOSCHORKE ⁵2014). Allerdings könnte es sein, dass in der Weihnachtsgeschichte des Lukas unterschiedliche historische Erinnerungen zusammenflossen und mehrere Bethlehemreisen von Maria und Josef zu einer einzigen verdichtet wurden. Der Althistoriker *Klaus Rosen* vermutet, dass Maria in Bethlehem ererbten Grundbesitz hatte und daher in Begleitung ihres Mannes auch bereits in den Tagen von Herodes dem Großen mit den dortigen Steuerbehörden verhandeln musste. Bei der Abgabe solch einer früheren Steuererklärung in Bethlehem könne Jesus dort zur Welt gekommen sein (ROSEN 1995, 5-15). Auch wenn vieles für Nazareth spricht, ist damit eine Geburt Jesu in Bethlehem nicht gänzlich ausgeschlossen.

Geburt Jesu in Nazareth?

War Jesus in Wirklichkeit niemals in Bethlehem?

Bei dem Übernachtungsraum (*katalyma*), in dem Jesus zur Welt kommt (Lk 2,7), handelt es sich um den Nebenraum eines Hauses, der gewöhnlich als Stall für Tiere diente. Dort findet das neugeborene Kind Platz in einer Krippe, einem aus Holz oder Stein hergestellten Futtertrog. Die kirchliche Überlieferung des 2. Jh. lokalisierte die Geburt Jesu dagegen in einer Grotte in Bethlehem (Just., *dial.* 78,5), die 326 auf Initiative von Kaiser Konstantin und seiner Mutter Helena mit der Geburtskirche überbaut wurde (KROLL ¹²2002, 34-52). Im Pseudo-Matthäusevangelium aus dem 8. oder 9. Jh. werden beide Traditionen miteinander verbunden. Nach seiner Darstellung konnte die Heilige Familie am dritten Tag nach der Geburt Jesu aus der Höhle in einen benachbarten Stall zu Ochse und Esel umziehen (STUHLMACHER ²2006, 52). Das vertraute Motiv vom Ochsen und vom Esel an der Krippe Jesu findet sich nicht in der Bibel. Es wurde im 4. Jh. aus Jes 1,3 »Noch immer hat ein Ochse seinen Besitzer gekannt und ein Esel den Futtertrog seines Herrn« entwickelt, wobei man den Ochsen auf die vermeintlich vom Gesetz unterjochten Juden und den Esel auf die unter der Last des Götzendienstes leidenden Griechen deutete, die jeweils durch die Geburt Jesu von ihrem Los befreit wurden (Gregor von Nyssa, *in diem natalem Christi* 6). Der Einfluss des Pseudo-Matthäusevangeliums auf die Volksfrömmigkeit und die künstleri-

Ochse und Esel an der Krippe Jesu

schen Darstellungen der Geburt Jesu ließen Ochse und Esel zu einem nicht mehr wegzudenkenden Bestandteil der Weihnachtsgeschichte werden.

Das Jesuskind als Heiland, Christus und Kyrios

In Lk 2,8 wechselt die Szenerie unvermittelt. Der Fokus richtet sich nun auf ein Feld unweit des Geburtsstalls, wo Hirten in der Nacht bei ihren Schafen weilen. Ein Engel tritt auf und verkündigt den Hirten die Freudenbotschaft, dass der Retter, Christus und Herr in der Stadt Davids zur Welt gekommen ist. Das Wort Christus (griech. *christos*) bedeutet »der Gesalbte«. Mit der Geburt Jesu in Bethlehem erfüllt sich folglich die jüdische Erwartung des davidischen Messias. Die Titel Retter bzw. Heiland (*sōtēr*) und Herr (*kyrios*) sind in der hellenistischen Welt nicht nur für Gottheiten, sondern auch für weltliche Herrscher bezeugt. Bereits Ptolemaios I., der Begründer der mit Kleopatra endenden ptolemäischen Königsdynastie, legte sich den Beinamen Soter zu. Besondere Bedeutung gewann der Titel Soter im Kaiserkult (KARRER 2002, 162-170). Cäsar wurde in Ägypten und Griechenland als Soter gefeiert. Die Weihinschrift des um 13 v. Chr. auf der ägyptischen Insel Philae erbauten Augustustempels spricht von Kaiser Augustus als Heiland (*sōtēr*) und Wohltäter, wie es auch Philo von Alexandria tut (*Flacc.* 74). Claudius und Titus begegnen auf Inschriften als universale Retter des Kosmos oder der bewohnten Welt. Nero wird auf einer griechischen Inschrift als Kyrios des gesamten Kosmos bezeichnet (HAHN 1963, 69). Durch die Freudenbotschaft des Engels, der das Kind in der Krippe als Heiland und Herrn preist, übt Lukas indirekt Kritik an der göttlichen Verehrung des Kaisers. Mit der Geburt Jesu in der Stadt Davids erfüllt sich für ihn nicht nur die jüdische Messiaserwartung, sondern vollzieht sich auch eine Entmythologisierung des Herrscherkults. Nicht Augustus oder allgemein der römische Kaiser, sondern das in einem Stall als Notunterkunft geborene und in einen armseligen Futtertrog gelegte Jesuskind erweist sich als wahrer Retter der Menschheit und Herr der Welt.

Didaktische Perspektiven

Für die Vermittlung der Weihnachtsgeschichte Lk 2,1-20 eignen sich in der Primarstufe freiere Nacherzählungen (TSCHIRCH 1997, 79-92) oder Textpuzzles (FREDE/LANDWEHR ³2009, 25.27). In der Sekundarstufe I können sich die Schülerinnen und Schüler mit unterschiedlichen Übersetzungen von Lk 2,1-20, beispielsweise aus der Lutherbibel, der Bibel in gerechter Sprache und der Volxbibel, beschäftigen und anschließend darüber diskutieren (FISCHER 2012, 14-21). Für einen problemorientierten Zugang bietet es sich an, die Jugendlichen mithilfe eines vorgefertigten Fragenkatalogs über die soziale, politische und wirtschaftliche Lage des heutigen Bethlehem recherchieren zu lassen (ebd., 32-33). Dabei wird deutlich, dass die aktuelle Situation im vermeintlichen Geburtsort Jesu der weihnachtlichen Friedensbotschaft völlig widerspricht. Zudem kann das Kontrastpotenzial der Weihnachtsgeschichte durch den Einsatz provokativer Mittel, beispielsweise verfremdeter Weihnachtsgeschichten, erschlossen werden. Dazu eignet sich etwa der fiktive satirische Zeitungsbericht »Säugling in Stall gefunden – Polizei und Jugendamt ermitteln«, der davon berichtet, wie der Schreiner Josef aus Nazareth, die unmündige Kindsmutter Maria und drei suspekte Ausländer aus dem Osten in das Visier der Sozialbehörde geraten und von der Polizei festgenommen werden. Eine anregende visuelle Verfremdung von Lk 2,15-20 bietet das fotografische Kunstwerk »Die Anbetung der Hirten« aus dem Bildband I.N.R.I., wo die Szene in einer Garage spielt. Maria sitzt mit dem Jesuskind neben einem roten Van und einer weißen Katze zwischen

Maria, Josef und drei suspekte Ausländer geraten ins Visier der Behörden

Benzinkanistern und Ölkannen auf einem Sack Streusand, während die stylish gedressten Hirten mit Blumen ihre Aufwartung machen (RHEIMS/BRAMLY 1998, 40-41).

■ Schlüsseltext 4: Die Magier aus dem Morgenland (Mt 2,1-12)

In der Geschichte von der Anbetung des Jesuskindes durch die Magier aus dem Morgenland (Mt 2,1-12) wird dessen Geburt in Bethlehem in den Kontext der messianischen Verheißung aus dem Buch Micha (Mi 5,1) gestellt. Bei der Erzählung handelt es sich um eine kunstvolle Komposition, die nach der einleitenden Erwähnung der Geburt Jesu in zwei parallel aufgebaute Blöcke mit unterschiedlichen Handlungsorten zerfällt. Zunächst kommt es in Jerusalem zur Begegnung der Magier mit Herodes dem Großen als dem amtierenden König der Juden (2,1-8), bevor sich in Bethlehem die Anbetung des Jesuskindes als des messianischen Königs der Juden anschließt (2,9-12). Neben Gold überreichen die Magier noch Weihrauch und Myrrhe, die ebenfalls Luxusartikel darstellen. Wie diese kostbaren Gaben der Magier unterstreicht auch deren Proskynese, der nach orientalischer Tradition übliche Kniefall vor dem göttlich verehrten König, die Hoheit des Jesuskindes. Auch wenn in der Bibelwissenschaft vereinzelt von einer historischen Begebenheit ausgegangen wird, dominiert doch die Auffassung, dass die Erzählung vom Kommen der Magier zur Anbetung des Jesuskindes eine Legende darstellt. Es könnte sich um einen subversiven christlichen Gegenentwurf zur Huldigung Neros durch den König Tiridates von Armenien handeln (vgl. LUZ ⁵2002, 161-162), der 66 n. Chr. in einem vom römischen Kaiserhof inszenierten Propagandaakt mit Magiern im Gefolge nach Rom zog und auf dem Forum Romanum vor Nero niederfiel (Suet., *Nero* 13; Cass. Dio, *hist. rom.* 63,1-7). Matthäus hat die traditionelle Geschichte von der Anbetung Jesu durch die Magier sprachlich überarbeitet und um das Schriftzitat aus dem Alten Testament bereichert. Auch das Zusammentreffen der Magier mit Herodes, das im weiteren Verlauf des ersten Evangeliums den Kindermord in Bethlehem und die Flucht der Heiligen Familie nach Ägypten auslöst, geht wohl erst auf ihn zurück.

Magier waren ursprünglich Angehörige der persischen Priesterkaste. In hellenistischer Zeit verstand man darunter allgemein Personen, die sich intensiv mit Religion, Schamanismus, Philosophie und Naturwissenschaft beschäftigten. Zunächst war der Begriff positiv besetzt. Er bezeichnete hochangesehene Vertreter östlicher Weisheit, die als Priester, Weise, Seher, Heiler oder Reiniger zum Wohle der Menschen wirkten und den Kontakt zur göttlichen Welt herstellten. In neutestamentlicher Zeit hatte längst ein Paradigmenwechsel eingesetzt. Magier galten nun meist als zwielichtige Zauberer, Hexer, Scharlatane und Betrüger. Vor diesem Hintergrund glaubte man in der Religionswissenschaft lange Zeit, Magie als ein dekadentes kulturelles Phänomen und als primitive Vorstufe oder degenerierte Fehlentwicklung von Religion abtun zu können. Dabei wurde übersehen, dass bevorzugt Phänomene, die nicht mit dem vorherrschenden Religions- und Wissenschaftsverständnis konform sind, als Magie abqualifiziert werden und die Grenzziehung zwischen Magie und Religion hochgradig eine Frage des subjektiven Standpunkts oder der gesellschaftlichen Machtstellung ist. Die Magier in Mt 2,1-12 sind zweifelsohne positiv gezeichnet. Sie verfügen über Expertenwissen auf dem Feld der Astronomie, erkennen im Jesuskind den wahren König der Juden und überbringen kostbare Geschenke. Indem sogleich nach der Geburt Jesu hochrangige Angehörige der nichtjüdischen Völkerwelt dessen Bedeutung wahrnehmen, kommt bei Matthäus schon zu Beginn des Evangeliums die universalistische Perspektive in den Blick, dass Jesus sich als Heilsbringer der gesamten Menschheit erweist.

Altkirchliche Legendenbildung über die Magier

Vieles von dem, was sich über die Magier aus dem Morgenland fest in das kulturgeschichtliche Bewusstsein eingeprägt hat, gehört in den Bereich der altkirchlichen Legendenbildung (Luz ⁵2002, 177-178; HOLTMANN 2005, 17-72). Die Erzählung in Mt 2,1-12 trifft weder Aussagen über die Anzahl, die exakte Herkunft und die Identität der Magier, noch bietet sie Informationen über den Zeitpunkt der Anbetung. Um 200 n. Chr. setzte sich die Dreizahl der Magier durch, die aus der Trias der von ihnen überbrachten Geschenke abgeleitet wurde. Zugleich ging man nun allgemein davon aus, dass die Magier aus Persien stammten, während zuvor beispielsweise auch Arabien in Erwägung gezogen wurde. Zur selben Zeit begegnet erstmals die Auffassung, es könne sich bei den Magiern um Könige gehandelt haben (Tert., *adv. Marc.* 3,13). Dabei stand die Interpretation von Ps 72,10-11 und bald auch von Jes 60,3-11 auf die Magier im Hintergrund (STUHLMACHER ²2006, 78-79). Die Namen Kaspar, Melchior und Balthasar und Spekulationen über deren Aussehen tauchen erst im 6. Jh. auf. Dabei etablierte sich die Vorstellung, dass es sich bei Balthasar um einen Menschen mit schwarzer Hautfarbe gehandelt habe. In diesem Zusammenhang wurden die drei Magier nun häufig als Repräsentanten der Kontinente Europa, Asien und Afrika angesehen. Die genauere zeitliche Einordnung der Magier-Episode war in der Alten Kirche lange umstritten. Unter maßgeblichem Einfluss Augustins (354-430) setzte sich die Datierung des Geschehens auf Epiphanias am 6. Januar durch, an dem die Offenbarung (Epiphanie) der Göttlichkeit des Herrn gefeiert wird und das in vielen Kirchengebieten noch länger mit dem 25. Dezember als Tag der Geburt Jesu konkurrierte.

Die Magier wurden zu Repräsentanten dreier Kontinente

Herodes der Große als Widersacher des Jesuskindes

In Mt 2,3 betritt Herodes der Große als Widersacher des Jesuskindes die Bühne, dessen Geburt von ihm als Gefährdung seiner Herrscherposition wahrgenommen wird und das er später durch den Kindermord in Bethlehem zu beseitigen sucht (Mt 2,13-18). Herodes war 40 v. Chr. vom römischen Senat zum König Judäas ernannt worden und konnte mit militärischer Hilfe Roms 37 v. Chr. den Thron in Jerusalem besteigen, den er bis zu seinem Tod im Jahr 4 v. Chr. innehatte. Herodes verfolgte als »Realpolitiker« mit großem diplomatischem Geschick die Einbeziehung Judäas in die hellenistisch-römische Weltkultur und steigerte im gesamten Römischen Reich das Ansehen des Judentums. Durch umfangreiche Baumaßnahmen und eine Intensivierung der landwirtschaftlichen Produktivität förderte er nachhaltig den Wohlstand der Bevölkerung. Jerusalem ließ er im Glanz einer hellenistischen Metropole erstrahlen und verschaffte sich mit dem Neubau des Tempels selbst bei seinen Kritikern Respekt. Historisch spiegelt sich in Mt 2,1-18 die Brutalität des Herodes in Fragen des Machterhalts wider. Während seiner mehr dreißigjährigen Herrschaft beseitigte er rücksichtslos eine Vielzahl politischer Gegner. Darunter befanden sich auch Personen aus dem Kreis der eigenen Familie wie sein Schwager Aristobul III., seine Schwiegermutter Alexandra und deren Vater Hrykan II. Seine Ehefrau Mariamme ließ Herodes aus Eifersucht hinrichten. Die letzte Phase seines Lebens war durch schwere Intrigen am Hof und einen blutigen Generationenkonflikt vor dem Hintergrund der Nachfolge gekennzeichnet (GÜNTHER ²2012, 149-171; BALTRUSCH 2012, 289-326). Im Jahr 7 v. Chr. machte Herodes seinen als Thronerben vorgesehenen Söhnen Alexander und Aristobul, die aus der Ehe mit Mariamme stammten, den Prozess. Sie wurden von einem Gericht in Beirut des Hochverrats für schuldig befunden und in Sebaste hingerichtet. Als drei Jahre später der zum neuen Thronfolger bestimmte Herodessohn Antipater das Ableben des mittlerweile sterbenskranken Königs nicht abwarten wollte und einen Giftanschlag auf ihn plante, ereilte ihn das gleiche Schicksal. Antipater wurde von einem Gericht unter Vorsitz des syrischen Statthalters Varus zum Tode verurteilt und Herodes ließ ihn fünf Tage vor seinem eigenen Ableben hinrichten, nachdem aus Rom die Genehmigung dazu eingetroffen war. Angesichts dessen, dass die politischen Morde des Herodes auch vor den eigenen Kindern nicht Halt machten, ist von Kaiser Augustus, der um die Einhaltung der jüdischen Speisevorschriften durch den König wusste, die Aussage überliefert, es sei besser das Schwein des Herodes als sein Sohn zu sein (Macrob., *Saturn.* 2.4,11). Der vermeintliche Kindermord von Bethlehem, der dem jüdischen Historiker Josephus unbekannt ist, wird in aller Regel für eine Legende gehalten, in der sich als einziges historisches Motiv die selbst vor den eigenen Kindern nicht haltmachende Grausamkeit des Herodes niedergeschlagen hat, wenn er seine Macht bedroht sah (VOGEL 2002, 327-333). Es gibt aber auch die Einschätzung, Herodes sei am Ende nicht mehr im Vollbesitz seiner geistigen Kräfte gewesen und könne durchaus einen derart wahnwitzigen Befehl wie den zum Kindermord gegeben haben (SCHALIT ²2001, 648-649).

> König Herodes der Große ließ drei seiner Söhne hinrichten

Der Anlass für die Huldigungsreise der Magier aus dem Osten war, dass sie den Stern des messianischen Königs aufgehen sahen und ihm folgten. Unter Einbeziehung astronomischer Erkenntnisse wurde der Versuch unternommen, den Stern der Magiergeschichte mit dem Halleyschen Kometen von 12/11 v. Chr., einer Jupiter-Saturn-Konjunktion von 7/6 v. Chr. oder einer nicht exakt datierbaren Supernova jener Zeit in Verbindung zu bringen (LUZ ⁵2002, 162). Vermutlich hat der Stern aber eine rein bildliche Bedeutung, um das Jesuskind als den von Gott auserwählten König zu kennzeichnen. Der Stern ist auf antiken Königs- und Kaisermünzen ein beliebtes Herrschaftssymbol (KÜCHLER 1989, 179-186). Eine bei dem Historiker Justinus in Auszügen erhaltene Passage aus der Weltgeschichte des Pompeius Trogus (1. Jh. v. Chr.) spricht davon, dass bei der Geburt des Königs Mithridates von Pontus (132-66 v. Chr.) ein Stern oder Komet leuchtete, so dass der Himmel ganz in Flammen aufzugehen schien (HOLTMANN 2005, 125). In der Antike war zudem die Vorstellung verbreitet, dass jeder Mensch einen persönlichen, bei der Geburt aufgehenden und beim Tod verlöschenden Stern hat, der je nach dem Schicksal und Status der betreffenden Person unterschiedlich stark leuchtet (Plin., *hist. nat.* 2,28). Wenn der Stern von Bethlehem für die Magier von weither hell sichtbar ist, spiegelt dies die universale Bedeutung Jesu als des neugeborenen Königs der Welt wider. Eine zentrale Rolle für das Verständnis der Magiererzählung spielt darüber hinaus Bileams Prophezeiung des Sterns aus Jakob (Num 24,17), die im antiken Judentum messianisch gedeutet wurde.

Der Stern von Bethlehem

Der Heilsherrscher aus Micha 5

In Mt 2,5-6 gilt die Geburt Jesu in Bethlehem als Erfüllung von Mi 5,1 (GRUND 2010, 259-270), wobei in das Schriftzitat auch Formulierungen aus 2Sam 5,2 eingeflossen sind, wo David als Hirte über Israel begegnet. Die Verheißung eines künftigen Heilsherrschers aus Bethlehem (Mi 4,14–5,3) stammt kaum vom historischen Micha, der wie Jesaja in der zweiten Hälfte des 8. Jh. v. Chr. im Südreich Juda auftrat, sondern wurde bei der späteren Redaktion des Prophetenbuchs eingefügt. Sie spiegelt die Situation der Exilszeit wider, als mit der Eroberung Jerusalems durch die Babylonier die davidische Königsdynastie ihr Ende gefunden hatte. Vor dem Hintergrund dieser Katastrophe greift der Text auf den Ursprung der Daviddynastie zurück und richtet alle Hoffnung auf einen machtvollen Regenten aus dem Geburtsort Davids (vgl. 1Sam 17,12; Ruth 1,2). Es ist nicht an eine Fortsetzung der schuldbeladenen davidischen Dynastie in Jerusalem gedacht, sondern wie in Jes 11,1 an einen neuen David, der aus einfachsten Verhältnissen stammt und in der Kraft Jahwes das gesamte erwählte Gottesvolk, nicht nur das Südreich Juda, weiden wird. Ursprünglich ist damit ein weltlicher Herrscher der unmittelbaren Zukunft gemeint. Im Targum, der Übersetzung der Hebräischen Bibel in das Aramäische, wird die Weissagung Mi 5,1 dann auch messianisch verstanden. Jesus erweist sich in Mt 2,1-12 als der vom Propheten Micha angekündigte davidische König aus Bethlehem, der im Gegensatz zu weltlichen Machthabern wie Herodes oder dem römischen Kaiser der wahre Herrscher über die Welt ist.

Didaktische Perspektiven

Die Thematisierung der Magiererzählung im Religionsunterricht kann mit einer Bildbetrachtung einsetzen, zu der sich das Gemälde »Anbetung der Magier« von *Sandro Botticelli* (1445-1510) gut eignet. In sachkundlicher Hinsicht geht es darum, dass die Schülerinnen und Schüler Kenntnisse über die biblische Grundlage, das Alter und die Bedeutung des Epiphaniasfestes gewinnen, das in einzelnen deutschen Bundesländern und in vielen Ländern der Welt gesetzlicher Feiertag ist. Ein erfahrungsbezogener Zugang zu Mt 2,1-12 ist über den traditionellen Brauch der Sternsinger möglich, die jedes Jahr in der Zeit um den 6. Januar herum von Tür zu Tür gehen, Häuser und Wohnungen segnen und Spenden für notleidende Menschen sammeln. Als Einstieg eignen sich Bilder von Sternsingern und der Segensbitte »C+M+B«, die mit Kreide an die Haustüren oder Türbalken geschrieben und mit der jeweiligen Jahreszahl versehen wird. Vor dem Hintergrund dessen, dass Jesus an Weihnachten Geburtstag hat und an Epiphanias von den drei Weisen beschenkt wird, können sich die Schülerinnen und Schüler in einer Unterrichtseinheit zum Thema »Was schenken wir dem Jesuskind?« (BERG 1988, 293-297) Gedanken darüber machen, wie der Wunschzettel Jesu an uns wohl aussähe. Symboldidaktische Zugänge erschließen sich über das Motiv des Sterns. Mit Jesus erscheint ein neuer Stern am Himmel. Die Schülerinnen und Schüler können unter den Leitfragen »Was ist eigentlich ein Star?«, »Warum brauchen Stars Fans?«, »War Jesus ein besonderer Star?« und »Was macht die Weisen zu seinen Fans?« eigene Wege nach Bethlehem entdecken. Dazu bietet es sich als Unterrichtsidee an, sich über den »Walk of Fame« in Hollywood und die heutigen Stars der matthäischen Weihnachtsgeschichte anzunähern. Die Schülerinnen und Schüler können dabei selbst zu Sternsuchern werden, die Jesus als den neuen Stern am Himmel entdecken und einen Wunschzettel an ihn verfassen (KARSCH/BUSSMANN 2012).

IV. Nachfolgegeschichten

Jesus wandte sich nicht als Einzelperson an die Öffentlichkeit, sondern versammelte in Analogie zu anderen antiken Propheten und Weisheitslehrern eine Vielzahl von Menschen um sich, die er in seiner Lehre unterwies und mit bestimmten Aufgaben betraute. Dazu zählten gleichermaßen Männer wie auch Frauen. Von hoher Symbolkraft war die Konstituierung des Zwölferkreises als inneren Zirkels der Jesusnachfolger. In vielen Fällen erfolgte der Eintritt in die Nachfolge spontan und ohne eigene Initiative, indem Menschen von Jesu charismatischem Ruf überwältigt wurden. Andere folgten Jesus aus Dankbarkeit, nachdem sie durch ihn Heilung erfahren hatten, oder bemühten sich aktiv um den Zugang zur Jesusbewegung, weil sie auf der Suche nach einem religiösen Lehrer waren. Dabei finden sich auch Beispiele gescheiterter Nachfolgebemühungen. Wie viele Personen die Jesusbewegung insgesamt umfasste, lässt sich schwer ermessen. Neben Menschen, die sich zeitweilig oder dauerhaft mit Jesus auf Wanderschaft machten, gab es auch ortsfeste Sympathisanten, die im Bedarfsfall materielle Hilfe bereitstellten. Als Gruppe von Menschen, die ein bedürfnisloses Leben führte und mit ihrem Lehrer von Ort zu Ort zog, glich die Jesusbewegung den kynischen und pythagoreischen Philosophenschulen der hellenistischen Welt.

Wesen und Bedeutung der Jesusnachfolge

■ Nachfolge, Jüngerschaft und Lebensstil der Anhänger Jesu

Nach Mk 1,16-20 setzte das öffentliche Wirken Jesu mit der Berufung von zwei Brüderpaaren ein. Simon Petrus und Andreas wie auch Jakobus und Johannes wurden während der Ausübung ihres Berufs vom Charisma Jesu überwältigt und ließen sofort ihr altes Leben hinter sich. Gleiches gilt für den Zöllner Levi (Mk 2,14). Ausschlaggebend für den Eintritt in die Nachfolge ist in allen genannten Fällen nicht der Entschluss des Berufenen, sondern der auswählende Wille des Berufenden. Die unmittelbarste Parallele dazu bietet die Berufung des Elischa, der mit dem Pflügen des Ackers beschäftigt ist und sofort die Arbeit abbricht, als ihn unvermittelt der Ruf Elijas ereilt (1Kön 19,19-21). Aus der griechischen Tradition lässt sich das Beispiel von Sokrates anführen, der in einer engen Gasse Xenophon mit ausgestrecktem Stock am Weitergehen hindert und nach dem

Berufung durch einen Lehrer

Typus	Textbeispiele	Analogien aus der Umwelt
Nachfolge aufgrund der Berufung durch einen Lehrer	Mk 1,16-20; 2,14; Joh 1,43	Berufung Elischas durch Elija; Berufung Xenophons durch Sokrates.
Nachfolge aufgrund eines erfahrenen Wunders	Mk 10,46; Lk 8,2-3; vgl. Mk 5,18	Schüler des Apollonius von Tyana.
Nachfolge aufgrund der aktiven Suche nach einem Lehrer	Mt 8,18-22; vgl. Joh 1,37-39	Schüler von Platons Akademie; Josephus.

Typen der Nachfolge

Ort fragt, wo Menschen rechtschaffen würden. Als Xenophon keine Antwort zu geben vermag, bewegt Sokrates ihn mit den Worten »Folge jetzt und lerne« zum sofortigen Eintritt in seine Philosophenschule (Diog. Laert., *vit. phil.* 2,28).

Nachfolge aus eigenem Entschluss

Andere suchten aus eigenem Antrieb Anschluss an die Jesusbewegung. Im Fall von Maria Magdalena, Johanna und Susanna erfolgt der Eintritt in die Nachfolge infolge von Exorzismen und Heilungen, die Jesus an ihnen vollzogen hat (Lk 8,1-3). In diese Kategorie fällt auch die Geschichte vom besessenen Geraserner, dessen Nachfolgebegehren allerdings abgewiesen wird (Mk 5,18-19). Bartimäus begibt sich nach der Heilung von Blindheit mit Jesus auf den Weg nach Jerusalem (Mk 10,46), wobei das Nachfolgemotiv hier aber erst auf Markus zurückgeht. Ähnlich tragen bei dem pythagoreischen Wanderphilosophen Apollonius von Tyana Wundertaten zum Eintritt in die Nachfolge bei. Der von einem bösen Geist geheilte Jüngling aus Athen verzichtet auf Geld und sein luxuriöses Leben, legt den rauen Philosophenmantel um und schließt sich Apollonius an (Philostr., *vit. Apoll.* 4,20). Menippus wird Schüler des Apollonius, nachdem dieser ihn vor der Hochzeit mit einer Vampirin bewahrt hat (*vit. Apoll.* 4,25). Ein dritter Typus neutestamentlicher Berufungsgeschichten (Mt 8,18-22) folgt dem Muster des antiken Schulbetriebs, indem die lernbegierige Person sich auf die Suche nach einem Philosophen oder religiösen Lehrer macht, von dem sie sich den Erwerb größtmöglichen Wissens erhofft und dessen Schüler sie werden möchte. Aristoteles zufolge haben die Philosophin Axiothea und der korinthische Bauer Nerinthos nach der Lektüre von Platonschriften alles hinter sich gelassen und sind nach Athen gezogen, um in Platons Akademie einzutreten (BERGER/COLPE 1987, 30). Josephus beschreibt in seiner Autobiographie, wie er als Jugendlicher aus Wissensdrang die religiösen Schulrichtungen des antiken Judentums (Pharisäer, Sadduzäer und Essener) durchlief und sich zudem eine Zeit lang dem in der Wüste lebenden Asketen Bannus als Jünger anschloss (Joseph., *vit.* 9-12).

Ein Bauer aus Korinth verlässt alles und wird Schüler in Platons Akademie

Einsetzung der Zwölf

Als engeren Kreis seiner Begleiter und Mitarbeiter versammelte Jesus die Zwölf um sich (VERHEYDEN 2017, 281-292), an deren Spitze Simon Petrus rangierte. Gemeinsam mit den Zebedäussöhnen Jakobus und Johannes bildete er innerhalb der Zwölf eine Dreiergruppe, die Jesus besonders nahe stand (Mk 9,1). Die Namen der Zwölf stimmen in den Jüngerlisten (Mk 3,16-19; Mt 10,2-4; Lk 6,14-16; Apg 1,3) weitestgehend überein. Markus und Matthäus sprechen von Simon Petrus, Jakobus dem Sohn des Zebedäus, Johannes, Andreas, Philippus, Bartholomäus, Matthäus, Thomas, Jakobus dem Sohn des Alphäus, Thaddäus, Simon Kananäus und Judas Iskariot. Lukas listet anstelle von Thaddäus einen weiteren Judas auf. Die früher zuweilen vertretene These, der Zwölferkreis sei erst nachösterlich als Gemeindeleitungsgremium entstanden und von den Evangelienschreibern in das Leben Jesu zurückprojiziert worden, stößt in der neueren Jesusforschung zu Recht meist auf Ablehnung. Die Zahl zwölf weist auf Israel als Zwölf-Stämme-Volk zurück. Der von Jesus eingesetzte Zwölferkreis ist eine symbolträchtige Größe, die das neue Israel repräsentiert. Wenn in der Qumrangemeinde ein Gremium von zwölf Männern mit besonderen Aufgaben betraut wurde (*1QS* 8,1), steht ebenfalls die Erinnerung an die zwölf Stämme Israels im Hintergrund. Faktisch existierten in den Tagen Jesu nur noch die Stämme Juda, Benjamin und Levi, letzterer ohne Erbland. Für die Endzeit erhoffte man sich im antiken Judentum die Sammlung und Wiederaufrichtung aller zwölf Stämme Jakobs (*Sir* 36,13; 48,10; *PsSal* 17,28-31). Jesus machte von der symbolträchtigen Zwölferzahl Gebrauch, um den Anbruch der Heilszeit zu versinnbildlichen und zugleich gängige Zukunftserwartungen provokativ zu durchbrechen. Die endzeitliche Wiederherstellung des Zwölf-Stämme-Volks ist nicht wie in den Psalmen Salomos mit Krieg und politischer Befreiung von Fremdherrschaft verbunden. Zudem verkörpern nicht Angehörige der gesellschaftlichen oder religiösen Elite das neue Israel, sondern »Underdogs« wie einfache galiläische Fischer, ein ehemaliger Zelot, ein Zöllner und ein späterer Verräter.

Die Personen, die sich der Jesusbewegung anschlossen, begleiteten Jesus nicht nur, sondern wurden auch in sein Wirken eingebunden. Bereits mit den ersten Berufungen verbindet sich eine Beauftragung, indem Jesus die betreffenden Personen zu Menschenfischern machen will (Mk 1,17). Die Aussendungstradition zeigt, dass Jesus seine engsten Vertrauten in die Wundertätigkeit und Reich-Gottes-Verkündigung mit einbezog. Dabei handelt es sich um eine sogenannte Doppelüberlieferung. Während Matthäus die markinische Fassung (Mk 6,6b-13) mit der Aussendungsrede der Logienquelle verschmolzen hat (Mt 9,37-38;10,5-16), berichtet Lukas zunächst in Anlehnung an Markus von einer Aussendung der Zwölf (Lk 9,1-6) und baut dann die Tradition der Logienquelle zu einer Aussendung der Zweiundsiebzig aus (Lk 10,1-12). Die älteste Form der Jüngerbeauftragung lässt sich aus Lk 10,9/Mt 10,7-8 rekonstruieren (KOLLMANN 1996, 195-199; POPKES 2014, 43-106). Die ausgesandten Jünger wurden dazu bevollmächtigt, Dämonen auszutreiben, Kranke zu heilen und die nahegekommene Gottesherrschaft zu verkündigen. Jesus hat das, was im Zentrum seines Wirkens stand, auch an die Jüngerinnen und Jünger delegiert. Sie partizipieren an Jesu Sendung und charismatischer Vollmacht.

Aussendung der Jünger

Abbruch der alten Bindungen

Der Eintritt in die Jesusbewegung ging mit dem radikalen Abbruch der alten Bindungen einher. Während Elischa bei seiner Berufung durch Elija mit einem Mahl Abschied von seiner Familie nehmen kann, lassen die von Jesus berufenen Jünger sofort alles hinter sich (Mk 1,16-20; 10,28). In Mt 8,21-22 wird einem Mann, der in die Nachfolge eintreten will, sogar die Bitte verwehrt, vorher noch seinen gerade verstorbenen Vater zu bestatten. Mit dieser provokativen Zeichenhandlung verstößt Jesus in skandalöser Weise gegen all das, was Gesetz, Frömmigkeit und Sitte vorschreiben (HENGEL 1968, 9-17). Vor diesem Hintergrund ist es wenig verwunderlich, wenn der Anspruch Jesu die Familien zutiefst spaltet und ihre Mitglieder gegeneinander aufbringt (Lk 11,49-53). Im Horizont der im Anbruch begriffenen neuen Welt Gottes verlieren mit dem Eintritt in die Nachfolge die alten Familienbande und verwandtschaftlichen Beziehungen jede Bedeutung. Jesus predigt in provokativer Weise sogar den Hass gegen die eigenen Familienangehörigen (Lk 14,26). An die Stelle der biologischen Herkunftsfamilie tritt die Jesusbewegung als die neue Familie Gottes (Mk 10,28-30). Dies liefert auch die Erklärung dafür, warum Jesus in einem äußerst angespannten Verhältnis zu seiner Mutter Maria und seinen Geschwistern stand (Mk 3,31-35; 6,4), die nicht an ihn glaubten (Joh 7,5) und ihn sogar für verrückt erklärten (Mk 3,21).

> **Jesus verstößt in skandalöser Weise gegen alle Anstandsregeln**

Entbehrungsreiches Leben auf Wanderschaft

Die Nachfolge selbst ist durch ein entbehrungsreiches Leben auf Wanderschaft gekennzeichnet. Jesus und seine Anhänger sind diesbezüglich schlechter gestellt als Tiere und müssen auf gastliche Aufnahme in Häusern hoffen. »Die Füchse haben Gruben, und die Vögel unter dem Himmel haben Nester; aber der Menschensohn hat nichts, wo er sein Haupt hinlege« (Mt 8,20). Im Vertrauen auf den fürsorglichen, seine Herrschaft durchsetzenden Schöpfergott, der das zum Leben Notwendige schenken wird (Mt 6,11/Lk 11,3), sind die Jesusanhänger der Sorge um die materiellen Dinge des Lebens enthoben (Mt 6,25-34/Lk 12,22-33). In der ältesten Fassung der Aussendungsrede Jesu wird den Jüngern das Mitführen von Stab, Brottasche, Geld, Sandalen und einem zweiten Gewand verboten (Mt 10,9-10). Die Anweisungen Jesu sind damit noch radikaler als die in vielerlei Hinsicht vergleichbaren Instruktionen für reisende Essener, die Sandalen tragen durften (Joseph., *bell.* 2,124-127), und Ausrüstungsregeln für die kynischen Wanderphilosophen, wo Stock und Ranzen erlaubt waren (Diog. Laert., *vit. phil.* 6,13; vgl. CROSSAN 1996, 152-158).

Wirkungsgeschichte und Gegenwartsbedeutung

Ähnlich wie bei der Bergpredigt stellt sich bei den Berufungs- und Nachfolgeworten die Frage des heutigen Umgangs mit dem radikalen Ethos Jesu. Bereits in der Alten Kirche gab es neben wörtlichen Interpretationen der Texte als Aufruf zu einem asketischen Leben auch Versuche, die Radikalität der Forderungen Jesu aufzuweichen (BOVON 2001, 240-241). In der römisch-katholischen Kirche des Mittelalters entwickelte sich die Sehweise, den von Jesus beim Eintritt in die Nachfolge geforderten Besitzverzicht und Abbruch aller sozialen Bindungen als Ratschläge zu betrachten, die sich nur an die nach besonderer Perfektion strebenden Gläubigen richten und am ehesten im Klosterleben verwirklichen lassen. Die Intention und Sinnpotenz der Texte bleiben damit gewahrt, sie besitzen aber nur Empfehlungscharakter. Im neuzeitlichen Protestantismus neigt man dagegen dazu, die Forderungen Jesu als Gebote für alle zu betrachten, aber gleichzeitig zu entschärfen, indem man sie im Sinne einer inneren Freiheit von Besitz und weltlichen Bindungen interpretiert. *Martin Luther* vertrat die Auffassung, das Gebot Christi sei es gerade nicht, alles zu verlassen und wie die Mönche zu leben, sondern mit dem eigenen Besitz verantwortungsvoll für die Seinen zu sorgen, und stellte damit den ursprünglichen Sinn der Texte gewissermaßen auf den Kopf (vgl. LUZ ²2012, 131-135). In jedem Fall ist bei der Interpretation der Nachfolgetraditionen zu berücksichtigen, dass sie im Horizont der eschatologischen Naherwartung Jesu stehen und mit ihrer teilweise befremdlichen Radikalität nicht unreflektiert als zeitlos gültige Weisungen für alle Gläubigen verstanden werden können.

▪ Didaktische Perspektiven der Nachfolgegeschichten

Von den Nachfolgegeschichten werden existenzielle Themen wie Elternhaus, Familie, Gemeinschaft, Aufbruch, Neuorientierung und alternativer Lebensstil berührt. Jesus ging nicht einsam seinen Weg, sondern wollte andere Menschen als Gefährten und Vertraute um sich haben. Für Jugendliche besteht ein zentrales Merkmal des Auftretens Jesu darin, dass er von Jüngern, die »seine Freunde« waren, begleitet und unterstützt wurde (ZIEGLER 2006, 295). Heilung und Verkündigung hat Jesus nicht nur selbst bewirkt, sondern auch an seine Anhänger delegiert. Dabei wurden auch Frauen gleichberechtigt in die Nachfolge berufen (Lk 8,1-3), was im Hinblick auf die aktuelle Diskussion um Geschlechtergerechtigkeit von hoher Bedeutung ist. Die Bereitschaft zu Kooperationen und die Sozialkompetenz der Teamfähigkeit stehen in Beruf und Gesellschaft zunehmend im Fokus. Sie erlauben es, die für eine einzelne Person unerreichbaren Ziele durch das Bündeln von Kräften und Befähigungen besser zu verwirklichen, als wenn »Einzelkämpfer« am Werk sind. Studien zeigen, dass dabei gemischt-geschlechtliche Teams produktiver sind als reine Männer- oder Frauen-Teams. Die von der Jesusnachfolge handelnden Evangelientraditionen geben Kindern und Jugendlichen Denkanstöße, dass Menschen bei der Bewältigung großer Aufgaben gemeinsam meist weiter als allein vorankommen und die Gender-Diversität sich dabei positiv auswirkt. Gleichzeitig werfen sie die im Jugendalter mit der Ablösung von den Eltern und dem Autonomiestreben an Bedeutung gewinnenden Fragen auf, an welchen Vorbildern man sich orientieren kann, wem zu folgen man bereit ist und welche Opfer man dafür bringen würde. Die in vielerlei Hinsicht völlig weltfern erscheinenden Bedingungen, von denen Jesus den Eintritt in die Nachfolge kompromisslos abhängig machte, und der vom radikalen Verzicht auf soziale Sicherheit gekennzeichnete Lebensstil, den die Jesusbewegung praktizierte, stellen die Fokussierung vieler Schülerinnen und Schüler auf materielle Güter kritisch in Frage. Sie regen zur produktiven gedanklichen Auseinandersetzung darüber an, welche Werte im Leben tatsächlich zählen, und können einen wichtigen Beitrag zur Identitätsbildung im Jugendalter leisten.

Denkanstöße und Provokationen

> Für Jugendliche ist wichtig, dass Jesus Freunde hatte

Auf größten Widerspruch dürfte allerdings bei Kindern und Jugendlichen das familienfeindliche Ethos der Jesusbewegung stoßen. Die Shell Jugendstudie von 2015 zeigt, dass die eigene Familie für die Heranwachsenden nach wie vor einen enorm hohen Stellenwert hat und eine große Mehrheit in ihr den notwendigen Rückhalt und die positive emotionale Unterstützung auf dem Weg in

Hochproblematisches Familienbild

das Erwachsenenleben findet (LEVEN u.a. 2015, 51-64). Mehr als 90 Prozent der befragten Jugendlichen gaben an, dass sie ein gutes oder sogar ausgezeichnetes Verhältnis zu den eigenen Eltern pflegen. Immerhin knapp zwei Drittel der Jugendlichen stimmt dem Satz zu, dass man eine Familie braucht, um glücklich zu sein. Gleichzeitig haben viele schon früh durch die Trennung der Eltern einen tiefen und schmerzhaften Bruch im Leben erfahren. Verlassen und Verlassenwerden sind für sie angstbesetzt. Laut Statistik gab es im Jahr 2015 in Deutschland rund 400.000 alleinerziehende Väter und mehr als 2,3 Millionen alleinerziehende Mütter. In den Berufungs- und Nachfolgetraditionen der Evangelien begegnet ein Jesus, der gezielt Zwietracht und Streit in die Familien bringen will (Mt 10,34-36/Lk 12,49-53), der zum Hass gegenüber Vater, Mutter, Frau, Kindern und Geschwistern aufruft (Lk 14,26; vgl. Mt 10,37), der seine eigene Mutter wie auch seine Brüder rüde zurückweist und die von ihm begründete Gemeinschaft als seine wahre Familie betrachtet (Mk 3,31-35), der einem Mann die Teilnahme am Begräbnis des Vaters verbietet (Mt 8,21-22/Lk 9,59-60) und der Familienväter dazu bringt, alles hinter sich zu lassen und mit ihm auf Wanderschaft zu gehen (Mk 1,16-20). Dieser mehr als befremdlich wirkende Jesus wird mit seinem familienfeindlichen Ethos bei der Mehrzahl der Schülerinnen und Schüler keine allzu großen Sympathien erwecken. Grundschulkinder, die in ganz besonderem Maße familiäre Sicherheit, Verlässlichkeit und Geborgenheit brauchen, sind von ihm völlig überfordert. Mit dem Einsetzen der Pubertät beginnt zwar eine Neuorientierung und die Loslösung von den familiären Bindungen, doch stellen die vom familienfeindlichen Ethos handelnden Jesusüberlieferungen kein vorbildhaftes Beispiel für eine Neuordnung des Verhältnisses zum Elternhaus und den Geschwistern dar, die auf dem Weg ins Erwachsenwerden tragfähig wäre. Daher ist es in der Sekundarstufe I und II notwendig, die betreffenden Bibeltexte vor dem Hintergrund von Jesu Erwartung des baldigen Weltendes verstehen zu lernen und das von ihnen widergespiegelte Familienbild kritisch zu hinterfragen.

Heranwachsende zeigen keine Sympathien für das familienfeindliche Ethos Jesu

■ Schlüsseltext 1: Berufung der ersten Jünger (Mk 1,16-20)

Aufbau und Inhalt von Mk 1,16-20

Markus beginnt sein Evangelium mit einer Art Prolog (Mk 1,1-15), der das Auftreten von Johannes dem Täufer, Jesu Taufe durch Johannes, die Versuchung in der Wüste und eine summarienhafte Zusammenfassung der Verkündigung Jesu zum Inhalt hat. In Mk 1,16-20 lässt der Evangelist seine Darstellung vom Beginn des öffentlichen Wirkens Jesu in Galiläa folgen und setzt mit ersten Jüngerberufungen ein. Es handelt sich um ein von Markus weitgehend unverändert übernommenes Traditionsstück. Das Geschehen spielt am Westufer des Sees Gennesaret, der auch als Meer von Galiläa bezeichnet wird, und umfasst zwei analog gestaltete Doppelberufungen, wobei jede der beiden Sequenzen in drei Akte zerfällt. Auf eine Situationsangabe, in der Jesus im Vorübergehen ein Brüderpaar beim Ausüben der Berufstätigkeit antrifft, folgt zunächst die Berufung und dann der Eintritt in die Nachfolge. Das erste Brüderpaar, Simon und Andreas, steht in Ufernähe entweder im Wasser oder in einem Boot und wirft die Netze aus. Jesu Ruf in die Nachfolge erfolgt in direkter Rede und ist mit der Ankündigung verbunden, beide zukünftig zu Menschenfischern zu machen. Das Brüderpaar lässt sogleich die Netze und damit seine Berufstätigkeit fallen, um sich Jesus anzuschließen. Es folgt die analoge Szene der Doppelberufung von Jakobus und Johannes, den Söhnen des Zebedäus. Beide werden von Jesus dabei angetroffen, wie sie im Boot die Netze für den Fischfang ausbessern. Die Berufung wird ohne Verwendung direkter Rede und ohne Wiederholung des Beauftragungsworts so knapp wie möglich in dritter Person Singular geschildert. Dafür fällt der Schluss ausführlicher als in der vorangehenden Szene aus, indem er neben dem Bruch mit dem bisherigen Beruf auch die Aufgabe der sozialen Bindungen in den Blick nimmt. Jakobus und Johannes lassen ihren Vater Zebedäus mit den Tagelöhnern im Fischerboot zurück.

Der See Gennesaret war in der Antike für seinen immensen Fischreichtum berühmt. Am Westufer drängten sich auf einer Strecke von etwa zwanzig Kilometern mit Kafarnaum, Gennesaret, Magdala und Tiberias vier Städte dicht aneinander, deren Einwohner überwiegend vom Fischfang und der Fischverarbeitung ihren Lebensunterhalt bestritten. Die durch Einpökeln konservierten Fische wurden auch in andere Regionen des östlichen Mittelmeerraumes exportiert. Der Fischfang war eine entbehrungsreiche und nicht immer von Erfolg gekrönte Tätigkeit. Die Fischer sind in der Sozialpyramide Palästinas in der unteren Mittelschicht anzusiedeln (BÖSEN ²1998, 182.186). Zebedäus, der Vater von Jakobus und Johannes, beschäftigte in seinem Familienbetrieb auch Tagelöhner (Mk 1,20). Gefischt wurde meistens in der Nacht. Die Netze beschwerte man mit Blei- oder Steingewichten, wie sie von Archäologen zuhauf im See Gennesaret gefunden wurden. Im Jahr 1986 traten im See Gennesaret nahe Magdala während einer Dürreperiode zudem die Überreste eines mehr als acht Meter langen Fischerboots aus der Zeit Jesu an das Tageslicht, dessen Holzgerippe restauriert werden konnte (FASSBECK u.a. 2003, 147-152). Das mehr als acht Meter lange Boot verfügte vermutlich über zwei Paar Ruder, ein Steuerruder und einen Mast mit Segel. Sein Inneres bot etwa fünfzehn Personen Platz. Der spektakuläre Zufallsfund vermittelt eine konkrete Vorstellung vom mutmaßlichen Aussehen des Mk 1,20 erwähnten Boots, in dem Jakobus und Johannes der Ruf Jesu ereilte. Simon Petrus stammte wie sein Bruder Andreas wohl aus Bethsaida am Nordostufer des Sees Gennesaret (Joh 1,44) und siedelte später nach Kafarnaum um. Die Fundamente des mutmaßlichen Wohnhauses der vom Fischfang lebenden Familie konnten bei archäologischen Ausgrabungen freigelegt werden (FASSBECK u.a. 2003, 99-103).

Sozial- und realgeschichtlicher Kontext

Im Jahr 1986 wurde am See Gennesaret ein Fischerboot aus den Tagen Jesu gefunden

Der Bericht des Johannesevangeliums über die ersten Jüngerberufungen (Joh 1,35-51) weist signifikante Eigenheiten auf und unterscheidet sich deutlich von Mk 1,16-20. Nach Darstellung des vierten Evangeliums rekrutierte Jesus seine ersten Nachfolger aus dem Schülerkreis von Johannes dem Täufer. Ort der Jüngerberufungen ist nicht die Gegend um Kafarnaum am See Gennesaret, sondern Bethanien am Unterlauf des Jordans nahe dem Toten Meer, wo Johannes taufte. Die beiden Erstberufenen sind ein namenlos bleibender Jünger und Andreas, der daraufhin seinen Bruder Simon Petrus der Jesusbewegung zuführt. Im Anschluss werden Philippus und Nathanael von Jesus berufen, wohingegen das Brüderpaar Jakobus und Johannes keine Erwähnung findet. Inwieweit die Darstellung des Johannesevangeliums tatsächliche geschichtliche Gegebenheiten widerspiegelt,

Verhältnis zu Joh 1,35-51

lässt sich nicht zweifelsfrei klären. Möglicherweise versucht der Evangelist Johannes, in einer fiktiven Retrospektive die Ursprünge der Jesusbewegung in der Täufergemeinde zu verankern. Bei dem namenlos bleibenden erstberufenen Jünger handelt es sich um einen versteckten Hinweis auf den sogenannten »Lieblingsjünger«, den Johannes an zahlreichen Stellen seines Evangeliums nachträglich in das Erzählgeschehen einbringt und als engsten Vertrauten Jesu in ein Konkurrenzverhältnis zu Petrus treten lässt (Joh 13,23; 19,26-27; 20,4). Im nachträglich angefügten Schlusskapitel gilt er auch als Verfasser des Evangeliums (Joh 21,24). Erstmals bei Irenäus wird der Lieblingsjünger mit dem Apostel Johannes Zebedäus identifiziert (Iren., *haer.* 3,1,1).

Das Menschenfischerwort

Mit dem Eintritt von Simon Petrus und Andreas in die Nachfolge ist in Mk 1,17 eine Beauftragung verbunden. Wie das Brüderpaar bisher Fische fing, so soll es zukünftig Menschen fangen. Die neue Tätigkeit in der Jesusbewegung wird symbolträchtig anhand des bisherigen Berufs erläutert. Das Bild von den Menschenfischern ist sowohl in der alttestamentlich-jüdischen als auch in der griechischen Tradition ambivalent besetzt. Häufig begegnet es mit negativen Konnotationen. In der Gerichtsverkündigung des Propheten Jeremia wird im Kontext der Sammlung Israels davon gesprochen, dass Gott Fischer und Jäger aussenden wird, um die Angehörigen seines Volks fangen zu lassen und ihre Missetaten zu bestrafen (Jer 16,16). In den Lobliedern aus Qumran dankt der Beter für den Beistand Gottes während des Aufenthalts in der Fremde, wo viele Fischer das Netz auf dem Wasser ausbreiteten und ihn in Furcht versetzten (*1QH* 5,7-8). In dem hellenistisch-jüdischen Bekehrungsroman »Josef und Aseneth« preist dagegen Aseneth an Josef, dass er sie mit seiner Schönheit gefangen und mit seiner Weisheit wie einen Fisch mit der Angel ergriffen habe (*JosAs* 21,21). In der griechischen Tradition vergleicht Platon den Sophisten kritisch mit dem Fischer. Beide übten eine auf Besitzergreifung abzielende Kunst aus, unterschieden sich aber dadurch, dass der Fischer auf dem Wasser Tiere jage, während der Sophist auf dem Land zahlungskräftigen Jünglingen nachstelle (Plat., *soph.* 218B-223B). Über Pythagoras heißt es spöttisch, dass er von zwielichtiger magischer Weisheit erfüllt war und damit Jagd auf Menschen machte (Diog. Laert., *vit. phil.* 8,36). Umgekehrt kann das Bild des Fischens oder Erjagens von Menschen aber auch positiv für das Gewinnen von Anhängern für Philosophenschulen stehen (Diog. Laert., *vit. phil.* 4,16). Vielleicht hat Jesus mit dem Menschenfischerwort Mk 1,17 an das Gerichtswort aus Jer 16,16 angeknüpft und dessen durch die Gerichtsthematik negativ eingefärbte Menschenfischermetaphorik ins Positive gewendet. Die Jünger sollen als Menschenfischer Israel aus der Zerstreuung sammeln und retten (PESCH [5]1989, 111).

> Das Bild von den Menschenfischern rief in der Antike zwiespältige Assoziationen hervor

Didaktische Anküpfungspunkte

Dass Menschen dem Ruf Jesu folgen und dafür ihre Familie verlassen, wirkt auf Kinder und Jugendliche verstörend. Sie fragen, warum Jakobus und Johannes einfach mit Jesus mitgehen und ob ihr Vater dann nicht sehr traurig sei (SCHAMBECK 2014, 133). Als eine Möglichkeit der didaktischen Erschließung der Berufungsgeschichten bieten sich die Themen »Gemeinschaft« und »Freundschaft« an. Jesus wollte nicht als »Einzelkämpfer« wirken, sondern suchte die Gemeinschaft anderer Menschen und umgab sich mit einem Freundeskreis, der als »Familie Gottes« an die Stelle der leiblichen Familie trat. Daraus ergeben sich existenzielle Fragen: Welche Vorzüge, etwa »Zusammen ist man weniger allein«, aber auch

Schattenseiten hat es, in einer Gemeinschaft zu leben? Welcher Lebensentwurf ist für mich selbst erstrebenswert? Kann ein Freundeskreis oder eine Gemeinschaft Gleichgesinnter, wie die Jesusbewegung es war, die biologische Familie ersetzen? Was ist an einer charismatischen Person wie Jesus derart faszinierend, dass man ihr spontan nachfolgt? Schülerinnen und Schüler können zur Abfassung eines Reiseberichts animiert werden, in dem sie schildern, was sie als Menschen erleben, die mit Jesus durch Galiläa ziehen, und wie sie sich selbst im Gefolge Jesu fühlen (ebd., 137). Alternativ kommt die Erstellung eines Werbeplakats aus der Sicht der Jünger in Frage, das andere Menschen dazu auffordert, Jesus nachzufolgen. In vertiefenden Unterrichtsgesprächen lässt sich darüber diskutieren, wie die Jünger auf den Ruf, ihm nachzufolgen und Menschenfischer zu werden, reagierten und welche Reaktion wir selbst in einer vergleichbaren Situation wohl zeigen würden. Ein weiterer Fokus kann auf den Aufgaben, dem Lebensstil und der Bedeutung der zwölf Apostel liegen. Die Betrachtung künstlerischer Darstellungen der Apostel und ihre Konfrontation mit dem biblischen Text regt die Phantasie an und eröffnet neue Perspektiven. Gut geeignet ist dafür die von moderner Werbeästhetik geprägte Fotografie »Jesus und die Apostel« von Serge Bramly und Bettina Rheims, die Jesus im weißen Lifestyle-Outfit zusammen mit den durchweg dunkel gekleideten Jüngern auf einem Bahngleis zeigt, während Strommasten und ein Güterwaggon die Hintergrundkulisse bilden (BRAMLY/RHEIMS 1998, 84-85).

> Jesus steht im weißen Lifestyle-Outfit mit den Aposteln auf einem Bahngleis

■ Schlüsseltext 2: Vom reichen Jüngling (Mk 10,17-31)

Nach den Themen »Ehe« (Mk 10,1-12) und »Kinder« (Mk 10,13-16) wird in der Episode vom reichen Jüngling (Mk 10,17-31) am Fall eines gescheiterten Eintritts in die Jesusbewegung das Problem des Besitzes erörtert. Der Form nach liegt ein Schulgespräch mit nachfolgender Jüngerbelehrung vor. Da die Erzählung auch einen Ruf in die Nachfolge beinhaltet, rückt sie gleichzeitig in die Nähe der Berufungsgeschichten der Evangelien. Der Text zerfällt in drei Szenen, nämlich die Begegnung Jesu mit einem reichen Mann (Mk 10,17-22), die anschließende Unterweisung der Jünger über den Reichtum als Hindernis für den Zugang zum Reich Gottes (10,23-27) und eine Lehrszene über den Lohn der Nachfolge (10,28-31). Das Schulgespräch (10,17-22) dreht sich um die von einem reichen Mann an Jesus herangetragene Frage, was er zum Erlangen des ewigen Lebens tun müsse. Indem der Fragesteller vor Jesus niederkniet und ihn als »guten Lehrer« anspricht, bekundet er besonderen Respekt. Es geht ihm um ein ernstgemeintes Anliegen und nicht um eine Fangfrage. Jesus befremdet in seiner Antwort zunächst damit, dass er die Auszeichnung »gut« von sich weist und allein Gott vorbehalten wissen will. Danach geht er auf die Frage ein und zitiert die auf das Verhältnis zu den Mitmenschen bezogenen Gebote des Dekalogs, wobei das Gebot, nicht die Güter seines Nächsten zu begehren, durch die Weisung »Du sollst nicht berauben« umschrieben wird. Während der Fragesteller mit der Befolgung des bis dahin Gehörten keinerlei Probleme hat, sieht er sich von der weitergehenden Forderung, seine Besitztümer zugunsten der Armen zu veräußern und in die Jesusbewegung einzutreten, überfordert. Voller Verdruss und Trauer wendet er

> Kontext und Aufbau von Mk 10,17-31

sich ab. Die nachfolgende Jüngerbelehrung ist zweigliedrig. Zunächst wird der Fall des reichen Jünglings verallgemeinernd auf alle Begüterten übertragen, dies durch das Bildwort vom Kamel und Nadelöhr veranschaulicht und zugleich auf die alles übersteigende Gnade Gottes verwiesen (Mk 10,23-27). Danach schlägt die um das familienfeindliche Ethos der Jesusbewegung und den Jüngerlohn kreisende Lehrszene (Mk 10,28-31) ein neues Thema an, ist aber durch die Stichworte »Nachfolge« und »ewiges Leben« assoziativ mit dem Vorgehenden verbunden. Markus hat das Schulgespräch (10,17-22) vermutlich bereits in Verbindung mit der Jüngerbelehrung über den Reichtum (10,23-27) vorgefunden und die ursprünglich selbstständige Lehrszene Mk 10,28-31 angehängt. Die Gesamtkomposition spiegelt im Kern glaubwürdig die Haltung Jesu zu Besitz und Reichtum sowie Radikalität und Lohn der Nachfolge wider. In Mk 10,25 und 10,29-30 liegen authentische Jesusworte vor.

Die Frage nach dem ewigen Leben

Die Frage des Jünglings nach den Vorbedingungen zum Erlangen des ewigen Lebens setzt den Glauben an die Auferstehung der Toten voraus, der sich im Judentum erst im hellenistischen Zeitalter entwickelte und in den Tagen Jesu noch kontrovers diskutiert wurde. Das um 165 v. Chr. entstandene Buch Daniel (»Und viele von denen, die im Land des Staubes schlafen, werden erwachen, die einen zu ewigem Leben, die anderen zu ewigem Abscheu«, Dan 12,2-3) und das zweite Makkabäerbuch (7,9-14; 12,43-45) sind die ersten unumstrittenen Zeugnisse für die jüdische Hoffnung auf Auferstehung, die wesentlich in der Bewältigung der Verfolgungserfahrungen der Makkabäerzeit wurzelt und vom Gedanken postmortaler Gerechtigkeit für das im Diesseits erlittene Martyrium geprägt ist. Für die Pharisäer machte im Gegensatz zu den Sadduzäern die Hoffnung auf ewiges Leben einen zentralen Glaubensinhalt aus (Apg 23,8; Joseph., *ant*. 18,12-16). Die Essener sollen an die Unsterblichkeit der Seele geglaubt haben (Joseph., *bell*. 2,154-158). Im rabbinischen Judentum wurde dann der Auferstehungsglaube unter pharisäischem Einfluss für verbindlich erklärt (*mSanh* 10,1). Jesus hat mit weiten Teilen des Judentums seiner Zeit die Hoffnung auf ein Leben nach dem Tod geteilt. Gegenüber den Sadduzäern, die sich allein auf die fünf Bücher Moses beriefen und daher keinerlei Jenseitserwartung hatten, versucht er aus Ex 3,6 die Auferstehung der Toten zu beweisen (Mk 12,18-27). In ähnlicher Weise bemühten sich die Rabbinen darum, Schriftbeweise für die Auferstehung in der Tora zu finden (*bSanh* 90b-91b). Das zukünftige Leben stellte sich Jesus in engelähnlicher Körperlichkeit vor (Mk 12,25). Auch das Gleichnis vom reichen Mann und armen Lazarus (Lk 16,19-31) spiegelt wider, dass Jesus fest mit einem leiblichen Fortleben nach dem Tode rechnete.

> Der Glaube an ewiges Leben war in den Tagen Jesu keineswegs selbstverständlich

Schatz im Himmel

In Mk 10,21 wird der reiche Jüngling dazu aufgefordert, sich durch die Veräußerung seines Besitzes zugunsten der Armen einen Schatz im Himmel zu erwerben. Die Vorstellung, dass man durch gute Werke einen himmlischen Schatz oder himmlisches Kapital anhäufen kann, ist im antiken Judentum vielfach bezeugt (*4Esra* 7,77; *slavHen* 50,5-51,2; *mPea* 1,1). Zum vertieften Verständnis von Mk 10,21 lassen sich die aus der Logienquelle stammenden Worte vom Schätzesammeln Mt 5,19-20/Lk 12,33-34 heranziehen. Sie enthalten die weisheitliche, an den gesunden Menschenverstand appellierende Forderung, anstelle irdischer Reichtümer himmlische Schätze anzuhäufen, die weder den Motten oder dem Fraß zum Opfer fallen noch von Dieben gestohlen werden können.

Bildwort vom Kamel und Nadelöhr

Die sprichwortartige Sentenz vom Kamel und Nadelöhr Mk 10,25 drückt in einzigartiger Anschaulichkeit die Unmöglichkeit für einen Reichen aus, in das Reich Gottes zu gelangen. Jesus forderte eine kompromisslose Entscheidung zwischen der Verehrung Gottes und dem Mammondienst, die einander ausschließen (Mt 6,24). Das Bild vom Kamel und Nadelöhr ist sonst nicht belegt. In der rabbinischen Literatur begegnet aber, wenn auch in anderen Sachzusammenhängen und ohne Bezug auf das Gottesreich, das ähnlich groteske Bild vom Elefanten, der durch das Nadelöhr geht (STRACK/BILLERBECK ⁹1986, 828). Zwei griechische Bibelhandschriften beseitigen in Mk 10,25 das Paradoxon nachträglich, indem sie anstelle des Kamels (*kamēlon*) von einem Schiffstau (*kamilon*) sprechen. In den apokryphen Akten des Petrus und Andreas wird das Bild wörtlich genommen und die phantastische Geschichte erzählt, wie der Apostel Petrus tatsächlich ein lebensgroßes Kamel durch ein Nadelöhr gehen lässt (*ActPetrAndr* 13-21).

Familienfeindliches Ethos der Jesusbewegung

Petrus weist Jesus in Mk 10,28 als Wortführer des Zwölfkreises darauf hin, dass die Jünger um der Nachfolge willen alles verlassen haben. Im Kontext von Mk 10,17-27 steht dies in scharfem Kontrast zum Versagen des reichen Jünglings. Jesus antwortet mit der Verheißung, dass dieser Verzicht sowohl in der irdischen Gegenwart als auch in der himmlischen Zukunft überreichen Lohn nach sich zieht (Mk 10,29-30). Die beim Eintritt in die Nachfolge vollzogene Trennung vom Besitz und den alten familiären Bindungen wird dadurch honoriert, dass man im jetzigen Äon innerhalb der Jesusbewegung neue Familienangehörige findet und im kommenden Äon in den Genuss ewigen Lebens gelangen wird.

> Jesus forderte den vollständigen Bruch mit der eigenen Familie

In vergleichbarer Weise sagt Epiktet über den kynischen Philosophen, der weder heiraten noch Kinder zeugen will, dass er alle Menschen der Erde als Kinder angenommen hat (Epict., *diss.* III 22,81-82). In dem Jesuslogion Mk 10,30 beziehen sich allerdings die neuen verwandtschaftlichen Bindungen nicht auf die gesamte Welt, sondern auf die fest umrissene Gruppe der Jesusnachfolger. Noch radikaler spiegelt die Parallele aus der Logienquelle (Mt 10,37/Lk 14,26) das familienfeindliche Ethos Jesu wider, wo für den Eintritt in die Nachfolge sogar der Hass auf die eigenen Verwandten im Sinne einer völligen Abkehr von der Familie gefordert wird.

Didaktische Anküpfungspunkte

Die Geschichte von der gescheiterten Nachfolge des reichen Jünglings zählt zweifellos zu den schwierigen Texten des Religionsunterrichts. Jesu Aufruf zu radikalem Besitzverzicht wirkt auf Kinder wie Jugendliche weltfremd und überfordert sie, bietet aber auch Reibungsfläche zur Schärfung des ethischen Bewusstseins und zur Horizonterweiterung. Mit seinem Facettenreichtum eröffnet der Text die Möglichkeit zur Diskussion über den Stellenwert materieller Güter, den sozial verantwortlichen Umgang mit Besitz, den Glauben an ein ewiges Leben und die Sinnhaftigkeit der Anhäufung eines »Schatzes im Himmel«. Ein denkbarer Zugang zu der biblischen Geschichte könnte die Auseinandersetzung mit dem von vielen Menschen bewusst gewählten Lebensstil des Minimalismus oder »Downshifting« sein, der sich mit dem Plädoyer für das Abwerfen materiellen Ballasts als Alternative zur konsumorientierten und ressourcenintensiven Überflussgesellschaft versteht. Zum Einstieg in diese Thematik eignet sich gut der Song »Leichtes Gepäck« von *Silbermond*, der mit der Liedzeile »Eines Tages fällt dir auf, dass du 99 Prozent nicht brauchst. Du nimmst all den Ballast und schmeißt ihn weg. Denn es reist sich besser mit leichtem Gepäck« beginnt.

In höheren Jahrgangsstufen bietet sich zur Erschließung der unterschiedlichen Sinnhorizonte von Mk 10,17-31 eine kritische Beschäftigung mit der vielfältigen Wirkungsgeschichte des Textes an (vgl. Luz ²2012, 131-137), welche die gesamte Bandbreite von einer Betrachtung der radikalen Weisung Jesu als Aufforderung zu einem mönchischen Leben bis hin zu deren Interpretation als einer für verantwortungsbewusste Lebensführung gänzlich ungeeigneten Gesinnungsethik abdeckt. Zudem lässt sich die Geschichte vom reichen Jüngling gut als biblischer Impuls in den Unterrichtsentwurf »Viel Geld – viel Glück?« integrieren, den *Christine Lanz* für den Religionsunterricht an berufsbildenden Schulen konzipiert hat. Die Schülerinnen und Schüler sollen in der aus drei Bausteinen bestehenden Unterrichtseinheit die Frage reflektieren, welcher Umgang mit Geld zu Lebenszufriedenheit führt. Dabei lernen sie Lebensentwürfe von Millionären kennen, setzen sich mit dem Song »Price Tag« (2011) von *Jessie J* und dessen Message »Money can't buy us happiness« auseinander und erarbeiten Merkmale von nichtmateriellem Reichtum (Lanz 2018, 47-53).

▪ Schlüsseltext 3: Frauen in der Nachfolge Jesu (Lk 8,1-3)

Kontext und Aufbau von Lk 8,1-3

Der vom Eintritt dreier Frauen in die Jesusnachfolge handelnde Abschnitt Lk 8,1-3 schließt sich an die Geschichte von der großen Sünderin (Lk 7,36-50) an und markiert den Abschluss der sogenannten »kleinen Einschaltung« (Lk 6,20-8,3), mit der Lukas eine Reihe von Texten aus der Spruchquelle und seinem Sondergut als Block in den Erzählfaden des Markusevangeliums einfügt. Die Erzählszene beginnt mit einem Sammelbericht über Jesus als Prediger, der in ständiger Begleitung des Zwölferkreises als von ihm erwählter Kerngruppe seiner Jüngerschaft die Dörfer und Städte Galiläas durchzieht, um das Gottesreich zu verkündigen (Lk 8,1). Dieses Summarium wird in Lk 8,2-3 um einen kurzen Bericht darüber ergänzt, dass sich auch eine Reihe von Frauen, die Jesus zuvor geheilt hatte, in seiner Gefolgschaft befand und die Jesusbewegung materiell unterstützte. Namentlich hervorgehoben wird eine aus Maria Magdalena, Johanna und Susanna bestehende Dreiergruppe. Die gelegentlich geäußerte Hypothese, der Abschnitt Lk 8,1-3 stamme aus der Spruchquelle, ist unwahrscheinlich (Bovon ²2012, 397). Lukas hat das Summarium in 8,1 weitgehend selbst geschaffen und mit einer im Kern historisch zuverlässigen Tradition über den Eintritt der drei genannten Frauen in die Jesusbewegung verbunden (Wolter 2008, 299). Der Form nach ist die Dreierliste in Lk 8,2-3 mit den Jüngerkatalogen in Mk 3,16-19parr. vergleichbar. Hier wie dort geht es um die Aufzählung der wichtigsten Mitarbeiter bzw. Mitarbeiterinnen Jesu. Ähnliche Dreierlisten mit wechselnder Besetzung, aber immer mit Maria Magdalena an der Spitze, finden sich in Mk 15,40; Mk 16,1; Mt 27,56 und Lk 24,10. Aus dem Rahmen fällt, dass in Lk 8,2-3 auch von Dämonenaustreibungen und Heilungen an den Frauen die Rede ist.

> **Vermögende Frauen gewährten der Jesusbewegung finanzielle Unterstützung**

Maria Magdalena

Maria Magdalena (Petersen 2011) war die mit Abstand bedeutsamste Frau im Umfeld Jesu. Die neutestamentlichen Traditionen lassen noch erahnen, dass sie hinsichtlich ihrer Rolle in der Jesusbewegung dem Apostel Petrus kaum nachstand. Wie ihr Beiname zeigt, stammte sie aus Magdala am See Gennesaret.

Vermutlich war sie alleinstehend, da verheiratete Frauen im Neuen Testament gewöhnlich über den Namen des Ehegatten näher bestimmt werden. Sie trat in die Nachfolge ein, nachdem Jesus sie von sieben bösen Geistern geheilt hatte (Lk 8,2). Das Krankheitsbild deutet auf eine schwere Persönlichkeitsstörung hin, die als dämonische Besessenheit interpretiert wurde. Da Maria nicht unvermögend war (Lk 8,3), könnte sie Geschäftsfrau gewesen sein. Während die Jünger offenkundig bereits das Weite gesucht hatten, befand sich Maria Magdalena mit anderen Frauen in der Todesstunde Jesu in der Nähe des Kreuzes (Mk 15,40). Zugleich stand sie an der Spitze jener Frauen, die sich nach der Kreuzigung zum Grab Jesu begaben und dort zu den ersten Osterzeuginnen wurden (Mk 16,1). Bei Matthäus und Johannes ist Maria Magdalena sogar diejenige Person, die den auferstandenen Herrn als erste zu Gesicht bekommt (Mt 28,9-10; Joh 20,14-18). Damit tritt sie in Konkurrenz zu Petrus, der in der vorpaulinischen Bekenntnisformel 1Kor 15,3b-7 als Empfänger der Ersterscheinung des Auferstandenen gilt. Wenn Maria Magdalena dort im Kontext der Epiphanien überhaupt keine Erwähnung findet, hängt dies mit der Zeugnisunfähigkeit der Frau im damaligen jüdischen Recht zusammen. Maria Magdalena wurde als Empfängerin der Ersterscheinung des auferstandenen Herrn wohl schon früh durch Petrus als vermeintlich glaubwürdigeren Zeugen verdrängt.

Die historischen Konturen von Maria Magdalena werden durch zahlreiche Legenden überwuchert. In der Großkirche wurde Maria Magdalena zur heiligen Hure. Ausgangspunkt dieser Entwicklung war die im 4. Jh. n. Chr. bei den Kirchenvätern einsetzende und sachlich nicht zu begründende Identifizierung von Maria Magdalena mit der großen Sünderin aus Lk 7,36-50, bei der es sich recht deutlich um eine stadtbekannte Prostituierte handelt. Zuweilen wurde Maria Magdalena auch mit der Ehebrecherin aus dem Johannesevangelium (Joh 7,53–8,11) gleichgesetzt. In der Gnosis erfreute sich Maria Magdalena dagegen als engste Vertraute Jesu besonderer Wertschätzung. Unter ihrem Namen sind mehrere apokryphe Schriften zumindest fragmentarisch überliefert, von denen das Evangelium der Maria die bedeutsamste ist. Dort wird Maria Magdalena als Lieblingsjüngerin und Empfängerin besonderer Offenbarungen des auferstandenen Jesus porträtiert. Eine ähnlich prominente Rolle hat Maria Magdalena in Schriften wie der »Sophia Jesu Christi« und der »Pistis Sophia« inne, wo sie ebenfalls zentrale theologische Fragen mit dem auferstandenen Erlöser erörtert. Historische Rückschlüsse auf das Verhältnis zwischen Jesus und Maria Magdalena eröffnen die gnostischen Evangelien nicht. Sie zeigen allerdings, dass Maria Magdalena in den gnostischen Gemeinden, die keine Vorbehalte gegenüber Frauen in kirchlichen Leitungsfunktionen hatten, als besondere Autorität galt. Im Philippusevangelium aus Nag Hammadi repräsentiert Maria Magdalena als Gefährtin oder Paargenossin Jesu gewissermaßen dessen weibliche Seite und lässt ihn so vollkommen werden. Im Hintergrund steht die gnostische Vorstellung, dass die Wesen aus der himmlischen Welt stets paarweise auftreten und so höchste Vollkommenheit verkörpern.

In der populärwissenschaftlichen Jesusliteratur wurden nicht zuletzt die gnostischen Texte zum Nährboden abenteuerlichster Theorien über eine sexuelle Beziehung zwischen Jesus und Maria Magdalena bis hin zu gemeinsamen Kindern. Die phantasiereichen Spekulationen in diese Richtung, von denen *Dan*

Browns »Da-Vinci-Code« den mit Abstand höchsten Bekanntheitsgrad aufweist, entbehren allerdings jeglicher Grundlage (KOLLMANN ²2009, 96-105). Auch die 2007 von *Simcha Jacobovici* und *Charles Pellegrini* mit Unterstützung des Starregisseurs *James Cameron* verbreitete sensationelle Nachricht, bei einem 1980 in Jerusalem entdeckten Kammergrab handele es sich um die letzte Ruhestätte von Jesus, Maria Magdalena und einem gemeinsamen Kind namens Jehuda (JACOBOVICI/PELLEGRINI 2007), ist nicht mehr als eine haltlose Spekulation (KOLLMANN ²2009, 150-159). Ein 2012 publiziertes und vermeintlich aus dem 4. Jh. stammendes Papyrusfragment, in dem Maria Magdalena von Jesus als dessen Frau bezeichnet wird, trägt ebenfalls nichts Substanzielles zur Diskussion bei, sondern hat sich als Fälschung erwiesen (BERNHARD 2015, 335-355). Völlig an den Haaren herbeigezogen ist der Versuch von *Simcha Jacobovici* und *Barrie Wilson*, ein syrisches Manuskript des jüdischen Liebesromans »Josef und Aseneth« als »verlorenes Evangelium« zu etikettieren, das in verschlüsselter Form den Beweis dafür biete, dass Jesus mit Maria Magdalena verheiratet war und sie Kinder miteinander hatten (JACOBOVICI/WILSON 2014).

Johanna und Susanna

Ungleich spärlicher als über Maria Magdalena sind unsere Kenntnisse über die beiden anderen Frauen aus Lk 8,3. Susanna wird sonst nirgendwo im Neuen Testament erwähnt. Von ihr ist somit über ihren Namen hinaus nur bekannt, dass sie über Vermögenswerte verfügte, mit denen sie die Jesusbewegung unterstützte. Johanna wird in Lk 8,3 als Ehefrau des Chuzas, eines Verwalters oder Aufsehers (*epitropos*) des Herodes Antipas, vorgestellt. Ihr Mann war demnach als hoher Beamter am Herodeshof in Tiberias oder in einem der Verwaltungsdistrikte des Herrschaftsgebiets von Herodes Antipas tätig. Möglicherweise bezieht Lukas die Informationen über Johanna und Chuzas aus der gleichen Quelle, der er auch die Nachricht verdankt, dass Manaën aus dem Leitungsgremium der Gemeinde von Antiochia ein »Milchbruder« des Herodes Antipas war (Apg 13,1), also am Hof von Herodes dem Großen gemeinsam mit dessen Sohn erzogen wurde. Nach Lk 24,10 folgte Johanna Jesus bis nach Jerusalem und zählte an der Seite von Maria Magdalena und der anderen Maria zu den Entdeckerinnen des leeren Grabs. Ob dies den Tatsachen entspricht, bleibt fraglich. Vermutlich hat Lukas dies aus der in Lk 8,2-3 verarbeiteten Tradition erschlossen und Johanna anstelle von Salome in die aus Mk 16,1 übernommene Frauenliste eingefügt.

> Johannas Ehemann Chuzas war Verwaltungsbeamter am Hof des Herodes Antipas

Der Dienst der Frauen

Höchst kontrovers wird die Frage diskutiert, wie sich die Nachfolge der Frauen gestaltete und welche Aufgaben sie in der Jesusbewegung wahrnahmen. Susanna und wohl auch Johanna gehörten zu den ortsansässig gebliebenen Sympathisantinnen und Unterstützerinnen der Jesusbewegung. Frauen wie Maria Magdalena, die andere Maria und Salome (Mk 15,40-41) begaben sich dagegen mit Jesus auf Wanderschaft und begleiteten ihn auf seinem Weg bis nach Jerusalem. In Mk 15,41 heißt es, dass die Frauen ihm nachfolgten und dienten, wobei das Dienen (*diakonein*) in erster Linie den Tischdienst umfasst. Allerdings wird es der Rolle der Frauen nicht gerecht, ihr Wirkungsfeld in der Jesusbewegung allein auf hausfrauliche Versorgungsdienste und materielle Unterstützung zu reduzieren. In den Evangelien wird zwar keine der Frauen im Umfeld Jesu als dessen Jüngerin oder Schülerin bezeichnet, doch umschreibt das Verb »nachfolgen« (*akolouthein*) die vollumfängliche Jesusnachfolge, wie sie auch für die Jünger gilt.

Es ist demnach davon auszugehen, dass Jesus Frauen gleichberechtigt mit den männlichen Nachfolgern in den Dienst der Verkündigung und Heilung berufen hat. Dass Frauen sich einem religiösen Lehrer anschlossen und mit ihm auf Wanderschaft gingen, stellte in der von patriarchalen Strukturen geprägten Lebenswelt Jesu einen Verstoß gegen die gesellschaftlichen Konventionen dar. Auch der Zugang zu Toraschulen oder zur religiösen Gruppierung der Pharisäer blieb Frauen wohl verwehrt. In den Gemeinschaftsschriften aus Qumran treten Frauen zwar in Erscheinung und konnten offenbar in die Gemeinschaft aufgenommen werden, waren aber von Leitungsfunktionen und dem Gemeinschaftsmahl ausgeschlossen (RUPSCHUS 2017, 268-271). In der hellenistischen Umwelt Jesu ist für die Kyniker belegt, dass sie Frauen auf Wanderschaft mitnahmen, um Philosophinnen aus ihnen zu machen (Luc., *fug.* 18). Die bekannteste Person ist die aus reichem Hause stammende Hipparchia (um 300 v. Chr.), die den Kyniker Krates heiratete. Sie legte die einfache Kleidung der Kyniker an, zog mit ihrem Ehemann umher, wohnte unter freiem Himmel und beteiligte sich auf Symposien an philosophischen Diskussionen (Diog. Laert., *vit. phil.* 6,96-98).

Das Thema »geschlechtergerechtes Lernen« gewinnt auch im Religionsunterricht immer stärker an Bedeutung. Bereits in der Grundschule sollten Schülerinnen und Schüler durch die Beschäftigung mit Texten wie Lk 8,1-3 und Mk 15,40-41 dafür sensibilisiert werden, dass Jesus nicht nur Männer, sondern auch Frauen in die Nachfolge gerufen hat und Maria Magdalena in ihrer Bedeutung für die Jesusbewegung eine ähnlich zentrale Rolle zukommt, wie Petrus sie innehatte. In der Sekundarstufe I und II lässt sich diese Thematik durch eine intensivere Diskussion über Geschlechterrollen und Geschlechtergerechtigkeit in Kirche, Familie, Gesellschaft und Berufsleben vertiefen. Frauen wie Maria Magdalena, Johanna und Susanna fügten sich nicht nahtlos in die traditionellen Rollenbilder und Rollenvorschriften der patriarchal geprägten jüdischen Lebenswelt Jesu ein. An ihnen kann das *Undoing Gender*, das Überschreiten der vorgeschriebenen Rollenmodelle, aber auch das sich im »Dienen« manifestierende *Doing Gender* nachvollzogen und kritisch reflektiert werden. Die Schülerinnen und Schüler können einen Tagebucheintrag der Maria Magdalena verfassen, in denen sie ihre Erstbegegnung mit Jesus und die ihr widerfahrene Heilung festhält. Ergänzend zum biblischen Text bietet sich eine Einbeziehung des Buchkapitels »Eine Frau protestiert« aus *Gerd Theißens* »Der Schatten des Galiläers« an. Dort wird in narrativer Entfaltung von Lk 8,3 eine fiktive, historisch aber durchaus denkbare Auseinandersetzung zwischen Chuzas und seiner Frau Johanna geschildert (THEISSEN [20]2007, 167-178). Gegenstand des handfesten Ehekrachs sind neben der finanziellen Unterstützung, die Johanna der Jesusbewegung hinter dem Rücken ihres Ehemannes schon seit geraumer Zeit hat zukommen lassen, auch theologische Themen wie Zukunftserwartung, Messiashoffnung und Gottesherrschaft, über die der im Jesusroman als Sadduzäer dargestellte Chuzas und seine mit Jesus sympathisierende Frau Johanna völlig unterschiedlich denken. Nochmals ein ganz anderes Feld eröffnet sich durch die kritische Auseinandersetzung im Religionsunterricht mit Gerüchten über ein vermeintliches Liebesverhältnis zwischen Jesus und Maria Magdalena, die in steter Regelmäßigkeit durch die Unterhaltungsmedien geistern und von vielen Menschen für eine geschichtliche Tatsache gehalten werden. Derartige Spekulationen sind auch Schülerinnen und Schülern nicht unbekannt und erwecken ihre Neugierde.

Didaktische Anküpfungspunkte

»Marcel: Hatte Jesus eigentlich eine Frau oder eine Freundin? Paulina: Ja genau, mein Bruder hat mir erzählt, dass er in dem Film Der Da-Vinci-Code eine Maria gesehen hat, die die Geliebte von Jesus war und mit ihm eine gemeinsame Tochter hatte. Franzi: Jesus und eine Geliebte – das glaube ich nicht. Das würde doch in der Bibel stehen! Marcel: Na, dann lass uns dort mal nachschlagen ...« (SCHREINER 2014, 363).

Auseinandersetzung mit Spekulationen um Jesus und Maria

Zur Einstimmung in die Thematik eignen sich Filmsequenzen, beispielsweise aus »Die letzte Versuchung Jesu« (1988) von *Martin Scorsese* oder aus »Jesus Christ Superstar« (1973) mit dem zum Klassiker gewordenen Song der Maria Magdalena »I don't know how to love him«. Ein Gegengewicht bieten Szenen aus dem bewusst auf Spekulationen verzichtenden Film »Maria Magdalena« (2018) von *Garth Davis*, die sich zu einem Filmvergleich heranziehen lassen. Vertiefend können Passagen aus *Dan Browns* »Da-Vinci-Code« (Sakrileg), in denen eine Eheschließung Jesu mit Maria Magdalena und die Existenz einer gemeinsamen Tochter namens Sara behauptet wird, oder Spekulationen um das angebliche Familiengrab Jesu, in dem er mit Maria Magdalena und dem gemeinsamen Sohn Jehuda begraben liege, im Unterricht kritisch auf ihren Wahrheitsgehalt hin analysiert und als Phantasiegebilde entlarvt werden.

V. Wundererzählungen

Die Frage nach der Beurteilung der Wunder Jesu begleitet das Christentum seit seinen Anfängen und zählt bis heute zu den anspruchsvollsten Themen der Theologie. Während der Begriff des Wunders in unserer Lebenswirklichkeit allgegenwärtig ist und im Zusammenhang mit spektakulären Ereignissen unterschiedlichster Art unablässig beschworen wird, sind die neutestamentlichen Wundergeschichten zwiespältig besetzt. Sie besitzen starke Ausstrahlungskraft und ziehen Menschen in ihren Bann, rufen aber auch große Unsicherheiten hervor und lösen Befremden aus. Für den religionspädagogischen Umgang mit den Wundergeschichten stehen die Lehrenden vor den drei Grundproblemen, was man bibelwissenschaftlich über sie wissen muss, wie sie hermeneutisch sachgerecht zu erfassen sind und wie sich didaktisch ihr Sinnpotenzial altersgerecht erschließen lässt (ENGLERT 2005).

■ Überlieferung und Bedeutung der Wunder Jesu

Von keiner anderen Person der Antike werden derart viele Wunder berichtet wie von Jesus. Die umfängliche Wunderüberlieferung der Evangelien zerfällt in Logien, wo Jesus selber zu seinen Wundern Stellung nimmt, in Erzählungen, die ausführlich von konkreten Wundertaten Kunde geben wollen, und in Summarien, mit denen die Evangelisten das Wunderwirken Jesu zusammenfassen und verallgemeinern. Den Löwenanteil machen die Erzählungen aus. Sie berichten von einer Tat Jesu an Menschen, Sachen oder Naturelementen, die eine die Alltagswirklichkeit sprengende und auf das Wirken göttlicher Kräfte zurückgeführte Veränderung auslöst. Dies geschieht in der Absicht, die Rezipienten in Staunen oder Furcht zu versetzen, um sie zur Erkenntnis der Wirklichkeit Gottes zu führen und Glauben zu wecken. Die Mehrzahl der Erzählungen folgt einem viergliedrigen Aufbau aus Einleitung, Exposition, Wunderhandlung und Schluss, innerhalb dessen eine Vielzahl von Motiven variiert werden kann (THEISSEN/ MERZ ⁴2011, 258-259). In der Einleitung werden die Situation und das Auftreten der beteiligten Personen beschrieben. Die dem Spannungsaufbau dienende Exposition charakterisiert die Not und die Annäherung an den Wundertäter. Im Zentrum des Erzählgeschehens steht die Wunderhandlung mit szenischer Vorbereitung, Darstellung der Wundertechniken und Konstatierung des Wunders. Der Schluss beschreibt die Demonstration des Wunders und dessen Wirkung auf die Anwesenden.

Aufbau von Wundererzählungen

Innerhalb der Erzählungen von den Wundern Jesu lassen sich aufgrund gattungstypischer Merkmale die Untergruppen der Exorzismen, Heilungen einschließlich Totenerweckungen, Normenwunder, Rettungswunder, Geschenkwunder und Epiphanien unterscheiden (ebd., 265-269). Es handelt sich um faktuale Erzählungen, die den Anspruch erheben, tatsächliches und nicht erfundenes Geschehen wiederzugeben. Dabei machen sie aber von fiktionalisierenden Erzählverfahren Gebrauch und bewegen sich auf der Grenze von Realitätsbezug und phantastischer Realitätsdurchbrechung (ZIMMERMANN 2013a, 36-40). Das Verhältnis zwischen Wirklichkeit und Phantasie schwankt in den Teilbereichen

Untergruppen der Wundererzählungen

der Erzählüberlieferung ganz erheblich. Während die biblischen Berichte über Exorzismen, Heilungen und Normenwunder Jesu einen harten historischen Kern haben, sind die von Geschenkwundern, Rettungswundern und Epiphanien handelnden Erzählungen ungleich stärker vom Osterglauben geprägt, der die Macht Jesu ins Unermessliche steigert und ihm über alles Menschliche hinausgehende Fähigkeiten zuschreibt (THEISSEN/MERZ [4]2011, 268-269).

Gattung	Beispiele	Charakteristika
Exorzismen (Dämonenaustreibungen)	Mk 1,23-28; 5,1-20; 9,14-29	Ausgeliefertsein des Kranken an einen in ihm weilenden Dämon; Machtkampf zwischen Dämon und Wundertäter.
Therapien (einschl. Totenerweckungen)	Mk 1,29-31; 5,25-34; 7,31-37; 8,22-26; 10,46-52	Heilung durch Übertragung einer wunderhaften Energie vom Wundertäter auf den Kranken, häufig verbunden mit einer Betonung des Glaubens.
Normenwunder	Mk 2,1-12; 3,1-6; Mt 8,5-13; Lk 17, 11-17	Begründung von Normen als Funktion des Wunders; vielfach Entschärfung der Tora (Durchbrechung des Sabbatgebots).
Geschenkwunder	Mk 6,30-44; 8,1-10; Lk 5,1-11; Joh 2,1-11	Wunderbare Bereitstellung materieller Güter durch Jesus; Spontaneität der Wunderhandlung; Unauffälligkeit des Wundervorgangs; breite Ausgestaltung der Wunderdemonstration.
Rettungswunder	Mk 4,35-41; 6,45-52	Wunderbare Errettung des Menschen aus einer Notsituation.
Epiphanien	Mk 6,45-52; 9,2-10	Wunderbares Erscheinen und plötzliches Verschwinden Jesu als eines göttlichen Wesens; sachliche Nähe zu den Ostererscheinungen.

Formen der Wundererzählung

Dämonenaustreibungen Jesu

Dass Jesus ein äußerst erfolgreicher Exorzist und Heiler war, steht außer Frage. Dämonenaustreibungen gehören zu seinen am sichersten bezeugten Taten (MEIER 1994, 646-679; KOLLMANN 2017, 310-318). Jesus selbst nimmt zu ihnen Stellung (Lk 11,20; 13,32), von seinen Gegnern werden sie als unbestrittene Tatsache anerkannt (Mk 3,22). Es geht in erster Linie um die Heilung von Epilepsie (Mk 9,14-29) und schweren Persönlichkeitsstörungen (Mk 5,1-20) durch die rituelle Austreibung böser Geister. Der Glaube an Dämonen und Besessenheit ist in hohem Maße ein soziales Konstrukt, das in Krisensituationen gehäuft auftritt und es Menschen ermöglicht, in einer gesellschaftlich akzeptierten Form auf ihre verzweifelte Lage aufmerksam zu machen und Hilfe einzufordern. Wenn Kranke ihr Leiden als Besessenheit definieren und sich durch einen Exorzisten von den Dämonen befreit sehen, setzt dies heilungsfördernde Kräfte frei. Dämonenaustreibungen sind durch einen Machtkampf zwischen Wundertäter und bösem Geist gekennzeichnet. Jesus spricht davon, dass er in Analogie zu anderen jüdischen Wundertätern seine Exorzismen in der Macht Gottes bewirkt. Die Dämonenaustreibungen Jesu sind Bekundungen des endzeitlichen Handelns Gottes. Sie stehen im Zusammenhang mit der Wiederaufrichtung seiner Herrschaft über die gesamte Schöpfung und beinhalten eine Verwirklichung eschatologischen Heils (Lk 11,19-20). Jesus teilte das dämonistische Weltbild seiner Zeit, wie es jüdische

Schriften der zwischentestamentlichen Zeit (Henochapokalypse; Jubiläenbuch; Testamente der zwölf Patriarchen; Qumrantexte) widerspiegeln, indem er Krankheit auf das Wirken der dem Satan untergebenen bösen Geister zurückführte. Die im antiken Judentum erst für die Endzeit erwartete Entmachtung des Teufels mit Wiederherstellung der uneingeschränkten Herrschaft Gottes über seine Schöpfung war für Jesus aber bereits im Vollzug. Als Folge der Entmachtung des Satans ist ein Eindringen in dessen Herrschaftsbereich möglich (Mk 3,27), indem der kranke Mensch vom Bösen befreit und in seiner schöpfungsgemäßen Bestimmung wiederhergestellt wird. Vieles deutet darauf hin, dass Jesus sich nach der Taufe durch Johannes in einer Art Berufungsvision (Lk 10,18) seiner besonderen Kräfte bewusst und im Horizont der anbrechenden Gottesherrschaft als Wunderheiler aktiv wurde (Lk 11,20). Im Weichen der Dämonen manifestierte sich für Jesus im Kleinen bereits die neue Welt Gottes. Diese eschatologische Perspektive der Wunder Jesu ist singulär und macht sie unverwechselbar. Die Jesus zugeschriebenen Exorzismustechniken (Bedrohung des Dämons; Namenserfragung; Ausfahrbefehl; Einschickung in ein anderes Objekt; Rückkehrverbot) finden sich dagegen auch in Exorzismustraditionen aus der Umwelt des Neuen Testaments und rücken ihn in die Nähe antiker Magier.

Zudem hat Jesus auch Krankenheilungen vollbracht (Mt 11,5par.; Lk 13,32). Anders als bei den Dämonenaustreibungen wird dabei nicht vorausgesetzt, dass sich die krankheitsverursachenden Geister noch im Körper der betroffenen Personen befinden. Als Krankheitsbilder stehen Blindheit, Lähmungen, Aussatz, Taubheit und die umgangssprachlich mit dem veralteten Begriff der Taubstummheit bezeichnete Hörstummheit (*Audimutitas*) im Vordergrund. Da die Heilungsberichte der Evangelien keine Dokumente aus dem Bereich der empirischen Medizin sind und kaum Interesse an einer detaillierten Beschreibung des Leidens zeigen, bleiben verlässliche medizinische Diagnosen über weite Strecken hypothetisch. Während die Informationen über die Krankheiten in den biblischen Texten spärlich ausfallen, werden Heiltechniken und formelhafte Worte zur Heilung detaillierter geschildert (WEISSENRIEDER 2017, 302-303). Überwiegend scheint es sich um psychogene Leiden gehandelt zu haben, die von Jesus durch ein charismatisches Wort und vertrauensvolle Gesten der Berührung geheilt wurden, wobei der Glaube der Hilfsbedürftigen eine zentrale Rolle spielte. Die Psyche hat direkten Einfluss auf die Körperprozesse und das Vertrauen des Kranken in einen prestigeträchtigen Heiler kann dazu führen, dass der Körper heilungsfördernde Endorphine ausschüttet. In anderen Fällen hat Jesus sich traditioneller Heilpraktiken aus dem Bereich der Volksmedizin bedient (Mk 7,31-37; 8,22-26; Joh 9,1-7). Wie die Dämonenaustreibungen stehen die Krankenheilungen Jesu im Licht einer neuen Zeit, indem durch sie mitten in der gegenwärtigen Welt die Gottesherrschaft Gestalt annimmt. Auch die Sabbatheilungen aus dem Bereich der Normenwunder gewinnen vor diesem Hintergrund ihren tieferen Sinn. Der Sabbat war von Gott vor Einbruch des Bösen in die Welt zum Wohlergehen des Menschen eingesetzt worden und stellte daher im antiken Judentum ein Sinnbild für die künftige Welt dar. Jesus hat unter Verstoß gegen die Halacha am Sabbat auch Menschen geheilt, die nicht lebensbedrohlich erkrankt waren, um dem Sabbat seine ursprüngliche Bestimmung als Vollendung der Schöpfung und Symbol der Heilszeit zurückzugeben.

> Krankenheilungen Jesu

> Der Glaube an den Charismatiker löst heilungsfördernde Körperprozesse aus

Totenerweckungen Jesu

Schwieriger ist die Beurteilung der Totenerweckungen (KOLLMANN 2017, 318-327), die in der Verkündigung Jesu ebenfalls in den Horizont der neuen Welt Gottes gestellt werden (Mt 11,5/Lk 7,22). Die Totenerweckungserzählungen erheben den Anspruch, in Durchbrechung der Naturgesetze von der Wiederbelebung tatsächlich verstorbener Menschen zu berichten. Bei den Erweckungen des Lazarus und der Tochter des Jairus könnte die geschichtliche Erinnerung an Heilungen Jesu zugrunde liegen, die beim Weitererzählen zu Totenerweckungen ausgemalt wurden (THEOBALD 2009, 719-720; FISCHBACH 1992, 178-181). Die zuverlässige Diagnostik des Todes stellte in der Antike ein intensiv erörtertes Thema dar und es kam nicht selten vor, dass ohnmächtige oder im Koma liegende Personen für tot erklärt wurden. Daher liegt es in Einzelfällen, etwa bei dem Jüngling von Nain (Lk 7,11-17), auch im Bereich des Möglichen, dass Jesus Menschen ins Leben zurück rief, die fälschlicherweise für tot gehalten wurden. Manche trauen Jesus sogar zu, dass er als Träger der Schöpfermacht Gottes wissenschaftlich nicht erklärbare Totenerweckungen vollbrachte, mit denen Gott in seiner Freiheit unerwartete Zeichen in der Welt setzte (REISER 2011, 158-197).

Naturwunder Jesu

Ohne unmittelbaren Anhalt am geschichtlichen Wirken Jesu bleiben die Geschenkwunder, Rettungswunder und Epiphanien, die auch unter dem Sammelbegriff der Naturwunder zusammengefasst werden (MEIER 1994, 874-1038; TWELFTREE 2017). Im Gegensatz zu den Dämonenaustreibungen, Heilungen und Totenerweckungen fehlen sie in den ältesten Traditionsschichten der Evangelien. Jesus selbst erwähnt sie nicht und der Logienquelle sind sie unbekannt. Auch in den Summarien (Mk 1,32-34; 3,7-12; 6,53-66) spielen sie keine Rolle, was ein Hinweis darauf ist, dass sie nicht als typisch für das Wirken Jesu betrachtet wurden oder zumindest als missverständlich galten. In der vorliegenden Gestalt handelt es sich bei den Berichten von Naturwundern Jesu um theologische Lehrerzählungen, die hochgradig durch alttestamentliche oder hellenistische Wundertradition beeinflusst sind.

> Die Naturwunder fehlen in den ältesten Traditionsschichten der Evangelien

Konzepte von Jesus als Wundertäter

Zu den neutestamentlichen Wundererzählungen gibt es sowohl aus der jüdischen als auch aus der hellenistisch-römischen Tradition eine Fülle von Parallelen (KOLLMANN 1996, 61-173; COTTER 1999). Im Alten Testament werden von den Propheten Elija und Elischa Heilungen, Totenerweckungen und Speisevermehrungen erzählt (1Kön 17; 2Kön 4-5). Im antiken Judentum bieten der Exorzismus des Eleazar (Joseph., ant. 8,46-49) und die Wunder des Chanina ben Dosa die unmittelbarsten Analogien. Aus dem hellenistischen Vergleichsmaterial ragen die Wunder des Heilgottes Asklepios, die Wundertaten des neupythagoreischen Philosophen Apollonius von Tyana und die Exorzismusanleitungen der magischen Papyri heraus. Vor diesem Hintergrund haben sich in der Bibel- und Religionswissenschaft unterschiedliche Bilder oder Konzepte von Jesus als Wundertäter etabliert. Dabei steht das Bemühen im Vordergrund, die Wunder Jesu vor dem Hintergrund vergleichbarer Phänomene seiner Zeit verständlicher und anschaulicher zu machen. Beliebt ist der Versuch, Jesus mit seinen Machttaten als messianischen Propheten zu betrachten, der in der Tradition des von Elija und Elischa geprägten Wunderprophetentums stand (AUNE 1980, 1523-1539; BARNETT 1981, 679-697). Andere wollen in Jesus den herausragenden Vertreter einer auch von den Wundercharismatikern Choni und Chanina ben Dosa repräsentierten Bewegung jüdischer Chassidim sehen, die durch unmittelbaren Kontakt zu Gott Wunder vollbrachten und nicht mit geheimen Kräften operierten (Vermes 1973, 58-82; Safrai 1994, 3-22). Während Jesus hier scharf von der antiken Magie abgegrenzt wird, erfreut sich umgekehrt auch die These von Jesus als Magier großer Beliebtheit. So versucht man aus den Evangelien das in sich stimmige Bild einer Magierlaufbahn Jesu zu rekonstruieren (Smith 1978) und geht davon aus, dass er im Rahmen seiner Vision von einer besseren Gesellschaft über ein soziales Programm aus »Magie und Mahl« verfügte (Crossan 1992, 303-353). Nochmals andere Akzente setzt die von ethnologischen und kulturanthropologischen Zugängen inspirierte Betrachtung Jesu als eines Kontakt zur göttlichen Welt herstellenden Schamanen (Drewermann ³1992, 43-309; Craffert 2008) oder eines signifikante Elemente der Weltsicht mit seinen Klienten teilenden »Volksheilers« (Strecker 2002, 53-63; Stegemann 2004, 84-88).

Von der Dämonologie, dem Erscheinungsbild und der Wirkungsgeschichte her trägt der Wundertäter Jesus typische Züge des antiken Magiers. Er teilte das dämonistische Weltbild der Antike und bediente sich insbesondere bei den Exorzismen solcher Praktiken, wie sie aus magischen Zeugnissen der Antike bekannt sind. Die Wirkungsgeschichte Jesu ist mit der antiker Magier über weite Strecken deckungsgleich. Für die Anhänger Jesu zeigt sich in den Wundern sein göttliches Wesen. Die Gegner Jesu bestreiten dies, indem sie ihn der betrügerischen Magie oder Zauberei (Goëtie) bezichtigen, wie sie nahezu allen prominenten Magiern in der griechisch-römischen Welt vorgeworfen wird. Allerdings lässt sich Jesus keiner der uns bekannten magischen Strömungen des antiken Judentums oder der hellenistischen Welt unmittelbar zuordnen, sondern war mit der analogielosen Interpretation der Wunder als Verwirklichung endzeitlichen Heils ein »Magier der besonderen Art« (Kollmann 2011, 3057-3085; ders., 2013, 124-139). Die kontroverse Diskussion um Jesus als Magier wird durch den Paradigmenwechsel in der Bewertung von Magie deutlich entschärft. Die lange Zeit populäre Betrachtung von Magie als primitiver Vorstufe oder degenerierter Fehlentwicklung von Religion erweist sich als Klischee. Wo die Grenze zwischen abgelehntem magischem Wunder und gutgeheißenem charismatischem Wunder gezogen wird, ist im Wesentlichen eine Frage des subjektiven Standpunkts und der gesellschaftlichen Machtstellung. Solche Aspekte, die Magie zu einer problembehafteten Form der Religionsausübung machen, insbesondere die Zwangsbeeinflussung von Gottheiten, die Durchsetzung fragwürdiger Wünsche und die Anwendung von Schadenszauber, sind für Jesu Wunder bedeutungslos.

Jesus als Magier der besonderen Art

Magie ist keine Fehlentwicklung oder primitive Vorstufe von Religion

■ Konzeptionen der Wunderhermeneutik

Eine didaktische Umsetzung neutestamentlicher Wundergeschichten kann nicht ohne eine angemessene Reflexion der Frage erfolgen, wie die Wunder sachgemäß zu verstehen sind. Bis in die Neuzeit hinein wurden die biblischen Wunder mit großer Selbstverständlichkeit für bare Münze genommen und supranaturalistisch als Eingriff Gottes in das Naturgeschehen erklärt. Diese Sehweise ist im Horizont des von der Aufklärung geprägten Wirklichkeitsverständnisses brüchig geworden (Keller/Keller 1968, 34-176). Massive Kritik am Wunder kam

Wunderkritik im Zuge der Aufklärung

zunächst von philosophischer Seite. *Baruch de Spinoza* (1632-1677) und *David Hume* (1711-1776) machten einen unüberbrückbaren Gegensatz zwischen Wunderglaube und Vernunft aus. Als nicht tragfähig erwies sich der Versuch rationalistischer Theologen wie *Carl Friedrich Bahrdt* (1741-1792), *Carl Heinrich Venturini* (1768-1849) und *Heinrich Eberhard Gottlieb Paulus* (1761-1851), durch eine natürliche Erklärung die Wunder mit dem modernen Weltbild in Einklang zu bringen und den Widerspruch zur Vernunft auszuräumen. Für den Philosophen und Religionskritiker *Ludwig Feuerbach* (1804-1872) waren Wunder abergläubische Phantasieprodukte, die einer kindlichen Befriedigung der Sehnsüchte dienen und den Menschen an der Selbstverwirklichung hindern. In der zweiten Hälfte des 19. Jh. etablierte der Theologe *David Friedrich Strauß* (1808-1874) die Betrachtung der Wunder als weithin ungeschichtlicher, vom Osterglauben geprägter Mythen, die man Jesus zum Erweis seiner Messianität zugeschrieben habe, und setzte damit neue Maßstäbe für die Diskussion der Wunderfrage. Die hermeneutischen Modelle, von denen gegenwärtig die wichtigsten Impulse für die Wunderdidaktik ausgehen, sind der kerygmatisch-existenziale, der sozialgeschichtliche, der tiefenpsychologische und der rezeptionsästhetische Ansatz sowie die Wunderkritik aus der Disability-Perspektive.

David Friedrich Strauß etablierte die Sicht der Wunder als Mythen

Die von *Rudolf Bultmann* geprägte Wunderhermeneutik verbindet die Betrachtung der Wundererzählungen als weithin ungeschichtlicher Mythen mit einer kerygmatisch-existenzialen Interpretation. Sie ist von der Prämisse geleitet, dass sich in den neutestamentlichen Texten die existenziellen Grundstrukturen menschlichen Daseins wie Glück, Sorge oder Angst niedergeschlagen haben. Allerdings lägen diese nicht offen zutage, sondern seien in die Form mythologischer Vorstellungen gekleidet, die das wirkliche Heilsgeschehen verhüllten. Die Wundergeschichten gelten als Entfaltungen des urchristlichen Kerygmas, die aus dem mythischen Weltbild der Antike erwachsen seien und um der Redlichkeit des Glaubens willen im Horizont modernen Denkens keinen Glaubensgegenstand mehr darstellten. Sie dürften nicht in den Rang objektiver Heilstatsachen erhoben werden, sondern seien »als Wunder erledigt« und beinhalteten eine verborgene Glaubensbotschaft, die durch Entmythologisierung freigelegt werden müsse (BULTMANN 1933, 214-228; DERS., ⁴1960, 15-48). Das Ärgernis vom Kreuz als Kern des Kerygmas halte dem Menschen, der das Leben aus eigenem Willen und aus eigener Kraft glaube gestalten zu können, seine Erlösungsbedürftigkeit vor Augen und stelle ihn in seiner alten Existenz radikal in Frage. Glaube bedeute Preisgabe der menschlichen Selbstherrlichkeit im Angesicht des Kreuzes. Die Wunder sind damit austauschbare Bilder für etwas viel Größeres. An Wunder zu glauben heißt aus der Sicht existenzialer Hermeneutik nicht, sie für wahr zu halten, sondern an Gott als den Befreier vom Tod zu glauben und für die wunderbare Begegnung mit ihm bereit zu sein, die dem Leben eine völlige Wende gibt.

Kerygmatisch-existenziale Wunderhermeneutik

Der Bultmann-Schüler *Walter Schmithals* hat in seiner Kommentierung des Markusevangeliums eine eindrucksvolle kerygmatisch-existenziale Interpretation der Wundergeschichten vorgelegt, die nur scheinbar von merkwürdigen Ereignissen aus dem Leben des irdischen Jesus berichteten und in Wahrheit das gegenwärtige Wirken des in der christlichen Verkündigung handelnden Herrn an den blinden, verirrten und unfreien Menschen bezeugten. Als zeitbedingte Entfaltungen des zeitlosen Kerygmas kündeten sie davon, wie der verlorene Mensch

Entfaltung des Kerygmas in mk Wundergeschichten

immer wieder durch die Begegnung mit Christus in seiner alten Daseinsweise in Frage gestellt, in die Eigentlichkeit der Existenz geführt und in unbedingtem Gottvertrauen durch alle Lebensnöte hindurch bewahrt werde. Die markinischen Wundergeschichten seien das Werk eines genialen Theologen, der das von der paulinischen Theologie geprägte Christusbekenntnis seiner Gemeinde in die Form von Erzählungen gegossen habe. Die Aufrichtung der fieberkranken Schwiegermutter des Petrus in Mk 1,29-31 etwa symbolisiere die Röm 6,4 thematisierte Auferweckung zu neuem Leben durch das Heilshandeln des gekreuzigten und auferstandenen Gottessohnes (SCHMITHALS ²1986, 128). Der unreine Aussätzige aus Mk 1,40-44 repräsentiere den von Gott getrennten Sünder, wobei sein Heilungsbegehren für die Bitte um Versöhnung mit Gott und um Aufnahme in die gottesdienstliche Gemeinde stehe (ebd., 140). Bei der Heilung des Blinden von Bethsaida (Mk 8,22-26) gehe es darum, dass dem Menschen durch Gott die Augen über sich selbst als Sünder aufgehen (ebd., 376). Auch wenn die Wunderzählungen damit zum Verpackungsmaterial tieferer theologischer Aussagen degradiert werden und als austauschbare Träger existenzieller Botschaften gelten, wird ein wichtiger Beitrag zu ihrem gegenwartsbezogenen Verstehen geleistet. Das von Bultmann und seinen Schülern geprägte Wunderverständnis schlug sich didaktisch unmittelbar im Konzept des Hermeneutischen Religionsunterrichts nieder, der das Bemühen in den Mittelpunkt stellte, die Heilungsgeschichten in einem tieferen Sinn als Glaubenszeugnisse zu erschließen und ein persönliches, auf die eigene Existenz bezogenes Aneignen der biblischen Texte zu fördern.

> Für Schmithals sind die markinischen Wundergeschichten das Werk eines genialen Theologen

Der sozialgeschichtliche Ansatz von *Gerd Theißen* versucht dagegen eine existenziale Engführung der Wunderhermeneutik zu überwinden und stellt heraus, dass Wundererzählungen nicht nur kerygmatisch »von oben«, sondern als Ausdruck menschlichen Protestes auch »von unten« interpretiert werden wollen (THEISSEN/MERZ ⁴2011, 264). In ihnen gehe es nicht um abstrakte theologische Botschaften, sondern um das konkrete erlösende Handeln Jesu angesichts der elementaren Angst der Menschen vor Krankheit, Hunger und Tod. Im Hintergrund steht die von *Ernst Bloch* in seinem »Prinzip Hoffnung« (1959) gewonnene Erkenntnis, dass der biblische Wunderglaube den Gedanken einer Sprengung der gewohnten Verhältnisse mit ihren heillosen Zusammenhängen beinhaltet und das in den Wundern sichtbar werdende Heil im Rahmen konkreter Utopie nach Veränderung ruft. Das Wunder entlarvt somit die bestehenden gesellschaftlichen Verhältnisse als unvollkommen, öffnet den Blick auf die noch nicht verwirklichten Möglichkeiten menschlichen Daseins und fordert deren Umsetzung ein. In Anknüpfung daran betrachtet Theißen die Wundererzählungen als Hoffnungsgeschichten der kleinen Leute (THEISSEN ⁵1987, 295-297). Sie wirkten symbolisch der Not entgegen, ließen die Zuversicht den Sieg über die Resignation davontragen und spornten dazu an, im alltäglichen Leben die Negativität des Daseins auch durch praktische Handlungen zu überwinden. Den realen Ängsten vor krankheitsbedingter Berufsunfähigkeit hätten die urchristlichen Gemeinden nicht nur Wunderheilungsgeschichten entgegengesetzt, sondern auch dafür gesorgt, dass kein Kranker wegen Berufsunfähigkeit hungern musste (ebd., 249). Indem sie Einspruch gegen die realen Verhältnisse erheben, auf die Überwindung von Not drängen und für eine alternative soziale Praxis werben, könnten Wunderge-

Sozialgeschichtliche Wunderhermeneutik

schichten Handlungsmöglichkeiten für die Gestaltung und Veränderung unserer Lebenswirklichkeit erschließen. In den biblischen Wundern zeigt sich damit aus sozialgeschichtlicher Perspektive der Entwurf einer alternativen Lebenswelt, der Hoffnung gibt und nach Verwirklichung ruft. Die Religionspädagogik profitiert immens von dieser Betrachtung der Wundererzählungen als handfester Hoffnungsgeschichten der kleinen Leute, in denen Alltagserfahrungen durchbrochen, Grenzen überwunden und Möglichkeiten sozialen Handelns aufgezeigt werden. Mit diesem hermeneutischen Zugang war in zweierlei Hinsicht ein wichtiges Korrektiv zu einer einseitigen didaktischen Erschließung der Wundergeschichten als Träger abstrakter theologischer Botschaften geschaffen. Einerseits wurde die schon für den Problemorientierten Religionsunterricht der frühen 1970er Jahre typische Vermittlung von Wundergeschichten als Handlungsanweisungen, die nach dem Vorbild Jesu die Zuwendung gegenüber ausgegrenzten und hilfsbedürftigen Menschen einfordern, gestärkt. Andererseits kam das didaktische Potenzial der Wundergeschichten als Hoffnungs- und Mutmachgeschichten, durch die sich die Tür aus der Situation der Verzweiflung ein Stück weit öffnen lässt (BALDERMANN 1996, 76-81), und als Grenzüberwindungsgeschichten der kleinen Leute (RITTER 1995, 832-842) in den Blick.

Tiefenpsychologische Wunderhermeneutik

Die tiefenpsychologische Wunderhermeneutik, deren bedeutsamster Vertreter *Eugen Drewermann* ist, würdigt die neutestamentlichen Heilungsberichte als Zeugnisse ganzheitlicher Religiosität, die Wege der Befreiung von Angst und innerer Zerrissenheit aufzeigen (DREWERMANN ³1992, 43-309). Die kerygmatische Wunderdeutung wird mit dem Vorwurf bedacht, den Menschen durch Ausblendung der Körperlichkeit aus dem Glauben in verhängnisvolle Selbstentfremdung geführt zu haben. Im Hintergrund steht die Tiefenpsychologie von *Carl Gustav Jung*. Dieser rechnete mit einer als das »kollektive Unbewusste« bezeichneten Tiefenschicht der Psyche, in die sich bestimmte Urbilder (Archetypen) eingeprägt haben. Neben einer Disharmonie zwischen Animus und Anima, den eher rational bestimmten männlichen und den eher emotional bestimmten weiblichen Urbildern, ließen auch Schatten, vom Ich an sich selbst nicht akzeptierte und daher verdrängte Persönlichkeitsanteile, die Seele krank werden. Heilung geschieht in einem als Individuation bezeichneten Prozess der Selbstwerdung. Ein intensives Hören auf das kollektive Unbewusste erweise sich dabei von unschätzbarem Wert, da dort die grundlegenden Möglichkeiten der Krisenbewältigung verborgen seien, wie sie von der Menschheit in ihrer Frühgeschichte erlernt wurden. Am Ende des Selbstwerdungsprozesses steht ein ganzheitliches Ich, das seine angstvoll zurückgewiesenen Persönlichkeitsanteile integriert und seine psychischen Gegensätze in ein harmonisches Gleichgewicht gebracht hat. Vor diesem Hintergrund ist der tiefenpsychologische Ansatz davon überzeugt, dass unter der Oberfläche der Wundergeschichten eine von der menschlichen Grunderfahrung heilen, integrierten Lebens geprägte Tiefenstruktur verborgen liegt. Über das biblische Medium erfolgt ein Anstoß zu Selbsterfahrung und Identitätsfindung, indem die Tiefendimension der Texte mit dem eigenen psychischen Tieferleben in Verbindung gebracht wird, um so den dort unter der Oberfläche verborgenen Schatz heilsamer Krisenbewältigung zu heben. Krankheit wird dabei als Ausdruck seelischer Disharmonie betrachtet und auf eine gestörte Beziehung zu den Mächten der unsichtbaren, jenseitigen Welt des

> In den Wundergeschichten liegt der Schatz zur Krisenbewältigung verborgen

Unbewussten zurückgeführt. Sie trete ein, wenn der Mensch den Kontakt zur Welt der Träume und den Glauben an sich selbst verloren hat. Werde die Seele in Einklang mit sich selbst und der Ordnung des Kosmos gebracht, ziehe dies eine ganzheitliche Heilung nach sich. Dieser sich in den Schichten des Unbewussten abspielende Vorgang geschehe damals wie heute in der Begegnung mit Jesus, der eine die Krankheit überwindende Macht des Vertrauens ausstrahle. Nicht zuletzt dem tiefenpsychologischen Auslegungsmodell ist es zu verdanken, wenn in der Religionspädagogik seit langem eine rationale Engführung der Wunderdidaktik durchbrochen wird und in Überwindung eines »verkopften« Lernens neben dem Intellekt auch das »dritte Auge« (HALBFAS 1982) und die Sprache des Körpers ins Spiel kommen.

Die Rezeptionsästhetik sieht den Sinn eines Textes durch den Leser bzw. die Leserin konstituiert und lenkt den Blick auf die Wirkungsgeschichte mit ihren unterschiedlichen Sinnzuschreibungen. Das Aufkommen der Rezeptionsästhetik ist das Ergebnis eines Paradigmenwechsels in der Literaturwissenschaft, indem eine auf das Werk und den Autor zentrierte Betrachtungsweise dadurch abgelöst wird, dass nunmehr die Lesenden als entscheidende Größe ins Blickfeld kommen. Es geht um die Interaktion zwischen Werk und Rezipienten. Der Text ist eine unfertige Größe, ein offenes Kunstwerk, das Steuerungssignale enthält und durch seine Interpretation zur Vollendung kommt. Man kann ihn als Partitur begreifen, die erst durch die Leserin oder den Leser zum Klingen gebracht wird. Die Rezeptionsästhetik schärft das Bewusstsein dafür, dass Wundergeschichten keinen objektiven, zeitlos gültigen Sinn aufweisen, sondern durch eine prinzipielle Offenheit gekennzeichnet sind, indem sie in unterschiedlichen Zeiten und Situationen von unterschiedlichen Rezipienten in ganz unterschiedlicher Weise interpretiert werden (BEE-SCHROEDTER 1998, 42-56.457-461). Für den Religionsunterricht ergibt sich daraus die Konsequenz, von Schülerinnen und Schülern vollzogene Deutungen der Wundererzählungen als kreative Aktualisierungen des biblischen Textes ernst zu nehmen und auch dann nicht vorschnell zu verwerfen, wenn sie sich als theologisch »unrichtig« erweisen. Vom rezeptionsästhetischen Ansatz gehen damit wichtige Impulse für das Konzept des Theologisierens mit Kindern und Jugendlichen über die Wunderfrage (FREUDENBERGER-LÖTZ 2012, 59-63.107-127; REISS 2014, 663-678) aus.

Rezeptionsästhetik

Wundergeschichten sind eine Partitur, die erst durch die Rezipienten zum Klingen gebracht wird

Die »gestörte« Lektüre neutestamentlicher Wundererzählungen aus der Disability-Perspektive als hermeneutischer Leitkategorie (SCHIEFER FERRARI 2014, 627-646) übt dagegen scharfe Kritik am Menschenbild der Heilungswunder. Sie nimmt daran Anstoß, dass in den biblischen Berichten der gesunde Körper zum Maßstab von Normalität erhoben wird und jede Abweichung davon mit Leiden gleichgesetzt wird. Epileptiker, Erblindete, Gelähmte oder Taubstumme werden durch das Wunder in den körperlichen Zustand der »Normalität« versetzt und können endlich so sein wie die anderen. Indem die neutestamentlichen Heilungswunder damit latent einer Abwertung nicht normgemäßer Körperlichkeit Vorschub leisten oder unter einer fragwürdigen Gleichsetzung von Heilung und Heil sogar als Beleg dafür angeführt werden, dass Behinderungen nicht im Sinne Gottes seien, werden sie von behinderten Menschen als Ärgernis empfunden, das »massiv auf die Nerven geht« (WILHELM 1998, 10-12). Andere bezeichnen die

Wunderkritik aus der Disability-Perspektive

Heilungsgeschichten sogar als »texts of terror« (BETCHER 2013, 161-181). Sie seien aus der Perspektive derjenigen erzählt, die sich selbst für nichtbehindert hielten und sich durch das Ereignis der Heilung in ihrer scheinbaren Normalität bestätigt fühlten. Dass Menschen mit Behinderung leiden, werde zum Problem der betroffenen Personen statt der betroffenen Umgebung. Als höchst problematisch gilt vor diesem Hintergrund zudem die Tendenz der kerygmatisch-existenzialen Hermeneutik, die behinderten Menschen der Wundergeschichten als Paradigma des selbstherrlichen, von Gott getrennten Sünders zu betrachten. Daher will eine vom Disability-Diskurs geprägte Hermeneutik zu einer kritischen Auseinandersetzung mit den biblischen Heilungserzählungen provozieren und dazu anregen, eigene Exklusions- oder Normalitätsvorstellungen zu hinterfragen. In Form »gestörter« Lektüre geht es um eine Wahrnehmung der Texte, die auf die kritische Reflexion des eigenen Verständnisses, der eigenen Haltung und des eigenen Verhaltens im Angesicht von vermeintlicher Behinderung abzielt. In der Wunderdidaktik spiegelt sich die zunehmende Sensibilisierung für diese Frage beispielsweise darin wider, dass in Unterrichtsentwürfen zu Gelähmtenheilungen das Beispiel von *Samuel Koch* eingebracht wird (REISS 2013, 20-22), der bei einem Unfall in der Fernsehshow »Wetten dass …?« eine Querschnittlähmung davontrug und in zwei autobiographischen Büchern eindrucksvoll davon spricht, wie er das Leben trotzdem mit Optimismus angeht und welche für ihn selbst überraschenden Glücksmomente er dabei immer wieder empfindet.

> Heilungsgeschichten werden als »texts of terror« empfunden

■ Das Wunderverständnis von Kindern und Jugendlichen

Grundschulalter — Für eine altersgerechte didaktische Erschließung der Wundergeschichten ist die Wahrnehmung von Stufenmodellen zur Entwicklung der kognitiven Fähigkeiten (PIAGET/INHELDER 1972), des Glaubens (FOWLER 1991), des religiösen Urteils (OSER/GMÜNDER ³1992) und des Weltbilds (FETZ/REICH/VALENTIN 2001) von Bedeutung, um einen Einblick in das Wunderverständnis von Kindern und Jugendlichen auf den unterschiedlichen Altersstufen zu erhalten. In der Schuleingangsphase befindet sich die Mehrheit der Kinder im Stadium eines konkret-operationalen Verstehens, das bei kognitiven Konstruktionen auf direkte Anschauung angewiesen und zu abstraktem Denken noch nicht in der Lage ist. Die Kinder verfügen über einen mythisch-wortgetreuen Glauben. Sie orientieren sich an mythischen Vorstellungen und nehmen diese eindimensional im wörtlichen Sinne auf, ohne sie bereits als Symbole mit Hinweischarakter und übertragener Bedeutung in Betracht ziehen zu können. Es herrscht ein an absoluter Heteronomie orientiertes Gottesbild vor, bei dem Gott als eine unmittelbar in die Welt eingreifende höhere Macht gedacht wird, der sich der Mensch völlig ausgeliefert fühlt. Andere Kinder sind bereits der Überzeugung, durch Gebet, Opfer oder Gelübde auf die Entscheidungen des allmächtigen Gottes oder »Letztgültigen« einwirken zu können, wobei das Wunder in Kategorien eines Tauschprinzipdenkens meist als Gegenleistung für den Glauben der hilfsbedürftigen Person angesehen wird. Im Rahmen eines artifizialistischen Weltbilds gehen die Kinder davon aus, dass alles von Gott als einem anthropomorph gedachten Wesen gemacht wurde, und rechnen fest und in einem ganz konkreten Sinne mit Gottes oder Jesu helfendem Eingreifen in Notsituationen. Die im Wunder zur Sprache kommende, die Naturgesetzlichkeit durchbrechende Wirklichkeit wird in einer weitgehend ungebrochenen, naiven Weise hingenommen. Das Kind befindet sich auf der Suche nach Helden und überhöht die Person Jesu mythisch, indem er als märchenhafter Zauberer und eine Art Superman gilt. Für ein metaphorisches Wunderverständnis sind die Verstehensmöglichkeiten in der Regel noch nicht gegeben.

Im ausgehenden Grundschulalter oder spätestens zu Beginn der Sekundarstufe I erwacht das kritische und abstrakte Denken. Es dominiert ein formal-operatorisches Wirklichkeitsverständnis, das auch abstrakte Probleme zu verarbeiten mag. Damit einher geht ein radikaler Bruch mit einem unreflektierten artifizialistischen Schöpfungsverständnis und die Entwicklung eines durch naturwissenschaftliche Theorien geprägten Weltbildes. Der mythisch-wortgetreue Glaube wird durch einen synthetisch-konventionellen Glauben abgelöst, der ohne eigenständige Durchdringung unterschiedlichste Überzeugungen und Wertvorstellungen in sich vereint. Je nachdem, aus welchen Quellen sich das nicht persönlich angeeignete religiöse Denken speist, werden die Wundergeschichten ohne tiefergehende Reflexion entweder abgelehnt oder geglaubt. Symbole erschließen sich in ihrer Mehrdimensionalität, doch herrscht ein eher konventionelles, an der Tradition orientiertes Symbolverständnis vor.

Übergang zur Sekundarstufe I

Im Jugendalter dominiert ein individuierend-reflektierender Glaube mit der Tendenz zur Entmythologisierung von Wunderaussagen. Das eigene kritische Denken tritt in den Vordergrund, das mythologische Vorstellungen von der Vernunft her verwirft oder bildhaft als Träger für etwas anderes mit sinnstiftender Kraft versteht. Das religiöse Urteil orientiert sich nun an der Selbstbestimmung des Menschen. Unter dem Eindruck von Leid und Ungerechtigkeit in der Welt wird nicht mit einem Eingreifen Gottes gerechnet. Der Mensch sieht sich als autonomes Wesen, das die Welt eigenverantwortlich gestaltet. Dies verbindet sich in hohem Maße mit einer Ablehnung religiöser und kirchlicher Autorität. Letztgültiges wird aus der Welt herausgedrängt, indem man Gott entweder einer in sich abgeschlossenen jenseitigen Sphäre zuweist oder seine Existenz verneint. Fragen nach dem Verhältnis von Glaube und Naturwissenschaft tauchen auf, wodurch die Historizität biblischer Inhalte massiv in Zweifel gezogen wird. Dieser Entwicklungsstufe korrespondiert ein von kritischer Vernunft geleitetes Wunderverständnis, das die Wunder wegen ihres Widerspruchs zur Naturgesetzlichkeit meist negiert und sie Gott, sofern man ihn für existent hält, angesichts des Leids in der Welt ohnehin nicht zutraut.

Jugendalter

> Im Jugendalter wird die Historizität der Wunder immer mehr in Zweifel gezogen

Die Einsicht der Entwicklungstheorien, dass Kinder bis zum ausgehenden Grundschulalter zu einem wörtlichen Wunderverständnis neigen, das in naiv ungebrochener Weise mit einem Eingreifen Gottes in die Welt rechnet, und sich im frühen Jugendalter ein kritisches Urteilsvermögen zu entwickeln beginnt, das meist zu einer Verwerfung der biblischen Wunder als ungeschichtliche Phantasiegebilde führt, ist allerdings in mehrerer Hinsicht kritisch zu relativieren. Es handelt sich um idealtypische Entwicklungsstufen, die nicht von allen Kindern oder Jugendlichen der betreffenden Altersgruppe tatsächlich erreicht werden. Die Übergänge zwischen den Stufen sind fließend und das jeweilige Lebensalter beim Übergang kann individuell abweichen. Zudem spiegeln die Stufenmodelle nicht wider, dass die religiöse Sozialisation in unterschiedlichen Milieus eine

Kritik an den Entwicklungstheorien

bedeutsame Rolle spielt. Ein wörtliches oder supranaturalistisches Wunderverständnis, das unbefangen mit Gottes Eingreifen in das Naturgeschehen rechnet, ist auch im Erwachsenenalter häufig anzutreffen und wird von vielen Menschen, die in evangelikalen Kreisen ihre Prägung erfahren haben, in ausgesprochen reflektierter Form vertreten. Darüber hinaus ist gerade im Hinblick auf diese Personengruppe kritisch zu bedenken (BÜTTNER/DIETERICH 2013, 37-40), dass sich die Stufenmodelle normativ an den in der westlichen Kultur dominanten Standards eines liberalen, aufgeklärten Zugangs zur Wirklichkeit orientieren, der das Übernatürliche tendenziell aus der legitimen Wirklichkeitsdeutung ausschließt. Menschen, die ein wörtliches Verständnis von Wundergeschichten vertreten, obwohl sie in anderen Wissensbereichen mit den Wirklichkeitsdeutungen der Mehrheit konform gehen, werden damit in problematischer Weise abgewertet, indem man ihnen ein defizitäres Stagnieren auf einem niedrigeren Verstehensniveau attestiert. Grundsätzlich stellt sich die Frage, ob es statt zu einer festen Abfolge von Glaubensstufen nicht eher zur Ausprägung von religiösen Stilen kommt, wobei im Fall von Entwicklungen die Stile vergangener Lebensabschnitte nicht einfach überwunden und zurückgelassen werden, sondern erhalten bleiben und in das Denken integriert werden (STREIB 2001, 143-158).

Wörtliches Wunderverständnis ist kein Stagnieren auf niedrigem Verstehensniveau

Empirische Untersuchungen

Vor dem Hintergrund, dass den idealtypischen Stufentheorien zur religiösen Entwicklung des Menschen nur eine eingeschränkte Aussagekraft zukommt, ist es hilfreich, dass eine Reihe empirischer Untersuchungen genauere Aufschlüsse darüber gibt, wie Kinder und Jugendliche über Jesus als Wundertäter denken und wie sie die neutestamentlichen Wundergeschichten verstehen. In Interviews über Glaubensthemen, die von *Ursula Arnold*, *Helmut Hanisch* und *Gottfried Orth* mit Neun- bis Elfjährigen in Deutschland und Österreich geführt wurden, war für mehrere der Befragten ein bedeutsamer Zug des Wirkens Jesu, dass er Kranken und Leidenden geholfen hat (ARNOLD/HANISCH/ORTH 1997, 201.256.269-270.295). Einerseits schlossen etliche Kinder aus dem Wunderhandeln Jesu, dass er freundlich wie Gott war, alles konnte und bei seinen Wundern von Gott unterstützt wurde. Andererseits verbanden manche Kinder mit den Wundern Jesu kritische Anfragen und Skepsis (ORTH/HANISCH 1998, 149-150). In der von *Helmut Hanisch* und *Siegfried Hoppe-Graff* durchgeführten Studie zu der Problematik, welche Vorstellungen Jugendliche im Durchschnittsalter von 12 Jahren von Jesus Christus haben und welche persönliche Bedeutung sie mit ihm verbinden, lautete eine der Fragen »Was bedeuten die Wunder Jesu für dich?«. Bei den Schülerinnen und Schülern eines evangelischen Gymnasiums zeigte sich eine große Bandbreite an Vorstellungen über die Wunder Jesu, die beispielsweise als Ausdruck der Barmherzigkeit und Macht Gottes, als Beweis der Gottessohnschaft und Hilfsbereitschaft Jesu oder als moralischer Appell, sich für andere einzusetzen, interpretiert wurden (HANISCH/HOPPE-GRAFF 2002, 115-116). Die ebenfalls befragten Schülerinnen und Schüler eines städtischen Gymnasiums ließen deutlich bruchstückhaftere und undifferenziertere Kenntnisse und Begriffskonstruktionen erkennen. Ungefähr die Hälfte von ihnen äußerte sich entweder überhaupt nicht zu den Wundern oder reagierte mit nichtssagenden oder ablehnenden Antworten auf sie. Eine Schülerin sah in den Wundern den Beweis, dass Jesus von Gott auserkoren wurde, anderen zu helfen. Für eine andere Schülerin kommt in ihnen zum Ausdruck, »dass man helfen kann« (ebd., 180-181). In der empirischen Studie von *Tobias Ziegler* zu den christologischen Vorstellungen von Schülerinnen und Schülern der 11. Jahrgangsstufe zeigte sich, dass Jesu Auftrag von den Jugendlichen primär in karitativen Taten gesehen wird, wobei die Krankenheilungen eine große Rolle spielen. Bei den Antworten auf die Frage »Was wollte Jesus?«, die auf die Intention seines Wirkens abzielte, stand sein Handeln als Helfer und Heiler mit 80 Prozent weit vor seinen Aktivitäten als Prediger und Verkündiger (35 Prozent) an der Spitze (ZIEGLER 2006, 293).

Mehrere empirische Untersuchungen wenden sich gezielt der Rezeption ausgewählter Wundergeschichten zu. *Hans-Joachim Blum* befragte 56 Jugendliche zwischen 10 und 19 Jahren zu ihrem Verständnis der Bartimäusgeschichte und der Sturmstillung (BLUM 1997, 11-63.136-204). Das Spektrum reichte von ablehnenden über wörtlich-apologetische und rational-natürliche bis hin zu übertragen-symbolischen Deutungen, wobei letztere in der Altersgruppe der 16- bis 19-Jährigen dominierten. Dabei zeigte sich, dass Naturwunder größere Akzeptanzprobleme hervorrufen als Heilungswunder. Während auf die Sturmstillung acht der Befragten ablehnend reagierten, gab es zur Heilung des Bartimäus nur zwei ablehnende Stimmen (ebd., 144.155). Das Beispiel der fünfzehnjährigen Britta, die sich nicht vorstellen kann, dass Jesus den blinden Bartimäus tatsächlich geheilt haben soll, zeigt eindrücklich, wie sich die Wunderkritik mit der Theodizeefrage und der völligen Ablehnung des christlichen Glaubens verbindet: »Es ist schon soviel passiert irgendwie und wenn Gott wirklich da wäre, hätte er auch etwas dagegen gemacht, gegen manche Sachen. Ich meine, das kann ja nicht sein, daß der dann halt irgendwo ist und das alles so zuläßt, also wenn er da wäre. Aber ich glaube halt nicht, daß er da ist« (ebd., 174).

Die Studie von H.-J. Blum

Heike Bee-Schroedter befragte zwölf Schülerinnen und Schüler aus drei entwicklungspsychologisch bedeutsam erscheinenden Altersstufen zur Blindenheilung vor Jericho (Lk 18,35-43) und zum Seewandel von Jesus und Petrus (Mt 14,22-33). Für die Auswertung beschränkte sie sich auf die Interviews von je einer Person pro Altersstufe, deren Antworten besonders interessant und alterstypisch erschienen (BEE-SCHROEDTER 1998, 115-456). Während der neunjährige Christoph sich »gut« und die dreizehnjährige Eva »vielleicht schon« bzw. »eigentlich schon« vorstellen konnten, dass die Heilung und der Seewandel tatsächlich geschehen sind, wurde dies von der zwanzigjährigen Vera vehement verneint, da beide Wunder gegen die Alltagswirklichkeit verstoßen: »Daß er dann so vorbeigegangen ist und den Blinden so heilt, daß er wieder sehen kann, ich weiß nicht [...] Ja, es ist eben alles so wie in einer Wunderwelt. Also das gibt es ja hier nicht. Also man kommt, es passiert ein Wunder, und alle finden das toll. Im wirklichen Leben gibt es das meiner Meinung nach irgendwie nicht [...] Ich weiß nicht, ich will immer alles so realistisch sehen; und wenn ich dann denke, dass einfach keiner auf dem Wasser gehen kann, warum gerade dann, wenn Jesus sagt: Komm!« (ebd., 389.391.394). Dass Gott bei Krankheit und Gesundung seine Hände im Spiel hat, ist für Vera nicht beweisbar: »Auch wenn jemand vielleicht ganz gläubig ist und dem passiert dann etwas ganz Schlimmes. Dann kann man ja nicht sagen: ›Ja, das hat Gott zugelassen.‹ Denn ich kann nicht alles auf ihn schieben. Man kann auch nicht sagen, wenn man wieder gesund geworden ist, daß Gott nun kräftig mitgeholfen hat« (ebd., 391).

Die Studie von H. Bee-Schroedter

Für die 20-jährige Vera sind Blindenheilung und Seewandel nicht passiert

Die Studie von G. Büttner

Gerhard Büttner hat auf der Grundlage von Unterrichtsstunden zur Sturmstillungserzählung (Mk 4,35-41) das Wunderverständnis und die Christologie von Schülerinnen und Schülern der ersten bis neunten Jahrgangsstufe untersucht (BÜTTNER 2002, 125-280). Für die Klassen 1–3 konstatiert er eine artifizialistische oder finalistische Sehweise. Die Kinder erwarten, dass Jesus hilft und alles gut ausgeht, wobei sie sich das Eingreifen Jesu bzw. Gottes, die in einem engen familiären Kontext (Vater und Sohn) gesehen und manchmal noch verwechselt werden, konkret verstehen. Die Kinder suchen vor dem Hintergrund einer »Helden-Matrix« nach Wundermännern und vergleichen Jesus mit Superman und anderen Comicfiguren. In den Klassen 4–7 löst sich nach Büttners Beobachtungen die artifizialistische Vorstellung zunehmend auf, indem Jesu oder Gottes Eingreifen eher in Übereinstimmung mit den Naturgesetzen erwartet wird. Jesus und Gott, die miteinander kommunizieren, werden nun mit Tendenz zur Aufspaltung ihrer Funktionen deutlich getrennt. Jesus will helfen, braucht dazu aber die Ermächtigung von Gott, die ihm manchmal auch verweigert wird. In den Klassen 8 und 9 konstatiert Büttner das Vorherrschen einer subjektorientierten Christologie als individueller Erfahrung und zunehmende Versuche, die Bedeutung des »besonderen Menschen« Jesus in Zusammenhang mit Gott zu sehen, beispielsweise in der Betrachtung Jesu als »Darsteller Gottes«.

Die Studie von H. Hanisch

Helmut Hanisch führte im Raum Chemnitz eine Fragebogenstudie zum Wunderglauben, zur Deutung biblischer Wundergeschichten und zur Erklärung des Wunderhandelns Jesu durch, an der sich 280 den Religionsunterricht besuchende Schülerinnen und Schüler im Alter von 10 bis 20 Jahren beteiligten. Eine Aufgabe der Befragten bestand darin, die ihnen bekannten biblischen Wundergeschichten aufzuschreiben. Über 80% kannten Wundergeschichten, wobei die Heilung eines Blinden (14,4%), die Auferstehung Jesu (11,4%) und das Speisungswunder (10,6%) an der Spitze standen (HANISCH 2007, 144). Am Beispiel der Heilung der fieberkranken Schwiegermutter des Petrus (Mk 1,29-31) versuchte die Studie herauszufinden, wie Schülerinnen und Schüler das Wunderhandeln Jesu deuten. Dazu wurde ihnen ein Katalog von Deutungsalternativen vorgelegt. Die Mehrheit der Befragten ging davon aus, dass Jesus als Sohn Gottes die Macht zum Vollbringen des Wunders besaß. An zweiter Stelle rangierte eine Deutung des Heilungswunders als Hoffnungsgeschichte, die den Menschen Zuversicht schenkt. Zudem war eine stattliche Zahl der Befragten der Überzeugung, dass die Geschichte zur Demonstration der Gottessohnschaft Jesu erzählt wird. Etwa ein Drittel stimmte der Aussage zu, dass das Wunder auf eine über unser Denken hinausgehende Welt verweist. Nicht ganz so viele der Befragten neigten zu einer eschatologischen Deutung (das Wunder hat etwas mit dem Reich Gottes zu tun) oder zu einer tiefenpsychologischen Interpretation (das Fieber war Folge von Angst und Verzweiflung, die Jesus der Frau nahm). Geringe Plausibilität hatte für die Schülerinnen und Schüler die feministische Deutung, dass die Erzählung die besondere Zuwendung Jesu zu Frauen veranschauliche. Bei der Frage nach den Gründen für das Wunderhandeln Jesu dominierte in allen Altersstufen die Erklärung, dass er von Gott den Auftrag dazu hatte und ein Mensch mit besonderen Fähigkeiten war. Diese Fähigkeiten zeigten sich vor allem für die weiblichen Befragten der Altersgruppe von 16-20 Jahren darin, dass Jesus als guter Arzt wirkte (ebd., 148-149).

> Für die Mehrheit der befragten Jugendlichen besitzt Jesus die Macht zu Wundertaten

Unter dem Strich vermitteln die empirischen Studien ein komplexes und facettenreiches Bild. Schülerinnen und Schüler kennen eine beträchtliche Anzahl von Wundergeschichten. Dass Jesus sich als Retter, Heiler oder Arzt den Menschen helfend zugewandt hat, wird in allen Altersstufen als zentraler Zug seines Wirkens betrachtet, wobei sich Grundschulkinder dieses Eingreifen Jesu recht konkret vorstellen. Umgekehrt setzten bereits in der Grundschule auch erste kritische Anfragen an die Wunder ein und nehmen in höheren Altersstufen deutlich zu. Neben dem Aspekt der Unglaubwürdigkeit spielt dabei auch die Theodizeeproblematik eine Rolle. Bei der Interpretation der Wunder reicht das Gesamtspektrum der Schülerhaltungen von gläubiger Annahme oder natürlicher Erklärung über metaphorisch-symbolische Deutung und kritische Hinterfragung bis hin zu entschiedener Ablehnung oder völliger Gleichgültigkeit. Wo den Wundern Positives abgewonnen wird, zeigt sich eine große Bandbreite an Vorstellungen, indem sie als Ausdruck der Macht und Barmherzigkeit Gottes, als Beweis der Gottessohnschaft und Hilfsbereitschaft Jesu oder als moralischer Appell, sich für andere einzusetzen, interpretiert werden.

Fazit

■ Perspektiven und Wege der Wunderdidaktik

Wundergeschichten sind schwierige, aber keinesfalls zu schwierige Texte für den Religionsunterricht. Sie rufen eine Reihe von Verständnisschwierigkeiten hervor und werden von Kindern und Jugendlichen wegen ihres Widerspruchs zum naturwissenschaftlich geprägten »common sense« der Moderne nicht selten als bizarr empfunden, eröffnen aber gleichzeitig eine Vielzahl von Lernchancen. In der Primarstufe und der Sekundarstufe I lassen sich Wundergeschichten im Religionsunterricht schwerpunktmäßig als Glaubenszeugnisse, Handlungsanweisungen, Hoffnungsgeschichten oder Grenzüberwindungserzählungen erschließen. Eine entscheidende Aufgabe der Wunderdidaktik besteht darin, ein verengtes Wirklichkeitsverständnis von Kindern und Jugendlichen zu durchbrechen, das nur rational erfassbare und historisch verifizierbare Dinge als wahr und bedeutsam anerkennt. Durch Einübung in die Bildhaftigkeit biblischer Sprache und Schärfung des Blicks für die Mehrdimensionalität biblischer Texte, aber auch durch emotionale und körperbezogene Zugänge ist eine Wahrnehmung der Wundergeschichten als existenzieller Dokumente zu fördern, die völlig unabhängig von ihrem historischen Wert Wahrheit in sich bergen, indem sie neue Lebensmöglichkeiten erschließen, Handlungsperspektiven eröffnen, Hoffnungen keimen lassen und Begrenzungen überwinden helfen.

Förderung existenzieller Aneignung

Der vom Konzept des Hermeneutischen Religionsunterrichts inspirierte Ansatz, Kindern Wundererzählungen gezielt als Glaubensgeschichten nahezubringen, betrachtet die Texte als symbolische Träger tieferer theologischer Aussagen und stellt die religionspädagogische Variante kerygmatisch-existenzialer Wunderhermeneutik dar. Vom Entwicklungsstand her müssen die Voraussetzungen für ein übertragenes Wunderverständnis gegeben sein, was in der Schuleingangsphase in der Regel noch nicht der Fall ist. Vertreter des Hermeneutischen Religionsunterrichts wollten die Wundergeschichten sogar völlig aus der Primarstufe verbannen und begründeten dies damit, dass das allein sachgemäße Verstehen der Texte in deren symbolischer Betrachtung als Glaubenszeugnisse liege, Grund-

Glaubensgeschichten

schulkinder dazu aber kognitiv noch nicht in der Lage seien (WEGENAST 1970, 156–160; KWIRAN 1987, 66–67). Diese Position konnte sich aber zu Recht nicht durchsetzen (vgl. KOLLMANN 2018, 110-112). Im Rahmen kerygmatischer Wunderdidaktik sollen die Schülerinnen und Schüler die Mehrschichtigkeit religiöser Sprache verstehen lernen und erkennen, dass Wundergeschichten nicht als Tatsachenberichte, sondern als bildhafte Rede von Gottes Handeln aufzufassen seien. So findet sich im Grundschullehrplan des Landes Nordrhein-Westfalen von 2008 für das Fach Evangelische Religionslehre die Blindenheilung Joh 9 zusammen mit Ps 119,105 (»Dein Wort ist meinem Fuß eine Leuchte, ein Licht für meine Pfade«) und Apg 9,1-19 (Damaskuserlebnis des Paulus) unter der Rubrik »Sehend werden«. Für das Ende des vierten Schuljahrs verbindet sich mit der Behandlung dieser und weiterer Wundergeschichten (Speisung der 5000; Heilung des Gelähmten; Sturmstillung) die Kompetenzerwartung, dass die Schülerinnen und Schüler die Texte als erzählte Glaubenserfahrung lesen, die Menschen mit dem verkündeten Christus machen.

Handlungsanweisungen

Eine Alternative stellt der Versuch dar, neutestamentliche Wundergeschichten als auch heute noch aktuelle Handlungsanweisungen in den Unterricht einzuführen. An Stelle der theologischen Mitte eines Textes rücken die von ihm ausgehenden ethischen Impulse in den Blickpunkt. Die Wundererzählungen werden als Mitgefühlsgeschichten zu Gehör gebracht, die den Schülerinnen und Schülern die Sozialkompetenz vermitteln können, sich nach dem Vorbild Jesu allen Menschen unterschiedslos zuzuwenden und sich für andere einzusetzen. Die Lahmen, Blinden, Aussätzigen oder Hungrigen der Wunderüberlieferungen repräsentieren in diesem didaktischen Modell Randfiguren unserer Gesellschaft, in deren Situation sich die Kinder oder Jugendlichen hineindenken sollen. Das eigentliche Wunder tritt in den Hintergrund und erscheint als austauschbar. Entscheidend ist die Vorbildhaftigkeit von Jesu »wunderbarer« Zuwendung gegenüber ausgegrenzten oder notleidenden Menschen. Die zuweilen geäußerte Kritik, es handele sich um eine unrechtmäßige ethische Instrumentalisierung der Wundergeschichten, ist nicht berechtigt, da diese im frühen Christentum auch als Handlungsanweisungen zur Überwindung konkreter Not verstanden wurden (THEISSEN [5]1987, 249.297). Zudem zeigen Unterrichtserfahrungen (JOCHUM-BORTFELD 2006, 102-103) und empirische Untersuchungen (HANISCH/HOPPE-GRAFF 2002, 115), dass Kinder und Jugendliche den ethischen Anspruch der Wundergeschichten, wie er sich in dem auf Nachahmung abzielenden Handeln Jesu niederschlägt, deutlich wahrnehmen. Dabei besteht allerdings die Gefahr, dass sie sich durch das übermächtige Vorbild Jesu überfordert fühlen könnten und ihnen der Blick auf die hoffnungstiftende Dimension des Wunders verstellt bleibt.

> Kinder und Jugendliche nehmen den moralischen Appell in Wundergeschichten wahr

Hoffnungsgeschichten

Einen dritten Weg beschreitet das Konzept, Schülerinnen und Schülern neutestamentliche Wundererzählungen als Hoffnungs- und Mutmachgeschichten zu erschließen. Der von *Ingo Baldermann* geprägten Didaktik der Hoffnung liegt die Prämisse zugrunde, dass das Leben der Kinder in vielerlei Hinsicht von Hoffnungslosigkeit gekennzeichnet ist. Die von der Wiederaufrichtung am Boden liegender oder der Beschenkung notleidender Menschen erzählenden Wundergeschichten werden als Texte eingebracht, die mit ihrer Gegenerfahrung von heilem Leben hell in das von vielerlei Bedrängnis und Zwängen gezeichnete Dasein der Kinder hineinstrahlen und ihnen die aus dem »Gefängnis der Verzweiflung« herausführende Tür einen Spalt breit öffnen (BALDERMANN ²1993, 33-51; DERS. 1996, 76-81). Es handelt sich um einen existenzbezogenen Ansatz, der einerseits eine Beanspruchung der Wundergeschichten als ethischer Handlungsanweisungen ablehnt, andererseits einen ungleich direkteren Bezug zwischen biblischer Überlieferung und Lebenswirklichkeit der Kinder herstellt, als dies bei der kerygmatisch-existenzialen Wunderdidaktik der Fall ist. Diese wird angesichts ihrer Fokussierung auf eher abstrakte theologische Botschaften in den Texten wie »Jesus ist Herr über den Hunger« oder »Jesus ist das Licht der Welt« mit dem Vorwurf bedacht, eine »Museumspädagogik« zu fördern, bei der die Schülerinnen und Schüler nur mit einem »Na und?« antworteten und sich in der Museumsabteilung für alte theologische Begriffe angekommen sähen (BALDERMANN 1996, 76). Stattdessen müsse es darum gehen, dass Kinder die biblischen Wunder ganz unmittelbar als Schlüssel und Verheißung für ihr eigenes Leben in Betracht ziehen. Sie sollten nicht nur von Jesu Zuwendung damals hören, sondern sie auch am eigenen Leib erfahren lernen und Mut daraus schöpfen, um das Wunder gleichsam zu ihrer eigenen Geschichte werden lassen. Dies setzt allerdings einen Akt intensivster Identifikation voraus, bei dem die biblischen Gestalten aus der Rolle von Mitleidsfiguren oder Glaubensvorbildern herausgeholt werden. In Baldermanns Wunderdidaktik wird dies durch Worte aus den Klagepsalmen geleistet, die in ihrer emotionalen Tiefe Kindern eine authentische und doch gleichzeitig die Intimsphäre schützende Sprache für die eigenen existenziellen Erfahrungen bereitstellten. Wenn Kinder dem auf der Bahre liegenden Gelähmten von Kafarnaum oder dem blinden Bartimäus Psalmworte wie »Meine Seele will sich nicht trösten lassen« (Ps 77,3) oder »Ich bin wie ein zerbrochenes Gefäß« (Ps 31,13) in den Mund legten, die ihre eigene Befindlichkeit widerspiegelten, fühlten sie sich von Worten wie »Kind, deine Sünden sind dir vergeben, steh auf« (Mk 2,5.11) oder »Sei getrost, steh auf« (Mk 10,49) ganz persönlich angesprochen und bezögen sie auf die eigene Existenz. Nach dem Vorbild der biblischen Gestalten begehrten sie gegen Zwänge auf und gewännen aus deren Heilung Zuversicht für ihr Leben.

> Die kerygmatische Wunderdidaktik wird mit dem Vorwurf der Museumspädagogik bedacht

Die didaktische Inanspruchnahme der Wunder als Grenzüberwindungsgeschichten (RITTER 1995, 832-842) geht von der entwicklungspsychologischen Erkenntnis aus, dass das Leben der Kinder einerseits von Begrenzungen und Erfahrungen des Zu-Klein-Seins, andererseits von Sehnsüchten nach Stärke und Allmacht geprägt ist. Um diese Diskrepanz zwischen dem Empfinden von Inferiorität und dem Wunsch nach deren Überwindung zum Ausdruck bringen und bewältigen zu können, seien Grundschulkinder auf der Suche nach übermenschlichen Phantasiegestalten, mit deren Hilfe sie durch das Ausleben von Allmachtsphantasien ihre eigenen vielfältigen Begrenzungen und Einengungen symbolisch oder traumhaft überwinden könnten. Werde den Kindern Jesus als Wundertäter vorenthalten, dann dränge man sie zum uneingeschränkten Rückgriff auf säkulare Heilsmythen und Heilsgestalten aus der Medienwelt, die mit ihren Inhalten die kindliche Sehnsucht nach dem Außerordentlichen und Wunderbaren besetzten. Die Gefahr, dass der übermächtige Wundertäter Jesus auf eine Stufe mit Phantasiegestalten wie Batman, Superman oder Knight Rider rückt, sieht Ritter nicht. Während in Comics und phantastischer Literatur das Grenzüberschrei-

> Grenzüberwindungserzählungen

tende im Bereich der reinen Allmachtsphantasie und Illusion verbleibe, seien die neutestamentlichen Wundergeschichten durch die geschichtliche Rückbindung an das konkrete Wirken Jesu »kritisch geerdet« (ebd., 838). Der Versuch, Wundergeschichten exklusiv und für alle verbindlich von einem Erwachsenenstatus her beurteilen zu wollen und bestimmte Formen kindlichen Verstehens, beispielsweise ein mythisch-wörtliches Wunderverständnis oder die Vorstellung von einem allmächtigen Jesus, als theologisch unangemessen zu bewerten, müsse religionspädagogisch problematisiert werden. Ohnehin sei die Annahme, bei Wundergeschichten gehe es in erster Linie um ein intellektuell zu bewältigendes theologisches Problem, nicht stichhaltig und greife aus einer Verstehensfülle nur einen einzigen, wenn auch bedeutsamen Aspekt heraus.

Wunderdidaktik in der Sekundarstufe I/II

In der Wunderdidaktik der Sekundarstufe I und II rückt unter Einbeziehung biblischer Texte der Wunderglaube in seiner Spannung zum modernen Weltbild in den Mittelpunkt der Betrachtung. Einerseits werden die biblischen Wundergeschichten von den Jugendlichen auf der Folie eines von den Naturwissenschaften bestimmten Wirklichkeitsverständnisses rezipiert und dabei meist als Texte betrachtet, denen keine Bedeutung für das eigene Leben zukommt. Andererseits hat die Wundergläubigkeit in unserer rationalen und technisierten Welt, in der die unbestimmte Sehnsucht nach Transzendentem und nicht Erklärbarem wächst, Hochkonjunktur. Wunder, Magie und geheimnisvolle Mythen üben gerade auf Jugendliche große Faszination aus und sind in ihrer Lebenswelt, beispielsweise im Kino, in der Werbung oder in der Popkultur, allgegenwärtig. In diesem Spannungsfeld können die Schülerinnen und Schüler sich mit der Wunderthematik in der Pop- und Rockkultur beschäftigen, ausgewählte Modelle der Wunderhermeneutik auf ihre Tragfähigkeit hin überprüfen, im Horizont der unterschiedlichen Formen des Wunderglaubens ihr persönliches Wirklichkeitsverständnis reflektieren und sich auf Spurensuche nach der Erfahrung des Wunderbaren in der eigenen Lebensgeschichte begeben. Zudem gewinnt die Frage an Bedeutung, wie sich die Allmacht Jesu, der in den Evangelien alle Krankheiten heilt und sogar Verstorbene wieder zum Leben erweckt, mit der Tatsache vereinbaren lässt, dass Gott in unserer Welt Leiden zulässt. Daraus resultieren Ansatzpunkte und Lernchancen, sich vertieft mit der Theodizeefrage auseinanderzusetzen.

■ Schlüsseltext 1: Heilung eines Gelähmten (Mk 2,1-12/Joh 5,1-18)

Aufbau und Inhalt von Mk 2,1-12

Markus eröffnet mit der Erzählung von der Heilung des Gelähmten (Mk 2,1-12), in deren Mittelpunkt eine Kontroverse um die Sündenvergebungsvollmacht Jesu steht, eine Reihe galiläischer Konfliktszenen (Mk 2,1–3,6). Die weitgehend von Markus geschaffene Exposition (Mk 2,1-2) spricht davon, dass sich Jesus in Kafarnaum »im Haus« aufhält, womit offenkundig das Mk 1,29 erwähnte Haus des Petrus gemeint ist. Die Kunde von Jesu Anwesenheit löst einen großen Menschenandrang aus. Bald ist auch der Platz vor dem Gebäude von Leuten überfüllt, die der Predigt Jesu zuhören wollen. In dieser Situation tragen vier Männer auf einer Bahre einen Gelähmten herbei. Da der Eingang zum Haus von der Menschenmenge versperrt wird und sie nicht zu Jesus vordringen können, wählen sie einfallsreich den Weg über das Dach. Sie decken die Ziegel ab, graben ein Loch in die darunter befindliche Lehmdecke und lassen die Bahre mit dem Gelähmten zu

Jesus herab. Jesus sieht ihren Glauben und spricht dem Gelähmten Sündenvergebung zu. Es schließt sich ein exkursartiges Streitgespräch zwischen Jesus und den anwesenden Schriftgelehrten über die Sündenvergebungsvollmacht an (2,6-10), die nach alttestamentlich-jüdischem Verständnis allein Gott vorbehalten ist (Ex 34,7; Jes 43,25; 44,22). Danach werden die Heilung des Gelähmten und der Lobpreis der Anwesenden geschildert. Die Heilung erfolgt durch das charismatische Wort »Steh auf, nimm deine Bahre und geh!« (Mk 2,9), das die offenkundig psychogene Blockade des Körpers durchbricht. Der Zuspruch der Sündenvergebung (Mk 2,5b) ist ein ursprünglicher Bestandteil des Heilungsberichts, da nach alttestamentlich-jüdischem Denken ein enger Zusammenhang zwischen Krankheit und Sünde besteht (Num 12,9-15; Ps 103,3). Während der Heilungsbericht auf historischer Erinnerung beruhen dürfte (Gnilka ⁶2008, 98; Meier 1994, 680), stellt die Konfliktszene Mk 2,6-10 einen späteren Einschub dar (Eckey 1998, 90-91), der eine inhaltliche Neuakzentuierung mit sich bringt. Die Heilung steht nicht mehr unumschränkt im Zentrum, sondern dient der Demonstration und Legitimation der Vollmacht Jesu, Sündenvergebung zuzusprechen.

In Joh 5,1-18 begegnet ein in vielen Punkten frappierend ähnliches Heilungswunder, das allerdings in Jerusalem spielt. An der Teichanlage Bethesda mit ihren Säulenhallen wartet eine Reihe gebrechlicher Menschen darauf, beim Sprudeln einer von Zeit zu Zeit aufwallenden Quelle in das Wasser zu steigen und Heilung zu finden. Darunter befindet sich ein seit 38 Jahren gelähmter Mann, den Jesus durch ein charismatisches Wort von seinem Leiden befreit (Joh 5,1-9a). Die Aufforderung an den Gelähmten, aufzustehen und mit seiner Bahre wegzugehen, und der aus der Ausführung dieses Befehls Jesu bestehende Demonstrationsschluss stimmen bei Markus und Johannes fast wörtlich überein, wobei für die Bahre jeweils das im Griechischen seltene Wort *krabbatos* Verwendung findet. Zudem scheint die Lähmung in Analogie zu Mk 2,5 als Folge von Sünde zu gelten (vgl. Joh 5,14). Im weiteren Verlauf nimmt die Erzählung eine neue Wendung, indem das Wunder Jesu im Nachhinein zu einer verbotenen Sabbatheilung ausgestaltet wird und Anlass zu einer scharfen Kontroverse gibt (Joh 5,9b-18). Die nördlich des Tempels gelegene Wasseranlage Bethesda umfasste auf der westlichen Seite den aus zwei Speicherbecken bestehenden Schafteich, der vermutlich den Tempelbesuchern zur rituellen Reinigung diente (Theobald 2013, 695). Den östlichen Teil von Bethesda bildete eine Badeanlage aus der Hasmonäerzeit, die neben einer größeren Zisterne mehrere verputzte Grotten mit kleinen, über eine Treppe zugänglichen Badebecken umfasste (Küchler 2007, 319-321). In spätrömischer Zeit befand sich dort ein Asklepios-Sarapis-Heiligtum. Da die synoptischen Evangelien nichts von einem der Passion vorausgehenden Wirken Jesu in Jerusalem wissen, ist fraglich, ob der vermutlich aus der vorjohanneischen Zeichenquelle stammenden Bethesda-Erzählung eine historische Begebenheit zugrunde liegt. Ortskundige Jerusalemer Jesusgläubige könnten sie in Kenntnis von Mk 2,1-12 oder zumindest in Erinnerung an das Mk 2,9 von Jesus gesprochene Wort gebildet haben, um auf die in Bethesda »sichtbar werdenden Hoffnungen vieler verzweifelter Menschen ganz vital zu antworten« (Theobald 2013, 703).

Zu vielen Motiven aus Mk 2,1-12 und Joh 5,1-18 gibt es religionsgeschichtliche Parallelen (Maisch 1971, 57-71). In mehreren Gelähmtenheilungsberichten aus Epidauros werden die Patienten wie in Mk 2,1-12 auf einer Bahre zum Asklepiosheiligtum gebracht (W 35.64.70). Ein weiteres, in der antiken Literatur vielfach überliefertes Heilungswunder spricht davon, dass ein Mann mit Lähmung bestraft wurde, weil er einer im Traum empfangenen Weisung Jupiters, dem Senat in Rom das göttliche Missfallen über Spiele zu übermitteln, nicht nachgekommen war. Als der Gelähmte sich auf einer Bahre zum Senat bringen lässt und endlich befehlsgemäß die Nachricht Jupiters übermittelt, wird er sofort geheilt und tritt zum allgemeinen Erstaunen auf eigenen Beinen den Heimweg an (Plut., *Cor.* 24,1-13). Eine andere Wundergeschichte erzählt, wie der während der Arbeit von einer Giftschlange gebissene Winzer Midas auf einer Bahre zum Wundertäter gebracht wird und als Zeichen der völligen Heilung die Bahre eigenhändig nach Hause trägt (Luc., *philops.* 11).

Medizinischer Hintergrund der Gelähmtenheilungen

Von Gelähmtenheilungen Jesu ist in den Evangelien vielfach die Rede, ohne dass sich angesichts der spärlichen Informationen zuverlässige medizinische Diagnosen erheben ließen. In Mk 2,1-12 und Joh 5,1-9 handelt es sich um Lähmungen derart schweren Grades, dass die Betroffenen sich nicht mehr eigenständig fortbewegen können. Die durch Luthers Bibelübersetzung etablierte und sich nach wie vor gewisser Beliebtheit erfreuende Bezeichnung des Gelähmten von Kafarnaum als »Gichtbrüchiger« ist eine anachronistische Deutung des Leidens vor dem Hintergrund späterer Fürstenkrankheit. Sie hat nicht den geringsten Anhalt am Text, wo der Mann als *paralytikos* bezeichnet wird. Die Charakterisierung des Kranken in Mk 3,1-6 als »Mann mit einer verdorrten Hand« bedient sich eines traditionellen bildlichen Ausdrucks für Lähmungen, die auf eine Auszehrung des Körpers zurückgeführt wurden. Die Lähmung in Lk 13,10-17 wird als Verkrümmung charakterisiert und ist von solcher Intensität, dass die davon betroffene Frau sich nicht mehr vollständig aufzurichten vermag. Wenn es heißt, dass die Frau einen »Geist der Schwäche« hat, wird die Lähmung auf das Wirken eines Dämons zurückgeführt. Eine verlässliche medizinische Diagnose kann man auch hier nicht stellen, obgleich beispielsweise *Skoliosis hysterica*, eine psychosomatische Lähmung im Bereich der Wirbelsäule, in Erwägung gezogen wurde (GRUNDMANN ⁶1971, 279). Die einer Steigerung des wunderhaften Elements dienenden Angaben zur Krankheitsdauer in Joh 5,5 und Lk 13,11 implizieren, dass es sich nicht um angeborene Lähmungen handelt. Jesus vollzog seine Gelähmtenheilungen durch charismatische Worte (Mk 2,5b.11; 3,5; Lk 13,12; Joh 5,8), die von einer Handauflegung begleitet sein konnten (Lk 13,13). Der Zuspruch der Sündenvergebung in Mk 2,5b hat vor dem Hintergrund dessen, dass Kranke ihr Leid nicht selten auf persönliche Schuld zurückführen, entlastende Funktion und setzt Heilungskräfte frei, wie dies auch in Jak 5,14-16 deutlich wird. Das Gesamtbild deutet darauf hin, dass Jesus die Heilung psychogener Lähmungen bewirkt hat, wie es auch für die Mehrzahl der Gelähmtenheilungen im Asklepiosheiligtum von Epidauros vorauszusetzen sein dürfte. Seelisch bedingte Bewegungsstörungen sind in der neurologischen Psychosomatik ein bekanntes Phänomen (NOWAK 2002, 199-210; HENNINGSEN u.a. 2006, 117-129).

> Psychogene Lähmungen sind in der Neurologie ein bekanntes Phänomen

Aspekte der matthäischen Parallele

Während Lukas bei der Wiedergabe des Textes weitgehend Markus folgt (Lk 5,17-26), setzt Matthäus eigene Akzente (Mt 9,1-8). Seine Version der Geschichte weist gegenüber der Markusvorlage deutliche Straffungen auf, wie sie für die matthäische Bearbeitung der Wundererzählungen charakteristisch ist. So fällt die lebendige Schilderung, wie sich die Träger des Gelähmten auf dem Umweg über das Dach Zugang zu Jesus verschaffen (Mk 2,4), dem Rotstift zum Opfer. Die inhaltlich bedeutendste Änderung zeigt sich bei der Schlussdoxologie. Dort preisen die Menschen Gott nicht mehr wegen des Wunders, sondern weil er »den Menschen« die Macht der Sündenvergebung geschenkt hat (Mt 9,8; vgl. 18,1-35). Die Pointe der Geschichte liegt nun in der ekklesiologischen Aussage, dass die in der Nachfolge Christi stehenden Gläubigen an dessen Vollmacht partizipieren. Matthäus »erzählt die Geschichte der Herkunft des geistlichen Rechts zur Sündenvergebung in der Christengemeinde« (KLUMBIES 2013, 246), die für ihn ein zentrales Anliegen darstellt (LUZ ⁴2007, 38).

Für die kerygmatische Wunderhermeneutik, in der die Wundergeschichten als Träger tieferer theologischer Botschaften gelten, repräsentiert der Gelähmte von Mk 2,1-12 den gottfernen selbstherrlichen Menschen schlechthin, der in allem Fortschreiten und in allem Fortschritt doch nicht vorwärts komme. Wer die Einsicht erlange, dass der Mensch ein Sünder ist und dies die »Lähmung« des Lebens nach sich zieht, dem werde Hilfe zuteil. Die Botschaft der Geschichte laute: »Wer sich auf Jesu Wort einläßt und sich angesichts Gottes, der das Heil des Menschen ist, selbst als allem Heil gegenüber Gelähmter annimmt, dem *sind* die Sünden vergeben« (SCHMITHALS ²1986, 156). Die tiefenpsychologische Deutung von Mk 2,1-12 geht davon aus, dass hier von der Heilung einer Krankheit berichtet wird, an der wir alle mehr oder weniger leiden. Empfunden werde sie als Starre des Leibes, aber ihr Ursprung liege in einer tiefen Angst der Seele vor möglicher Schuld in der Zukunft oder in einer Resignation infolge bereits begangener Fehler der Vergangenheit. Die Zuwendung Jesu ermögliche dem Kranken, zu sich selbst zu stehen und inmitten seiner uralten Gefühle von Ohnmacht, Selbsthass und Verzweiflung sich selbst zu akzeptieren. Einem jeden Menschen sei im Sinne Jesu die Fähigkeit anvertraut, durch sein Verstehen und seine Weitherzigkeit einem anderen einen Raum zu öffnen, in den dieser eintreten kann, um Zuversicht und Vertrauen in sein Leben zu gewinnen (DREWERMANN 1987, 223-236).

Die Heilung des Gelähmten in Mk 2,1-12, der von seinen »Freunden« zu Jesus gebracht wird, übt wegen ihrer Anschaulichkeit und Lebendigkeit große Anziehungskraft auf Kinder aus und hat einen festen Platz in den Lehrplänen der Grundschule. *Ingo Baldermann* setzt in seinem Unterrichtsentwurf mit dem Tafelimpuls »Ich bin ganz lahm« ein und sammelt dazu Assoziationen der Kinder, um dann zu dem Psalmwort »Gelähmt sind mir Hände und Füße« (Ps 22,17) überzugehen. Das »mir« wird mit bunter Kreide eingekreist, damit die Kinder keine Distanz zum Text aufbauen, sondern eigene Erfahrungen und Erinnerungen aus der Tiefe holen und artikulieren. Anschließend wird Mk 2,1-12 in Form einer freien Nacherzählung eingeführt. In einem nächsten Schritt legen die Schülerinnen und Schüler dem Gelähmten Worte aus den Klagepsalmen in den Mund. Indem sie mit der Sprache der Psalmen die innere Befindlichkeit des Gelähmten ausleuchten, bringen sie ihre eigenen Erfahrungen mit ein und können aus dessen Heilung Hoffnung für ihr eigenes Leben beziehen, zumal sie sich von dem Satz »Kind, deine Sünden sind dir vergeben« (Mk 2,5) direkt angesprochen fühlen. Danach erzählen sie selbst das Ende der Geschichte neu, wobei sich in

Deutungshorizonte

Für die existenziale Hermeneutik repräsentiert der Gelähmte den selbstherrlichen Menschen

Didaktische Perspektiven für die Primarstufe

der Praxis zeigt, dass sie den von seiner Lähmung Geheilten herumrennen, tanzen, lachen und Saltos schlagen lassen. Zum Abschluss wird diese Bewegungsfreude von den Kindern unter Einbeziehung von Ps 30,12 »Du hast meine Klage verwandelt in einen Freudentanz« pantomimisch und musikalisch umgesetzt (BALDERMANN ²1993, 37-42).

Didaktische Perspektiven für die Sekundarstufe I

Für die Sekundarstufe I (Jahrgang 7/8) liegt ein gelungener Unterrichtsentwurf zu Joh 5,1-9 von *Annike Reiß* vor. Am Anfang steht die Betrachtung des Fotos eines jungen Mannes im Rollstuhl, zu dem die Jugendlichen anhand von Impulsfragen (»Was löst das Bild in dir aus? Was würdest du den Rollstuhlfahrer fragen, wenn du ihm begegnen würdest?«) ihre Eindrücke aufschreiben. Anschließend hören sie die Heilungsgeschichte Joh 5,1-9, äußern erste Gedanken dazu und bearbeiten sie dann in Kleingruppen mit unterschiedlicher Methodik (Konzeption eines kommentierten Standbildes; Entwurf eines Dialogs zwischen Ehefrau und Bruder des geheilten Mannes; Erstellung eines Tagebucheintrags des geheilten Mannes; Abfassung eines Zeitungsberichtes über das Geschehen). In einem nächsten Schritt lösen sich die Jugendlichen vom biblischen Text und befassen sich mit der existenziellen Suche gelähmter Menschen nach Heilung. Als Material dazu dienen ein Zeitungsbericht, in dem der von Geburt an gelähmte Autor von seinem bizarren Besuch bei einem Wunderheiler erzählt, und Geschichten von Wunderheilungen in Lourdes. Zudem setzen sich die Schülerinnen und Schülern mit einem Auszug aus dem Buch »Zwei Leben« von *Samuel Koch* auseinander, der 2010 bei einem Auftritt in der Fernsehshow »Wetten dass ...?« verunglückte und seitdem querschnittsgelähmt ist. Er spricht davon, dass er sich von Gottes Kraft getragen fühlt und in seinem neuen Leben im Rollstuhl auch überraschende Glücksmomente erfährt. Am Ende der Unterrichtseinheit steht eine Ergebnissicherung in Form einer Wandzeitung, wobei in Partnerarbeit die vier Fragen »Was tun Menschen, um heil zu werden?«, »Wodurch wird eine Heilung zum Wunder?«, »Wann ist ein Mensch heil?« und »Kann der Glaube helfen, heil zu werden?« bedacht werden (REISS 2013, 20-22).

Didaktische Perspektiven für die Sekundarstufe II

Für die Sekundarstufe II (gymnasiale Oberstufe) haben *Mandy Buschmann* und *Roland Biewald* eine Unterrichtseinheit zu Joh 5,1-16 konzipiert. Nach einer Hinführung, die für die Mehrdeutigkeit von Lebenssituationen sensibilisiert, beschäftigen sich die Jugendlichen intensiv mit dem Text von Joh 5,1-16. In einem weiteren Schritt wird die Bedeutung exegetischer Erkenntnisse, die von der Lehrperson eingebracht werden, für die Interpretation der Wundergeschichte reflektiert. Abschließend sollen die Schülerinnen und Schüler anhand von ausgewählten Einzelüberlegungen zum Text (u.a. Situation des Kranken; Körperlichkeit und Ganzheitlichkeit; Heil und Heilung; Sehnsüchte nach einem erfüllten »heilen« Leben) die Tiefendimension der Wundergeschichte erschließen und sich existenziell mit ihr auseinandersetzen (BIEWALD 2002, 42-43).

■ Schlüsseltext 2: Die Sturmstillung (Mk 4,35-41)

Kontext und Aufbau

Die Erzählung von der Sturmstillung (Mk 4,35-41) schließt sich unmittelbar an die große Gleichnisrede Jesu (Mk 4,1-34) an und bildet den Auftakt zu einem Zyklus von Wundergeschichten (4,35–6,56), für die der See Gennesaret die Kulisse bietet. Am Anfang der Erzählung (4,35) hat Markus einen Anschluss nach vorne geschaffen. Der zur Neige gehende Tag ist jener, an dem Gleichnisrede gehalten wurde. Vor der Abfahrt vom Ufer verabschieden die Jünger die Volksmenge, die den Worten Jesu lauschte. Das Boot, in dem Jesus sitzt, hatte er bereits vor Beginn der Gleichnisrede bestiegen, um sich gegenüber der am Ufer weilenden Menschenmenge besseres Gehör zu verschaffen. Bei der nächtlichen Überfahrt bricht unvermittelt ein lebensbedrohlicher Seesturm aus. Während das Boot zu versinken droht, schläft Jesus in dessen Heck auf einem Sitzkissen. Die zu Tode geängstigten Jünger, unter denen sich vier erfahrene Fischer befinden (Mk 1,16-20), wecken Jesus mit der vorwurfsvollen Frage, ob ihm ihr Schicksal gleichgültig sei. Dieser gebietet Wind und Wellen Einhalt, woraufhin in scharfem Kontrast zu dem vorherigen Untergangsszenario eine große Stille eintritt. An das Wunder schließt sich eine Diskussion um den Unglauben der Jünger an.

Im Kern handelt es sich bei Mk 4,35-41 um ein typisches Rettungswunder mit Schilderung der Notsituation, Hilferuf der Bedrohten, vollmächtigem Wort des Wundertäters, Eintritt des Wunders und Reaktion der Beteiligten, die durch Furcht über die Epiphanie des sogar über Wind und Meer gebietenden Herrn gekennzeichnet ist. Der Text setzt die in der Antike weit verbreitete, auch im Judentum belegte (*äthHen* 69,22) Vorstellung voraus, dass die Naturmächte von bösen Geistern gesteuert werden. Daher trägt das Wunderhandeln Jesu exorzistische Züge, indem Wind und Wellen als personifizierte dämonische Gewalten mit einem Drohwort und einem Schweigebefehl bedacht werden, wie sie auch bei krankheitsverursachenden Geistern zur Anwendung kommen (Mk 1,25). Mit der vermutlich von ihm selbst eingeschobenen Debatte über den Unglauben hat Markus die Form aufgebrochen und die Christusgeschichte ein Stück weit zu einer Jüngergeschichte gemacht, bei der die Epiphanie des Wundertäters in den Hintergrund rückt (Gnilka ⁶2008, 194). Die Jünger stehen als Jesusnachfolger stellvertretend für die Gläubigen in der Gemeinde. Die Rezipienten des Markusevangeliums sollen sich mit den Jüngern identifizieren, an ihren Erfahrungen teilhaben und ihre Fehler, in diesem Fall den Unglauben, vermeiden.

Form

Wind und Wellen sind personifizierte dämonische Mächte

Die Zwangsbeeinflussung von Wind und Wellen zählte in der Antike zum festen Betätigungsfeld von Magiern, Schamanen und Mantikern (Kratz 1979, 95-106). Persische Magier retteten die Flotte des Xerxes vor einem gefährlichen Seesturm, indem sie den Wind durch Zaubersprüche verstummen ließen und das Wasser durch Tieropfer beschwichtigten (Hdt., *hist.* 7,191). Auch Pythagoras (Iambl., *vit. Pyth.* 28,135), Sophokles (Philostr., *vit. Apoll.* 8,7,8) und Magier aus Kleonai (Clem. Alex., *strom.* 6.31,1-2) sollen über die Fähigkeit verfügt haben, die hinter den Naturgewalten stehenden Mächte mit Zaubersprüchen, Gesängen oder Opfern zu beruhigen. Empedokles trug wegen seiner Sturmstillung in Agrigent sogar den Beinamen »Windbezwinger« (Clem. Alex., *strom.* 6.30,1). In jüdischen Sturmstillungstraditionen (Jon 1; Ps 107,23-32; *TestNapht* 6,1-10; *bBM* 59b; *pBer* 9,1), von denen die Jonageschichte die größten Ähnlichkeiten mit Mk 4,35-41 aufweist, vollzieht sich dagegen die Beschwichtigung der Naturgewalten als alleiniges Werk Gottes, der auf das Flehen der in Seenot Geratenen reagiert. Die Mk 4,35-41 prägende Vorstellung, dass die hinter Wind und Wellen stehenden bösen Geister von einem in besonderer Weise dazu qualifizierten Menschen durch Bedrohung und Zwangsbeeinflussung zum Verstummen gebracht werden können, erweist sich somit als genuin hellenistisch.

Religionsgeschichtliche Parallelen

Ekklesiologisches Verständnis der Erzählung bei Mt

Bereits bei Markus ist die Sturmstillungsgeschichte durch die Debatte über den Unglauben der Jünger nicht nur christologisch akzentuiert, sondern unterschwellig auch ekklesiologisch eingefärbt. Sie antwortet auf die Frage nach dem Wesen Christi, indem sie von der furchterregenden Epiphanie des Gottessohnes als Herr über die Naturgewalten berichtet (christologischer Aspekt), nimmt dabei aber auch die Existenznot der Glaubenden in der Situation äußerster Bedrängnis und Anfechtung in den Blick (ekklesiologischer Aspekt). Matthäus hat die Erzählung konsequent zu einer Nachfolgegeschichte ausgebaut, bei der es nur noch vordergründig um die wunderbare Rettung aus Seenot geht (Mt 8,18-27). Er setzt in Mt 8,18 mit freier Wiedergabe von Mk 4,35 ein, um sogleich zwei Nachfolgeszenen aus der Spruchquelle Q in den markinischen Erzählfaden einzuschalten (Mt 8,18-22) und damit das nachfolgende Wunder gezielt unter das Leitmotiv der Nachfolge zu stellen. Die Bearbeitung der Sturmstillung selbst verstärkt diese Transparenz des Wunders auf das Wesen von Jüngerschaft und Kirche. Bereits die Einleitung ist höchst aussagekräftig.

> **Für Matthäus repräsentieren die Jünger im Boot die christliche Gemeinde**

Im Gegensatz zu Mk 4,36 »Und sie ließen das Volk gehen und nahmen ihn mit, wie er im Boot war« lautet sie Mt 8,23 »Und er stieg in das Boot und seine Jünger folgten ihm«. Dadurch wird vollends klar, dass es weniger um das Wunder als vielmehr um Nachfolge geht. Während Mk 4,37 von einem Windwirbel (*lailaps*) spricht, verwendet Mt 8,24 das für einen Seesturm ungewöhnliche Wort »Beben« (*seismos*), das auch als Bezeichnung apokalyptischer Schrecknisse begegnet (Mk 13,8; Apk 6,12). Damit gewinnt der Seesturm übertragene Bedeutung. Die im Boot befindlichen Jünger werden zum Sinnbild der matthäischen Gemeinde auf ihrer Fahrt durch die bedrohlichen Beben des Lebens. Dieser ekklesiologische Bezug wird dadurch unterstrichen, dass Matthäus den Hilferuf der Jünger »Meister, fragst du nichts danach, dass wir umkommen?« (Mk 4,38) zu einem Gebet umformuliert, das anstelle von »Meister« den gottesdienstlichen Ruf »Kyrie« beinhaltet: »Herr (*kyrie*) hilf, wir kommen um« (Mt 8,25). Bevor sich Jesus der Sturmstillung widmet, tadelt er den Kleinglauben der Jünger. Durch die Auslassung des magischen Verstummungsbefehls Jesu an die Meeresgewalten (Mk 4,39) tritt das Wunder weiter in den Hintergrund. Die Sturmstillung bringt als Geschichte gegen die Angst die Gewissheit zum Ausdruck, dass die auf den Herrn vertrauenden Gläubigen in den Stürmen des Lebens nicht untergehen werden.

Historischer Hintergrund und Botschaft

Der christliche Rationalismus des 18. und 19. Jh. erklärte sich das Wunder Jesu phantasievoll damit, dass das Boot in eine windstille Bucht kam oder Jesus das plötzliche Abflauen des Sturms vorhersah (KOLLMANN 1996, 19-21). In eine ähnliche Richtung geht die Vermutung, dass Jesus als Schamane, der in Einklang mit der Natur lebte, über besondere Kenntnisse in der Wetterkunde verfügte und genau wusste, wann sich der Sturm legen würde (DREWERMANN ³1992, 165-169). In Wirklichkeit handelt es sich wohl um eine urchristliche Bekenntniserzählung. Geschichtlicher Ausgangspunkt der von antiken Sturmstillungstraditionen inspirierten Erzählung sind die Bootsfahrten Jesu und der Jünger über den See Gennesaret, den Fallwinde an heißen Tagen unvermittelt in ein bedrohliches Gewässer mit peitschenden Wellen verwandeln können. In allen anderen Punkten hat sich »dichterische Phantasie historischer Erinnerung bemächtigt« (THEISSEN/MERZ ⁴2011, 268). Die vormarkinische Erzählung antwortet auf die Frage nach dem Wesen Christi, indem sie von der furchterregenden Epiphanie des Gottessohnes als Herr über Wind und Wellen berichtet. Mit der Befähigung zur Sturmstillung wird zugleich ein zentrales Merkmal des Heilshandelns Gottes (Ps 107,23-32) auf Jesus übertragen. In der griechisch-römischen Welt vermittelte die Erzählung die Botschaft, dass Jesus antiken Magiern und Wundermännern auf dem Gebiet der Sturmstillung in nichts nachstand. Vielleicht hörte man aus dem Text auch heraus, dass Jesus mächtiger als Julius Cäsar war (STRELAN 2000, 177-178). Von diesem wird eine Rettung aus Seenot erzählt, bei der er Wind und Wellen hilflos ausgeliefert war und nur deshalb mit dem Leben davon kam, weil er mit seinem Boot an das rettende Ufer gespült wurde (Lucan, *bell. civ.* 5,596-702).

Die beiden einflussreichsten Versuche eines gegenwartsbezogenen Verstehens der Sturmstillungserzählung sind deren kerygmatisch-existenziale und tiefenpsychologische Deutung. Der kerygmatisch-existenziale Ansatz geht von der Erfahrung aus, dass Menschen immer zu neuen Ufern unterwegs sind und dabei durch die im eigenen Lebensplan nicht einkalkulierten »Stürme des Lebens« vom Kurs abgebracht werden, so dass das Boot unterzugehen droht. Vor diesem Hintergrund wolle die Sturmstillungsgeschichte die Gewissheit vermitteln, dass wir in unserer Angst und Verzweiflung nicht auf uns gestellt sind, sondern auf die Hilfe des Herrn vertrauen können. In besonderer Weise gelte dies für die letzte Reise in den Tod, auf der Jesus im Schiff bei uns sein und uns sicher an das völlig unbekannte jenseitige Ufer geleiten werde (GUNNEWEG 1996, 106-108). Auch die tiefenpsychologische Deutung der Erzählung knüpft an die tiefe Symbolkraft der Bilder an, indem sie Nacht, Meer und Sturm als Chiffre für die Lebenssituation und seelische Befindlichkeit des Menschen begreift. Was uns rette und leben lasse, sei Tag für Tag der stille Glaube an die ständige Gegenwart Gottes, der den Sturm beruhigt und unser Schiff dem anderen Ufer näherbringt (DREWERMANN 1987, 350-359).

Gerhard Büttner, der seiner Untersuchung zur Christologie von Schülerinnen und Schülern eine an Mk 4,35-41 orientierte Dilemmageschichte zugrunde legt, kommt zu dem Ergebnis, dass Kinder der ersten drei Grundschuljahrgänge vor dem Hintergrund eines artifizialistischen Weltbildes meist davon ausgehen, dass Jesus im Sturm konkret hilft und alles gut ausgeht (BÜTTNER 2002, 266). Allerdings stellt sich auch schon in der Grundschule die Aufgabe, die Sturmstillungserzählung didaktisch als Symbolgeschichte gegen die Angst und Verzweiflung zu vermitteln. *Dietrich Steinwede* und *Kerstin Lüdke* setzen mit dem Tafelimpuls »Das Wasser geht mir bis zur Kehle« (Ps 69,2) ein, zu dem die Kinder Assoziationen und eigene Erfahrungen äußern. Es folgt eine Nacherzählung von Mk 4,35-41, bei der die Sturmstillung in eine von der Christenverfolgung unter Nero handelnde Rahmengeschichte eingebettet ist und von Petrus erzählt wird, um den mit ihm in Rom inhaftierten Christen Trost zu spenden. Im Unterrichtsgespräch über diesen Text geht es darum, dass es sich um eine Tröstungsgeschichte, Glaubensgeschichte und Symbolgeschichte handelt. Dieser Aspekt wird durch eine Reflexion der Angsterfahrungen in einem Gedicht von *Rolf Krenzer* (»Die Erde ist ein großes Boot. Es treibt durch Sturm und Wellen. Hilft einer in dem Boot dem andern in der Not, ja, dann sitzt Gott mit uns im Boot. Und es wird nicht zerschellen«) und eine Betrachtung des Bildes »Im Meer der Angst« von *Sieger Köder* vertieft. Am Ende der Unterrichtseinheit steht das Trostlied »Auf meinen lieben Gott trau ich in Angst und Not« (STEINWEDE/LÜDKE 1997, 280-285). Auch

Roland Biewald sieht in der Angst der im Boot sitzenden Jünger die entscheidende Erfahrungsbrücke zwischen damals und heute. Er will Grundschulkindern anhand von Mk 4,35-41 vermitteln, dass es wie ein Wunder ist aus Angst und Bedrohung gerettet zu werden und dass Gott auch anwesend ist, wenn wir ihn nicht sehen und hören (BIEWALD 2002, 28).

Didaktische Perspektiven für die Sekundarstufe I/II

In der Sekundarstufe I/II bietet es sich an, am Beispiel von Mk 4,35-41 den Akzent vertiefend auf Bedrohung und Rettung als Grenzerfahrungen des menschlichen Lebens zu legen und nach Gottes Wirken in der Welt zu fragen. Die Schülerinnen und Schüler können den Symbolen und Metaphern der Geschichte nachgehen, indem sie nach Lebenssituationen in ihrer Welt wie etwa »Zerbrechen einer Familie« und »friedliches Miteinander in der Familie« suchen, die den Symbolen »starker Sturm« und »große Stille« entsprechen (HÄUSSLER/RIEDER 2010, 37). Eine andere Möglichkeit ist, den Fokus auf die Christologie zu richten und die Jugendlichen anhand der Frage »Wer ist denn dieser, dass auch der Sturm und das Meer ihm gehorchen?« (Mk 4,41) in das theologische Gespräch darüber zu verwickeln, um wen es sich bei Jesus handelt. Ferner eignet sich die Erzählung als ein gegen die physikalischen Gesetzmäßigkeiten verstoßendes Naturwunder in besonderer Weise dazu, mit Jugendlichen die Wunderfrage grundsätzlicher zu erörtern. In Auseinandersetzung mit ausgewählten Konzepten der Wunderhermeneutik, etwa dem supranaturalistischem, dem rationalistischen, dem existenzbezogenen und dem psychologischen Modell, gewinnen die Schülerinnen und Schüler die Urteils- und Dialogfähigkeit, unterschiedliche Positionen der Wunderdeutung kritisch zu reflektieren und auf ihre Tragfähigkeit hin zu bewerten (ZIMMERMANN 2013, 23-25). Zum Einstieg in ein derartiges Theologisieren über die Wunderfrage eignet sich die Kleingruppenarbeit mit einem Placemat, auf dem in der Mitte die Fragen »Wie verstehe ich die Wunder? Was ist für mich ein Wunder?« stehen, bevor die Schülerinnen und Schüler sich in Partner- und Einzelarbeit mit ausgewählten Texten zu den Möglichkeiten der Wunderdeutung beschäftigen und im abschließenden theologischen Gespräch eigene Positionen sowie Statements formulieren (FREUDENBERGER-LÖTZ 107-127). Ergänzend bietet es sich an, Popsongs mit implizit religiösen Inhalten wie »The miracle« von Queen oder »Wunder geschehen« von Nena zu nutzen, um mit Jugendlichen über die Wunderthematik ins Gespräch zu kommen (PIRNER 2006, 45-48) und sie zur Spurensuche nach Wundern in der eigenen Biographie zu animieren.

■ Schlüsseltext 3: Heilung des besessenen Geraseners (Mk 5,1-20)

Kontext und Aufbau von Mk 5,1-20

Auch die Erzählung vom besessenen Gerasener (Mk 5,1-20) ist bei Markus in einen Zyklus von Wundergeschichten eingebunden, die rund um den See Gennesaret spielen (Mk 4,35–6,56). Nach der erfolgreichen Sturmstillung gelangt Jesus an das Ostufer des Sees, um dort im Gebiet der Gerasener die spektakuläre Heilung eines dämonisch Besessenen zu vollbringen. Das Territorium der in der Antike zur Dekapolis gehörigen Stadt Gerasa reichte allerdings nicht bis zum See Gennesaret, in dem am Ende die Schweineherde ertrinkt, sondern lag ungefähr 50km davon entfernt. Matthäus (Mt 8,28) und etliche Handschriften des Markusevangeliums siedeln das Geschehen in der Gegend von Gadara an, das näher am Seeufer lag. Die Erzählung zerfällt in drei Szenen. Die Exposition (Mk 5,2-5) schildert ausführlich, wie Jesus mit einem besonders schweren Fall von dämonischer Besessenheit konfrontiert wird. Im Zentrum des Erzählgeschehens (Mk 5,6-13) steht die Auseinandersetzung Jesu mit dem sich als Legion bezeichnenden und mehrere tausend böse Geister repräsentierenden Dämon, der mit Jesus um ein Bleiberecht in der Gegend östlich des Sees Gennesaret zu verhandeln sucht, letztlich aber zusammen mit der Schweineherde, in die er einzufahren wünschte, im Wasser ertrinkt. Die Erzählung endet mit der Reaktion auf das Wunder (Mk 5,16-20), die durch derartiges Entsetzen gekennzeichnet ist, dass Jesus zum Verlassen der Gegend aufgefordert wird. Ergänzend ist davon die Rede, dass Jesus die Bitte des Geheilten um Eintritt in die Nachfolge zurückweist und dieser dann als Verkündiger in der Dekapolis tätig wird.

Im 1. Jh. n. Chr. assoziierte man im Mittelmeerraum mit der Selbstbezeichnung des Dämons als Legion wohl automatisch die römische Truppeneinheit, die in der Kaiserzeit aus 4800 Mann bestand (EBNER 2013, 270). Wenn Jesus aus dem besessenen Gerasener eine Legion von Dämonen austreibt, in eine Schweineherde einschickt und diese im See Gennesaret untergehen lässt, gewinnt dies vor dem Hintergrund der römischen Fremdherrschaft eine symbolische revolutionäre Bedeutung. Die wie ein böser Geist über dem Land liegende römische Besatzungsmacht wird sinnbildlich im Wasser ertränkt. Konkret dürfte das Motiv der ertrinkenden Schweineherde auf die zehnte Legion (*legio X Fretensis*) anspielen, deren Hauptsymbol und Identifikationsmerkmal der Eber war, wovon antike Ziegelstempel und Münzen zeugen. Die seit 14 n. Chr. in Syrien stationierte Legion wirkte im Jüdischen Krieg (66-70 n. Chr.) maßgeblich an der Eroberung Galiläas und der Zerstörung Jerusalems mit. Nach dem Jüdischen Krieg hatte sie in Jerusalem ihr Hauptquartier und war mit der Aufrechterhaltung der römischen Ordnung in der Provinz Judäa betraut. Die *legio X Fretensis* verdankte ihren Namen dem ruhmreichen Einsatz für Oktavian, den späteren Kaiser Augustus, bei dessen Seeschlacht gegen Sextus Pompeius in der Meerenge des Fretum Siculum und trug neben dem Eber und dem Stier auch maritime Symbole wie Neptun, Kriegsschiff und Delfin auf ihren Standarten (KLINGHARDT 2007, 40). Wenn Mk 5,11-13 tatsächlich auf die *legio X Fretensis* gemünzt ist, gewinnt die Erzählung dadurch ihre besondere Würze, dass die mit Stolz auf ihre Erfahrung in Seeschlachten zurückblickende, sich mit nautischen Symbolen und dem Emblem des Ebers schmückende Legion in eine Schweineherde einfährt und im Wasser ertrinkt. Dass Jesus danach aufgefordert wird, die Gegend zu verlassen, konnte als Anspielung auf die Romtreue der Dekapolis verstanden werden.

Da die mit dem Motiv der ertrinkenden Schweineherde karikierte *legio X Fretensis* in der Zeit vor dem Jüdischen Krieg in der Lebenswelt Jesu keine Rolle spielte, wird Mk 5,1-20 zuweilen als eine rein symbolische, erst von Markus geschaffene Erzählung betrachtet (KLINGHARDT 2007, 45). Plausibler ist die Annahme, dass als historischer Haftpunkt ein Exorzismus Jesu in der Dekapolis zugrunde liegt und die Erzählung erst nachträglich um die Notiz von der sich ins Wasser stürzenden Schweineherde bereichert wurde (MEIER 1994, 651). Damit entfiele auch das Problem, dass das Land der Gerasener als Schauplatz des Geschehens nicht bis zum See Gennesaret reichte. Auch mit der durch Jes 65,1-5 inspirierten ausführlichen Krankheitsschilderung (Mk 5,3-5) und der im Erzählablauf eigentlich erst in 5,13 zu erwartenden Wegschickung der bösen Geis-

Anspielung auf die legio X Fretensis

Die zehnte römische Legion trug den Eber als Wappentier

Ursprünglicher Traditionskern

ter (5,8) könnten Zuwächse vorliegen. Markus hat die Motive der Überfahrt und des Bootes (5,1.2a.18a) eingefügt, um die Erzählung in die Seefahrtkomposition Mk 4,35–5,43 zu integrieren. Zudem dürften das abgewiesene Nachfolgebegehren (5,18b.19a) und die abschließende Notiz, dass der ehemals Besessene zum Verkündiger in der Dekapolis wurde (5,20), auf den Evangelisten zurückgehen (vgl. GNILKA ⁶2008, 201-202).

Krankheitsbild

Der besessene Gerasener zeigt mit dem unablässigen Schreien, dem Übernachten an Grabstätten, dem Herumlaufen ohne Kleidung und dem Drang zur Selbstzerstörung alle Verhaltensweisen, die in antiken Quellen als typische Merkmale für Manie gelten. Offenkundig leidet er an einer dissoziativen Persönlichkeitsstörung, die wegen ihrer gravierenden Begleiterscheinungen als Besessenheit interpretiert wird. Dass eine ganze Legion von Dämonen von ihm Besitz ergriffen hat, spiegelt nicht nur die Schwere des Leidens wider, sondern spielt auch auf die politischen Verhältnisse an. In der Lebenswelt Jesu dürften die Situation der römischen Fremdherrschaft mit ihrem dämonischen Imperialismus, die für viele Agrargesellschaften charakteristische Verarmung der Landbevölkerung sowie die Zerrissenheit der Menschen zwischen Bewunderung und Verdammung der hellenistisch-römischen Kultur als wichtige Faktoren für ein gehäuftes Auftreten psychopathischer Besessenheitsphänomene in Rechnung zu stellen sein (CROSSAN 1992, 313-318; WITMER 2012, 61-96). Durch politische, soziale und kulturelle Gegensätze innerlich aufgewühlte Gesellschaften rufen in überdurchschnittlichem Maße mentale Störungen hervor, die von den daran zerbrechenden Menschen in einem Hilfeschrei als Beherrschung durch Dämonen artikuliert werden. Wenn in einer Gesellschaft allgemein anerkannt ist, dass verzweifelte Menschen ihre psychischen oder physischen Probleme als Kontrollverlust über den eigenen Körper infolge des Wirkens dämonischer Mächte interpretieren, werden Möglichkeiten der Problemlösung durch einen rituellen Exorzismus eröffnet.

> **In innerlich aufgewühlten Gesellschaften steigt die Zahl der mental Gestörten**

Exorzimsustechniken Jesu

Die Heilung des Besessenen in Mk 5,1-20 vollzieht sich durch Befragung des Dämons, Ausfahrwort und Befehl zur Einfahrt in andere Objekte. Für das Ausfahrwort in Mk 5,8 (vgl. 1,25; 9,25) gibt es in den magischen Papyri aus Ägypten unmittelbare Parallelen. Dort ist in drei Exorzismusanleitungen ein genau wie in den neutestamentlichen Berichten mit »Geh aus ihm heraus« (*exelthe*) formulierter Ausfahrbefehl an den Dämon belegt (*PGM* 4,1242; 4,3007; 5,158), der allerdings um magische Begleithandlungen, Zauberworte, Beschwörungen oder Beschleunigungsformeln bereichert ist. Weitere Techniken Jesu sind die Frage nach dem Namen des Dämons (Mk 5,9), dessen Kenntnis dem Exorzisten Macht über ihn verleiht und die gezielte Anrede ermöglicht, sowie die Einschickung der bösen Geister in ein anderes Objekt (Mk 5,13), wie sie auch von dem jüdischen Exorzisten Eleazar (Joseph., *ant.* 8,48) und dem pythagoreischen Philosophen Apollonius von Tyana (Philostr., *vit. Apoll.* 4,20) praktiziert wurde. Diese manipulativen Begleithandlungen haben das Ziel, das Verpuffen der dämonischen Macht zum Ausdruck zu bringen und den Geheilten das tatsächliche Entweichen der Geister aus ihrem Körper zu demonstrieren.

Deutungshorizonte

Im frühen Christentum wurde Mk 5,1-20 wohl in erster Linie als eine antirömische Symbolgeschichte gelesen, die in unterhaltsamer Weise vom kläglichen Ende der Besatzungsgeister und vom Ertrinken der »Legionärsschweine« berichtet. Andere interpretieren die Wundergeschichte als Missionslegende, welche von den Anfängen der Evangeliumsverkündigung in der Dekapolis (Mk 5,19-20) erzählen und damit die Heidenmission rechtfertigen wolle (ANNEN 1976, 186-190). Aus Sicht der kerygmatischen Wunderhermeneutik handelt es sich bei Mk 5,1-20 um die erzählerische Entfaltung einer theologischen Aussage, die sich bereits bei Paulus im Römerbrief 7,24 »Ich elender Mensch! Wer wird mich erlösen von dem Leib dieses Todes? Ich danke Gott durch Jesus Christus, unseren Herrn« finde (SCHMITHALS ²1986, 281). Für die tiefenpsychologische Wunderdeutung ist der besessene Gerasener das Paradigma des innerlich zerrissenen Menschen, der zutiefst an sich selbst leidet und dessen gesamtes Leben zum Grab geworden ist, der aber gleichzeitig auch Angst vor der heilenden Begegnung mit sich selbst und seiner Wahrheit hat. Er geht auf Jesus zu und will gleichzeitig nichts mit ihm zu tun haben. Erst durch die einfühlsame Frage Jesu nach seinem Wesen habe der Gerasener den Mut gefasst, offen von sich zu reden und mit den Worten »Ich heiße Legion, denn wir sind viele« (Mk 5,9) zu artikulieren, dass sein Ich von fremden Truppen besetzt gehalten wird, die mit breiten Stiefeln auf seiner Seele herummarschieren und Befehle erteilen. Wie von selbst werde die Geschichte damit für heutige Menschen zu einer Einladung, auf dem Erfahrungshintergrund derselben Angst gemeinsam auch den Schritt des gleichen Vertrauens zu wagen und damit die Verwandlung von Selbsthass und Einsamkeit in Würde und Gemeinschaft zu erfahren (DREWERMANN ³1992, 247-277).

> Das Leben des besessenen Gerasners gleicht einem Grab

Angesichts dessen, dass die Gestalt des besessenen Gerasners mit ihren aggressiven und selbstzerstörerischen Zügen neben Faszination auch Schrecken auslöst, eignet sich der Text wohl erst für den Religionsunterricht der Sekundarstufe I und II. Eine Möglichkeit der didaktischen Umsetzung besteht in der Beanspruchung des Textes als Handlungsanweisung, nach dem Vorbild Jesu den »Besessenen« unserer Gesellschaft Aufmerksamkeit zu schenken. In diese Richtung geht beispielsweise der Vorschlag, Mk 5,1-20 mit Hilfe der Zeichnung »Rauschgiftsüchtiger I« von Herbert Falken als Appell der Zuwendung gegenüber einem Menschen zu erschließen, der sich aus eigener Kraft nicht mehr retten kann (BERG ³1996, 379-380). Der Versuch, die Erzählung als Hoffnungsgeschichte in den Religionsunterricht einzubringen (BALDERMANN 1996, 80-81), geht von der Prämisse aus, dass die Schülerinnen und Schüler mit dem Aufbegehren und der Flucht von zuhause Teile von sich selbst in dem Gerasener wiederfinden können. Dabei zeigt sich, dass sie als Antwort auf die im Text offenbleibende Frage »Was könnte denn Jesus dem verzweifelten jungen Mann gesagt haben?« sehr persönliche Worte des Trostes formulieren, die für den Blick auf die Schönheit des Lebens werben. In der Sekundarstufe II kann die intensive Beschäftigung der Jugendlichen mit Mk 5,1-20 als Ausgangspunkt dafür dienen, sich existenziell mit modernen Formen der Dämonie als Verlust von Handlungskompetenz, Sozialkompetenz und Identität auseinanderzusetzen (GARSKE/GERS 2008, 14-135). Das abgewiesene Nachfolgebegehren des Geheilten (Mk 5,18-19), mit dem der von seinen Dämonen befreite Menschen nicht sogleich in neue Abhängigkeit gerät, lässt sich mit Hilfe des Gedichts »Der geheilte Gadarener« von *Erich Fried* auf seine Hintergründe befragen und als Impuls für eine Reflexion der Frage nutzen, inwieweit man sich von einem »Guru« oder Vorbildern abhängig machen sollte.

> Didaktische Perspektiven für die Sekundarstufe I/II

■ Schlüsseltext 4: Erweckung der Jairus-Tochter (Mk 5,21-24.35-43)

Aufbau von Mk 5,21-43

Im Erzählverlauf der markinischen Seefahrtkomposition Mk 4,35–5,43 kehrt Jesus nach dem Exorzismus in der Dekapolis an das galiläische Ufer des Sees Gennesaret zurück (Mk 5,21). Als ihn dort ein Synagogenvorsteher namens Jairus um die Heilung seiner sterbenskranken Tochter durch Handauflegung anfleht, entspricht Jesus dem Anliegen des Hilfesuchenden und macht sich mit ihm auf den Weg zu dem Mädchen (Mk 5,22-25). An diesem Punkt schiebt Markus in Anwendung der für ihn typischen Verschachtelungstechnik (vgl. Mk 11,12-25) die Erzählung von der Heilung der blutflüssigen Frau ein (Mk 5,25-34), die als retardierendes und die Spannung steigerndes Element das Geschehen unterbricht. In Mk 5,35-43 wird der Erzählfaden der Jairusgeschichte wieder aufgenommen. Noch während Jesus zu der blutflüssigen Frau spricht, treffen Boten ein, um den inzwischen eingetretenen Tod des Mädchens zu verkünden und Jairus davon abzuhalten, Jesus weiter zu behelligen. Jesus begibt sich dennoch zum Haus des Synagogenvorstehers, wo bereits die Totenklage angestimmt wird. Als er für die Aussage, dass das Mädchen nur schlafe, Gelächter erntet, entfernt er das Publikum und bewirkt durch Handergreifung und Aussprechen der Worte »Mädchen, steh auf!« (*talitha koum*) die Wiederbelebung. Das Mädchen erhebt sich und wandelt zum Erweis des wiedergewonnenen Lebens umher. Durch die nachgetragene Altersangabe von 12 Jahren wird die Dramatik des Falls erhöht, da das Mädchen unmittelbar vor Erreichen der Heiratsfähigkeit verstorben ist. Die Erzählung schließt mit einem Geheimhaltungsbefehl und der Aufforderung, dem Mädchen etwas zu essen geben. Markus hat die Erzählung bei der Übernahme in sein Evangelium geringfügig überarbeitet (GNILKA ⁶2008, 209-211). Mk 5,21 stellt eine vom Evangelisten geschaffene Überleitung dar. Mk 5,24b und 5,35a dienen der Verzahnung der Totenerweckung mit der Heilung der blutflüssigen Frau. Auch die betonte Erwähnung der drei Jünger Petrus, Jakobus und Johannes (5,37), die Übersetzung des aramäischen »talitha kum« (5,41) und der Geheimhaltungsbefehl (5,43) dürften auf ihn zurückgehen.

Die Altersangabe erhöht die Dramatik des Todesfalls

Religionsgeschichtliche Parallelen

Wiederbelebungen verstorbener oder für tot gehaltener Personen sind in der Antike häufiger bezeugt (BERGER/COLPE 1987, 132-134). Im Alten Testament ist von Totenerweckungen durch Elija (1Kön 17,17-24) und Elischa (2Kön 4,8-37) die Rede. In der griechischen Welt wurde Empedokles durch die Wiederbelebung einer Frau berühmt, die bereits 30 Tage weder Puls noch Atem hatte und von den Ärzten für tot erklärt worden war (Herakl., *fragm. 76-89*). Dabei hat es sich wahrscheinlich um eine medizinische Wiederherstellung der Atmungsfähigkeit gehandelt, da für Empedokles wissenschaftliche Reflexionen über die physiologischen Grundlagen von Schlaf und Tod samt deren Unterscheidung bezeugt sind. Die Frau war also nur scheintot und Empedokles vermochte dies zu diagnostizieren. Auch der Arzt Asklepiades von Prusa erlangte durch die Wiederbelebung eines Toten besonderen Ruhm (Apul., *flor. 19,92-96*). Er näherte sich aus wissenschaftlicher Neugier einem Leichenzug, diagnostizierte bei dem scheinbar Verstorbenen, der bereits zur Feuerbestattung auf dem Scheiterhaufen eingesalbt war, durch Abtasten des Leibes noch Spuren verborgenen Lebens und brachte ihn mit Heilmitteln wieder zum Leben. Apollonius von Tyana schließlich soll in Rom ein verstorbenes Mädchen wieder auferweckt haben (Philostr., *vit. Apoll.* 4,45).

Bei der Frage, was sich bei der Erweckung der Tochter des Jairus tatsächlich zugetragen haben könnte, gehen die Meinungen weit auseinander (KOLLMANN ³2011, 19-22). Der nach der Aufklärung einsetzende christliche Rationalismus vermutete vor dem Hintergrund von Mk 5,39 »Das Mädchen ist nicht tot, sondern schläft«, dass das Mädchen nur ohnmächtig war. Rationalistische Erklärungsmuster begegnen auch heute noch. So rechnet man damit, dass Jesus das wegen niedrigen Blutzuckerspiegels im Koma befindliche Mädchen durch Nahrungszufuhr wieder zu sich brachte (WILCOX 1982, 476), oder meint aus tiefenpsychologischer Perspektive, die Tochter des Jairus habe sich dem Eintritt ins Erwachsenenalter mit einem Totstellreflex verweigert und sei durch Jesus von ihren Ängsten befreit worden (DREWERMANN ³1992, 295-301). Die zuverlässige Diagnostik des tatsächlich eingetretenen Todes war in der Antike ein intensiv erörtertes Thema und es kam nicht selten vor, dass ohnmächtige oder im Koma liegende Personen für tot erklärt wurden (KOLLMANN 1996, 93-94). Falsche Todesdiagnosen sind selbst im Zeitalter der hochtechnisierten Medizin noch nicht gänzlich vom Tisch. Beispielsweise stellte 2015 ein Arzt aus Gelsenkirchen für eine 92-jährige Frau den Totenschein aus, die dann im Bestattungsinstitut wieder zu sich kam. Vor diesem Hintergrund liegt es im Bereich des Möglichen, dass Jesus in Einzelfällen Menschen ins Leben zurückrief, die fälschlicherweise für tot gehalten wurden. Unter dem Eindruck mythologischer Wunderbetrachtung hingegen wird die Erzählung als ungeschichtliches Produkt des urchristlichen Messiasglaubens betrachtet. Sie sei aus den Totenerweckungen des Elija und Elischa entwickelt worden, um Jesus als eschatologischen Propheten darzustellen, der das Wirken aller Propheten vor ihm einholt und überbietet (GNILKA ⁶2008, 212.219). In der Tat sind vor allem Anklänge an das Elischawunder 2Kön 4,8-37 erkennbar. Beide Erzählungen gehören zu jenem Typus der Totenerweckung, wo sich der Wundertäter ins Haus der verstorbenen Person begibt. Außerdem wird hier wie dort das Publikum entfernt. Allerdings reichen die Parallelen nicht so weit, dass sie eine Übertragung der alttestamentlichen Erzählung auf Jesus nahelegten. Die konkreten Informationen, dass der Vater des toten Mädchens Jairus hieß, das Amt des Synagogenvorstehers innehatte und Jesus sich der aramäischen Worte *talitha koum* bediente, sprechen gegen eine frei erfundene Erzählung (MEIER 1994, 784-788). Möglicherweise steht ein Heilungswunder Jesu an der Tochter des Jairus im Hintergrund, das später zu einer Totenerweckung ausgemalt wurde (FISCHBACH 1992, 178-181).

Von der kerygmatisch-existenzialen Wunderhermeneutik werden die von der Rückkehr in vergängliches Leben handelnden Totenerweckungen Jesu im Licht von Kreuz und Auferstehung als Glaubenszeugnisse gelesen, die den Sieg Gottes über den Tod verkünden und den Menschen in seiner Selbstherrlichkeit erschüttern wollten. Sie zeugten davon, dass Jesus als der gekreuzigte und erhöhte Kyrios Hilfe im Letzten bringe, nämlich die Befreiung vom Tod, welcher die Manifestation der Gott entfremdeten, autonomen menschlichen Existenz sei und den Menschen in seinem gesamten Dasein bestimme (SCHMITHALS 1970, 75-78). Das eigentliche Wunder in Mk 5,21-24.35-43 sei das Entstehen des Glaubens, der Gott auch den Sieg über den Tod zutraut, wie er freilich erst nach Jesu Auferweckung möglich sei. So weise diese Geschichte einer Totenerweckung energisch von sich selbst weg und frage den Leser, ob er in seinem Sterben, wo vermutlich kein »Wunder« zu erleben sei, Gott den Sieg auch über seinen Tod zutraue (SCHWEIZER 1967, 68). Die sozialgeschichtliche Deutung liest die Totenerweckungserzählungen dagegen wie alle neutestamentlichen Wundergeschichten als Ausdruck handfesten Protestes und elementarer Hoffnung der kleinen Leute. »Auch das Unmögliche gilt schlicht als möglich. Eher wird aller menschlichen Erfahrung ihr Recht bestritten als menschlicher Not der Anspruch, überwunden zu werden« (THEISSEN ⁵1987, 281).

Didaktische Perspektiven

Statements von Neun- bis Elfjährigen zur Jairusgeschichte zeigen, dass diese ambivalente Reaktionen hervorruft. Franziska gefällt an der Geschichte, wie Jesus das Mädchen gesund, also lebend, gemacht hat (ARNOLD/HANISCH/ORTH 1997, 234). Lisa hingegen hält zwar für möglich, dass Jesus jemanden wiedererweckte, glaubt aber nicht, dass das im echten Leben so wie in Mk 5 passieren würde. »Aber dann hätte das doch keinen Sinn gehabt, das Mädchen, oder die gestorben sind, sterben zu lassen, überhaupt [...] Aber wenn der liebe Gott doch eh weiß, daß der Jesus dann kommen wird und es wieder zum Leben erwecken wird, da muß er sich ja gar nicht erst die Mühe machen, das Mädchen zuerst sterben zu lassen« (ebd., 317). Angesichts ihrer inhaltlichen Komplexität und hermeneutischen Herausforderungen ist die Erzählung wohl erst für die Sekundarstufe I geeignet. Dabei sollte ihre didaktische Entfaltung als Glaubensgeschichte, die auf die endgültige Überwindung des Todes im Ostergeschehen und auf die Auferstehung vorverweist, im Mittelpunkt stehen. Die Schülerinnen und Schüler können einen Lückentext der biblischen Erzählung ausfüllen und mit unterschiedlichen Farben den Bereich des Todes und den Bereich des Lebens markieren, sich mit dem Text »Herr, für dich ist der Tod wie ein Schlaf« von *Klaus Berger* auseinandersetzen, die Erweckung des Mädchens mit der Auferweckung Jesu von den Toten vergleichen und ein Bild dazu malen, wie sie sich ein neues Leben nach dem Tod vorstellen (HÄUSSLER/RIEDER 2010, 40-42). Die freie Nacherzählung des Textes von *Walter Neidhart* bietet den Schülerinnen und Schülern unterschiedliche Deutungsmuster an, befreit sie vom autoritären Druck der biblischen Tradition, das Wunder für wahr halten zu müssen, und lenkt den Blick auf die Glaubensbotschaft. Ein hinzuerfundener Zeitgenosse namens Tatian wird mit derart unterschiedlichen Meinungen zum Wundergeschehen konfrontiert, dass er letztlich zu der Erkenntnis gelangt, dass für die Christen an dieser Geschichte auch noch etwas anderes wichtig war als die Frage, was sich damals im Hause von Jairus abgespielt hat: »Sie hörten aus ihr das Versprechen Gottes, daß ihr Kind auch nach dem Tod leben werde« (NEIDHART/EGGENBERGER ⁶1990, 247).

■ Schlüsseltext 5: Die Speisung der 5000 (Mk 6,30-44)

Aufbau und Inhalt

Die Erzählung von der Speisung der 5000 erweist sich als planvoll gestaltete Einheit, die kompositorisch in die Exposition (6,30-34), die Hinführung zum Wunder (6,35-38) und die eigentliche Wunderhandlung samt Konstatierung des Wunders (6,39-44) zerfällt. Der Evangelist eröffnet das Erzählgeschehen mit einer ungewöhnlich langen Einleitungsszene (6,30-34), die der kunstvollen Einbettung des Speisungswunders in den Rahmen der markinischen Darstellung des Lebens Jesu dient. Mit der Notiz von der Rückkehr der Zwölf, die einen Rechenschaftsbericht über ihre Aktivitäten abgeben, schlägt Markus den Bogen zur Aussendungsrede (6,6b-13). Gleichzeitig wird nun ein positiver Gegenentwurf zu dem vom verhängnisvollen Tod des Täufers überschatteten Festmahl des Herodes Antipas (6,14-29) geboten (MACKAY 1997, 122). Der unbestimmt bleibende einsame Ort des Geschehens liegt irgendwo am See Gennesaret. Er wird mit dem Boot angesteuert, ist allerdings auf dem Fußweg noch schneller erreichbar. Als Jesus mit den Jüngern den Zielpunkt der Überfahrt erreicht, wird er dort bereits von den Menschenmassen erwartet. Als Hinführung zum Speisewunder schließt sich ein Dialog zwischen Jesus und den Jüngern an (6,35-38). Auf die Anweisung Jesu, der Menschenmenge zu essen zu geben, reagieren die Jünger mit Unverständnis, wie es im Markusevangelium immer wieder der Fall ist. Im weiteren Erzählverlauf fordert Jesus die Jünger zur Feststellung auf, was sie an Lebensmitteln bei sich haben. Mit dem Verweis auf fünf Brote und zwei Fische steigt der Spannungsbogen, denn dieser Proviant hätte selbst für die Jüngerschaft kaum zur Sättigung ausgereicht, geschweige denn für eine Volksmenge von 5000 Menschen. Das eigentliche Wundergeschehen (6,39-44) beginnt mit einer vorbereitenden Anordnung Jesu an die Jünger. Sie sollen dafür Sorge tragen, dass die Volksmenge sich gruppenweise zu Tischgemeinschaften anordnet. Der Vollzug des Wunders geschieht unauffällig durch die Gesten Jesu. Die Segens- und Austeilungshandlung Jesu an den fünf Broten und den zwei Fischen orientiert sich an der traditionellen jüdischen Mahlpraxis (STRACK/BILLERBECK ⁹1986, 612-639). Der Blick zum Himmel signalisiert, dass der Lobpreis über der Speise den Charakter eines Gebets hat. Der von der Erzählung nicht mitgeteilte, stillschweigend vorausgesetzte jüdische Lobspruch über dem Brot lautet »Gepriesen sei, der da hervorbringt das Brot aus der Erde« (*mBer* 6,1). Der Fisch war als Beigabe zum Brot normalerweise von einem eigenen Segensspruch befreit. Mit dem Brechen des Brotes vollzieht Jesus den Eröffnungsritus jüdischer Mahlzeiten und ordnet die Verteilung der Lebensmittel durch die Jünger an. Die Feststellung, dass alle satt wurden, dient der Konstatierung des Wunders. Mit dem durch exakte Zahlenangaben untermauerten Verweis auf die Größe der speisenden Volksmenge und die dabei noch übrig gebliebenen Nahrungsmittel erfährt das Wundergeschehen eine nochmalige Steigerung.

Über dem Brot wird im Judentum ein Segensspruch rezitiert

Die Geschichte von der wunderbaren Speisung ist das bekannteste Geschenkwunder Jesu. Geschenkwunder haben eine überraschende Bereitstellung materieller Güter zum Inhalt, die wie im Fall von Mk 6,30-44 durch eine Notlage motiviert sein kann, meist aber spontan mit demonstrativem Charakter erfolgt, um die Vollmacht des Wundertäters zu erweisen (THEISSEN ⁵1987, 111-114). Die Speisungsgeschichte begegnet sechsmal in den Evangelien (SCHENKE 1983, 11-34). Die allen Berichten zu Grunde liegende Urtradition handelte davon, wie Jesus am See Gennesaret eine große Menschenmenge mit wenigen Broten und Fischen sättigte und noch Lebensmittel übrig blieben. Diese Tradition spaltete sich im Verlauf der Überlieferungsgeschichte in zwei Versionen auf, indem sie entweder als Speisung der 4000 (Mk 8,1-10/Mt 15,32-38) oder als Speisung der 5000 (Mk 6,30-44/Mt 14,13-21/Lk 9,10-17/Joh 6,1-15) erzählt wurde. In Joh 6 wird das Speisungswunder in der nachfolgenden Offenbarungsrede einer christologischen wie eucharistischen Vertiefung unterzogen, indem Jesus sich als unvergängliches Brot des Lebens offenbart (6,22-50), das im Abendmahl als eucharistische Speise verzehrt werden kann (6,51-58).

Geschenkwunder

Religionsgeschichtlicher Hintergrund

Die Speisungsgeschichte weist einen alttestamentlich-jüdischen Traditionshintergrund auf. In der hellenistischen Literatur begegnet das Motiv der wunderbaren Bereitstellung von Speisen nur ganz vereinzelt, obwohl nach Darstellung des platonischen Philosophen Celsus ägyptische Magier in dieser Hinsicht Jesus in nichts nachstanden (Orig., *Cels.* 1,68). Von Numa, dem legendären zweiten König Roms, wird erzählt, dass sich bei einem bescheidenen Gastmahl in seinem Haus die Tische aufgrund göttlichen Einwirkens plötzlich mit köstlichsten Speisen füllten (Plut., *Numa* 15,2-3). Die magischen Papyri enthalten Instruktionen für die Rekrutierung eines Hilfsgeistes, der auf Befehl des Magiers Wein, Brot und andere Esswaren herbeischafft (*PGM* 1,103-104). In alttestamentlich-jüdischer Tradition gibt es dagegen eine Reihe von Speisevermehrungswundern, die unmittelbar mit Mk 6,30-44 vergleichbar sind. Ein motivgeschichtliches Vorbild für das Wunder Jesu ist die Manna- und Wachtelspeisung, durch die das Volk Israel während seiner Wüstenwanderung Nahrung in Fülle erhielt (Ex 16). Das Brotwunder des Elischa (2Kön 4,42-44) weist im Blick auf Aufbau und Handlungsablauf weitgehende Übereinstimmung mit dem neutestamentlichen Speisungsbericht auf. In der Elija-Elischa-Tradition begegnet zudem das Motiv einer wunderbaren Vermehrung von Mehl und Öl (1Kön 17,7-16; 2Kön 4,1-7). Von dem Charismatiker Chanina ben Dosa wird erzählt, wie er seiner Frau den leeren Backofen auf wunderbare Weise mit Brot füllte (*bTaan* 24b.25a). In der rabbinischen Tradition findet sich zudem die Legende, in der Zeit des Hohepriesters Simon des Gerechten habe im Tempel solcher Segen auf den beiden als Erstlingsgabe dargebotenen Broten und den Schaubroten gelegen, dass jeder Priester, der davon ein olivengroßes Stück aß, satt wurde und noch etwas übrig ließ (*bJoma* 39a).

> Chanina ben Dosa füllte seiner Frau durch ein Brotwunder den leeren Backofen

Alttestamentlich-jüdische Motive

In der Erzählung von der Speisung der 5000 klingt über diese Parallelen hinaus eine Fülle weiterer jüdischer Traditionen an (SCHENKE 1983, 94-111; AUS 2010, 74-115). In der Art und Weise, wie Jesus das Brot segnet und bricht, spiegelt sich der Eröffnungsritus jüdischer Mahlzeiten wider. Im Erbarmen Jesu (Mk 6,34) ist Gottes gütiges Erbarmen gegenüber seinem Volk (Jes 54,8) gegenwärtig. Bei der Charakterisierung der Menge als Schafe ohne Hirten handelt es sich um ein wörtliches Zitat aus Num 27,17. Das auch in Joh 10 verarbeitete Motiv von Jesus als dem Hirten aktualisiert die Erwartung des Messias als Hirten Israels (Ez 34,23-31; *PsSal* 17,40). Die Betonung des grünen Grases (Mk 6,39) deutet in Verbindung mit dem Hirtenmotiv auf eine christologische Rezeption von Psalm 23 hin. Die Anordnung der Mahlgemeinschaften in Abteilungen von 100 und von 50 Personen erinnert an die von Mose in der Wüstenzeit vorgenommene Lagerordnung der Israeliten (Ex 18,25), die in den Qumranschriften im Kontext von Endzeit und messianischem Mahl von Bedeutung ist (1QSa 1,14-15; 1,27–2,1; 2,11-22). Mit dieser besonderen Gruppierung der an der wunderbaren Speisung beteiligten Personen wird die Menge als endzeitliches Gottesvolk charakterisiert, das Jesus als messianischer Hirte nährt und erhält, wie es Gott bei der Wüstenwanderung gegenüber Israel getan hat. Die Bereitstellung unermesslicher Mengen von Nahrung ist in apokalyptischen Traditionen des antiken Judentums charakteristisch für die Endzeit, von der man glaubte, sie werde in Analogie zur paradiesischen Urzeit alle Dinge im Überfluss bereit halten (KOLLMANN 1990, 204).

Historischer Hintergrund

Der Rationalismus versuchte ab dem Ende des 18. Jh. der vernunftbetonten philosophischen Wunderkritik Rechnung zu tragen, indem er den Speisungsbericht so interpretierte, dass er nicht in Widerspruch zur Naturgesetzlichkeit geriet. Entweder rechnete man mit großen Mengen von Brot und Fisch, die in Höhlen deponiert waren und herumgereicht wurden, oder man ging davon aus, dass Jesus mit seinem Beispiel die Reichen zum Teilen ihrer mitgebrachten Speisevorräte mit den Armen animiert habe (vgl. SCHWEITZER ⁹1984, 82.92). Dies wird der Entstehung der Erzählung kaum gerecht, die sich einem Zusammenwirken mehrerer Faktoren verdankt. In alttestamentlich-jüdischer Tradition wurde das zukünftige Heil, unseren Vorstellungen vom Schlaraffenland vergleichbar, mit dem Bild üppigen Essens und Trinkens umschrieben (Jes 25,6). Jesus hat diese Zukunftshoffnungen in die Gegenwart hinein geholt, indem er die Gottesherrschaft nicht nur in den schillernden Farben eines großen Festmahls ausmalte (Lk 14,16-24), sondern auch deren Anbrechen durch seine Mahlgemeinschaften mit Zöllnern und Sündern zeichenhaft zum Ausdruck brachte.

> **Jesus überbietet das Brotwunder des Propheten Elischa**

In dieser von Jesus erweckten und in Mahlgemeinschaften umgesetzten Hoffnung auf eine im Anbruch begriffene neue Welt, in der materielle Nöte überwunden und alle Hungrigen satt werden, hat die Geschichte von der wunderbaren Brotvermehrung ihre Wurzeln. Historischer Haftpunkt dürfte ein Mahl Jesu mit seinen Anhängern am See Gennesaret sein. Bei der Ausgestaltung zum Wunder hat das Beispiel des Elischa, der 100 Personen mit 20 Broten satt werden ließ (2Kön 4,42-44), eine strukturbildende Vorbildfunktion ausgeübt. Jesus wird als Wunderprophet und endzeitlicher Heilsbringer proklamiert, der die Tat des Elischa deutlich überbietet, indem er mit weitaus geringeren Speisemengen eine ungleich größere Anzahl von Menschen zu sättigen vermag. Die von der Erzählung widergespiegelte Sehnsucht nach unbegrenzten Mengen von Brot und Fisch ist auch vor dem Hintergrund konkreter Hungersnöte zu sehen, wie sie für die vierziger Jahre des 1.Jh. für Judäa bezeugt sind (Apg 11,28; Joseph., ant. 20,51.101).

Deutungshorizonte

In der neueren Geschichte der Wunderhermeneutik konkurrieren kerygmatische, eucharistische, sozialgeschichtliche und tiefenpsychologische Deutungsmuster von Mk 6,30-44. Die *kerygmatische Deutung* des Speisungswunders geht davon aus, dass es aus der Perspektive des Osterglaubens im übertragenen Sinn vom Hungerstillen und Sattwerden in der von Jesus als endzeitlichem Heilsbringer herbeigeführten neuen Welt Gottes erzählt. Brot und Fisch gelten vor diesem Hintergrund als »die das wahre Leben spendende Gottesspeise, die auch im Tod noch am Leben erhält, das faßbar und schmeckbar gewordene Wort des Erbarmers« (SCHMITHALS ²1986, 326). In eine ähnliche Richtung geht die *eucharistische Deutung* des Geschehens. Sie betrachtet Mk 6,30-44 als Kultlegende, die eine Rückprojektion der kirchlichen Mahlfeier in das Erdenleben Jesu biete, oder geht zumindest von einer späteren Übermalung des Speisungsberichts mit eucharistischen Motiven und kerygmatischen Sinnfüllungen aus, welche die Bedeutung des Abendmahls erschließen wollten (VAN IERSEL 1964/65, 167-194). Der Speisungsbericht gilt in diesem Kontext als Glaubenszeugnis und lebendiges Bekenntnis der Gemeinde zu dem auferstandenen Christus, der auf wunderbare Weise in der Abendmahlsfeier präsent ist und geistliche Speise in Fülle gibt. Für den *sozialgeschichtlichen Ansatz* zeigt sich in einem Geschenkwunder wie der Speisung der 5000 der Entwurf einer alternativen Lebenswelt, der nach Verwirklichung ruft (THEISSEN ⁵1987, 114). Die Erzählung klage ein, dass Hungernde satt werden müssen, und beinhalte handlungsorientierte Impulse für eine verantwortliche Gestaltung unserer Wirklichkeit. Die Speisung der 5000 sei ein Hoffnungsbild gegen die Verzweiflung und gleichzeitig ein Appell zur Bekämpfung des Hungers. Der *tiefenpsychologischen Wunderauslegung* zufolge hat Jesus die Menschenmenge am See Gennesaret mit der reinen Macht des Vertrauens »ernährt«, das die Angst überwindet und zu gelebter Mitmenschlichkeit befreit. Die Geschichte von der Speisung der 5000 durchbreche die von der Sorge um materielle Sicherheit bestimmte Haltung der Selbstbezogenheit und öffne den Blick auf eine neue Form geschichtlichen Handelns, das sich den Nöten der Mitmenschen zuwendet. Wer im Vertrauen auf Gott solches wage, erhalte körbeweise zurück. Gleichzeitig gelte es, sich in die Rolle der Empfangenden zu versetzen. Wenn wir all das, was der andere von seinem Leben in unsere Hände legt, von Herzen annehmen und als Geschenk des Segens zurückgeben, ereignet sich das Wunder der Verwandlung unserer Armut in den Reichtum Gottes (DREWERMANN 1987, 433-440; DERS. 1994, 324-332). In Mk 6,30-44 begegne Jesus als stiller Rufer, der in der Tiefe unserer Psyche das zentrale Urbild des Ganzen und Heilen berührt, die Sehnsucht nach wahrem Leben stillt und uns in diesem Sinne am Speisungswunder teilhaben lässt (KAUFMANN ³2002, 107-114).

Didaktische Perspektiven für die Primarstufe

Das Speisungswunder lässt sich in der religionspädagogischen Praxis als Hoffnungsgeschichte und »Teilungsgeschichte« mit ethischem Appell vermitteln. *Dietrich Steinwede* und *Kerstin Lüdke* setzen in ihrem Unterrichtsentwurf für die Primarstufe mit einer Erzählung ein, in der es um die Kostbarkeit des Brotes geht. Danach üben die Kinder beim Singen des Liedes »Brot in meiner Hand, ich brech' ein Stückchen ab« das Brechen und Teilen des Brotes, bevor sie anhand des Tafelimpulses »Wenn jeder gibt, was er hat, dann werden alle satt« in ein Gespräch über »Brot für die Welt durch uns« verwickelt werden. Anschließend wird das Speisungswunder in Form einer freien Nacherzählung von Mt 14,13-21 eingebracht und durch eine Bildbetrachtung vertieft erschlossen. Die Schülerinnen und Schüler sollen die Speisung der 5000 vor dem Hintergrund der Armut in der Welt als eine Symbolgeschichte verstehen, in der die auf einer Wiese lagernde Menge die Völker der Erde, ganz besonders die Hungernden, repräsentiert. Am Ende der Unterrichtseinheit steht die Aufgabe, eigene Geschichten vom Brot und vom Teilen zu erzählen und zu malen (STEINWEDE/LÜDKE 1997, 286-287).

> Die Speisung der 5000 lässt sich als Teilungsgeschichte gegen den Hunger in der Welt lesen

Didaktische Perspektiven für die Sekundarstufe I

Für die Sekundarstufe I reflektieren *Annike Reiß* und *Petra Freudenberger-Lötz* die Herausforderungen wie Chancen eines Theologisierens mit Jugendlichen über die Speisung der 5000. Grundlage ihrer Überlegungen ist das Protokoll eines Unterrichtsgesprächs, das von Lehramtsstudierenden in einer achten Klasse über den Text geführt wurde (REISS/FREUDENBERGER-LÖTZ 2009, 50-52). Nachdem die Schülerinnen und Schüler sich zunächst auf Zweifel an der Historizität des Geschehens fokussierten oder diese rationalistisch deuteten, wurden sie animiert, nach einem tieferen Sinn der Erzählung zu suchen, und entwickelten daraufhin gemeinsam ein Deutungsmodell mit ethischem Schwerpunkt. Die Autorinnen treten dafür ein, die vielfältigen Fragen und Äußerungen der Jugendlichen zu der Wundergeschichte in Form einer Mind-Map oder Fragewand strukturiert festzuhalten. Für die thematische Weiterarbeit wird das Einbringen weiterer Deutungsmöglichkeiten seitens der Lehrkraft vorgeschlagen, um im gemeinsamen Theologisieren mit Jugendlichen zentrale Fragen des Wunders wie »Was bewirkt in uns die Vorstellung, in einer Welt zu leben, in der wir auf Wunder hoffen dürfen?« oder »Trauen wir Gott zu, in unser Leben einzugreifen?« vertieft zu erörtern (ebd., 53). *Tina Kummer* und *Roland Biewald* binden die ebenfalls auf den achten Jahrgang bezogene Behandlung der Speisung der 5000 in eine Unterrichtseinheit über das Wunderverständnis zur Zeit Jesu ein. Im Zentrum steht das Bemühen, mit den Jugendlichen die weite Bedeutung von »satt werden« im Sinne von »die Fülle des Lebens erhalten« zu erschließen, um damit das Wunder auch heute noch nachvollziehen zu können, ohne sich am Vorgang der Brotvermehrung zu stoßen (BIEWALD 2002, 33-35).

■ Schlüsseltext 6: Die Heilung des blinden Bartimäus (Mk 10,46-52)

Die Erzählung von der Heilung des blinden Bartimäus beschließt den zweiten Hauptteil des Markusevangeliums (Mk 8,27–10,46), der den Weg Jesu nach Jerusalem schildert. Das Wunder trägt sich zu, als Jesus beim Auszug aus Jericho von dem am Wegesrand sitzenden blinden Bettler um Hilfe angerufen und dabei als Davidssohn angesprochen wird. Dass der Name der geheilten Person mitgeteilt wird, ist in der Wunderüberlieferung der Evangelien mit Ausnahme von Lk 8,2-3 singulär. Die Bartimäusgeschichte unterscheidet sich von anderen Heilungserzählungen dadurch, dass zunächst das Verhältnis des Hilfsbedürftigen zur Menschenmenge im Mittelpunkt steht und die Begegnung mit dem Heiler erst am Ende zustandekommt (ECKEY 1998, 277). Über den eigentlichen Heilungsvorgang oder eine heilende Geste Jesu verlautet nichts. Offenbar hat allein das charismatische Wort Jesu »Gehe, dein Glaube hat dich gerettet«, auf das die Konstatierung des Wunders folgt, dem blinden Bartimäus zu seiner Sehkraft zurückverholfen, während Jesus sich bei seinen Blindenheilungen in Mk 8,22-26 und Joh 9,1-7 auch pharmakologischer Praktiken bedient. Am Ende begegnet anstelle einer Admiration oder Akklamation seitens der Menge die Notiz, dass der Geheilte Jesus auf seinem Weg nachgefolgt sei. Insgesamt zeigt sich ein sonst für Heilungswunder ungewöhnlich starkes Interesse an der Person des Geheilten, seinem Glauben an Jesus als Davidssohn und seiner Nachfolge.

Kontext und Aufbau

Im Kern geht die Bartimäusgeschichte auf das geschichtliche Wirken Jesu zurück. Sowohl die Ortsbezeichnung Jericho als auch die namentliche Nennung des Geheilten spiegeln historische Erinnerung wider und deuten auf ein Ereignis hin, das im Wesentlichen tatsächlich so stattgefunden hat (GNILKA ⁵1999, 111). Allerdings ist der Text kaum aus einem Guss. Zwischen dem eigentlichen Geschehen zu Lebzeiten Jesu und seiner Wiedergabe durch Markus liegen etwa vierzig Jahre mündlicher Überlieferung, in denen die Erzählung Veränderungen erfahren hat. Die Konkurrenz zwischen dem wohl als christologischer Hoheitstitel zu verstehenden Davidssohn und dem archaischer wirkenden Rabbuni, aber auch Spannungen im Handlungsablauf deuten auf ein schrittweises Wachstum hin (ROLOFF 1970, 121-123). Der ursprüngliche Kern (Mk 10,46b.47.51-52ab) erzählte wohl in deutlich kürzerer Form davon, wie Jesus die Stadt Jericho besucht, der blind am Wegesrand sitzende blinde Bettler Bartimäus schreiend auf sich aufmerksam macht, Jesus ihn nach seinem Anliegen fragt, dieser die Worte »Rabbuni, dass

Analyse

ich wieder sehe« ausruft und aufgrund seines Glaubens an die Vollmacht Jesu sogleich von seiner Blindheit geheilt wird. Im Laufe der mündlichen Überlieferung richtete sich das Interesse zunehmend auf die Figur des Bartimäus. Es wurde ausgemalt, wie schwer er es hatte, Zugang zum Wundertäter Jesus zu finden (Mk 10,48-50). Ebenfalls neu hinzu kam die Anrede Jesu als Davidssohn, im antiken Judentum ein Titel für den erwarteten Messias (*PsSal* 17,21). Auch Markus selber hat am Anfang und am Ende in die Geschichte eingegriffen. Die Exposition »und sie kamen nach Jericho« (10,46b) und die Wendung »er folgte ihm nach auf dem Wege« (10,52c) stammen aller Voraussicht nach erst von ihm.

Blindenheilungen Jesu

Von Blindenheilungen Jesu ist in den Evangelien häufiger die Rede (TRUMMER ²1999). Jesus gibt dem Blinden von Bethsaida (Mk 8,22-26), dem blinden Bartimäus (Mk 10,46-52) und einem Blindgeborenen aus Jerusalem (Joh 9,1-7) das Augenlicht zurück. Zudem bietet Matthäus als Ersatz für die von ihm ausgelassene Erzählung aus Mk 8,22-26 einen weiteren Blindenheilungsbericht (Mt 9,27-31) und erweitert bei der zur Beelzebulkontroverse führenden Dämonenaustreibung aus der Logienquelle das Leiden des Besessenen um das Motiv der Blindheit (Mt 12,22). Das Krankheitsbild bleibt durchweg unscharf. In den Fällen, wo Jesus Speichel oder ein Gemisch aus Speichel und Erde auf die Augen aufträgt (Mk 8,22-26; Joh 9,1-7), scheint eine natürliche Ursache der Sehunfähigkeit vorausgesetzt zu sein, die sich durch Heilmittel beheben lässt. Ein Blick auf die Anwendungsbereiche von Speichel in der antiken Volksmedizin eröffnet weitergehende Rückschlüsse. In der Naturkunde des Plinius wird bei Augenentzündungen, blutenden Augen und Augenfluss zum Auftragen von Speichel geraten (Plin., hist. nat. 28,37.86). Der medizinische Schriftsteller Marcellus Empiricus bezeugt die Verwendung von Speichel als Heilmittel gegen Rauheit der Augen, Augenflecken und grauen Star (Marc. Emp., *med.* 8,43.166). Der Arzt Paulus Aegineta empfiehlt Speichel gegen Augenschwielen und führt seine Heilkraft auf eine reinigende Wirkung zurück (Paul. Aeg., *med.* 7,3). Auch im Talmud (*bSchab* 108b) ist die Verwendung von Speichel als Augenheilmittel bezeugt (KOLLMANN 1996, 235). In der Bartimäusgeschichte, wo Jesus allein durch ein charismatisches Wort die Heilung bewirkt, dürfte dagegen eine psychogene Blindheit vorliegen, bei der ein Verdrängen angstbesetzter Vorstellungen in ein »Nicht-Sehen-Wollen« zum Verlust der Sehkraft führt.

In der Bartimäusgeschichte geht es offenkundig um psychogene Sehstörungen

Religionsgeschichtliche Parallelen

Sehstörungen bis hin zum vollständigen Verlust der Sehkraft waren in der Antike weit verbreitet. Die für die breiten Bevölkerungsschichten ohnehin unerschwingliche Augenheilkunde steckte noch in den Kinderschuhen. Wundercharismatiker und die Tempelmedizin konnten in vielen Fällen Heilung bringen. Wenn in den Blindenheilungsberichten aus dem Asklepiosheiligtum von Epidauros (vgl. HERZOG 1931, 95-97) die Patienten im Heilschlaf träumen, dass ihnen Asklepios Heilmittel in die Augen träufelte, eine Pfeilspitze aus den Augen entfernte oder mit seinen Fingern die Augen bearbeitete, spiegeln sich darin wohl Heilpraktiken der Tempelärzte wider. In einem der Epidauroswunder kommt es, der Heilung des Bartimäus vergleichbar, ohne Anwendung von Heiltechniken zu einer Spontanheilung psychogener Blindheit. Der Erblindete empfängt im Traum die Weisung, seine Flasche mit Salböl zu suchen, und kann diese am nächsten Tag unvermittelt sehen. Aus dem Asklepiosheiligtum von Rom sind zwei Blindenheilungen überliefert (SIG³ 1173). In dem einen Fall bringt das Auftragen einer Salbe aus Hahnenblut und Honig Heilung, in dem anderen Fall gewinnt der Blinde die Sehkraft zurück, indem er mit seiner Hand zunächst eine Asklepiosstatue und dann seine erkrankten Augen berührt. Eine unmittelbare Parallele zu Mk 8,22-26 bietet die 69 n. Chr. vom designierten römischen Kaiser Vespasian in Alexandria vollbrachte Wunderheilung, der einem Blinden mit Speichel die Augen bestreicht und ihn dadurch wieder sehend macht (Tac., *hist.* IV 81,1-3).

Die im Munde von Bartimäus überlieferte Anrufung Jesu als Davidssohn ist mehrdeutig. Sie kann sich erstens auf die irdische Herkunft Jesu aus dem Geschlecht Davids, zweitens auf Jesus als einen in der Tradition des Davidssohns Salomo stehenden Wunderheiler oder drittens auf die Betrachtung Jesu als davidischer Messias beziehen. Die eine Vaterschaft Josefs voraussetzenden Stammbäume Jesu (Mt 1,6; Lk 3,31) gehen ebenso wie Paulus (Röm 1,3) davon aus, dass Jesus väterlicherseits aus dem Geschlecht Davids stammte, was den Tatsachen entsprechen könnte. Salomo, der wegen seiner leiblichen Abstammung von David im Alten Testament immer wieder geradezu titular als »Sohn Davids« bezeichnet wird (Prov 1,1; 1Chron 29,22), galt im antiken Judentum wegen seiner sprichwörtlichen Weisheit als vermeintlicher Verfasser unzähliger Instruktionen zu Heilungen und Exorzismen, wie sie etwa bei Josephus (*ant.* 8,45), in den magischen Papyri (*PGM* 4,3039-3041) oder im »Testament Salomos« bezeugt sind. Darüber hinaus wird schließlich der aus dem Stamme Davids erwartete messianische Endzeitherrscher (2Sam 7,11-13; Jes 11,1-9) explizit als »Sohn Davids« bezeichnet (*PsSal* 17,21). Die in der markinischen Wundertradition singuläre Anrufung Jesu als Davidssohn könnte zum Ausdruck bringen, dass der blinde Bartimäus seine Hoffnungen auf den genealogisch von David abstammenden Jesus als einen Wunderheiler nach Art des Davidssohns Salomo setzte (MEIER 1994, 689-690). Vermutlich handelt es sich aber bei »Sohn Davids, Jesus, erbarme dich meiner« (Mk 10,47) bereits um ein in Gebetsform gegossenes christliches Bekenntnis, das der Erzählung auf einer späteren Traditionsstufe zugewachsen ist (HAHN 1963, 262-264). Der Evangelist Matthäus rückt dann die bis dahin nur in der markinischen Bartimäusgeschichte belegte Vorstellung, dass Jesus sich speziell durch Wunderheilungen als Davidssohn erweist, betont in den Vordergrund (Mt 9,27; 15,22; 20,30-31; 21,15) und korrigiert damit die jüdische Erwartung eines Davidssohns, der als kriegerischer Messias mit eisernem Stab regiert (*PsSal* 17). Israels wirklicher Messias ist für ihn der heilende Davidssohn Jesus, der den Kranken hilft und die Gemeinde begleitet.

Davidssohn

Körperliche Behinderungen zogen in der Antike meist den völligen Verlust der Arbeitsfähigkeit nach sich, so dass viele der mit diesen Leiden behafteten Personen auf Almosen angewiesen waren und ihr Dasein als Bettler fristeten, wie es auch der blinde Bartimäus tut. Im Alten Testament werden Blinde neben Schwangeren, Wöchnerinnen, Armen oder Waisen zu jenen Personen gezählt, die der ökonomischen Unterstützung durch ihr Umfeld bedürfen (Jer 31,8; Hi 29,12-16). Mit der sozialen Problematik ging eine religiöse Stigmatisierung einher. Das Buch Tobit durchbricht zwar das traditionelle Verständnis von Blindheit als einer von Gott verhängten Strafe für Fehlverhalten und stellt heraus, dass auch der untadelige Gerechte davon betroffen sein kann (*Tob* 1–2), doch liegt auch in den Tagen Jesu die Vorstellung eines kausalen Zusammenhangs von Blindheit und Sünde immer noch schnell auf der Hand (Joh 9,3). Blinden und Lahmen wurde vermutlich der Zutritt zum Jerusalemer Tempel verwehrt (2Sam 5,8), auf

Soziale und religiöse Folgen von Blindheit

jeden Fall waren sie vom Priesterdienst ausgeschlossen (Lev 21,16-21). Die behindertenfeindliche Priesterauslese nach Prinzipien der Gesundheit und körperlichen Makellosigkeit ist von dem aus dem Hofzeremoniell entlehnten Gedanken getragen, dass das Auge Gottes nicht durch den Anblick verunstalteter Menschen beleidigt werden dürfe (GERSTENBERGER 1993, 289). Das halachische Dokument *4QMMT* aus Qumran begründet den Ausschluss von Blinden und Tauben vom Priesterdienst damit, dass sie wegen ihres eingeschränkten Seh- bzw. Hörvermögens nicht in der Lage seien, den Inhalt der Gesetze zu erfassen und dementsprechend die kultischen Handlungen ordnungsgemäß durchzuführen. In der stark vom Ideal der priesterlichen Reinheit geprägten Qumrangemeinde wurde Gelähmten, Blinden, Tauben, Stummen oder mit einem anderen Makel behafteten Personen die Aufnahme verweigert (*1QSa* 2,3-8). Nach der Kriegsrolle aus Qumran ist dieser Personenkreis auch vom endzeitlichen Krieg der Söhne des Lichts gegen die Söhne der Finsternis ausgeschlossen (*1QM* 7,4-5). Ein wichtiger Aspekt der religiösen Deutung und Bewältigung von Krankheit ist die alttestamentlich-prophetische Hoffnung, dass Gott in der eschatologischen Heilszeit körperliche Leiden und Gebrechen wie Blindheit, Lähmung oder Stummheit hinwegnehmen wird (Jes 29,18-29; 35,5-6; 61,1). Vor diesem Hintergrund manifestiert sich in den Blindenheilungen Jesu der Anbruch der neuen Welt Gottes (Mt 11,5/Lk 7,22)

In der Qumrangemeinde wurde Blinden die Aufnahme verweigert

Markinisches Verständnis der Erzählung

Für Markus gewinnt das Bartimäus widerfahrene Wunder eine symbolische Bedeutung. »Es erfolgt sowohl auf der Ebene der realistisch erzählten Welt als auch auf der metaphorischen Ebene des Glaubens eine Heilung« (DORMEYER 2013, 367). Der Evangelist hat durch Einfügung der Wendung »... und er folgte ihm auf dem Weg« (Mk 10,52) der Wundergeschichte ein Achtergewicht gegeben und sie zu einer Nachfolgegeschichte gemacht. Nicht mehr auf dem Wunder selbst, sondern auf der Nachfolge des in einem tieferen Sinne sehend gewordenen Bartimäus liegt nun der Hauptakzent. Verstärkt wird dies durch den Kontext, in den Markus die Bartimäusgeschichte stellt. Der gesamte Abschnitt Mk 8,27–10,52, der den Weg Jesu nach Jerusalem schildert, ist thematisch durch die Leidensankündigungen Jesu und die Leidensnachfolge der Jünger geprägt. Als Präludium stellt Markus die Heilung des Blinden von Bethsaida voran (Mk 8,22-26), die vor dem Hintergrund des Verstockungsmotivs »Augen habend seht ihr nicht und Ohren habend hört ihr nicht?« (Mk 8,18) die Augen für die Passion öffnet. Die Bartimäusgeschichte nimmt dieses Motiv auf und ist durch ihre Kontextstellung unmittelbar vor dem Einzug Jesu in Jerusalem noch stärker kreuzestheologisch eingefärbt. Der Blindenheiler Jesus ist der dem Kreuz entgegengehende Messias, der Menschen die Augen öffnet und sie in die Leidensnachfolge ruft. Bartimäus wird für die Leserinnen und Leser des Markusevangeliums zum Paradigma einer rundum gelungenen Jesusbeziehung. Wer den Davidssohn Jesus nicht als leidenden Messias erkennt und sich dem Ruf in die Nachfolge verschließt, bleibt blind, auch wenn es um seine physische Sehkraft bestens bestellt sein mag.

Deutungshorizonte

Für die kerygmatische Deutung erschließt sich die Bartimäusgeschichte durch die Paradoxie, dass der Blinde besser sieht als die Sehenden. Trotz geschlossener Augen verfügt Bartimäus über tiefere christologische Einsichten als jene, die Jesus sehenden Auges nachfolgen (SCHMITHALS ²1986, 473). Die tiefenpsychologische Deutung rechnet mit einer bewussten Flucht in die Blindheit und sieht darin den Versuch der Angst zu entkommen, dass man mit den eigenen Wünschen und Anliegen in den Augen der anderen nur lästig und unberechtigt erscheint. Bartimäus wird vor diesem Hintergrund zum Prototyp des die Fesseln der Angst und Gewohnheit sprengenden Menschen, der gegen den mitleidigen Terror blinder Unmündigkeit rebelliert (DREWERMANN 1988, 156-157).

Im Religionsunterricht der Primarstufe sollte die Geschichte in Form einer freien Nacherzählung eingeführt werden, die den für Kinder unverständlichen Begriff »Sohn Davids« erklärt. *Walter Neidhart* schaltet dazu in seinem Erzählentwurf von Mk 10,46-52 eine frei erfundene Szene voran, die in bunten Farben ausmalt, wie Bartimäus vor dem Verlust des Augenlichts eine Lehre bei Meister Matthias als Teppichknüpfer absolviert und an einem Teppich für die Synagoge mit dem Motiv des Davidsterns arbeitet. In diesem Kontext fragt Matthias, ob Bartimäus auch wisse, was »Davids Sohn« bedeutet, und dieser antwortet: »Ja, Meister, das hat uns der Rabbi oft erklärt, als wir bei ihm lesen lernten. Sohn Davids ist der König und der Befreier, den Gott uns senden wird« (NEIDHART ²1993, 143-146).

Nacherzählungen für die Primarstufe

Grundsätzlich kann die Bartimäusgeschichte mit Kindern und Jugendlichen im Religionsunterricht als Glaubenserzählung, Handlungsanweisung oder Hoffnungsgeschichte entschlüsselt werden. Im Rahmen der Glaubenserzählung oder Vertrauensgeschichte wird Bartimäus für Kinder und Jugendliche zum Paradebeispiel dafür, wie innere Blindheit durch Glauben überwunden werden kann und dies zur Rettung führt. Es geht um die Vermittlung der Kompetenz, Mk 10,46-52 im Sinne der kerygmatischen Wunderdeutung als Christusgeschichte wahrzunehmen, die von der existenziellen Bedeutung wahren »Sehens« handelt. Die Schülerinnen und Schüler sollen erkennen, dass die Wundergeschichte bildhaft wie ein Gleichnis zu verstehen gibt, dass der Mensch, der Jesus vertraut, nicht mehr »blind« ist, sondern sehend wird, indem er »in Jesus den Heiland, das Licht der Welt erkennt und ihm nachfolgt« (HEINEMEYER 1987, 153). Dafür müssen die Schülerinnen und Schüler allerdings die kognitiven Voraussetzungen mitbringen, das Sehen des Bartimäus metaphorisch zu verstehen. Unterrichtserfahrungen zeigen, dass dies selbst in der fünften Klasse noch Schwierigkeiten bereitet (JOCHUM-BORTFELD 2006, 102).

Didaktische Erschließung als Glaubensgeschichte

Eine Alternative stellt das Konzept dar, die Bartimäuserzählung als Handlungsanweisung zu vermitteln, nicht für die Situation anderer Menschen blind zu sein. Kinder nehmen die Bartimäusgeschichte sehr deutlich als einen Text wahr, der die soziale Ausgrenzung von Menschen und die völlig andere Praxis Jesu thematisiert (ebd., 99-103). *Günter Scholz* beginnt seine Unterrichtseinheit für die fünfte Klasse mit einem Blindenspiel, bei dem die Schülerinnen und Schüler sich mit verbundenen Augen in die Situation des Blindseins hineinversetzen können, und mit der Geschichte »Geld vom armen Mann« von *Ursula Wölfel*, in der es um die Doppelbödigkeit des Sehens geht: Ein blinder Bettler sieht die Notlage des Schülers Martin und schenkt ihm das Fahrgeld für die Straßenbahn. Es schließt sich ein Unterrichtsgespräch über die Frage »Kann jeder sehen, der sehen kann?« an. Eine Betrachtung des Bildes »Streichholzhändler« (1921) von *Otto Dix* soll die Kinder für die sozialen Nöte eines Blinden sensibilisieren, bevor sie dann die Bartimäusgeschichte kennenlernen und unter der Fragestellung »Wer ist hier blind, wer sehend?« reflektieren (SCHOLZ 1994, 218-225). *Hans-Joachim Blum* startet seinen Unterrichtsentwurf mit einem szenischen Spiel zu Mk 10,46, das

Didaktische Umsetzung als Handlungsanweisung

unter der Fragestellung »Was hast du als Bettler/Passant erlebt?« ausgewertet wird. Am Ende der Unterrichtseinheit stehen Spielszenen zu Mk 10,51 »Was soll ich Dir tun« und die Betrachtung der Karikatur von einem »blinden« Politiker, der das Geld lieber in Rüstung und Bürokratie als in Sozialprojekte investiert (BLUM 1997, 214-223).

<small>Didaktische Erschließung als Hoffnungsgeschichte</small>

Der Ansatz von *Ingo Baldermann*, das Potenzial von Mk 10,46-52 als Mutmachgeschichte gegen die Verzweiflung zu entfalten, arbeitet mit Psalmworten wie »Ich rufe, doch du antwortest nicht« (Ps 22,3), »Ich versinke im tiefen Schlamm« (Ps 69,3) oder »Ich bin wie ein zerbrochenes Gefäß« (Ps 31,19), welche die Kinder dem blinden Bartimäus in Sprechblasen in den Mund legen. »Mit den Worten der Psalmen können wir ausleuchten, wie es in dem Blinden aussieht, als er verloren, in seinen Mantel gehüllt, am Wege sitzt, mit den Worten der Psalmen können wir sagen, was er schreit, und schließlich auch, was in ihm vorgeht, als die Leute ihn zum Schweigen bringen wollen« (BALDERMANN 1996, 79-80). Bartimäus wird damit aus der Rolle der Mitleidsfigur herausgeholt und zu einer unmittelbaren Identifikationfigur gemacht. Mit der Erzählung dessen, wie ein aussichtslos an den Rand geratener Bettler wieder auf die Beine kommt, werde die Suggestion der Angst durchbrochen und den immer wieder mit verzweifelten Situationen konfrontierten Kindern eine lebensnotwendige Botschaft der Hoffnung vermittelt.

VI. Texte der Bergpredigt

Die Bergpredigt (Mt 5–7) zählt zu den bekanntesten, aber auch schwierigsten Überlieferungen des Neuen Testaments. Texte wie die Seligpreisungen, die Sprüche vom Sorgen, die Worte von der Feindesliebe oder das Vaterunser sind aus der christlichen Tradition nicht wegzudenken und haben eine vielfältige Wirkungsgeschichte hervorgerufen. Vor besondere Herausforderungen stellt die Frage, wie sich das radikale Ethos der Bergpredigt angemessen in die christliche Lebenspraxis umsetzen und im Religionsunterricht erschließen lässt.

■ Aufbau und Auslegung der Bergpredigt

Bei der auf einer Anhöhe am See Gennesaret angesiedelten Bergpredigt handelt es sich um die erste der fünf großen Reden Jesu im Matthäusevangelium. In der vorliegenden Gestalt stellt sie eine Komposition des Matthäus dar, der eine deutlich kürzere, auf einem Feld (Lk 6,17) gehaltene Rede Jesu aus der Logienquelle (Lk 6,20-49) ausgestaltete und mit dem Motiv des Bergs verband (Mt 5,1). Der Berg besitzt als Ort göttlicher Offenbarung besondere theologische Bedeutung und ruft zudem die Erinnerung an den Empfang des Dekalogs auf dem Berg Sinai wach. Da Jesus in der Bergpredigt eine radikale Neuinterpretation alttestamentlicher Gesetzesvorschriften bietet, wird er als eine Art neuer Mose präsentiert.

Jesus als »neuer Mose«

Ringförmiger Aufbau der Bergpredigt

Der Aufbau der Bergpredigt ist durch eine ringförmige Komposition von geradezu architektonischer Symmetrie geprägt, die sich in mehreren Schichten um das Vaterunser als unumschränktes Zentrum lagert (Luz ⁵2002, 253-255). Das

Aufbau und Quellen der Bergpredigt

Grundgerüst der Bergpredigt ist die nur 30 Verse umfassende »Feldrede« aus der Logienquelle (Lk 6,30-59), deren Weherufe (Lk 6,24-26) allerdings fehlen. Diese Vorlage hat Matthäus im Umfang beträchtlich erweitert, indem er Texte aus anderen Teilen der Logienquelle, etwa das Vaterunser oder die Sprüche vom Sorgen, und aus seinem Sondergut integrierte. Umstritten ist die Frage, ob Matthäus bei dem über die Feldrede hinausgehenden Material der Bergpredigt nur auf Einzelüberlieferungen oder auch auf größere Überlieferungsblöcke zurückgreifen konnte. So lässt sich vermuten, dass ihm die von Almosengeben, Gebet und Fasten handelnde Frömmigkeitsregel Mt 6,2-8.16-18 und die drei Sondergutantithesen vom Töten, vom Ehebrechen und vom Schwören als jeweils in sich geschlossene Blöcke bereits schriftlich vorlagen (LUZ ⁵2002, 257). Entschieden zu weit geht allerdings die Annahme, Matthäus habe in seiner Rezension der Logienquelle die Bergpredigt vollständig vorgefunden und ohne nennenswerte Veränderungen übernommen, wobei sie sich hinsichtlich ihrer Theologie vom Rest des Evangeliums deutlich unterscheide (BETZ 1995, 44-70). Kompositorisch fällt die Rahmung des Hauptteils der Bergpredigt (Mt 5,21–7,11) durch Aussagen über das Gesetz und die Propheten (Mt 5,17-20; 7,12) ins Auge. Während in der Feldrede des Lukas nirgendwo explizit auf das alttestamentliche Gesetz Bezug genommen wird, macht Matthäus durch diese Rahmung deutlich, dass das rechte Verständnis und die sachgemäße Umsetzung von »Gesetz und Propheten« das zentrale Thema der Bergpredigt darstellen (KONRADT 2015, 65).

Wörtliche Befolgung der Bergpredigt

In der bewegenden Auslegungsgeschichte der Bergpredigt (vgl. zum Folgenden STRECKER ²1985, 13-23; THEISSEN/MERZ ⁴2011, 350-355; KOLLMANN 2010, 60-74) geht es vor allem um die Erfüllbarkeit ihres auf den ersten Blick weltfernen Ethos, wie es sich nicht zuletzt in den Antithesen, den Sprüchen vom Sorgen und dem Verbot des Richtens widerspiegelt. Dabei zeigt sich, dass es ganz unterschiedliche Möglichkeiten des Umgangs mit den ethischen Radikalismen Jesu gibt. Ein wörtliches Verständnis der Bergpredigt zieht sich wie ein roter Faden durch die Kirchengeschichte und hat nichts an Aktualität eingebüßt. Christliche Gruppierungen wie Waldenser, Quäker oder Amish People vertreten eine radikale Ethik, die unter Berufung auf die Bergpredigt den Kriegsdienst wie jede andere Form der Gewaltanwendung ablehnt, dem Gebot der Feindesliebe uneingeschränkte Gültigkeit beimisst, den Eid vor Gericht verweigert und die Beteiligung von Christen am Justizwesen missbilligt. Dabei neigt man um der »Reinheit des Evangeliums« willen zum Rückzug aus der Welt. Es gibt aber auch Versuche, die Bergpredigt unmittelbar auf die Gesellschaft zu beziehen und ihre Forderungen zum politischen Programm zu erheben. Beispiele dafür bieten *Leo Tolstoi*, *Mahatma Gandhi*, *Martin Luther King* oder *Franz Alt*. In seiner Autobiographie »Mein Leben« beschreibt Gandhi, wie er ab 1893 während seiner Zeit in Südafrika mit Tolstois Schriften Bekanntschaft machte und unter ihrem Eindruck die unerschöpflichen Möglichkeiten von Liebe und Gewaltfreiheit zu erfassen begann. Der Briefwechsel zwischen Gandhi und Tolstoi von 1910 ist Zeugnis einer engen Verbundenheit im gewaltfreien Widerstand, sei es gegen die Unterdrückung der indischen Satyagrahis in Südafrika oder gegen die Willkürherrschaft des Zarenregimes in Russland. 1910 gründet Gandhi in der Nähe von Johannisburg nach dem Vorbild von Tolstois Landgut Jasnaja Poljana die »Tolstoi-Farm« als Ort eines einfachen und friedfertigen Lebens gemäß der Bergpredigt.

> Die Bergpredigt hat eine bewegende Auslegungsgeschichte

Auslegungstyp	Vertreter	Charakteristika
Wörtliches Verständnis (Bergpredigt als erfüllbare Forderung)	Leo Tolstoi; Mahatma Gandhi; Franz Alt	Die Forderungen der Bergpredigt haben für sämtliche Lebensbereiche uneingeschränkt Gültigkeit, wollen von allen Christen wörtlich befolgt werden und sind auch als Grundlage politischen Handelns geeignet.
Zweistufenethik (Bergpredigt als Weisung für die Vollkommenen)	Thomas von Aquin	Die radikale Ethik Jesu besitzt nur für einen nach Vollkommenheit strebenden Stand von Christen (z.B. das Mönchtum) Verbindlichkeit, während sie für die große Mehrheit der Gläubigen Empfehlungscharakter hat.
»Zwei-Reiche-Lehre« (Bergpredigt als Weisung für das geistliche Reich)	Martin Luther	Der Anspruch der Bergpredigt trifft alle Gläubigen in gleicher Weise. Während Christen als Privatperson bzw. im geistlichen Reich die Forderungen der Bergpredigt zu erfüllen haben, sind sie als Amtsperson unter weltlichem Regiment zur Gewaltanwendung angehalten, wenn der Schutz des Nächsten dies erfordert.
Paulinisch-lutherischer Auslegungstyp (Bergpredigt als unerfüllbares Gesetz)	Werner Elert; Helmut Thielicke	Als unerfüllbares Gesetz oder »Sündenspiegel« führen die Forderungen der Bergpredigt zum Evangelium hin. Sie zeigen dem Menschen sein Scheitern auf und erinnern ihn daran, was er als Geschöpf Gottes zu sein hätte, infolge des Sündenfalls aber nicht mehr ist und erst im künftigen Äon wieder sein kann.
Historischer Auslegungstyp (Bergpredigt als Interimsethik)	Johannes Weiß; Albert Schweitzer	Die Bergpredigt fordert Übermenschliches für die kurze Zeit bis zum Eintreffen des Gottesreiches und hat mit dessen Ausbleiben für eine auf Dauer gegründete Gemeinschaft wie die Kirche ihre absolute Verbindlichkeit verloren (J. Weiß). Die Ethik Jesu ist Interimsethik, die in der kurzen Spanne zwischen Erwartung und alsbaldigem Eintreffen des Gottesreiches ihren historischen Ort hat (A. Schweitzer).
Liberaler Auslegungstyp (Bergpredigt als Gesinnungsethik)	Wilhelm Herrmann; Heinrich Julius Holtzmann; Max Weber	Die Bergpredigt begründet kein reales Handeln, sondern ist als Appell an das Gewissen zu verstehen. Staatliche Gewaltausübung steht in Übereinstimmung mit der Gesinnung Jesu und dem Geist der Bergpredigt, auch wenn diese wörtlich etwas anderes fordert (W. Herrmann; ähnlich H.J. Holtzmann). Als eine von der edlen Gesinnung Jesu abgeleitete, nicht nach den Folgen ihres Tuns fragende Ethik absoluter Gewaltlosigkeit und Wahrhaftigkeit ist die Bergpredigt für politisches Handeln ungeeignet. Dieses muss von einer Verantwortungsethik geleitet sein, die sich zur Durchsetzung guter Ziele auch bedenklicher Mittel zu bedienen und negative Nebenwirkungen mit in Kauf zu nehmen hat (M. Weber).
Modifizierte Zweistufenethik (Bergpredigt als Kontrastethik und kritisch-dynamisches Gegengewicht zur Zwei-Reiche-Lehre)	Ulrich Luz; Gerd Theißen	Christen mit perfektionistischer Bergpredigtauslegung werden den starr am volkskirchlich-reformatorischen Auslegungsmodell festhaltenden Gläubigen zum Ansporn und bewahren den Charakter der Bergpredigt als Vision und Richtschnur für eine humanere Gesellschaft und Kirche (U. Luz). Neben der Zwei-Reiche-Lehre als grundsätzlich angemessenem Umgang mit der Bergpredigt ist radikalen ethischen Minoritäten Raum zu geben, die mit ihrem wörtlichen Verständnis der Bergpredigt die Gesellschaft für das Gute sensibilisieren und ein ethisch produktives Sündenbewusstsein schaffen (G. Theißen).

Auslegungsmodelle der Bergpredigt

Zwei-Stufen-Ethik und Zwei-Reiche-Lehre

Die im Mittelalter uneingeschränkt vorherrschende Auslegung der Bergpredigt war die Zweistufenethik, wie sie sich etwa bei *Thomas von Aquin* (1225-1274) findet. Sie unterschied zwischen Geboten, die heilsnotwendig und verpflichtend sind, und Ratschlägen, die den Menschen lediglich ungehinderter das Heil erlangen lassen. Die Forderungen der Bergpredigt werden zu den Ratschlägen gezählt und richten sich demnach nur an jene Gläubigen, die für sich den besonderen Stand der Vollkommenheit gewählt haben. Demgegenüber hat *Martin Luther* in Form der »Zwei-Reiche-Lehre« – der Begriff stammt allerdings nicht von Luther selbst, sondern kam erst im 20. Jh. auf – das wohl bedeutsamste Auslegungsmodell der Bergpredigt entwickelt. Die Bergpredigt spricht für Luther alle Christen in gleicher Weise verbindlich an, gilt aber in strenger Unterscheidung einer Ethik des Amtes und einer Ethik der Person nur in einem fest umrissenen Teilbereich christlichen Handelns auch tatsächlich als normative Richtschnur, während sie für das weltliche Leben keine unmittelbare Gültigkeit hat. Geht es um die eigenen Interessen als Privatperson, haben Christen Gewaltverzicht und Feindesliebe zu üben. Als Amtsperson, beispielsweise als Polizist oder Soldat, hingegen stehen sie ganz in fremden Diensten und sind zum Schutz des Nächsten nicht an die Weisungen der Bergpredigt gebunden, sondern im Gegenteil zur Gewaltanwendung bis hin zum Töten angehalten.

Historischer Auslegungstypus

Der historische Auslegungstyp sieht in der Naherwartung Jesu den Schlüssel für das Verständnis der Bergpredigt und betrachtet sie als zeitgebundene, durch den »Ernst des Augenblicks« begründete Weisung, die mit dem Ausbleiben von Weltende und Gottesreich ihren normativen Charakter eingebüßt habe. *Johannes Weiß* (1863-1914) zufolge hat Jesus kein bleibendes Sittengesetz für die Christenheit aller Jahrhunderte gepredigt, sondern in Erwartung des baldigen Weltendes eine radikale Ethik entworfen, die Einlassbedingungen für das bevorstehende Gottesreich formulierte. Wie im Krieg Ausnahmegesetze in Kraft träten, die sich in dieser Form im Frieden nicht durchführen ließen, so fordere auch Jesus Gewaltiges, zum Teil Übermenschliches, das unter gewöhnlichen Verhältnissen einfach unmöglich einzulösen sei. Für eine auf Dauer gegründete Gemeinschaft wie die Kirche habe die Ethik Jesu ihre absolute Verbindlichkeit verloren. Ähnlich konsequent stellte *Albert Schweitzer* (1875-1965) die von Jesu Naherwartung bestimmte Zeitgebundenheit der Bergpredigt heraus und prägte für sie den Begriff der »Interimsethik«, da sie als Ethik zwischen den Zeiten, konkret in der kurzen Spanne zwischen Erwartung und alsbaldigem Eintreffen des Gottesreiches, ihren historischen Ort habe. Entgegen einem weit verbreiteten Missverständnis wollte Schweitzer damit allerdings die Ethik Jesu nicht außer Kraft setzen, sondern hielt an ihr als verbindlicher Grundlage für sein Christentum fest.

> Albert Schweitzer prägte den Begriff der »Interimsethik«

Forderungen der Bergpredigt als Gesinnungsethik

Auch ein Verständnis der Ethik Jesu als bewusstseinsbildender Gesinnungsethik relativiert den Anspruch der Bergpredigt und lässt ihre Konkretionen in den Hintergrund treten. Nicht der buchstäbliche Gehorsam gegenüber der Weisung Jesu, sondern der Blick auf die dahinter verborgene innere Haltung des Herzens steht im Mittelpunkt der Betrachtung. Die entscheidende Aufgabe wird darin gesehen, die geistige Intention des Handelns Jesu, namentlich dessen Gesinnung der Liebe, zu erfassen und daraus ethische Normen zu entwickeln, die zu den konkreten Forderungen der Bergpredigt durchaus im völligen Widerspruch stehen können. Bedeutendster Vertreter dieses Modells war neben *Heinrich Ju-*

lius Holtzmann (1832-1910) der Marburger Theologe *Wilhelm Herrmann* (1846-1922). Als besonders einflussreich für die politische Ethik hat sich das Konzept von *Max Weber* (1864-1920) erwiesen, der den Begriff Gesinnungsethik anders als Holtzmann und Herrmann verstand. Weber betrachtete die radikalen Forderungen der Bergpredigt als eine von der edlen Gesinnung Jesu getragene, nicht nach den Folgen ihres Tuns fragende Ethik absoluter Gewaltlosigkeit und Wahrhaftigkeit, die für politisches Handeln gänzlich ungeeignet sei. Der vermeintlichen Gesinnungsethik der Bergpredigt stellte Weber eine Verantwortungsethik gegenüber, die es nicht vermeide könne, sich zur Durchsetzung guter Ziele auch bedenklicher Mittel zu bedienen und notfalls negative Nebenwirkungen mit in Kauf zu nehmen.

Auch ein Verständnis der Bergpredigt als unerfüllbares Gesetz oder »Sündenspiegel« läuft auf eine massive Abschwächung ihrer Forderungen hinaus. Es ist bereits bei Luther angelegt, begegnet aber in dessen Bergpredigtauslegung nur ganz am Rande, während lutherische Theologen des 20. Jh. wie *Werner Elert* (1885-1954) oder *Helmut Thielicke* (1908-1986) diesen Aspekt in das Zentrum der Betrachtung rückten. Die Bergpredigt wird dabei im Horizont des paulinischen Gesetzesverständnisses und der reformatorischen Entdeckung Luthers als eine Art »Zuchtmeister auf Christus« interpretiert. Wenn der Mensch bereits am alttestamentlichen Gesetz scheitere, dadurch zur Erkenntnis der Sünde wie zur Einsicht in die Erlösungsbedürftigkeit geführt und dem Evangelium in die Arme getrieben werde, gelte dies umso mehr von der Bergpredigt mit ihrer Radikalisierung der Mosetora. Die Forderungen der Bergpredigt erinnern demnach wie alle Gebote Gottes den Menschen daran, was er nach Ursprung und Bestimmung eigentlich zu sein hätte, infolge des Sündenfalls aber nicht mehr ist und dank der geschenkten Gnade Gottes erst im künftigen Äon wieder werden kann.

Bergpredigt als unerfüllbares Gesetz

Bedenkenswert sind neuere Versuche von *Ulrich Luz* und *Gerd Theißen*, in einer Art modifizierter Zwei-Stufen-Ethik das reformatorische Modell mit einer wörtlichen Auslegung der Bergpredigt zu verbinden (Luz ⁵2002, 551-553; THEISSEN/MERZ ⁴2011, 354-355). Dabei wird die Zwei-Reiche-Lehre mit ihrer Unterscheidung einer Ethik des Amtes und einer Ethik der Person grundsätzlich anerkannt oder in ihrer Dominanz zumindest als Realität hingenommen, ihr aber als kritisches Korrektiv eine wörtliche Befolgung der Bergpredigt zur Seite gestellt. Minderheiten oder Randgruppen mit der Bereitschaft, ihr Leben konsequent nach der Bergpredigt zu gestalten, sensibilisierten die an der Zwei-Reiche-Lehre orientierte Gesellschaft für das Gute und hielten ihr einen kritischen Spiegel vor Augen. Die wörtlich verstandene Bergpredigt wird damit zur Kontrastethik, die jenseits aller von Sachzwängen diktierten Verantwortungsethik Visionen des Friedens entwirft und Handlungsprogramme für eine bessere Welt einklagt.

Bergpredigt als »Kontrastethik«

■ Bedeutung der Bergpredigt für den Religionsunterricht

Die Bergpredigt hat in den letzten Jahrzehnten spürbare Einbußen hinsichtlich ihrer Relevanz für den gesellschaftlichen Diskurs hinnehmen müssen. Anfang der 1980er Jahre auf dem Höhepunkt der Friedensbewegung war sie mit der Seligpreisung der Friedensstifter und dem Ethos von Feindesliebe und Gewaltverzicht in aller Munde. Es gab erbitterte gesellschaftspolitische Kontroversen um

Anknüpfungspunkte für ethisches Lernen

ihre sachgerechte Auslegung, in die sich auch der damalige Bundeskanzler *Helmut Schmidt* aktiv einschaltete. Heute ist es dagegen recht still um die Bergpredigt geworden. Dies hängt nicht nur mit dem schleichenden Bedeutungsverlust der christlichen Religion in der säkularisierten Gesellschaft zusammen, sondern hat auch damit zu tun, dass die Ethik der Bergpredigt vor dem Hintergrund zunehmender kriegerischer Konflikte und terroristischer Bedrohungen weltferner denn je wirkt und den meisten Menschen für die verantwortungsvolle Gestaltung politischen Handelns angesichts der Herausforderungen der Gegenwart als völlig ungeeignet erscheint. Dies zeigt sich beispielsweise an den heftigen Reaktionen, welche die frühere Landesbischöfin und EKD-Ratspräsidentin *Margot Käßmann* hervorrief, als sie 2016 in einem Zeitungsinterview unter Berufung auf die Worte »Liebet eure Feinde. Betet für diejenigen, die euch verfolgen« (Mt 5,44) forderte, man dürfe terroristische Gewalt nicht mit Gegengewalt beantworten. Für Terroristen, die meinten, dass Menschen im Namen Gottes töten dürften, sei es nämlich die größte Provokation, wenn man ihnen mit Beten und Liebe zu begegnen versuche. Ungeachtet der scheinbaren Realitätsferne der Bergpredigt und deutlich wahrnehmbarer religiöser Traditionsabbrüche suchen allerdings Kinder und Jugendliche weiterhin nach Modellen gelingenden Lebens im privaten wie gesellschaftlichen Kontext, nach Orientierung und Halt gebenden Werten und Normen in einer unübersichtlich gewordenen Welt mit ihrer Wertevielfalt. Indem die Bergpredigt elementare Themen wie Frieden, Glück, Gerechtigkeit, Umgang mit dem »Mammon«, Gewaltverzicht, Feindesliebe, Ehescheidung und Ehebruch behandelt, bietet sie vielfältige Anknüpfungspunkte für ethisches Lernen und gibt zentrale Impulse für die Frage danach, was das Leben im Kern ausmacht.

»Mehrwert« der Bergpredigt für Jugendliche

Die Shell Jugendstudie von 2015 attestiert der jüngeren Generation zwar einerseits eine pragmatische, auf die Nutzung der vorhandenen Chancen ausgerichtete Haltung gegenüber Schule, Beruf, Familie und Freundeskreis. Sie konstatiert andererseits aber auch eine Bereitschaft, sich unter dem Eindruck idealistischer Vorstellungen im persönlichen Umfeld für die Belange anderer und für das Gemeinwesen zu engagieren. Es handle sich um eine »pragmatische Generation im Aufbruch« mit einem trotz anhaltender Politikverdrossenheit gestiegenen Interesse an gesellschaftspolitischen Themen, die sich tatkräftig neue Horizonte erschließen und an Gestaltungsprozessen beteiligen wolle (SCHNEEKLOTH 2015, 153-200). Texte aus der Bergpredigt bieten den Heranwachsenden für ihre Auseinandersetzung mit der Welt und ihr gesellschaftspolitisches Engagement eine markante biblische Position, an der sie sich reiben können und die ihnen Möglichkeiten zuspielt, Perspektiven, Visionen und Träume für die Gestaltung eines gelingenden Lebens zu entwickeln. In diesem Zusammenhang enthält die Bergpredigt einen »Mehrwert«, da sie keine »religiöse Ramschware« darstellt, sondern mit ihren sperrigen wie provokativen Inhalten, mit ihrem »Mehr als das, was ist« neue Horizonte und Handlungsräume eröffnet, welche die Alltagswirklichkeit sprengen (RITTER 1998, 190-211).

Die Bergpredigt ist keine religiöse Ramschware

Perspektiven der Gebetserziehung

Neben ethischen Schlüsselthemen behandelt die Bergpredigt auch Fragen des sachgerechten Vollzugs der christlichen Frömmigkeitspraxis und der dafür angemessenen inneren Haltung (Mt 6,1-18), wobei insbesondere das Gebet im Mittelpunkt der Betrachtung steht. Die Aufgabe des Religionsunterrichts ist nicht nur, im christlichen Sinn über das Gebet zu informieren, sondern auch Möglichkeiten zu bieten, Erfahrungen mit dem Gebet zu machen und darüber zu reflektieren (FRICKE 2007, 201-202). In der schulischen Beschäftigung mit Jesu Worten vom Beten (Mt 6,5-15) und anderen bedeutsamen biblischen Gebeten, etwa alttestamentlichen Psalmen, eröffnen sich Perspektiven der kreativen Gebetserziehung im Religionsunterricht (SCHMIDT 1986, 56-74). Ausgangspunkt ist die Erkenntnis, dass Beten nicht intellektuell erlernt werden kann, da es primär gefühlsmäßig motiviert ist und den sprachlichen Vollzug einer bereits bestehenden existenziellen Beziehung zu Gott darstellt. Vor diesem Hintergrund kann es im Religionsunterricht darum gehen, bei den Schülerinnen und Schülern verborgene Gotteserfahrungen durch »Anamnese« (Erinnerung und Vergegenwärtigung) an die Oberfläche zu holen und in ihrer existenziellen Bedeutung vertiefend bewusst zu machen. Methodisch eignen sich dazu das Miterleben oder Nachvollziehen grundlegender Gotteserfahrungen anderer, beispielsweise durch die intensive Auseinandersetzung mit Psalmen und anderen Gebetstexten, und die Integration solcher Gotteserfahrungen in die eigene Existenz, etwa durch meditative Übungen und das Weiterdichten oder die Neugestaltung vorformulierter Gebete im eigenen Erfahrungshorizont. Derartige Anregungen, die Fülle der Gebetsformen (Lob und Dank; Klage; Bitte) wahrzunehmen und sich auf eigene Erfahrungen mit dem Gebet einzulassen, gewinnen dadurch an Bedeutung, dass die Gebetspraxis Jugendlicher stark rückläufig ist. Nach der Shell Jugendstudie von 2015 beten nur noch 15 Prozent der evangelischen und 20 Prozent der katholischen Jugendlichen oder jungen Erwachsenen im Alter zwischen 12 und 25 Jahren mindestens einmal pro Woche, während es 2006 noch 21 bzw. 28 Prozent waren (GENSICKE 2015, 258).

Nur noch 15-20 Prozent der Jugendlichen beten zumindest einmal in der Woche

Die Lehrpläne zum Religionsunterricht sehen in aller Regel nicht vor, die Bergpredigt in ihrer Gesamtheit bzw. als eigenständige Einheit zur Sprache zu bringen. Aufgrund der letztlich auf die Konzeption des Problemorientierten Religionsunterrichts zurückgehenden Tendenz, die Lehrpläne inhaltlich nach gegenwartsbezogenen Themenfeldern zu gliedern und den betreffenden Bereichen dann passend erscheinende biblische Stoffe in Auswahl zuzuordnen, wird die Bergpredigt nur in Ausschnitten behandelt, wobei insbesondere Texte wie die Seligpreisungen, die Antithesen und das Vaterunser im Mittelpunkt stehen. Man mag diese didaktische »Fragmentarisierung« und »Atomisierung« der Bergpredigt, die nicht zuletzt auch den Rahmenbedingungen des schulischen Religionsunterrichts mit seinem eher geringen Stundenvolumen geschuldet ist, beklagen und für veränderungswürdig halten (RITTER 1998, 212-213). Auf der anderen Seite existierte die Bergpredigt nicht von Anfang an als Ganzes, sondern stellt eine Komposition des Matthäus aus ganz unterschiedlichen Überlieferungsstücken dar, von denen jedes einzelne unabhängig vom jetzigen Kontext seinen eigenen Wert und Bedeutungsgehalt hat.

Fragmentarisierung der Bergpredigt in Lehrplänen

■ Schlüsseltext 1: Die Seligpreisungen (Mt 5,3-12)

Den Auftakt der Bergpredigt bilden die neun Seligpreisungen (Mt 5,3-12). Ihr Name leitet sich davon ab, dass sie mit dem griechischen Wort *makarios* (»selig«, »glücklich«, »glückselig«) beginnen. Man nennt sie deshalb auch Makarismen.

Aufbau von Mt 5,3-12

Die ersten acht Seligpreisungen (5,3-10) zeigen einen analogen Aufbau, indem sie jeweils aus einem Nominalsatz und einem Begründungssatz in der dritten Person bestehen. Sie sind durch die Zusage »denn ihrer ist das Reich der Himmel« (5,3.10) inklusionsartig zu einem Block verbunden, wobei in der vierten und achten Seligpreisung das Motiv der Gerechtigkeit erwähnt wird. Es handelt sich somit um eine kunstvolle Komposition aus zwei Viererstrophen von Seligpreisungen (GNILKA 1986, 115). Im griechischen Urtext liegt bei den ersten vier Seligpreisungen zudem eine π-Alliteration vor, da das Heil den *ptōchoi* (Armen), *penthountes* (Trauernden), *praeis* (Sanftmütigen) und *peinōntes* (Hungernden) zugesprochen wird. Die neunte Seligpreisung (5,11-12) hebt sich von den ersten acht Seligpreisungen durch ihre Länge, ihr ungleich komplexeres Satzgefüge und die direkte Anrede in der zweiten Person deutlich ab.

Quellenlage und Traditionsgeschichte

Der Kernbestand der Seligpreisungen stammt aus der Spruchquelle Q. Von den neun Seligpreisungen der Bergpredigt haben allerdings nur vier in der lukanischen Feldrede eine Parallele (Lk 6,20-22). Es handelt sich um die Seligpreisungen der Armen, der Weinenden (Lk) bzw. Trauernden (Mt), der Hungernden und der um Jesu willen Verfolgten. Lukas hat dabei weitgehend den ursprünglicheren Wortlaut bewahrt, während Matthäus Veränderungen vornahm, indem er von den Armen *im Geiste* und von den *nach Gerechtigkeit* Hungernden *und Dürstenden* spricht. Auch die Formulierung der Seligpreisungen der Armen, Weinenden bzw. Trauernden und Hungernden, die sich bei Lukas in der zweiten Person Plural (»Selig seid ihr ...«) direkt an die Hörerinnen und Hörer Jesu richten, in der dritten Person Plural (»Selig sind die ...«) dürfte das Werk des Matthäus sein. Während die Seligpreisung der wegen Jesus Verfolgten die Verfolgungssituation der christlichen Gemeinde widerspiegelt, gehen die anderen drei Seligpreisungen in dem bei Lukas überlieferten Wortlaut auf den historischen Jesus zurück. In der matthäischen Tradition kamen mit der Seligpreisung der Sanftmütigen, der Barmherzigen, der im Herzen Reinen, der Friedensstifter und der um der Gerechtigkeit willen Verfolgten fünf weitere Makarismen hinzu. Die Seligpreisung der um der Gerechtigkeit willen Verfolgten, denen das Himmelreich gehören wird (Mt 5,10), dürfte eine redaktionelle Bildung des Matthäus sein, da sie das matthäische Leitmotiv der Gerechtigkeit enthält. Für die Herkunft der vier anderen über Lukas hinausgehenden Seligpreisungen (Mt 5,5.7-9) lässt sich vermuten, dass Matthäus eine bereits erweiterte Rezension der Spruchquelle (Q^{Mt}) zur Verfügung stand und er sie dort vorfand (STRECKER ²1985, 30-31). Zusammenfassend ergibt sich somit, dass am Anfang der Überlieferungsgeschichte die drei von Jesus selbst stammenden Seligpreisungen der Armen, der Trauernden bzw. Weinenden und der Hungernden standen, die in der Spruchquelle Q um die Seligpreisung der Verfolgten zu einem Viererblock erweitert wurden. In Q^{Mt} wurden vier weitere Seligpreisungen (Mt 5,5.7-9) ergänzt. Erst auf Matthäus dürften die Seligpreisung der um der Gerechtigkeit willen Verfolgten (5,10) und die Spiritualisierung oder Ethisierung der Seligpreisungen der Armen und Hungernden zurückgehen.

Die Seligpreisungen der Armen, Trauernden und Hungernden bilden den ältesten Traditionskern

Geschichte und Typen der Redeform der Seligpreisung

Jesus knüpft mit den Seligpreisungen an eine in der Antike vor allem im weisheitlichen Denken weit verbreitete Form der Lehre an, haucht dieser aber neues Leben ein. Die Seligpreisung ist eine fest geprägte Redeform, deren Geschichte weit zurück reicht. Seligpreisungen gibt es im Alten Testament, in Schriften des antiken Judentums und in der griechisch-römischen Literatur. In Jesus Sirach (*Sir* 25,8-9) und den Qumrantexten (*4Q525*) ist in Analogie zur Bergpredigt auch die Aneinanderreihung mehrerer Seligpreisungen bezeugt. Jesus bewegt sich folglich mit der Verwendung von Seligpreisungen in einem vertrauten Rahmen, setzt aber neue Akzente. In der Umwelt Jesu lassen sich unterschiedliche Arten von Seligpreisungen unterscheiden. Ein *erster Typ von Seligpreisungen* mit weisheitlichem Charakter und oft auch belehrendem Unterton thematisiert das innerweltliche Wohlergehen. Beispiele dafür sind »Selig, wer mit einer klugen Frau zusammenlebt und wer mit seiner Zunge keine Übertretung verübt und wer nicht Diener eines Menschen sein muss, der seiner unwürdig ist« (*Sir* 25,8), »Selig, wer Besitz und Verstand hat« (Menander, *fragm.* 114) oder »Selig, wer dem Treiben der Geschäfte fern gleich wie die Menschheit alter Zeit mit eigenen Rindern sein ererbtes Gut bepflügt und von allen Wucherplagen frei ist« (Horaz, *ep.* 2,1). Ein *zweiter Typ von Seligpreisungen* hat das Verhältnis des Menschen zu Gott im Blick. Beispiele sind »Selig das Volk, dessen Gott der Herr ist, das Volk, das er zum Erbe erwählt hat« (Ps 33,12) oder »Selig ein Mensch, der Weisheit erlangt hat und der da wandelt in der Tora des Höchsten, sein Herz nach ihren Wegen ausrichtet, sich zusammennimmt in ihren Züchtigungen, an ihren Strafplagen stets Wohlgefallen hat, sie nicht verlässt angesichts einer Bedrängnis, zur Zeit einer Notlage sie nicht verlässt, sie nicht vergisst [am Tag] eines Schreckens und in Demut seiner Seele [sie] nicht verwirft, sondern regelmäßig in ihr studiert ...« (*4Q525*). Ein *dritter Typ von Seligpreisungen* schließlich leitet aus der gegenwärtigen Lage eine für die Zukunft geltende Verheißung Gottes ab. Diese Zukunft kann noch innerhalb der diesseitigen Welt liegen, wie es auf »Selig, wer sich der Schwachen annimmt, zur Zeit des Unheils wird der Herr ihn retten« (Ps 41,2) zutrifft, oder aber die neue Welt Gottes und den himmlischen Lohn im Blick haben, wie es bei »Selig seid ihr Gerechten und Auserwählten, denn herrlich wird euer Lohn sein« (*äthHen* 58,2) der Fall ist.

> Jesus haucht der althergebrachten Redeform der Seligpreisung neues Leben ein

Die Seligpreisungen der Bergpredigt entsprechen dem dritten Typus und sind eschatologisch auf das Gottesreich ausgerichtet, wobei die angeführte Seligpreisung aus der äthiopischen Henochapokalypse die unmittelbarste Parallele bietet. Während dort aber genau wie in Ps 41,2 ein Tun-Ergehen-Denken zugrunde liegt, wird dieses in Jesu Seligpreisung der Armen, Trauernden und Hungernden durchbrochen. Er spricht diejenigen selig, von denen es keiner erwartet und die keine Leistung dafür vollbracht haben. Das den Adressaten der Seligpreisung zugesprochene künftige Heil ist nicht die Folge eines Verhaltens, sondern Ausdruck der Gnade Gottes. Matthäus sieht dagegen in den Seligpreisungen primär Anweisungen für christliches Handeln. Während in Jesu Seligpreisung der Armen und Hungernden ursprünglich Menschen in materieller Not mit der Aussicht auf eine paradoxe Umkehr ihres Geschicks am Ende der Tage getröstet werden, versteht Matthäus die Armut und den Hunger im übertragenen Sinne. Mit der Armut im Geiste, für die es in den Qumrantexten Parallelen gibt (*1QM* 14,7), ist wahrscheinlich eine geistige Haltung der Demut gegenüber Gott gemeint, die sich des Angewiesenseins auf Gott bewusst ist und alle Hilfe von ihm erwartet (GNILKA 1986, 135-136). Es geht um Menschen, die Bescheidenheit üben, sich ihrer Grenzen bewusst sind und solches Wissen in einem entsprechenden Verhalten verwirklichen (STRECKER ²1985, 34). Das Hungern und Dürsten nach Gerechtig-

> Ursprünglicher Sinn und mt Verständnis der Seligpreisungen

keit meint ein aktives Eintreten für Gerechtigkeit. Auch die in der matthäischen Tradition neu hinzugekommenen Seligpreisungen formulieren einen ethischen Anspruch, indem sie dazu auffordern, innige Hingabe an das hohe Gut der Sanftmut zu zeigen, Barmherzigkeit gegenüber anderen zu üben, ein reines Herz und somit eine lautere Gesinnung ohne böse Absichten zu haben, konsequent für den Frieden unter den Menschen einzutreten und um der Gerechtigkeit willen Verfolgung zu erdulden. Dieser imperativische Charakter der matthäischen Seligpreisungen wird durch die redaktionelle Anfügung der Bildworte vom Salz der Erde und Licht der Welt (Mt 5,13-16) noch verstärkt.

Didaktische Perspektiven

Die Seligpreisungen kreisen um das Thema Glück und motivieren zur Suche nach den Kennzeichen geglückten Lebens. Zum Einstieg sollten die Schülerinnen und Schüler überlegen, welche Menschen sie als glücklich oder unglücklich bezeichnen würden und was die Gründe dafür sind. Ergänzend können sie eigene Seligpreisungen formulieren oder sich mit Äußerungen wie »Glück ist für mich eine Verkettung von mehreren positiven Zufällen. Gesundheit und Freude gehören für mich dazu, Freunde zu haben, aber auch Geld und oft zu gewinnen« beschäftigen, die fremde Vorstellungen von Glück widerspiegeln (BAUMANN/WERMKE, 2002, 44). In einem nächsten Schritt schließt sich die Auseinandersetzung mit den Seligpreisungen Jesu an, wo paradoxerweise solche Menschen als glücklich gelten, die nach unseren Maßstäben als unglücklich bezeichnet werden. Durch die Konfrontation der eigenen Seligpreisungen oder Glücksvorstellungen mit den Seligpreisungen Jesu lassen sich vertiefte Lernprozesse über die Frage in Gang setzen, was im Leben tatsächlich glücklich macht. Anregungen zu eigenen Wegen ins Glück geben Materialien, anhand derer sich die Schülerinnen und Schüler mit den sechzehn Lebensmotiven, die laut dem Psychologen *Steven Reiss* für den Menschen wirklich wichtig sind, sowie mit Glücksrezepten und Glücksbausteinen auseinandersetzen (THÖMMES ²2008, A 5.8.21). Zudem kann zur Erörterung dessen, ob die Seligpreisungen Jesu heute überhaupt noch eine Bedeutung haben, ein Katalog mit scheinbar zeitgemäßeren »Anti-Seligpreisungen« wie »Unglücklich sind die Armen, denn wer kein Geld hat, hat nichts vom Leben«, »Unglücklich sind die Trauernden, denn was zählt, ist Party und der Spaß am Leben« oder »Unglücklich sind die Sanftmütigen, denn der Schwächere ist der Verlierer« herangezogen werden (ebd., A 47). Speziell anhand der Seligpreisung der Friedensstifter Mt 5,8 können die Schülerinnen und Schüler die Sachkompetenz, dass Frieden und Versöhnung zentrale Vorstellungen der biblischen Tradition sind, und die Sozialkompetenz, Wege der fairen Beendigung von Streit und der Ermöglichung von Versöhnung zu beschreiten, erwerben (FREUDENBERG ⁸2011, 14-29).

Provokative »Anti-Seligpreisungen« regen zur Auseinandersetzung mit dem Thema »Glück« an

■ Schlüsseltext 2: Die »Antithesen« (Mt 5,21-48)

Die Form der Antithese

In den »Antithesen« der Bergpredigt (Mt 5,21-48) entwickelt Jesus seine radikale Ethik im Gegenüber zur Tora. Zunächst wird eine auf alttestamentliche Gesetzesvorschriften Bezug nehmende These vorangestellt, dann mit »Ich aber sage euch« die neue Lehre Jesu präsentiert. Ein betontes »Ich aber sage euch« ohne Bezugnahme auf eine Gegenthese begegnet in weisheitlichen wie apokalyptischen

Schriften des Judentums und in dem Lehrbrief *4QMMT* aus Qumran, wo mutmaßlich der Lehrer der Gerechtigkeit seine Gesetzesauslegung präsentiert (LUZ ⁵2002, 328). Als antithetische Redeform, die sich in Analogie zu den Weisungen Jesu in Mt 5,21-48 explizit von etwas anderem abgrenzt, ist »Ich aber sage euch« auch für rabbinische Schriftgelehrte bezeugt (LOHSE 1973, 75-80). Anders als Jesus rekurrieren diese damit aber nicht auf die Tora selbst, sondern auf die Toraauslegung oder Lehrmeinung anderer Rabbinen.

Die Quellenlage bei den Antithesen stellt sich unterschiedlich dar. Die Antithesen vom Töten, Ehebruch und Schwören sind Sondergut des Matthäus – wobei das Schwurverbot außerhalb der Evangelien eine Parallele im Jakobusbrief (5,12) hat – und wurden von ihm wohl bereits in der vorliegenden Form vorgefunden. Die Worte von der Ehescheidung, der Vergeltung und der Feindesliebe stammen dagegen aus der Spruchquelle Q, ohne dass sie dort bereits antithetisch zur Tora formuliert gewesen wären (Lk 6,27-35; 16,18). Matthäus hat sie durch die antithetische Rahmung formal an die drei Sondergutantithesen angepasst. Die von Matthäus geschaffene Antithesenreihe Mt 5,21-48 untergliedert sich in zwei Dreierblöcke, die beide mit der vollständigen Einleitungsformel »Ihr habt gehört, dass zu den Alten gesagt wurde« einsetzen (Mt 5,21.33), während es danach jeweils verkürzt »Ihr habt gehört, dass gesagt wurde« oder »Es wurde aber gesagt« heißt.

Überlieferung der Antithesen

Der Begriff »Antithesen« ist missverständlich und kann falsche Assoziationen wecken. Mitte des 2. Jh. verfasste der Häretiker Markion ein gleichnamiges Werk, das konfrontierende Gegenüberstellungen von alttestamentlichen und neutestamentlichen Aussagen enthielt. Markion versuchte in seinen »Antithesen« detailliert den Gegensatz zwischen beiden Teilen der Bibel zu begründen und verwarf das Alte Testament ohne Wenn und Aber. Wenn sich für Mt 5,21-48 die durch Markion vorbelastete Bezeichnung »Antithesen« eingebürgert hat, darf dies nicht im Sinne einer Aufhebung des alttestamentlichen Gesetzes oder gar eines Bruchs Jesu mit dem Judentum missverstanden werden. Die Stoßrichtung der Antithesen mit ihrem »Ich aber sage euch« zielt weniger gegen die Tora selbst als gegen deren zeitgenössische Interpretation in der Synagoge. Sie stellen nicht Jesu Wort gegen oder über das Wort des alttestamentlichen Gesetzes, »sondern Jesu Auslegung des in der Tora offenbarten Willens Gottes gegen die Auslegung von Schriftgelehrten und Pharisäern« (KONRADT 2015, 79). Etliche Exegeten schlagen daher vor, den harten Kontrast des »Ich aber sage euch« durch alternative Übersetzungen wie »Ich lege das so aus« oder »Ich nun sage euch« abzumildern (SCHOCKENHOFF 2014, 93-98). Die in Mt 5,21-48 zutage tretende Haltung Jesu zum Mosegesetz ist ambivalent. Bei den Antithesen vom Töten, vom Ehebruch und von der Feindesliebe liegt eindeutig eine Radikalisierung und keinesfalls eine Aufhebung der Tora vor. Jede Art von Zorn wird auf eine Stufe mit dem Töten gerückt, der Ehebruch in Gedanken dem tatsächlichen Ehebruch gleichgestellt und die Nächstenliebe auf die Feindesliebe hin ausgeweitet. In den Antithesen von der Ehescheidung, vom Schwören und von der Vergeltung werden die von der Tora bereitgehaltenen Optionen des Scheidebriefs (Dtn 24,1-4), des Schwörens vor Gericht (Ex 22,9-10; Lev 5,20-26) und der Rächung erlittenen Unrechts (Ex 21,24-25; Lev 24,20; Dtn 19,21) außer Kraft gesetzt, ohne dass Jesus damit den Boden des Judentums verlassen hätte.

Stoßrichtung der Antithesen

Der Begriff »Antithesen« ist vorbelastet und missverständlich

Antithese vom Töten

Die Worte vom Töten (Mt 5,21-26) bilden den Auftakt der Antithesenreihe. Es handelt sich um eine Sondergutantithese, die zumindest im ersten Teil (5,21-22) in dieser Form auf die Verkündigung Jesu zurückgehen dürfte. Die einleitende These zitiert das Verbot des Tötens aus dem Dekalog (Ex 20,13; Dtn 5,17) und verbindet dies mit dem Verweis auf die alttestamentliche Rechtspraxis, nach der jeder, der dagegen verstößt, dem Gericht verfallen ist. Dass Mord mit der Todesstrafe geahndet wird (vgl. Ex 21,12; Lev 24,17), ist den Adressaten der Verkündigung Jesu bekannt und bedarf keiner expliziten Erwähnung. Mit der Antithese liegt eine Verschärfung der Tora vor, da das nicht zum Mord führende Zürnen auf eine Stufe mit dem Töten gestellt wird. Zur provokativen Veranschaulichung dienen zwei Beispiele des sich in eher harmlosen Beleidigungen ausdrückenden Zorns. Die angeführten Beleidigungen, nämlich das in der Lebenswelt Jesu häufig verwendete »Hohlkopf« und das geringfügig schärfere »Narr«, bilden eine Klimax, mit der in den Nachsätzen eine Steigerung der das Fehlverhalten sanktionierenden Gerichtsinstanzen (Synedrion; Höllenfeuer) einhergeht.

> **Auch der Pharisäer Eliezer ben Hyrkanus setzt Hass mit Blutvergießen gleich**

Das Zusammenleben der Menschen gewinnt eine neue Qualität, da nicht nur der Mord, sondern alles aus dem Zorn Hervorgehende, das dem Nächsten schaden könnte, unterbleiben soll. Mit dieser Radikalisierung des Gesetzes tritt Jesus nicht aus dem Rahmen des antiken Judentums heraus. Dass der Zorn etwas Verwerfliches darstellt und göttliche Strafe nach sich ziehen kann, ist Allgemeingut jüdischer Ethik (LUZ ⁵2002, 338-339). Von dem Pharisäer Eliezer ben Hyrkanus ist der Lehrsatz überliefert »Wer seinen Nächsten hasst, siehe, der gehört zu den Blutvergießern« (*Derek Erez* 10). Nach der Mischna hat derjenige, der seinen Nächsten öffentlich beschämt, auch bei Torakenntnis und guten Werken keinen Anteil an der künftigen Welt (*mAb* 3,11). Jesu Lehre ist somit im Rahmen zeitgenössischer jüdischer Unterweisung nichts Neues, gewinnt aber durch die analogielose antithetische Einkleidung an Gewicht und Grundsätzlichkeit. Er formuliert »schärfer und zupackender als die jüdische Paränese, indem er seine Mahnung in die Gestalt eines Rechtssatzes kleidet« (LUZ ⁵2002, 340). Matthäus setzt durch weitere ethische Konkretionen der ersten Antithese neue Akzente. Mit der Anfügung des Sondergutlogions Mt 5,23-24 und der Q-Tradition Mt 5,25-26/Lk 12,58-59 rückt der Gedanke der Versöhnung in den Vordergrund und macht nun das zentrale Anliegen des Abschnitts aus. Dabei geht es einerseits um Beilegung von Streit vor dem Besuch des Gottesdienstes, andererseits um Aussöhnung zur Vermeidung von Gerichtsprozessen.

Antithese vom Ehebruch

Thematisch eng miteinander verbunden sind die zweite und dritte Antithese, die sich um die Sexual- und Ehemoral drehen. Für die Antithese vom Ehebruch Mt 5,27-30 liegt der alttestamentliche Bezugspunkt im sechsten Gebot des Dekalogs »Du sollst nicht ehebrechen« (Ex 20,14/Dtn 5,18). Erneut wird die Tora verschärft, indem bereits der begehrliche Blick als ein Ehebruch in Gedanken verurteilt wird. Dafür gibt es zahlreiche Parallelen im antiken Judentum (LUZ ⁵2002, 351-352; FIEDLER 2006, 137). Am nächsten kommen Mt 5,28 »Wer reinen Verstand in Liebe hat, sieht keiner Frau zum Ehebruch nach« (*TestBenj* 8,2), »Wer eine Frau in (begehrlicher) Absicht anblickt, gilt wie einer, der ihr beiwohnt« (*Kalla* 1) und »Auch der, welcher mit seinen Augen die Ehe bricht, wird Ehebrecher genannt« (*LevR* 23). Untermauert wird das radikalisierte Verbot des Ehebruchs mit der symbolisch gemeinten Forderung, sich lieber von einem einzigen

Körperteil zu trennen, als den gesamten Leib dem Gericht anheimzugeben (Mt 5,29-30). Diese aus Mk 9,43-48 bekannten Jesusworte hat wohl erst Matthäus an die Antithese angehängt.

Die Antithese von der Ehescheidung Mt 5,31-32 bezieht sich auf die alttestamentliche Rechtspraxis des Scheidebriefs. Diesen stellt der Mann aus, wenn er die Ehe beendet, weil er etwas Schändliches an seiner Ehefrau gefunden hat (Dtn 24,1). Der Scheidebrief ist ein für antike Verhältnisse fortschrittliches Instrument, das der rechtlichen wie sozialen Absicherung der vom Ehemann verstoßenen Frau im patriarchalen Gesellschaftssystem dient. Aus neutestamentlicher Zeit ist ein jüdischer Scheidebrief erhalten geblieben (BARRETT/THORNTON, ²1991, 52). In ihm entlässt ein Mann namens Josef seine Frau Mariam aus seiner Verfügungsgewalt, erlaubt ihr eine neue Eheschließung und verpflichtet sich zur Rückgabe der Mitgift. Jesu Worte zur Ehescheidung und zur Heirat einer Geschiedenen sind im Neuen Testament in fünf unterschiedlichen Versionen überliefert (Mt 5,32; Mt 19,9; Mk 10,11-12; Lk 16,18, 1Kor 7,10-11). Bei einem kritischen Vergleich zur Rekonstruktion der Urfassung zeigt sich, dass Matthäus das absolute Scheidungsverbot Jesu durch die Einfügung einer »Unzuchtsklausel« (Mt 5,32; 19,9) aufgeweicht hat. Im antiken Judentum wurde intensiv darüber diskutiert, worin das Schändliche liegt, das nach Dtn 24,1 die Entlassung der Ehefrau durch den Ehemann rechtfertigt. Die Schule Schammais akzeptierte nur unzüchtig erscheinendes Verhalten der Frau als Scheidungsgrund, während es für die Schule Hillels bereits ausreichte, wenn die Frau das Essen hatte anbrennen lassen oder dem Mann nicht mehr schön genug erschien (KIPPENBERG/WEWERS 1979, 188). Wenn die matthäische Gemeinde ausschließlich Unzucht (*porneia*) der Frau als Ehescheidungsgrund akzeptiert, deckt sich dies unter dem Strich mit dem Rechtsverständnis der Schammaiten. Ein gewichtiger Unterschied besteht aber darin, dass für Matthäus die von Jesus gebotene Unauflösbarkeit der Ehe den Ausgangspunkt markiert und um eine Ausnahmeregel ergänzt wird, während die Schule Schammais im Horizont von Dtn 24,1 von der prinzipiellen Möglichkeit der Scheidung her argumentiert, dabei aber mit der Betrachtung von Unzucht als allein legitimem Scheidungsgrund die Hürden höher legt als die Schule Hillels. Jesus kritisiert die von der Tora erlaubte Ausstellung des Scheidebriefs, betont unter Verweis auf die Schöpfungsordnung Gottes die Unverbrüchlichkeit der Ehe und verbietet die Wiederheirat einer geschiedenen Frau. Durch eine Zusammenschau von Gen 1,27 und 2,24 ist für ihn das Zusammenleben von Mann und Frau als eine nach Gottes Willen untrennbare Gemeinschaft qualifiziert (Mk 10,1-9). Was Gott bei der Schöpfung zusammengefügt hat, soll der Mensch nicht auseinanderreißen und eine neuerliche Heirat gilt als Bruch der ersten Ehe. Ein Scheidungsverbot wird unter Verweis auf *11QT* 57,17-19 und *CD* 4,21–5,2 immer wieder auch für die Qumrangemeinde reklamiert. Allerdings schärfen diese Texte nur die Monogamie ein. Eine Ablehnung der Ehescheidung könnte man allenfalls indirekt aus *11QT* 57,18 herauslesen, wo das Verbot einer Zweitfrau mit »denn sie (die erste Frau) allein soll bei ihm sein alle Tage ihres Lebens« begründet wird.

Das Schwurverbot Jesu (Mt 5,33-37) wird in antithetischem Gegenüber zu einem den Alten überlieferten Verbot des Meineids (Lev 19,12; Sach 8,17) und Gebot der Erfüllung einmal geleisteter Eide (Dtn 23,21; Num 30,3; Ps 50,14) formuliert. Ersteres bezieht sich auf assertorische, letzteres auf promissorische Eide. Matthäus dürfte das Schwurverbot bereits in dieser Form vorgefunden haben, doch deutet die Parallele in Jak 5,12 darauf hin, dass die antithetische Rahmung der Worte vom Schwören erst sekundär erfolgte. Als Urfassung des Schwurverbots lässt sich somit ein noch nicht antithetisch gefasster, zweigliedriger Mahnspruch rekonstruieren, der jegliches Schwören, auch Eide bei Himmel, Erde oder Jerusalem, kategorisch untersagte und im Gegenzug zu wahrheitsgemäßer Rede aufforderte. An der Rückführbarkeit des ältesten Überlieferungskerns auf Jesus können kaum Zweifel bestehen (MEIER 2009, 198-206). Das maßgebliche Anliegen des Schwurverbotes Jesu besteht in der Heiligung des Gottesnamens, die jede Form der Beanspruchung Gottes für eidliche Wahrheitsbekräftigungen ausschließt. Dies gilt auch für die im antiken Judentum beliebte Praxis (Philo, *spec. leg* 2,5; *mScheb* 4,13), anstatt bei Gott ersatzweise bei Himmel, Erde oder anderen Erweisen seiner Schöpfung zu schwören. Auch bei solchen Eiden hat man es nach Überzeugung Jesu letztlich mit Gott zu tun und gibt seinen Namen der Gefahr von Entheiligung preis, selbst wenn dieser in der Eidformel nicht unmittelbar Erwähnung findet. Auch wenn das Schwurverbot bei Jesus nicht antithetisch zum Gesetz formuliert war, hat es torakritische Implikationen. Das alttestamentliche Recht kennt eine Reihe von Eiden (HORST 1961, 292-314), und zwar neben Eidesleistungen im Rahmen von Gelübden (Num 30,3-16) auch Reinigungs- oder Depositeneide (Ex 22,9-10; Lev 5,20-26) und Ordal- oder Flucheide (Num 5,11-31). Die Kritik am falschen Schwören und am übermäßigen Gebrauch des Eides sind im antiken Judentum weit verbreitet (KOLLMANN 1996a, 184-188). Den Essenern wird sogar ein Schwurverbot zugeschrieben (Philo, *quod omn. lib.* 84; Joseph., *bell.* 2,135), von dem aber die Eide beim Eintritt in die Gemeinschaft nicht betroffen waren. Jesus war der erste Jude, bei dem die Eidkritik in ein absolutes, vermutlich alle Lebensbereiche umfassendes (KOLLMANN 2001, 20-32) Verbot des Schwörens einmündete. Seine unmittelbarste Parallele hat dies bei Pythagoras, der aus Ehrfurcht vor den Göttern jegliches Schwören untersagt und stattdessen zu unbedingter Wahrhaftigkeit aufgerufen haben soll (Diog. Laert., *vit. phil.* 8,22; Iambl., *vit. Pyth.* 9,47; 28,150).

> Kritik am falschen und inflationären Schwören ist in der Antike weit verbreitet

Bei der Antithese von der Vergeltung (Mt 5,38-42) ist das *ius talionis* »Auge um Auge, Zahn um Zahn« (Ex 21,24-25; Lev 24,20; Dtn 19,21), das die Vergeltung auf das Maß des erlittenen Schadens begrenzt und ungezügelter Blutrache einen Riegel vorschiebt, der als These vorangestellte alttestamentliche Bezugspunkt. In den Tagen Jesu wurde die Vergeltung normalerweise wohl nicht mehr buchstäblich praktiziert, sondern durch finanzielle Entschädigung geregelt: »Wer einen anderen verstümmelt hat, soll dasselbe Glied verlieren, dessen er den anderen beraubt, es sei denn, dass der Verstümmelte sich mit Geldentschädigung zufrieden gibt« (Joseph., *ant.* 4,280; vgl. *bBQ* 83-84). Zu dem Verbot Jesu, Rache oder Vergeltung zu üben, gibt es Parallelen im antiken Judentum (*Sir* 28,1; *slavHen* 50,4). Der um die Zeitenwende herum entstandene jüdische Liebes- und Bekehrungsroman »Josef und Aseneth« formuliert programmatisch den ethischen Leitsatz, dass es gottesfürchtigen Menschen nicht gezieme, Böses mit Bösem zu vergelten (*JosAs* 23,9). Jesus verlangt allerdings nicht nur das Erleiden von Unrecht ohne Gegenwehr und Vergeltung, sondern erhebt zudem die paradoxen Forderungen, dem gewalttätigen Feind auch die andere Backe hinzuhalten, in

> Antithese von der Vergeltung

einem Pfändungsprozess vor Gericht neben dem Untergewand auch freiwillig das Obergewand herzugeben und beim erzwungenen Frondienst das Doppelte des abverlangten Wegs zu gehen (Mt 5,39-41). Das Opfer nimmt das Erlittene nicht stillschweigend hin, sondern wird selbst aktiv, indem es sich provokativ für die Fortsetzung des Unrechts zur Verfügung stellt. Dem Faustrecht des Stärkeren tritt die aktive Kreativität des Schwächeren entgegen (KÖHNLEIN ²2011, 108). Mit dieser paradoxen Gegenprovokation soll das mächtige Gegenüber zur kritischen Hinterfragung seines Handelns und zum Umdenken bewogen werden.

Den ebenfalls erst von Matthäus in antithetische Form gegossenen Worten von der Feindesliebe (Mt 5,43-48) werden als Bezugspunkt das alttestamentliche Gebot der Nächstenliebe (Lev 19,18) und ein Gebot des Feindeshasses, wie es im antiken Judentum allerdings nur für die Essener (Joseph., *bell.* 2,139) bzw. die Qumrangemeinde (*1QS* I,7-11) bezeugt ist, vorangestellt. Während sich der Begriff des Nächsten in Lev 19 auf den Angehörigen der eigenen Volksgemeinschaft und den in Israel lebenden Fremden (19,34) beschränkt, weitet Jesus ihn auch auf den Feind aus. Da es in der Tora kein Gebot des Feindeshasses gibt, liegt in der Antithese von der Feindesliebe keine Aufhebung des Gesetzes, sondern eine Verschärfung des alttestamentlichen Liebesgebotes auf die Feindesliebe hin vor. In vergleichbarer Weise fordern die von weisheitlichem Denken geprägten »Sprüche Salomos« eine von Liebe geprägte Zuwendung gegenüber dem Feind (Prov 25,21) und warnen davon, über dessen Straucheln zu frohlocken (Prov 24,17). Demonstrative Wohltaten gegenüber Feinden und das klaglose Erleiden von Unrecht zählten auch zum Ethos griechischer Philosophen. So verlangt Epiktet vom kynischen Philosophen, dass er sich wie ein Hund treten lassen muss und die ihn tretenden Peiniger auch noch lieben soll (Epict., *diss.* III.22,54). Jesu Mahnung, die Feinde zu lieben und denen, die einen hassen, Gutes zu tun, wird mit dem Verhalten Gottes begründet, der seine Wohltaten wie Sonne und Regen allen Menschen, Gerechten wie Ungerechten, gleichermaßen zukommen lasse (Mt 5,45). In diesem Zusammenhang ergeht ein direkter Aufruf zur Nachahmung der Vollkommenheit Gottes (Mt 5,48). Ganz ähnlich erhebt der stoische Philosoph Seneca die Forderung, in Nachahmung der Götter sogar undankbaren Menschen Wohltaten zu erweisen, da auch über Verbrechern die Sonne aufgehe und auch Seeräubern das Meer offenstehe (Sen., *ben.* IV.26,1). Mit seinen Forderungen will Jesus zudem ein zwischenmenschliches Verhalten durchbrechen, das auf formalisierter Gegenseitigkeit beruht und innerhalb der Grenzen der Gemeinschaft bleibt. Wer nur diejenigen liebt, von denen er auch selbst geliebt wird, tut nichts Besonderes (Mt 5,46-47).

Antithese von der Feindesliebe

Die Kyniker sollen sich wie ein Hund treten lassen und ihre Peiniger auch noch lieben

Mit dem überschriftartig vorangestellten Abschnitt Mt 5,17-20 gibt Matthäus klar die Richtung vor, wie er die Antithesen verstanden wissen will. Jesus ist nicht gekommen, um das Gesetz aufzulösen. Solange Himmel und Erde Bestand haben, wird vom Gesetz kein Häkchen oder Jota vergehen. Matthäus sieht folglich die Antithesen nicht als Gegensatz zum Mosegesetz, sondern als dessen Erfüllung an. Im Unterschied zur unzureichenden Toraauslegung von Pharisäern und Schriftgelehrten erschließt Jesus den vollen Sinn und die tiefere Intention der alttestamentlichen Gebote. In der Befolgung der radikalen Weisungen Jesu manifestiert sich das Tun einer besseren Gerechtigkeit (Mt 5,20), das ein Leitmotiv der matthäischen Ethik ist.

Matthäisches Verständnis der Antithesen

Didaktische Perspektiven der 1., 5. und 6. Antithese

Die Antithesen vom Töten, von der Vergeltung und von der Feindesliebe regen in besonderer Weise zur intensiven Auseinandersetzung mit den Risiken und Chancen der vermeintlich weltfernen Ethik Jesu an, in deren Zentrum das radikalisierte Liebesgebot steht. Als Impuls zum Auftakt eignet sich der Ausschnitt aus dem Film »Der einzige Zeuge« (*Witness*) von 1985, in dem die Identität des bei den Amish People untergetauchten Detective *John Book* (*Harrison Ford*) auffliegt, weil er die provokativen Übergriffe Jugendlicher nicht nach Amish-Art stillschweigend erduldet, sondern knallhart zurückschlägt. Eine andere Möglichkeit des provokativen Einstiegs ist die Betrachtung der Grafik »Dialog Matthäus 5,43-44« (2002) von *Günther Uecker* (Sohns 2012, 3-4), wo die Weisungen zur Feindesliebe von einem blutigen Nagelteppich überzogen sind, der sich als beängstigendes Symbol der Gewalt über das geschriebene Wort legt. Die Überzeugung Luthers, dass das Verbot der Vergeltung dann seine Gültigkeit verliert, wenn es um den Schutz des Schwächeren vor Willkür und Gewalt geht, lässt sich plastisch mit Hilfe der Karikatur »Auch Sanftmut hat Grenzen« (Plauen ⁵2018, 117) aus der »Vater und Sohn«-Reihe von *Erich Ohser* alias *e.o. plauen* in das Unterrichtsgeschehen einbringen. Vertiefte Zugänge zu den Themen Liebe und Gewaltverzicht eröffnen sich durch den Song »Where is the love?« (2003) von den

e.o. plauen, »Auch Sanftmut hat Grenzen«

Black Eyed Peas (BÖHM/BUSCHMANN ³2006, 235-258). Spannende Einblicke in den zeitgeschichtlichen Kontext von Mt 5,21-26.38-48 gewährt die narrative Exegese im Kapitel »Terror und Feindesliebe« des Jesusromans »Der Schatten des Galiläers« (THEISSEN [20]2007, 123-137), wo Jesu Liebesbotschaft vor dem Hintergrund der zelotischen Bewegung entfaltet wird, die den Feindeshass predigte und den bewaffneten Befreiungskampf gegen die Römer betrieb. Im Hinblick auf die Antithese vom Töten lässt sich im Unterricht anhand konkreter Konfliktthemen wie »Dürfen Christen in den Polizeidienst eintreten?« und »Dürfen Christen Wehrdienst leisten oder sogar Berufssoldat werden?« ein Streitgespräch darüber in Gang setzen, inwieweit das lutherische oder das wörtliche Auslegungsmodell den sachgemäßeren Umgang mit der Bergpredigt darstellt. Für die Frage nach der politischen Kraft und Umsetzbarkeit der Bergpredigt kann im Rahmen eines ethischen Lernens an Vorbildern deren Rezeption bei prominenten Gestalten der Weltgeschichte wie *Leo Tolstoi*, *Mahatma Gandhi* und *Martin Luther King* unter die Lupe genommen werden.

Die Antithese vom Ehebruch bietet in höheren Jahrgangsstufen eine gute Ausgangsbasis für Unterrichtsgespräche über das Problem der sexuellen Treue in Liebesbeziehungen, die für Jugendliche ein essenzielles Thema darstellt. Nach der Shell Jugendstudie von 2015 halten 93 Prozent der befragten Jugendlichen und jungen Erwachsenen im Alter zwischen 12 und 25 Jahren es für wichtig, einen Partner zu haben, dem man vertrauen kann (GENSICKE 2015, 239). Vor diesem Hintergrund geben Jesu Worte vom Ehebruch wichtige Impulse zur Förderung der eigenständigen ethischen Urteilsfähigkeit, welche Werte auf dem Feld der Liebesbeziehungen im Horizont eines radikalen Wandels der gesellschaftlichen Sexualmoral Gültigkeit beanspruchen und das Handeln bestimmen können. Die Antithese von der Ehescheidung spielt eine wichtige Rolle, wenn in der Sekundarstufe II über die Verbindlichkeit von Ehe und Familie nachgedacht wird. Dabei sind neben biblischen Texten zur Eheethik auch amtliche Statistiken zu Lebensformen, Familienstrukturen und zur Scheidungsrate heranzuziehen, um für die Spannung zwischen den Erwartungen, die an Ehe und Familie geknüpft werden, und den enormen gesellschaftlichen Belastungen, denen beide Größen heute ausgesetzt sind, zu sensibilisieren (GRETHLEIN 2006, 264-265). In diesem Zusammenhang kommt auch dem Gespräch über die Vereinbarkeit von Ehe und Beruf und über die Geschlechterrollen Bedeutung zu. Zudem sollte die unterschiedliche Bewertung der Ehescheidung in der protestantischen und in der römisch-katholischen Ethik einschließlich der sich daraus ergebenden kirchenrechtlichen Konsequenzen, etwa im Hinblick auf die Zulassung zur Eucharistie, Gegenstand der Diskussion sein. Dazu können die Schülerinnen und Schüler Meinungen und Haltungen aus dem Internet und aus Zeitungen oder Zeitschriften zusammentragen.

Die Antithese vom Schwören eignet sich als Ausgangspunkt zur Erörterung des Problems, ob gläubige Christen guten Gewissens den Zeugeneid vor Gericht, den Diensteid bei der Verbeamtung oder den Fahneneid beim Eintritt in die Bundeswehr leisten dürfen. In diesem Zusammenhang können sich die Schülerinnen und Schüler beispielsweise in Form einer Internetrecherche mit der Tatsache vertraut machen, dass die einschlägigen deutschen Rechtsvorschriften (§ 64-65 Strafprozessordnung; § 64 Bundesbeamtengesetz; § 9 Soldatengesetz) vor dem

Marginalien: Didaktische Perspektiven der 2. und 3. Antithese

> 93 Prozent der Jugendlichen ist es wichtig, dem Partner vertrauen zu können

Didaktische Perspektiven der 4. Antithese

Hintergrund religiöser Vorbehalte gegenüber dem Schwören alternativ zum Eid mit Gottesbezug auch Eidesformeln ohne Nennung Gottes und sogar Beteuerungsformeln ohne die Worte »Ich schwöre« vorsehen. Zur Auseinandersetzung mit der Problematik und zweifelhaften Aussagekraft des Schwörens im Alltag bietet sich ein kritischer Vergleich des Schwurverbots der Bergpredigt mit dem Song »I swear« (1994) von *All-4-One* an, wobei nicht zuletzt der Kontrast der Songzeile »And I swear by the moon and the stars in the sky ...« zu Jesu »Schwört überhaupt nicht, auch nicht beim Himmel ...« hervorsticht.

■ Schlüsseltext 3: Das Vaterunser (Mt 6,9-13)

Der Gemeindekatechismus Mt 6,1-18

Das Vaterunser begegnet in der Bergpredigt als Mittelstück einer dreistrophigen Komposition (Mt 6,1-18), die eine Zusammenstellung von Jesusworten zu Almosen, Beten und Fasten bietet. Der Grundtenor der Texteinheit lautet, dass diese Frömmigkeitswerke im Verborgenen geschehen sollen. In scharfer Abgrenzung von zeitgenössischer jüdischer Frömmigkeitspraxis wird einleitend jeweils das negative Beispiel der »Heuchler«, mit denen die Bewegung der Pharisäer bzw. das pharisäisch geprägte Judentum im Umfeld der matthäischen Gemeinde gemeint sind, vorangestellt und polemisch überzeichnet. Die »Heuchler« werden mit dem Vorwurf bedacht, die Frömmigkeitsübungen in aller Öffentlichkeit zu vollziehen und mit dieser Zurschaustellung primär auf soziale Anerkennung bedacht zu sein. Die Weisung zum richtigen Beten, das in einem von der Straße nicht einsehbaren Raum des Hauses erfolgen soll, grenzt sich zudem polemisch vom »Plappergebet« der Heiden ab, womit wohl auf die für viele heidnische Gebete charakteristische Aneinanderreihung unterschiedlichster Götterbezeichnungen und Beschwörungsformeln angespielt wird. Im Kern liegt Mt 6,1-18 ein katechetisches Lehrstück der matthäischen Gemeinde zugrunde. Matthäus hat dessen Einleitung geschaffen (Mt 6,1), an die Worte vom Beten das Vaterunser angefügt (6,9-13) und die darin enthaltene Aussage zur Sündenvergebung redaktionell verstärkt (6,14-15).

Die Frömmigkeitspraxis der Pharisäer wird polemisch überzeichnet

Aufbau und Urform des Vaterunser

Als vorbildhaftes Beispiel für richtiges Beten und positives Gegenstück zum Plappergebet der Heiden wird in Mt 6,9-13 das Vaterunser eingeführt. Dieses Gebet stammt aus der Spruchquelle Q und liegt in Lk 11,2-4 (»Vater! Geheiligt werde dein Name. Es komme dein Reich. Unser tägliches Brot gib uns Tag für Tag und vergib uns unsere Sünden; denn auch wir vergeben dem, der uns schuldet. Und führe uns nicht in Versuchung«), was die Zahl der Bitten angeht, in ursprünglicherer Form vor. Gegenüber dieser Urform wurde das Vater-Gebet in der matthäischen Gemeinde um die Bitte »Dein Wille geschehe« erweitert, womit sich ein kunstvoller Aufbau von drei Du-Bitten und drei Wir-Bitten ergibt. Im ersten Teil erweist das Vaterunser Gott die Ehre, im zweiten Teil thematisiert es allgemeine Sehnsüchte und Wünsche der Menschen in zeitlos gültiger Form. Zuweilen fasst man »sondern erlöse uns von dem Bösen« (Mt 6,13b) als eigene Bitte auf und sieht das Vaterunser durch eine Aneinanderreihung von insgesamt sieben Bitten gekennzeichnet (GNILKA 1986, 212; ZEILINGER 2002, 137-139). Bei genauerer Betrachtung zeigt sich allerdings, dass Mt 6,13b keine neue Bitte bietet, sondern eine positiv formulierte Ergänzung der sechsten Bitte »Führe uns nicht in Versuchung« darstellt. Das Vatergebet war ursprünglich auf Aramäisch formuliert und geht im Kern auf den historischen Jesus zurück, wobei Lukas zwar im Blick auf die Zahl der Bitten, Matthäus aber im Blick auf deren Wortlaut der Urfassung am nächsten steht. Die Schlussdoxologie »Denn dein ist das Reich und die Kraft und die Herrlichkeit in Ewigkeit. Amen« ist ein von 1Chron 29,11-13 inspirierter Nachtrag, der in den ältesten Handschriften des Matthäusevangeliums fehlt, allerdings schon um 100 n. Chr. in der Didache, einer christlichen Kirchenordnung, als Abschluss des Vaterunsers begegnet (*Did* 8,2).

Das Vaterunser berührt sich in vielfältiger Weise mit zeitgenössischen jüdischen Gebeten (LOHSE 2011, 16-29) und wurde von *Pinchas Lapide* zu Recht als eine Art »Blütenlese aus dem Gebetbuch der Synagoge« betrachtet (LAPIDE 1986, 52), wobei allerdings auch zentrale Topoi jüdischer Gemeindegebete, insbesondere die Erwähnung Israels oder der Patriarchen und eine nationale Färbung der Bitten, fehlen. Enge Parallelen bestehen zum aramäischen *Qaddisch* (Segensgebet) und zum hebräischen *Schemone Esre* (Achtzehngebet), die allerdings nur in Textformen aus rabbinischer bzw. mittelalterlicher Zeit vorliegen und von denen man nicht weiß, in welchem exakten Wortlaut sie bereits zur Zeit Jesu ausgeprägt waren. Die Bitte um Heiligung des Namens Gottes und die Bitte um das Kommen der Gottesherrschaft begegnen auch im Qaddisch-Gebet in enger Verbindung. Das Qaddischgebet könnte Jesus von früh auf bekannt gewesen sein und ihn zu den beiden Anfangsbitten des Vaterunsers inspiriert haben. Im jüdischen Achtzehngebet finden sich dem Vaterunser vergleichbare Bitten um Sündenvergebung und Sättigung der gesamten Welt. In jüngerer Zeit sind verstärkt Gebetstexte in den Fokus gerückt, die Rückschlüsse auf die private Gebetspraxis im palästinischen Judentum der Zeitenwende erlauben und ebenfalls inhaltliche Parallelen zu einzelnen Bitten des Vaterunsers aufweisen (FREY 2016, 5-10). So enthält das Gebet Levis aus Qumran (*4Q213a*) sowohl die Bitte um Vergebung als auch die Bitte um ein Fernhalten des Satans und das Gebet Tobits (*Tob* 13,1-18) spricht Gott als unseren Vater an, dessen Königtum gepriesen sei und auf dessen Erbarmen die umkehrwilligen Sünder hoffen dürfen. Als zentrales Gebet der Christenheit dokumentiert das Vaterunser Jesu in besonderer Weise die Verbundenheit von Juden und Christen, die mit weithin ähnlichen Worten den Gott der Väter und Mütter anrufen.

> Vergleich mit jüdischen Gebeten

> Das Vaterunser ist eine »Blütenlese« aus dem Gebetbuch der Synagoge

In der Urform des Gebets Jesu liegt der Anrufung Gottes als Vater das aramäische *abba* zugrunde (vgl. Mk 14,36). Die schon aus dem Alten Testament (Jes 63,16) bekannte Anrede Gottes als »Vater« oder »unser Vater« ist im antiken Judentum nicht ungewöhnlich und begegnet sowohl in öffentlichen Gebeten wie dem *Schemone Esre* (Achtzehngebet) als auch in Privatgebeten aus Qumran (LOHSE 2011, 30-34). Allerdings werden dafür in der Regel die hebräischen Worte *abi* oder *abinu* gewählt. Nach dem Babylonischen Talmud sollen der Regenmacher Choni (1. Jh. v. Chr.) und sein Enkel Chanan Gott direkt bzw. indirekt als *abba* bezeichnet haben (*bTaan* 23a-b), doch handelt es sich dabei um spätere Tradition, die in der Mischna (*mTaan* 3,8) noch nicht vorkommt. Die Bezeichnung Gottes als *abba* ist damit vor Jesus nicht belegt. Die frühen christlichen Gemeinden haben in ihr etwas Besonderes gesehen und *abba* als gottesdienstlichen Gebetsruf in die griechischsprachige Liturgie übernommen (Gal 4,6; Röm 8,15). Die lange Zeit einflussreiche These von *Joachim Jeremias*, das Wort *abba* sei ein

> Anrede Gottes als Vater

intimer Kosename aus der Kindersprache und Jesus hebe sich durch eine besonders liebevolle Gottesanrede in einzigartiger Weise von einer ehrfürchtig-distanzierten Betrachtung Gottes im zeitgenössischen Judentum ab, lässt sich allerdings nicht aufrechterhalten (TÖNGES 2003; SCHELBERT 2011; FREY 2016, 10-16). Der von Jesus als *abba* angesprochene Schöpfergott wurde allgemein im antiken Judentum als liebevoller und fürsorglicher Vater betrachtet.

<small>Bedeutung der drei Du-Bitten</small>

Im ersten Teil des Vaterunsers geht es um die Belange Gottes. Das Gebet setzt mit der Bitte um Heiligung des Gottesnamens ein. Da »Geheiligt werde dein Name« ein *Passivum Divinum* darstellt, ist in erster Linie an Gott als Subjekt seiner Namensverherrlichung, sei es schon hier und jetzt in der Geschichte oder sei es am Ende der Tage (vgl. Ez 38,23), gedacht. Die Bitte ist allerdings derart knapp und allgemein formuliert, dass auch die Heiligung des Gottesnamens durch das Handeln der Menschen mit im Blick sein dürfte (LUZ ^{5}2002, 444-447). Die zweite Bitte thematisiert den in der jüdischen Apokalyptik erwarteten Anbruch der neuen Welt Gottes. Während das Vaterunser das Kommen der Herrschaft Gottes erbittet und sie als noch ausstehende Größe betrachtet, ist an anderen Stellen im Munde Jesu von ihrer Nähe oder sogar Gegenwart die Rede (Mk 1,15; Lk 10,9/Mt 10,7; Lk 17,21). Dabei handelt es sich nicht um einen Widerspruch. Das Kommen der Herrschaft Gottes ist für Jesus ein dynamischer Prozess, der mit dem Gericht an dem Satan (Lk 10,18; Mk 3,27) begonnen hat und sich in einer Art Automatismus Durchsetzung verschaffen wird, wie beispielsweise das Doppelgleichnis vom Senfkorn und vom Sauerteig veranschaulicht (Mt 13,31-33/Lk 13,18-21). Das Neue hat bereits inmitten der alten Welt Gestalt angenommen. Die dritte Bitte richtet sich auf die Hoffnung, dass alles nach Gottes Willen geschehe. Wie es im Himmel schon der Fall ist, so soll auch auf Erden jeder etwaige Widerstand gebrochen werden, um der ungehinderten Wirksamkeit des Willens Gottes Bahn zu schaffen.

> Die Heiligung des Namens Gottes kann durch ihn selbst oder durch die Menschen erfolgen

<small>Bedeutung der drei Wir-Bitten</small>

Der zweite Teil des Vaterunsers artikuliert in prägnanter Kürze die materiellen und geistlichen Grundbedürfnisse des Menschen, wobei die Brotbitte den Anfang macht. Da Brot in der Lebenswelt Jesu das Hauptnahrungsmittel darstellte, geht es in der vierten Bitte um den Lebensunterhalt schlechthin. Dem Brot ist das Adjektiv *epiousios* zur Seite gestellt, für das es keine von Mt 6,10/Lk 11,3 unabhängigen Belege in der antiken Literatur gibt. Von den etymologischen Theorien zu diesem Begriff, der von den Tradenten der Logienquelle bei der Übersetzung des Vatergebets ins Griechische geprägt wurde, ist die Ableitung aus *hē epiousa* (der kommende Tag) die wahrscheinlichste (LUZ ^{5}2002, 449-451). Das Adjektiv meint also die für den nachfolgenden Tag notwendige Ration, so dass wörtlich »Unser Brot für morgen gib uns heute« zu übersetzen wäre. In der Brotbitte spiegelt sich das Vertrauen Jesu auf die Fürsorge Gottes wider, der das für den morgigen Tag zum Leben Notwendige gewähren wird. Die fünfte Bitte kreist um die Vergebung von Schuld (Mt 6,11), während Lukas von Sünden spricht (Lk 11,4). Die Bitte um Schuldvergebung ist auch in zeitgenössischen jüdischen Gebeten allgegenwärtig. Im Vaterunser wird sie um den Nachsatz »wie auch wir sie unseren Schuldnern vergeben haben« ergänzt. Der aus der göttlichen Vergebung lebende Mensch steht in der Pflicht, diese Vergebung seinerseits weiterzugeben. Zur Illustration kann das Gleichnis vom Schalksknecht (Mt 18,21-35) dienen, mit dem Jesus eine Art »Grundgesetz der Gottesherrschaft« (BECKER 1995, 397) formuliert. Wer selbst Gottes überwältigende Liebe und grenzenlose Vergebung erfahren hat, kann anderen nicht Liebe und Vergebung verweigern. Abgeschlossen wird das Vaterunser durch die Doppelbitte, dass Gott die Menschen nicht in Versuchung führe, sondern von dem Bösen erlöse. Das von den deutschen Bibeln mit »Versuchung« wiedergegebene griechische Wort *peirasmos* hat auch die Bedeutung »Prüfung«. Dass Gott die Gläubigen auf die Probe stellt und prüft, ist im biblischen Kontext eine vertraute Vorstellung (vgl. Gen 22,1). Die Bitte spiegelt die Furcht wider, bei der Prüfung durch Gott von den Mächten des Bösen zu falschen Handlungen verleitet zu werden. Im Bewusstsein der eigenen Schwäche wird Gott angerufen, den Menschen nicht in Situationen zu führen, die ihn überfordern könnten. Der zweite Teil der Bitte stellt die positiv gefasste Entsprechung zum ersten Teil dar. Grammatikalisch kann die Wendung »vom Bösen« (*toū ponēroū*) im griechischen Urtext genau wie im Deutschen sowohl im Neutrum (das Böse) als auch im Maskulinum (der Böse) gemeint sein. Entweder wird allgemein um die Erlösung von allem Schlechten und Verhängnisvollen gebeten oder die Aussage zielt ganz konkret auf die Vernichtung des Satans ab, der an anderen Stellen des Matthäusevangeliums als der Böse (Mt 13,18) und der Versucher (4,3) begegnet.

Für Matthäus ist es besonders wichtig, die von Gott empfangene Vergebung an andere weiterzugeben. Bereits im Vaterunser selbst fällt die Vergebungsbitte aus dem Rahmen, da sie als einzige Bitte durch einen Nebensatz (»wie auch wir unseren Schuldnern vergeben haben« Mt 6,12/»denn auch wir vergeben dem, der uns schuldet« Lk 11,4) fortgeführt wird. Die Erfahrung von Vergebung durch Gott ist demnach untrennbar mit der Gewährung von Vergebung gegenüber anderen Menschen verbunden. Nach Abschluss des Vaterunsers nimmt Matthäus allein die Vergebungsbitte nochmals auf (Mt 6,14-15), um das Mt 6,12 angesprochene Korrespondenzverhältnis zwischen menschlichem und göttlichem Vergebungshandeln in Form eines zweigliedrigen Bedingungssatzes zu präzisieren. Nur wenn man anderen Menschen ihre Fehltritte vergibt, kann man sich der göttlichen Vergebung gewiss sein; wenn man dies nicht tut, bleibt einem dagegen die Vergebung durch Gott vorenthalten.

Matthäisches Verständnis des Vaterunser

Göttliche Vergebung ist an menschliche Vergebungsbereitschaft gebunden

Bei der Thematisierung des Vaterunsers im Religionsunterricht ist die Wahrnehmung empirischer Erkenntnisse zum Gottesbild und Gebetskonzept von Kindern und Jugendlichen (vgl. TAMMINEN 1993, 223-258; RITTER 1999, 81; BÜTTNER/DIETERICH 2013, 41-46) hilfreich. Gebete werden von Kindern und Jugendlichen überwiegend als Bittgebete und persönlicher Dialog mit Gott verstanden. Der Glaube an die Wirkung von Gebeten geht mit ansteigendem Alter zurück, wobei eine Entwicklung von einem magischen, an äußeren Dingen orientierten Gebetsverständnis im Kindesalter hin zu einem symbolisch ausgerichteten Gebetsverständnis im Jugendalter zu beobachten ist. Zudem werden eigensüchtige oder moralisch zweifelhafte Bitten und Wünsche von den Heranwachsenden zunehmend als unangemessen für das Gebet betrachtet und treten in den Hintergrund. Bei Kindern in der Schuleingangsphase dominiert ein magisches Verständnis, das einen Automatismus zwischen dem Gebet und seiner erhofften Wirkung annimmt. Gott kann und tut alles. Ab dem ausgehenden Grundschulalter betrachten Kinder Gott als Gegenüber, mit dem man ver-

Empirische Studien zum Gebetskonzept Heranwachsender

handeln und auf den man mit dem Gebet als Kommunikationsmittel einwirken kann. Sie setzen darauf, den nach wie vor als allmächtig gedachten Gott mit ihren Bitten zum Helfen zu bewegen. Im Jugendalter bildet sich eine reservierte und eher skeptische Haltung zur Gebetserhörung heraus, ohne dass damit zwangsläufig die Bedeutung des Gebets an sich in Frage gestellt würde. Insgesamt ist allerdings, wie oben bereits unter Verweis auf die Shell Jugendstudie 2015 dargelegt wurde, die Gebetspraxis Jugendlicher und junger Erwachsener stark rückläufig.

Didaktische Anknüpfungspunkte in der Primarstufe

Im Religionsunterricht stellt sich die Frage, wie sich das Vaterunser mit den Gedanken, Gefühlen und Erfahrungen der Schülerinnen und Schüler verbindet. In der Primarstufe sollten die Kinder das Vaterunser als Grundgebet der Christenheit kennenlernen und sich mit seinen Bitten auseinandersetzen. Zur Hinführung eignen sich Arbeitsblätter mit den Überschriften »Du fragst: Wo ist Gott?«, »Du fragst: Warum kann ich Gott nicht sehen?« und »Du fragst: Wie kann ich mit Gott sprechen?«, wobei die Kinder zu den Fragen jeweils ein Bild malen und eine Antwort formulieren. Ein weiteres Arbeitsblatt mit der Überschrift: »Du fragst: Was kann ich zu Gott sagen, wenn mir die Worte fehlen?« leitet dann direkt zum Vaterunser über (OBERTHÜR 2015, 22-27). Danach können

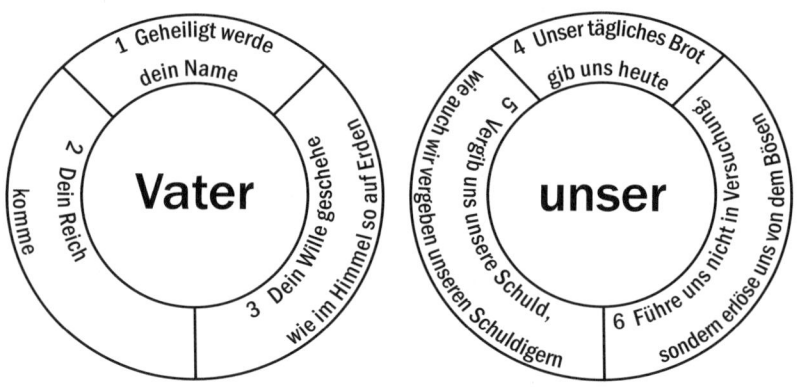

die Kinder Puzzleteile mit Textbausteinen des Vaterunsers auf ein Arbeitsblatt kleben, das in Form zweier getrennter Kreise bereits für die Unterteilung des Gebets in drei Du-Bitten und drei Wir-Bitten sensibilisiert. In einem nächsten Unterrichtsschritt sollte im gemeinsamen Gespräch mit den Kindern der theologische Hintergrund der einzelnen Bitten ausgeleuchtet (ebd., 24-25) und der konkrete Lebensbezug des Vaterunsers über Fragen wie »Wie kommt Gottes Willen bei uns an?«, »Was machen die täglichen Sorgen um die Sicherung unseres Lebens aus uns?« oder »Wie können wir mit Schuld umgehen?« erörtert werden (SPAETH 2014, 503). Ein weiteres wichtiges Thema ist der Spannungsbogen von Ansprechbarkeit und gleichzeitiger Unverfügbarkeit Gottes. Am Schluss der Unterrichtseinheit kann die Anfertigung eines eigenen Vaterunser-Büchleins stehen. Das Titelblatt besteht aus einer Hausfront mit Tür und Fenster, in die der Text des Vaterunsers hineingeschrieben wird. Es folgen Einzelblätter, die der inhaltlichen Erarbeitung der Anrede »Vater«, der einzelnen Bitten und der Schlussdoxologie gewidmet sind (FREUDENBERG ⁶1999, 133-149).

In der Sekundarstufe I können die Schülerinnen und Schüler den Aufbau des Vaterunsers grafisch darstellen, nach konkreten Beispielen für die einzelnen Bitten suchen, sie kreativ als Gemälde, Text- oder Bildcollage gestalten und das Gebet umformulieren (SOHNS 2002, 19). Zur Vertiefung der Gebetsthematik eignet sich der Popsong »If God was one of us« (1995) von *Joan Osborne*, in dem ein erstaunlich unbefangenes Reden von Gott zahlreichen offenen Fragen und einer nicht zu übersehenden Distanz zu traditionellen Gottesvorstellungen gegenübersteht (MÜLLER 2009, 108). Nachdem die Jugendlichen sich mit zentralen Fragen des Songs (»If God had a name what would it be? If God had a face what would it look like?«) auseinandergesetzt haben, können sie unter Einbeziehung von Mt 6,9-13 in das theologische Gespräch darüber verwickelt werden, ob die Bezeichnung »Vater« ein tragfähiger Name für Gott ist und welche Aussagekraft dem Refrain »God is great, yeah, yeah, God is good« vor dem Hintergrund der einzelnen Bitten des Vaterunsers und deren Erhörung zukommt. In der Sekundarstufe II bietet sich im Rahmen interreligiösen Lernens ein Vergleich des Vaterunsers und der christlichen Gebetspraxis mit den zentralen Gebeten und der Gebetspraxis des Judentums und Islams an. Zur Auseinandersetzung mit der höchst kontrovers diskutierten Frage, ob Christen und Muslime bei Begegnungen nur »nebeneinander« (multireligiös) oder auch »miteinander« (interreligiös) beten können, geben Verlautbarungen der beiden großen christlichen Kirchen (Handreichung des Rates der EKD »Zusammenleben mit Muslimen in Deutschland – Gestaltung der christlichen Begegnung mit Muslimen« von 2000; Handreichung der deutschen Bischöfe »Leitlinien für das Gebet bei Treffen von Christen, Juden und Muslimen« von 2008) zahlreiche Anregungen.

Didaktische Anknüpfungspunkte in der Sekundarstufe I/II

Der Song »If God was one of us« stellt existenzielle theologische Fragen

■ Schlüsseltext 4: Die Goldene Regel (Mt 7,12)

Der Begriff »Golden Rule« bzw. »Goldene Regel« hat sich im 18. Jh. als Bezeichnung eines bereits in der Antike allgemein verbreiteten und auch von Jesus gelehrten ethischen Axioms etabliert, das im Kern auf die Forderung hinausläuft, andere so zu behandeln, wie man von ihnen behandelt zu werden wünscht (WATTLES 1996, 15-26). Die Goldene Regel Jesu war Bestandteil der Spruchquelle Q und ist von dort in das Matthäusevangelium wie das Lukasevangelium eingeflossen. Bei Matthäus steht die Goldene Regel am Ende des Hauptteils der Bergpredigt und gilt zugleich als Summe von Gesetz wie Propheten (Mt 7,12), bei Lukas ist sie ohne diesen Bezug auf das Alte Testament in die Sprüche von der Feindesliebe und der Wiedervergeltung integriert (Lk 6,31). In der Forschung herrscht ein weitgehender Konsens darüber, dass Lukas sowohl den Wortlaut als auch die Kontextstellung der Goldenen Regel in der Spruchquelle weitestgehend authentisch bewahrt hat, während Matthäus sie in aus ihrem ursprünglichen Zusammenhang löste und mit dem erweiternden Zusatz »Denn dies ist das Gesetz und die Propheten« versehen hat.

Terminologie und Überlieferungsbefund

Die Goldene Regel stellte in der Antike als formalethisches Prinzip, das an die Erfahrung anknüpft und sich der allgemeinen Zustimmung gewiss sein darf, einen festen Bestandteil des Denkens dar. Während sie in der negativen Formu-

Allgemeine Verbreitung der Goldenen Regel

lierung auf das Unterlassen solcher Handlungen abzielt, fordert sie in der positiven Formulierung ein aktives Initiativhandeln zugunsten anderer Menschen ein. Schon Konfuzius (551-479 v. Chr.) soll auf die Frage nach einer Richtschnur des ethischen Handelns, die für das ganze Leben Gültigkeit habe, geantwortet haben: »Die Rücksichtnahme. Was du selbst nicht willst, das tue auch keinem anderen.« In der griechischen Literatur ist die Goldene Regel erstmals bei Herodot (5. Jh. v. Chr.) bezeugt, der sie mehrfach in der negativen Fassung bietet. König Maiandros verkündigt beim Antritt seiner Herrschaft »Was mir an anderen missfällt, will ich möglichst auch selbst nicht tun« (Hdt., *hist.* 3,142), eine ähnliche Aussage wird dem Perserkönig Xerxes zugeschrieben (*hist.* 7,136). Die ältesten Belege für die positive Fassung der Goldenen Regel finden sich bei Isokrates, der im frühen 4. Jh. v. Chr. in Athen eine Rhetorikschule gründete. Er überliefert von König Nikokles aus dessen Rede an die Zyprioten die Worte »Verhaltet euch anderen gegenüber so, wie ihr es von mir euch gegenüber erwartet« (Isocr., *Nic.* 49) und rühmt an den Athenern deren feste Überzeugung, »den Schwächeren gegenüber die gleiche Haltung einnehmen zu müssen, wie sie es von den Stärkeren ihnen selbst gegenüber erwarteten« (Isocr., *pan.* 81). In der Folgezeit erfreute sich die Goldene Regel in der griechischen und später auch lateinischen Literatur in negativer wie positiver Fassung größter Beliebtheit.

Jüdische Parallelen

Auch im antiken Judentum war die Goldene Regel, lange bevor Jesus sie aufgriff, unter hellenistischem Einfluss sowohl in negativer als auch in positiver Form bekannt. Sie erweist sich »als eine aus dem Griechischen stammende, aber begierig angenommene und innerhalb kürzester Frist fest eingebürgerte Neuerung« (DIHLE 1962, 84). Der vermutlich älteste jüdische Beleg findet sich um 200 v. Chr. in der Abschiedsrede Tobits an Tobias (*Tob* 4,3-21). Zu den grundlegenden Lebenslehren, die Tobit im Angesicht des Todes seinem Sohn als letztes Vermächtnis einschärft, zählt die Weisung »Und was du verabscheust, tue keinem anderen an« (4,15). In der hebräischen Urfassung des Sirachbuchs klingt in der Goldenen Regel das Gebot der Nächstenliebe mit an: »Erkenne, dass dein Nächster ist wie du, und alles, was du hasst, das bedenke« (*Sir* 31,15). Im Targum, der aramäischen Übersetzung der Hebräischen Bibel, dient die negative Formulierung der Goldenen Regel ausdrücklich der Erläuterung des Liebesgebots Lev 19,18. Im hebräischen Testament des Naphtali begegnet die Goldene Regel geradezu als Teil der Schöpfungsordnung, indem davon die Rede ist, dass Gott die Welt schuf, damit alle Kreaturen ihn fürchten sollen und »keiner dem Nächsten (etwas) tue, von dem er nicht will, dass man ihm tue« (*TestNapht* 1,6). Philo rechnet die Goldene Regel »Was einer zu erleiden hasst, soll er selbst nicht tun« zu den ungeschriebenen Gesetzen bzw. den in der Tora implizit enthaltenen Bestimmungen (*hyp.* 7,6). Bei Pseudo-Menander begegnet die negative Form der Goldenen Regel im Kontext der Verbote des Ehebruchs und des Stehlens (Ps.Men., *sent.* 39-40). Von dem pharisäischen Gesetzeslehrer Hillel ist überliefert, dass ein am Übertritt zum Judentum interessierter Heide mit dem Wunsch an ihn herantrat, die gesamte Tora zu lernen, so lange er auf einem Bein stehen könne. Hillel lehrte ihn die ethische Maxime »Was dir verhasst ist, das tue deinem Nächsten nicht« als Summe der Tora (*bSchab* 31a). Auch für die positive Form der Goldenen Regel gibt es Belege

> Die Goldene Regel war im antiken Judentum in negativer wie auch positiver Form bekannt

im antiken Judentum, und zwar im Aristeasbrief («Wenn du nichts Schlechtes erleiden, sondern an allen Gütern teilhaben willst, [so folgst du der Lehre der Weisheit] wenn du ebenso gegen die Untergebenen handelst und die Missetäter wie die anständigen Leute milde zurechtweist. Denn auch Gott führt alle Menschen mit Milde« [*EpArist* 207]) und in der armenischen Fassung der Achikargeschichte (»Was immer du willst, dass es dir die Menschen tun, so tue du allen« [B 53]).

Die Goldene Regel sieht sich immer wieder scharfer Kritik ausgesetzt. *Immanuel Kant* (1724-1804) fällte in seiner »Grundlegung zur Metaphysik der Sitten« das vernichtende Urteil, das »Was du nicht willst, das man dir tu'...« atme den Geist der Trivialität und komme als Richtschnur des sittlichen Handelns nicht in Betracht (KANT 1999, 56). Nachhaltig untermauert wurde das negative Image der Goldenen Regel durch die einflussreiche Studie des Altphilologen *Albrecht Dihle*, der in der negativen wie auch positiven Form der Goldenen Regel die Maxime einer vom archaischen Vergeltungsdenken bestimmten Vulgärethik sah, die streng genommen zur höher entwickelten Ethik im Widerspruch stehe und sowohl in der antiken Philosophie als auch im frühen Christentum durch das Liebesgebot überwunden worden sei (DIHLE 1962, 80-82). Die Goldene Regel wird damit einer primitiven Stufe des sittlichen Bewusstseins zugeordnet und als Maxime betrachtet, die dem Liebesgebot bei weitem das Wasser nicht reichen kann. Andere werfen ihr vor, dass sie als formales Entsprechungsprinzip auch zu zweifelhaften Zielen instrumentalisiert werden könne, berechnend sei, das egoistische Eigeninteresse in den Vordergrund rücke und letztlich über ein Ethos der Gegenseitigkeit nicht hinauskomme. Diese Einwände lassen sich durchweg entkräften (KOLLMANN 2012, 110-113). Die Goldene Regel Jesu erhebt nicht die individuellen Wünsche zum Maßstab des eigenen Handelns, sondern was die Menschen allgemein in idealer Weise anderen antun. Indem sie nicht das tatsächliche, sondern das gewünschte Handeln anderer uns gegenüber zum Maßstab des eigenen Handelns macht, ist die Goldene Regel Jesu mitnichten von einem formalen Vergeltungs- oder Entsprechungsdenken bestimmt, sondern von der Vorstellung der intendierten Reziprozität getragen (WOLTER 2008, 258). Sie setzt das Liebeshandeln unter Menschen einseitig in Gang und nimmt dabei die Möglichkeit einer ausbleibenden Erwiderung in Kauf. Die Gegenseitigkeit ist das erhoffte Ziel, nicht aber die Motivation oder Bedingung für das eigene Verhalten anderen gegenüber.

Die Frage, inwieweit die Goldene Regel zur authentischen Verkündigung des historischen Jesus gerechnet werden kann, wird kontrovers diskutiert. Auf der einen Seite hat *Rudolf Bultmann* die Goldene Regel wegen ihrer weiten Verbreitung in der Umwelt des Neuen Testaments und ihres weisheitlichen Charakters Jesus abgesprochen und als Gemeindebildung betrachtet. Die Goldene Regel gehöre zu den profanen *Meschalim* (Sprüchen), die wohl erst durch die Tradition zu Jesusworten gemacht worden seien. Selbst wenn Jesus tatsächlich gelegentlich von solchen Weisheitssprüchen Gebrauch gemacht haben sollte, hätte die Gemeinde damit nichts Charakteristisches von ihm bewahrt (BULTMANN ⁹1979, 107). Auf der anderen Seite sah *Joachim Jeremias* in der positiven Formulierung der Goldenen Regel der Bergpredigt den Beweis dafür, dass ein authentisches Jesuswort vorliegt. Jesus knüpfe an Hillel an, um diesen gezielt zu überbieten. Während Hillels negative Fassung der Goldenen Regel sich mit der Mahnung begnüge, dem Nächsten keinen Schaden zuzufügen, rufe Jesu positive Fassung der Goldenen Regel zum aktiven Liebeserweis auf. Damit hebe er sich in charakteristischer Weise von seinem palästinisch-jüdischen Umfeld ab, wo anders als im hellenistischen Judentum nur die negative Form der Goldenen Regel bekannt gewesen sei (JEREMIAS 1971, 204-205). Sowohl Bultmann als auch Jeremias legen in ihrer Bewertung der Goldenen Regel das sogenannte Differenzkriterium zur Ermittlung echter Jesusüberlieferung zugrunde, demzufolge der historische Jesus in seiner Besonderheit erst dann in den Blick kommt, wenn man alle aus dem Judentum wie dem Urchristentum ableitbaren Jesusworte ausblendet. Während aber Jeremias in der positiven Formulierung der Goldenen Regel ein Alleinstellungsmerkmal Jesu sieht, das ihn in charakteristischer Weise vom palästinschen Judentum seiner Zeit abhebe, misst Bultmann dem Unterschied zwischen positiver oder negativer Fassung der Goldenen Regel keinerlei Bedeutung zu, da diese in beiden Fällen von der Moral eines naiven Egoismus geprägt sei und damit keine unverwechselbaren Züge Jesu widerspiegele.

Die Goldene Regel als Teil der Verkündigung Jesu

Höchst problematisch am Differenzkriterium ist dessen Axiom, dass man den historischen Jesus angeblich nur in solchen Überlieferungen zu fassen bekommt, deren Frömmigkeit ihn über das Judentum hinauswachsen lasse. Jesus wird also zwangsläufig im Gegensatz zum Judentum wahrgenommen und aus diesem ausgegrenzt. Vor diesem Hintergrund markiert die Ablösung des Differenzkriteriums durch das Plausibilitätskriterium, das Jesus als Begründer einer innerjüdischen Erneuerungsbewegung in seinem jüdischen Kontext wahrnimmt, einen wichtigen Paradigmenwechsel in der neutestamentlichen Wissenschaft (THEISSEN/MERZ ⁴2011, 116-120). Als historisch gelten nach diesem Kriterium solche Jesusüberlieferungen, die einerseits im zeitgenössischen jüdischen Kontext plausibel sind und Jesus gleichzeitig innerhalb dieses Kontextes in seiner Individualität profilieren (Kontextplausibilität), andererseits die Entstehung des Urchristentums plausibel machen (Wirkungsplausibilität). Das Kriterium der historischen Kontextplausibilität trifft auf Mt 7,12/Lk 6,31 insoweit zu, als die Goldene Regel im antiken Judentum breit bezeugt ist, dort zumindest in negativer Formulierung auch mit dem Liebesgebot verknüpft wurde und innerhalb dieser Einbettung Jesu in die jüdische Umwelt zugleich seine Individualität in den Blick kommt. In der Jesustradition gewinnt die sonst im Kontext des Herrschafts-, Freundes- oder Familienethos stehende positive Form der Goldenen Regel eine universale Reichweite. Ein ethisches Grundprinzip, das als Adressaten des Handelns meist Untertanen, Familienangehörige oder Freunde im Blick hat, wird in Mt 7,12/Lk 6,31 zum Maßstab des Verhaltens gegenüber allen Menschen, womit die Feinde eingeschlossen sind. Die Goldene Regel erfährt dadurch im Munde Jesu eine signifikante Zuspitzung. »Eine Maxime für Mächtige soll für kleine Leute gelten, eine Maxime für Nahestehende für alle Menschen. Antikes Herrschaftsethos verbindet sich in ihr mit jüdischem Nachbarschaftsethos« (THEISSEN 2003b, 399). Auch das Kriterium der Wirkungsplausibilität ist angesichts der weiten Verbreitung der Goldenen Regel in frühchristlichen Traditionen gegeben. Insgesamt lässt sich die Goldene Regel der authentischen Verkündigung Jesu zurechnen, ohne dass Jesus mit ihr hinter seinen eigenen radikalen Ansprüchen zurückbliebe, wie sie sich im Gebot der Feindesliebe zeigen.

> **Es besteht keinerlei Grund, Jesus die Goldene Regel abzusprechen**

In der Spruchquelle war die Goldene Regel in die Worte von der Wiedervergeltung und der Feindesliebe eingebettet. Matthäus hat sie aus diesem Kontext gelöst und gezielt an das Ende des Hauptteils der Bergpredigt gestellt (Mt 7,12), bevor er diese mit abschließenden Mahnungen ausklingen lässt (7,13-29). In diesem Zusammenhang bereichert der Evangelist die Goldene Regel um einen gewichtigen Zusatz, indem er sie ähnlich wie Hillel als Zusammenfassung von Gesetz und Propheten qualifiziert. Mit dieser ergänzenden Erläuterung wird die Aussage von Mt 5,17 aufgegriffen, dass Jesus nicht zur Auflösung, sondern zur Erfüllung von Gesetz oder Propheten gekommen sei. Gemeinsam mit dem Logion Mt 5,17 rahmt die Goldene Regel den Hauptteil der Bergpredigt und stellt diesen unter das Thema der Proklamierung wie Erfüllung des in Gesetz und Propheten dokumentierten Willens Gottes. Gleichzeitig bietet Matthäus mit seinem redaktionellen Zusatz zur Goldenen Regel eine kontextuelle Verknüpfung zum Streitgespräch um das höchste Gebot, wo das Doppelgebot der Liebe als Summe von Gesetz und Propheten gilt (Mt 22,40). Wenn aus der Perspektive des Matthäus sowohl die Goldene Regel als auch das Doppelgebot der Liebe die Quintessenz von Gesetz und Propheten darstellen, sind beide Größen gleichbedeutend und gegeneinander austauschbar. Das in der Goldenen Regel angesprochene Handeln gegenüber anderen Menschen ist als die Nächstenliebe qualifiziert, die in der Bergpredigt auch auf das Verhalten gegenüber dem Feind ausgeweitet wird. Insoweit wahrt Matthäus trotz der Herauslösung der Goldenen Regel aus ihrem ursprünglichen Q-Kontext deren inhaltliche Füllung durch das radikalisierte Liebesgebot Jesu und setzt mit der Betrachtung der Goldenen Regel als Summe von Gesetz und Propheten zugleich neue Akzente. In jedem Falle ist auch für Matthäus die Goldene Regel Ausdruck einer von Initiativhandeln gegenüber den Mitmenschen getragenen Empathieethik und kein formalisiertes Gegenseitigkeitsprinzip, welche das selbst erfahrene Handeln der anderen zum Maßstab des eigenen Handelns machen würde.

Die Schülerinnen und Schüler können in Auseinandersetzung mit Mt 7,12 die Kompetenz erwerben, die Goldene Regel als praktisch in allen Kulturen und Weltreligionen beheimatetes Grundaxiom eines von Liebe und Respekt getragenen zwischenmenschlichen Handelns zu schätzen lernen und als ethische Maxime für ihre eigene Lebenspraxis zu bedenken. Als Einstieg eignet sich ein Vergleich der allgemein bekannten Sentenz »Was du nicht willst, das man dir tu', das füg' auch keinem andern zu« mit Mt 7,12, um die Unterschiede zwischen der negativen und der positiven Fassung der Goldenen Regel herauszuarbeiten. Dabei sollten die Schülerinnen und Schüler für beide Versionen geeignete Beispiele nennen und darüber nachdenken, wie hilfreich die Goldene Regel im Alltag ist. Daran kann sich eine Internetrecherche über die Bedeutung der Goldenen Regel in anderen Weltreligionen (Judentum, Islam, Hinduismus, Buddhismus) anschließen. Besonders einprägsam ist die oben erwähnte rabbinische Anekdote von einem Heiden, der die gesamte Tora erlernen will, solange er auf einem Bein stehen kann, und den Hillel mit den Worten »Was dir verhasst ist, das tue deinem Nächsten nicht. Das ist die ganze Tora; das andere ist ihre Auslegung. Geh, lerne« belehrt (*bSchab* 31a). Diese Geschichte lässt sich gut über die bildliche Darstellung auf der fünf Meter hohen Bronze-Menora vor der Jerusalemer Knesset erschließen, die der aus Dortmund stammende Bildhauer *Benno Elkan* (1877-

1960) geschaffen hat und auf der Episoden der jüdischen Geschichte verewigt wurden, die für das Selbstverständnis des Staates Israel von zentraler Bedeutung sind. Speziell für die Sekundarstufe II bietet sich ein Vergleich der Goldenen Regel mit *Immanuel Kants* kategorischem Imperativ »Handle so, dass die Maxime deines Willens jederzeit zugleich als Prinzip einer allgemeinen Gesetzgebung gelten könne« an. Dabei geht es auch um die Reflexion der Frage, inwieweit beide Weisungen als grundlegende Prinzipien der Ethik tauglich sind.

VII. Gleichnisse Jesu

Die Gleichnisse Jesu zählen zum Urgestein seiner Verkündigung und sind zu einem Stück Weltliteratur geworden. Wegen ihrer Anschaulichkeit und Lebendigkeit erfreuen sie sich größter Beliebtheit und sind aus der christlichen Tradition nicht wegzudenken. In Quintilians Handbuch der Rhetorik rangieren die wegen ihres fiktiven Charakters mit den Gleichnissen eng verwandten Fabeln bei Behandlung der Frage, welcher Art von Beispielen man sich in einer überzeugenden Rede bedienen solle, an unterster Stelle. Als nur erfundene Beweismittel wirkten sie vor allem auf die Herzen von groben und ungebildeten Menschen, die weniger misstrauisch seien und sogleich zum Einverständnis mit jenem Redner neigten, der sie in den Genuss derartiger Geschichten gebracht habe (Quint., *inst.* 5,11,19). Diese abwertende Äußerung liefert einen wichtigen Schlüssel für die Überzeugungskraft der Gleichnisreden Jesu. Jesus bedient sich bewusst einer in gebildeten Kreisen eher gering geschätzten Redeform, um die einfachen Menschen im bäuerlichen Galiläa mit seiner Botschaft zu erreichen und sie mit den Forderungen der Gottesherrschaft zu konfrontieren. Mit den fiktiven Gleichniserzählungen gelingt es ihm, komplexe religiöse Aussagen anschaulich und verständlich zu machen. Ein weiteres Erfolgsgeheimnis der Gleichnisse Jesu ist ihre tiefe Verwurzelung in der Alltagswelt der Adressaten. Sie beziehen ihr Bildmaterial überwiegend aus dem ländlichen Leben Palästinas und spiegeln die soziale Wirklichkeit nicht nur treffend wider, sondern lehren sie in vielen Fällen auch neu zu sehen. Zu den Gleichnissen Jesu gibt es rabbinische Parallelen, deren vergleichende Einbeziehung lange Zeit von einer verzerrten Darstellung jüdischer Frömmigkeit und einer unsachlichen Abwertung rabbinischer Erzählkunst begleitet war. Jesus partizipiert als Gleichniserzähler an der Gedankenwelt des antiken Judentums und greift hochgradig auf Bilder oder Motive zurück, wie sie auch in rabbinischen Gleichnissen begegnen (KOLLMANN 2004).

Urgestein der Verkündigung Jesu

Die Gleichnisse machen komplexe religiöse Aussagen anschaulich

■ Etappen der Gleichnisauslegung

Als Form bildhafter Sprache wollen die Gleichnisse Jesu einen Verstehensprozess auslösen. Bis zum Ende des 19. Jh. wurden sie meist als rätselhafte Allegorien voller theologischer Geheimnisse behandelt, die Punkt für Punkt zu entschlüsseln sind. Mit *Adolf Jülichers* epochalem Werk »Die Gleichnisreden Jesu« (²1910) setzt die moderne Gleichnisforschung ein, die eine Vielzahl gleichnistheoretischer Ansätze hervorbrachte (KÄHLER 1998; ERLEMANN 1999, 11–170). Jülicher löste die Gleichnisse aus den Fesseln der allegorischen Auslegung (Allegorese) und betrachtete sie als bildhafte Darstellungen allgemeiner Wahrheiten. Seine befreiende Grundannahme lautete, dass Jesus mit der durch Klarheit und Schlichtheit gekennzeichneten Gleichnisverkündigung seine Botschaft nicht in Rätselworte kleidete, sondern sie gerade Menschen einfachen Denkens argumentativ verständlich machen wollte. Ausgehend von der aristotelischen Rhetorik unterschied Jülicher das auf dem Vergleich basierende Gleichnis streng von der auf die Metapher aufbauenden Allegorie, deren Jesus sich nicht bedient habe. Als rhetorische

Das bahnbrechende Werk Adolf Jülichers

Formen versuchten die Gleichnisse Jesu ein bestimmtes Urteil einleuchtend zu machen. Dieses bestehe in einem einzigen, offen zutage liegenden Vergleichspunkt (*tertium comparationis*) zwischen Bildhälfte und Sachhälfte. Gleichzeitig traf Jülicher innerhalb der Gleichnisverkündigung Jesu eine Unterscheidung zwischen Gleichnissen im engeren Sinn, Parabeln und Beispielerzählungen. Als *Gleichnis im engeren Sinn* bestimmte er eine im Präsens gehaltene Erzählung, die unter Rückgriff auf vertraute Bilder aus dem Alltagsleben oder der Natur eine immer so wiederkehrende Erfahrung thematisiere. Die in der Vergangenheitsform erzählte *Parabel* bringe dagegen nicht das Gewohnte und Alltägliche, sondern einen außergewöhnlichen Sachverhalt zum Ausdruck, beispielsweise die Ablehnung der Einladung zu einem Festmahl oder die einheitliche Entlohnung für völlig unterschiedliche Arbeit. Der Kategorie der *Beispielerzählung* wies Jülicher vier Gleichnisse des Lukasevangeliums zu (Lk 10,30-37; 12,16-21; 16,19-31; 18,9-14). Während beim Gleichnis im engeren Sinn und der Parabel die im Vergleichspunkt sichtbar werdende Botschaft durch einen gedanklichen Übertragungsprozess erschlossen werden muss, sei sie in einer Beispielerzählung als Handlungsanweisung direkt greifbar. Das Verständnis der Gleichnisse Jesu als verschlüsselter *Allegorien* (Mk 4,13-20; Mt 13,36-43), zu deren Dechiffrierung es besonderer Kenntnisse bedarf, geht für Jülicher erst auf die Urkirche zurück.

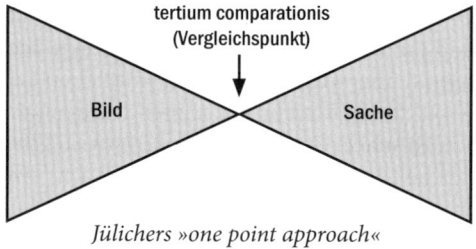

Jülichers »one point approach«

Kritik an Jülichers Prämissen

Terminologisch hat Jülichers Unterscheidung zwischen Gleichnissen im engeren Sinn, Parabeln, Beispielerzählungen und Allegorien in den Evangelien keinen Anhalt. Sämtliche von ihm benannten Gattungen werden dort einheitlich als Parabeln (*parabolai*) bezeichnet, was folglich der eigentlich angemessene Begriff für die Gleichnisse Jesu wäre (ZIMMERMANN 2008, 383-419). Zudem bleibt die Grenze zwischen Gleichnis im engeren Sinn und Parabel unscharf, da es oft dem subjektiven Urteil oder dem Grad der Kenntnisse über den sozialgeschichtlichen Hintergrund unterworfen ist, ob ein Erzählgeschehen als alltäglich oder aus dem Rahmen fallend bewertet wird. An der Kategorie der Beispielerzählung ist problematisch, dass sie von vornherein auf eine ganz bestimmte Deutung festlegt und damit eine interpretatorische Engführung beinhaltet. Kritisch hinterfragt wurden zudem Jülichers Abwertung der Metapher als verständnishemmender Rede und die strenge Fokussierung auf einen einzigen Vergleichspunkt zwischen Bildhälfte und Sachhälfte (»one point approach«), der die Gleichnisbotschaft meist auf einen abstrakten Lehrsatz reduziert und die neben der Pointe bedeutsamen Einzelzüge oder Metaphern einer Gleichniserzählung vernachlässigt.

Historische Deutung im Kontext des Auftretens Jesu

Jülicher repräsentiert den historischen Ansatz der Gleichnishermeneutik. Dieser koppelt die Auslegung der Gleichnisse an die Rückfrage nach dem geschichtlichen Jesus und ist dadurch gekennzeichnet, dass er das Sachanliegen eines Gleichnisses durch den Rekurs auf die Ursprungssituation im Leben Jesu zu ermitteln sucht. Als Reden, die in einer konkreten Situation ein bestimmtes rhetorisches Ziel verfolgen, sah Jülicher die Mehrzahl der Gleichnisse Jesu an Pharisäer und Schriftgelehrte gerichtet. Allerdings zog er die Kritik auf sich, bei der Auslotung des historischen Kontextes der Gleichnisreden nur halbe Arbeit geleistet zu haben und Jesus zu stark als Verkündiger abstrakter zeitloser Weisheiten zu porträtieren. Dies hängt auch damit zusammen, dass Jülicher noch der liberalen Theologie des 19. Jh. verhaftet war, die Jesu Botschaft vom Reich Gottes im Sinne einer innerweltlichen sittlichen Vervollkommnung der Menschheit interpretierte. Demgegenüber präzisierte *Joachim Jeremias* (^{10}1984, 115-227) in Anknüpfung an *Charles H. Dodd* die Situationsgebundenheit der Gleichnisse Jesu, indem er sie inhaltlich von der eschatologischen Naherwartung des Anbruchs der neuen Welt Gottes bestimmt sah und im Blick auf ihre historische Ursprungssituation als Kampfmittel betrachtete, mit denen Jesus seine Botschaft gegenüber Gegnern verteidigte und zur Entscheidung angesichts der Gottesherrschaft aufrief.

Die existenziale oder metapherntheoretische Konzeption leitete eine Wende in der neutestamentlichen Gleichnisforschung ein. Es wurde deutlich, dass sich Jülichers negative Betrachtung der Metapher als verständnishemmender und von Jesus gemiedener Rede nicht aufrechterhalten lässt. Metaphern bieten eine die Phantasie anregende Versprachlichung von Erfahrungen und Visionen. Im Zuge einer Neubewertung der Gleichnisse als erweiterter Metaphern wandte man unter dem Eindruck existenzialer Theologie gegen Jülicher ein, dass die Gleichnisse keine allgemeinen Wahrheiten über Gott in die Welt setzen, sondern als dynamisches Sprachgeschehen die Nähe Gottes zum Ereignis machen und den Adressaten neue Existenzmöglichkeiten aufzeigen. Dabei wurde auch die Unterscheidung zwischen Bild- und Sachhälfte in Frage gestellt. Mit der existenzialen Interpretation der Gleichnisse verlor zudem die Rekonstruktion ihres historischen Kontextes an Bedeutung. *Ernst Fuchs* (^{2}1965, 136-142) bemühte sich um ein Verständnis der Gleichnisse als eines die Verkündigung Jesu auszeichnenden Sprachgeschehens, in dem es um das rechte Ereigniswerden der Existenz gehe. *Eberhard Jüngel* (^{2}1964, 120-174) betrachtet in Anknüpfung daran die Gleichnisse Jesu als Sprachereignisse, in denen die in ihnen zur Sprache kommende Gottesherrschaft als Gleichnis präsent ist. Mit ihrer analogischen Kraft brächten Jesu Gleichnisse die Zukunft Gottes so zur Sprache, dass die Gleichnisse selbst zum Sprachereignis der Zukunft Gottes würden. Die Identifikation der Pointe mit einem Bild- und Sachhälfte verbindenden *tertium comparationis* erübrige sich daher. Von *Eta Linnemann* (^{7}1978, 38-41) wird das Sprachereignis als Akt der Verschränkung zwischen Erzähler- und Hörerperspektive bestimmt, in dem um Einverständnis für eine neue Wirklichkeitssicht geworben und ein Existenzwechsel ermöglicht wird. *Hans Weder* (^{4}1990, 58-98) macht im Gefolge der Neubewertung der Metapher durch *Paul Ricoeur* auf die positive, sinnstiftende Funktion metaphorischer Rede aufmerksam. Die Metapher bringt demnach verschiedene Sinnhorizonte zusammen, stiftet Beziehungen und ermöglicht die Entdeckung neuer Zusammenhänge.

Metapherntheoretischer Ansatz

Metaphern regen die Phantasie an und eröffnen Sinnhorizonte

In Weiterentwicklung des metapherntheoretischen Ansatzes durch literaturwissenschaftliche Betrachtungsweisen werden die Gleichnisse von *Dan Otto Via* (1970) und *Wolfgang Harnisch* (^{4}2001) als autonome Objekte und Miniaturkunst-

Literaturwissenschaftliches Modell

werke betrachtet, deren Aufbau und szenisches Gefälle Übereinstimmungen mit der Struktur antiker Komödien oder Tragödien aufweist. Gleichnisse können demnach unabhängig von ihrer Ursprungssituation und ihrem Autor verstanden werden, wobei sie als ästhetische Objekte eine weitergehende Wirkung entfalten. Die eigentliche Wirkkraft eines Gleichnisses soll durch konsequente Ausblendung des ursprünglichen Evangelienkontextes und durch eine Freilegung des Beziehungsgeflechts innerhalb des Miniaturkunstwerkes wiederentdeckt werden.

Gleichnisse sind autonome Kunstwerke und zeigen Existenzmöglichkeiten auf

Harnisch arbeitet in diesem Zusammenhang für zahlreiche Parabeln Jesu ein dramatisches Dreieck als Grundstruktur heraus, das aus einem Handlungssouverän und einem diesem gegenüber stehenden antithetischen Zwillingspaar besteht. Die als dramatische Hauptfigur und dramatische Nebenfigur in Erscheinung tretenden Zwillinge stehen dabei für den Gewinn oder Verlust von Existenz. Wie ein gelungenes Bühnenstück verwickeln Gleichnisse ihre Hörer in den Gang der Handlung und eröffnen ihnen so die Möglichkeit, neue Existenzweisen zu entdecken und zu verwirklichen. Über die Wahrnehmung der Metapher und die Realisierung von Existenzmöglichkeiten gelangen die Adressaten der Gleichnisse zur Erfahrung des Reiches Gottes. Gleichnisse sind demnach autonome Kunstwerke, die völlig losgelöst von ihrem ursprünglichen Kontext Existenzmöglichkeiten aufzeigen, ihren Adressaten durch Einbeziehung in das dramatische oder komische Bühnenspiel eigenen Spielraum eröffnen und Menschen in Bewegung setzen. Damit erweist sich der literaturwissenschaftliche Ansatz als ausgesprochen fruchtbar für eine lebendige, kreative und auf die eigene Lebenswirklichkeit bezogene Auseinandersetzung mit den biblischen Gleichniserzählungen.

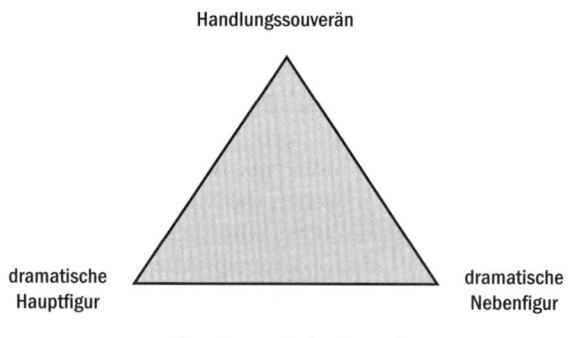

Das dramatische Dreieck

Gleichnisauslegung als offener Verstehensprozess

Die Rezeptionsästhetik betrachtet den Text als eine unfertige Größe, ein offenes Kunstwerk, das Steuerungssignale enthält und durch den Interpreten zur Vollendung kommt. Rezeptionsästhetischen Modellen der Gleichnishermeneutik, wie sie von *Dieter Massa* (2000) und *Stefanie Schulte* (2008) entwickelt wurden, geht es um die Klärung der Verstehensbedingungen und der Wirkungsästhetik von Gleichnissen. Massa betont, dass die verantwortete Interpretation von Gleichnissen einer theoretischen Reflexion dessen bedarf, wie bei einem Gleichnis die Erweiterung des Sinnpotenzials funktioniert, welche kognitiven Operationen im Prozess der Rezeption stattfinden, von welchen Textelementen diese ausgehen und welche Voraussetzungen der Rezipient zum Verstehen mitbringt. Der Sinn eines Gleichnisses werde als konstruktive Leistung des Hörers oder Lesers im Zuge der rezeptiven Verarbeitung mit ihren Möglichkeiten und Regeln konstituiert. Die Hinweise auf eine Mehrsinnigkeit beim Gleichnis veranlassten die Rezipienten dazu, durch eine Bearbeitung der fiktionalen Ebene eine weitere Bedeutungsdimension zu suchen. In diesem Zusammenhang wendet sich Massa gegen eine »geschichtsfreie« existenziale Interpretation und entwirft das an den historischen Verstehensbedingungen von Gleichnissen ausgerichtete Interpretationsverfahren einer methodischen oder kognitiven Hermeneutik. Auch Schulte erhebt im Rahmen der wirkungsästhetischen Theorie die heutigen Rezipienten zum Ausgangspunkt der Betrachtung und begreift den Akt des Gleichnisverstehens als Interaktion von Text und Leser, in deren Verlauf der Rezipient Strukturen und Strategien der biblischen Gleichniserzählung aufnimmt und konkretisiert. Die wirkungsästhetische Theorie lasse Raum dafür, die Unbestimmtheit der Gleichniserzählungen mit eigenen Vorstellungen zu füllen und individuelle Wege der Interpretation und damit der Sinnkonstituierung zu finden. In diesem Zusammenhang gilt es bereits als unzulässige Einengung und Bevormundung des Rezipienten, wenn von diesem erwartet wird, das Gleichnis als Gleichnis zu lesen. Welchen Sinn ein Gleichnis im Akt der Rezeption gewinnt, entziehe sich dem Einfluss der Außenstehenden. Neben einer religiös-metaphorischen könne dies auch eine wörtliche oder eine moralische Aktualisierung sein. Gerade in der Behauptung einer beliebig und postmodern wirkenden Vielfalt von möglichen Erfahrungen mit den Gleichnissen liege die große Chance der Texte und ihrer Vermittlung (SCHULTE 2008, 129-136).

Die Rezeptionsästhetik wendet sich gegen eine Bevormundung der Rezipienten

Die unterschiedlichen Konzeptionen der Gleichnishermeneutik haben die Religionspädagogik in vielfacher Weise befruchtet. Jülichers Einsicht, dass die Gleichnisse didaktische Mittel zur einfachen Veranschaulichung religiöser Wahrheiten sind, ließ sie als für den Religionsunterricht besonders geeignete Objekte erscheinen. Über weite Strecken des 20. Jh. gab dabei der historische Ansatz der Gleichnisauslegung die Leitlinie vor. Insbesondere für den Hermeneutischen Religionsunterricht war es selbstverständlich, bei der Behandlung von Gleichnissen zunächst deren unverwechselbaren Ort im Leben Jesu herauszuarbeiten. Erst nachdem mit Hilfe der exegetischen Methoden die meist auf einen abstrakten theologischen Lehrsatz gebrachte Gleichnisbotschaft freigelegt war, versuchte man sie zur Lebenswelt der Kinder und Jugendlichen in Beziehung zu setzen. Durch den metapherntheoretischen Ansatz wurde dann ein Paradigmenwechsel in der Gleichnisdidaktik eingeläutet. Man sah sich aus der »Tyrannei des tertium comparationis« mit seinem »Zwang zur Abstraktion« befreit (BALDERMANN 1999, 213) und fokussierte sich auf die Metapher als didaktischen Impuls, der die Phantasie anregt und Kreativität freisetzt. In besonderer Weise beeinflusste der metapherntheoretische Ansatz die Symboldidaktik, die den Bedeutungsüberschuss und die Tiefendimension der Gleichnisse freizulegen versucht. Vom literaturwissenschaftlichen Ansatz mit der Betrachtung der Gleichnisse als autonomer Kunstwerke, die losgelöst von ihrem ursprünglichen Kontext Existenzmöglichkeiten aufzeigen, ihren Adressaten durch Einbeziehung in das dramatische oder komische Bühnenspiel eigenen Spielraum eröffnen und Menschen in Bewegung setzen, gehen gegenwärtig die stärksten fachwissenschaftlichen Impulse für die

Auswirkungen auf die Religionspädagogik

religionspädagogische Praxis aus. Gleichzeitig entbindet er die Lehrenden davon, die Schülerinnen und Schüler über Gebühr mit historischem Hintergrundwissen zu überfrachten und so den Blick auf die befreiende Gleichnisbotschaft zu verstellen. Er erweist sich damit als ausgesprochen hilfreich für eine lebendige, kreative und auf die eigene Lebenswirklichkeit bezogene Auseinandersetzung mit den Gleichniserzählungen. Der rezeptions- oder wirkungsästhetische Ansatz schließlich, bei dem die Unterscheidung zwischen theologisch richtigen oder falschen Gleichnisdeutungen weitgehend hinfällig wird, befruchtet die Forderung der Kinder- und Jugendtheologie, die vom jeweiligen Entwicklungsstand her möglichen Deutungen der Heranwachsenden ernst zu nehmen und ihnen nicht vorschnell theologisch tiefergehende Gleichnisinterpretationen aufzuzwingen.

Integrative Gleichnisauslegung (vgl. MÜLLER 2014, 59)

Faustregeln zum methodischen Vorgehen

Für den Prozess der Gleichnisauslegung empfehlen sich integrative Modelle, die eine Synthese verschiedener Fragestellungen und methodischer Zugänge mit ihren jeweiligen Stärken bieten (MÜLLER 2014, 59). Am Anfang sollte eine synchrone Analyse zur Erhellung der im Text vorhandenen Strukturen stehen. Diese ist um eine diachrone Analyse zur Rekonstruktion der ältesten Textgestalt zu ergänzen, denn etliche Gleichnisse spiegeln in der überlieferten Form die Verkündigung Jesu nicht ungebrochen wider, da sie im Laufe des Überlieferungsprozesses vielfach verändert und ausgeschmückt wurden. Danach empfiehlt es sich, zunächst auf der Bildebene der Gleichniserzählung zu bleiben. Eine zentrale Rolle spielt die Ausleuchtung des traditions- und sozialgeschichtlichen Hintergrunds. Die Rekonstruktion des historischen Kontextes ist zur Erhellung der Sache, die von Jesus bildhaft zur Sprache gebracht werden soll, unverzichtbar. Auch eine Klärung dessen, welche traditionellen oder unkonventionellen Metaphern eingesetzt werden, welche Alltagswirklichkeit die Erzählung widerspiegelt und wo diese durchbrochen wird, erscheint für ein angemessenes Verstehen des Gleichnisses als unumgänglich. Nach Ermittlung der Pointe kann der Transfer von der Bildhälfte zur Sachhälfte erfolgen. Für die Frage, welches Thema zur Debatte steht, geben häufig Einleitungsformeln, die das Gleichnis mit der Gottesherrschaft in Beziehung setzen, einen entscheidenden Hinweis. Bei der Ermittlung der Gleichnisbotschaft kann sich eine kritische Auseinandersetzung mit der Wirkungsgeschichte als hilfreich erweisen. Vor dem Hintergrund der Textautonomie lässt sich die Bedeutung eines Gleichnisses nicht auf seinen ursprünglichen Sinn im Rahmen der Verkündigung Jesu beschränken. Zur Bestimmung dessen, in welche Richtung das Gleichnis seine Rezipienten in Bewegung setzen will, ist eine textpragmatische Analyse von Nutzen, die nach der Kommunikationsabsicht des Textes und den vom Autor zum Erreichen der gewünschten Wirkung eingebauten Steuerungssignalen fragt. Die Rolle des Rezipienten bei der Sinnermittlung darf allerdings nicht in völlige Willkür beim Umgang mit dem Text umschlagen.

■ Konzeptionen der Gleichnisdidaktik

Gleichnisse bergen mit ihrer Anschaulichkeit, ihrer Bildkraft, ihrem Ideenreichtum, aber auch ihrer Anstößigkeit ein immenses didaktisches Potenzial in sich. Ein Gleichnis ist wesensmäßig dadurch gekennzeichnet, dass es sich bildhafter Sprache bedient, die erschlossen werden will. In vielen Gleichnissen wird explizit der Hinweis gegeben, dass das Erzählgeschehen etwas über das Reich Gottes zum Ausdruck bringen will. Darüber hinaus werden die Gleichnisse Jesu von Metaphern getragen, die überwiegend in alttestamentlicher Tradition wurzeln, wie es etwa bei der Figur des Weinbergbesitzers als Chiffre für Gott der Fall ist. Auch wenn neuere Konzeptionen der Gleichnishermeneutik die Unterscheidung zwischen Bildhälfte und Sachhälfte aufgeben oder die Gleichnisinterpretation in das Belieben der Rezipienten stellen, ist es nach mehrheitlicher Auffassung zum sachgemäßen Verstehen eines Gleichnisses notwendig, gedankliche Übertragungsprozesse zu vollziehen und die Bedeutung von Metaphern zu ergründen. Dabei zeigt sich, dass Schülerinnen und Schüler in bestimmten Altersstufen noch nicht die dafür notwendigen kognitiven Voraussetzungen mitbringen. Zudem werden die Heranwachsenden in den Gleichnissen Jesu vielfach mit ethischen Urteilen konfrontiert, die im Widerspruch zu der bei ihnen ausgeprägten Vorstellung von Gerechtigkeit stehen. Schwierigkeiten bereitet auch das in vielen Gleichnissen thematisierte Reich Gottes, das im apokalyptischen Denken des antiken Judentums die an die Stelle der gegenwärtigen Welt tretende neue Welt Gottes bezeichnet. Für eine reflektierte Gleichnisdidaktik ergibt sich daher die Notwendigkeit, wissenschaftliche Einsichten zum Stand der kognitiven Rezeptionsmöglichkeiten (PIAGET/INHELDER 1972), der moralischen Urteilsbildung (KOHLBERG 1996) und der Weltbildentwicklung (FETZ/REICH/VALENTIN 2001) in den unterschiedlichen Altersstufen zur Kenntnis zu nehmen, um einen Einblick in das für die Mehrheit der jeweiligen Altersstufe typische Entwicklungsniveau zu gewinnen und den Unterricht vor intellektueller Überforderung zu bewahren. Grundschulkinder befinden sich meist im Stadium des konkret-operationalen Denkens mit einem eindimensional-wörtlichen Symbolverständnis, das noch keinen Rückschluss vom Bild auf eine Sache zulässt. Das moralische Urteil ist von einem Verständnis reziproker Gerechtigkeit oder wechselseitiger Fairness geprägt, das die Verhaltensweise von Hauptfiguren biblischer

Entwicklungspsychologische Voraussetzungen

Entwicklungspsychologische Erkenntnisse bewahren vor Überforderung

Gleichniserzählungen wie dem Weinbergbesitzer oder dem Vater des verlorenen Sohnes meist als ungerecht erscheinen lässt. Im Rahmen eines archaischen Weltbildes wird auf dieser Altersstufe das Reich Gottes als konkrete und parallel zur gegenwärtigen Welt existierende Örtlichkeit in einem oberhalb der Erde angesiedelten Raum (»Himmel«) lokalisiert, mit dem die in der irdischen Wirklichkeit spielenden Gleichniserzählungen nicht in Verbindung gebracht werden können. Erst im ausgehenden Grundschulalter beginnen sich ein mehrdimensionales Symbolverständnis, ein das Prinzip uneingeschränkter Reziprozität aufweichendes Gerechtigkeitsverständnis und ein durch naturwissenschaftliche Theorien geprägtes Weltbild zu entwickeln.

Die empirische Studie von Anton A. Bucher

Durch empirische Studien zum Gleichnisverständnis lassen sich die zentralen Erkenntnisse der angesprochenen Entwicklungstheorien konkretisieren. Nach wie vor von besonderer Bedeutung ist die Untersuchung von *Anton A. Bucher* (1990), auch wenn sie die Kritik auf sich zog, zu sehr der Gleichnishermeneutik Jülichers mit ihrem Transfer vom Bild zur Sache verpflichtet zu sein. Bucher konfrontierte 28 Personen im Alter zwischen 7 und 50 Jahren mit dem Gleichnis von den anvertrauten Talenten (Mt 25,14-30par.), dem Gleichnis von dem reichen Mann und dem armen Lazarus (Lk 16,19-31) und dem Gleichnis von den Arbeitern im Weinberg (Mt 20,1-16). Die Fragen zu den biblischen Texten zielten schwerpunktmäßig darauf ab, ob sich die erzählten Geschichten sinngemäß auch heute noch zutragen und ihre Handlungsträger für Gott oder uns Menschen stehen könnten. Auf der Basis des erhobenen Datenmaterials unterscheidet Bucher vier Stadien des Gleichnisverstehens:

Stadium	Charakteristik	Alterstrend
0	Unfähigkeit, die Parabel wiederzuerzählen.	Vorschulalter
1	Rezeption der Parabel als zeitlich wie örtlich fixierter »bloßer Geschichte«, ohne das Erzählte als Bild zu durchschauen.	Grundschulalter
2	Kein bloßes Verbleiben bei den physikalischen Fakten des Erzählten, sondern ansatzweise ein Verstehen des Wesens gleichnishafter Rede.	ab 10. Lebensjahr
3	Das Erzählte wird ganz und gar als austauschbares Bild aufgefasst.	ab 12. Lebensjahr

Symbolerziehung oder Akzeptanz der Entwicklungsstufe?

Gleichnisse können folglich erst dann als Gleichnisse im Religionsunterricht behandelt werden, wenn das dafür notwendige Abstraktionsvermögen bei den Rezipienten ausgebildet ist. Umstritten ist die Frage, ob der jeweilige Entwicklungsstand der Schülerinnen und Schüler uneingeschränkt zu respektieren oder durch ein Programm der Symbolerziehung frühzeitig zu korrigieren ist. Bucher plädiert entschieden dafür, die »erste Naivität« im Umgang mit den biblischen Texten zu respektieren. Das noch nicht zum Durchschauen von Symbolen fähige und mit einem archaischen Weltbild einhergehende konkret-gegenständliche Denken im Grundschulalter sei als wichtiges Entwicklungsstadium anzuerkennen, ohne die Kinder vorschnell mit Vorstellungen zu konfrontieren, die sich am theologischen Denkniveau der Erwachsenen orientieren (BUCHER 1989,

654-662). Er wendet sich gegen eine übertragende Auslegung der Gleichnisse in der Primarstufe und plädiert für ein konsequentes Verbleiben auf der Bildhälfte. Bereits die Bilder für sich genommen könnten beim Kind wesentliche Dinge bewirken und durch Nacherleben der Kräfteschulung dienen. Andere Gleichnisdidaktiker plädieren dagegen für ein frühzeitiges Programm der Symbolerziehung oder schätzen die Möglichkeiten des metaphorischen Verstehens bei Grundschulkindern optimistischer ein.

In der religionspädagogischen Diskussion der vergangenen Jahrzehnte hat sich ein breiteres Spektrum von Konzeptionen der Gleichnisdidaktik herausgebildet, die in unterschiedlicher Weise einen lebendigen und auf die Erfahrungswelt der Schülerinnen und Schüler bezogenen Umgang mit den Gleichnissen Jesu im Religionsunterricht anstreben. *Friedrich Johannsen* (1986) entwickelte bereits vor Buchers empirischer Studie einen schwerpunktmäßig auf die Grundschule zugeschnittenen Entwurf der Gleichnisdidaktik, der auf die Entdeckung neuer Erfahrungen und Erschließung neuer Lebensperspektiven in der Begegnung mit den Gleichnissen Jesu abzielt. Im Mittelpunkt des Unterrichtsgeschehens soll eine Verschränkung der Gleichnisbotschaft mit der Alltagserfahrung der Kinder stehen, die durch die in den Gleichnissen zugespielten Möglichkeiten in einem neuen Licht erscheint und überboten wird. So können die Schülerinnen und Schüler bei der Entlohnung der Arbeiter im Weinberg Gott im Ereignis seiner Güte wahrnehmen oder in der Feier anlässlich der Rückkehr des verlorenen Sohnes eine qualitativ neue Lebensperspektive kennen lernen. Im Rahmen seiner allgemeinen didaktischen Erwägungen fordert Johannsen zunächst eine Einübung in das metaphorische Denken, ohne das die ursprüngliche Sprachkraft der Gleichnisse nicht erschlossen werden könne. Bibelwissenschaftlich knüpft Johannsen an die metapherntheoretische Gleichnishermeneutik an, ist aber auch der sozialgeschichtlichen und der tiefenpsychologischen Exegese in besonderem Maße verpflichtet. Er zählt dabei zu den wenigen Gleichnisdidaktikern, die eine umfassendere Vermittlung geschichtlichen Hintergrundwissens im Religionsunterricht nach wie vor für unabdingbar halten. Die um die sozialgeschichtliche Frage geschärfte historisch-kritische Auslegung fordere heraus, die geschichtlichen Rahmenbedingungen in den Texten den Schülerinnen und Schülern so konkret wie möglich zu vergegenwärtigen, wozu sich am besten narrative Zugänge eigneten. Beeindruckend ist die große Methodenvielfalt in den Unterrichtsentwürfen von Johannsen, wo ganzheitlich-kreative Zugänge zu den Gleichnissen Jesu durch Basteln, Rollenspiele, Handpuppenspiele oder Pantomime breiten Raum einnehmen.

Ingo Baldermanns religionspädagogischer Zugang zu den Gleichnissen Jesu zielt im Rahmen einer Didaktik der Hoffnung darauf ab, die Kinder durch unmittelbare Konfrontation mit den biblischen Texten tief in das Erzählgeschehen zu verstricken (BALDERMANN ²1993, 81-95; DERS., 1996, 182-185). Ausgangspunkt ist eine scharfe Abrechnung mit der Gleichnishermeneutik von Jülicher und Jeremias, die durch die starke Akzentuierung historischer Fragen und die schematische Suche nach dem tertium comparationis die Botschaft der Gleichnisse auf einen ebenso abstrakten wie langweiligen theologischen Lehrsatz reduziert hätten. In der schulischen Praxis führe dies zu einer sich in geschichtlichen Erklärungen verlierenden Museumspädagogik, bei der nicht nur die Wärme und Leidenschaft des Erzählers verloren gehe, sondern die Gleichnisse auch ihrer Unmittelbarkeit und Lebendigkeit beraubt würden. Jülichers Umgang mit den Gleichnissen erinnere an die Vorgehensweise von Brotfabrikanten, die dem Mehl zunächst allen natürlichen Geruch und Geschmack nähmen und es auf die chemisch reine Substanz reduzierten, um dann künstliche Aromastoffe hinzuzufügen, die dem Ganzen das Ansehen und den Geschmack natürlichen Brotes verleihen sollen, aber es doch nicht wirklich könnten. Vom metapherntheoretischen Ansatz, der die Gleichnisse aus dem Zwang zur Abstraktion befreit habe, gingen hingegen wichtige didaktische Impulse aus, die Kreativität freisetzten. Allerdings müssten die Kinder ohne vorausgeschickte Erläuterungen über das Wesen bildhafter Rede, welche das Verstehen verhinderten, unmittelbar mit den Metaphern konfrontiert und in die Gleichniserzählungen verstrickt werden. Entwicklungspsychologische Bedenken gegen die verfrühte Thematisierung von Gleichnissen in der Grundschule sieht Baldermann als unbegründet an. Er verweist auf die im Unterricht am Beispiel der Klagepsalmen gewonnene Beobachtung, dass auch bereits Grundschulkinder Metaphern verstehen, wenn die gemeinte Wirklichkeit in ihrer Erfahrung Raum hat. Die gesamte Gleichnisbehandlung steht bei Baldermann im Kontext einer umfassenden Didaktik der Hoffnung, wobei ein Verständnis der Gleichnisse als Beispielgeschichten mit ethischem Anspruch zurückgewiesen wird. Das Gleichnis belehre nicht und appelliere nicht, sondern führe zu einer neuen Wahrnehmung der Wirklichkeit und gebe Bilder mit, die zu Hoffnungsmustern würden.

Hubertus Halbfas entwickelt in Abgrenzung gegen einen nur erklärenden oder argumentierenden Religionsunterricht ein Programm der Symbolerziehung, bei dem es mithilfe des »dritten Auges« um ein gefühlsbezogenes Erlernen der archetypischen Symbolsprache geht (HALBFAS 1982). Die Gleichnisdidaktik ist darin als ein zentraler Baustein fest eingebunden (HALBFAS ⁵1994, 542-560; DERS. ³1997, 345-351). Nachdem die Kinder im ersten Schuljahr durch Bildbetrachtungen, Hören von Geschichten und Stilleübungen ansatzweise mit einem symbolischen oder metaphorischen Sprachverständnis vertraut gemacht wurden, erfolgt im zweiten Schuljahr mit der Behandlung von Sprichwörtern eine gezielte Hinführung zum metaphorischen Denken, das der Behandlung biblischer Gleichnisse im dritten Schuljahr den Weg bereitet. Im Rahmen eines Verständnisses des Gleichnisses als Spiel soll dabei die inspirierende Kraft der Gleichnismetaphorik entfaltet werden. Vertieft wird dies im vierten Schuljahr, indem von analogischer zu symbolischer Sprache und zum Paradoxon fortgeschritten wird, um dann in der Sekundarstufe I den Schülerinnen und Schülern anhand ausgewählter Parabeln Jesu neue Existenzmöglichkeiten zu erschließen. Die Metapher soll nicht erklärt, sondern umschrieben und narrativ entfaltet werden, damit ihre sinnliche Kraft erfahrbar wird. Im Mittelpunkt stehen Inszenierungen, bei denen die Schülerinnen und Schüler tief in das Erzählgeschehen verstrickt werden, um so in Frage, Widerspruch und Verständnis eine eigene Zugänglichkeit zu den Gleichnissen zu entwickeln. Dabei gehöre zum Spiel, dass die Gleichniserzählungen nicht fertig, sondern nach hinten offen seien. Die von alltäglichen Begebenheiten handelnden Gleichnisse Jesu spielten allgemeine Erfahrungen zu und erlaubten mit ihrer offenen Metaphorik, diese von der eigenen Lebenswelt her aufzufüllen. Die Parabeln mit ihren völlig aus dem Rahmen fallenden Erzähl-

> Jülichers Gleichnisauslegung wird mit dem Vorgehen eines Brotfabrikanten verglichen

> Symbolerziehung/ spielerische Entfaltung von Metaphern

inhalten provozierten durch Überzeichnung oder Steigerung ins Groteske eine persönliche Stellungnahme und gäben den Anstoß, den aufgenommenen Spielfaden mit Einwänden oder Protesten zu Ende zu spinnen. Als szenisch angelegte Geschichten, die eine Fülle von Beziehungen und Aspekten enthielten, wollten sie durchschaut, schrittweise durchwandert, besprochen und angeeignet werden. Dabei orientiert sich Halbfas eng an der literaturwissenschaftlich ausgerichteten Gleichnishermeneutik, indem er den Heranwachsenden die von Harnisch aus den Gleichniserzählungen Jesu erschlossenen neuen Existenzmöglichkeiten nahe zu bringen sucht.

Der Ansatz von *Gerhard Büttner* (1998, 152-164) berücksichtigt dezidiert die entwicklungspsychologischen Rahmenbedingungen der Gleichnisrezeption und ist zugleich dem Programm der Kindertheologie verpflichtet. Es wird ein Religionsunterricht gefordert, der den spezifischen Denkmöglichkeiten der jeweiligen Altersgruppe gerecht wird und die von Kindern wie Jugendlichen selbst entwickelten Gleichnisinterpretationen ernst nimmt. Ausgangspunkt ist die Würdigung der aus dem kognitiven Stufenmodell Piagets hervorgehenden und durch Bucher verifizierten Tatsache, dass auf einer bestimmten Alters- und Entwicklungsstufe nur ein bestimmtes Gleichnisverständnis möglich ist. Vor diesem Hintergrund wird es als zentrale religionspädagogische Aufgabe gesehen, die Logik kindlicher und jugendlicher Verstehensprozesse durch die genaue Beobachtung der Rezeptionsmodi nachzuvollziehen, da die Entwicklungspsychologie die Antworten der Schülerinnen und Schülern mit den dahinter liegenden Vorstellungen beispielsweise von »Reich Gottes« oder »Gerechtigkeit« verständlicher mache. Damit verbindet sich im Rahmen des Konzepts der Kindertheologie die Erwartung, dass in diesen Verstehensmodi die hermeneutischen Zugangsweisen wissenschaftlicher Theologie zumindest punktuell bereits aufscheinen. Den bibelwissenschaftlichen Konzepten der Gleichnisauslegung kommt im Wesentlichen die Funktion eines kritischen Korrektivs zu, mit dessen Hilfe sich beurteilen lässt, inwieweit die von Kindern und Jugendlichen gewonnenen Interpretationen als theologisch angemessen erscheinen. Vor dem Hintergrund der Beobachtung, dass nur eigenständig entwickelte Deutungen dauerhaft tragfähig sind, sollen allerdings den Kindern und Jugendlichen keine theologisch sachgemäßer erscheinenden Gleichnistheorien aufgezwungen werden. Büttner plädiert im Rückgriff auf Bucher dafür, das kindliche Theologisieren zu respektieren, indem man mit den Schülerinnen und Schülern Gleichnisinterpretationen aushandelt und sich gemeinsam auf die Suche nach neuen Deutungen begibt. Insgesamt geht es ihm darum, das Bewusstsein dafür zu schärfen, dass selbst auf niedrigeren Verstehensniveaus oft theologisch brillante Gleichnisdeutungen begegnen, auch wenn diese den Ergebnissen der wissenschaftlichen Exegese zuwider laufen mögen.

Einen ganzheitlichen, stark erfahrungsbezogenen Ansatz der Gleichnishermeneutik bietet *Hartmut Rupp* (1998, 165-180). Ausgangspunkt seiner Konzeption ist nicht die Entwicklungspsychologie, sondern die neuere bibelwissenschaftliche Diskussion um die Gleichnisauslegung. Rupp grenzt sich entschieden von Modellen der Gleichnishermeneutik ab, die eine Einbeziehung des historischen Kontextes der Gleichnisse Jesu bei deren Interpretation für unumgänglich halten. Konzeptionen wie die von Jülicher, Jeremias oder Linnemann hielten das

Den Lernenden keine Deutungen aufzwingen

Nur eigenständige entwickelte Gleichnisdeutungen sind dauerhaft tragfähig

»Bewegende Geschichten«

Gleichnis in der Vergangenheit fest und vertieften den historischen Graben, um ihn dann einzuebnen und mühselig eine Gegenwartsbedeutung zu konstruieren. Nicht nur aus exegetischen, sondern auch aus didaktischen Gründen favorisiert Rupp stattdessen den metapherntheoretischen oder literaturwissenschaftlichen Ansatz der Gleichnishermeneutik und betrachtet die Gleichnisse als autonome Gebilde, die ihre Botschaft in sich selber tragen, unabhängig vom historischen Kontext verstanden werden können und zu einer neuen Sicht der Welt wie der eigenen Existenz führen. Um ein Verständnis der Gleichnisse als erzählerisch entfalteter Metaphern zu erleichtern, führt Rupp den Begriff der »bewegenden Geschichten« ein, der mit unmittelbaren didaktischen Konsequenzen in zwei Richtungen entfaltet wird. Einerseits setzten die Gleichnisse Menschen gedanklich in Bewegung und bewirkten die Veränderung elementarer Einstellungen. Andererseits könne durch sie im Rahmen einer ganzheitlichen, die kognitive Ebene hinter sich lassenden erfahrungsbezogenen Didaktik etwas in Bewegung gebracht werden. Bei der Suche nach dem angemessenen Lernweg komme es deshalb darauf an, die Erzählstrategie des Gleichnisses zu analysieren und herauszuarbeiten, wie die Adressaten vom Erzähler durch das Gleichnis geführt werden. Die didaktischen Konkretionen solch eines bewegenden Unterrichts, die Rupp am Beispiel von vier Parabeln Jesu für die unterschiedlichen Schulstufen entwickelt, sind dementsprechend durch eine eindrucksvolle Methodenvielfalt mit Dominanz spielerisch-kreativer Zugänge gekennzeichnet.

Peter Müller, *Gerhard Büttner*, *Roman Heiligenthal* und *Jörg Thierfelder* legen in ihrem Studien- und Arbeitsbuch »Die Gleichnisse Jesu« (2002) einen konsequent an dem Elementarisierungskonzept von Nipkow/Schweitzer orientierten Ansatz der Gleichnisdidaktik vor. Dieser ist integrativ sowohl textorientiert als auch rezipientenorientiert ausgerichtet, indem er die Aussageabsicht der Texte (elementare Struktur, elementare Wahrheit) mit den Erfahrungen und Verstehensmöglichkeiten der Schülerinnen und Schüler (elementare Erfahrung, elementare Zugänge) zu verknüpfen sucht. Ein wichtiger Aspekt ist dabei die Erkenntnis, dass Gleichnisse trotz ihrer unmittelbaren Anschaulichkeit und Schönheit schwierige und teilweise auch widerständige Texte sind. Auf dem im Religionsunterricht mit Kindern und Jugendlichen zu beschreitenden Weg des Verstehens gebe es zweifellos verschiedene Stationen, wobei eine eindeutige Entscheidung zwischen »richtig« und »falsch« den Texten nicht angemessen sei.

Stefanie Schulte entwirft auf der Grundlage ihres oben dargestellten hermeneutischen Ansatzes ein ebenfalls erfahrungsbezogenes Modell der Gleichnisdidaktik, das Elemente der Wirkungsästhetik, der Kindertheologie und der narrativen Hermeneutik in sich vereinigt (SCHULTE 2008, 193-232). Oberstes Prinzip ist es, die Heranwachsenden in ihrer Deutungskompetenz ernst zu nehmen und zur eigenständigen Interpretation von Gleichnissen anzuregen, ohne dass ihnen dabei eine Deutungsmethodik vorgegeben wird oder eine Korrektur ihrer Interpretationen erfolgt. Dies verbindet sich mit einem erfahrungsbezogenen Zugang zu den Gleichnissen. Die Lehrenden sollen sie im Unterricht in erster Linie nicht als zu analysierendes Textmaterial einführen, sondern die Adressaten durch handlungsorientierte Methoden wie Rollenspiel, Bibliodrama oder kreatives Schreiben in die narrative Erzählstruktur verwickeln, um Raum für das eigene Erleben zu öffnen. In diesem Zusammenhang ergeht die Forderung nach einer Hermeneutik des Perspektivenwechsels. Damit ist die Notwendigkeit gemeint, dass die Lernenden durch didaktische Konzepte dazu gebracht werden, den Erzählverlauf nachzuvollziehen, sich in die unterschiedlichen Perspektiven der Erzählfiguren hinein zu begeben, diese gegeneinander abzugrenzen und vor dem Hintergrund der eigenen Erfahrungen zu aktualisieren. Gemäß der Einsicht der Rezeptionsästhetik, dass jedes Werk bewusst Unbestimmtheiten aufweist und den Leser oder die Leserin zur eigenständigen Füllung der Leerstellen aufruft, sollen die Schülerinnen und Schüler nach Kontexten in der heutigen Lebenswelt und im eigenen Leben suchen, zu denen sich die Gleichniserzählungen in Beziehung setzen lassen. Eine Betrachtung des sprachlichen Inventars und der Semantik der Geschichten kann nach Schulte dagegen im Religionsunterricht völlig entfallen, womit auch die von der Entwicklungspsychologie für bestimmte Altersstufen nachgewiesenen Schwierigkeiten beim Verstehen symbolischer Sprache keine Rolle mehr spielten. Letztlich sollen die Kinder eigene Sinnpotenziale für die Gleichnisse finden und benennen. Dabei macht es für Schulte im Horizont der postmodernen Vielfalt qualitativ keinen Unterschied, ob die Gleichniserzählungen im wörtlichen, im moralischen oder im religiös-metaphorischen Sinn aktualisiert werden.

Gleichnisse sind biblische Texte, die Verstehensprozesse in Gang setzen, Übertragungen provozieren und Horizonte eröffnen, indem sie einen neuen Blick auf die Welt und das eigene Leben ermöglichen. Inwieweit dies im Religionsunterricht gelingt, hängt maßgeblich von den Lehrenden ab. Ein Blick auf die jüngere Geschichte der Gleichnisdidaktik zeigt, dass sich für eine auf die eigene Existenz bezogene Aneignung der Gleichnisbotschaft die Orientierung an der metapherntheoretischen oder literaturwissenschaftlichen Konzeption als sinnvoll erweist und ganzheitlichen Methoden gegenüber rein kognitiven Zugängen zu dem biblischen Text eindeutig der Vorzug zu geben ist. Nur so gelingt es, die Lernenden tief in das Gleichnisgeschehen zu verwickeln und ihnen im Horizont der eigenen Lebenserfahrung neue Perspektiven zu erschließen. Gleichzeitig relativieren sich damit ein Stück weit die entwicklungspsychologischen Probleme, die bei der Thematisierung von Gleichnissen im Religionsunterricht bestehen. Der ursprüngliche historische Kontext der Gleichnisse kann demgegenüber bei der didaktischen Vermittlung in den Hintergrund treten und das Einspielen geschichtlichen Hintergrundwissens auf ein unentbehrliches Mindestmaß reduziert werden. Umstritten bleibt im Horizont von Kindertheologie und Rezeptionsästhetik die Frage, wer im Unterrichtsgeschehen letztlich die Deutungshoheit über die Gleichnisse besitzt. Dass Schülerdeutungen ernst genommen und nicht vorschnell korrigiert oder gar abgewertet werden dürfen, steht außer Zweifel. Gleichnisauslegung ist ein offener Prozess, der zu einer Annäherung an den Sinn des Textes führt, ohne diesen für alle Zeiten festlegen zu können. Dies bedeutet aber nicht zwangsläufig, dass alle Aktualisierungen qualitativ gleichwertig sind und die Interpretation der Gleichnisse vollständig im Belieben der Rezipienten steht. Vielmehr geht es darum, bei der gemeinsamen Suche nach Antworten die eigene theologische Kompetenz kritisch in den Dialog mit den Lernenden einzubringen, um eine lebendige Begegnung mit den Gleichnissen zu fördern und die Kraft der Bilder zur Entfaltung zu bringen.

Fazit und Ausblick

Ganzheitliche Methoden sind rein kognitiven Zugängen zum Text vorzuziehen

▪ Schlüsseltext 1: Gleichnis vom Senfkorn und vom Sauerteig (Mt 13,31-33)

Kontext und Aufbau

Das Doppelgleichnis vom Senfkorn und vom Sauerteig (KOGLER 1988) stammt aus der Spruchquelle Q und geht zweifellos auf den historischen Jesus zurück. Das Gleichnis vom Senfkorn findet sich unabhängig von der Spruchquelle auch bei Markus (Mk 4,30-32). Matthäus hat das Doppelgleichnis in seine große Gleichnisrede integriert (Mt 13,31-33) und beim Gleichnis vom Senfkorn die Q-Fassung mit der Markus-Fassung kombiniert. Lukas, der das Gleichnispaar weitgehend im Wortlaut der Q-Überlieferung wiedergibt und Mk 4,30-32 übergeht, bietet es in seinem sogenannten Reisebericht (Lk 9,51-19,28) im Anschluss an die Heilung der gelähmten Frau am Sabbat (Lk 13,18-21). Beide Gleichnisse begegnen auch im apokryphen Thomasevangelium (*EvThom* 20.96). Sowohl das Gleichnis vom Senfkorn als auch das Gleichnis vom Sauerteig beginnt mit einer als rhetorische Frage gestalteten Einleitungsformel, mit der Jesus um die Aufmerksamkeit des Publikums wirbt und den nachfolgenden Gleichnisinhalt als Bild für das Reich bzw. die Herrschaft Gottes kennzeichnet. Im Mittelpunkt der sehr knapp gehaltenen Gleichniserzählungen steht der Unterschied zwischen den kleinen Anfängen und dem großartigen Ende, der anhand des Wachstums eines Senfkorns und des Gärungsprozesses eines Sauerteigs veranschaulicht wird. Die im antiken Judentum sprichwörtliche Winzigkeit des Senfkorns als kleinster für das menschliche Auge wahrnehmbarer Größe bildet einen scharfen Kontrast zu der Senfstaude mit ihren Zweigen. Ein wenig Sauerteig bewirkt die Durchsäuerung einer großen Menge von Mehl und bringt nach dem Gärvorgang einen Teig von gigantischem Volumen hervor.

Widergespiegelte Alltagswirklichkeit

Das Doppelgleichnis spiegelt die geschlechterspezifische Rollenverteilung in der Lebenswelt Jesu wider, indem es in die typischen Tätigkeitsfelder eines Kleinbauern und einer Hausfrau hineinführt. Bei der im Gleichnis vom Senfkorn beschriebenen Pflanze (GÄBEL 2007, 330-332) handelt es sich wahrscheinlich um den Schwarzen Senf (*brassica nigra*) der modernen Botanik, dessen Samenkörner einen Durchmesser von etwas mehr als einem Millimeter haben und dessen Staude eine Höhe von bis zu drei Metern erreichen kann. Das von der alttestamentlichen Weltbaum-Metaphorik (Ez 17,13; Dan 4,18) beeinflusste Bild von den in den Zweigen der Senfstaude nistenden Vögel ist also durchaus realistisch, auch wenn die Bezeichnung der ausgewachsenen Staude als Baum eine Übertreibung darstellt. Antike Schriftsteller wie Theophrast, Columella oder Plinius der Ältere zählen den Schwarzen Senf in Übereinstimmung mit Lk 13,19 zu den Gartengewächsen. In der galiläischen Lebenswelt Jesu ist er aber wohl überwiegend an den Wegesrändern und auf den Feldern anzutreffen. Auch das Gleichnis vom Sauerteig spiegelt reale Gegebenheiten wider (OSTMEYER 2007, 187-188). Außerhalb der Passahzeit war der Verzehr von gesäuertem Brot im Judentum der Zeit Jesu der Normalfall. Sauerteigbrot ist haltbarer als anderes Brot, da die Säuerung dem Schimmelbefall entgegenwirkt. Bei der Herstellung wird in der Regel ein zurückbehaltener Rest unverbackenen Sauerteigs mit Wasser und Mehl verknetet, wobei sich in relativ kurzer Zeit ein Durchsäuern und Aufgehen des Teiges einstellt. Die drei Maß Mehl, mit denen der Sauerteig im Gleichnis Jesu angesetzt wird, entsprechen etwa 40 Litern und stellen damit eine beachtliche

> Die Senfstaude erreicht eine Höhe von bis zu drei Metern

Menge dar, für deren Durchgärung es knapp 2kg Sauerteigs bedarf (Luz ⁴2007, 334). Der in der Praxis mehrfach wiederholte Vorgang des Knetens findet im Gleichnis vom Sauerteig keine Erwähnung.

Bei beiden Gleichnissen ist aufgrund der Einleitungsformel klar, dass sie von der Gottesherrschaft handeln. Sowohl mit der Aussaat des Senfsamens als auch mit dem Ansetzen des Sauerteigs kommt ein unwiderstehlicher Wachstumsprozess mit großartigem Ende in Gang, der Freude bereitet. Es handelt sich um unkonventionelle Bilder für das Reich Gottes, mit denen Jesus Aufmerksamkeit erregte. Obwohl die Metapher vom Durchsäuertwerden häufig negativ verwendet wird (1Kor 5,6-8) und die Passahmazzen wie auch die Schau- und Opferbrote am Tempel aus ungesäuertem Teig bestanden, besteht kein Anlass zu der Annahme, dass die Wahl des Sauerteigs als Bild für das Gottesreich auf jüdische Ohren »geradezu schockierend« (Bovon ²2008, 418-419) wirkte. Am Glück des Landmannes und der Hausfrau wird der von unaufhaltsamem Wachstum begleitete Kontrast zwischen den unscheinbaren Anfängen und dem großartigen Kommen der Gottesherrschaft zum bestimmenden Thema. Das Doppelgleichnis diente Jesus wohl zur Verteidigung seiner Botschaft gegenüber Skeptikern und bietet mutmachende Visionen der Hoffnung. Mit vertrauten Bildern aus dem bäuerlichen und häuslichen Leben, in denen sich die Alltagserfahrungen der Menschen in Galiläa realistisch widerspiegeln, versuchte Jesus Zweifel am baldigen Kommen der Gottesherrschaft auszuräumen und Zuversicht zu vermitteln. Wie bei dem im Boden liegenden Senfkorn und dem unter dem Mehl verborgenen Sauerteig ist auch vom Reich Gottes noch nicht viel zu sehen, aber der Prozess seines Werdens unaufhaltsam in Gang gesetzt und das zeitnahe triumphale Ende vorprogrammiert.

Botschaft des Gleichnispaares

Jesus will Zweifel am baldigen Kommen der Gottesherrschaft ausräumen

Auch wenn Senfstaude und Sauerteig den Schülerinnen und Schülern weithin unbekannt sind, finden sich für die von dem Doppelgleichnis widerspiegelten Wachstumsprozesse enge Anknüpfungspunkte in der heutigen Erfahrungswelt. Dass beispielsweise aus einer kleinen Kastanie ein riesiger Baum werden kann oder eine relativ geringe Menge von Hefe und Mehl zu einem voluminösen Pizzateig aufgeht, stellt eine vertraute Alltagserfahrung dar. Vor allem auf Grundschulkinder, die von Erwachsenen immer wieder den Satz »Werde erstmal groß« zu hören bekommen, üben die im Doppelgleichnis vom Senfkorn und vom Sauerteig verwendeten Bilder von den kleinen Anfängen und dem großen Ende eine starke Faszination aus. Im Unterricht lässt sich durch das Anfassen von Senfkörnern deren Winzigkeit nachempfinden und durch das Einpflanzen der Körner in Blumentöpfe deren Wachstum nachvollziehen. Bei einer Thematisierung der in beiden Gleichnissen präsenten Reich-Gottes-Vorstellung sind Verstehensschwierigkeiten einzukalkulieren, zumal Schülerinnen und Schüler im Grundschulalter das Reich Gottes meist im Himmel lokalisieren. Andererseits kommt der Sachverhalt, dass in beiden Gleichnissen eine abstrakte Größe wie das Reich Gottes mit Hilfe eines anschaulichen Prozesses verdeutlicht wird, dem am Konkreten orientierten Denken von Kindern entgegen (Müller u.a. 2002, 124). In der Sekundarstufe I lässt sich die Symbolkraft beider Gleichnisse als Bilder für das Reich Gottes mithilfe eines fiktiven Dialogs, den drei Zeitgenossen Jesu (Miriam, Andreas und Ruben) über dessen Reich-Gottes-Verkündigung führen, erschließen (Häussler/Rieder 2010, 61). Die Bilder vom Senfkorn und vom Sauerteig,

Didaktische Anknüpfungspunkte

die aus winzigen Anfängen Großes hervorbringen, eignen sich gut zur Kräfteschulung und zeigen, dass Hoffnung im Verborgenen wächst und Visionen den Sieg über die scheinbare Realität davontragen können. Vor diesem Hintergrund kann das Doppelgleichnis dazu dienen, mit Kindern und Jugendlichen auf Spurensuche nach mutmachenden Senfkörnern und Kraft gebenden »Sauerteigen« im eigenen Leben zu gehen, die Hoffnung stiften und Verzweiflung überwinden.

■ Schlüsseltext 2: Gleichnis vom barmherzigen Samariter (Lk 10,30-35)

Kontext und Aufbau

Das Gleichnis vom barmherzigen Samariter findet sich ausschließlich im Lukasevangelium (Lk 10,30-35) und ist dort innerhalb des »Reiseberichts« (9,51-19,28) in ein Streitgespräch eingebettet, das Jesus mit einem jüdischen Schriftgelehrten führt (10,25-37). Die in provokativer Absicht gestellte Frage des Schriftgelehrten nach den Voraussetzungen für das Erlangen des ewigen Lebens erwidert Jesus mit der Gegenfrage nach dem Inhalt des Gesetzes. Nachdem der Schriftgelehrte mit dem Verweis auf das Doppelgebot der Gottesliebe (Dtn 6,5 »Du sollst den Herrn, deinen Gott, liebhaben von ganzem Herzen, von ganzer Seele und mit all deiner Kraft«) und Nächstenliebe (Lev 19,18 »Du sollst deinen Nächsten lieben wie dich selbst«) die treffende Antwort gegeben hat, schließt sich die Frage »Wer ist denn mein Nächster?« an, zu deren Illustration Jesus das Gleichnis vom barmherzigen Samariter erzählt. Am Ende setzt sich der Dialog Jesu mit dem Schriftgelehrten fort und endet mit dem Handlungsappell, dem Beispiel des Samariters zu folgen. Dabei findet eine Sinnverschiebung statt, da nunmehr implizit gefordert wird, anderen Menschen aktiv zum Nächsten zu werden (Lk 10,36). Wahrscheinlich hat Lukas den Dialog zwischen Jesus und dem Schriftgelehrten aus Mk 10,17 (Frage des reichen Jünglings nach dem ewigen Leben) und Mk 12,28-34 (Frage des Schriftgelehrten nach dem höchsten Gebot) geschaffen und das ursprünglich eigenständige Gleichnis Jesu in diesen Kontext eingefügt (ECKEY ²2006, 483-485). Es gibt aber auch die Theorie, dass Lukas den Dialog samt dem darin integrierten Gleichnis in seiner Fassung der Logienquelle Q oder in seinem Sondergut bereits als Einheit vorgefunden hat (BOVON ²2008, 84). Das Gleichnis selbst zerfällt in drei Szenen, die durch die Dramaturgie von Überfall, Vorbeiziehen von Priester wie Levit und helfendem Handeln des Samariters gekennzeichnet sind. Die Anordnung der Erzählfiguren orientiert sich am Modell des dramatischen Dreiecks (WOLTER 2008, 395). Der Überfallene, der als einziger in allen drei Szenen präsent ist, bildet die dramatische Hauptfigur, der auf der einen Seite der Priester und der Levit, auf der anderen Seite der Samariter in Form antithetischer Zwillinge als dramatische Nebenfiguren zur Seite gestellt sind.

> Der Überfallene hat im Gleichnis die Rolle der dramatischen Hauptfigur inne

Zusammenfassung der Tora im Doppelgebot der Liebe

Für die Lk 10,27 vorliegende Kombination der beiden alttestamentlichen Gebote der Gottesliebe (Dtn 6,5) und der Nächstenliebe (Lev 19,18) als hervorgehobener ethischer Weisungen gibt es im antiken Judentum in den »Testamenten der 12 Patriarchen« (*TestIss* 5,2; 7,6; *TestDan* 5,3), bei Philo von Alexandria (*spec. leg.* 2,63) und in der Mischna (*mAb* 6,1) Parallelen. Jesu Doppelgebot der Liebe wird ohne zwingenden Grund meist als Gemeindebildung des hellenistischen Christentums betrachtet. Es ist in einen breiten Strom jüdischer Analogien eingebettet, zeigt durch Vorordnung der beiden Gebote Dtn 6,5 und Lev 19,18 gegenüber allen anderen Geboten aber auch ein deutliches Eigenprofil und passt insgesamt gut zur sonstigen Verkündigung Jesu (THEISSEN/MERZ ⁴2011, 340-345).

Die fiktive Gleichniserzählung spielt auf der etwa 30 km langen Straße, die von Jerusalem in das deutlich tiefer gelegene Jericho hinab führte. Das menschenleere und felsige Gebiet zwischen beiden Städten (Joseph., *bell.* 4,474) bot Straßenräubern ein ideales Betätigungsfeld und gute Rückzugsmöglichkeiten zum Untertauchen. Überfälle wie der im Gleichnis geschilderte dürften dort an der Tagesordnung gewesen sein (ZIMMERMANN 2007, 542). Bei den Räubern kann es sich entweder um gewöhnliche Kriminelle oder aber um Zeloten gehandelt haben, die zumindest einen Teil der Beute an sozial Bedürftige weitergaben. Der als erster an dem Überfallenen vorbeikommende Priester befand sich vermutlich auf dem Heimweg vom Tempel. Der Opferdienst am Jerusalemer Tempel fiel in den Zuständigkeitsbereich von 24 Priesterklassen, die mit ihren Familien in der Regel außerhalb Jerusalems lebten und im Rotationsverfahren für jeweils eine Woche am Heiligtum tätig waren. Dort standen ihnen im Priesterhof des inneren Tempelbezirks Schlafkammern zur Verfügung. Die verweigerte Hilfeleistung könnte damit zusammenhängen, dass der Priester den unter die Räuber Gefallenen für tot hielt. Der Kontakt mit Toten machte sieben Tage lang unrein (Num 19,11) und für Priester galten besonders hohe Standards der kultischen Reinheit. Der zweite Passant, der ebenfalls die Hilfe verweigert, wird als Levit gekennzeichnet. Die Leviten waren ebenfalls am Tempel tätig, rangierten dort aber am unteren Ende der Tempelhierarchie. Der Zutritt zum Altar und Tempelgebäude war ihnen streng untersagt. Sie unterstanden dem Tempeloberst und durften lediglich untergeordnete Tätigkeiten wie die Bewachung des äußeren Tempelareals, das Schlachten von Opfertieren oder das Herbeischaffen der Torarollen verrichten. Eine gehobene Klasse von Leviten sorgte für Tempelgesang und Musik. Das Blasen der Posaunen und der Schofar blieb ihnen allerdings verwehrt. Erst kurz vor der Zerstörung des Tempels im Jahr 66 n. Chr. kam es unter König Agrippa II. zu Reformen, die auf eine Besserstellung der Leviten innerhalb der Tempelhierarchie abzielten. Bei der dritten Person, die vorbeikommt und sich im Gegensatz zu dem Priester und dem Leviten um den Verletzten kümmert, handelt es sich um einen Bewohner Samarias. Er verbindet die Wunden und bringt den Verletzten auf einem Tier in eine nahegelegene Herberge, wo er zwei Denare für dessen weitere Versorgung zurücklässt. Solche gewerblichen Herbergen wurden in der Lebenswelt Jesu meist von Nichtjuden betrieben und hatten einen schlechten Ruf. Ein Denar war das Durchschnittseinkommen eines Tagelöhners. Die zwei Denare reichten für eine mehrtägige Versorgung des Verletzten. Zudem erklärt sich der Samariter für den Fall, dass dem Wirt noch weitere Unkosten entstehen, dazu bereit, diese bei seiner Rückkehr zu begleichen.

Als Samariter oder besser Samaritaner bezeichnet man die Jahwe-Verehrer in Samaria, dem Zentrum des ehemaligen Nordreichs Israel. Juden und Samaritaner haben gemeinsame Wurzeln, von denen aus sie sich in unterschiedliche Richtungen entwickelten, bis ihre Beziehung in offene Feindschaft umschlug. Die Religion der Samaritaner gründete sich, genau wie die jüdische Religion, auf den Glauben an den einen Gott der Väter. Als autoritative Schrift akzeptierten sie

> Realgeschichtlicher Hintergrund des Gleichnisses

> Die Straße nach Jericho bot Räubern ein ideales Betätigungsfeld

> Samariter od. Samaritaner

allein den Pentateuch, die fünf Bücher Moses. Die übrigen Bücher des späteren Alten Testaments lehnten sie ab. Unter Alexander dem Großen kam es in Samarien zum Bau eines eigenen Jahwetempels, der auf dem heiligen Berg Garizim entstand und in Jerusalem als unzulässige Konkurrenz zum Tempel auf dem Zion betrachtet wurde. Als Johannes Hyrkan um 130 v. Chr. Samarien eroberte, machte er den Tempel auf dem Garizim dem Erdboden gleich. Infolge dieser Ereignisse war das Tischtuch zwischen Samaritanern und Juden endgültig zerschnitten, wie es sich auch in der Erzählung von der Begegnung Jesu mit einer samaritanischen Frau am Jakobsbrunnen von Sychar widerspiegelt (Joh 4,9). Von jüdischer Seite wurden die Samaritaner des Abfalls vom wahren Glauben bezichtigt, auf eine Stufe mit Heiden gestellt und aus dem Judentum ausgegrenzt. Sie selbst betrachteten sich dagegen als legitime Erben der alten Traditionen Israels und konnten die Zerstörung ihres Tempels auf dem Garizim nie verwinden. Anfang des 1. Jh. n. Chr. verstreute eine Gruppe militanter Samaritaner am Passahfest Leichenteile im Jerusalemer Tempel und machte ihn damit unrein (vgl. Num 19,16). Wiederholt kam es auch zu Übergriffen der Samaritaner auf jüdische Festpilger, die auf dem Weg nach Jerusalem durch Samarien zogen.

Botschaft des Gleichnisses

Im Kontext des Dialogs Jesu mit dem Schriftgelehrten ist das Gleichnis vom barmherzigen Samariter ein ethischer Appell, durch tätige Liebe anderen zum Nächsten zu werden. Am Handeln des Protagonisten wird beispielhaft eine universale Nächstenliebe veranschaulicht, die sich auch auf Angehörige eines verhassten Nachbarvolks erstreckt. Ausgerechnet ein Mitglied des vom Judentum ausgegrenzten und mit ihm verfeindeten Volks der Samariter hilft dem verletzten Juden, während Priester und Levit teilnahmslos vorübergehen. Von daher ist es berechtigt, wenn der Text im Gefolge Jülichers meist als Beispielerzählung gilt. Er bringe die Pointe, um die es gehe, nämlich den Wert der Nächstenliebe, an einem günstig gewählten fiktiven Einzelfall direkt zur Sprache, ohne dass es eines gedanklichen Transfers von der Bildhälfte zur Sachhälfte bedürfte (JÜLICHER ²1910, II 596). Eine Betrachtung der Gleichniserzählung vom barmherzigen Samariter als Parabel eröffnet dagegen noch ganz andere Interpretationshorizonte. Für den historischen Jesus ist neben der am nächsten liegenden ethischen oder diakonischen Auslegung auch eine auf seine eigene Sendung bezogene Interpretation der Gleichniserzählung nicht gänzlich auszuschließen. Da Jesus sich in einem anderen Bildwort im übertragenen Sinne als zu den Kranken gesandter Arzt bezeichnet (Mk 2,17), könnte er mit dem barmherzigen Samariter auf sich selbst angespielt haben. Keinen Anhalt am ursprünglichen Sinn der Gleichniserzählung hat allerdings deren Deutung als heilsgeschichtlich-christologischer Allegorie in der Alten Kirche (BOVON ²2008, 93-95). Ein anschauliches Beispiel dafür bietet der Kirchenvater Origenes. Er bezieht sich in seinen Homilien zum Lukasevangelium auf die Auslegung des Gleichnisses durch einen gebildeten Presbyter, dem zufolge der überfallene Mann Adam war, Jerusalem das Paradies, Jericho die Welt, die Räuber die feindlichen Mächte, der Priester das Gesetz, der Levit die Propheten, der Samariter Christus und die Wunden des Überfallenen der Ungehorsam; das den Verletzten tragende Reittier stehe für den unsere Lasten tragenden Leib des Herrn, das alle aufnehmende Wirtshaus sei die Kirche und der Wirt das Oberhaupt der Kirche, während das Versprechen der Rückkehr des Samariters die Parusie des Erlösers

> Die Alte Kirche sah in dem Gleichnis eine Kurzfassung der Heilsgeschichte

versinnbildliche (Orig., *hom. Luc.* 34,3). Losgelöst vom Kontext des argumentierenden Lehrgesprächs lässt sich die Gleichniserzählung auch existenzial als ein Text deuten, der einerseits mit der von Priester und Levit repräsentierten alten Seinsmöglichkeit des Realen, andererseits mit der vom Samariter verkörperten neuen Seinsmöglichkeit des Irrealen konfrontiert. Der Hörer werde dazu herausfordert, »sich *mit* der Erzählung auf die Seite des Irrealen zu schlagen und einer unglaublichen Möglichkeit *Glauben* zu schenken«, die Parabel konfrontiere ihre Rezipienten »dadurch mit der Herrschaft Gottes, daß sie ihnen das Wunder eines Komparativs der Liebe verkündet, der alle Einbußen des Wirklichen übertrifft« (HARNISCH ⁴2001, 290-291).

Für die Thematisierung des Gleichnisses im Religionsunterricht stellt dessen ethisch-diakonische Auslegung den primären Anknüpfungspunkt dar. Bereits im Grundschulalter wird der Text in aller Regel als Appell zum Helfen verstanden. Schülerinnen und Schüler können in der Begegnung mit Lk 10,30-35 die Kompetenz erwerben, das Gebot der Nächstenliebe in seiner Bedeutung zu erfassen, Möglichkeiten der Hilfe für Schwache oder Benachteiligte zu benennen und das Liebesgebot im Alltag durch ihr Handeln umzusetzen. Da mit dem Priester häufig ein römisch-katholischer Priester assoziiert wird und die Begriffe Levit und Samariter den meisten völlig fremd sind, bietet es sich an, das Gleichnis in Form freierer Nacherzählungen in das Unterrichtsgeschehen einzubringen. Die Betrachtung von Gemälden zu Lk 10,30-35, wie sie von zahlreichen Künstlern vorliegen (u.a. *Rembrandt van Rijn*; *Paula Modersohn-Becker*; *Max Liebermann*), eröffnet einen vertieften Zugang zu den Inhalten des Gleichnisses (VON METZSCH 1998). Intensive Identifikationsprozesse mit der Möglichkeit zur Verbalisierung von Ängsten und Hoffnungen werden in Gang gesetzt, wenn die Schülerinnen und Schüler die Geschichte aus der Perspektive der unterschiedlichen Handlungsfiguren (Überfallener, Priester, Levit, Samariter, Herbergswirt) nacherzählen, ein Radiointerview mit dem Überfallenen entwerfen oder einen Zeitungsbericht samt Headline über das Geschehen verfassen (JOHANNSEN 1986, 41-42). Zum tieferen emotionalen Eintauchen in das Gleichnis eignet sich eine meditative Phantasiereise (ZIMMERMANN 2004, 368-369). Für eine gegenwartsbezogene Auseinandersetzung mit dem ethischen Anspruch des Gleichnisses bietet sich die Einbeziehung einer aktualisierenden Nacherzählung (ebd., 364-365) und von Zeitungsartikeln über heutige Fälle unterlassener Hilfeleistung an. So war 2016 im Vorraum einer Essener Bankfiliale außerhalb der Öffnungszeiten ein 82-jähriger Mann kollabiert. Aus den Aufnahmen der Videoüberwachung ging hervor, dass vier Kunden teilnahmslos um den Hilfsbedürftigen herumgegangen oder über ihn hinweggestiegen waren, um an den Automaten ihre Geldgeschäfte zu tätigen. Erst ein fünfter Kunde verständigte den Rettungsdienst. Der ohnmächtige Mann kam allerdings nicht mehr zu Bewusstsein und verstarb im Krankenhaus. Die Schülerinnen und Schüler können in fiktiven Interviews die Motive der Bankkunden für ihr Verhalten ergründen und mit dem von Jesus in Lk 10,30-35 geforderten Verhalten vergleichen (LUTHER/ZIMMERMANN 2018, 24). In höheren Jahrgangsstufen lassen sich unterschiedliche Konzeptionen helfenden Handelns, aber auch christologische Interpretationen des Gleichnisses erarbeiten und kritisch reflektieren (MÜLLER u.a. 2002, 186-187).

> Didaktische Anknüpfungspunkte

> Vier Bankkunden gingen teilnahmslos an einem sterbenden Rentner vorbei

■ **Schlüsseltext 3: Gleichnis vom verlorenen Schaf (Lk 15,3-7par.)**

Kontext und Aufbau

Das Gleichnis vom verlorenen Schaf (Lk 15,3-7/Mt 18,12-14) stammt aus der Spruchquelle Q. Bei Lukas bildet es den Auftakt einer durch die Kritik von Pharisäern und Schriftgelehrten an Jesu Mahlgemeinschaften mit Zöllnern und Sündern ausgelösten Gleichnistrilogie (Lk 15,1-32), in der anhand von drei unterschiedlichen Beispielen (Schaf, Münze, Sohn) die Freude über das Wiederfinden des Verlorenen thematisiert wird. Matthäus hat das Gleichnis dagegen in eine Gemeindeordnung integriert, die von Sündenvergebung im Raum der Kirche handelt (Mt 18,1-35), und spricht daher vom verirrten Schaf. Anders als bei Lukas ist das Gleichnis bei ihm nicht nach außen an die Gegner Jesu, sondern nach innen an die stellvertretend für die Gemeinde stehenden Jünger adressiert, wobei das verirrte Schaf für die vom rechten Weg abgekommenen und von der Gemeinde zur Umkehr zu bewegenden Gläubigen steht. Insgesamt dürfte Lukas die Q-Fassung des Gleichnisses authentischer bewahrt haben als Matthäus, auch wenn das Schultern des wiedergefundenen Schafes (Lk 15,5) und die Feier eines Freudenfestes (15,6) lukanische Ergänzungen darstellen dürften. Das Gleichnis setzt mit einer rhetorischen Frage ein, mit deren Logik sich der Erzähler des Einverständnisses seiner Hörerinnen und Hörer versichert: Jeder würde beim Verlust eines Schafes so handeln wie der beschriebene Hirte. Für die argumentative Strategie der Erzählung ist der Kontrast von kleiner und großer Zahl, verbunden mit der Gegenüberstellung unterschiedlicher Wertigkeiten, von Bedeutung. Es ist das Verlorensein des einen Schafes, das es für den Hirten wertvoller macht als die 99 nicht verlorenen Schafe (WOLTER 2008, 525). Umgekehrt ist aber auch zu berücksichtigen, dass durch das Wiederfinden des einen Schafes die Zusammengehörigkeit des Ganzen wiederhergestellt wird, da die Zahl 100 einen Symbolwert für die vollständige Ganzheit darstellt (BÖTTRICH 2001, 137).

> Bei Matthäus steht das verirrte Schaf für die vom rechten Weg abgekommenen Gläubigen

Realgeschichtlicher Hintergrund des Gleichnisses

Das Gleichnis bezieht sein Bildinventar aus der Welt der Viehzucht. Es setzt die in der Antike wie auch heute noch weit verbreitete Praxis voraus, dass der Schafhirte mit seiner Herde auf der Suche nach Weideplätzen von Ort zu Ort zieht. Die Zahl von 100 Schafen repräsentiert eine Herde mittlerer Größe. Wenn ein Schaf den Anschluss an die Herde verlor und sich verirrte, war es sich selbst überlassen und lief Gefahr zum Opfer von Raubtieren zu werden. Der römische Schriftsteller Columella beschreibt in seinem Agrarhandbuch ausführlich die dem Hirten aufgetragene sorgfältige Obhut für seine Herde (Col., *rust.* 7.3,26). Ob es sich bei dem Hirten des Gleichnisses um den Eigentümer der Herde oder einen Lohnhirten handelt, wird nicht ersichtlich. Ein Hirte, der fremde Schafe hütete, war bei Verlust eines Tieres zu Schadenersatz verpflichtet. Nach der Mischna betrug der Preis für ein Schaf acht Denare (*mKer* 5,2), wobei ein Denar dem durchschnittlichen Tagesverdienst eines Leiharbeiters entsprach. Bei höherer Gewalt oder dem Fehlen eindeutiger Beweise für schuldhaftes Handeln konnte ein auf Schadenersatz verklagter Hirte allerdings durch einen Reinigungseid die Regressforderung zurückweisen (Ex 22,9-10). Der Verlust eines Schafes fiel beim abendlichen Durchzählen der Herde auf. Dass ein Hirte in der Lebenswelt Jesu für die Suche nach einem verirrten Schaf die restliche Herde sich selbst überließ und der Gefahr aussetzte, ist allerdings unwahrscheinlich, obwohl die rhetorische Frage Lk 15,4 es als den Normalfall erscheinen lässt. In diesem Punkt sprengt das Gleichnis die Alltagswirklichkeit (JEREMIAS [10]1984, 133).

Das Bild vom Hirten und der Herde ruft bei den Adressaten des Gleichnisses vom verlorenen Schaf eine Vielzahl von Assoziationen wach (OVEJA 2007, 209-210). In alttestamentlich-jüdischer Tradition stellt es eine weit verbreitete Metapher für die Fürsorge Jahwes gegenüber dem Volk Israel dar (Ps 23; Jer 31,10). Von besonderer Bedeutung für das Bildfeld des Gleichnisses Jesu ist die Verheißung in Ez 34,11-16, dass sich Gott seiner durch das babylonische Exil zerstreuten Herde als guter Hirte annehmen wird, indem er auf die Suche nach den verirrten und verlorenen Schafen geht, um sie nach Israel zurückzuführen. In Mi 5,3 trägt der erwartete Messias aus Bethlehem Züge eines Hirten, der sein Volk in der Kraft des Herrn weiden wird. In den Evangelien wird das Bild vom messianischen Hirten auf Jesus übertragen (Mk 6,34; Mt 9,36; Joh 10). Nach Mt 15,24 und 10,6 sind Jesus und die Jünger zu den »verlorenen Schafen aus dem Haus Israel« gesandt.

Hirtenmetaphorik

Das Gleichnis hat wohl von Anfang an eine Anwendung enthalten (Lk 15,7), die das in der irdischen Welt angesiedelte Erzählgeschehen durch die Übertragung auf die Sinnebene der himmlischen Welt dekodiert. Vor dem Hintergrund der alttestamentlichen Hirtenmetaphorik dürfte im Rahmen der Verkündigung Jesu mit dem suchenden Hirten Gott gemeint sein, der sich in besonderer Weise den auf Abwegen geratenen Menschen zuwendet. Es geht darum, »Gottes Liebe zu jedem einzelnen Sünder zu illustrieren, wie sie in der unermüdlichen Sorgfalt auch seines Suchens und in seiner grenzenlosen Freude beim Finden zum Ausdruck kommt« (JÜLICHER [2]1910, II 331). Das Gleichnis diente wohl, wie die kontextuelle Einbettung durch Lukas es sachgerecht widerspiegelt (Lk 15,1-2), der Rechtfertigung von Jesu Zuwendung gegenüber Sündern und Zöllnern (vgl. Lk 19,10). Es war gleichzeitig aber auch dazu geeignet, den »Verlorenen« in Israel Trost zuzusprechen und die Hoffnung zu vermitteln, dass Gott sie nicht aufgegeben hatte.

Botschaft des Gleichnisses

Schülerinnen und Schüler der Primarstufe fühlen sich vom Gleichnis vom verlorenen Schaf unmittelbar angesprochen, da es enge Bezüge zur kindlichen Erfahrungswelt aufweist. In Kinderzimmern erfreut sich das Schäfchen als Kuscheltier großer Beliebtheit. Kinder kennen aus Situationen, in denen sie in einer größeren Menschenmenge ihre Eltern vorübergehend aus den Augen verloren hatten, das beängstigende Gefühl des Verlorengehens und die beglückende Erfahrung des Wiedergefundenwerdens. Auch die Tierliebe des Hirten löst positive emotionale Identifikationsprozesse mit dem Gleichnisgeschehen aus. Bei der Präsentation des Gleichnisses im Grundschulunterricht kann die Erzählung an der Stelle unterbrochen werden, wo das Schaf verlorengeht. Die Kinder versetzen sich in die Rolle des Schafes und schreiben auf, wie das Schaf sich fühlt. Im nachfolgenden Unterrichtsgespräch können Schülererfahrungen des Verlorenseins (Einsamkeit, Traurigkeit) aufgegriffen und besprochen werden (MÜLLER u.a. 2002, 109), bevor das Gleichnis zu Ende erzählt wird. Eine andere Möglichkeit ist die Einführung des Gleichnisses in Form einer interaktiven Erzählung, bei der die Kinder Materialien (verschiedenfarbige Tücher; Schäfchen- und Hirtenfigur; Steine) legen und die Geschichte mitspielen (KANTUS/WITTMANN 2018, 24-29). Bei der vertieften Erschließung im übertragenen Sinn steht der Aspekt im Mittel-

Didaktische Anknüpfungspunkte

Die Tierliebe des Hirten löst positive Emotionen aus

punkt, dass Gott in seiner Liebe den Menschen vor dem Verlorengehen bewahrt. Die Schülerinnen und Schüler können die Kompetenz erwerben, das Gleichnis als einen von der Zugewandtheit Gottes handelnden Text wahrzunehmen und Bezüge zur eigenen Lebenswirklichkeit herzustellen. Dabei ist zu berücksichtigen, dass eine hohe Zahl von Kindern im Grundschulalter das Gleichnis noch nicht metaphorisch liest, sondern einfach als Geschichte von einem Hirten betrachtet, der sich liebevoll um eines seiner Tiere kümmert. Durch den Rückgriff auf bekannte Redewendungen von »schwarzen Schafen« oder »treuen Schafen« lässt sich der Blick dafür schärfen, dass Schafe auch für Menschen stehen können. Zur Erfassung der Metapher vom Schaf bedarf es allerdings letztlich der kognitiven Befähigung zur »Kreuzklassifikation«, bei der die Rezipienten sich der Tatsache bewusst sind, dass der Mensch faktisch kein Schaf ist, aber bestimmte Merkmale mit ihm teilt (Bucher 1997, 196). In der Sekundarstufe I kann zum Einstieg an Alltagserfahrungen der Schülerinnen und Schüler zum Suchen nach verlorenen oder verlegten Gegenständen (Monatskarte, Smartphone, Geldschein) angeknüpft werden (Häussler/Rieder 2010, 68), damit sie für die Freude über das Wiederfinden sensibilisiert werden. Zudem lassen sich digitale Medien (Learning App; Videoclip) nutzen, um mit Schülerinnen und Schülern den theologischen Kern des Gleichnisses zu ergründen (van Randenborgh 2018, 42-47). Wenn in Unterrichtsentwürfen bei der vertieften Erschließung des Gleichnisses oftmals Jesus als der gute Hirte präsentiert wird, entspricht diese christologische Deutung zwar nicht der ursprünglichen Aussageintention des Textes, hat aber an Bibelstellen wie Lk 19,10 oder Joh 10 durchaus Anhalt.

▪ Schlüsseltext 4: Gleichnis vom verlorenen Sohn (Lk 15,11-32)

Kontext und Aufbau

Das Gleichnis vom verlorenen Sohn (Lk 15,11-32) bildet den Höhepunkt der Gleichnistrilogie vom Verlorenen. Jesus verstrickt seine Hörerinnen und Hörer in eine umfängliche Geschichte von einem Vater und seinen beiden Söhnen und führt sie durch verschiedene Szenen, die für das menschliche Leben elementar sind: Trennung und Abschied vom Elternhaus, Leben und Scheitern fernab der Heimat, Schuld und Vergebung, Wiedersehen und Feiern, Freude und Protest. Die Erzählung ist klar strukturiert und weist die Figurenkonstellation des dramatischen Dreiecks auf, indem dem Vater als Handlungssouverän zwei in ihrer Verhaltensweise völlig unterschiedliche Söhne als antithetisches Zwillingspaar gegenüberstehen (Harnisch ⁴2001, 465). Nach der Exposition Lk 15,11 wird zunächst das Geschick des jüngeren Sohnes geschildert (15,12-24), um dann den älteren Sohn in den Blick zu nehmen (15,25-32). Beide Szenen bauen aufeinander auf und sind durch das Motiv der Freude miteinander verbunden, das jeweils in den Satz »er war tot und ist wieder lebendig, er war verloren und wurde wiedergefunden« (15,24.32) gipfelt. Für Spekulationen, dass es sich bei der Episode vom älteren Bruder um einen Nachtrag handele (Klein 2006, 528), besteht kein Anlass. Gerade die Zweigipfeligkeit macht das Besondere der Erzählung aus. Der jüngere Sohn erbittet vom Vater den ihm zustehenden Erbteil, um in ein fernes Land auszuwandern und sich dort eine eigene Existenz aufzubauen. In der Fremde führt er einen ausschweifenden Lebenswandel und vergeudet das gesamte Vermögen. Er gerät in soziales Elend und verdingt sich als Schweinehirte, was für

Juden aufgrund der Unreinheit von Schweinen (Lev 11,7) besonders unehrenhaft ist. Am Tiefpunkt des selbst verschuldeten Abstiegs setzt in Form eines inneren Monologs ein Prozess der Selbstbesinnung und Umkehr ein. Dieser findet sein überraschendes Ende darin, dass der zurückgekehrte Frevler vom Vater mit überschwänglicher Freude aufgenommen wird. Die Reaktion des älteren Sohnes, der sich zurückgesetzt fühlt, ist durch Zorn und Anklage gegenüber dem Vater gekennzeichnet. Die Erzählung schließt mit einem Appell, in die Freude einzustimmen. Lukas hat das Gleichnis in seinem Sondergut vorgefunden und weitgehend unverändert in die Gastmahlsszene von Lk 15,1-2 integriert. Die These, er selbst habe die Erzählung als Kompendium seiner Soteriologie geschaffen (SCHOTTROFF 1971, 27-52), ist abwegig. Es handelt sich um ein authentisches Gleichnis Jesu.

Die Erzählung spielt im bäuerlichen Milieu Palästinas. Der Vater, über dessen Frau der Text nichts verlauten lässt, besitzt ein Landgut, das er mit Hilfe von Tagelöhnern bewirtschaftet (15,17). Der jüngere Sohn erbittet vom Vater den ihm zustehenden Teil des Familienvermögens, woraufhin dieser das vorhandene Hab und Gut aufteilt (15,12). Der weitere Erzählverlauf zeigt, dass der Sohn frei über das ihm ausgezahlte Vermögen verfügen kann und den unbeweglichen Besitz veräußert. Im Hintergrund steht wohl der erbrechtliche Vorgang der Abschichtung (PÖHLMANN 1979, 194-213), der sich für das antike Judentum auch in anderen Texten (*Sir* 33,20-24; *Tob* 8,21) widerzuspiegeln scheint. Bei der Abschichtung geht es um die vorzeitige Auszahlung des Erbes unter Verlust des Erbrechts. Das ausbezahlte Familienmitglied scheidet noch zu Lebzeiten des Erblassers aus der Erbengemeinschaft aus. Die Forderung des jüngeren Sohnes ist weder rebellisch noch ethisch verwerflich, sondern durch die Auswanderungspläne bedingt. Unzählige Juden suchten in der Antike ihr Glück in der Diaspora, wo es ihnen wirtschaftlich meist besser erging als im Mutterland. Die Einschätzung, der jüngere Sohn sage sich schuldhaft vom Vater los, wolle dessen Tod nicht abwarten und beanspruche als »aufbegehrender Youngster« das gemeinsam erwirtschaftete Familienvermögen für sich allein (FELDMEIER 2001, 325-326), geht am Text vorbei. Völlig absurd ist die Behauptung, der Sohn wünsche mit seinem Ansinnen dem Vater sogar den Tod (YOUNG 1998, 138). Vor dem Hintergrund der Rechtsvorschrift in Dtn 21,17, dass Erstgeborenen zwei Drittel des väterlichen Besitzes als Erbe zustehen, hat der jüngere Sohn im Zuge der Abschichtung ein Drittel des Familienvermögens erhalten. Die dem älteren Bruder als Erbe zustehenden zwei Drittel gingen noch nicht in dessen Besitz über, sondern blieben unter der Verfügungsgewalt des Vaters. Dies birgt für den weiteren Verlauf der Erzählung erheblichen Zündstoff in sich.

Am Tiefpunkt seines selbstverschuldeten Abstiegs verdingt sich der jüngere Sohn als Schweinehirte und leidet Hunger. Selbst der Verzehr der als Schweinefutter dienenden Schoten des Johannisbrotbaums, der an sich schon in höchstem Maße entwürdigend wäre, bleibt ihm verwehrt. In dieser Situation geht er in sich und macht sich bewusst, dass die Tagelöhner seines Vaters ein besseres Leben führen als er selbst. Er entschließt sich, zum Vater zurückzukehren und eine Stellung als Tagelöhner zu erbitten. Der Vater sieht den Sohn bereits von Weitem kommen, als habe er ihn erwartet. Er läuft ihm entgegen, fällt ihm um den Hals und küsst ihn. Während der Sohn seine Schuld bekennt und davon spricht, dass

Rechtsgeschichtlicher Hintergrund des Gleichnisses

Die Bitte um vorzeitige Auszahlung des Erbes ist nichts Verwerfliches

Wiedereinsetzung in die Sohnschaft

er die Sohnschaft verwirkt hat, stattet der Vater ihn mit einem prächtigen Gewand, Siegelring und Schuhen aus. Da Sklaven meist barfuß gingen, sind Schuhe Zeichen des freien Mannes. Mit dem Prachtgewand und dem Siegelring, der seinen Träger mit Vollmacht ausstattet, wird der Sohn wieder in die Stellung eines Ehrenmannes eingesetzt, ohne dass er allerdings erneut erbberechtigt würde. Die Szene erinnert an die Erhöhung Josefs nach seiner Freilassung durch den Pharao in Gen 41,42 (OSTMEYER 2007a, 626). Zudem ordnet der Vater an, dass ein Mastkalb geschlachtet und ein Festmahl abgehalten wird. Als der ältere Bruder von der Feldarbeit zurückkehrt, ist das Fest bereits im Gange. Schon von ferne hört er Musik und Reigentanz. Es kommt zur Konfrontation mit dem Vater, dem der ältere Sohn Ungerechtigkeit und eine Ungleichbehandlung der Kinder vorwirft. Distanzierend spricht er von seinem Bruder als »dieser dein Sohn« und bezichtigt ihn, seinen Erbteil mit Prostituierten durchgebracht zu haben. Der Vater verweist darauf, dass auch die Gemeinschaft mit dem älteren Sohn nie zerbrechen wird und dessen Rechtsstatus als Hoferbe unangetastet bleibt. Faktisch geht allerdings alles, was der Vater dem zurückgekehrten Sohn an materiellen Zuwendungen gewährt, vom späteren Erbe des Erstgeborenen ab. Die Gleichniserzählung hat ein offenes Ende. Ob der Appell des Vaters, in die Festfreude einzustimmen, beim älteren Sohn Gehör findet, erfährt man nicht.

Rabbinische Parallelen

Jesus greift in Lk 15,11-32 auf einen beliebten Gleichnisstoff zurück. Sowohl in der griechisch-römischen als auch in der jüdischen Umwelt des Neuen Testaments wird in zahlreichen Texten das Paradigma vom Vater mit einem liederlichen Sohn oder vom Vater mit zwei ungleichen Söhnen thematisiert (RAU 1990, 252-394; WOLTER 2008, 529-530). Die unmittelbarste Parallele zu Lk 15,11-32 findet sich in der rabbinischen Literatur in einem Midrasch zum Buch Deuteronomium (*DtnR 2.24*) und dient der Auslegung von Dtn 4,30 (»Und du wirst umkehren zu Jahwe, deinem Gott«).

»Rabbi Samuel Parergita sagte im Namen des Rabbi Meir: Womit ist diese Sache zu vergleichen? Mit einem Königssohne, der ausgeartet war, der König schickte seinen Erzieher ihm nach und ließ ihm sagen: Geh in dich, mein Sohn! Der Sohn aber ließ seinem Vater sagen: Mit welchem Gesichte kann ich zurückkehren, ich schäme mich vor dir. Darauf ließ ihm der Vater sagen: Mein Sohn, schämt sich wohl ein Sohn, zu seinem Vater zurückzukehren? Wenn du zurückkehrst, kehrst du nicht zu deinem Vater zurück?« (BERGER/COLPE 1987, 139)

In beiden Gleichnissen geht es um den Auszug eines Sohnes aus dem väterlichen Haus und die Umkehr in der Fremde, wobei die Einsicht des Sohnes in seine Unwürdigkeit und die uneingeschränkte Vergebungsbereitschaft des für Gott stehenden Vaters betont hervorgehoben werden.

Botschaft des Gleichnisses

Bei der Bestimmung der Gleichnisbotschaft ist von vornherein klar, dass der Vater, der Erbarmen zeigt und gegen dessen Gebote der erstgeborene Sohn niemals verstoßen hat, für Gott steht. Die Parabel bringt die Gottesherrschaft als Ereignis der Liebe und Vergebung zur Sprache. Es wird der Überzeugung Ausdruck verliehen, dass bei Gott über solche Sünder, die in Erkenntnis ihrer Schuld umkehren und auf den rechten Weg zurückfinden, besondere Freude herrscht. Durch die Vergebungsbereitschaft Gottes steht dem umkehrwilligen Sünder immer der Zugang zum Vater offen, ohne dass dies für den Gerechten, der niemals vom Pfad der väterlichen Weisung abgewichen ist, eine Benachteiligung bedeutete oder ihn gar von der Liebe Gottes ausschlösse (JÜLICHER ²1910, II 362). Widerspruch ruft allerdings das in der glanzvollen Wiederaufnahme des verlorenen Sohnes und dem Festmahl zu Tage tretende Ausmaß der väterlichen Freude hervor, die alle Konventionen sprengt und das Wohlgefallen über den tadellosen Wandel des Gerechten zu übersteigen scheint. Das Gleichnis ist nicht zuletzt an Menschen gerichtet, die in ihrer Haltung dem älteren Sohn ähnlich sind (JEREMIAS ¹⁰1984, 131). Es versetzt die Adressaten in seine Situation und wirbt darum, in die Freude über die Bewahrung eines Menschen vor der Verlorenheit mit einzustimmen. Konkreter historischer Bezugspunkt dürften die umstrittenen Mahlgemeinschaften mit gesellschaftlichen Randgruppen wie Zöllnern oder Sündern sein, deren Rechtfertigung die Parabel vom verlorenen Sohn dient und in denen die gleichnishaft beschriebene Liebe Gottes Ereignis wird. »Indem die Parabel den Verlorenen lehrt, das Naheliegende zu tun und umzukehren zum Vater, ist sie selbst, wenn sie zum Ziel kommt, ein Ereignis jener göttlichen Liebe« (WEDER ⁴1990, 260). Das Gleichnis bietet den Entwurf einer neuen Welt, die im Handeln des Vaters sichtbar wird. Losgelöst vom historischen Kontext enthält es als Versprechen der Hoffnung das Angebot, in die Festfreude einzustimmen und sich damit eine neue Existenzmöglichkeit zu erschließen (HARNISCH ⁴2001, 222-225).

Vor dem Hintergrund der Theorie von vier unterschiedlichen Persönlichkeitstypen (schizoide, depressive, zwanghafte und hysterische Persönlichkeit), die *Fritz Riemann* (1902-1979) entwickelt hat, lässt sich das Gleichnis auch tiefenpsychologisch deuten und gibt Anstöße zur Selbsterfahrung (STRUNK/MAUSSHARDT 1978, 59-76). Der jüngere Sohn verkörpert die »hysterische Persönlichkeit«, die ohne feste Pläne und klare Ziele ständig von der Suche nach dem Neuen getrieben ist und unbändige Sehnsucht nach dem Gefühl der Freiheit verspürt. Sein Beispiel zeigt, dass die Suche nach Glück mit einem schmerzhaften Emanzipationsprozess verbunden ist, der ein hohes Risiko für Leib und Leben in sich birgt. Der ältere Sohn trägt Züge sowohl des »depressiven« Persönlichkeitstyps, der aus Angst von anderen nicht mehr geliebt zu werden vor der eigenständigen Entfaltung zurückschreckt, als auch des »zwanghaften« Persönlichkeitstyps, der jeden Zufall ausschalten will und von einem übermäßigen Sicherheitsbedürfnis geleitet wird, in sich. Glück besteht für ihn in der Vermeidung von Unglück. Er wird von dem Streben beherrscht, möglichst alles beim Alten zu lassen, und sucht die größtmögliche Nähe zum Elternhaus als Schutz gegen das Verlassenwerden. Jesu Gleichnis verwickelt die Rezipienten in eine tiefe Auseinandersetzung darüber, welcher Lebensentwurf unter dem Strich der glücklichere sein könnte, und ermöglicht neue Erfahrungen mit sich selbst.

Empirische Untersuchungen zeigen, dass Grundschulkinder das Gleichnis überwiegend als Geschichte von einem irdischen Vater und dessen Söhnen lesen. Erst ab dem 11. Lebensjahr können etwa 70% der Schülerinnen und Schüler eine Identifikation des Vaters mit Gott nachvollziehen (TAMMINEN 1993, 128-135). Lehrende in der Grundschule machen zuweilen sogar die Erfahrung, dass die Frage nach einem Bezug auf Gott empört zurückgewiesen wird, weil der Vater für das Freudenfest ein Kalb schlachtet, Gott dagegen lieb zu Tieren sei und so etwas nie tun würde. Auch als Geschichte von einem irdischen Vater und seinen beiden Söhnen, die nicht auf die religiöse Ebene übertragen wird, bietet das Gleichnis

Tiefenpsychologische Zugänge

Der jüngere Sohn trägt Züge des hysterischen Persönlichkeitstyps

Didaktische Anknüpfungspunkte

mit der Thematisierung von Familien- bzw. Geschwisterkonflikten und des Ablösungsprozesses vom Elternhaus, der auch mit Erfahrungen des Scheiterns verbunden ist, bedeutsame didaktische Anknüpfungspunkte: »Schüler verstehen die Parabel in der Regel im Zusammenhang ihrer eigenen Erfahrungen im Kontext von Familiengeschichten, des Umgangs mit Geld und Moral und im Kontext von Erfahrungen eigenen ›Weggehens‹ vor allem in der Pubertät« (MÜLLER u.a. 2002, 150). Diese Dimensionen der Gleichniserzählung lassen sich in Unterrichtseinheiten zu Themen wie »Wer bin ich?«, »Träume vom Leben«, »(K)Eine Familie haben – Gemeinschaft suchen« , »Umkehr« oder »Ich beurteile andere – andere beurteilen mich« vertieft erschließen (FENSKE 2003, 33-73).

> Kinder und Jugendliche verstehen das Gleichnis als »Familiengeschichte«

Eine moralisierende negative Bewertung des Weggehens aus dem Elternhaus ist dabei unbedingt zu vermeiden, da sie weder dem rechtsgeschichtlichen Hintergrund des Gleichnisses noch der entwicklungspsychologischen Bedeutung des in der Adoleszenzphase stattfindenden Ablösungsprozesses aus der Eltern-Kind-Beziehung gerecht wird. Selbstständigkeitsbestrebungen, der Aufbruch zu neuen Erfahrungen und die Suche nach Glück sind grundsätzlich etwas Positives, bergen aber auch die Gefahr in sich, dass man aus der Bahn gerät und sich auf der ständigen Suche nach dem »nächsten Kick« verliert. Unter Rückgriff auf die tiefenpsychologische Auslegung des Gleichnisses können Diskussionen darüber angeregt werden, welcher der von den beiden Brüdern repräsentierte Lebensentwurf der gelungenere ist. Für eine Bildbetrachtung, mit der sich einzelne Facetten des Gleichnisses vertieft ausleuchten lassen, mangelt es nicht an Material. Eine Vielzahl von Gemälden bietet eine künstlerische Umsetzung des Motivs vom verlorenen Sohn (FENSKE 2003, 151-157). Wichtig ist, dass die Rezipienten sich durch wechselnde Rollenübernahme in die verschiedenen Personen hineinversetzen und deren Gefühle nachempfinden können. Um emotionale Identifikationsprozesse zu initiieren und die unterschiedlichen Perspektiven zur Wirkung zu bringen, bietet es sich an, dass die Schülerinnen und Schüler für die zentralen Erzählsequenzen (Aufbruch – Leben in der Fremde – Scheitern in der Fremde – Heimkehr) die jeweilige Befindlichkeit der Akteure mit Smileys bewerten (RUPP 1998, 169). Eine andere Möglichkeit ist, das Bild »Die Rückkehr des verlorenen Sohnes« (1666–1669) von *Rembrandt van Rijn* mit Sprechblasen für den Vater, den heimgekehrten Sohn und dessen älteren Bruder zu versehen, die

Erzählszene	Vater	jüngerer Sohn	älterer Sohn
Aufbruch	☹	☺	😐
Leben in der Fremde in »Saus und Braus«	☹	☺	☹
Scheitern in der Fremde	☹	☹	☺
Heimkehr und Empfang	☺	☺	☹

Beispiel für eine ausgefüllte Smiley-Tabelle

von den Schülerinnen und Schülern ausgefüllt werden. Der offene Schluss des Gleichnisses lädt dazu ein, den Erzählfaden weiterspinnen und in Form kreativen Schreibens einen eigenen Ausgang der Geschichte entwerfen.

Songs und Erzählungen werfen neues Licht auf das Gleichnis vom verlorenen Sohn. *Siegfried Machts* »Blues vom verlorenen Sohn«, der sich insbesondere für die Grundschule zum gemeinsamen Singen eignet, beschreibt den gesamten Spannungsbogen vom euphorischen Aufbruch (»Alter rück' den Zaster raus, morgen geh' ich aus dem Haus, ich beschloss, ich werd' Boss«) über das grandiose Scheitern bis hin zur festlichen Wiederaufnahme (MACHT 2009, 39). Der im Gleichnis implizierte Generationenkonflikt zwischen dem für Beständigkeit stehenden Vater, der keine Veränderung möchte, und dem rebellischen Sohn, der zu neuen Erfahrungen aufbrechen muss, lässt sich mithilfe des Songs »Father and Son« (1970) von *Cat Stevens* ausleuchten. Das Stück ist ein Dialog zwischen Vater und Sohn, wobei der Interpret in der Originalversion die Strophen des Sohnes eine Oktave höher singt. Zum Nachvollzug der zwiespältigen Gefühle, die den verlorenen Sohn bei seiner Rückkehr bewegt haben könnten, eignet sich die Einbeziehung von *Franz Kafkas* Parabel »Die Heimkehr« (1920). Dort beschreibt der Erzähler in Ich-Form seine innere Zerrissenheit bei der Rückkehr zum väterlichen Hof. Einerseits möchte er in die Küche eintreten und sich in glückliche Kindertage zurückversetzt fühlen, andererseits lassen ihn die Fremde und Kälte des Hauses vor der Tür verharren und lösen Angst vor dem Wiedersehen aus. In *Bruce Springsteens* Song »My Father's House« (vgl. BÖHM/BUSCHMANN 2000, 135-146) geht es, anders als im Gleichnis Jesu, um die tragische Erkenntnis, dass es auch ein »zu spät« für die Versöhnung geben kann. Der Protagonist hat aufgrund schwerer Konflikte keinen Kontakt mehr zu seinem Vater. Als er nachts im Traum in seine Kindheit zurückversetzt und von der Sehnsucht nach Geborgenheit übermannt wird, macht er sich mit dem Wunsch nach Aussöhnung zu seines Vaters Haus auf, erblickt erwartungsvoll von ferne dessen hell erleuchtete Zimmer, muss aber feststellen, dass der Vater dort nicht mehr lebt. Wenn die Erzählung aus Lk 15,11-32 vom Vater und seinen beiden Söhnen im Religionsunterricht als eigentliches Gleichnis behandelt wird, dessen Bilder von der Trauer über den Verlust und der unbändigen Freude über das Wiederfinden des Verlorenen auf Gott übertragen werden, sollte Gottes vorbehaltlose Gnade auch gegenüber den Gescheiterten oder Gottlosen und seine neues Leben ermöglichende Freude über deren Umkehr im Mittelpunkt stehen (FELDMEIER 2001, 334; REINERT 2018, 56-59).

Erschließung des Gleichnisses mit Texten und Popsongs

Cat Stevens besingt den Generationenkonflikt zwischen Vater und Sohn

■ Schlüsseltext 5: Gleichnis von den Arbeitern im Weinberg (Mt 20,1-15)

Das Gleichnis von den Arbeitern im Weinberg (Mt 20,1-15) zählt zum Sondergut des Matthäusevangeliums. Der Evangelist rückt es an das Ende einer kleineren Jüngerbelehrung, in der es um den göttlichen Lohn der Nachfolge geht (Mt 19,27-20,16). Als Rahmen verwendet Matthäus das Motiv, dass die Ersten die Letzten sein werden und die Letzten die Ersten (Mt 19,30; 20,16). Damit bringt er seine Überzeugung zum Ausdruck, dass es im Endgericht zu einer völligen

Kontext und Aufbau

Umkehrung der Werte kommen wird. Im Kern handelt es sich um ein authentisches Gleichnis Jesu, das über eine ausgefeilte Erzählstruktur verfügt und in zwei Teile zerfällt: Zunächst wird über die Anwerbung und Einstellung der Arbeiter berichtet (20,1-7), anschließend rückt deren Entlohnung in den Mittelpunkt (20,8-15). Die Figurenkonstellation lässt sich auch hier als »dramatisches Dreieck« bestimmen, in dem die Ganztagsarbeiter und Kurzarbeiter ein antithetisches Zwillingspaar bilden, während der Weinbergbesitzer als Handlungssouverän fungiert (HARNISCH [4]2001, 71-84). Dieser Handlungsrahmen wird durch dramatische Nebenfiguren aufgefüllt. Die Anwerbung von Tagelöhnern zur dritten, sechsten und neunten Stunde ist für den Ausgang der Erzählung belanglos, erhöht aber als retardierendes Moment den Spannungsbogen. Gleichzeitig wird damit das Erzählgerüst durch ein Drei-Stunden-Schema strukturiert, dessen Durchbrechung in Mt 20,9 das Interesse gezielt auf die Kurzarbeiter der letzten Stunde lenkt. Durch die Ansiedlung des Geschehens in einem Weinberg gewinnt die Erzählung an Anschaulichkeit, mit der Beschreibung der Lohnvereinbarung und der Thematisierung von Arbeitslosigkeit rückt die soziale Wirklichkeit verstärkt in das Blickfeld. Die Formalitäten des Arbeitsverhältnisses, namentlich die Abmachungen über Dauer und Bezahlung der Arbeit, werden mit großer Sorgfalt geschildert. Die Auszahlungsszene weist ein besonders ausgeklügeltes Erzählarrangement auf. Zur Erhöhung der Aufmerksamkeit tritt als neue Nebenfigur ein Verwalter auf, der die Auszahlung regelt. Indem zunächst die Entlohnung der Kurzarbeiter im Mittelpunkt steht, wird der dramatische Konflikt geschürt und bei den Adressaten des Gleichnisses ein Reflexionsprozess über die zu erwartende Höhe des Lohns für die Ganztagsarbeiter in Gang gesetzt, um dann mit der finanziellen Gleichbehandlung beider Gruppen auf überraschende Weise mit einem Paukenschlag zu enden.

Sozialgeschichtlicher Hintergrund

Das Gleichnis spiegelt weitgehend wirklichkeitsgetreu die Welt des Weinbaus und die Situation der Tagelöhner wider (AVEMARIE 2007, 464-466). Der Weinbau stellt in den Tagen Jesu einen einträglichen Zweig der Landwirtschaft dar. Insbesondere bei der Weinlese im Spätsommer und beim Rebschnitt im Winter fällt ein erhöhtes Arbeitsvolumen an. Der Verweis auf die Hitze des Tages (Mt 20,12) lässt an die Phase der Weinlese denken. Antike Papyri aus Ägypten belegen, dass Weinbergbesitzer während dieser Zeit zusätzliches Personal einstellen mussten und die Arbeitskräfte oftmals knapp waren, weil alle Winzer gleichzeitig Weinlese hielten. Tagelöhner fristeten ein Leben am Existenzminimum und verfügten bei Arbeitslosigkeit oder Krankheit über keinerlei soziale Absicherung. Der nach Mt 20,2 vereinbarte Lohn entspricht den realen Verhältnissen im neutestamentlichen Zeitalter. Der Talmud nennt einen Denar als den üblichen Tagelohn für Landarbeit, der in der Erntezeit wegen eines Mangels an Arbeitskräften höher ausfallen konnte (bBB 86b). Das Gleichnis setzt allerdings ein Überangebot an Arbeitern voraus. Nach der Mischna stellt ein Jahreseinkommen von 200 Denaren das Existenzminimum für eine Kleinfamilie dar. Wer darunter lag, war zum Empfang von Sozialleistungen aus der Armenkasse berechtigt (mPea 8,8). Ein Tagelöhner musste somit als Alleinverdiener in aller Regel an mindestens 200 Tagen im Jahr Arbeit finden, um seine Familie ernähren zu können. Bis zur Schilderung der Lohnauszahlung bleibt das Gleichnis im Rahmen der Alltagswirklichkeit. Besondere Aufmerk-

> Ein Tagelöhner musste zur Existenzsicherung mindestens 200 Tage im Jahr Arbeit finden

samkeit erregt allerdings bei den Hörerinnen und Hörern, dass auch für die letzte Arbeitsstunde noch Tagelöhner angeworben werden, was in der Realität wohl kaum vorkam. Damit wird das Interesse auf die Kurzarbeiter gelenkt und das überraschende Ende der Erzählung eingeleitet. Die Zahlung gleichen Lohns für unterschiedliche Arbeit sprengt alle Konventionen.

Jesu Gleichnis von den Arbeitern im Weinberg ist nur eines von zahlreichen jüdischen Lohngleichnissen (HEZSER 1990; THEISSEN/MERZ ⁴2011, 305-307; ERLEMANN 1999, 267-269). Die bekannteste Parallele findet sich im Jerusalemer Talmud in einer Trauerrede von Rabbi Zeira (um 300 n. Chr.) auf Rabbi Bun ben Chijja und veranschaulicht im Zusammenhang von Koh 5,11 (»Süß ist der Schlaf des Arbeiters«) die göttliche Belohnung des zu früh entschlafenen Gerechten: Ein König stellt mehrere Arbeiter ein, darunter einen besonders fleißigen Arbeiter, mit dem er während der Arbeitszeit immer wieder Spaziergänge macht. Am Abend erhält dieser Arbeiter exakt den gleichen Lohn wie die anderen Arbeiter. Als diese murren, entgegnet der König, dass der betreffende Arbeiter in zwei Stunden mehr geleistet habe als die anderen während des ganzen Tags. Dementsprechend, so folgt Rabbi Zeira aus dem Gleichnis, wird Rabbi Bun ben Chijja trotz seines frühen Todes den vollen himmlischen Lohn empfangen, da er beim Studium der Tora in 28 Jahren mehr geleistet habe, als andere es in 100 Jahren könnten (*pBer* 2,8). Im Gegensatz zum Gleichnis Jesu bleibt das Prinzip, dass die unter dem Strich geleistete Arbeit gleich entlohnt wird, unangetastet. Allerdings begegnen in der rabbinischen Tradition auch Gleichnisse, die Gottes Gnade über das Lohnprinzip stellen und es außer Kraft setzen. Im Midrasch Tehillim heißt es zu Ps 26,2, dass ein König, der einem guten Arbeiter guten Lohn gebe, kein besonderes Lob verdiene. Zu rühmen sei er hingegen, wenn er schlechte Arbeit mit gutem Lohn vergelte. Das Ganze mündet in die Bitte an Gott »Wir aber sind schlechte Arbeiter, gib uns guten Lohn, das ist dann eine große Gnade«. Ebenfalls im Midrasch Tehillim begegnet bei der Auslegung von Dan 9,9 ein weiteres Lohngleichnis mit Gnadenprinzip: Ein Arbeiter ist dem Hausherrn dann zu besonderem Dank verpflichtet, wenn er nicht in Redlichkeit mit ihm arbeitet und doch vom Lohn nichts zurückbehalten wird. Hinzu kommen kritische Aussagen gegen das religiöse Lohndenken, von denen das Bildwort des Antigonos von Socho »Seid nicht wie Knechte, die dem Herrn dienen, um Belohnung zu empfangen, sondern seid wie Knechte, die dem Herrn dienen, nicht um Belohnung zu empfangen« (*mAb* 1,3) die bekannteste ist.

> **Rabbinische Lohngleichnisse**

> **Auch rabbinische Lohngleichnisse sind vom Prinzip der geschenkten Gnade Gottes geprägt**

Für jüdische Rezipienten ist von vornherein klar, dass das Gleichnis Jesu von der Beziehung Gottes zu den Menschen handelt. Die bildhafte Betrachtung Gottes als Weinbergbesitzer ist aus dem Alten Testament bekannt (Jes 5; Ps 80) und Lohn stellt eine beliebte Metapher für die Honorierung religiöser Leistung dar. Das Gleichnis, das in der Einleitungsformel ausdrücklich auf die Gottesherrschaft bezogen ist, wirbt um Verständnis für die Güte Gottes und klagt Solidarität mit den Schwachen ein. Das Lohnprinzip wird relativiert. Was die einen als verdienten Lohn erhalten, wird den anderen unverdientermaßen geschenkt. Diese Güte Gottes wird im Verhalten Jesu gegenüber Randgruppen vergegenwärtigt und der Gleichnisinhalt damit zum erfahrbaren Ereignis (LUZ ²2012, 150). Mt 20,1-15 dürfte sich in der Verkündigung Jesu an Pharisäer und Schriftgelehrte gerichtet haben, um ihnen gegenüber die Einladung umkehrwilliger Zöllner und Sünder

> **Botschaft des Gleichnisses Jesu**

in die anbrechende Gottesherrschaft zu rechtfertigen (JÜLICHER ²1910, II 466-467). Diese Angehörigen der stigmatisierten Randgruppen in Israel haben noch keine größeren religiösen Verdienste erworben und werden durch ihre in letzter Minute gezeigte Umkehr dennoch mit jenen gleichgestellt, die sich in ihrer Frömmigkeitspraxis schon immer intensiv darum bemüht haben, den Willen Gottes zu erfüllen. Als autonomes Kunstwerk konfrontiert das Gleichnis die Hörerinnen und Hörer mit zwei unterschiedlichen Existenzweisen, nämlich dem Verharren im formalisierten Gerechtigkeitsprinzip oder der Identifikation mit der Möglichkeit der geschenkten Liebe. Es enthält den Appell, sich vom erdrückenden Kalkül einer Verdienstordnung zu befreien, um durch die Wahrnehmung einer im Licht der Liebe verwandelten Welt ein Stück Gottesreich in das eigene Leben eintreten zu lassen (HARNISCH ⁴2001, 194-198).

Antijudaistische Fehldeutungen

Ein problematischer Teil der Wirkungsgeschichte des Gleichnisses von den Arbeitern im Weinberg ist dessen Fehldeutung als ein vermeintlich gegen jüdische Werkgerechtigkeit gerichteter Text. Schon seit dem 2. Jh. wurde das Gleichnis heilsgeschichtlich-allegorisch gedeutet, wobei man den Denar als Bild für das ewige Leben ansah, die Anwerbung der ersten vier Arbeitergruppen auf unterschiedlichen Epochen der jüdischen Geschichte bezog und die elfte Stunde als die Stunde Christi verstand, der die Heiden als letzte in den Weinberg Gottes ruft und ihnen die heilsgeschichtliche Vorrangstellung gegenüber den Juden gibt (LUZ 1997, 155). *Martin Luther* sah in dem Gleichnis das Prinzip der geschenkten Barmherzigkeit gegenüber dem Prinzip der Werkgerechtigkeit zum Ausdruck gebracht, wobei die von der Werkgerechtigkeit geprägten Ganztagsarbeiter alles verfehlt hätten (GNILKA 1988, 182-183). Vor diesem Hintergrund betrachtet die protestantische Bibelwissenschaft das Gleichnis unter dem Eindruck der paulinischen Theologie gern als »die synoptische Illustration für den articulus stantis et cadentis ecclesiae, die Rechtfertigung sola gratia« (BORNKAMM 1963, 83). Der Reformator *Johannes Brenz* (1499-1570) behauptete unter Verweis auf Mt 20,1-16, dass Gott den mit ihrem Eifer für das Gesetz gescheiterten Juden am Abend nicht den Denar des ewigen Lebens, sondern seinen Fluch schulde (LUZ ²2012, 143). Für die neuzeitliche Bibelwissenschaft verfestigte sich durch einen Vergleich mit dem rabbinischen Lohngleichnis aus dem palästinischen Talmud (*pBer* 2,8) das christliche Zerrbild vom antiken Judentum, das in seinem Gesetzesgehorsam allein durch die Aussicht auf Belohnung motiviert sei und mit seiner platten »Philistermoral« im Gegensatz zum Evangelium von der Güte Gottes stehe (WEINEL ²1905, 72-74). Dabei wird völlig übersehen, dass die Arbeiter der ersten Stunde den vereinbarten Lohn erhalten. Das Gleichnis in Mt 20,1-15 stellt die Gnade und Güte Gottes in den Mittelpunkt, bietet aber kein Kompendium der paulinisch-lutherischen Theologie, sondern sieht in den Prinzipien »Lohn durch Leistung« und »Lohn durch Gnade« unterschiedliche Wege, die beide in das Reich Gottes führen.

Das Gleichnis bietet kein Kompendium der paulinisch-lutherischen Theologie

Didaktische Perspektiven für die Primarstufe

Im Grundschulalter haben viele Kinder angesichts ihres Weltbildes, in dem sie das als Aufenthaltsort Gottes gedachte Reich Gottes im Himmel lokalisieren, und wegen ihres von ausgeglichener Reziprozität gekennzeichneten Gerechtigkeitsverständnisses, aufgrund dessen sie im Verhalten des Weinbergbesitzers geradezu ein abschreckendes Beispiel sehen, große Schwierigkeiten das Erzählgeschehen auf Gott zu beziehen. Selbst die gezielte Frage, ob sich hinter dem

Weinbergbesitzer Gott verbergen könne, wird sogar von neun- bis elfjährigen Kindern zuweilen noch vehement verneint: Gott wohne im Himmel, wo es keine Weinberge gebe (BUCHER 1987, 199), und da der Weinbergbesitzer im Gegensatz zu Gott ungerecht handele, wolle die Geschichte zeigen, wie man es nicht machen solle (BUCHER/OSER 1987, 173). Im Religionsunterricht der Grundschule lässt sich das Gleichnis ohne Identifikation des Weinbergbesitzers mit Gott als eine Geschichte fruchtbar machen, die Kinder mit einem ungewohnten Verständnis von Gerechtigkeit konfrontiert und ihnen auf diese Weise neue Perspektiven eröffnet. Dazu empfiehlt sich der Rückgriff auf eine altersgerechte Nacherzählung, die den in der Primarstufe noch schwer verständlichen Bezug zum Himmelreich in Mt 20,1 übergeht (JOHANNSEN 1978, 50-51).

In der Sekundarstufe I bietet es sich an, die Erzählung mit Mt 20,9 vor der Schilderung der Lohnauszahlung zu unterbrechen, die Schülerinnen und Schüler in einer Tabelle den von den einzelnen Arbeitergruppen zu erwartenden Lohn berechnen zu lassen und sie dann mit dem überraschenden Ende des Gleichnisses zu konfrontieren. Das Bewusstsein dafür, dass es unterschiedliche Arten von Gerechtigkeit gibt, lässt sich durch die Beschäftigung mit Arbeitsblättern vertiefen, die scheinbar ungerechte Sachverhalte aus der Lebenswelt der Kinder benennen, etwa dass zwei Geschwister für völlig unterschiedliche Hilfstätigkeiten dieselbe Belohnung von den Eltern erhalten (KERN 2015, 29). Alternativ können

Didaktische Perspektiven für die Sekundarstufe I

Arbeitsbeginn	Arbeitsstunden	Lohn
6 Uhr	12	108 €
9 Uhr		
12 Uhr		
15 Uhr		
17 Uhr	1	

Beispiel für eine zu vervollständigende Lohntabelle

die Schülerinnen und Schüler sich mit unterschiedlichen Gerechtigkeitstheorien wie Leistungsgerechtigkeit, Bedarfsgerechtigkeit, Chancengerechtigkeit und Verteilungsgerechtigkeit auseinandersetzen und diese auf das Gleichnis anwenden (LUTHER/ZIMMERMANN 2018, 29). Kreative Methoden wie Rollenspiele, Standbilder, das Anfertigen von Interviews mit den verschiedenen Arbeitergruppen oder das Ausfüllen von Sprechblasen auf vorgefertigten Arbeitsblättern bieten die Gelegenheit zur Identifikation mit den unterschiedlichen Akteuren des Gleichnisses, beispielsweise den murrenden Ganztagsarbeitern oder den sich freuenden Arbeitern der letzten Stunde, und ermöglichen Rollen- oder Perspektivenwechsel. Wichtig ist, dass Verständnis für das Prinzip einer auf den ersten Blick unfair wirkenden Gerechtigkeit geweckt wird, die denen etwas zukommen lässt, welche es am nötigsten brauchen. Am Ende der Unterrichtseinheit sollten die Schülerinnen und Schüler die am Verhalten des Weinbergbesitzers gewonnenen Erkenntnisse auf ihr Gottesbild übertragen.

Didaktische Perspektiven für die Sekundarstufe II

In der Sekundarstufe II eignet sich das Gleichnis als Ausgangspunkt für Diskussionen über das Thema Gerechtigkeit in unterschiedlichsten privaten wie gesellschaftlichen Lebenszusammenhängen (u.a. schulisches Benotungssystem; Steuergerechtigkeit; Tarifbestimmungen und Mindestlohn; Diskussion um Obergrenzen für Managergehälter; Kontroversen um das Rentensystem und den Bezug von Sozialleistungen; Idee eines bedingungslosen Bürgereinkommens). Dabei können die Schülerinnen und Schüler dafür sensibilisiert werden, dass es neben einer formalisierten, auf dem Verdienstdenken beruhenden und von Reziprozität geprägten Gerechtigkeit auch noch andere Formen der Gerechtigkeit gibt, und die Kompetenz erwerben, die Bedeutung des Gleichnisses für die verantwortungsvolle Gestaltung der gesellschaftlichen Wirklichkeit zu entfalten. Zudem lassen sich in Anknüpfung an die im Mittelpunkt des Gleichnisses stehende Güte Gottes die paulinische Rechtfertigungslehre und Luthers reformatorische Entdeckung thematisieren (MÜLLER u.a. 2002 171-172). Ein wichtiger Gedanke ist dabei, dass vor Gott alle Menschen unabhängig von ihrer Leistung oder Leistungsfähigkeit einen Wert haben. In diesem Kontext ist allerdings zu berücksichtigen, dass in Mt 20,1-15 das Leistungsprinzip zwar relativiert, aber nicht diskreditiert oder außer Kraft gesetzt wird und folglich eine konsequent paulinisch-lutherische Interpretation der ursprünglichen Bedeutung des Gleichnisses nicht gerecht wird.

VIII. Streitgespräche Jesu

In den Evangelien sehen wir Jesus auf vielfältige Weise in Diskussionen und Auseinandersetzungen mit Personen aus seinem sozialen Umfeld verstrickt. Jeder Charismatiker hat auch Gegner, die seine Ausstrahlungskraft und Überzeugungen kritisch in Frage stellen. Umgekehrt kann ein charismatischer Lehrer, indem er öffentliche Debatten mit Kontrahenten führt und sich autoritativ von konträren Positionen abgrenzt, das Profil seiner Verkündigung schärfen und neue Anhänger hinzugewinnen. Die schärfsten Kritiker Jesu in den Konfliktszenen der Evangelien sind Pharisäer und Schriftgelehrte, die vor allem an seinem Umgang mit dem Sabbat (Mk 2,23-28; 3,1-6), seiner Interpretation der alttestamentlichen Reinheitsgesetze (Mk 7,1-23) und seinen Mahlgemeinschaften mit Zöllnern (Mk 2,13-17; vgl. Lk 19,1-10) Anstoß nehmen. Daneben sind aber auch Streitigkeiten Jesu mit den Sadduzäern (Mk 12,18-27), mit Schülern des Täufers (Mk 2,18-22), mit der eigenen Familie (Mk 3,20-21.31-35), mit den Jüngern (Mk 10,13-16) und mit Anhängern des herodianischen Herrscherhauses (Mk 12,13-17) überliefert.

Verstrickung Jesu in Konflikte

■ Streiten mit Jesus

Die Streitgespräche oder »conflict stories« der Evangelien sind vordergründig Erzählungen, doch liegt ihr inhaltlicher Schwerpunkt auf einem höchst bedeutsamen Jesuswort. In aller Regel folgen sie einem dreigliedrigen Schema, das in unterschiedlicher Form variiert wird. In Fällen wie Mk 2,15-17 und 2,23-28 ruft ein konfliktträchtiges Verhalten Jesu oder der Jünger den Protest von Gegnern hervor, der durch ein als Abschluss und Höhepunkt der Szene dienendes Jesuswort autoritativ zurückgewiesen wird. Andere Streitgespräche wie Mk 12,13-17 oder Mk 12,18-27 setzen mit dem Auftreten von Gegnern ein, die Jesus eine Fangfrage stellen und ihn argumentativ in die Enge treiben wollen. Auch hier wird der sachliche Konflikt durch ein abschließendes Jesuswort souverän gelöst. Eine dritte Gruppe von Streitgesprächen, zu der beispielsweise Mk 3,1-6 und Mk 10,13-16 gehören, besteht aus einem erzählerisch gerahmten oder in eine Erzählung eingebetteten Jesuswort. Eine Konfliktsituation oder ein konfliktträchtiges Thema wird zunächst durch einen Ausspruch Jesu autoritativ geregelt, bevor Jesus dann durch eine abschließende Handlung, konkret eine Heilung oder eine Segnung, seine Lehrentscheidung demonstrativ untermauert.

Unterschiedliche Formen von Konfliktszenen

	Textbeispiele	Aufbau
Typ 1	Mk 2,15-17; 2,23-28	(1) Konfliktträchtiges Verhalten Jesu oder der Jünger, (2) Protest von Gegnern, (3) autoritatives Jesuswort
Typ 2	Mk 12,13-17; 12,18-27	(1) Auftreten von Gegnern , (2) Fangfrage, (3) autoritatives Jesuswort
Typ 3	Mk 3,1-6; 10,13-16	(1) Konfliktsituation, (2) autoritatives Jesuswort, (3) demonstrative Handlung Jesu

Typen von Streitgesprächen

Paradigmen und Apophthegmen

Die Erforschung der Streitgespräche (REPSCHINSKI 2000, 236-245; SCORNAIENCHI 2016, 20-73) ist durch Kontroversen um deren formgeschichtliche Einordnung und historischen Wert gekennzeichnet. *Martin Dibelius* rechnete die Streitgespräche zu den Paradigmen und wollte damit zum Ausdruck bringen, dass sie im frühen Christentum mit ihrer Kürze und Prägnanz als Predigtbeispiele gedient hätten. Gleichzeitig attestierte er ihnen eine relative geschichtliche Zuverlässigkeit. Sie seien in zeitlicher und wahrscheinlich auch räumlicher Nähe von Augenzeugen des erzählten Geschehens entstanden, ohne allerdings historische Protokolle darzustellen (DIBELIUS ⁶1971, 56-66). *Rudolf Bultmann* ordnete dagegen die Streitgespräche wie auch die eng damit verwandten Schulgespräche der literarischen Gattung der Apophthegmen zu (BULTMANN ⁹1976, 39-56). Das griechische Wort *apophthegma* bedeutet »Spruch« oder »Ausspruch« und passt streng genommen nur zu dem die Pointe bildenden Jesuswort, nicht aber zu der erzählten Konfliktszene, in die es eingebettet ist oder deren abschließenden Höhepunkt es darstellt. Streit- und Schulgespräche, die einen starken Bezug zu einer bestimmten Person aufweisen, bezeichnet Bultmann als biographische Apophthegmen. Zugleich stellt er sich für die Mehrzahl der in den Evangelien überlieferten Konfliktszenen eine traditionsgeschichtliche Entwicklung vor, bei der das die Pointe bildende Jesuslogion das primäre Element war, während die Erzählszene sekundär hinzugedichtet worden sei. Die in den Texten geschilderte Art der Disputation sei die typisch rabbinische. Die Gemeinde habe unter Einfluss der Argumentationsweise, wie sie auch bei den Rabbinen begegne, die Streitgespräche Jesu geformt, indem sie zunächst isoliert überlieferte Herrenworte in die bildhafte Form einer konkreten Szene kleidete. Gehe etwas davon auf Jesus selbst zurück, so sei es außer der allgemeinen geistigen Haltung das entscheidende Wort in der Mitte oder am Ende. Die Streitgespräche seien durchweg »nicht Berichte über geschichtliche Begebenheiten, sondern Konstruktionen, die eine Idee in einer konkreten Szene bildhaft zum Ausdruck bringen« (ebd., 40). Ihr Entstehungsort sei in der Apologetik und Polemik der palästinischen Gemeinde zu suchen, die einen auf Jesus zurückgeführten Grundsatz durch einen konkreten Fall habe veranschaulichen wollen.

> In der Forschung wird über Paradigmen, Apophthegmen und Chrien gestritten

Chrien

Klaus Berger tritt dagegen für eine formgeschichtliche Klassifizierung der Streitgespräche als Chrien ein und betrachtet das Apophthegma als Untergattung der Chrie (BERGER 1984, 80-93). Der Begriff Chrie leitet sich vom griechischen *chreia* (»Anwendung«, »Gebrauch«) ab. Bei der in der griechisch-römischen Rhetorik verwurzelten, insbesondere in der kynischen Tradition gepflegten und später auch in das jüdische Schrifttum vorgedrungenen Chrie handelt es sich um die durch eine besondere Situation veranlasste, gleichzeitig diese Situation aber auch transzendierende Rede oder Handlung einer bedeutenden Person. In der Chrie beweist die reagierende Person Witz und Schlagfertigkeit, strahlt mit der von sich gegebenen Weisheit Autorität aus und stellt geltende Werte kritisch in Frage. Bultmanns These, dass am Anfang der Entwicklung der neutestamentlichen Chrien das isolierte Wort gestanden und dieses die Erzählsituation erst sekundär erzeugt habe, hält Berger für ein unbeweisbares Postulat (ebd., 84-85).

Fazit

Insgesamt dürfte die formgeschichtliche Klassifizierung der Streitgespräche als Chrien deren Charakter am besten gerecht werden. Zudem hat sich für Konfliktszenen mit Wundertopik (Mk 2,1-12; 3,1-6; 7,24-30; Mt 17,24-27) der Begriff

Normenwunder etabliert (THEISSEN ⁵1987, 114-120), da in ihnen das Wunder Jesu eine bestimmte Haltung gegenüber dem Sabbat, dem Tempel, der Sündenvergebung oder der Zuwendung zu Heiden begründet und normiert. Aber auch an der Betrachtung der Texte als Apophthegmen kann festgehalten werden, wenn man sich dessen bewusst ist, dass diese neben dem Jesuswort eine erzählte Situation mit einschließen und es sich um eine ursprünglich hellenistische, erst später dann auch im Judentum rezipierte Form handelt. Das Pauschalurteil, dass in Apophthegmen oder Chrien allenfalls das Jesuswort Authentizität beanspruchen könne, während die erzählte Szene hinzu erfunden worden sei, wird dem Überlieferungsbefund nicht gerecht. Die Konfliktszenen spiegeln trotz ihres häufig idealen Charakters in vielfältiger Weise historische Erinnerung an das Wirken Jesu wider und werfen Licht auf die Beziehungen des geschichtlichen Jesus zu Personen oder Gruppierungen seines sozialen Umfelds (THEISSEN/MERZ ⁴2011, 180-190).

> Die Konfliktszenen werfen Licht auf die Beziehungen Jesu zu seinem sozialen Umfeld

In der nachösterlichen Situation dienten die Apophthegmen oder Chrien in erster Linie der Regelung gemeindeinterner Probleme unter Berufung auf die Autorität Jesu. Im Markusevangelium als ältester Evangelienschrift begegnet die Mehrzahl von ihnen in drei größeren Blöcken: In Mk 2,1–3,6 wird eine Reihe galiläischer Konfliktgeschichten überliefert, in Mk 10,1-45 finden sich vier auf dem Weg Jesu nach Jerusalem angesiedelte Apophthegmen oder Chrien mit sachlich zusammengehörigen Themen (Ehe, Kinder, Reichtum, Rangordnung in der Jüngergemeinde) und in Mk 12,13-37 bietet der Evangelist eine Reihe von Lehr- und Streitgesprächen Jesu im Jerusalemer Tempel. Dabei liegt die Vermutung nahe, dass Markus an diesen Stellen ältere Sammlungen, in denen man thematisch miteinander verwandte Apophthegmen oder Chrien zur Regelung von Gemeindeproblemen zusammengestellt hatte, aufgriff und in sein Evangelium integrierte. Bezüglich der Existenz und des exakten Umfangs solcher vormarkinischen Sammlungen gibt es allerdings keinen Konsens (vgl. GNILKA ⁶2008, 131-132; ⁵1999, 105.172; YARBRO COLLINS 2007, 181-183.458.550-551). Alternativ wird daher auch damit gerechnet, dass erst Markus die betreffenden Textblöcke durch Aneinanderreihung von Einzelüberlieferungen geschaffen hat.

> Ältere Streitgesprächsammlungen?

■ Didaktische Relevanz der Streitgespräche

Die Streitgespräche oder Konfliktgeschichten der Evangelien eröffnen Schülerinnen und Schülern den Blick auf einen unbequemen Jesus und auf weithin unbekannte oder verdrängte Facetten seiner Person (ULONSKA 1995, 17-25). Sie lernen einen Jesus kennen, der in Konfliktsituationen zornig wird (Mk 3,5; 10,14), der konsequent für seine Überzeugungen eintritt und der Andersdenkende verbal in die Schranken weist. Allgemein dominieren Bilder von Jesus als Friedensstifter, Menschenfreund und gutem Hirten. Allerdings ist dies nur die eine Seite der Medaille. Jesus war ein charismatischer Lehrer und endzeitlicher Prophet, der mit seiner Botschaft polarisierte, von seiner Familie für verrückt erklärt wurde (Mk 3,21), mit seinem radikalen Ethos Menschen vor den Kopf stieß (Mk 10,22) und Konventionen verletzte (Mt 8,21-22), mit dem Ruf in die Nachfolge Familien entzweite (Lk 12,49-53) und in der argumentativen Auseinandersetzung mit

> Konsequentes Eintreten für die eigenen Überzeugungen

Gegnern keinem Konflikt aus dem Weg ging. In den Streitgesprächen Jesu wird hart und erbittert gestritten. Es geht um das angemessene Verhalten gegenüber anderen Menschen, um die sachgerechte Auslegung des alttestamentlichen Gesetzes, um zentrale Fragen der jüdischen Frömmigkeitspraxis und um das richtige Verständnis des Glaubens. Jesus scheint diese Auseinandersetzungen geradezu gesucht zu haben und streitet immer an vorderster Front. Wer den Schülerinnen und Schülern dies vorenthält, vermittelt ein unvollständiges Jesusbild und unterschlägt die Tatsache, dass Streit und konsequentes Einstehen für die eigenen Überzeugungen nach dem Zeugnis der Evangelien in Fragen der Wahrheit und des Glaubens unumgänglich sind.

Entwicklung einer konstruktiven Streitkultur

Streit stellt ein normales Alltagsphänomen dar. Die entscheidende didaktische Relevanz der Streitgespräche Jesu liegt darin, dass die inhaltliche Beschäftigung mit ihnen Hilfestellung gibt, argumentative Auseinandersetzungen als wichtigen Teil des sozialen Lebens zu begreifen und eine konstruktive Streitkultur zu entwickeln. Die Streitgespräche Jesu können dazu beitragen, Menschen streitfähig und im positiven Sinne auch ein Stück weit streitlustig zu machen. Streit ist häufig negativ besetzt und gilt als etwas, das um jeden Preis vermieden werden sollte. Harmonie wird dabei nicht selten um den Preis erkauft, dass kritische Themen nicht angesprochen werden und ungeklärte Konflikte eine schwere Belastung für alle Beteiligten darstellen. Andererseits wird das Miteinander aber auch dann gefährdet, wenn Konflikte so ausgetragen werden, dass dabei persönliche Verletzungen und offene Rechnungen entstehen. Ein wesentliches Merkmal einer konstruktiven Streitkultur ist daher die Unterscheidung zwischen Sachebene und Beziehungsebene. Konträre Auffassungen dürfen nicht dazu führen, dass man den anderen als Person in Frage stellt, ihm Respekt verweigert und am Ende der Auseinandersetzung die Beziehung zwischen den Konfliktpartnern eine nachhaltige Störung erfahren hat. Diesbezüglich stechen die Streitgespräche Jesu durch ihre Sachbezogenheit heraus. Auch wenn bei der erzählerischen Ausgestaltung der Konfliktszenen den Gegnern Jesu zuweilen negative Absichten unterstellt werden (Mk 3,2; 12,15), kreist der Streit doch praktisch ausnahmslos um Inhalte, ohne dass es zur Diffamierung und Verunglimpfung der Person oder gar zu tätlichen Auseinandersetzungen käme. Anders als in den Streitgesprächen der Evangelien, wo ein autoritatives Wort Jesu den Konflikt normativ entscheidet, zeigt sich allerdings in den argumentativen Kontroversen des Alltagslebens auch die Notwendigkeit der Kompromissbereitschaft und einer Annäherung der Positionen. Ein guter Streit endet in der Regel mit einer für alle tragfähigen Einigung und nicht damit, dass die eine Partei den Sieg über die andere Partei davonträgt. Die Streitgespräche Jesu wollen hingegen die Souveränität und Überlegenheit des Herrn in den Debatten mit seinen Gegnern demonstrieren. Nur einmal lässt sich Jesus eines Besseren belehren und revidiert seine Position (Mk 7,24-30).

Gefahr antijudaistischer Klischees

Bei der didaktischen Erschließung der Streitgespräche ist darauf zu achten, dass die Schülerinnen und Schüler sich das dortige Bild der Gegner Jesu nicht unkritisch zu Eigen machen, die Debatten Jesu mit seinen Kontrahenten als Teil des innerjüdischen Ringens um den rechten Glauben begreifen und nicht in antijudaistische Zerrbilder verfallen. Die Streitgespräche stehen »unter der dauernden Gefahr, antijüdisch ausgelegt und ›benutzt‹ zu werden, indem sie rein konfrontativ und einseitig kontrastierend zum Judentum verstanden werden«

(LACHMANN 2001, 271). Insbesondere im Blick auf die Pharisäer als bevorzugte Gegenspieler Jesu ist eine differenzierte Vermittlung ihres theologischen Denkens und ihrer zentralen Anliegen notwendig, ohne das Klischee von den Pharisäern als einer heuchlerischen und verlogenen Bewegung zu bedienen, wie es sich im Schimpfwort »Pharisäer« und dem in Norddeutschland beliebten Getränk »Pharisäer« widerspiegelt. Ihrer sachgerechten Darstellung im Religionsunterricht kommt vor dem Hintergrund antijüdischer Ressentiments besondere Bedeutung zu, weil das gegenwärtige Judentum in hohem Maße pharisäisch-rabbinisch geprägt ist und daher Vorurteile gegen die Pharisäer schnell auch auf heutige Jüdinnen und Juden übertragen werden (FIEDLER 1980, 181). Eine Analyse von Lehrplänen und Schulbüchern zum Religionsunterricht zeigt, dass das Problembewusstsein in dieser Hinsicht deutlich gewachsen ist und das theologische Denken der Pharisäer in der Regel nicht mehr als Negativfolie herangezogen wird, vor der die Botschaft Jesu umso heller erstrahlt (SPICHAL 2015, 203-209). Für die Konflikte Jesu mit den Pharisäern bewahrheitet sich die alte Weisheit, dass man sich oft am intensivsten mit jenen Menschen streitet, die einem besonders nahe stehen und mit denen man sich am meisten zu sagen hat. In den Evangelien kommen die Pharisäer vor dem Hintergrund schmerzhafter Auseinandersetzungen des frühen Christentums mit einem pharisäisch bestimmten Judentum überwiegend in polemischer Verzerrung und ohne positive Wahrnehmung ihrer theologischen Anliegen in den Blick.

> Das Klischee von den Pharisäern als Heuchlern darf im RU nicht bedient werden

■ Schlüsseltext 1: Ährenraufen am Sabbat (Mk 2,23-28)

Die Erzählung vom Ährenraufen am Sabbat (Mk 2,23-28) ist Bestandteil einer Gruppe galiläischer Streitgespräche (Mk 2,1–3,5), die der Evangelist Markus wohl weitgehend unverändert in sein Evangelium aufgenommen hat. In Mk 2,23-28 geht es um einen Sabbatkonflikt. Als Jesus mit den Jüngern am Sabbat durch ein Kornfeld in Galiläa wandert, reißen diese Ähren von den Halmen am Wegesrand ab, um damit ihren Hunger zu stillen. Das Handeln der Jünger wird von den Pharisäern als Verletzung der Sabbatruhe und damit als Verstoß gegen die Tora kritisiert. Jesu Reaktion erfolgt in zwei Schritten. Zunächst rechtfertigt er in Form einer Gegenfrage das Verhalten der Jünger mit einem Beispiel aus der Schrift. Auch David habe gegen das Gesetz verstoßen, als er zur Zeit des Hohepriesters Abjatar in das Haus Gottes eindrang und mit seinen Gefährten die Schaubrote verzehrte (Mk 2,25-26). Die im Jerusalemer Tempel als Opfer dargebrachten Schaubrote oder Brote des Angesichts wurden eine Woche lang auf dem Schaubrottisch vor dem Allerheiligsten aufgestellt und durften danach nur von den Priestern verzehrt werden (Lev 24,5-9). Im Hintergrund der rhetorischen Gegenfrage Jesu steht die alttestamentliche Erzählung in 1Sam 21,1-7: David litt auf der Flucht vor Saul Hunger, wandte sich mit der Bitte um Brot an den Priester Ahimelech und erhielt von diesem die Schaubrote, weil kein gewöhnliches Brot verfügbar war. Der Name des Priesters wird in Mk 2,26 falsch angegeben und seine aktive Rolle bei der unerlaubten Handlung in den Hintergrund gerückt. Der Akzent liegt auf David, der sich die Freiheit des unerlaubten Essens nimmt. Der Vergleichspunkt zwischen Jesus und seinen Jüngern einerseits, David und seinen Gefährten ande-

Kontext und Aufbau von Mk 2,23-28

rerseits besteht in einem durch Hunger motivierten Gesetzesbruch. Es geht in der rhetorischen Gegenfrage Jesu um den argumentativen Nachweis, dass besondere Umstände eine Freiheit gegenüber der buchstäblichen Befolgung des Religionsgesetzes rechtfertigen. An dieser Stelle könnte die Geschichte beendet sein, doch werden mit einem neu ansetzenden »und er sagte zu ihnen« zwei Sprüche Jesu ergänzt, in denen er sich grundsätzlicher zum Wesen des Sabbats und zu seiner eigenen Vollmacht über den Sabbat äußert. Zur Entstehungsgeschichte des Textes gibt es unterschiedliche Hypothesen. Am wahrscheinlichsten ist die Annahme, dass Mk 2,23-26 den ältesten Erzählkern markiert und eine Episode aus dem Leben Jesu widerspiegelt, während die Logien Mk 2,27-28 nachträglich angefügt wurden (GNILKA ⁶2008, 119-120.122). Andere sehen in dem Sabbatwort Mk 2,27 die ursprüngliche Erwiderung Jesu auf die Kritik der Pharisäer und betrachten Mk 2,25.26.28 als spätere Zusätze (LÜHRMANN 1987, 64; WEISS 1989, 43-44).

Bedeutung des Sabbats im antiken Judentum

Der Sabbat ist eine der zentralen Institutionen der jüdischen Religion und bezieht seine Besonderheit daraus, dass der Schöpfergott selbst am siebten Tag ruhte (Gen 2,2-3). Der Gedanke der Arbeitsruhe am siebten Tag ist vermutlich im Zuge der religiösen Abgrenzung Israels von seiner Umwelt schon in vorexilischer Zeit entstanden und gewann in nachexilischer Zeit durch die priesterliche Sabbatkonzeption immer mehr an Bedeutung (GRUND 2011). Das Gebot der Sabbatruhe ist in der Tora allgegenwärtig. Es begegnet im Bundesbuch (Ex 23,12), in den beiden Versionen des Dekalogs (Ex 20,8-11; Dtn 5,14) und in weiteren Rechtstexten des Pentateuchs (u.a. Ex 31,12-17; 35,1-3). Die Begehung des Sabbats verfolgt die Intention, dem Leben zu dienen und Gott nahe zu sein. Bei gravierenden Verstößen gegen die Sabbatruhe drohte die Todesstrafe (Ex 31,16).

Der Sabbat bietet einen Vorgeschmack auf die himmlische Welt

Im nachexilischen Judentum wurde das Sabbatgebot zu einem der wichtigsten Teile des göttlichen Gesetzes und das Halten des Sabbats zu einem bedeutsamen jüdischen Identitätsmerkmal. Im Jubiläenbuch (2. Jh. v. Chr.) hat der Sabbat als das »erste Gesetz« (*Jub* 2,24) eine besonders große Bedeutung (DOERING 1999, 43-118). Er versinnbildlicht die Vollendung der Schöpfung (*Jub* 2,1), womit seine Begehung einer Vergegenwärtigung der Schöpfermacht und Königsherrschaft Gottes dient (50,9). Es handelt sich beim Sabbat um einen ursprünglich himmlischen Feiertag Gottes, der nachträglich auch auf Erden eingesetzt wurde (2,30). Gott hat Israel erwählt, um gemeinsam mit ihm den Sabbat zu feiern (2,18-31). Vor dem Hintergrund der Vorstellung, dass die Endzeit der paradiesischen Urzeit entsprechen wird, gilt der mit reichhaltigen Mahlzeiten und in festlicher Kleidung gefeierte Sabbat im rabbinischen Judentum als Symbol oder Vorgeschmack der himmlischen Vollendung (BACCHIOCCHI 1986, 153-176). Der Sabbat besitzt die Heiligkeit der künftigen Welt (*MekhEx* 31,13) und stellt ein Abbild (*GenR* 17,5) oder ein Sechzigstel (*bBer* 57b) der kommenden Heilszeit dar, die ein gänzlicher Sabbat sein wird (*mTam* 7,4).

Gesetzesverständnis der Pharisäer

Die Pharisäer (HOPPE 2004, 66-77; KOLLMANN ³2014, 48-53) waren die am tiefsten im Volk verankerte und sich der größten Beliebtheit erfreuende Religionspartei des antiken Judentums. Ihre Ursprünge reichen in die Makkabäerzeit (2. Jh. v. Chr.) zurück. Sie erwuchsen aus der »Versammlung der Frommen« (*1Makk* 2,42), die sich gegen die Hellenisierungsbestrebungen unter dem seleukidischen König Antiochus IV. formiert hatte. Ihr vom hebräischen *peruschim* abgeleiteter Name bedeutet »die Abgesonderten« und ist eine Fremdbezeichnung. Sie entstand wohl deshalb, weil die Pharisäer zu ihrer Umwelt Abstand wahrten, um als heilige Gemeinde Gottes nicht mit Unreinheit in Berührung zu kommen. Oberstes Ziel der Pharisäer war es, die ursprünglich nur für den sakralen Bereich des Tempels geltende Priestertora allgemeinverbindlich zu machen. Es ging ihnen um die rituelle Heiligung des profanen Lebens nach den Richtlinien, wie sie im Tempel für das Kultpersonal galten. Das ganze Land sollte zum Heiligtum Gottes werden. Der Tora stellten die Pharisäer, wie sowohl Josephus (*ant.* 13,297) als auch das Neue Testament (Mk 7,3; Gal 1,14) verbürgen, Ausführungsbestimmungen aus dem Erbe der väterlichen Überlieferungen als gleichberechtigtes Offenbarungszeugnis zur Seite. Dabei handelte es sich um mündliche Halacha. Viele der von pharisäischen Schriftgelehrten entwickelten Auslegungstraditionen dürften später in die Gesetzeswerke des rabbinischen Judentums (Mischna, Tosefta, Talmudim) eingeflossen sein, ohne dass Pharisäismus und Rabbinentum einfach gleichgesetzt werden können. In Verschärfung der Tora forderten die Pharisäer vor jeder Mahlzeit rituelle Waschungen der Hände und des Geschirrs (Mk 7,3-4), in denen sich das Bemühen um kultische Reinheit im Alltag anschaulich widerspiegelt. Die in der Tora für Korn, Wein und Öl vorgeschriebene Verzehntung wurde auf weitere agrarische Produkte wie Kräuter und Gewürze ausgeweitet (Mt 23,23). Im Gegensatz zur Lehre der Pharisäer wird in der Ethik Jesu, die durch eine Entschärfung des Ritualgesetzes bei gleichzeitiger Radikalisierung des Liebesgebotes gekennzeichnet ist, die sittliche Reinheit programmatisch einer Beachtung kultischer Reinheitsvorschriften übergeordnet (Mk 7,15). In diesen Zusammenhang gehören auch die Auseinandersetzungen um Jesu Mahlgemeinschaften mit Zöllnern und Sündern. Weiteres Konfliktpotenzial barg die Sabbatthematik in sich, da der pharisäischen Halacha zufolge nur Lebensgefahr einen Bruch der Sabbatruhe rechtfertigte.

Die Jünger Jesu verstoßen in Mk 2,23-28 gegen die zeitgenössische Auslegung des Sabbatgebots. Außerhalb des Sabbats hätten sie mit ihrem Verhalten keinen Anstoß erregt, zumal das Ährenraufen auf fremden Feldern im Alten Testament als Mundraub erlaubt wird (Dtn 23,26). Wenn die Tora die Sabbatruhe einschärft, zieht dies die Frage nach sich, welche konkreten Tätigkeiten am Sabbat zu unterlassen sind. Es bestand also Bedarf an Ausführungsbestimmungen zum alttestamentlichen Sabbatgesetz. Die Gesetzeskorpora des Pentateuchs legen erste Regeln fest, indem sie das Holzsammeln (Num 15,32-36) und Feuermachen (Ex 35,3) als Sabbatschändung brandmarken und die Gültigkeit des Sabbatgebots auch in Zeiten des Pflügens und Erntens betonen (Ex 34,21). Das Jeremia- und Nehemiabuch sehen vor allem im Hineinbringen von Waren nach Jerusalem (Jer 17,19-27; Neh 13,15-22) und im Handel (Neh 10,32-34) einen Bruch der Sabbatruhe. Das außerkanonische Jubiläenbuch bietet einen längeren Katalog der am Sabbat verbotenen Tätigkeiten, darunter Handel, Wasserschöpfen, Geschlechtsverkehr, das Zurücklegen längerer Wegstrecken, Ackerarbeit, Jagen, Fischen, Schiffsreisen, Fasten und Kriegsführung (*Jub* 50,7-13). Die Sabbathalacha in den Qumrantexten (DOERING 1999, 119-282) verbietet am Sabbat unter anderem das Lastentragen, die Öffnung eines versiegelten Gefäßes und das Zurücklegen einer mehr als tausend Ellen umfassenden Wegstrecke. Sehr detailliert äußert sich der vermutlich auf pharisäische Auslegungstraditionen zurückgehende Mischnatraktat Schabbat mit seiner Auflistung der 39 am Sabbat

Verstoß gegen das Ernteverbot am Sabbat

Es bestand Bedarf an Ausführungsbestimmungen zum Sabbatgesetz

verbotenen Hauptarbeiten aus dem häuslichen und landwirtschaftlichen Bereich, darunter das Ernten und Dreschen (*mSchab* 7,2). Im palästinischen Talmud gilt das Ausraufen als eine dem Ernten zuzurechnende, am Sabbat verbotene Tätigkeit (*pSchab* 7,2). Philo von Alexandria spricht davon, dass man am Sabbat weder einen Zweig oder ein Blatt abschneiden noch irgendeine Frucht pflücken darf (Philo, *vit. Mos.* 2,22). Das Vergehen der Jünger Jesu in Mk 2,23 besteht also nach Ansicht der Pharisäer im Bruch des Ernteverbotes am Sabbat. Ergänzend konnte das Ausreiben der Körner aus den Ähren (vgl. Lk 6,1) als verbotenes Dreschen interpretiert werden. Erlaubt wäre das Ährenraufen nur dann gewesen, wenn den Jüngern der Hungertod gedroht hätte, denn Lebensgefahr setzte das Sabbatgebot grundsätzlich außer Kraft (*mJoma* 8,6). Auf eine derartige Notsituation deutet aber in Mk 2,23-28 nichts hin. Nicht reflektiert wird im Bibeltext darüber, inwieweit bereits der Fußmarsch in die Felder einen Verstoß gegen die Sabbatruhe dargestellt haben könnte, an dem dann allerdings auch die anwesenden Pharisäer beteiligt gewesen wären.

Die Sabbatlogien Mk 2,27 und 2,28

In dem Logion Mk 2,27 »Der Sabbat wurde um des Menschen willen geschaffen und nicht der Mensch um des Sabbats willen« spielt die Formulierung »wurde geschaffen« (*egeneto*) auf die Schöpfung an. Es handelt sich um ein authentisches Jesuswort, das nachträglich an die Episode vom Ährenraufen am Sabbat angehängt wurde und dessen ursprünglichen historischen Bezugspunkt wir nicht kennen. Ohne die Institution des Sabbats grundsätzlich in Frage zu stellen, wird das Wohlergehen des Menschen der Einhaltung des Sabbats übergeordnet und dabei implizit mit der aus der Schöpfungsgeschichte (Gen 1,26–2,2) ersichtlichen Abfolge der Ereignisse argumentiert. Der Mensch wurde von Gott vor Einsetzung des Sabbats und lange vor Inkrafttreten der alttestamentlichen Sabbatgesetze geschaffen. Folglich geht im Zweifelsfall das Wohlergehen des Menschen über die Einhaltung der Sabbatruhe. Die Bedeutung des Sabbats als Gabe des Schöpfergottes bleibt unangetastet, doch wird die uneingeschränkte Verbindlichkeit der zeitgenössischen jüdischen Sabbatregelungen bestritten. Der Mensch darf nicht zum Sklaven des Sabbats gemacht werden. Zu diesem Jesuswort gibt es mit »Euch ist der Sabbat übergeben, und nicht seid ihr dem Sabbat übergeben« (*MekhEx* 31,13) eine jüdische Parallele in Mekhilta Exodus, einem rabbinischen Gesetzeskommentar zum Buch Exodus. Dort dient das Logion dazu, im Falle lebensbedrohlicher Krankheiten die Heilung und damit den Bruch der Sabbatruhe zu rechtfertigen. Das Jesuswort Mk 2,28 knüpft an 2,27 an und bietet einen Schluss vom Kleineren auf das Größere (*a minore ad maius*): Da der Sabbat dem Menschen untergeordnet ist, befindet der Menschensohn Jesus als Herr über die Gültigkeit des Sabbats. Menschensohn ist ein christologischer Hoheitstitel. In dem Logion spiegelt sich die Überzeugung der christlichen Gemeinde wider, dass der irdische Jesus mit einer Autorität und Vollmacht über den Sabbat ausgestattet war, wie sie sonst Gott vorbehalten bleibt.

> Im Zweifelsfall geht das Wohl des Menschen über die Sabbatruhe

Vom Sabbat zum Sonntag

Sabbat und Sonntag haben ursprünglich nichts miteinander zu tun und durchdrangen sich erst in konstantinischer Zeit. Im frühen Christentum beging man von Anfang an den ersten Tag der Woche als gottesdienstlichen Festtag (Apg 20,7), da dies der Tag der Auferstehung Jesu war, und bezeichnete ihn zu Ehren des Herrn Jesus Christus als »Herrentag« (1Kor 16,2; Ign., *Magn.* 9,1). In der paganen Welt war dieser Tag dem Sonnengott gewidmet und trug daher den Namen »Tag der Sonne« (*dies solis*). Beim Sonntag handelte es sich im Römischen Reich um einen gewöhnlichen Werktag, an dem die Christen zwar abends oder frühmorgens zum Gottesdienst zusammenkamen, ansonsten aber regulär ihrer Arbeit nachgingen. Judenchristen feierten daneben auch noch den Sabbat, wurden aber zunehmend zu einer Randgruppe innerhalb der christlichen Kirche. Da der Sabbat für die große Mehrheit der Christen keine Bedeutung hatte, betrachtete man die biblischen Sabbattexte aus einer gewissen Distanz heraus. Dies änderte sich mit Kaiser Konstantin, der 321 ein Gesetz erließ, dass am Sonntag die Richter, die städtische Bevölkerung und alle Handwerksbetriebe die Arbeit ruhen lassen sollten, während die Landwirtschaft ausdrücklich davon ausgenommen war. Auch die Angehörigen des Heeres sollten den Sonntag mit einem Gottesdienst als Feiertag begehen (PIEPENBRINK 2002, 109). Nachdem der Sonntag somit durch die staatliche Gesetzgebung für weite Teile der Bevölkerung zu einem arbeitsfreien Feiertag und damit wie der Sabbat zu einem Ruhetag geworden war, konnten in der christlichen Kirche die alttestamentlichen Sabbatgebote auf den Sonntag übertragen werden. Ein sehr viel späteres, aber recht anschauliches Zeugnis dieser Entwicklung ist Luthers Kleiner Katechismus, wo der Reformator das alttestamentliche Gebot »Du sollst den Sabbat heiligen« in »Du sollst den Feiertag heiligen« umformuliert und in der Erklärung »Was ist das? Wir sollen Gott fürchten und lieben, dass wir die Predigt und sein Wort nicht verachten, sondern es heilig halten, gerne hören und lernen« mit großer Selbstverständlichkeit auf den christlichen Sonntagsgottesdienst bezieht.

Im Rahmen interreligiösen Lernens kann anhand der Sabbatkonflikte Jesu die Bedeutung des Sabbats für das Judentum erschlossen werden. Um der Gefahr einer »Musealisierung« und »Exotisierung« des Judentums vorzubeugen, sollte bei der Darstellung der jüdischen Gebräuche nicht die Sabbatpraxis des ultraorthodoxen Judentums in den USA oder in Israel im Mittelpunkt stehen, sondern die Frage, wie Juden bei uns vor Ort den Sabbat feiern (RUDNICK 2003, 122-123). Ein weiterer Stolperstein ist die undifferenzierte Pauschalisierung und Stereotypisierung des Judentums. Während etwa die orthodoxe Halacha das Autofahren am Sabbat verbietet, halten sich liberale und auch viele konservative Juden nicht daran. Als Unterrichtseinstieg in die Thematik eignen sich Geschichten wie »Der siebte Tag der Woche« (STASZEWSKI 2012, 10-14), wo Mona von Herrn Schwarz über die Gestaltung des Sabbats informiert wird, oder »Ben erzählt vom Sabbat« (ZIMMERER/LOHMANN 2012, 32-36). Anschließend können die Schülerinnen und Schüler in einem fiktiven Brief an einen Freund oder eine Freundin die Vorbereitung und den Ablauf der Sabbatfeier beschreiben. Bei der Auseinandersetzung mit Mk 2,23-28 sollten sie in die Rolle der Handlungsfiguren (Jesus, Jünger, Pharisäer) schlüpfen und deren Gedanken zu dem Geschehen in Denkblasen schriftlich festhalten. Am Ende kann ein Streitgespräch im Plenum über die Frage stehen, was den Sinn des Sabbats ausmacht und wie man sich in dem Streit um das Ährenraufen positionieren würde. Im Hinblick auf die Bedeutung des dritten Gebots im Christentum bietet es sich an, ergänzend auch aktuelle gesellschaftliche Konflikte um die gesetzlich geschützte Sonntagsruhe und die verbindliche Festlegung der am Sonntag verbotenen Aktivitäten in die Diskussion einfließen zu lassen.

Didaktische Anknüpfungspunkte

Bei der Darstellung des Judentums und seiner Gebräuche gibt es didaktische Stolpersteine

■ Schlüsseltext 2: Heilung eines Mannes am Sabbat (Mk 3,1-6)

Kontext und Aufbau von Mk 3,1-6

Die Episode von der Heilung eines Mannes mit gelähmter Hand am Sabbat bildet den Abschluss und Höhepunkt der Konfliktszenen von Mk 2,1–3,6. Die in irgendeiner Synagoge Galiläas spielende Erzählung ist durch einen Orts- und Personenwechsel klar vom Vorangehenden abgegrenzt und gliedert sich in drei Teile. Die Exposition Mk 3,1-2 führt in die Handlung und das Problem ein. Unter den Besuchern des Synagogengottesdienstes befindet sich ein Mann mit verdorrter Hand. Die Gegner Jesu lauern darauf, dass er den Mann am Sabbat heilt und sie ihn verklagen können. Im Zentrum des Textes steht ein Streitgespräch (3,3-4). Jesus lässt den Kranken in die Mitte treten, womit diesem die größtmögliche Aufmerksamkeit zuteil wird. Es schließt sich eine rhetorische Doppelfrage Jesu an (»Ist es am Sabbat erlaubt Gutes zu tun oder Böses, ein Leben zu retten oder zu töten?«), welche die Gegner sofort zum Schweigen bringt. Den Abschluss der Erzählung bildet die Heilung und deren Demonstration (3,5). Der Kranke streckt auf Jesu charismatisches Wort hin seine bewegungsunfähige Hand aus und ist wieder gesund. Der Tötungsbeschluss der Pharisäer und Herodianer in Mk 3,6 ist wohl kein ursprünglicher Bestandteil der Erzählung, sondern ein von Markus eingefügter Vorverweis auf die Passion.

Form und Entstehungsgeschichte

Der Form nach handelt es sich bei Mk 3,1-6 um eine Normenwundererzählung. Das Wunder wird nicht um seiner selbst willen erzählt, sondern steht im Dienst der Lehre. Es bekräftigt die in dem Jesuswort Mk 3,4 aufgestellte Norm, dass das Tun des Guten und die Rettung von Leben am Sabbat in keiner Weise eingeschränkt ist. Die Erzählung ist kaum aus einem Guss, da sich in ihr Elemente einer Wundergeschichte mit denen eines Streitgesprächs mischen (ECKEY 1998, 110-111) und die Wunderhandlung durch den Ausspruch Jesu unterbrochen wird. Manche rechnen damit, dass das Jesuswort Mk 3,4 den ältesten Kern darstellt und die Heilungsszene daraus entwickelt wurde (DIETZFELBINGER 1978, 288). Wahrscheinlicher dürfte die Annahme sein, dass eine stilechte Wundergeschichte nachträglich zu einem Sabbatkonflikt ausgestaltet wurde. Das dabei in den Text eingeflossene Logion Mk 3,4 geht sicher auf Jesus selbst zurück. Auch die Schilderung der Heilung, die allein durch ein charismatisches Wort erfolgt, spiegelt die historische Wirklichkeit des Wunderhandelns Jesu glaubhaft wider.

> Durch die Heilung wird eine liberale Sabbatpraxis normiert

Krankheitsbild und soziale Folgen

Eine medizinische Diagnose fehlt. Die Angaben zum Krankheitsbild bleiben unscharf und lehnen sich an traditionellen Sprachgebrauch an. »The vague description does not allow us to decide whether we are dealing with a physical deformity from birth, the result of an accident, or some desease like rheumatoid arthtitis« (MEIER 1994, 681-682). Die Hand des Mannes ist »ausgetrocknet« oder »verdorrt«, womit der Schwund des Lebens und die Bewegungsunfähigkeit beschrieben werden. Das von Markus verwendete griechische Wort *xērainesthai* (vertrocknen, verdorren) begegnet in der Septuaginta im Zusammenhang mit dem Strafwunder an Jerobeam, dessen Hand vorübergehend »verdorrte«, damit er sie nicht gegen den Mann Gottes ausstrecken konnte (1Kön 13,4). In den apokryphen Testamenten der zwölf Patriarchen ist davon die Rede, dass Simeons Hand zur Strafe halb verdorrte, er Buße tat und von Gott geheilt wurde (*TestSim* 2,11-14). Mit einer gelähmten Hand, wie sie der Mann in Mk 3,1-6 hatte, war in der Antike meist ein Verlust der Arbeitsfähigkeit und das Angewiesensein auf Almosen verbunden. Im apokryphen Hebräerevangelium findet sich eine erzählerisch ausgestaltete Version von Mk 3,1-6, nach der es sich bei dem Mann um einen Maurer handelte, der wegen der gelähmten Hand nicht mehr seinem Beruf nachgehen konnte (Gnilka ⁶2008, 127).

Als Rechtfertigung für sein Handeln führt Jesus in Mk 3,4 die rhetorische Frage »Ist es am Sabbat erlaubt Gutes zu tun oder Böses, ein Leben zu retten oder zu töten?« an. Die Argumentation zeichnet sich durch eine besondere Schärfe aus, da das Logion die gute Tat mit Lebensrettung identifiziert und die böse Tat im Sinne der unterlassenen Hilfeleistung als Töten brandmarkt. Dass bei akut gefährdetem Leben die Einhaltung der Sabbatruhe in den Hintergrund rückte, stand im antiken Judentum außer Frage (*mJoma* 8,6). Diesbezüglich konnte Jesus auf Einverständnis bei seinen Gegnern setzen. Jesus betrachtete allerdings bereits die Wiederherstellung einer gelähmten Hand als »Lebensrettung« und verstieß, indem er am Sabbat auch nicht akut lebensbedrohliche Krankheiten heilte, gegen die zeitgenössische Auslegung des alttestamentlichen Gesetzes (Becker 2013, 251-252). Er tat dies, um dem Sabbat seine ursprüngliche Bestimmung als Vollendung der Schöpfung wiederzugeben und die Gegenwart der als endzeitlicher Sabbat gedachten Gottesherrschaft sichtbar zu machen (Dietzfelbinger 1978, 281-298). In Lk 13,15; Lk 14,5 und Joh 7,22-23 liegen weitere Kommentarworte Jesu zu seinen umstrittenen Sabbatheilungen vor, in denen er das Wohlergehen des Menschen über eine strikte Einhaltung des Sabbatgebots stellt.

Das Sabbatlogion Mk 3,4

Wie Mk 2,23-28 eignet sich auch Mk 3,1-6 als Ausgangspunkt dafür, die Bedeutung des Sabbats für das Judentum und das spezifische Sabbatverständnis Jesu zu erschließen. *Mirjam Schambeck* greift in einem Lernarrangement für die Primarstufe das Motiv der verdorrten Hand aus Mk 3,1-6 als Impuls für die Schülerinnen und Schüler heraus, in die Welt des Textes einzutreten und ihre eigenen Gefühle oder Assoziationen damit zu verbinden (Schambeck 2009, 161-168). Als Einstieg erproben die Kinder unterschiedliche Handhaltungen, stellen Überlegungen zu den vielfältigen Fähigkeiten der Hand an und tauschen sich über die Bedeutung der Hände als Ausdruck von Beziehung aus. Anschließend bietet die Lehrkraft eine Nacherzählung von Mk 3,1-6, die durch einen Bildimpuls (Foto eines Mannes mit einer erschlafften, lahmen Hand) vorbereitet und durch das Aufstellen von Holzfiguren (Jesus, Kranker, Menschenmenge) veranschaulicht wird. In der nachfolgenden Unterrichtsphase geht es darum, Sachfragen zum Text (Bedeutung von Begriffen wie Sabbat, Synagoge, Pharisäer) zu klären und die Verwobenheit des Textes mit anderen biblischen Texten (u.a. 1Kön 13,4-6; Mk 2,1-12; 23-28) zu verdeutlichen, um die Textwelt zum Sprechen zu bringen. Im letzten Schritt sollen die Schülerinnen und Schüler selbst Stellung zur biblischen Geschichte beziehen und dem Text ihre Stimme geben. Dazu bringen sie eigene Holzfiguren mit, die sie in das zum Bibeltext aufgestellte Holzfigurenensemble einfügen und mit Sätzen wie »Ich will, dass du den kranken Mann heilst« oder »Ich will, dass Du allen Gutes tust« zum Sprechen bringen.

Didaktische Anknüpfungspunkte in der Primarstufe

Die Schülerinnen und Schüler sollen dem Text ihre Stimme geben

Ein instruktiver Unterrichtsentwurf für die Sekundarstufe I (Kern 2015, 57-61) beginnt damit, dass die Schülerinnen und Schüler gegenseitig die Umrisse ihrer Hand auf einem Blatt Papier nachzeichnen. Dazu verwenden sie die ungeübte, sonst nicht zum Schreiben benutzte Hand, um sich in die Rolle einer gehandicap-

Didaktische Anknüpfungspunkte in der Sekundarstufe I

ten Person hinein zu versetzen. Danach schreiben sie ihre Beobachtungen und Gefühle in die aufgezeichnete Hand und tauschen sich im Doppelkreis darüber aus. In weiteren Arbeitsschritten beschäftigen sich die Schülerinnen und Schüler mit der biblischen Erzählung in der lukanischen Version (Lk 6,6-11) und erörtern heutige gesetzliche Bestimmungen zur Sonntagsruhe (z.B. Verbot des Rasenmähens), um ein Gefühl für die Konfliktsituationen bezüglich des Sabbatgebots zur Zeit Jesu zu entwickeln. Ergänzend können Kleingruppen aus der Perspektive der Pharisäer eine Anklagerede gegen Jesus schreiben, aus der Perspektive Jesu eine Verteidigungsrede verfassen oder aus der Perspektive der Familie des geheilten Mannes ein Dankgebet an Gott formulieren.

■ Schlüsseltext 3: Die Segnung der Kinder (Mk 10,13-16)

Kontext und Aufbau von Mk 10,13-16

In Mk 10,13-16 vollzieht Jesus gegen den Widerstand der Jünger eine Segenshandlung gegenüber Kindern. Die Episode, die auf dem Weg Jesu von Galiläa nach Jerusalem irgendwo in Judäa oder Peräa (Mk 10,1) spielt, ist in das Lehrgespräch über die Ehescheidung (Mk 10,1-12) und die Frage des reichen Jünglings nach dem ewigen Leben (Mk 10,17-31) eingebettet. Der älteste Erzählkern umfasst Mk 10,13.14.16 und besteht aus einem szenisch gerahmten Jesuswort. Die Exposition berichtet davon, wie man Kinder zu Jesus bringt, damit dieser sie berühre. Mit der Berührung ist, wie vom Ende der Erzählung her deutlich wird, auf den durch Handauflegung gespendeten Segen angespielt. Wer die Leute sind, die sich mit den Kindern an Jesus wandten, bleibt unbestimmt. Vermutlich ist an die Eltern gedacht. Dass sie von den Jüngern schroff abgewiesen werden, löst bei Jesus scharfen Unmut aus. Erzürnt stellt er klar, dass den Kindern der Zugang zu ihm nicht verwehrt werden darf, und begründet dies damit, dass ihnen das Reich Gottes gehört. Zum Abschluss der Szene wird geschildert, wie Jesus die Kinder in die Arme nimmt, ihnen die Hand auflegt und sie segnet. Das vermutlich erst von Markus eingefügte Jesuswort Mk 10,15, das die kindliche Unbefangenheit zur vorbildhaften Haltung angesichts der Gottesherrschaft erhebt, sprengt dagegen den Rahmen der ursprünglichen Szene und gibt ihr eine neue inhaltliche Ausrichtung. Es geht nicht mehr um Kinder, sondern um Erwachsene, die in ihrer inneren Haltung wie Kinder werden sollen. Nicht selten wird die Auffassung vertreten, dass der Evangelist in Mk 10,1-45 eine Art Gemeindekatechismus verarbeitet habe, der sich den Fragen Unauflösbarkeit der Ehe (Mk 10,1-12), Umgang mit Kindern (10,13-16), Verhältnis zu Besitz (10,17-31) und Rangordnung in der Gemeinde (10,35-45) widmete. Diese Annahme macht durchaus Sinn, wobei allerdings in der Kindersegnungsperikope anders als in den übrigen Texten die ursprüngliche Erzählung nicht durch eine Jüngerbelehrung weitergeführt wird.

> Jesus segnet die Kinder gegen den Widerstand der Jünger

Verhältnis zu Mk 9,33-37

Auch in der eng mit Mk 10,13-16 verwandten Szene Mk 9,33-37 geht es um die Vorbildfunktion von Kindern. In einem Rangstreit der Jünger, wer von ihnen der Größte sei, fordert Jesus zur Selbsterniedrigung auf. Anschließend illustriert er dies durch eine Zeichenhandlung, indem er ein Kind in die Mitte des Jüngerkreises stellt, es umarmt und die erklärenden Worte »Wer eines von diesen Kindern aufnimmt in meinem Namen, der nimmt mich auf« hinzufügt.

In der Umarmung zeigt sich wie in Mk 10,16 die liebevolle Hinwendung Jesu zu den Kindern, die von ihrer Bedeutung her den Erwachsenen in nichts nachstehen. Wird in Mk 10,15 das Annehmen der Gottesherrschaft mit der inneren Einstellung eines Kindes thematisiert, so geht es in Mk 9,37 um das Aufnehmen von Kindern im Namen Jesu. Das im griechischen Urtext dafür verwendete Verb *dechesthai* steht in der Evangelienüberlieferung überwiegend im konkreten Kontext der Gastfreundschaft und meint mehr als nur das Annehmen von Kindern im Sinne einer allgemeinen Akzeptanz. Gleichzeitig spricht wenig dafür, die Kinder von vornherein metaphorisch auf die Jünger zu deuten und in Mk 9,37 einen Appell zur gastlichen Aufnahme von Wanderaposteln zu sehen, auch wenn der Text später so gelesen wurde. Ursprünglich ist von wirklichen Kindern die Rede, die in der griechisch-römischen Welt häufig unmittelbar nach der Geburt getötet oder ausgesetzt wurden, weil man sie als wirtschaftliche Last oder Einschränkung des Lebensgenusses empfand. Im Judentum wurde die antike Praxis der Kinderaussetzung scharf kritisiert und strikt abgelehnt. Wenn Jesus in Mk 9,37 die Aufnahme von Kindern ohne eigene Familie einfordert (MARCUS 2009, 682), hat dies Parallelen in seiner jüdischen Lebenswelt. Von den Essenern wird berichtet, dass sie sich um verlassene Kinder kümmerten (Joseph., *bell.* 2,120). Auch in rabbinischen Texten ist die Aufnahme elternloser Kinder positiv besetzt (*bMeg* 13a).

Die Episode Mk 10,13.14.16 nimmt zur Rolle des Kindes in der antiken jüdischen Gesellschaft Stellung und spiegelt, auch wenn sie Züge einer idealen Szene trägt, im Kern eine Begebenheit aus dem Leben Jesu wider (GNILKA ⁶2008, 82). Möglicherweise steht die im Traktat Soferim, einem Anhang zum Talmud, bezeugte Praxis im Hintergrund, dass Eltern am Abend des Versöhnungstages ihre Kinder zu Schriftgelehrten brachten, damit diese sie segneten und für sie beteten (*Soferim* 18,5). Unwahrscheinlich ist aber die Annahme, die Jünger hätten dies abgelehnt, weil sie Jesus nicht mit den Schriftgelehrten auf eine Stufe gestellt wissen wollten (JEREMIAS 1958, 61-62). Eher ist davon auszugehen, dass die Jünger die Verkündigung Jesu und das Reich Gottes für eine Angelegenheit hielten, die allein Erwachsene betrifft. Mit ihrem abweisenden Verhalten unternehmen die Jünger den Versuch, die Kinder wegen ihrer noch fehlenden religiösen Qualifikation aus dem Ausstrahlungsbereich der Botschaft Jesu herauszuhalten und sie in den »Wartesaal der Gottesherrschaft« zu verweisen (BÖTTRICH 2001, 195). Kinder rücken in der hellenistisch-römischen wie jüdischen Umwelt des Neuen Testaments in erster Linie als noch unfertige Objekte der Erziehung und Beispiele für unvernünftiges Verhalten in den Blickpunkt (LINDEMANN 1983, 81-88). Im antiken Judentum spielt die Hinführung der Kinder zur Tora eine entscheidende Rolle. Dem Mischnatraktat Abot zufolge ist man mit fünf Jahren zum Lesen der Heiligen Schriften, mit zehn Jahren zum Erlernen der Mischna und mit dreizehn Jahren zur Erfüllung der Gebote angehalten (*mAb* 5,2). Des Gesetzes noch unkundige Kinder galten als in religiöser Hinsicht defizitäre Wesen. Jesus vertritt dagegen die Auffassung, dass auch Kindern bereits uneingeschränkt die Zusage der Gottesherrschaft gilt und sie genau wie Erwachsene die heilvolle Zuwendung Gottes erfahren (Mk 10,14). Das Logion Mk 10,15, das den Zugang Erwachsener zum Reich Gottes von einem kindlich-naiven Vertrauen in die Güte Gottes abhängig macht, wurde zwar erst nachträglich in die Erzählung integriert, dürfte aber ebenfalls auf den historischen Jesus zurückgehen.

Historischer Hintergrund

Spielt die Episode am Vorabend des Versöhnungstages?

Bezug zur Taufe?

In der kirchlichen Tradition wird Mk 10,13-16 mit großer Selbstverständlichkeit als Taufevangelium betrachtet und zur Legitimation der Kindertaufe herangezogen. Dass der Text selbst keine direkten Taufbezüge aufweist, liegt unübersehbar auf der Hand. Allerdings wird vielfach die Auffassung vertreten, Mk 10,13-16 sei bereits im ältesten Christentum als Weisung an christliche Eltern gelesen worden, ihre Kinder taufen zu lassen. Erstens behauptet man, dass das Mk 10,14 verwendete Wort »hindern« (*kōlyein*) einen Fachbegriff für das Verweigern der Taufe darstelle (Apg 8,36; 10,47; 11,17) und es in dem Text folglich implizit um die Ausräumung von Bedenken gegenüber der Kindertaufe gehe (JEREMIAS 1958, 65-67). Zweitens argumentiert man damit, dass Mk 10,13-16 seine Überlieferung der Regelung einer theologischen Kontroverse im Urchristentum verdanke und als einziges im Zusammenhang mit Kindern konfliktträchtiges Thema die Kindertaufe in Betracht komme. Die Lehrszene spiegle einen frühchristlichen Gemeindekonflikt wider, in dem der Widerstand gegen die Aufnahme von Kindern unter Berufung auf Jesu Verhalten gegenüber Kindern überwunden wurde, und sei ein indirekter Beweis für die Praxis der Kindertaufe in der markinischen Gemeinde (LINDEMANN 1983, 97-100; ECKEY 1998, 261). Drittens schließlich soll die Tatsache, dass eine Variante des Jesuswortes Mk 10,15 in Joh 3,5 und Justin, *apol.* I 61,4 auf die Taufe als Neugeburt aus dem Geist gemünzt ist, für Mk 10,13-16 einen Taufbezug verbürgen (JEREMIAS 1958, 63-65). Keines dieser Argumente ist zwingend. Das Verb »hindern« (*kōlyein*) begegnet im Neuen Testament ganz überwiegend ohne Taufbezug (u.a. Mk 9,38-39; Lk 9,49-50) und ist damit in Mk 10,14 kaum ein Fachterminus für das Taufhindernis. Die Überlieferung von Mk 10,13-16 kann sich dem geschichtlichen Interesse an der Bewahrung des Verhaltens Jesu gegenüber Kindern oder auch frühchristlichen Kontroversen um die Zulassung von Kindern zum Gottesdienst verdanken. Wenn das Jesuswort Mk 10,15 in Joh 3,5 in ein Tauflogion abgewandelt wird, besagt dies für Mk 10,13-16 nicht das Geringste und verbürgt schon gar keinen Bezug zur Kindertaufe, zumal es in Mk 10,15 und Joh 3,5 um Erwachsene geht, die wie Kinder werden bzw. eine symbolische Neugeburt erfahren sollen. Der erste Beleg dafür, dass Mk 10,13-16 von Befürwortern der Kindertaufe zur Legitimation ihrer Position herangezogen wird, findet sich um 200 n. Chr. bei dem Kirchenvater Tertullian (*bapt.* 18,3-6), der aber selbst die Kindertaufe ablehnt. Ob die Kindersegnung vorher schon mit der Taufe in Verbindung gebracht wurde, bleibt reine Spekulation (MARCUS 2009, 714-715). Man kann lediglich sagen, dass die spätere Beanspruchung von Mk 10,13-16 zur Rechtfertigung der Kindertaufe in Einklang mit der Kernaussage des Textes steht, dass auch Kindern bereits uneingeschränkt die Heilszusage Gottes gilt.

> Ein Bezug von Mk 10,13-16 zur Kindertaufe ist vor 200 n. Chr. nicht nachweisbar

Didaktische Anknüpfungspunkte

Didaktisch bietet die Erzählung für die Primarstufe besonders gute Anknüpfungspunkte und Lernchancen. Da Jesus sich in der Geschichte demonstrativ den Kindern zuwendet, können Schulkinder sich von dem Text direkt angesprochen sehen. Er vermittelt ihnen die Botschaft, dass Kinder vor Gott einen hohen Wert haben, und hilft ihnen damit, sich selbst als wertvolle Wesen wahrzunehmen. Als Unterrichtseinstieg eignet sich die Betrachtung von Bildmaterial über im Weg stehende oder störende Kinder und über »kinderfreie Zonen«, denen die Erzählung aus Mk 10,13-16 mit der auf Kinder bezogenen Botschaft »Du gehörst dazu« kontrastiv gegenübergestellt wird (STEIN 2016, 22-29). Anstelle des Bibeltextes kann eine die Erfahrungen von Kindern miteinbeziehende Nacherzählung stehen, die durch eine Betrachtung des Gemäldes »Christus und die Kinder« (1910) von Emil Nolde eingeleitet und das Lied »Jesus hat die Kinder lieb« vertieft wird (TSCHIRCH 1997, 118-126). In der Sekundarstufe I/II bietet es sich an, dass sich die Jugendlichen kritisch mit der traditionellen Beanspruchung von Mk 10,13-16 für die Praxis der Säuglingstaufe auseinandersetzen. Danach können sie zusammentragen, was ihnen von ihrer eigenen Taufe bekannt oder erinnerlich ist, sich in Gruppenarbeit mit Tauliedern und ausgewählten Aspekten christlicher Tauftheologie beschäftigen und am Ende ein Streitgespräch zu der Frage »Würdest du deine Kinder als Säuglinge taufen lassen?« führen (BIEHL u.a. 1993, 155-156).

■ Schlüsseltext 4: Jesu Einkehr bei Zachäus (Lk 19,1-10)

Die in Jericho spielende Zachäusgeschichte (Lk 19,1-10) gehört zum Sondergut des Lukasevangeliums. Der Evangelist hat sie in der Gemeindeüberlieferung vorgefunden und im Erzählfaden seines Evangeliums an das Ende der Reise Jesu von Galiläa nach Jerusalem gerückt, wo sie sich an die Heilung eines Blinden vor den Toren Jerichos (Lk 18,35-43) anschließt. Die Einleitung in 19,1 hat wohl Lukas geschaffen, wobei allerdings die Ortsangabe Jericho traditionell sein dürfte. Meist wird zudem das Menschensohnwort in Lk 19,10 als verallgemeinernde Ergänzung des Evangelisten zu dem Jesuslogion Lk 19,9 betrachtet (BOVON 2001, 269), doch bleibt dies unsicher, zumal auch der Konflikt um das Gastmahl beim Zöllner Levi (Mk 2,15-17) mit einem Doppelwort Jesu endet.

Herkunft und Kontext

Die Geschichte zerfällt in zwei Szenen, von denen die eine auf der Straße in Jericho (Lk 19,1-6) und die andere im Haus des Zachäus (19,7-10) spielt. Dabei sind zwei unterschiedliche Erzählfäden ineinander verwoben. Der Text setzt mit einer Szene ein, die Zachäus und dessen Einfallsreichtum in den Mittelpunkt stellt, und entwickelt sich danach zu einem Streitgespräch weiter, das Jesus mit unbestimmt bleibenden Gegnern führt. Die einleitende Situationsangabe berichtet davon, wie Jesus das etwa 30 km nordöstlich von Jerusalem gelegene Jericho betritt und durchzieht. Jericho zehrte in den Tagen Jesu als eine mit Prachtbauten im hellenistisch-römischen Stil versehene Stadt noch vom Glanz des herodianischen Zeitalters. Herodes der Große hatte dort mehrere Paläste und einen Hippodrom errichtet (NETZER 1999, 32-59) und Archelaos die Bautätigkeit seines Vaters fortgeführt. Zachäus wird mit Name, Beruf und sozialer Stellung in die Erzählung eingeführt und auf den Einzug Jesu in Jericho aufmerksam. Der Wunsch, einen Blick auf den von einer Menschenmenge umringten Jesus zu werfen, bleibt ihm allerdings aufgrund seiner geringen Körpergröße verwehrt. Zachäus kapituliert nicht, sondern beweist Phantasie und denkt sich eine Ersatzlösung aus. Er läuft der Menschenmenge voraus und klettert auf einen Maulbeerfeigenbaum (*Sykomore*), der mit seinem kurzen Stamm und seinen ausladenden Ästen leicht zu erklimmen ist. Als Jesus vorbeizieht und nach oben blickt, nimmt er Zachäus im Baum wahr und lädt sich sogleich bei ihm ein. Zachäus klettert, so schnell er kann, vom Baum herunter und heißt den Gast voller Freude in seinem Haus willkommen. Dies ruft ein negatives Echo der Menschenmenge hervor und bildet den Auftakt zu einem Streitgespräch. Die Augenzeugen des Geschehens

Aufbau und Inhalt von Lk 19,1-10

Zachäus beweist Ideenreichtum und Kreativität

bringen ihr Missfallen über die Einkehr Jesu bei einem Sünder zum Ausdruck. Bei Zachäus führt die Begegnung mit Jesus zu einer kritischen Selbstbesinnung, indem er sich aus freien Stücken zum Verzicht auf die Hälfte seines Vermögens und zur vierfachen Rückerstattung unrechtmäßig erworbenen Geldes verpflichtet. Das Ende und den Höhepunkt der Episode markiert ein Doppelwort Jesu, mit dem er seine Einkehr in das Haus des Zachäus rechtfertigt. Da die Erzählung einerseits hervorgehobenes Interesse an der Person des Zachäus zeigt, andererseits Züge eines Streitgesprächs trägt und der Schwerpunkt auf dem abschließenden Doppelwort Jesu liegt, wird sie meist als biographisches Apophthegma (BULTMANN ⁹1976, 58-59) betrachtet.

Das antike Zollwesen

Zöllner waren im Römischen Reich in erster Linie für die Erhebung indirekter Abgaben wie Wegezoll, Grenzzoll oder Marktzoll zuständig, die auf Waren entrichtet werden mussten. Das griechische Wort für Zöllner (*telōnēs*) bezeichnet ursprünglich eine Person, die als Abgabenpächter dem Staat die Ausübung von Zoll- oder Steuerrechten abgekauft hat und die Abgaben in eigener Verantwortung eintreibt. Darin spiegelt sich die in der Antike gängige Praxis wider, dass die Zollrechte von den zuständigen Behörden gegen einen Pauschalbetrag an Einzelpersonen oder Gesellschaften verpachtet wurden, die während der Laufzeit des Pachtvertrags die Erwirtschaftung eines möglichst hohen Gewinns anstrebten. Während in anderen Teilen des römischen Reichs große Pachtgesellschaften, deren Anteilseigner oder Betreiber dem Ritterstand angehörten, die Steuer- und Zollrechte ganzer Provinzen erwarben (BADIAN 1997, 85-162), dominierte im Osten das System der Kleinpacht, bei dem von den Behörden einzelne Zollstationen oder kleinere Zollbezirke zur Verpachtung ausgeschrieben wurden (HERRENBRÜCK 1990, 162-227). Dieses System hatte sich bereits in vorrömischer Zeit bewährt und wurde von den Römern übernommen. Die Zollpächter mussten kapitalkräftig sein, da sie bei Abschluss des Pachtvertrags in Vorkasse gingen. Der Pachtvertrag wurde in der Regel mit dem Höchstbietenden geschlossen, wobei der Wettbewerb zwischen den Bietern die Pachtpreise nach oben trieb und den wirtschaftlichen Druck erhöhte. Als Pächter sind meist Einheimische aufgetreten, wie es neben den neutestamentlichen Berichten auch Josephus und der Talmud voraussetzen. Zachäus wird als reicher Oberzöllner beschrieben, der offenkundig Hauptpächter eines Zollbezirks war. Mit Johannes aus Cäsarea (Joseph., *bell.* 2,287.292) und dem in der rabbinischen Tradition erwähnten Bar Majan (*pSanh* 23c) sind uns weitere jüdische Zöllner bekannt, die es zu Wohlstand gebracht hatten und zur Oberschicht zählten. Bei Levi (Mk 2,14) hingegen dürfte es sich um den Angestellten eines Oberzöllners oder den selbstständigen Kleinpächter einer einzelnen Zollstation gehandelt haben, der nur mit Mühe auf seine Kosten kam. Wenn in der synoptischen Tradition von Zöllnern die Rede ist, sind damit wohl in erster Linie die im Publikumsverkehr in Erscheinung tretenden Zollbediensteten und nicht die reichen Zollunternehmer wie Zachäus gemeint (SCHOTTROFF/STEGEMANN 1978, 18).

Die Zollpächter waren kapitalkräftig und gingen in Vorkasse

Reputation der Zöllner

Die Tätigkeit des Zöllners zählte in der Lebenswelt Jesu aus moralischen, politischen und religiösen Gründen zu den verachteten Berufen. Nicht ohne Grund wird Zachäus als Sünder bezeichnet (Lk 19,7). In moralischer Hinsicht galten Zöllner als notorische Betrüger, die im Talmud mit Dieben und Räubern auf eine Stufe gestellt werden (*bSanh* 25b). Um als selbstständige Unternehmer ihre Zollstationen trotz der dafür entrichteten Pacht gewinnbringend betreiben zu können oder als abhängig Beschäftigte ihr spärliches Einkommen zu verbessern, übervorteilten die Zöllner die Durchreisenden. Sie setzten willkürlich den Warenwert zu hoch an oder hielten sich nicht an die staatlicherseits festgelegten Zolltarife, die erst seit der Zeit Neros an den Zollstationen auch öffentlich aushängen mussten. Im Neuen Testament nimmt Johannes der Täufer in seiner Standespredigt auf derartige Zöllnervergehen Bezug (Lk 3,12-13) und von Zachäus heißt es, dass er einen Teil seines Reichtums unrechtmäßigen Praktiken verdankte (Lk 19,8). Die Mischna erlaubt im Gegenzug ausdrücklich, Zöllnern gegenüber gezielte Falschangaben zur Zollhinterziehung zu machen (*mNed* 3,4). Sklaven, die in der Antike als Ware galten, wurden gern als eigene Kinder ausgegeben, damit sie nicht verzollt werden mussten (*bBB* 127b). Aus politischen Gründen wurden Zöllner verachtet, weil sie die verhasste Obrigkeit repräsentierten und als deren Kollaborateure betrachtet wurden.

> Zöllner waren aus moralischen, politischen und religiösen Gründen stigmatisiert

In den Tagen Jesu profitierte von den Zöllen in Galiläa der im Volk unbeliebte Herodes Antipas, während die Zollpacht in Judäa direkt der römischen Provinzialverwaltung zufiel. Daneben dürften die meisten Städte eigene lokale Zoll- oder Marktrechte besessen haben. Hinzu kam die Stigmatisierung aus religiösen Gründen. Da die Zöllner an den Zollstationen ständig mit Nichtjuden und deren Waren in Berührung kamen, galten sie als kultisch unrein. Strenggläubige Juden durften von ihnen weder Geld wechseln lassen noch Almosen annehmen (*mBQ* 10,1). Die Verachtung der Zöllner erstreckte sich auch auf die Angehörigen, die in Sippenhaft genommen wurden. Ein Sprichwort aus dem Talmud lautet »Es gibt keine Familie, in der ein Zöllner ist, ohne dass sie alle Zöllner sind« (*bSchab* 39a).

Die Einkehr Jesu in das Haus des Zachäus löst bei den Augenzeugen des Geschehens Protest aus (Lk 19,7). Gemeinsames Essen und Trinken mit anderen Menschen war in der Lebenswelt Jesu ein intimer Akt. Strenggläubige Juden vergewisserten sich vor der Annahme einer Einladung zunächst, wer mit ihnen gemeinsam am Tisch sitzen würde. Für sie müssen Jesu Mahlgemeinschaften ein religiöser Albtraum gewesen sein. Die Pharisäer blieben aus Sorge um die rituelle Reinheit (vgl. Mk 7,3-4) und die vorschriftsgemäße Verzehntung aller dargebotenen Speisen am liebsten unter sich. Bei den Essenern erfolgte erst nach Abschluss des dreijährigen Aufnahmerituals die Zulassung zu den gemeinsamen Mahlzeiten. Josephus berichtet, dass aus der Essenergemeinschaft ausgeschlossene Personen eher den Hungertod starben, als von Fremden Speise anzunehmen (*bell.* 2,143-144). Jesus dagegen ließ sich von gesellschaftlich verachteten Personen einladen, mit denen sich kein frommer Jude an einen Tisch gesetzt hätte. Ideeller Gastgeber einer jeden jüdischen Mahlzeit ist Gott, an den sich die Tischgebete richten. Nicht nur die Etablierten sind Jesu Überzeugung zufolge bei Gott zu Tisch geladen, sondern gerade auch die Zöllner und Sünder. Dies wird im Gleichnis vom großen Gastmahl (Lk 14,16-24/Mt 22,1-14) veranschaulicht, das als eine Art Kommentar zu Jesu Mahlpraxis von Mk 2,15-17 und Lk 19,1-10 verstanden werden kann. Die offenen Mahlgemeinschaften Jesu haben Symbolcharakter im Blick auf die Gottesherrschaft, weil in jüdischer Tradition die Freuden der Heilszeit, analog zu unseren Schlaraffenlandvorstellungen, mit dem Bild vom Essen und Trinken umschrieben werden können (Jes 25,6; Mt 8,11-12). Es geht bei den Mahlgemeinschaften Jesu mit Zöllnern und Sündern neben der Zuwendung zu

Bedeutung der Mahlgemeinschaft

ausgegrenzten Personengruppen auch um die zeichenhafte Abbildung der Gottesherrschaft, deren Heil vergegenwärtigt wird (BECKER 1995, 194-211). *John Dominic Crossan* zufolge verfügte Jesus über ein soziales Programm aus »magic and meal« oder »miracle and table«, indem er durch Wunder und Tischgemeinschaften Menschen in unmittelbaren Kontakt zu Gott brachte und das Reich Gottes vergegenwärtigte (CROSSAN 1992, 303-353). Das gemeinsame Essen mit Zöllnern war ein derart typischer Zug des Wirkens Jesu, dass er im Volk als »Fresser und Weinsäufer, Freund der Zöllner und Sünder« verschrien war (Mt 11,18/Lk 7,34).

Wiedergutmachung des Zachäus

Die Selbsteinladung Jesu löst bei Zachäus eine Verhaltensänderung aus. Zur Wiedergutmachung verspricht er, die Hälfte seines Vermögens den Armen zu geben (*didōmi*) und das Vierfache dessen zurückzuerstatten (*paradidōmi*), was den Menschen bei der Erhebung der Zolleinkünfte mit ungesetzlichen Mitteln abgepresst wurde. Die beiden Präsensformen *didōmi* und *paradidōmi* wollen kein gewohnheitsmäßiges Handeln des Zachäus beschreiben, sondern haben eine futurische Bedeutung. Sie formulieren die Ankündigung eines Verhaltens, das Ausdruck von Zachäus' Bekehrung ist (WOLTER 2008, 613-614). Zachäus wird damit zum Paradebeispiel für das Erbringen von Früchten der Umkehr, wie sie schon Johannes der Täufer gefordert hatte (Lk 3,10-14). Er lässt zwar nicht wie der Zöllner Levi alles hinter sich und tritt in die Nachfolge ein, geht aber mit dem Verzicht auf die Hälfte seines Vermögens deutlich über das hinaus, was rabbinische Gelehrte generösen Wohltätern empfehlen (ECKEY 2004, 786). Die vierfache Rückerstattung unrechtmäßig erworbener Zolleinnahmen erinnert an das alttestamentliche Gebot, dass Viehdiebe den vierfachen Wert des gestohlenen Schafes als Strafe zu zahlen haben (Ex 21,37). Auch in römischen Rechtstexten begegnet die Zahlung des vierfachen Sachwertes von gestohlenem Gut als Strafe für einen auf frischer Tat ertappten Dieb (*dig.* 39,4,4).

Zachäus spendet die Hälfte seines Vermögens an die Armen

Heilszusage und Abrahamskindschaft

Jesus weist die Kritik an seinem Verhalten mit dem im *Passivum Divinum* formulierten Satz »Heute ist diesem Haus Heil widerfahren« energisch zurück. Das Heilshandeln Gottes erstreckt sich damit nicht nur auf Zachäus, sondern auch auf dessen gesamte Familie und das Dienstpersonal. Im Nachsatz wird als ergänzende Begründung hinzugefügt, dass auch Zachäus ein Kind Abrahams ist. Abraham zählt zu den Zentralfiguren des Alten Testamentes schlechthin. Im Vordergrund steht dabei seine Bedeutung als Ahnherr des gesamten Volkes Israel und große Gestalt des Glaubens, mit der Gott einen Bund geschlossen hat (Gen 15; 17). Weitere substanzielle Aspekte des alttestamentlichen Abrahambildes sind der Gehorsam (22,15-18) und die Gesetzestreue des Erzvaters (18,19; 26,3-5). Die Berufung auf die Abrahamskindschaft spielt im antiken Judentum eine große Rolle. Abraham wird hoheitsvoll als »unser Vater« angeredet (STRACK/BILLERBECK [9]1986, 116). Johannes der Täufer betrachtet allerdings in seiner Gerichtspredigt eine Heilssicherheit, die sich auf den Gedanken der unverbrüchlichen genealogischen Abrahamskindschaft stützt, als trügerisch und betont, dass Gott sich sogar aus den Steinen in der Wüste Abrahamskinder erwecken könne (Lk 3,8/Mt 3,9). Noch schärfer geht das Johannesevangelium mit dem jüdischen Anspruch ins Gericht, aufgrund der Abrahamskindschaft an der Erwählung teilzuhaben (8,37-40). Für Paulus definiert sich die Zugehörigkeit zu Abraham durch geistliche Kriterien (Röm 9,6-9; Gal 3,6-29). Im Sondergut des Lukasevangeliums ist das Motiv der leiblichen Abrahamskindschaft dagegen positiv besetzt. Jesus rechtfertigt seine als anstößig empfundene Einkehr bei dem Zöllner Zachäus wie auch die umstrittene Heilung einer gelähmten Frau am Sabbat damit, dass sie Kinder Abrahams sind und damit an der Erwählung des Erzvaters partizipieren (Lk 13,5; 19,9).

Das den Abschluss der Zachäusgeschichte bildende Jesuswort »Denn der Menschensohn ist gekommen zu suchen und zu retten, was verloren ist« (Lk 19,10) bringt den Sinn und das Ziel des Wirkens Jesu programmatisch auf den Punkt. Angesichts der im Anbruch befindlichen Königsherrschaft Gottes hat Jesus zur Umkehr gerufen. Ein besonderes Anliegen war es ihm, die »verlorenen Schafe« Israels für die Herrschaft Gottes zu gewinnen. Der religiösen Elite wird nichts genommen, doch sie muss sich mit dem Gedanken vertraut machen, dass auch die stigmatisierten Randgruppen der jüdischen Gesellschaft von Gott eingeladen sind und im Falle der Umkehr gleichberechtigt Anteil am Heil haben. In Mt 21,31 heißt es sogar provokativ, dass Zöllner und Prostituierte den Pharisäern in das Gottesreich vorangehen werden. Auf einer Linie mit Lk 19,10 liegen die Worte, mit denen Jesus die Einkehr bei dem Zöllner Levi verteidigt. Nicht die Gesunden bedürfen des Arztes, sondern die Kranken; seine Sendung gilt nicht den Gerechten, sondern den Sündern (Mk 2,17). Mit dem Gleichnis vom Pharisäer und Zöllner (Lk 18,9-14) will Jesus die religiöse Elite durch die provokative Überzeichnung des frommen Pharisäers zum Überdenken ihrer Position anregen und sie für seinen Weg der Zuwendung gegenüber Zöllnern und Sündern gewinnen.

> Umkehrruf an die Verlorenen Israels

> Jesus sah sich nicht zur religiösen Elite, sondern zu den verlorenen Schafen Israels gesandt

Die Zachäusgeschichte ist eine Geschichte gegen die Ausgrenzung und entfaltet integrative Kraft. Auch Zachäus partizipiert an der Abrahamskindschaft (Lk 19,9) und »gehört dazu«. Aus der Primarstufe ist die Erzählung nicht wegzudenken. Aufgrund seiner geringen Körpergröße, deren Nachteile er durch Phantasie und Kreativität wettmacht, stellt Zachäus für Kinder die ideale Identifikationsfigur dar. Sie können sich bestens in seine Lage hineinversetzen, denn sie kennen beispielsweise die Situation, dass ihnen bei Straßenmusik in der Fußgängerzone der Blick von den Erwachsenen versperrt wird und sie sich mühsam den Weg nach vorne bahnen müssen, um etwas zu sehen. Die Ausgrenzungsproblematik ist in der Grundschule ein zentrales Thema, etwa wenn Kinder nicht neben bestimmten Mitschülern sitzen wollen oder wenn bei Einladungen zu Kindergeburtstagen einzelne Personen regelmäßig übergangen werden. Die Zachäusgeschichte enthält die zentrale Botschaft, dass Jesus unterschiedslos auf alle Menschen zugegangen ist, und gibt den Kindern Denkanstöße, diesem Beispiel zu folgen. Der Text sollte in Form einer Nacherzählung (z.B. TSCHIRCH 1997, 130-131) eingebracht werden, die den schwierigen Begriff Zöllner narrativ erläutert.

> Didaktische Anknüpfungspunkte in der Primarstufe

In der Sekundarstufe I können die Schülerinnen und Schüler in Gruppenarbeit Collagen erstellen. Sie schneiden aus Zeitschriften Gesichter aus und kleben sie auf ein Arbeitsblatt aus Tapete oder Karton. Diejenigen, mit denen sie gerne einmal feiern würden, werden um einen runden Tisch herum platziert, die anderen in eine Ecke verbannt. Danach präsentieren die Jugendlichen ihre Collagen im Stuhlkreis und legen die Gründe dar, warum sie mit den einen Personen gerne zusammen wären, mit den anderen hingegen nicht. Bei den Kriterien dafür, wer dazu gehört und wer nicht, kann es um Aspekte gehen wie »angesagt sein«, die »richtige« Musik hören und die Kleidung cooler

> Didaktische Anknüpfungspunkte in der Sekundarstufe I

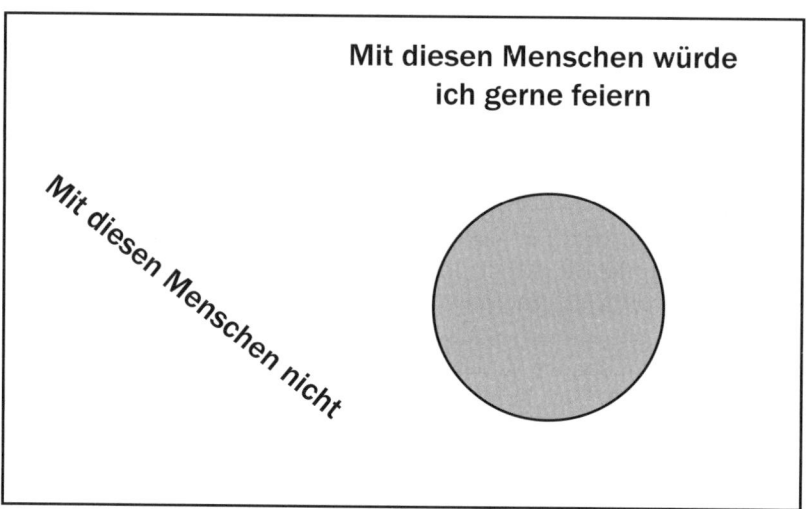

Arbeitsblatt für eine Collage

Labels tragen. In einem nächsten Schritt wird kontrastiv die Zachäusgeschichte eingebracht und anhand von Leitfragen wie »Mit welchen Menschen feierte Jesus gerne?«, »Wer sind heute die Zöllner und Sünder?« oder »Wie kann die Begegnung mit Jesus ein Leben verändern?« erschlossen. Durch Perspektivenwechsel lassen sich zentrale Aspekte der biblischen Erzählung vertiefen. Die Jugendlichen können einen Tagebucheintrag des Zachäus verfassen, um sich in das Leben eines Menschen einzufühlen, der von anderen ausgegrenzt wird und dann überraschend Zuwendung erfährt. Eine andere Möglichkeit ist, aus der Perspektive der Frau des Zachäus das Geschehen von Lk 19,1-10 in einem Brief an die beste Freundin zu schildern oder aus der Sicht eines Reporters einen Zeitungsartikel darüber abzufassen. An die Behandlung der Zachäusgeschichte im Religionsunterricht können sich Begegnungsprojekte mit gesellschaftlichen Randgruppen vor Ort anschließen (BEHRENDT 2001, 179).

■ Schlüsseltext 5: Jesus und die Ehebrecherin (Joh 7,53–8,11)

Ursprünglicher Teil des Johannesevangeliums?

Die Erzählung von Jesus und der Ehebrecherin (Joh 7,53–8,11) wird zwar von der ganz großen Mehrheit der griechischen Bibelhandschriften geboten, fehlt aber in den ältesten Textzeugen des Johannesevangeliums, nämlich dem Papyrus 66 (Ende 2. Jh.), dem Papyrus 75 (3. Jh.), dem Codex Sinaiticus (4. Jh.) und dem Codex Vaticanus (4. Jh.), sowie in etlichen weiteren Codices. Damit stellt sich die Frage, ob sie überhaupt vom Evangelisten Johannes stammt. Die Wendung »Sündige von nun an nicht mehr« (Joh 8,11) kommt zwar sonst im Neuen Testament nur noch in Joh 5,14 vor, doch trägt die Perikope insgesamt einen unjohanneischen Charakter. Die Wendung »Schriftgelehrte und Pharisäer« (Joh 8,3) ist im Johannesevangelium, wo in der Regel pauschal von »den Juden« gesprochen wird, singulär, findet sich aber mehrfach in den ersten drei Evangelien. Inhaltlich ähnelt die Erzählung von der Ehebrecherin der Begegnung Jesu mit der Sünderin (Lk 7,36-50), vom Aufbau her weist sie Berührungen mit Mk 9,33-37 und 12,13-17 auf. Nahezu alle Bibelkommentare gehen davon aus, dass es sich um eine alte Tradition synoptischen Typs handelt, die lange mündlich in den Gemeinden umlief und später von einem Handschriftenkopisten an passend erscheinender Stelle in das Johannesevangelium eingefügt wurde, um ihr kanonischen Rang zu verleihen und sie vor dem Vergessen zu bewahren. Die umgekehrte Annahme, dass die Erzählung von Anfang Bestandteil des Johannesevangeliums war und in einem Zweig der alten handschriftlichen Überlieferung dann herausgestrichen wurde, ist mehr als unwahrscheinlich, wird aber vereinzelt auch vertreten. So glaubt *Udo Borse*, ein Kopist des Johannesevangeliums habe an der verzeihenden Güte Jesu in Joh 7,53–8,11 Anstoß genommen, die für ihn mit der ehelichen Treue unvereinbar gewesen und als Verharmlosung des Ehebruchs empfunden worden sei (BORSE 1994, 65-68).

Die Erzählung wurde dank eines Kopisten vor dem Vergessen bewahrt

Die Einleitung der Erzählung (Joh 7,53–8,2) verknüpft das Geschehen sinnvoll mit dem vorangehenden Auftreten Jesu während des Laubhüttenfestes am Jerusalemer Tempel. Die Anwesenden begeben sich im Anschluss an Jesu Lehrvortrag nach Hause, während Jesus selber zum Ölberg geht. Am nächsten Tag ist Jesus erneut im Tempel anzutreffen, um seine Lehrtätigkeit fortzusetzen. Das herbeiströmende Volk bildet die Kulisse für das folgende Geschehen. Der eigentliche Erzählkern (Joh 8,3-11) zerfällt in drei Sequenzen: Konfliktsituation, Zeichenhandlung Jesu mit Kommentarwort und Dialog Jesu mit der Protagonistin der Erzählung. Schriftgelehrte und Pharisäer bringen eine beim Ehebruch ertappte Frau zu Jesus. Ein Urteil des Synedrions ist, wie aus dem späteren Erzählablauf hervorgeht (Joh 8,10-11), noch nicht gefällt worden. Die Frau wird in die Mitte gestellt und rückt damit auch in das Zentrum der Erzählung. Über ihren Liebhaber und die Reaktion des Ehemannes erfährt man nichts. Die Ankläger der Frau legen Jesus einen eigentlich klaren Tatbestand vor, um ihn auf die Probe zu stellen und seine Lehrmeinung dazu zu erfahren (Joh 8,4-5). Jesus befindet sich, ähnlich wie in Mk 12,13-17, in einem Dilemma. Er kann nur entweder seine sonst gepredigte Lehre von Barmherzigkeit und Vergebungsbereitschaft aufgeben oder er muss dem Wortlaut der Tora widersprechen, denn diese sieht bei erwiesenem Ehebruch die Todesstrafe vor. Statt eine direkte Antwort zu geben, bückt Jesus sich nieder, um mit dem Finger auf die Erde zu schreiben, und spricht den einmaligen, unvergesslich formulierten Satz »Wer unter euch ohne Sünde ist, werfe den ersten Stein«. Dieser bezieht sich auf die alttestamentliche Vorschrift, dass Zeugen eines Verbrechens das Recht haben, als erste die Hand zur Steinigung zu erheben, bevor sich das übrige Volk anschließt (Dtn 13,10; 17,7). Danach fährt Jesus mit dem Schreiben fort. Die Worte Jesu in Verbindung mit der Zeichenhandlung verfehlen ihre Wirkung nicht. Ein Ankläger nach dem anderen verlässt den Ort des Geschehens. Damit könnte die streitgesprächartige Szene zu Ende sein. Aber die Geschichte verlangt noch nach einem weiteren Schluss, in dem man erfährt, wie sich Jesus selbst der Sünderin gegenüber verhält. Er verurteilt sie nicht, spricht sie aber auch nicht bedingungslos frei, sondern zeigt ihr mit der Aufforderung, fortan nicht mehr zu sündigen, einen positiven Weg aus der Schuld der Vergangenheit auf. Die oft als Vorbild für Joh 7,53–8,11 gehandel-

Aufbau und Inhalt von Joh 7,53–8,11

te Susanna-Erzählung, die sich in der Septuaginta als Zusatz zum Buch Daniel findet (BARDTKE/PLÖGER 1973, 76-81), weist nur entfernte Ähnlichkeit mit der neutestamentlichen Geschichte auf.

Rechtsgeschichtlicher Hintergrund

Bei der in flagranti ertappten Ehebrecherin handelt es sich offenkundig um eine verheiratete Frau. In den Bestimmungen der Tora heißt es, dass der Ehebrecher wie auch die Ehebrecherin mit dem Tod zu bestrafen sind (Lev 22,10; Dtn 22,22). Wenn die Frau verlobt war, sollen beide gesteinigt werden (Dtn 22,23-24). Für den Ehebruch mit einer verheirateten Frau lässt die Tora offen, auf welche Weise das Todesurteil vollstreckt werden soll. Vermutlich ist ebenfalls an die Steinigung gedacht. Das rabbinische Recht der Mischna sieht hingegen in diesem Fall als Hinrichtungsart die Erdrosselung von Ehebrecher und Ehebrecherin vor (*mSanh* 7,4; 11,1.6). Möglicherweise handelt es sich aber nur um eine theoretische Debatte ohne Anhalt an der tatsächlichen Rechtspraxis, da fraglich ist, ob man in den Tagen Jesu noch nach dem Buchstaben des Gesetzes verfuhr und des Ehebruchs überführte Personen wirklich auch hinrichtete. Der einzig bekannte Fall ist die Verbrennung einer Priestertochter wegen Unzucht (*mSanh* 7,2). Die Weisheitsschrift des Jesus Sirach (2. Jh. v. Chr.) spricht zwar davon, dass Ehebrecher auf den Plätzen der Stadt bestraft werden und Ehebrecherinnen, die ein Kind von einem anderen Mann zur Welt brachten, von der Gerichtsversammlung geschmäht und aus der Gemeinschaft entfernt werden, doch ist nicht explizit von Hinrichtungen die Rede (*Sir* 23,22-26). Dies könnte darauf hindeuten, dass man es in der Regel bei einer öffentlichen Schmähung oder Ächtung beließ (WENGST 2000, 305). Zudem ist zweifelhaft, ob das Jerusalemer Synedrion unter der Herrschaft römischer Statthalter überhaupt das Recht hatte, Todesurteile wegen Ehebruchs zu vollstrecken (vgl. Joh 18,31). Die erwähnte Verbrennung einer Priestertochter wegen Unzucht fällt wahrscheinlich in die Herrschaftszeit von Agrippa I. (41-44 n. Chr.), unter dem es nochmals ein innenpolitisch autonomes Königreich Judäa gab (STROBEL 1980, 29-31).

Vielleicht beließ man es im Fall von Ehebruch bei einer öffentlichen Schmähung

Die rätselhafte Zeichenhandlung Jesu

Über die rätselhafte Geste Jesu in Joh 8,6.8 wird viel spekuliert (vgl. SCHNACKENBURG ⁴1985, 228-229). Nicht wenige Erklärer glauben, dass Jesus die Sünden der Ankläger oder aller Menschen niedergeschrieben habe. Alternativ dazu denkt man an den Brauch im römischen Prozessverfahren, dass der vorsitzende Richter zuerst den Urteilsspruch für sich notiert, bevor er ihn verkündet. Dann hätte Jesus den Freispruch der Frau in den Sand geschrieben. Wieder andere meinen, es gehe Jesus nur darum, Zeit zu gewinnen und sein Urteil in Ruhe zu bedenken. In diesem Zusammenhang wird die Geste häufig als retardierendes Element angesehen, das erst der Erzähler zur Erhöhung der Spannung eingebracht habe. Am wahrscheinlichsten ist jedoch die Vermutung, dass Jesus eine Zeichenhandlung vollzieht, die sich an Jer 17,13 (»Alle, die dich verlassen, müssen zuschanden werden, und die Abtrünnigen müssen auf die Erde geschrieben werden, denn sie verlassen den Herrn, die Quelle lebendigen Wassers«) anlehnt. Diese schon von Kirchenvätern wie Ambrosius, Augustin und Hieronymus vertretene Deutung entbindet davon, nach konkreten Worten zu suchen, die Jesus niedergeschrieben hätte. Die Anwesenden dürften das Jeremiabuch gut genug gekannt haben, um den mutmaßlichen Sinn der Zeichenhandlung zu erfassen: Jesus erinnert die Ankläger, welche die Frau mit aller Härte des Gesetzes verurteilen wollen, an das

Gericht Gottes, vor dem alle Menschen Sünder und Abtrünnige sind. Gott müsste eigentlich auch ihre Namen in den Staub schreiben.

Die Geschichte von der Ehebrecherin oder Sünderin, die von Jesus vor der Verurteilung bewahrt wird, ist in der altkirchlichen Tradition breit bezeugt. Ein hohes Alter der Erzählung ergibt sich daraus, dass sie bereits Papias von Hierapolis (frühes 2. Jh.) und dem Verfasser des Hebräerevangeliums, einer alten judenchristlichen Evangelienschrift, bekannt war. Euseb von Cäsarea berichtet, dass Papias in seiner fünfbändigen Abhandlung über die »Auslegung von Herrenworten« eine auch im Hebräerevangelium stehende Geschichte »von einer Frau, die wegen vieler Sünden vor dem Herrn angeklagt wurde« anführe (*hist. eccl.* 3,39,17). Sowohl das Werk des Papias als auch das nicht in den Bibelkanon aufgenommene Hebräerevangelium haben nur in wenigen Fragmenten überlebt, so dass wir den dortigen Wortlaut der Geschichte von der Sünderin nicht kennen. Die Nachricht Eusebs bezieht sich aber entweder auf exakt dieselbe Erzählung, die auch in Joh 7,53–8,11 nachträglich in das Johannesevangelium eingefügt wurde (BECKER 1963, 92-105; anders KÖRTNER/LEUTZSCH 1998, 13-14), oder auf die bei Didymus von Alexandria (4. Jh.) in seinem Kohelet-Kommentar überlieferte Fassung der Erzählung, bei der es sich unbestreitbar um eine Parallele zu Joh 8,3-11 handelt (ZUMSTEIN 2016, 317). Eine weitere Variante führen die Apostolischen Konstitutionen (II.24,6) aus dem 4. Jh. an, um die Bischöfe unter Verweis auf die Güte Jesu vor einem zu strengen Umgang mit reuigen Sündern zu warnen: »Die Ältesten brachten vor ihn eine andere Frau, die gesündigt hatte, und sie übergaben ihm die Entscheidung und gingen hinaus. Aber der Herr, der die Herzen der Menschen kennt, fragte sie, ob die Ältesten sie verurteilt hätten. Als sie ›nein‹ sagte, sprach er zu ihr: Dann geh, auch ich verurteile dich nicht.«

Alter und Bezeugung der Erzählung

Die Erzählung von der Ehebrecherin stand auch im apokryphen Hebräerevangelium

Die Historizität der Erzählung von der Ehebrecherin ist umstritten. *Klaus Wengst* behauptet, sie gehe weder auf Jesus zurück noch stamme sie aus jüdisch geprägter Gemeindetradition, da das dargestellte Reden und Handeln der jüdischen Vertreter mit der Wirklichkeit des Judentums nichts zu tun hätten. Die Geschichte verdanke ihre Entstehung vielmehr innerkirchlichen Kontroversen um die Bußpraxis. Heidenchristen hätten sie erfunden, um rigoristische Bestrebungen, des Ehebruchs überführte Gläubige aus der Kirche auszuschließen, abzuwehren (WENGST 200, 303-308). Andere Exegeten weisen dagegen zu Recht darauf hin, dass die Erzählung auf einer Linie mit Überlieferungen aus den synoptischen Evangelien liegt, in denen Jesus sich gegen das Richten über andere Menschen wendet (Mt 7,1-2), die von Liebe getragene Vergebungsbereitschaft predigt (Mt 18,23-34) und sich gezielt den Sündern in Israel zuwendet (Mk 2,17; Lk 7,36-50). Die Erzählung atmet damit unverkennbar den Geist des Denkens und Handelns Jesu. Daher spricht nichts dagegen, sie im Leben des historischen Jesus verankert zu sehen (BECKER 1963, 165-174; WILCKENS ²2000, 140). Vermutlich gehört die Konfliktszene ursprünglich in den Zusammenhang der Passionswoche, wo Jesus tagsüber im Tempel lehrte und Streitgespräche mit Gegnern führte (Mk 12,13-37). Sollte Ehebruch in den Tagen Jesu tatsächlich nicht mehr mit dem Tod, sondern nur noch mit einer öffentlichen Schmähung bestraft worden sein, wären die Worte »Der werfe den ersten Stein« metaphorisch im Sinne einer Verurteilung und Ächtung der Frau gemeint.

Frage der Historizität

Didaktische Perspektiven

Mit der Thematik des Ehebruchs eignet sich die Erzählung erst für den Religionsunterricht der Sekundarstufe I und II. Die Schülerinnen und Schüler erfahren aus der Geschichte von Jesus und der Ehebrecherin nicht nur, dass Jesus Schuld vergibt und ein verändertes Leben ermöglicht, sondern auch, dass alle Menschen Fehler machen und man nicht vorschnell über seine Mitmenschen richten sollte. Die Jugendlichen können sich ihrer persönlichen Erfahrungen im »Steinewerfen« auf andere bewusst werden und diese kritisch reflektieren. Ein gelungener Unterrichtsentwurf für die neunte Klasse (SINTERHAUF/STRATMEIER 2008, 49-52) beginnt damit, dass die Lehrkraft als Hinführung zum Bibeltext einen größeren Stein präsentiert, der im Kreis herumgereicht wird und zu dem alle ihre Gedanken äußern. Anschließend werden die Schülerinnen und Schüler mit dem ersten Teil der Geschichte (Joh 8,2-5) konfrontiert, in der solch ein Stein eine zentrale Rolle spielt, und äußern ihre Gedanken dazu. Nachdem sie sich eingehend mit dem Gemälde »Jesus und die Ehebrecherin« (1532) von *Lukas Cranach dem Älteren* befasst haben, werden sie im weiteren Verlauf gebeten, sich in Partnerarbeit in eine bestimmte Person auf dem Gemälde hineinzuversetzen, um die unterschiedlichen Empfindungen und Gedanken der abgebildeten Personen (Jesus, Ehebrecherin, Ankläger, Zuschauer) nachzuvollziehen und diese in Gedankenblasen auf einem Tafelbild schriftlich zu fixieren. Anschließend erfolgt eine intensive gedankliche Auseinandersetzung mit dem zweiten Teil der Geschichte (Joh 8,6-11). Der Kernsatz »Wer unter euch ohne Sünde ist, werfe den ersten Stein« wird mit der erläuternden Aussage »Jesus fordert uns auf: Wir sollen nicht über unsere Mitmenschen urteilen!« unter das Tafelbild mit den Gedankenblasen geschrieben. Um eine tiefere Verbindung zwischen dem Geschehen im Bibeltext und der Lebenswirklichkeit der Jugendlichen herzustellen, wird an alle ein Stein verteilt. Angeregt durch den Impuls »Manchmal werfen auch wir ›Steine‹ auf unsere Mitmenschen« berichten die Schülerinnen und Schüler von eigenen diesbezüglichen Erfahrungen und Erlebnissen. Bei dem abschließenden Lied »Herr, ich komme zu dir und steh' vor dir, so wie ich bin« werden die Steine während der Refrainzeile »Alles, was mich bewegt, lege ich vor dich hin« vor dem Tafelbild abgelegt.

IX. Die Passion Jesu

Die Passion Jesu wirft eine Fülle quellenkritischer, rechtsgeschichtlicher, theologisch-hermeneutischer und religionspädagogischer Probleme auf. Dass Markus in seinem Evangelium einen die Ereignisse vom Einzug in Jerusalem bis zur Entdeckung des leeren Grabes umfassenden Passionsbericht verarbeitet hat und die matthäische Darstellung im Wesentlichen vom Markusevangelium abhängig ist, stellt weithin einen Konsens dar, auch wenn über den exakten Umfang des vormarkinischen Passionsberichts unterschiedliche Vorstellungen herrschen. Umstritten ist dagegen die Frage, inwieweit Lukas und Johannes mit ihrer teilweise abweichenden Schilderung von Prozess und Kreuzestod Jesu in einzelnen Punkten ältere und historisch glaubwürdigere Überlieferung als Markus bewahrt haben könnten. In rechtsgeschichtlicher Hinsicht wird darüber gestritten, auf welcher Rechtsgrundlage Jesus verurteilt wurde, in welchem Umfang jüdische Instanzen am Prozess Jesu beteiligt waren und wer juristisch die Verantwortung für den Tod Jesu trägt. Theologisch-hermeneutisch ist seit längerem eine scharfe Kontroverse darüber entbrannt, wie der Tod Jesu im Horizont des heutigen Wirklichkeitsverständnisses angemessen zu interpretieren ist. Einzelne Stimmen plädieren dafür, sich von der für die neutestamentlichen Schriften zentralen Glaubensaussage des Sühne- oder Opfertodes Jesu zu verabschieden, da sie einem überholten archaischen Denken entsprungen sei. Eng damit verbunden ist die Frage nach der sachgemäßen Thematisierung des Todes Jesu im Religionsunterricht, da nicht zuletzt auch Kinder und Jugendliche mit der Vorstellung, dass Jesus nach dem Willen Gottes für uns sterben musste, wenig anfangen können.

Probleme der Passionsüberlieferung

> Die Passion Jesu wirft eine Fülle von Fragen und Problemen auf

■ Historische und rechtsgeschichtliche Fragen des Prozesses Jesu

Die Erhellung der geschichtlichen Hintergründe des Todes Jesu gestaltet sich schwierig, da bereits im Neuen Testament die historische Wirklichkeit von erzählerischer Fiktion und einer Interpretation des Passionsgeschehens im Lichte alttestamentlicher Traditionen vom Leiden des Gerechten (Ps 22) und stellvertretenden Sterben des Gottesknechtes (Jes 53) überlagert wird. Erschwerend hinzu kommt die Tendenz der christlichen Quellen, trotz der unbestrittenen Hinrichtung Jesu durch die Römer die Juden einseitig mit der Schuld an dem Geschehen zu belasten (1Thess 2,14-15; Apg 2,23) und gleichzeitig die Rolle des römischen Statthalters Pontius Pilatus zu beschönigen (Mt 27,24; Lk 23,4.14-16). Die Ansichten darüber, wer den entscheidenden Anstoß zu Jesu Verurteilung gegeben hat und aus welchem Grund Jesus hingerichtet wurde, gehen weit auseinander, zumal auch das Neue Testament nicht in allen Punkten ein einheitliches Bild vom Ablauf der Ereignisse bietet. Die am Passionsgeschehen in Jerusalem beteiligten Parteien, deren jeweilige Rolle bei dem zur Kreuzigung Jesu führenden Ablauf der Ereignisse umstritten ist, waren die durch Hohepriester und Synedrion repräsentierte Lokalaristokratie, das in Jerusalem anwesende jüdische Volk und die römische Provinzialverwaltung mit Pontius Pilatus an der Spitze.

Schuldzuweisung an die Juden und Entlastung der Römer

Markus	Matthäus	Lukas	Johannes
Plan der Hohepriester und Schriftgelehrten zur Tötung Jesu (14,1-2)	Plan der Hohepriester und Schriftgelehrten zur Tötung Jesu (26,3-5)	Plan der Hohepriester und Schriftgelehrten zur Tötung Jesu (22,1-2)	Todesurteil des Synedrions nach der Aufweckung des Lazarus (11,46-54)
Ankündigung des Verrats (14,17-21)	Ankündigung des Verrats (26,20-25)	Ankündigung des Verrats (24,21-23)	Ankündigung des Verrats (13,21-30)
Abschiedsmahl Jesu (14,22-25)	Abschiedsmahl Jesu (26,26-29)	Abschiedsmahl Jesu (22,14-20)	Abschiedsmahl Jesu (13,1-20)
----	----	Abschiedsreden Jesu (Lk 22,24-30.35-38)	Abschiedsreden und Gebet Jesu (Joh 13,31-17,26)
Ankündigung der Verleugnung (14,29-31)	Ankündigung der Verleugnung (26,30-35)	Ankündigung der Verleugnung (22,31-34)	Ankündigung der Verleugnung (13,36-38)
Verhaftung Jesu in Gethsemani (14,32-52)	Verhaftung Jesu in Gethsemani (26,36-56)	Verhaftung Jesu in Gethsemani (22,39-53)	Verhaftung Jesu in Gethsemani (18,1-11)
Nächtlicher Prozess des Synedrions mit Todesurteil (14,53-65)	Nächtlicher Prozess des Synedrions mit Todesurteil (26,57-68)	----	Nächtliches Verhör durch Hannas und Überstellung an Kajaphas (18,12-14.19-24)
Verleugnung durch Petrus (14,66-72)	Verleugnung durch Petrus (26,69-75)	Verleugnung durch Petrus (22,54-62)	Verleugnung durch Petrus (18,15-18)
Morgendlicher Prozess des Synedrions und Auslieferung an Pilatus (15,1)	Morgendlicher Prozess des Synedrions und Auslieferung an Pilatus (27,1-2)	Morgendlicher Prozess des Synedrions und Auslieferung an Pilatus (22,63-23,2)	Auslieferung Jesu an Pontius Pilatus (18,28)
Verhör Jesu durch Pilatus (15,2-5)	Verhör Jesu durch Pilatus (27,11-14)	Verhör Jesu durch Pilatus (23,3-5)	Verhör Jesu durch Pilatus (18,29-38a)
----	Tod des Judas (27,3-10)	(vgl. 3,15-20)	----
----	----	Verhör Jesu durch Herodes Antipas (23,6-12)	----
Freilassung des Barabbas (15,6-15)	Freilassung des Barabbas, Traum der Frau des Pilatus und Waschen der Hände in Unschuld (27,15-26)	Freilassung des Barabbas (23,13-25)	Freilassung des Barabbas (18,38b-40)
Geißelung und Verspottung Jesu (15,16-20a)	Geißelung und Verspottung Jesu (27,27-30)	----	Geißelung und Verspottung Jesu (19,1-5)
----	----	----	Verurteilung Jesu durch Pilatus (19,6-15)
Kreuzigung Jesu (15,20b-41)	Kreuzigung Jesu (27,31-56)	Kreuzigung Jesu (22,26-49)	Kreuzigung Jesu (19,16-37)

Ablauf der Passionsereignisse nach den Evangelien

Jesus starb durch die Hände des römischen Statthalters Pontius Pilatus, wie es neben den Evangelien auch Tacitus bezeugt (*ann.* 15,44,3). In Gang gesetzt wurden die zu seiner Hinrichtung führenden Ereignisse von der Jerusalemer Priesteraristokratie und Mitgliedern des Hohen Rats. Josephus spricht ganz treffend davon, dass Jesus auf Anzeige der führenden Männer des jüdischen Volkes von Pilatus mit dem Kreuzestod bestraft wurde (*ant.* 18,64). In Gethsemani erschien ein bewaffneter Trupp, der von Hohepriestern, Schriftgelehrten und Ältesten mit der Verhaftung Jesu beauftragt worden war (Mk 14,43). Dabei handelte es sich offenkundig um ein Kommando der Tempelwache (vgl. Lk 22,52). Die Nachricht, dass auch römische Soldaten und Abgesandte der Pharisäer dazugehörten, findet sich nur im Johannesevangelium (Joh 18,3) und stellt spätere Überlieferung dar. Während seine Anhänger nach einem Handgemenge mit dem Verhaftungskommando die Flucht ergriffen, wurde Jesus als Gefangener durch das Kidrontal nach Jerusalem geführt. Über den weiteren Verlauf der Ereignisse machen die Quellen unterschiedliche Angaben. Nach dem Johannesevangelium, das bereits im Anschluss an die Auferweckung des Lazarus von einer Zusammenkunft des Synedrions mit Todesurteil gegen Jesus berichtet (Joh 11,46-53), kam es zu einem Verhör Jesu durch Hannas, den Schwiegervater des Hohepriesters Kajaphas (Joh 18,19-23). Anschließend lässt Hannas den Gefangenen zu Kajaphas bringen, der ihn sogleich an Pontius Pilatus überstellt (18,24.28). Gemäß der Darstellung der anderen Evangelien wurde Jesus dagegen von Gethsemani direkt in den Palast des Kajaphas geführt, der in der Jerusalemer Oberstadt lag, ohne dass sich der exakte Standort bestimmen ließe. Nach Markus, dem Matthäus weitestgehend folgt, hielt dort das Synedrion eine nächtliche Gerichtsverhandlung gegen Jesus ab, die mit dem Todesurteil wegen Gotteslästerung endete (Mk 14,53-65; vgl. Mt 26,57-68). In den frühen Morgenstunden schloss sich eine weitere Verhandlung vor dem Synedrion an, das die gegen Jesus vorgebrachten Beschuldigungen bestätigte und die Auslieferung an Pontius Pilatus veranlasste (Mk 15,1; vgl. Mt 27,1-2). Ob Markus weiterhin an den hohepriesterlichen Palast oder aber an den Tagungsort des Synedrions als Schauplatz des Geschehens denkt, bleibt offen. Die Mischna nennt als Sitz des Synedrions eine innerhalb des Tempelbezirks liegende Quaderhalle (*mSanh* 11,2), während es nach Josephus in einem Gebäude der Oberstadt tagte, das nahe der westlichen Säulenhalle unterhalb des Tempelplatzes lag (*bell.* 5,144).

Der zu nächtlicher Stunde im Palast des Hohepriesters geführte Prozess Jesu weist, so wie er in der Bibel dargestellt wird, eine Reihe von Widersprüchen zum jüdischen Prozessrecht der Mischna auf (THEISSEN/MERZ [4]2011, 403-404). Nach den synoptischen Evangelien fand die Verhandlung Jesu am Passahfest statt, das mit Sonnenuntergang begonnen hatte, während die Mischna Gerichtsverhandlungen an Festtagen verbietet. Dieser Punkt ließe sich entkräften, wenn das Johannesevangelium, das die Kreuzigung Jesu auf den Vortag des Passahfestes datiert (Joh 18,28; 19,14), die zuverlässigere Chronologie bewahrt hat. Verhandlungen in der Nacht, bei denen eine Übermüdung der Beteiligten drohte, waren grundsätzlich nicht erlaubt. Lukas scheint dies zu wissen, da er die nächtliche Verhandlung im Palast des Hohepriesters übergeht und nur von der frühmorgendlichen Zusammenkunft des Synedrions berichtet, wobei er kein Todesurteil erwähnt (Lk 22,63-71). Das Gerichtsverfahren gegen Jesus beginnt nach Darstellung der Synoptiker mit der Anklage und zieht das sofortige Todesurteil nach sich, während gemäß der Mischna Kapitalprozesse zum Schutz des Angeklagten mit der Verteidigung einzusetzen haben und ein Todesurteil erst einen Tag nach der Verhandlung verkündet werden darf, um keine voreiligen Beschlüsse zu fassen. Auch der eigentliche Verurteilungsgrund, Jesus habe sich als Messias ausgegeben und damit Blasphemie betrieben (Mk 14,61-64), wirft Fragezeichen auf. Gotteslästerung lag beim Aussprechen des Jahwenamens vor (*mSanh* 7,5), während das Erheben messianischer Ansprüche im antiken Judentum nicht als Gotteslästerung galt und folglich kein todeswürdiges Verbrechen darstellte. Zuweilen wird vermutet, dass in den Tagen Jesu ein schärferes sadduzäisches Recht herrschte, als es die maßgeblich von der pharisäischen Gesetzesauslegung geprägte Mischna bietet (BLINZLER ⁴1969, 216-229). Nimmt man dagegen die Bestimmungen der Mischna als Maßstab, dann wurde im Fall Jesu entweder von der Priesteraristokratie gegen geltendes Recht verstoßen oder der Prozess Jesu hat sich nicht in allen Punkten in der von den Evangelien geschilderten Form abgespielt, was die größere Wahrscheinlichkeit für sich hat.

Historischer Hintergrund

Historische Grundlage der markinischen wie matthäischen Darstellung war wohl ein nächtliches Verhör Jesu im hohepriesterlichen Palast durch Kajaphas und einige Synedrionsmitglieder, das der Vorbereitung der Anklage Jesu vor Pilatus diente und im Nachhinein erzählerisch zu einem regulären Prozess vor dem gesamten Synedrion ausgestaltet wurde. Am nächsten Morgen dürfte das Synedrion dann die Anklage formell bestätigt haben. Es besaß zwar unter römischer Herrschaft keine Befugnis zur rechtskräftigen Durchsetzung und Vollstreckung von Todesurteilen, da das Recht der Todesstrafe (*ius gladii*) dem Statthalter vorbehalten war (Joseph., *bell* 2,117; Joh 18,41) und die Basis seiner Macht darstellte (MÜLLER 1988, 52-58), konnte aber Empfehlungen geben. Die in Betracht kommenden Motive für das Vorgehen des Synedrions gegen Jesus sind vielschichtig (THEISSEN/MERZ ⁴2011, 404-407; GREEN 2011, 2398-2402).

Das Synedrion durfte keine rechtskräftigen Todesurteile fällen

Im Zentrum stand wohl die Sorge um die innere Sicherheit und den Tempel. Die jüdischen Repräsentanten befürchteten angesichts des Passahfestes durch das Auftreten Jesu einen Aufruhr in Jerusalem, der das römische Militär zum Eingreifen zwingen und Opfer unter der Bevölkerung hervorrufen würde (vgl. Joh 11,48-50). Zudem hatte Jesus mit dem provokativen Akt der Tempelreinigung (Mk 11,15-18) und dem prophetischen Drohwort gegen den Tempel (Mk 14,58) die sadduzäische Priesteraristokratie gegen sich aufgebracht, deren Sozialstatus und Reichtum vom reibungslosen Funktionieren des Tempelbetriebs abhingen.

Verhör Jesu durch Herodes Antipas

Das Lukasevangelium bietet die in ihrem geschichtlichen Wert umstrittene Zusatzinformation, dass der Prozess Jesu auch ein Verhör durch Herodes Antipas beinhaltete. Als Pontius Pilatus erfährt, dass Jesus aus Galiläa stammt, überstellt er ihn nach Darstellung des Lukas an dessen Landesherrn Herodes Antipas, der anlässlich des Passahfestes in Jerusalem weilt. Herodes Antipas richtet eine Reihe von Fragen an Jesus, doch dieser schweigt hartnäckig. Aus Enttäuschung darüber verspottet der Herrscher den Gefangenen und sendet ihn zu Pontius Pilatus zurück (Lk 23,6-12). Wenn die Szene historisch sein sollte (OMERZU 2003, 121-145; METZNER 2011, 286-294), müsste sie sich im einstigen Hasmonäerpalast abgespielt haben, der in der Zeit der römischen Provinz Judäa den Mitgliedern des herodianischen Königshauses als Jerusalemer Residenz diente. Dass Herodes Antipas zu hohen Festen nach Jerusalem kam, verbürgt auch Josephus (*ant.* 18,122). Ein Interesse von Herodes Antipas, Jesus persönlich in Augenschein zu nehmen, wäre nicht verwunderlich. Er hatte Johannes den Täufer, den Lehrer Jesu, hinrichten lassen (Mk 6,14-29) und auch Jesus selbst in Galiläa nach dem Leben getrachtet (Lk 13,31). Andererseits trägt die gesamte Szene deutlich die Handschrift des Lukas und könnte erst auf ihn zurückgehen (MÜLLER 1979, 111-141).

Das Todesurteil sprach Pontius Pilatus, auch wenn dies in den neutestamentlichen Berichten nicht explizit erwähnt wird. Der offizielle Amtssitz des römischen Statthalters von Judäa befand sich in Cäsarea Maritima. In Jerusalem hielt sich Pontius Pilatus nur an hohen Feiertagen auf. Als Residenz und Gericht diente ihm dort das Prätorium, das Schauplatz des Prozesses Jesu war (Mk 15,16). Nicht selten wird die Vermutung geäußert, mit dem Prätorium sei die Burg Antonia an der Nordostecke des Tempelplatzes gemeint, wo die römische Garnison stationiert war. Ungleich wahrscheinlicher ist die Annahme, dass Pontius Pilatus bei seinen Jerusalemaufenthalten standesgemäß im einstigen Herodespalast nahe dem heutigen Jaffator residierte. Vor dem Prätorium erstreckte sich eine als Gabbatha (Anhöhe) bezeichnete ebene Fläche, die mit Steinplatten gepflastert war (Joh 19,13). Dort stand der Richterstuhl, auf dem Pontius Pilatus am Vormittag des Karfreitags das Urteil über Jesus von Nazareth fällte. Jesus wurde als vermeintlicher König der Juden zum Tode verurteilt und dies mit einer Holztafel am Kreuz für alle sichtbar gemacht. Pontius Pilatus hielt ihn für einen Aufrührer und Unruhestifter mit politisch-messianischen Ansprüchen, wie sie immer wieder im jüdischen Volk auftraten. Jesus selbst hat sich vor dem römischen Statthalter nicht von diesen Vorwürfen distanziert, sondern lediglich mit den Worten »Du sagst es« die Anklage bestätigt und danach geschwiegen (Mk 15,1-5). In der aufgeheizten Atmosphäre des Passahfestes, in der es in dem von Festpilgern überfüllten Jerusalem immer wieder zu Unruhen kam, machte Pontius Pilatus kurzen Prozess, wobei das Todesurteil gegen Jesus nur eines von mehreren war, die an diesem Tag gefällt wurden. Die rechtliche Grundlage seines Handelns war die dem Statthalter zustehende formlose Zwangsgewalt (*coercitio*) gegenüber Störern der öffentlichen Ordnung. Ein regulärer Strafprozess (*cognitio*) vor einem Geschworenengericht, wie er nur bei Bewohnern der Provinz Judäa mit römischem Bürgerrecht notwendig gewesen wäre, fand nicht statt (DORMEYER 2015, 127-140). An dem Geschehen waren nach Mk 15,1-5 neben Pilatus ausschließlich Jesus und dessen Ankläger aus den Reihen der Priesteraristokratie beteiligt. Von einem Anwalt, Entlastungszeugen oder Geschworenen verlautet nichts. Pontius Pilatus verlas die Anklage, ließ sie vom Angeklagten bestätigen, hörte sich die Argumente der Ankläger an, forderte den Angeklagten zu einer Stellungnahme auf und fällte nach dessen Schweigen den Schuldspruch, ohne dass es zu einer Urteilsberatung mit Geschworenen gekommen wäre.

Nach übereinstimmender Darstellung aller vier Evangelien führte Pontius Pilatus danach eine Volksbefragung durch, die auf die Begnadigung von einem der zum Tode verurteilten Unruhestifter abzielte. Zur Wahl standen Barabbas und Jesus. Auch diese Szene wird immer wieder für fiktiv gehalten (REINBOLD 1993, 263-267), da eine Passahamnestie außerhalb der Evangelien nicht belegt ist und die Vollmacht von Statthaltern zum Aussprechen von Begnadigungen bezweifelt wird. Allerdings bezeugt ein ägyptischer Papyrus aus dem Jahr 85 n.

Verurteilung zum Tod durch Pontius Pilatus

Pilatus führte keinen formellen Strafprozess gegen Jesus

Geschichtlicher Wert der Barabbasszene

Chr., dass der römische Statthalter der Provinz Ägypten einen eigentlich zu Geißelhieben zu verurteilenden Mann namens Phibion auf Verlangen des Volkes freiließ (CHAPMAN/SCHNABEL 2015, 258-262), und für die Provinz Judäa sind Freilassungen von Gefangenen durch den Statthalter Albinus belegt (Joseph., *ant.* 20,215). Zudem ist zumindest im Recht der späteren römischen Kaiserzeit die Praxis der Niederschlagung von Anklagen an Festtagen bezeugt (*dig.* 48,16). Die Barabbasszene könnte also durchaus historischen Anhalt haben. Wenn Barabbas, bei dem es sich wahrscheinlich um einen Zeloten handelte, aus einem Volksentscheid als Sieger hervorgegangen sein sollte, wäre dies nicht überraschend. Vermutlich wohnten der Anhörung vor dem Prätorium viele Sympathisanten der zelotischen Bewegung bei, während die Anhänger Jesu längst das Weite gesucht hatten. Zudem hatte Jesus mit seiner Tempelkritik neben der Priesteraristokratie sicher auch die Stadtbevölkerung Jerusalems, deren wirtschaftliche Existenz eng mit dem Florieren des Heiligtums verknüpft war, gegen sich aufgebracht.

■ Der Tod Jesu im Religionsunterricht

Zentralstellung der Passion im christlichen Bekenntnis

Die Passion Jesu zählt zu den schwierigsten und anspruchsvollsten Themenfeldern der Religionspädagogik. Die Aussage vom Kreuzestod Jesu und die facettenreiche Entfaltung seiner Heilsbedeutung in den Kategorien von Sühnopfer, Stellvertretung und Loskauf zieht sich wie ein roter Faden durch das Neue Testament (BARTH 1992; FREY/SCHRÖTER ²2012) und stellt neben der Botschaft von der Auferstehung Jesu dessen thematische Mitte dar. Im Apostolischen Bekenntnis (»gelitten unter Pontius Pilatus, gekreuzigt, gestorben und begraben, hinabgestiegen in das Reich des Todes«) und im Bekenntnis von Nizäa-Konstantinopel (»er wurde für uns gekreuzigt unter Pontius Pilatus, hat gelitten und ist begraben worden«) ist das heilvolle Leiden und Sterben Jesu am Kreuz als Kernstück des christlichen Glaubens fest verankert. Auch in der Kirchenmusik und Kunst nimmt es eine zentrale Stellung ein.

Empirische Studien zur Christologie

In deutlichem Kontrast dazu steht die relative Gleichgültigkeit oder Unkenntnis, die von der Mehrzahl der Schülerinnen und Schüler dem Tod Jesu entgegengebracht wird. Empirische Studien zeigen, dass die Frage nach der Bedeutung des Kreuzestodes Jesu von Heranwachsenden nicht als zentral empfunden wird und sie oftmals wenig damit anfangen können. In den Interviews, die *Gottfried Orth* und *Helmut Hanisch* mit neun- bis elfjährigen Kindern »über Gott und die Welt« führten und auswerteten, nahmen die Befragten lediglich vereinzelt auf die Passion oder den Kreuzestod Jesu Bezug (ORTH/HANISCH 1998, 150-151. 292). Nach der Untersuchung von *Helmut Hanisch* und *Siegfried Hoppe-Graff* zu den Vorstellungen von Jesus Christus in der fünften und sechsten Jahrgangsstufe waren nur wenige Kinder in der Lage, die Aufgabe »Jesus ist am Kreuz gestorben. Erkläre bitte, was der Tod Jesu für Christen für eine Bedeutung hat« zu bewältigen. Etwa ein Drittel der Befragten konnten keine Antwort geben, weil sie sich mit dem Problem überfordert fühlten oder mit dem Tod Jesu keine tiefere Bedeutung verbanden. Andere kannten formelhafte dogmatische Sätze vom Sterben Jesu für die Sünden der Menschen, ohne sie inhaltlich füllen oder etwas mit ihnen anfangen zu können. Nur wenige Kinder vermochten den Tod Jesu andeutungsweise zu erklären (HANISCH/HOPPE-GRAFF 2002, 119-120). Von den 386 Schülerinnen und

Schülern aus dem elften Jahrgang der gymnasialen Oberstufe, die im Rahmen der Studie von *Tobias Ziegler* Aufsätze zum Thema »Was ich von Jesus denke« verfassten, erwähnten nur etwa 55 Prozent den Tod Jesu, obwohl mit »Was haben Leben und Tod Jesu mit dem Glauben an Gott zu tun?« eine der fünf Leitfragen direkt darauf abzielte. Wenn der Tod Jesu zur Sprache kam, wurde er vielfach als soteriologischer Grund der Sendung Jesu oder als notwendige Voraussetzung der Auferstehung benannt. Für andere markierte er als Unglücksfall oder Folge konfliktträchtiger Auseinandersetzungen lediglich das Ende von Jesu Leben (ZIEGLER 2006, 305-307).

Untersuchungen, die unmittelbar dem Verständnis des Todes Jesu bei Kindern und Jugendlichen gewidmet sind, zeigen ein komplexeres Gesamtbild. Nach der in der elften und zwölften Jahrgangsstufe an einem Gymnasium in Oberfranken durchgeführten Studie von *Michaela Albrecht* besitzt das Leiden und Sterben Jesu am Kreuz für Jugendliche grundsätzlich Relevanz, da sie ihm Aspekte abgewinnen können, die ihnen für ihren Glauben bedeutsam erscheinen. Traditionelle Deutungen des Kreuzestodes Jesu als Sündenvergebung, Befreiung von Schuld, Erlösung oder Versöhnung seien mehr Jugendlichen bekannt, als oftmals angenommen wird, doch würden sie häufig ohne vertieftes Verständnis als leere Formeln verwendet (ALBRECHT 2007, 75-149). *Mirjam Zimmermann* richtet in ihrer empirischen Studie, die auf der Befragung von 273 Schülerinnen und Schülern der fünften und sechsten Jahrgangsstufe im Rahmen einer Veranstaltung der Bielefelder Kinderuniversität beruht, den Fokus auf die theologische Kompetenz von Kindern zum Tod Jesu und kommt zu dem Ergebnis, dass die überraschend fundierten Äußerungen vielfältige Ansatzpunkte für ein vertieftes Weiterarbeiten in Form eines Theologisierens mit Kindern böten (ZIMMERMANN 2010, 339-377). Der Fragebogen enthielt zwei schriftlich zu beantwortende Aufgaben. Zunächst sollten die Kinder aufschreiben, was sie einem fiktiven indischen Austauschschüler auf die Frage, warum Jesus am Kreuz hängt, antworten würden, und danach ihre eigenen Fragen zum Tod Jesu formulieren, die sie gerne einer Lehrerin oder einem Lehrer stellen würden. Auf die Frage »Warum hängt der denn da?« waren viele Kinder in der Lage, das Kreuz in einen narrativen Rahmen der Jesusgeschichte einzuordnen, argumentativ gezielt Gründe für die Kreuzigung Jesu anzugeben und zudem christologisch-soteriologische Aussagen zu Funktion und Sinn des Kreuzes zu machen, wobei vor allem der Stellvertretungsgedanke eine bedeutende Rolle spielte. *Miriam Schambeck* schließlich befragte junge Menschen im Alter von 13 bis 23 Jahren unter anderem danach, was der Tod Jesu ihrer Meinung nach bedeutet und welche Relevanz er für sie selbst hat (SCHAMBECK 2013, 307-320). Sie machte dabei sechs typische Formen des Umgangs mit dem Tod Jesu aus, nämlich den Modus einer Unkenntnis theologischer Deutungen des Todes Jesu, den Modus der Distanzierung von der theologischen Tradition, den Modus der existenziellen Irrelevanz des Todes Jesu für das eigene Leben, den Modus der bloßen Repetition theologischer Floskeln ohne existenzielle Aneignung, den Modus der theologisch unzulänglichen Adaption traditioneller Deutungen und den Modus der theologisch tiefgründigen Auseinandersetzung mit Deutungsmustern zum Tod Jesu.

Auch wenn Kinder und Jugendliche der Passion Jesu nicht ganz so unkundig und ratlos gegenüberstehen, wie manche Untersuchungen nahelegen, messen

Empirische Studien zum Verständnis des Todes Jesu

Meist fehlt ein vertieftes Verständnis traditioneller Aussagen vom Kreuzestod Jesu

Abschied vom Opfermythos?

sie ihr kaum Relevanz für das eigene Leben zu und zeigen große Unsicherheiten im Umgang mit den biblischen Aussagen vom heilvollen Kreuzestod Jesu. Diese Problematik betrifft allerdings nicht nur die Lernenden, sondern auch die Lehrenden. Die Vorstellung, dass ein Sterben Jesu »für uns« heilsnotwendig war, stößt selbst innerhalb der Theologie zunehmend auf Unverständnis und Ablehnung, so dass vielfach ein Abschied vom Opfermythos gefordert wird (vgl. RITTER 2003). Bereits *Rudolf Bultmann* bezeichnete die Lehre, dass ein Mensch gewordenes Gotteswesen durch sein Blut die Sünden der Menschen sühnt, als »primitive Mythologie« und sah sie von der überholten Überzeugung geprägt, dass man Gottes Handeln durch kultische Akte beeinflussen kann (BULTMANN ⁴1960, 20). Von radikalen Strömungen der feministischen Theologie wurde die Vorstellung vom heilvollen Kreuzestod auf das vermeintlich blutrünstige Denken von Männern zurückgeführt (SCHOTTROFF/SCHROER/WACKER 1995, 212-215). In jüngerer Vergangenheit hat die Debatte an Fahrt aufgenommen und es mehren sich die Stimmen, die vor dem Hintergrund der Botschaft von der grenzenlosen Güte Gottes die Forderung erheben, von der Vorstellung des Sühne- oder Opfertods Jesu als einem vom antiken Weltbild geprägten Denkmodell Abschied zu nehmen. Nach Überzeugung von *Klaus Peter Jörns* sind wir Gott nicht dadurch wichtig, dass jemand für unsere Sünden blutige Sühne geleistet hätte. Wer Gott um Vergebung bitte, werde sie bekommen und könne sie an andere weitergeben. Es müssten »opferfreie« Wege erkundet werden, an den Tod Jesu zu erinnern und das Gemeindemahl zu feiern (JÖRNS ⁶2017, 286-343). Auch für *Werner Zager* ist die Sühnopfervorstellung ein inakzeptabler und erst auf die frühen Christen zurückgehender Gedanke, während der geschichtliche Jesus in seinen Mahlgemeinschaften und seiner Verkündigung einen direkten Weg zu Gottes Verzeihen und Barmherzigkeit eröffnet habe (ZAGER 2010, 34-35). Vor dem Hintergrund dieser Debatte ist es nicht verwunderlich, dass gerade auch in religionspädagogischen Kontexten die neutestamentlichen Aussagen vom heilvollen Sühne- oder Stellvertretungstod Jesu mit dem Stempel der Unverständlichkeit, Unvermittelbarkeit und Zugehörigkeit zu einem überholten Weltbild belegt werden. Hinzu kommt der Sachverhalt, dass Religionspsychologen ein kritisches Bewusstsein dafür fordern, welche Wirkungen die in den biblischen Texten präsenten Bilder der Gewalt und Aggression hervorrufen können, und vor allem in der Grundschule zuweilen auch von besorgten Eltern die Bitte an die Lehrkräfte herangetragen wird, die Kinder nach Möglichkeit nicht mit den traurig machenden und brutal erscheinenden Erzählungen von der Passion Jesu zu konfrontieren (LACHMANN/ADAM/RITTER 1999, 212-213).

Bei einer sachgemäßen Rede vom Kreuz Jesu kann es weder darum gehen, sich leichtfertig von der biblischen Deutung des Sterbens Jesu als Heilstod »für uns« loszusagen, noch sich auf eine gebetsmühlenartige Wiederholung der neutestamentlichen Aussagen als in Stein gemeißelter Dogmen zu beschränken. Vielmehr muss das Bemühen im Vordergrund stehen, die Inhalte der vertrauten Deutungsmodelle auf ihre theologische Substanz zu befragen, sie vor Fehldeutungen zu bewahren und das Heilshandeln Gottes unter veränderten Verstehensbedingungen neu zur Sprache zu bringen. Gut nachvollziehbar ist auch für den modernen Menschen der Gedanke der Hingabe des eigenen Lebens für das Wohlergehen anderer Menschen. Bei Vorstellungen wie Opfer, Sühne oder Loskauf ist zu bedenken, dass sie Bilder oder Vergleiche sind, um die Bedeutung des Todes Jesu zu umschreiben. Es geht nicht darum, mit Gott Handel zu treiben, ihn im Widerspruch zur Lehre von der Glaubensgerechtigkeit durch kultische Akte gütig zu stimmen oder gar eine vermeintliche Gier Gottes nach Blut zu befriedigen. Dem Tod Jesu wird in bildhafter Sprache eine Wirkung zugeschrieben, wie sie nach antikem Verständnis auch die kultischen Riten am Tempel und die Praxis des Sklavenfreikaufs besitzen, nämlich die Befreiung von den alten Mächten mit ihren Unheilsfolgen und die Ermöglichung von Leben. Dabei kann der Tod Jesu immer nur in seiner engen Verflechtung mit dem Ostergeschehen betrachtet werden. Das Heil hängt nach neutestamentlichem Verständnis nicht an einer bestimmten Deutung des Kreuzesgeschehens, sondern an dem Kreuz wie Auferstehung umfassenden Handeln Gottes.

Bei der thematischen Auseinandersetzung mit der Kreuzigung Jesu im Religionsunterricht (LACHMANN/ADAM/RITTER 1999, 212-216; ZIMMERMANN 2005, 623-647; HANDKE/KRASSELT-MAIER/WITTEN 2018, 2-32) sollte in erster Linie das Bemühen im Vordergrund stehen, Kinder und Jugendliche zu einer für sie nachvollziehbaren Deutung des Todes Jesu zu befähigen und ihnen das Kreuz Jesu als anstößiges Lebenszeichen nahezubringen. Dazu bedarf es zunächst einer altersgerechten sachkundlichen Vermittlung und Aneignung von Grundkenntnissen der Passionsgeschichte, der historischen wie rechtsgeschichtlichen Aspekte der Kreuzigung Jesu, der Symbolkraft des Kreuzes, der Bedeutung des Karfreitags als kirchlichen Feiertags und der wichtigsten neutestamentlichen Deutungsmuster des Todes Jesu. Elementare erfahrungsbezogene Zugänge zum Tod Jesu lassen sich durch die Anknüpfung an Opfer- und Erlösungsszenarien aus der Lebenswelt von Kindern und Jugendlichen gewinnen, wie sie in der Fantasyliteratur (Brüder Löwenherz; Krabat; Harry Potter) oder in Filmen (Terminator 2; Star Wars; Pokémon; Findet Nemo; Titanic) präsent sind (HAMMER 2003, 157-192). Zur Förderung der hermeneutischen Kompetenz, für sich schlüssige Deutungen der Passion Jesu zu entwickeln und den anstößigen Kreuzestod in das eigene Jesusbild zu integrieren, eignet sich in besonderer Weise ein Theologisieren mit Kindern und Jugendlichen.

Thematisierung des Todes Jesu im Religionsunterricht

Opferszenarien in Fantasyliteratur und Film eröffnen Zugänge zur Passion Jesu

▪ Schlüsseltext 1: Jesu Einzug in Jerusalem (Mk 11,1-11)

Mk 11,1-11 markiert einen deutlichen Einschnitt in der markinischen Jesusgeschichte und bildet den Auftakt der Passionsereignisse. Der Evangelist hat die Erzählung, in der mit der Auffindung des Reittiers und dem Einzug Jesu in Jerusalem zwei unterschiedliche Szenen miteinander verzahnt sind, bereits in der vorliegenden Form in seinem Passionsbericht vorgefunden und allenfalls am Anfang wie am Ende geringfügig in sie eingegriffen (GNILKA ⁵1999, 114-115). Als Jesus sich mit seinen Anhängern dem Ölberg von Osten her nähert, sendet er zwei seiner Jünger mit dem geheimnisvollen Auftrag in das nächstgelegene Dorf aus, ein dort an einem Tor angebundenes Fohlen (*pōlos*) herbeizuholen. Aus den Parallelberichten bei Matthäus und Johannes geht hervor, dass an ein Eselfüllen gedacht ist (Mt 21,2; Joh 12,14). An die Findungsgeschichte von der Bereitstellung des Reittiers, die durch die Aussendung zweier Jünger und das wunderbare

Aufbau und Inhalt von Mk 11,1-11

Vorherwissen Jesu enge Berührungen mit Mk 14,12-16 aufweist, schließt sich der Bericht vom Einzug Jesu in Jerusalem an. Nachdem man Kleider entweder als Schmuck oder als eine Art Sattel auf das Tier gelegt hat, besteigt Jesus das Füllen und reitet voran, während ihm seine Anhänger zu Fuß folgen. Von den Menschen entlang des Weges haben viele ihre Kleider vor Jesus ausgebreitet. Andere jubeln ihm mit Laubbüscheln (Mk 11,8) oder Palmzweigen (Joh 12,13) zu, die sie von den umliegenden Bäumen abgerissen haben. Gleichzeitig feiern sie Jesus mit Ovationen aus Psalm 118, nämlich Hosanna-Rufen (vgl. Ps 118,25) und den Worten »Gepriesen sei, der da kommt im Namen des Herrn« (Ps 118,26). Ein weiterer Lobpreis bringt die Hoffnung zum Ausdruck, dass Jesus das Königtum »unseres Vaters David« wiederherstellt.

Messianische Motive im Text

Die Erzählung von Jesu Einzug in Jerusalem ist in hohem Maße messianisch eingefärbt. Das angebundene Eselsfüllen stellt eine Reminiszenz an den Jakobssegen über Juda (Gen 49,10-12) dar, der im antiken Judentum auf den aus dem Stamm Juda hervorgehenden Endzeitherrscher gedeutet wurde. Der Esel bzw. das Eselfüllen ist beim Propheten Sacharja (9,9) das Reittier des königlichen Messias. Im Talmud heißt es vor diesem Hintergrund »Wer einen Esel im Traum sieht, hoffe auf das messianische Heil« (*bBer* 56b). In den Parallelberichten des Matthäus und Johannes wird der Einzug Jesu auf einem Esel explizit als Erfüllung der messianischen Verheißung von Sach 9,9 verstanden (Mt 21,4-5; Joh 12,14-15). Die Worte aus Ps 118 gehören eigentlich in den Rahmen der Tempelliturgie, wo die Priester sie den in den Tempel einziehenden Festpilgern zur Begrüßung zuriefen, wurden aber im antiken Judentum wohl auch auf das Kommen des Messias gedeutet (STRACK/BILLERBECK ⁹1986, 849-850). Der hebräische Ruf Hosanna (»Hilf doch!«), der sich an Gott wie auch an Könige richten kann (2Sam 14,4; 2Kön 6,26), enthält neben der Bitte um Rettung den Beiklang der Huldigung jener Person, der man Rettung zutraut. Das Ausbreiten der Kleider vor der einziehenden Person ist Bestandteil des antiken Königsrituals.

> Der Esel ist beim Propheten Sacharja das Reittier des Messias

Historische Bewertung

Bei der historischen Bewertung von Mk 11,1-11 (YARBRO COLLINS 2007, 513-514) ist umstritten, ob die Erzählung ihre Entstehung dem urchristlichen Messiasglauben verdankt oder ein geschichtliches Ereignis aus dem Leben Jesu zugrunde liegt. Die vom wunderbaren Vorherwissen Jesu und der Jüngeraussendung handelnde Eingangsszene Mk 11,1-6 stellt sicher ein sekundäres Erzählmotiv dar. Joh 12,12-19, wo Jesus das Eselfüllen ohne wunderbare Begleitumstände selbst findet, bietet ein diesbezüglich älteres Traditionsstadium. Die Episode vom Einzug in die Heilige Stadt dürfte dagegen im Kern geschichtlich sein und auf eine provokative Zeichenhandlung Jesu zurückgehen. Als geschichtlicher Hintergrund »ist Jesu Eintreffen in der Metropole mit seinen Jüngern und einer Gruppe von Festpilgern anzunehmen, mit dem letztere voll Jubel die Erwartung des nunmehr kommenden Gottesreiches verknüpft haben dürften« (GNILKA ⁵1999, 199-200). Möglicherweise wollte Jesus mit dem symbolträchtigen Einzug in Jerusalem auch in provokativer Weise messianische Ansprüche erheben, um die Bevölkerung zu einer klaren Stellungnahme gegenüber seiner Botschaft zu bewegen (KINMAN 2009, 420-421).

Didaktische Perspektiven

Ein mit »Wir gehen nach Jerusalem« betitelter Unterrichtsentwurf für das dritte Schuljahr (STEINKÜHLER 2015, 53-58) beginnt mit dem erlebnispädagogischen Element, dass die Kinder bei einer Exkursion auf einen Berg in der Umgebung, beim Besuch in einem Kletterpark oder bei einer Kirchturmbesteigung erleben, wie anstrengend ein Aufstieg ist und wie sehr es sich lohnt, oben angekommen zu sein. Im Sitzkreis werden dann diese Erfahrungen reflektiert. Im weiteren Verlauf beschäftigen sich die Drittklässler u.a. damit, den erheblich ansteigenden Weg Jesu von Galiläa nach Jerusalem auf Landkarten nachzuvollziehen und mit Knetgummi zu gestalten. Die Geschichte aus Mk 11,1-11 wird in Form einer durch ein Bodenbild aus Legematerialien auch visualisierten Nacherzählung eingebracht und anschließend mit Hilfe von Moderationskarten im theologischen Gespräch erschlossen. Zudem wird das Lied »Geh den Weg« gesungen und ein fiktiver Zeitungsbericht über Jesu Einzug in die Heilige Stadt eingebracht. Am Ende öffnet sich unter Einbeziehung weiterer Stationen des Leidenswegs Jesu der Blick darauf, dass das Ankommen in Jerusalem für Jesus noch nicht das Ziel war, sondern dort die Mühsal erst losging. Für die Sekundarstufe I bietet es sich an, anhand von Mk 11,1-11 die Bedeutung von Palmsonntag im christlichen Jahreszyklus zu erschließen. Als Einstieg eignet sich der betreffende Teil der Dokumentarfilmreihe »Anschi und Karlheinz« (2002-2005), die auf pfiffige und unterhaltsame Weise in einer Länge von jeweils fünfzehn Minuten die Geschichte und liturgische Bedeutung der einzelnen kirchlichen Feiertage erläutert. Anschließend kann im theologischen Gespräch über Mk 11,1-11 unter Einbeziehung der zeitgenössischen jüdischen Messiaserwartung vertieft darüber nachgedacht werden, warum die Volksmenge in Jerusalem Jesus stürmisch begrüßte, was sie wohl von diesem König erwartete und warum sie ihn nur wenige Tage später fallen ließ. Als Kontrastbilder zu Jesu bescheidenem Einzug auf einem Esel bieten sich Fotos an, auf denen die Ankunft heutiger Stars in Luxuskarossen zu sehen ist. Daraus können sich Diskussionen entwickeln, welche Art von »Star« Jesus war und welchen Anspruch er hatte.

> Fotos von Stars in Luxuskarossen bieten Kontrastbilder zu Jesu Ankunft auf einem Esel

■ Schlüsseltext 2: Die Tempelreinigung (Mk 11,15-19)

Dem Erzählablauf des markinischen Passionsberichts zufolge begab sich Jesus nach dem Einzug in Jerusalem in den Tempel und kehrte am Abend mit seinen Jüngern zum Ölberg zurück, wo sich in Bethanien ihr Nachtquartier befand. Als er am nächsten Tag erneut das Heiligtum besuchte, kam es zur provokativen Aktion der Tempelreinigung (Mk 11,15-19), die der Evangelist Johannes vermutlich aus Unkenntnis mit einem früheren Jerusalemaufenthalt Jesu in Verbindung bringt und an den Beginn des öffentlichen Wirkens Jesu stellt (Joh 2,13-17). Gerahmt ist die Tempelreinigung bei Markus von der Verfluchung des Feigenbaums (Mk 11,12-14.20-25). Der Protestakt Jesu besteht aus einer prophetischen Zeichenhandlung, die durch ein Schriftargument aus Jes 56,7 und Jer 9,11 kommentiert wird. Als Reaktion zieht die Tempelreinigung einen Todesbeschluss seitens der Hohepriester und Schriftgelehrten nach sich, die wegen des Einflusses Jesu auf das Volk in Sorge sind und ihn aus dem Weg räumen wollen.

> Aufbau und Inhalt von Mk 11,15-19

Der Jerusalemer Tempel wurde von Herodes dem Großen zu einem der prachtvollsten Heiligtümer im gesamten Römischen Reich ausgestaltet (ADNA 1999; FASSBECK 2003). Der Talmud rühmt ihn als ein Muster an Schönheit. Die Baumaßnahmen begannen um 20 v. Chr. und kamen erst weit nach dem Tod des

> Ort des Geschehens

Herodes zum endgültigen Abschluss. Das Tempelhaus wurde in Anlehnung an Stilelemente des hellenistischen Zeitalters um verschiedene Höfe und umlaufende Säulenhallen erweitert. Dabei diente der im hellenistischen Raum verbreitete Tempelbautypus des *Kaisareion* als architektonisches Vorbild. Das viereckige Areal des auf einem gewaltigen Plateau angelegten Tempels wurde gegenüber dem Vorgängerbau nahezu verdoppelt und übertraf mit einem Umfang von etwa eineinhalb Kilometern alle vergleichbaren Kultstätten der Antike. Als profaner Außenbezirk, der allen zugänglich war, diente der Vorhof der Völker. Der innere Tempelbezirk war als sakraler Bereich durch eine Balustrade, deren Überschreiten Nichtjuden bei Todesstrafe untersagt war, vom äußeren Vorhof abgetrennt und gliederte sich in Zonen zunehmender Heiligkeit, nämlich Frauenhof, Männerhof und Priesterhof mit Tempelhaus. Der Frauenhof durfte, anders als der sich anschließende Männerhof, auch noch von jüdischen Frauen betreten werden. Als größtes Areal im Sakralbereich der Tempelanlage diente er zur Durchführung gottesdienstlicher Zusammenkünfte und religiöser Zeremonien, die nicht unmittelbar mit Opferhandlungen verbunden waren. Der Durchgang vom Frauenhof zum schmalen Männerhof erfolgte durch das Nikanortor. Es war das größte Tor im gesamten Tempelbereich und wies besonders üppige Goldverzierungen auf. Der Priesterhof war durch eine Schranke vom Männerhof abgegrenzt. In ihm befanden sich der große Brandopferaltar mit seinen hörnerartig in die Höhe ragenden Ecken, Schlachtbänke, Becken zu rituellen Waschungen und Schlafkammern für die diensthabenden Priester. Vom Männerhof aus konnte man die Opferhandlungen verfolgen. Das nur über den Priesterhof zugängliche Tempelhaus bestand aus Vorhalle, Hauptraum und Allerheiligstem. Eine Vielzahl von Abgaben (vgl. Neh 10,33-40) sorgte dafür, dass der Tempel auf einem soliden finanziellen Fundament stand. Haupteinnahmequelle war die dem Kultbetrieb und der Armenversorgung dienende Tempelsteuer, die als Symbol nationaler und religiöser Einheit seit der Hasmonäerzeit auch außerhalb des Mutterlandes erhoben wurde. Sie betrug einen halben Schekel pro Jahr, galt für jeden männlichen Juden über zwanzig Jahre und wurde bereitwillig entrichtet, zumal den dadurch finanzierten Opfern Sühnewirkung für das Volk Israel zugeschrieben wurde, an der jeder einzelne partizipierte.

> Die Tempelreinigung Jesu spielt auf dem großflächigen »Vorhof der Völker«

Art und Umfang der Tempelreinigung

Die Tempelreinigung Jesu trug sich auf dem Vorhof der Völker zu, der im Zuge der gewaltigen Vergrößerung des Tempelareals als äußerer Bezirk die gesamte Anlage umgab. Dieses von der königlichen Säulenhalle begrenzte Areal war ein lebendiger Ort des Handels, der Begegnung und der theologischen Debatten. Dort konnte man Opfertiere kaufen und mitgebrachte Geldmünzen in Schekel eintauschen. Unter dem Schekel verstand man in den Tagen Jesu die tyrische Tetradrachme, die aufgrund ihrer für antike Verhältnisse einzigartigen Wertbeständigkeit zur einzig akzeptierten Tempelwährung wurde, mit der man Geldopfer darbrachte oder die Tempelsteuer entrichtete (STENGER 1988, 168-170). Eigentlich verstieß sie gegen den Monotheismus und das Bilderverbot des Dekalogs, da sie auf der Vorderseite das Porträt des tyrischen Stadtgottes Melkart zeigte. Die von Jesus im Tempelvorhof durchgeführte Aktion sollte man sich nicht zu spektakulär vorstellen. An eine Säuberung des weiträumigen Areals durch eine einzelne Person ist schon aus praktischen Erwägungen nicht zu denken. Zudem hätte dies sofort die römische Kohorte auf den Plan gerufen, die von der Burg Antonia aus das Geschehen auf dem Tempelplatz argwöhnisch kontrollierte und bei Tumulten sofort eingriff. Jesus hat wahrscheinlich in Form einer prophetischen Zeichenhandlung einzelne Tische von Geldwechslern und Taubenverkäufern umgestürzt, um den Tempelbetrieb symbolisch zu stören. Ergänzend versperrte er Personen, die Güter über den Tempelplatz trugen, den Weg. Offensichtlich wurde der Vorhof der Völker von Lastträgern als Abkürzungsweg verwendet.

Jesus versah seine provokative Handlung mit einem Kommentar, der die Intention erschließt. Es ging nicht um Kritik am Opferkult im inneren Tempelbezirk. Vielmehr forderte Jesus unter Berufung auf ein Wort aus dem Buch Jesaja (Jes 56,7), den gesamten Tempel und damit auch dessen Vorhof zu einem Ort des Gebets und der Gottesverehrung für die Völker zu machen. Die Tempelreinigung Jesu ist zudem im Licht von Sach 14,21 zu lesen (MARCUS 2009, 791), wo die eschatologische Hoffnung auf einen Tempel ohne Händler ausgesprochen wird. Das Umstoßen der Geldwechslertische war sicher auch Kritik daran, dass eine heidnische Münze mit dem Bild des Stadtgottes von Tyros als Tempelwährung diente. Vielleicht sprach Jesus deshalb in Anlehnung an den Propheten Jeremia (Jer 7,11) davon, dass der Tempel zu einer Räuberhöhle verkommen sei. Jesus rechnete darüber hinaus damit, dass Gott den bestehenden Tempel zerstören und auf wunderbare Weise einen neuen Tempel an dessen Stelle setzen könnte (Mk 14,58), wie es im antiken Judentum im Rahmen apokalyptischer Sehnsüchte vereinzelt erwartet wurde (*äthHen* 90,28-30; *PsSal* 17,30-31). Diese Prophezeiung gehört nach Darstellung des Johannes, der den Neubau des Tempels allerdings allegorisch auf die Auferstehung Jesu deutet (Joh 2,19-22), in den Kontext der Tempelreinigung. Mit seiner Tempelkritik zog Jesus den Unmut der sadduzäischen Priesteraristokratie auf sich, deren Existenz vom reibungslosen Funktionieren des Tempelbetriebs abhing und die vom Geldwechsel wie Opfertierverkauf finanziell wohl kräftig profitierte. Sie fasste den Beschluss, sich mit Hilfe der Römer des missliebigen Propheten aus Galiläa zu entledigen.

Tempelkritik Jesu

> In den Augen Jesu war der Tempel zu einer Räuberhöhle verkommen

Die Tempelreinigung stört das gängige Bild vom friedvollen Gottessohn ganz empfindlich und eröffnet damit besondere Lernchancen, auch den unbequemen Jesus kennenzulernen und sich an ihm zu reiben. Die Schülerinnen und Schüler sind sofort bei der Sache, denn so haben sie Jesus in aller Regel noch nie erlebt (KARWEICK/ALKIER 2006, 162-166). Die einen reagieren mit Empörung und Enttäuschung darauf, dass Jesus sich überraschend von seiner aggressiven Seite zeigt. Auf die anderen wirkt es hingegen geradezu befreiend, dass auch der sonst so unnahbare Sohn Gottes »mal schlecht drauf ist« und typisch menschliche Verhaltensmuster zeigt. Als Hinführung zu Mk 11,15-19 eignet sich eine Betrachtung des Gemäldes »Die Tempelreinigung« von *Giotto di Bondone* (1266-1327), wobei zunächst einmal die ängstlich zurückweichenden Händler und die tuschelnden Pharisäer im Mittelpunkt der Betrachtung stehen sollten, während der mit grimmigem Gesichtsausdruck und erhobener Faust dargestellte Jesus anfangs abgedeckt bleibt (ebda., 162-163). Eine andere Möglichkeit des »Warming Up« für die Begegnung mit dem Bibeltext ist ein Vergleich der unterschiedlichen filmischen Umsetzungen der Tempelreinigung in »König der Könige« (1961) und »Jesus Christ Superstar« (1973). In der Sekundarstufe II können sich die Schülerinnen und Schüler zunächst mit der architektonischen Gestalt und der theologischen wie wirtschaftlichen Bedeutung des Tempels vertraut machen (RÖMER/

Didaktische Perspektiven

STUTE 2014, 2-10), bevor sie in Gruppenarbeit die unterschiedlichen Versionen der Tempelreinigungserzählung analysieren und unter Heranziehung von Hintergrundmaterial den Charakter der Tempelreinigung Jesu als prophetischer Zeichenhandlung erschließen (ebd., 14-15). Die Empörung darüber, dass Jesus an einem religiösen Ort derart wütend wird (»Ist der verrückt?«), kann in einem Bibliolog zu Mk 11,15-19 besonders plastisch zutage treten, indem die Jugendlichen aus der Perspektive eines Opfertierkäufers oder eines Geldwechslers ihr Unverständnis über Jesu Handgreiflichkeit artikulieren (POHL-PATALONG ³2013, 119-123). Nach der Beschäftigung mit dem biblischen Text eignet sich zur Vertiefung die verfremdete Darstellung der Tempelreinigung in »Jesus von Montreal« (1989), wo der Jesusdarsteller aus Wut ein Filmstudio zerlegt, nachdem sich seine Freundin Mireille dort beim Casting für einen Werbefilm vor aller Augen umziehen sollte. Im Kontext interreligiösen Lernens kann unter Einbeziehung der immer wieder auflodernden Konflikte der Bedeutung des Jerusalemer Tempelbergs für Juden und Muslime nachgegangen werden.

■ Schlüsseltext 3: Das letzte Abendmahl Jesu (Mk 14,22-25)

Berichte vom Abschiedsmahl Jesu

Das Markusevangelium bietet innerhalb seines Passionsberichtes eine in drei Teile zerfallende Sinneinheit (Mk 14,12-25), die vom wunderbaren Auffinden des Passahmahlsaals (14,12-16), der Ankündigung des Verrats durch Judas (14,17-21) und dem letzten Abendmahl Jesu (14,22-25) handelt. Dass Jesus am Vorabend seines Todes gemeinsam mit seinen Jüngern ein Abschiedsmahl in Jerusalem feierte, bezeugt neben den Evangelien (Mk 14,22-25; Mt 26,26-29; Lk 22,15-20; Joh 13,1-20) auch der Apostel Paulus (1Kor 11,23b-25). Die historischen Details lassen sich kaum noch erhellen, zumal die Autoren der neutestamentlichen Schriften widersprüchliche Angaben zur Chronologie machen, das Mahlgeschehen unterschiedlich schildern und die jeweilige liturgische Praxis ihrer Gemeinden in die Darstellung einfließen lassen.

Chronologische Fragen

Bei den chronologischen Fragen ist zu berücksichtigen, dass nach jüdischer Tradition der Tag mit Sonnenuntergang anbricht und das Passah ein bewegliches Fest ist, das auf jeden beliebigen Wochentag fallen kann. Alle Evangelien bezeugen, dass das Abschiedsmahl Jesu nach unserer Zeiteinteilung an einem Donnerstagabend abgehalten wurde. Da im Judentum der Sonnenuntergang den Beginn des neuen Tages markiert, war nach jüdischem Verständnis zu diesem Zeitpunkt bereits der Freitag angebrochen, an dem dann auch die Verurteilung, Hinrichtung und Bestattung Jesu erfolgte, bevor man am Sonntagmorgen das leere Grab entdeckte. In den Evangelien des Markus, Matthäus und Lukas ist das Abschiedsmahl Jesu als Passahmahl gekennzeichnet. Nach dem Zeugnis des Johannesevangeliums war der Tag des letzten Mahls und der Kreuzigung Jesu dagegen der Rüsttag für das Passahfest (Joh 18,28; 19,14). Es spricht viel dafür, dass Johannes die zuverlässigere Chronologie bewahrt hat (THEISSEN/MERZ ⁴2011, 152-154), da Gerichtsverfahren vor dem Synedrion an Feiertagen im jüdischen Recht untersagt waren und die Vorstellung, dass die Römer am Passahfest Kreuzigungen durchführten, zumindest Schwierigkeiten bereitet. Zudem macht die Amnestie, von der Barabbas profitierte, mehr Sinn, wenn der Freigelassene auch am Passahmahl teilnehmen konnte. Andere vermuten hingegen, dass Johannes aus theologischen Gründen die Kreuzigung Jesu auf den Rüsttag verlegt haben könnte, um sie mit der Schlachtung der Passahlämmer zeitlich zusammenfallen zu lassen (SCHNELLE ²2000, 270-271). Paulus geht bei seiner Schilderung des Abschiedsmahls Jesu nicht auf das Passah ein (1Kor 11,23b-25) und scheint mit der Betrachtung Christi als wahrem Passahopferlamm (1Kor 5,7) wie Johannes vorauszusetzen, dass die Kreuzigung am Rüsttag des Passah erfolgte.

Auch darüber, was sich beim Abschiedsmahl Jesu konkret zutrug, gibt es unterschiedliche Informationen. Als Quellen für die Rekonstruktion der ältesten Fassung der Abendmahlsworte Jesu (KOLLMANN 1990, 169-189; THEISSEN/ MERZ ⁴2011, 366-373) kommen nur Mk 14,22-25 und 1Kor 11,23b-25 in Betracht. Jesus handelt wie ein jüdischer Hausvater, indem er über Brot und Kelch dankt, wie es im Judentum bei jeder Mahlzeit obligatorisch ist. Die betreffenden Segensworte finden sich im Mischna-Traktat Berakhot (*mBer* 6,1). Abweichend von jüdischer Praxis werden ergänzend ein Brot- und Kelchwort Jesu geboten, deren Herkunft und Sinn umstritten sind. Das Brotwort lautet bei Markus und Paulus übereinstimmend »Das ist mein Leib«, wobei 1Kor 11,24 die soteriologische Formel »für euch« ergänzt. Beim Kelchwort bestehen deutlichere Unterschiede. In Mk 14,24 wird der Kelchinhalt in Anspielung auf Ex 24,8 mit dem »für viele« vergossenen Bundesblut Jesu gleichgesetzt, während Jesus nach 1Kor 11,25 den

Urfassung und Sinn der Abendmahlsworte

Mt 26,26-29	Mk 14,22-25	Lk 22,15-20	1Kor 11,23b-25
26 Während des Mahls nahm Jesus das Brot und sprach den Lobpreis; dann brach er das Brot, reichte es den Jüngern und sagte: Nehmt und esst; das ist mein Leib. 27 Dann nahm er den Kelch, sprach das Dankgebet und reichte ihn den Jüngern mit den Worten: Trinkt alle daraus; 28 das ist mein Blut, das Blut des Bundes, das für viele vergossen wird zur Vergebung der Sünden. 29 Ich sage euch: Von jetzt an werde ich nicht mehr von der Frucht des Weinstocks trinken bis zu dem Tag, an dem ich mit euch von neuem davon trinke im Reich meines Vaters.	22 Während des Mahls nahm er das Brot und sprach den Lobpreis; dann brach er das Brot, reichte es ihnen und sagte: Nehmt, das ist mein Leib. 23 Dann nahm er den Kelch, sprach das Dankgebet, reichte ihn den Jüngern und sie tranken alle daraus. 24 Und er sagte zu ihnen: Das ist mein Blut, das Blut des Bundes, das für viele vergossen wird. 25 Amen, ich sage euch: Ich werde nicht mehr von der Frucht des Weinstocks trinken bis zu dem Tag, an dem ich von neuem davon trinke im Reich Gottes.	15 Und er sagte zu ihnen: Ich habe mich sehr danach gesehnt, vor meinem Leiden dieses Paschamahl mit euch zu essen. 16 Denn ich sage euch: Ich werde es nicht mehr essen, bis das Mahl seine Erfüllung findet im Reich Gottes. 17 Und er nahm den Kelch, sprach das Dankgebet und sagte: Nehmt den Wein und verteilt ihn untereinander! 18 Denn ich sage euch: Von nun an werde ich nicht mehr von der Frucht des Weinstocks trinken, bis das Reich Gottes kommt. 19 Und er nahm Brot, sprach das Dankgebet, brach das Brot und reichte es ihnen mit den Worten: Das ist mein Leib, der für euch hingegeben wird. Tut dies zu meinem Gedächtnis! 20 Ebenso nahm er nach dem Mahl den Kelch und sagte: Dieser Kelch ist der Neue Bund in meinem Blut, das für euch vergossen wird.	23b Jesus, der Herr, nahm in der Nacht, in der er ausgeliefert wurde, Brot, 24 sprach das Dankgebet, brach das Brot und sagte: Das ist mein Leib für euch. Tut dies zu meinem Gedächtnis! 25 Ebenso nahm er nach dem Mahl den Kelch und sprach: Dieser Kelch ist der Neue Bund in meinem Blut. Tut dies, sooft ihr daraus trinkt, zu meinem Gedächtnis!

Die Berichte von Jesu letztem Abendmahl

Kelch vor dem Hintergrund von Jer 31,31-34 auf den »neuen Bund in meinem Blut« deutet. Dies ist im Gegensatz zum Wortlaut bei Markus (Wein = Blut) eine sperrige Gleichung (Wein = neuer Bund), die oft für älter gehalten wird als die markinische Parallele. Am Anfang habe 1Kor 11,23b-25 gestanden. Durch Wegfall der Worte »nach dem Essen« (1Kor 11,25) und ein dadurch bedingtes Zusammenrücken beider Kulthandlungen sei dann die symmetrische Doppelgleichung »Brot = Leib« und »Wein = Blut« entstanden und die »für«-Wendung zum Kelchwort gerutscht, wie es Mk 14,22-25 widerspiegelt (GNILKA ⁵1999, 242). Umgekehrt verbürgt aber bereits 1Kor 10,16 ein hohes Alter der »glatteren« markinischen Form der Einsetzungsworte, so dass das paulinische Kelchwort gegenüber der Markusfassung sekundär sein kann. Letzte Klarheit lässt sich nicht gewinnen.

Das Abendmahl bei Matthäus, Lukas und Johannes

Matthäus folgt weitgehend dem Bericht des Markus (Mt 26,26-29), hebt aber mit der Einfügung der Sündenvergebung in das Kelchwort betont den Gedanken hervor, dass die Gemeinde im Abendmahl Anteil an der sündenvergebenden Heilskraft des Todes Jesu gewinnt. Lukas verfügt für das Abschiedsmahl Jesu über eine eng mit 1Kor 11,23b-25 verwandte Überlieferung, die er mit dem Bericht des Markus zu einer Einheit verschmilzt, um dabei den Passahcharakter des Geschehens schärfer zu profilieren (Lk 22,15-20). Anders als in den Parallelberichten wird das Brotwort von zwei Kelchworten gerahmt. Mit dem ersten Becher ist eine Verzichtserklärung Jesu verbunden, die einen Ausblick auf das Heilsmahl in der zukünftigen Welt beinhaltet (vgl. Mk 14,25). Das Brot wird auf den am Kreuz dahingegebenen Leib Jesu gedeutet. Der zweite Becher ist auf den vom Propheten Jeremia verheißenen neuen Bund bezogen, der durch das für die Menschen vergossene Blut Jesu in Kraft gesetzt wird. Der Wiederholungsbefehl mit Gedächtnismotiv ordnet wie bei Paulus den regelmäßigen Nachvollzug des Abschiedsmahls Jesu im Gottesdienst der Gemeinde an. Johannes kennt wie die anderen Evangelisten ein Abschiedsmahl Jesu (Joh 13,1-20), weicht aber ansonsten völlig ab. Statt von Einsetzungsworten über Brot und Wein erzählt er von einer Fußwaschung, die Jesus an den Jüngern vollzieht. Diese Handlung, eigentlich ein Sklavendienst, hat zeichenhafte Bedeutung. Sie versinnbildlicht in einer Vorwegschau auf das Kreuz die dienende Selbsthingabe Jesu und erhebt solche Liebe vorbildhaft zur verpflichtenden Norm in der Gemeinde. Das in der Gemeinde gefeierte Mahl sieht Johannes dagegen nicht in einer Kulthandlung Jesu am Vorabend seines Todes, sondern in der Brotrede Jesu am See Gennesaret verankert (6,51-58). Der Wein wird wie bei Markus und Matthäus mit dem Blut Jesu gleichgesetzt. Das Brot gilt als das für das Leben der Welt hingegebene Fleisch Jesu, womit dieser sich als kosmischer Heilsbringer erweist. Zudem greift Johannes mit der Bezeichnung der eucharistischen Speise als Brot des Lebens einen Begriff auf, der aus dem hellenistisch-jüdischen Bekehrungsroman »Josef und Aseneth« bekannt ist (*JosAs* 15,5; 16,16). Während dort das Manna das Brot des Lebens ist, überbietet in Joh 6,58 die das Fleisch Jesu repräsentierende eucharistische Speise das Manna und stellt das wirkliche Lebensbrot dar. Entscheidende Heilsgaben des johanneischen Gemeindemahls sind die intensive Bindung an Christus, die mit einer Immanenzformel umschrieben wird (Joh 6,56), und ewiges Leben.

> Bei Lukas wird das Brotwort von zwei Kelchworten gerahmt

Symbolisch oder »realpräsentisch«?

Bei der Interpretation der Abendmahlsworte ist umstritten, ob diese symbolisch oder wörtlich gemeint sind (KOLLMANN 1990, 242-246). Die gleichnishafte

Deutung begegnet in der bis heute erwogenen Form schon im 19. Jh. bei *David Friedrich Strauß*: Beim Zerbrechen des Brotes habe sich Jesus angesichts des bevorstehenden Märtyrertods das Bild seines Leibes aufgedrängt, den ein ähnliches Schicksal erwartete, und beim Eingießen des Kelches habe er an sein Blut gedacht, das in Kürze dahinfließen würde. Präzisierend wurden in der Folgezeit nicht mehr Brot- und Kelchhandlung, sondern Brot- und Kelchwort gleichnishaft gedeutet. Beim Brotwort markiere das jeweilige Zerbrochensein, beim Kelchwort die rote Farbe des Weins den Vergleichspunkt zwischen Mahlelementen und dem bevorstehenden Geschick Jesu. In Anknüpfung an diese Deutung betrachtete *Joachim Jeremias* die Einsetzungsworte als ein an die Passahhaggada angelehntes Doppelgleichnis Jesu (JEREMIAS ⁴1967, 210-223). Mit dem Begriffspaar Leib-Blut habe Jesus Termini der Opfersprache aufgegriffen und sich selbst als das wahre Passahlamm bezeichnet, dessen stellvertretender Sühnetod den neuen Gottesbund in Kraft setzen werde. Im Passahritual, wie wir es aus dem Mischnatraktat Pesachim kennen (*mPes* 10,1-9), werden allerdings nicht dieselben Speisen wie im Abendmahl, sondern Mazzen, Bitterkräuter und das Passahlamm gedeutet. Zudem ist der Ort der Deuteworte im Gesamtablauf des Mahles ein ganz anderer, denn es handelt sich um einen einheitlichen Block nach der Vorspeise wie der Darreichung des zweiten Bechers und vor der eigentlichen Mahlzeit. In den Einsetzungsworten selber deutet bei Markus und Paulus nichts auf einen Passahhintergrund hin. Es ist weder von Passahlamm, Mazzen und Bitterkräutern die Rede noch wird auf den Exodus aus Ägypten Bezug genommen. Allein durch den Kontextbezug zur Chronologie des markinischen Passionsberichtes handelt es sich

---

A. Vorspeise

- Weihespruch (Festtagssegen [Kiddusch] und Bechersegen) des Hausvaters über dem ersten Becher (Kidduschbecher).
- Vorspeise, bestehend u.a. aus Grünkräutern, Bitterkräutern und Fruchtmustunke.
- Das Mahl wird aufgetragen, aber noch nicht gegessen; der zweite Becher wird gemischt und vorgesetzt, aber noch nicht getrunken.

B. Passahliturgie

- Passahhaggada des Hausvaters mit Deutung von Mazzen, Bitterkraut und Lamm.
- Erster Teil des Passahhallels Ps 113-114.
- Trinken des zweiten Bechers (Haggadabecher).

C. Hauptspeise

- Tischgebet des Hausvaters über dem ungesäuerten Brot.
- Mahl, bestehend aus dem Passahlamm, Mazzen, Bitterkräutern (Ex 12,8), dazu Fruchtmus und Wein.
- Tischgebet über dem das Mahl abschließenden dritten Becher (Segensbecher).

D. Abschluss

- Einschenken des vierten Bechers.
- Zweiter Teil des Passahhallels Ps 115-118.
- Lobspruch über dem vierten Becher (Hallelbecher).

Ablauf des Passahmahls (nach JEREMIAS ⁴1967, 79-80)

bei Jesu Abschiedsmahl um ein Passahmahl. Zudem liegt zwischen Brot und Leib Jesu sowie zwischen Kelchinhalt und Blut Jesu kaum eine symbolische, sondern eher eine real gedachte Beziehung vor, wie es sich auch in Joh 6,51-58 widerspiegelt. Die Einsetzungsworte sind kein Doppelgleichnis, sondern Identifikationsformeln, die von der Vorstellung geprägt sind, dass man sich gewissermaßen Fleisch und Blut Christi einverleibt.

Historische Beurteilung

Ob die Einsetzungsworte auf Jesus zurückgehen, ist fraglich. Zumindest das Brotwort, in dem das griechische Wort *sōma* (Leib) die gesamte Person repräsentiert, wird häufig für authentisch gehalten und mit einem »präsakramentalen« Akt Jesu gerechnet, der sich beim Abschiedsmahl den Jüngern personal übereignet habe (GNILKA ⁵1999, 248-249). Wahrscheinlicher ist allerdings die Annahme, dass in den Einsetzungsberichten das sakramentale Mahl der Gemeinden in Erzählform auf Jesus als Kultstifter zurückgeführt und in der Situation seines Abschieds verankert wird. Dafür spricht auch der Befund im Johannesvangelium, das keine Einsetzungsworte beim Abschiedsmahl kennt (Joh 13). Auch wenn die Abendmahlsworte die Kultpraxis der Gemeinde widerspiegeln und vermutlich nicht von Jesus selbst stammen, haben sie Anhalt an seinem Wirken, an seinem Selbstverständnis und vermutlich auch an seiner Sicht auf seinen sich abzeichnenden Tod (SCHRÖTER 2014, 267-268). Unmittelbaren Bezug zur Verkündigung Jesu hat das vom Motiv der Gottesherrschaft geprägte Verzichtswort Mk 14,25, das in die historische Situation des Abschiedsmahls Jesu zurückreicht. Jesus hat mit seinen engsten Vertrauten in feierlicher Atmosphäre ein letztes Mahl gehalten und mit der Ankündigung, er werde erst im Reich Gottes wieder von dem Gewächs des Weinstocks trinken, der Hoffnung auf die baldige Vollendung der neuen Welt Gottes Ausdruck verliehen.

Die Mahlfeier der Gemeinde wird auf Jesus als Kultstifter zurückgeführt

Konfessionell unterschiedliche Interpretationen

In der Interpretation der Einsetzungsworte gibt es gravierende Unterschiede zwischen den Konfessionen. Die römisch-katholische Kirche geht davon aus, dass sich in der Messe kraft eines göttlichen Wunders die Verwandlung (lat. *transsubstantio*) von Brot und Wein in Leib und Blut Christi vollzieht. Die Transsubstantiationslehre wurde auf dem 4. Laterankonzil 1215 zum Dogma erhoben und durch das Konzil von Trient (1545-1563) auf der 13. Sitzung im »Dekret über das Sakrament der Eucharistie« bekräftigt: »Durch die Konsekration des Brotes und Weines geschieht eine Verwandlung der ganzen Substanz des Brotes in die Substanz des Leibes Christi, unseres Herrn, und der ganzen Substanz des Weines in die Substanz seines Blutes. Diese Wandlung wurde von der heiligen katholischen Kirche treffend und im eigentlichen Sinne Wesensverwandlung genannt.« Die lutherische Abendmahlslehre geht ebenfalls von Realpräsenz aus. So heißt es im fünften Hauptstück von Luthers Kleinem Katechismus von 1528 »Was empfangen wir im heiligen Abendmahl? Wir essen ein gesegnetes Brot und den wahren Leib Christi und trinken den gesegneten Wein und das wahre Blut Christi«, und in Artikel X der Confessio Augustana von 1530 »Vom Abendmahl des Herrn wird also gelehret, dass wahrer Leib und Blut Christi wahrhaftiglich unter der Gestalt des Brots und des Weins im Abendmahl gegenwärtig sei und da ausgeteilt und genommen wird«. Allerdings wird der Gedanke der Wesensverwandlung verworfen. Man soll nicht darüber spekulieren, wie die Realpräsenz zustande kommt, und die Mahlelemente sind nur während des gottesdienstlichen Gebrauchs Leib und Blut Christi. In der reformierten Tradition wird dagegen mit Nachdruck ein symbolisches Verständnis der Einsetzungsworte vertreten. Zwingli beharrte beim Marburger Religionsgespräch 1529 gegen Luther darauf, dass nicht »Das *ist* mein Leib«, sondern »Das *bedeutet* meinen Leib« zu übersetzen sei. Im Heidelberger Katechismus von 1563 findet sich auf Frage 78 »Wird denn aus Brot und Wein wirklich Leib und Blut Christi?« die Antwort »Nein, denn so wie das Wasser bei der Taufe nicht in das Blut Christi verwandelt wird oder selbst die Sünden abwäscht, sondern nur ein göttliches Wahrzeichen und eine Zusicherung ist, genauso wird auch das Brot im Abendmahl nicht der wirkliche Leib Christi, obwohl es bei der Feier des Abendmahls ›der Leib Christi‹ genannt wird«.

In der Leuenberger Konkordie (1973) vereinbarten die lutherischen, reformierten und unierten Kirchen Europas in Bindung an die für sie verpflichtenden Bekenntnisse und in gegenseitiger Respektierung ihrer unterschiedlichen Traditionen, dass sie einander Gemeinschaft an Wort und Sakrament gewähren. Im Blick auf die Interkommunion zwischen Protestanten und Katholiken, die vor allem für konfessionsverschiedene Paare ein zentrales Anliegen darstellt, wurde dagegen bislang keine verbindliche Lösung erzielt. Nach römisch-katholischem Verständnis kann nur ein Priester, der das Sakrament der Ordination empfangen hat, die Eucharistie wirksam spenden. Da dies auf evangelische Amtsträger nicht zutreffe, sei in ihren Kirchen »die ursprüngliche und vollständige Wirklichkeit des eucharistischen Mysteriums nicht bewahrt« (2. Vatikanum, Dekret über den Ökumenismus 22). Nach dem katholischen Kirchenrecht dürfen katholische Priester die Sakramente nur katholischen Gläubigen spenden und umgekehrt ausschließlich katholische Gläubige die Sakramente von katholischen Priestern empfangen. Mit der 2018 veröffentlichten, allerdings nicht einhellig akzeptierten Handreichung »Mit Christus gehen – Der Einheit auf der Spur. Konfessionsverbindende Ehen und gemeinsame Teilnahme an der Eucharistie« versucht eine Mehrheit der katholischen Bischöfe Deutschlands einen Weg für interkonfessionelle Ehepaare aufzeigen, gemeinsam an der katholischen Kommunion teilzunehmen.

Fragen der eucharistischen Gemeinschaft

Die Interkommunion zwischen Katholiken und Protestanten ist ein konfliktträchtiges Thema

In der Primarstufe kann die Hinführung zur Erzählung von Jesu letztem Mahl dadurch erfolgen, dass die Kinder bei der Erkundung von Kirchengebäuden Bekanntschaft mit dem Abendmahlsgeschirr machen und Informationen über dessen Funktion und Bedeutung erhalten. Dies lässt sich durch symboldidaktische Zugänge, in denen das Brot als Symbol für das Leben und die Gemeinschaft im Mittelpunkt steht, vertiefen. Als Materialien eignen sich dazu »Brotgeschichten« wie »Der Bäcker von Paris« (MERTENS ⁶1982, 5-8) oder »Brot des Glücks« (RAUTENBERG 2014, 9). Für die Sekundarstufe I bietet sich als Einstieg eine Betrachtung des Gemäldes »Das letzte Abendmahl« von *Leonardo da Vinci* an, um sich dann Mk 14,22-25parr. als dessen biblischer Grundlage zuzuwenden. Die bei den Synoptikern vorliegende Charakterisierung des Abschiedsmahls Jesu als Passahmahl kann als Ausgangspunkt dafür dienen, dass die Schülerinnen und Schüler sich mit der Bedeutung des Passahmahls beschäftigen und den Bezügen zwischen Passahmahl und Abendmahl nachgehen (DIERK u.a. 2015, 216-217; LÖFFLER 2015, 22-27). Ein gelungener Unterrichtsentwurf für die Sekundarstufe II (ZEILE-ELSNER 2015, 40-48) stellt unter der Leitfrage »Was passiert beim Abendmahl« das unterschiedliche Sakramentsverständnis der christlichen Kir-

Didaktische Perspektiven

chen in den Mittelpunkt. Zum Einstieg nähern sich die Jugendlichen durch die Betrachtung und Interpretation von Bildern mit Broten und Abendmahlskelchen der Thematik an. In einem nächsten Schritt werden die eigenen Erfahrungen und offenen Fragen der Schülerinnen und Schüler mit Hilfe eines schriftlich auszufüllenden Fragebogens eruiert. Danach beschäftigen sie sich in Gruppenarbeit mit den Einsetzungsworten und deren Interpretation in der römisch-katholischen, der lutherischen und der reformierten Tradition. Als Material werden ihnen dazu Textausschnitte von Luther und Zwingli zur Verfügung gestellt. An die Erarbeitungsphase schließt sich ein vertiefendes Klassengespräch an, in dem die unterschiedlichen Positionen zur Gegenwart Jesu Christi in Brot und Wein (»verwandelt«, »real präsent«, »zeichenhaft«) nochmals kritisch reflektiert wie auch wertschätzend beleuchtet werden. Ein weiterer Unterrichtsbaustein widmet sich Fragen und bislang ungelösten Problemen der ökumenischen Verständigung beim Abendmahl.

■ Schlüsseltext 4: Auslieferung Jesu durch Judas (Mk 14,32-53a)

Die Judasthematik im markinischen Passionsbericht

Das Motiv der Dahingabe Jesu durch Judas zieht sich wie ein roter Faden durch den markinischen Passionsbericht. Judas Iskarioth ist den Leserinnen und Lesern des Markusevangeliums bereits aus Mk 3,19 als Mitglied des Zwölferkreises bekannt. In Mk 14,10-11 wird berichtet, wie sich Judas mit der Zusage an die Hohepriester wendet, ihnen Jesus auszuliefern. Welche Beweggründe ihn dabei leiten, bleibt offen. Die Reaktion der Hohepriester besteht aus Freude und dem Versprechen, Judas für seine Tat mit Geld zu entlohnen. Die Episode endet mit der Notiz, dass Judas nach einem günstigen Zeitpunkt zur Auslieferung Jesu suchte. In der Abendmahlsszene Mk 14,17-22 wird der Faden wieder aufgenommen, indem Jesus seine Auslieferung durch einen der Zwölf vorhersagt und einen auf das endzeitliche Gericht anspielenden Fluch über den dafür Verantwortlichen ausspricht. Für den Verräter wäre es besser, wenn er nie zur Welt gekommen wäre (vgl. *äthHen* 38,2). Die Gethsemanierzählung Mk 14,32-53a schließlich markiert mit der Ausführung der Tat den Höhepunkt der Judasthematik.

Aufbau von Mk 14,32-53a

Die Erzählung Mk 14,32-53a gliedert sich in zwei durch die Judasthematik zusammengehaltene Szenen, nämlich das Gebet Jesu angesichts des bevorstehenden Leidens (Mk 14,32-42) und die Verhaftung Jesu (Mk 14,43-53a). In Gethsemani sondert sich Jesus mit Petrus, Jakobus und Johannes von den übrigen Jüngern ab. Danach entfernt er sich ein Stück von seinen engsten Vertrauten, um für sich allein zu beten. Die Gebetsszene zeigt einen zutiefst menschlichen Jesus, der sich in der Sprache der alttestamentlichen Klagepsalmen an Gott wendet. Er bittet darum, die Stunde des Todes an ihm vorübergehen zu lassen. In der Zwiesprache mit Gott gewinnt er Klarheit und bekundet die Bereitschaft, sich gehorsam in sein Schicksal zu fügen. Dreimal kehrt Jesus zu Petrus, Jakobus und Johannes zurück und findet diese schlafend vor. Beim dritten Mal kündigt er den drei Jüngern vorwurfsvoll an, dass die Stunde der Dahingabe in die Hände der Sünder gekommen sei, und fordert sie auf, mit ihm zu den anderen zurückzugehen, da der Auslieferer sich nähere (Mk 14,41-42). Diese Prophezeiung bringt die Ereignisse ins Rollen. Judas rückt mit einem vom Hohepriester ausgesandten Kommando der Tempelwache an, das Schwerter und Knüppel trägt. Die Bewaffnung deutet an, dass man mit Widerstand seitens Jesu und der Jünger rechnet. Durch einen Kuss, das übliche Begrüßungszeichen zwischen Schüler und Rabbi, macht Judas den Gesuchten kenntlich. Im Zuge der Verhaftung Jesu kommt es zu einem Tumult, bei dem einem der Knechte des Hohepriesters mit dem Schwert das Ohr abgeschlagen wird. Wer die Waffe zog, bleibt in der ältesten Überlieferung offen. Erst das Johannesevangelium spricht von Petrus (Joh 18,10). Während die Jünger die Flucht ergreifen, wird Jesus zum hohepriesterlichen Palast abgeführt, wo ihn der Prozess vor dem Synedrion erwartet.

Keiner der Menschen im unmittelbaren Umfeld Jesu steht derart im Zwielicht der Geschichte wie Judas Iskariot, dessen Gestalt breites Interesse gefunden hat (KLAUCK 1987; FENSKE 2000; MEISER 2004; LONA 2007). Dass Jesus von einem seiner engsten Vertrauten verraten wurde, nahmen schon in der Antike die Gegner des Christentums mit Genugtuung zur Kenntnis (Orig., *Cels.* 2,11) und stellte für die frühe Kirche eine schwere Belastung dar. Judas gab der Priesteraristokratie den Aufenthaltsort Jesu in der während des Passahs von Festpilgern überfüllten Heiligen Stadt preis, nannte einen geeigneten Zeitpunkt für die Festnahme, ermöglichte durch den Kuss die sofortige Identifikation der gesuchten Person und erhielt im Nachhinein Geld für seine Tat. Die Behörden wollten offenkundig »jedes Aufsehen vermeiden und Jesu zu einer Zeit und an einem Ort habhaft werden, wo die ganze Aktion unauffällig vor sich geht« (KLAUCK 1987, 54). Bei Gethsemani handelt es sich um ein Landgut im Osten Jerusalems, das sich jenseits des Kidronbachs am Fuße des Ölbergs erstreckte. Der Name Gethsemani bedeutet Ölkelter und geht darauf zurück, dass sich dort in den Tagen Jesu ein Gehöft befand, auf dem mit Hilfe einer großen steinernen Presse Olivenöl produziert wurde. Jesus scheint sich auch vorher schon in Gethsemani aufgehalten und den Ort wegen seiner Ruhe geschätzt zu haben (Joh 18,2). Vermutlich war der Besitzer des Landgutes ein Sympathisant der Jesusbewegung. Die Beweggründe des Judas bleiben im Dunkeln, auch wenn es an Spekulationen darüber nicht mangelt (MEISER 2004, 51-57). Während Markus als ältester Evangelist keine Erklärung für die Tat des Judas liefert, rückt Matthäus das Motiv der Geldgier in den Vordergrund und bietet damit bereits ein verzerrtes Judasbild (Mt 26,14-16). Am ehesten sind enttäuschte messianische Erwartungen für das Vorgehen des Judas verantwortlich. Vermutlich betrachtete er Jesus als königlichen Messias und erwartete von ihm vergebens die Beendigung der römischen Fremdherrschaft. Mit dem Verrat mag sich die Hoffnung verbunden haben, dass Gott beim Anblick seines am Kreuze hängenden Sohnes in die Geschichte eingreifen und sein Reich verwirklichen würde, wie es Gegenstand apokalyptischer Sehnsüchte war.

Vom Tod des Verräters berichten Matthäus, Lukas und Papias von Hierapolis (KLAUCK 1987, 92-123). Ihre widersprüchlichen Nachrichten über das Ende des Judas sind bei aller Uneinheitlichkeit vom Motiv der gerechten Strafe für den gottlosen Frevler durchzogen. In Mt 27,3-10 ist davon die Rede, dass Judas den Verräterlohn an die Hohepriester zurückgab und sich aus Verzweiflung erhängte. Von dem Blutgeld hätten die Hohepriester ein als Töpferacker bekanntes Grundstück in Jerusalem erworben, das als Begräbnisstätte für Fremde dienen sollte und fortan den Namen Blutacker trug. Nach Darstellung des Lukas (Apg 1,15-20) starb Judas dagegen durch einen Unfall. Er sei auf dem Grundstück, das er selbst in Jerusalem von dem Verräterlohn kaufte, vornüber gestürzt, so dass sein

Historische Erwägungen

Die Motive für die Tat des Judas bleiben im Dunkeln

Berichte über den Tod des Judas

Leib zerbarst und die Eingeweide herausquollen. Das Grundstück werde daher als Blutacker (*Hakeldamach*) bezeichnet und sei verödet. Bald darauf brachte der Bischof Papias aus dem kleinasiatischen Hierapolis eine noch unappetitlichere Geschichte in Umlauf (Papias, *fragm.* 6). Er wusste zu berichten, dass der Körper des Verräters immens anschwoll, von Eiter wie Würmern befallen war und nach dem Zerbersten einen derart unerträglichen Gestank absonderte, dass der Acker auch Jahrzehnte später noch von allen gemieden worden sei. Diese Judaslegenden sind unverkennbar von dem in der Antike weit verbreiteten Motiv geprägt, dass der gottlose Missetäter auf möglichst grausame Weise sein Ende finden muss, damit der Gerechtigkeit Genüge getan wird. Der gemeinsame Kern aller Berichte besteht in der historisch glaubwürdigen Nachricht, dass das Leben des Judas ein unnatürliches Ende nahm und es in Jerusalem einen vom Judaslohn erworbenen Blutacker gab, der verödet war oder als Begräbnisstätte diente. Seit dem 4. Jh. n. Chr. wird der Blutacker östlich der Stadt am unteren Ende des Hinnomtales lokalisiert, das in der Antike verrufen war und als Eingang zur Hölle galt.

Rehabilitierung des »Verräters«

In den Evangelien wird die Tat des Judas als schändlicher Akt gebrandmarkt und die Person des Verräters in dunkelsten Farben gemalt. Bei Lukas und Johannes gilt Judas als Werkzeug oder Verkörperung des Satans (Lk 22,3; Joh 13,2). Aufgrund der biblischen Berichte und ihrer Wirkungsgeschichte steht Judas bis heute allgemein für Hinterhältigkeit, Habgier und gemeinsten Verrat. Zudem wurde er im Zuge des christlichen Antijudaismus mit verhängnisvollen Folgen vielfach zum typischen Vertreter des Judentums stilisiert. In der Fachwelt erfährt die Person des Judas dagegen seit Jahrzehnten einen kontinuierlichen Imagewandel. Neben historischer Bibelkritik trug dazu die angemessene Wahrnehmung und Würdigung der Tatsache bei, dass es nach einhelliger Überzeugung der neutestamentlichen Schriften des Todes Jesu als heilsgeschichtlicher Notwendigkeit bedurfte. Das für die Tat des Judas im Neuen Testament verwendete Wort *paradidonai* hat die Grundbedeutung »dahingeben« und wird in der frühchristlichen Bekenntnistradition für die heilvolle Dahingabe Jesu durch Gott verwendet (Röm 4,25; Röm 8,32). Der Verräter Judas ist damit fest in den Heilsplan Gottes eingebunden. Wenn Jesus für die Erlösung der Welt am Kreuz sterben sollte, dann setzte Judas mit seiner von den Motiven her letztlich im Dunkeln bleibenden Handlung dieses Geschehen in Gang und beging so etwas wie heilvollen Verrat.

Judas beging eine Art heilvollen Verrat

Das gnostische Judasevangelium

Eine Sensation stellte im Jahr 2006 die Veröffentlichung des bis dahin nur dem Namen nach bekannten Judasevangeliums (MARKSCHIES/SCHRÖTER 2012, 1220-1234; BRANKAER 2017; vgl. POPKES/WURST 2012) dar, dessen geschichtlicher Wert allerdings als äußerst gering zu veranschlagen ist. Bereits Irenäus bezeugt um 180 n. Chr., dass in gnostischen Kreisen dem Verräter Judas höchste Verehrung zuteil wurde und dort ein Evangelium unter seinem Namen kursierte. Dieses Werk betrachte Judas als denjenigen Jünger, der allein im Besitz der Wahrheit gewesen sei und aufgrund der Erkenntnis, dass die wahre göttliche Macht nicht mit dem Schöpfergott des Alten Testaments gleichgesetzt werden dürfe, das Geheimnis des Verrats begangen habe (Iren., *haer.* 1,31). Mit dem nun vorliegenden koptischen Judasevangelium, das auf einer griechischen Vorlage aus der Mitte des 2. Jh. n. Chr. basiert, haben wir eine konkretere Vorstellung von dem Werk, auch wenn der Text aufgrund des katastrophalen Zustandes der Handschrift zu mehr als einem Zehntel unwiderruflich zerstört ist. Das Judasevangelium berichtet von den letzten Tagen Jesu in Jerusalem und endet mit dem Verrat des Judas. Es wartet nicht mit verlässlichen neuen Informationen über die Passionsereignisse auf, sondern deutet die Gestalt Jesu im gnostischen Sinne um. Judas hat in dem nach ihm benannten Evangelium die Führungsrolle innerhalb des Jüngerkreises inne. Er weiß als einziger um die Herkunft Jesu aus der ewigen göttlichen Welt und empfängt als engster Vertrauter Jesu Geheimnisse, die den anderen Jüngern verborgen bleiben. Nur ihm hat Jesus das zur Erlösung der unsterblichen Seele notwendige Wissen offenbar gemacht. Dabei geht es im Wesentlichen um komplexe und teilweise schwer verständliche Vorstellungen von der Erschaffung der Welt und dem Geschick des Menschen. Mit anderen gnostischen Schriften teilt das Judasevangelium die Vorstellung, dass der Schöpfergott des Alten Testament lediglich eine untergeordnete Macht ist und Erlösung die Rückkehr der im menschlichen Körper gebundenen unsterblichen Seele in die himmlische Welt bedeutet. Vor diesem Hintergrund scheint der von Judas herbeigeführte Tod Jesu nicht als verwerfliche Tat, sondern als Akt der Befreiung zu gelten, der dem Erlöser die Rückkehr aus der gottfeindlichen Welt in die himmlischen Sphären ermöglicht. Jesus sagt jedenfalls zu Judas (*EvJud* p. 56): »Du aber wirst sie alle übertreffen. Denn du wirst den Menschen, der mich trägt, opfern.«

Das dunkle Image von Judas als Prototyp des Verräters übt große Faszination auf Schülerinnen und Schüler aus und weckt ihr Interesse. Angesichts der Problematik und theologischen Komplexität der Judasthematik eignet sich diese allerdings kaum vor der späten Sekundarstufe I zur Behandlung im Religionsunterricht. Zur ersten kritischen Auseinandersetzung mit dem, was gemeinhin mit Judas verbunden wird, kann die Lehrkraft Fotos einbringen, auf denen Fußballprofis als Judas beschimpft werden, weil sie den Verein gewechselt haben. So gibt es Bilder vom ersten Auswärtsspiel, das Manuel Neuer im Trikot seines neuen Arbeitgebers Bayern München bei Schalke 04 bestritt, wo auf den Rängen diverse Transparente mit der Aufschrift »Judas« hochgehalten werden.

Didaktische Perspektiven

Das dunkle Image des Judas zieht Jugendliche in den Bann

Als Einstieg für die Beschäftigung mit der Figur des historischen Judas bieten sich Filmausschnitte aus »Jesus Christ Superstar« (1973) an, wo Judas als Kontrastfigur zu Jesus hervorgehobene Bedeutung zukommt. Die Songs »Heaven on their Minds«, »Damned for all Time«, »Blood Money« und »Judas' Death«, in denen sich die Rolle des Judas schlüssig entfaltet, lassen sich mit Hilfe von Arbeitsblättern daraufhin analysieren, welche Vorstellungen Judas vertritt, wie er sich selbst sieht und was er Jesus vorzuwerfen hat (STORZ 2009, 25-48). In einem nächsten Schritt können die Filmsequenzen als Impulse dienen, sich auf die Suche nach den Spuren des Judas im Neuen Testament zu begeben und die biblischen Aussagen über ihn mit den Texten des Musicals zu vergleichen. Vor dem Hintergrund der Beschäftigung mit den neutestamentlichen Berichten über Judas können die Schülerinnen und Schüler durch die Abfassung einer Anklageschrift gegen Judas oder einer Verteidigungsrede zu seinen Gunsten in die Rolle des verratenen Jesus oder des Verräters schlüpfen und dabei die unterschiedlichen Facetten des Judasverrats als zeitloses Problem sichtbar machen (FENSKE 2000, 135). Für die Thematisierung der theologischen Problematik vom »heilvollen Verrat« des Judas eignet sich die Auseinandersetzung mit Passagen aus dem Buch »Der Fall Judas« von *Walter Jens*, in dem provokativ eine Seligsprechung des Judas gefordert wird, weil dieser tat, was nach dem Plan Gottes getan werden musste:

»Denn ihm und keinem anderen sonst ist es zu verdanken, daß in Erfüllung ging, was im Gesetz und bei den Propheten über den Menschensohn steht [...] Ohne Judas kein Kreuz, ohne das Kreuz keine Erfüllung des Heilsplans. Keine Kirche ohne diesen Mann; keine Überlieferung ohne den Überlieferer [...] Dank sei dem Judas! Er hat getan, was getan werden mußte. Er hat gewollt, was Gottes Wille war. Einer mußte es tun – und dieser eine war Judas« (JENS 1975, 8-9).

■ Schlüsseltext 5: Die Kreuzigung Jesu (Mk 15,20b-41)

Aufbau und Inhalt von Mk 15,20b-41

Der ausführliche Bericht vom Tod Jesu (Mk 15,20b-41) stellt den vorläufigen Höhepunkt der Passionsgeschichte dar und zerfällt in vier Teile. Zunächst werden Jesu Gang nach Golgotha und seine dortige Kreuzigung geschildert (15,20b-27). Auf dem Weg zur Hinrichtungsstätte zwang das römische Exekutionskommando den zufällig vorbeikommenden Diasporajuden Simon aus Kyrene, den Vater von Alexander und Rufus, zum Tragen des Querbalkens, unter dessen Gewicht Jesus offenkundig zusammengebrochen war. Im Kidrontal wurde 1942 ein Gebeinkasten aus Kalkstein gefunden, der seitlich die Aufschrift »Alexander (Sohn) des Simon« und auf dem Deckel die Worte »Alexander (der) Kyrenäer« trägt (COTTON u.a. 2010, 344-346). Dabei dürfte es sich um den Sarg des in Mk 15,21 erwähnten Sohnes des Simon von Kyrene handeln. Weitere zentrale Motive des Erzählabschnitts Mk 15,20b-27 sind die Kleiderverteilung, die Kreuzesinschrift und die Erwähnung der beiden namenlos bleibenden Mitgekreuzigten. Die Kreuzigung selbst wird in lapidarer Kürze und ohne Mitteilung von Details geschildert. Daran schließt sich die Verspottungsszene (15,29-32) an. Nicht nur Schaulustige und Mitglieder des Hohen Rats, sondern auch die beiden Mitgekreuzigten verhöhnen Jesus und fordern ihn mit Verweis auf seine angeblichen Wunderkräfte dazu auf, doch vom Kreuz herabzusteigen. Es folgt die Schilderung des Todes Jesu (15,33-39), der von den apokalyptischen Zeichen einer Sonnenfinsternis (vgl. Am 8,9) und eines Zerreißens des Tempelvorhangs begleitet wird. Der Todesschrei Jesu und die Begleitumstände seines Sterbens veranlassen den für die Hinrichtung verantwortlichen römischen Hauptmann zu dem Bekenntnis, dass es sich bei dem Gekreuzigten um den Sohn Gottes handelte. Den Abschluss bildet die Erwähnung der Frauen um Maria Magdalena als Augenzeuginnen der Kreuzigung Jesu (15,40-41). Im Kern stammt die Erzählung Mk 15,20b-41 aus der vormarkinischen Passionsgeschichte, doch hat Markus an zahlreichen Stellen in den Text eingegriffen (GNILKA ⁵1999, 310-314).

Golgotha

Die Kreuzigung Jesu vollzog sich auf Golgotha. Dabei handelte es sich um einen weithin sichtbaren Felsen im Westen Jerusalems, der zu einem alten Steinbruch gehörte und den Römern als Hinrichtungsstätte diente. Der nur aus der christlichen Traditionsliteratur bekannte Name Golgotha bedeutet Schädel (Mk 15,22) und verdankt sich wahrscheinlich der schädelförmigen Gestalt des Felsplateaus. Unter dem Einfluss des lateinischen Wortes für Schädel (*calvaria*) hat sich für den Golgothahügel auch der Begriff Kalvarienberg eingebürgert. In den Tagen Jesu lag Golgotha (vgl. KROLL ¹²2002, 358-367; KÜCHLER 2007, 415-481) noch außerhalb der Stadtmauern. Bald darauf entstand dort im Zuge der Erweiterung Jerusalems durch Agrippa I. ein neues Wohnviertel, das mit der Dritten Mauer eingefasst wurde. Nach der Neugründung Jerusalems als Aelia Capitolina unter Kaiser Hadrian wurde das Gelände von Golgotha aufgeschüttet und auf der neu entstandenen Ebene ein Aphroditeheiligtum errichtet. Als im Jahr 325 n. Chr. im Anschluss an das Konzil von Nizäa die Suche nach den heiligen Stätten des Wirkens Jesu in Jerusalem einsetzte, kam es in unmittelbarer Nähe des Grabes Jesu auch zur vermeintlichen Wiederentdeckung des Felsens von Golgotha, der zunächst mit einem Votivkreuz versehen (Eg., *it.* 24) und im 7. Jh. beim Wiederaufbau der von den Persern zerstörten konstantinischen Grabeskirche mit einer Kapelle überbaut wurde. Nach den Evangelienberichten bot das Plateau von Golgotha Platz für drei Kreuze und war leicht zugänglich. Auf die kleine und nach den Seiten hin steil abfallende Kuppe, die seit konstantinischer Zeit als Golgotha verehrt wird, trifft beides nicht zu. Sofern der Fels nicht beim Bau der christlichen Gedenkstätten seitlich massiv behauen wurde, kommt er als Ort der Kreuzigung nicht in Betracht. Wahrscheinlich befand sich der Golgothahügel, auf dem Jesus hingerichtet wurde, an einer nicht mehr exakt lokalisierbaren anderen Stelle des Steinbruchgeländes.

Von Kreuzigungen ist in antiken Quellen häufig die Rede (SAMUELSSON 2011; COOK 2014; CHAPMAN/SCHNABEL 2015, 299-754), wobei nicht immer klar ist, ob es sich um die Kreuzigung lebender Menschen oder die meist der Abschreckung dienende postmortale Anbringung Hingerichteter am Kreuz handelt. Die schon von den Persern praktizierte Vollstreckung der Todesstrafe durch die Kreuzigung, der in der Regel eine Geißelung vorausging, war im römischen Recht die mit Abstand grausamste und unehrenhafteste Form der Hinrichtung (HENGEL 1976, 125-184; KUHN 1982, 647-793). Mit dem Tod am Kreuz ahndete die römische Gerichtsbarkeit Kapitaldelikte wie Mord, Tempelraub, Hochverrat oder Aufruhr. An zum Tode verurteilten Personen, die das römische Bürgerrecht besaßen, wurde die Kreuzigung in der frühen Kaiserzeit normalerweise nicht vollzogen, sondern das Urteil durch die vergleichsweise humanere Enthauptung vollstreckt. Bei der Kreuzigung nagelte oder band man den Verurteilten an den ausgestreckten Armen an einen Querbalken, der an einem bereits im Boden befindlichen Holzpfahl befestigt wurde. Meist stützte ein am Pfahl angebrachter Holzklotz als eine Art Sitzbrett den Körper ab. Dies diente zur Erleichterung der Leiden, verlängerte aber den Todeskampf. Der Tod trat erst nach langen Qualen durch Ersticken oder Kreislaufzusammenbruch ein. Die unter dem Namen des römischen Rhetorikers Quintilian überlieferten *Declamationes* preisen die Kreuzigung von Verbrechern als gutes Werk und fordern, dass die Kreuze zur Abschreckung an den verkehrsreichsten Straßen stehen sollten (Quint., *decl.* 274). Dieses Kriterium wurde von Golgotha erfüllt, das nahe einer stark frequentierten Ausfallstraße aus Jerusalem lag. Nicht selten verweigerten die Behörden den Hinterbliebenen die Bestattung der Hingerichteten, so dass die am Kreuz hängenden Leichname zum Fraß der Vögel wurden und einen verheerenden Anblick boten. Cicero hält schon die Erwähnung des Kreuzes für eine Sache, die eines römischen Bürgers und freien Mannes unwürdig sei (Cic., *Rab.* 5,16). Literarisch sind durch Josephus zahlreiche Kreuzigungen durch die Römer in der Provinz Judäa bezeugt. Im Jahr 1968 wurde in einem Grab im Nordosten Jerusalems der Steinsarg eines im Alter von etwa 30 Jahren verstorbenen Mannes namens Jehochanan entdeckt, dessen Knochenreste die Spuren der Kreuzigung tragen (KUHN 1982, 711-717; KÜCHLER 2007, 424-425). Dieser archäologische Fund aus dem 1. Jh. n. Chr. liefert erstmals konkrete Hinweise über die Kreuzigungstechniken, wie sie von den Römern in den Tagen Jesu in Judäa angewandt wurden. Die von einem knapp zwölf Zentimeter langen Eisennagel durchbohrten Knochen des Mannes wurden als seine beiden Fersenbeine bestimmt. Andere meinen, es handele sich ausschließlich um Teile des rechten Fußknochens. In jedem Fall deutet der Befund auf eine seitliche Befestigung der Füße am Pfahl des Kreuzes hin. An dem Nagel befanden sich noch Holzreste vom Kreuz. Spuren an der unteren Speiche des rechten Armes legen die Vermutung nahe, dass Jehochanan am Unterarm an den Querbalken angenagelt war, doch bleibt dies unsicher. Die älteste bildhafte Darstellung der Kreuzigung Jesu ist das sogenannte Spottkruzifix aus Rom, ein um 250 auf dem Palatin entstandenes Graffito (KOLLMANN ²2009, 135-140).

Der Titulus Crucis

Den synoptischen Evangelien zufolge ließ Pontius Pilatus eine Schuldtafel mit den Worten »Der König der Juden« (Mk 15,26parr.) anfertigen. Nach Darstellung des Johannesevangelium (19,19-20) trug sie in hebräischer, griechischer und lateinischer Sprache die Aufschrift »Jesus von Nazareth, der König der Juden« (lat. *Iesus Nazarenus Rex Iudaeorum* = INRI). Bei Markus bleibt der Ort der Tafel unbestimmt, nach den anderen Evangelien hing sie über dem Gekreuzigten. Die Praxis, am Kreuz eines Verurteilten eine Schuldtafel anzubringen, ist außerhalb der Evangelien nirgendwo bezeugt. Es gibt in der antiken Literatur lediglich vereinzelte Belege dafür, dass zum Tode Verurteilte auf dem Weg zum Kreuz oder in die Arena eine Schuldtafel in den Händen oder um den Hals tragen mussten, auf der die Art ihres Vergehens publik gemacht wurde (Cass. Dio, *hist.* 54,3,7; Suet., *Dom.* 10,1; Euseb, *hist. eccl.* 5,1,44; CHAPMAN/SCHNABEL 2015, 292-298). Dass das Kreuz Jesu tatsächlich einen Titulus trug, wird daher bezweifelt (REINBOLD 1994, 273-276), dürfte aber wohl doch den Tatsachen entsprechen (MAIER 1996, 58-63; COTTON u.a. 2010, 62). Bei dem 1492 in Rom in der *Basilica Santa Croce in Gerusalemme* gefundenen Bruchstück einer Holztafel, auf die in hebräischer, griechischer und lateinischer Sprache die ersten Worte der unter der Abkürzung INRI in die christliche Ikonographie eingegangenen Kreuzesinschrift des Johannesevangeliums eingeritzt sind, handelt es sich allerdings um eine spätere Fälschung. Ein Radiokarbontest führte zu dem Ergebnis, dass die Holztafel aus der Zeit um 1000 stammt.

Bei der Kreuzestafel aus Rom handelt es sich um eine Fälschung

Prägung der Passion durch Ps 22

Für die älteste Christenheit war Psalm 22 neben Jesaja 53 der Schlüssel zum Verständnis der Passionsgeschichte (SÄNGER 2007). Die gesamte Darstellung der Kreuzigung Jesu ist von Motiven aus Psalm 22 durchzogen, um die Passion Jesu im Horizont des Leidens des Gerechten zu deuten. So wird die bei Hinrichtungen übliche Verteilung der Kleider des Delinquenten unter die Soldaten, die bei Jesus Wache halten, mit Worten aus Ps 22,19 geschildert (Mk 15,24) oder explizit als Erfüllung dieses Psalmverses betrachtet (Joh 19,24). Die Verhöhnung Jesu durch die beiden Mitgekreuzigten (Mk 15,29) nimmt Motive aus Ps 22,8 auf. Jesus selbst haucht mit den Worten von Ps 22,2 »Mein Gott, mein Gott, warum hast du mich verlassen« auf den Lippen sein Leben aus (Mk 15,34). Dies bedeutet nicht, dass er in tiefster Verzweiflung starb, da immer der ganze Psalm 22 mit seinem in Dank einmündenden Lobpreis auf die Errettung des leidenden Gerechten mitzudenken ist. Obwohl scheinbar von Gott verlassen, richtet Jesus die Klageworte aus Ps 22,2 an ihn und bekundet damit, dass er auf Rettung hofft.

Das auf den Evangelisten zurückgehende Bekenntnis des Centurio markiert im Rahmen der markinischen »Messiasgeheimnistheorie« den Höhepunkt der Offenbarung der Gottessohnschaft Jesu, die sich im Markusevangelium an drei Schlüsselstellen seines Lebensweges in einer Art Stufenmodell vollzieht. Mit der Taufe durch Johannes wird Jesus in Anknüpfung an Ps 2,7 als Sohn Gottes »adoptiert« (Mk 1,11), im Zuge der Verklärung einem ausgewählten Jüngerkreis als Sohn Gottes präsentiert (9,7) und schließlich unter dem Kreuz durch den römischen Hauptmann aller Welt als Sohn Gottes proklamiert (15,39). Markus deutet somit die Geschichte Jesu von der Taufe bis zur Kreuzigung als eine Art Inthronisationsvorgang, wobei erst mit der Kreuzigung die Gottessohnschaft Jesu vollgültig offenbar wird. Es geht um eine Interpretationshilfe für die Leserinnen und Leser, die von Anfang an Kenntnis davon haben, dass es sich bei Jesus um den Sohn Gottes handelt (1,1). Wenn unter dem Kreuz ausgerechnet ein römischer Hauptmann in Jesus den Sohn Gottes erkennt, während die Repräsentanten des jüdischen Volks ihn verspotten, öffnet dies den Blick auf die Völkermission.

Das Bekenntnis des römischen Hauptmanns

Das Bekenntnis des römischen Hauptmanns öffnet den Blick auf die Völkermission

Ein gelungener Unterrichtsentwurf zur Thematisierung der Kreuzestheologie in der Grundschule (BENZ 2017, 22-27) beginnt damit, dass man in die Mitte des Stuhlkreises ein Holzkreuz auf ein schwarzes Tuch legt und ringförmig darum Denkblasen mit den Satzanfängen »Ich denke, dass ...«, »Ich frage mich ...«, »Ich glaube, Jesus ...«, »Ich möchte wissen ...« und »Ich weiß, dass ...« anordnet, die von den Schülerinnen und Schülern vervollständigt werden. Nachdem die Kinder auf diese Weise eigene Fragen und Gedanken zum Kreuzesgeschehen formuliert haben, setzen sie sich mit Antworten Gleichaltriger sowie mit biblisch-christlichen Deutungen auseinander. Dazu werden Plakate mit Meinungen, Fragen und Denkanstößen zum Tod Jesu auf Tische gelegt oder an die Wand gehängt, zu denen die Schülerinnen und Schüler Stellung nehmen und über die sie dann in Kleingruppen miteinander ins Gespräch kommen. Im Zentrum der Unterrichtseinheit steht das Nachdenken über den Gekreuzigten als Mensch und Sohn Gottes, das anhand der Arbeit mit Bildern aus der Kunst geschieht. Die Kinder wählen ein Bild vom Gekreuzigten aus und versehen es mit einer Sprechblase, in der sie die Empfindungen Jesu zum Ausdruck bringen, bevor sie ein eigenes Bild des Gekreuzigten gestalten. Um die heutige Erfahrungswelt einzubeziehen, wird abschließend in Form der Gestaltung von Mitleidskarten nach der Bedeutung des Mitleidens Gottes und des Leidens Jesu für Menschen in Leidsituationen gefragt.

Didaktische Perspektiven für die Primarstufe

Für die Sekundarstufe I/II kommt eine symboldidaktische Erschließung der Kreuzesthematik in Betracht, die bei Kreuzen im Lebensumfeld der Jugendlichen, beispielsweise Kreuzanhängern, Kruzifixen oder bildlichen Darstellungen von Kreuzen, einsetzt und unter Einbeziehung des Passionsberichtes (Mk 15,20-41parr.) das Kreuz Jesu als Symbol des Leidens, des Protestes, der Nähe Gottes und der Hoffnung erschließt (BIEHL u.a. 1993, 172-218). Zur Auseinandersetzung mit der Frage nach der Bedeutung des Kreuzesgeschehens für junge Menschen des 21. Jh. bietet sich ein aus fünf Modulen bestehender Unterrichtsentwurf an, der den Schülerinnen und Schülern die Begegnung mit einer großen Bandbreite an Interpretationen des Todes Jesu ermöglicht und ihnen vielfältige Anreize gibt, vor dem Hintergrund ihrer Lebenswelt eine eigene, für sie tragfähige Deutung zu

Didaktische Perspektiven für die Sekundarstufe I/II

entwickeln (HANDKE/KRASSELT-MAIER/WITTEN 2018, 2-32). Dabei lernen die Jugendlichen neben traditionellen biblisch-theologischen Deutungen des Todes Jesu auch das Modell einer Christologie ohne Sühnopfertod kennen. Eine andere Möglichkeit ist, dass die Schülerinnen und Schüler Interpretationen des Todes Jesu im Neuen Testament mit Kreuzigungsdarstellungen in der bildenden Kunst vergleichen und sich auf diesem Weg existenziell mit der Bedeutung des Kreuzes auseinandersetzen (LÖFFLER 2017, 46-53). Dazu eignen sich beispielsweise die Kreuzigungsszene des Isenheimer Altars (1516) von *Matthias Grünewald*, die »Kreuzigung« (um 1635) von *Guido Reni* oder der provokative »Tanz ums Kreuz« (1991) von *Georg Baselitz* mit dem kopfunter am Kreuz hängenden Christus. Im Zuge des interreligiösen Dialogs wie auch der eigenen christlichen Selbstvergewisserung hinsichtlich der Interpretation des Kreuzes bietet sich eine Analyse der konträren kreuzestheologischen Aussagen von *Dorothee Sölle* und *Jürgen Moltmann* und deren Vergleich mit den Thesen von *Navid Kermani* an (JEUB 2017, 54-58), der als Muslim zwar Respekt vor den das Kreuz anbetenden Menschen bekundet, die christliche Kreuzestheologie aber für Gotteslästerung hält und sich von ihr in gleicher Weise abgestoßen fühlt wie von eigenen schiitischen Traditionen. Diese kontrovers diskutierten Äußerungen können den Ausgangspunkt für eine vertiefte Beschäftigung mit den Aussagen des Korans darstellen, dass Gott Jesus vor einem gewaltsamen Tod durch Menschenhand bewahrte (Sure 5,110) und es den Feinden Jesu nur so vorkam, als hätten sie ihn gekreuzigt (Sure 4,157).

X. Die Auferstehung Jesu (Ostern)

Ostern gilt zu Recht als das Urdatum der christlichen Kirche. Nachdem mit der Kreuzigung auf Golgotha die Mission Jesu gescheitert zu sein schien, behielt die Hoffnungslosigkeit seiner Anhänger nicht das letzte Wort. Mit dem Ostergeschehen erfolgte ein Neuanfang, der zur Entstehung der Kirche führen und die Weltgeschichte nachhaltig verändern sollte. Entscheidend für diesen Umschwung war die für alle neutestamentlichen Schriften zentrale Botschaft, dass Gott seinen Sohn nicht im Stich gelassen, sondern von den Toten auferweckt hatte. Für Paulus entscheidet die Haltung zur Auferstehung Jesu über Sinn oder Sinnlosigkeit des gesamten christlichen Glaubens. Wenn Christus nicht von den Toten auferstanden ist, wird es auch keine Auferstehung der Christen geben und aller Glaube ist nichtig (1 Kor 15,12-19). Allerdings zählen die Osterüberlieferungen zu den schwierigsten Texten des Neuen Testaments und werfen eine Vielzahl historischer wie theologischer Fragen auf, die auch bei der Thematisierung der Auferstehung Jesu in der religionspädagogischen Praxis zu berücksichtigen sind.

Ostern als Urdatum der Kirche

■ Ablauf und Bewertung der Osterereignisse

Bei den neutestamentlichen Zeugnissen von der Auferstehung Jesu lassen sich mit den Geschichten vom leeren Grab, den Erzählungen von Erscheinungen des Auferstandenen und den Bekenntnisformeln aus der Briefliteratur unterschiedliche Traditionsstränge ausmachen. Die Geschichten vom leeren Grab (Mk 16,1-8parr.) berichten davon, wie Maria Magdalena allein oder an der Spitze einer Frauengruppe am Ostermorgen das Grab Jesu ohne dessen Leichnam vorfindet und aus dem Mund eines Engels die Botschaft von der Auferstehung Jesu empfängt. Bei Matthäus rankt sich um die Geschichte vom leeren Grab zudem auch die apologetische Legende von der Grabwache und deren Bestechung (Mt 27,62-66; 28,11-15). Die Erzählungen von Erscheinungen (Epiphanien) Jesu sind dadurch gekennzeichnet, dass sich der auferstandene Herr seinen Anhängern leibhaftig zeigt. Dabei kann man zwischen Beauftragungserscheinungen, in denen ein Auftragswort Jesu die Pointe bildet (Mt 28,16-20; Joh 21,19-23; 21,15-18), und Rekognitionserscheinungen, in denen das Wiedererkennen Jesu im Mittelpunkt steht (Lk 23,13-35; 24,36-43), unterscheiden. Das Markusevangelium in seiner ältesten Fassung kannte noch keine Erscheinungsberichte. Sie finden sich erst im sekundären Markusschluss (Mk 16,9-20), der zwar von der überwältigenden Mehrheit der griechischen Bibelhandschriften geboten wird, aber im Codex Vaticanus und Codex Sinaiticus als den beiden ältesten Textzeugen für das komplette Markusevangelium fehlt und damit nach allgemeiner Überzeugung (anders Lunn 2015) eine Erweiterung darstellt. Eine Besonderheit des Matthäus- und Johannesevangeliums liegt darin, dass es dort direkt am leeren Grab auch bereits zu einer Erscheinung des Auferstandenen kommt (Mt 28,9-10; Joh 20,11-18). In Bekenntnisformeln, die das christologische Heilsgeschehen in äußerster Knappheit auf den Punkt bringen, wird der Glaube an die Auferstehung Jesu (1 Thess 4,14) bzw. an die Auferweckung Jesu durch Gott (Röm 4,24; 10,9;

Überlieferungsbefund

Markus wusste noch nichts von Epiphanien des Auferstandenen

Gal 1,1) ohne Erwähnung weiterer Details festgehalten. Während das Motiv des leeren Grabes Jesu in der Bekenntnistradition völlig fehlt, sind Erscheinungen des Auferstandenen zumindest in 1 Kor 15,5-7 erwähnt. Über die Frage, wo sich die Erscheinungen Jesu vor den Aposteln zutrugen (Jerusalem oder Galiläa?) und wer die Ersterscheinung des auferstandenen Herrn empfing (Maria Magdalena oder Petrus?), machen die Quellen unterschiedliche Angaben. Der Sache nach gehört auch das Damaskuserlebnis des Paulus zu den österlichen bzw. nachösterlichen Erscheinungstraditionen (1 Kor 15,8). Zudem hat sich im Bereich der apokryphen Evangelien eine ganze Literaturgattung herausgebildet, die Gespräche des Auferstandenen mit seinen Anhängern zum Inhalt hat (MARKSCHIES/ SCHRÖTER 2012, 1051-1219). Die bekanntesten Schriften dieser Art sind das Evangelium der Maria, die Sophia Jesu Christi, die Pistis Sophia und die Epistula Apostolorum. Dabei handelt es sich allerdings durchweg um fiktive Werke, die nichts zur geschichtlichen Erhellung der Auferstehung Jesu beitragen.

Antike Kritik am Glauben an die Auferstehung Jesu

Die neutestamentlichen Aussagen von der Auferstehung Jesu sahen sich bereits in der Antike massiver Kritik seitens der Gegner des Christentums ausgesetzt. Wie das Matthäusevangelium (Mt 28,11-16), Justin (*dial.* 108,2) und Tertullian (*spect.* 30) zeigen, brachte man gegen die Geschichten vom leeren Grab sehr bald vor, dass die Jünger den Leichnam Jesu gestohlen hätten. Bei dem platonischen Philosophen Celsus, dessen um 180 n. Chr. entstandene Streitschrift gegen das Christentum aus der Widerlegung des Origenes in Grundzügen erhalten blieb, begegnet die Hypothese vom Scheintod Jesu. Jesus habe sich gezielt den Blicken der Menschen entzogen und sei später wieder erschienen, um seine Auferstehung von den Toten vorzutäuschen (Orig., *Cels.* 2,56). An anderen Stellen seines Werks betrachtet Celsus die österlichen Christusvisionen der Jesusanhänger als subjektive Trugbilder irregeleiteter Phantasie (Orig., *Cels.* 2,55.59) oder Erscheinungen eines schattenhaften Geistes (3,22.24). In diesem Zusammenhang wird von den Christengegnern auch der Vorwurf erhoben, Jesus sei nur unbedeutenden und im Zwielicht stehenden Personen wie Maria Magdalena und Petrus erschienen, nicht aber Angehörigen der jüdischen Aristokratie oder Mitgliedern des römischen Senats (Porph., *fragm.* 64; vgl. Orig., *Cels.* 2,55.59). Für Celsus sind die biblischen Berichte vom leeren Grab und den Erscheinungen ohnehin kein Beweis für die Göttlichkeit Jesu, da etliche Gestalten der Antike ähnliche Taten vollbracht hätten, ohne deshalb als Götter verehrt zu werden (Orig., *Cels.* 2,55; 3,26.31-33).

Für die Christengegner sind die Erscheinungen Jesu Produkte der Phantasie

Rationalistische Erklärungen

Die neuzeitliche Diskussion über den historischen Gehalt des Osterglaubens (THEISSEN/MERZ ⁴2011, 416-422) setzte mit rationalistischen Deutungsmustern ein, die an der Tatsache eines leeren Grabes Jesu nicht zweifelten, aber nach einer mit der kritischen Vernunft vereinbaren und ohne das Wunder der Auferstehung auskommenden Erklärung suchten. Der Orientalist *Hermann Samuel Reimarus* (1694-1768) witterte in seinem 1778 posthum von *Gottfried Ephraim Lessing* veröffentlichten Werk »Vom Zwecke Jesu und seiner Jünger« Betrug und vertrat die Auffassung, dass die Jünger den Leichnam Jesu gestohlen hätten, um seine Auferstehung vortäuschen zu können. Rationalistische Theologen wie *Carl Friedrich Bahrdt* (1741-1792) und *Heinrich Eberhard Gottlob Paulus* (1761-1851) gingen davon aus, dass der Gekreuzigte lediglich ohnmächtig war und in eine totenähnliche Starre fiel. Diese Scheintodspekulation zieht sich bis in die Gegenwart durch die populärwissenschaftliche Jesusliteratur und liefert den Stoff für bizarre Legenden, dass Jesus als alter Mann in Kaschmir, Südfrankreich oder auf der Festung Massada sein Leben aushauchte (vgl. KOLLMANN ²2009, 71-77.180-192). Neben Leichnamsdiebstahl und Scheintod begegnet als weitere rationalistische Theorie für das leere Grab die These von der ohne Kenntnis der Jünger erfolgten Umbettung des Leichnams Jesu, die beispielsweise mit *Heinrich Julius Holtzmann* (1832-1910) einen bedeutsamen Vertreter hat.

David Friedrich Strauß (1808-1874) gebührt das Verdienst, auf die Traditionen von den Erscheinungen des Auferstandenen vor seinen Jüngern als historischen Ursprung des Osterglaubens aufmerksam gemacht zu haben, während die Geschichten vom leeren Grab eine sekundäre Entwicklung darstellten und sich deren rationalistische Deutungen daher von selbst erledigten. Die Erscheinungsberichte beruhen für Strauß darauf, dass die Jünger den Anstoß des Kreuzestodes Jesu durch Visionen des Auferstandenen überwunden und bewältigt hätten, wie sie frommer Enthusiasmus in Belastungssituationen leicht hervorbringen könne. Auch *Hans Graß* (1909-1994) verwirft die Geschichten vom leeren Grab als unhistorisch und sieht in den Christusvisionen das Fundament des Ostergeschehens, setzt aber deren Betrachtung als subjektiver Trugbilder eine objektive Visionstheorie entgegen. Der visionäre Charakter der Christusbegegnungen beruhe nicht auf einer Selbsttäuschung der Jünger, sondern auf dem Handeln Gottes, der Christus auferweckt und einem Kreis auserwählter Zeugen offenbar gemacht habe (GRASS 1956, 185).

Subjektive und objektive Visionstheorie

Die untrennbar mit *Rudolf Bultmann* (1884-1976) verbundene kerygmatische Interpretation des Ostergeschehens sieht dessen entscheidende Bedeutung in der existenzialen Begegnung des modernen Menschen mit dem in der Verkündigung präsenten gekreuzigten und auferstandenen Christus. Die Geschichte vom leeren Grab stelle »eine ganz sekundäre Bildung« dar und auch die Erscheinungsberichte seien durch Motive der Dogmatik und Apologetik geprägt (BULTMANN ⁹1979, 308-316). Ein mirakulöses Naturereignis wie das Lebendigmachen eines Toten gehöre zu dem für den modernen Menschen überholten mythischen Weltbild der Antike und lasse sich auch durch noch so viele Zeugen nicht als objektives Faktum erweisen. Historisch fassbar sei beim Osterereignis nur der Glaube der ersten Jünger an den Auferstandenen, in dem die christliche Verkündigung ihren Ursprung habe (DERS., ⁴1960, 44-48). Wie dieser Osterglaube entstand, sei durch die Legende verdunkelt und sachlich von keiner Bedeutung. Die Gemeinde habe das Ärgernis des Kreuzes überwinden müssen und dies im Osterglauben getan. Dessen Sinn mache aus, an den im Wort der Verkündigung (Kerygma) gegenwärtigen Christus zu glauben. Jesus sei »ins Kerygma« auferstanden. Die Bedeutung und Wahrheit, die der christliche Auferstehungsglaube unabhängig vom mythischen Weltbild der Antike in sich berge, liege darin, dass der Tod nicht das Versinken in das Nichts sei, sondern dass Gott als der ständig auf uns Zukommende dies auch in unserem Tod tun werde.

Kerygmatische Deutung

Der Osterglaube überwindet das Ärgernis des Kreuzes

Im 19. Jh. erfreute sich die von Strauß inspirierte Deutung der Ostervisionen als psychologischer Bewältigung des nicht in die traditionelle Messiaserwartung passenden Kreuzestodes Jesu Christi großer Beliebtheit. Im ausgehenden 20. Jh. entwickelte *Gerd Lüdemann* in Anknüpfung daran eine tiefenpsychologische Deutung der Erscheinungen Jesu vor Petrus, dem Zwölferkreis, den 500 Brüdern

Tiefenpsychologische Deutung

und Paulus (1Kor 15,5-8), in denen er den ältesten Kern des Osterglaubens sieht (LÜDEMANN 1994, 112-141.209-215). Die Geschichte vom leeren Grab sei dagegen eine apologetische Legende, die man später noch um Erscheinungen Jesu vor den Frauen am Grab ergänzt habe. Die Ostervision des Petrus ist für Lüdemann Bestandteil des Trauerprozesses, den der Apostel angesichts der unbewältigten Schuld der Verleugnung (Mk 14,66-72) und des abrupten Todes Jesu durchlitt. Petrus hatte sich Jesus gegenüber schuldig gemacht und durch den Kreuzestod war die Möglichkeit einer Klärung der Angelegenheit verbaut. Nach Erkenntnissen der Trauerpsychologie kommt es bei Trauernden nicht selten zu einer visuellen Vergegenwärtigung der verstorbenen Person, da sich das Unbewusste nicht mit deren Tod abfinden will. Oftmals spielen dabei ein plötzlicher Tod und eine mit Schuldgefühlen verbundene ambivalente Beziehung zu dem Verstorbenen eine wichtige Rolle. Vor diesem Hintergrund betrachtet Lüdemann die Ostervision des Petrus als Akt des Trauergeschehens, in dem Petrus durch das Sehen Jesu für sich Vergebung erfahren habe und zu einem tieferen Verständnis der Bedeutung Jesu gelangt sei. Diese Erstvision soll dann förmlich »ansteckend« gewirkt haben, indem die übrigen Jünger von Petrus mitgerissen wurden und ebenfalls Jesus sahen. Bei der Erscheinung des Auferstandenen vor den 500 Brüdern (1Kor 15,6) handele es sich um eine enthusiastische Kollektivhalluzination, wie sie aus Forschungen zur Massenpsychologie bekannt sei. Auch das Damaskuserlebnis des Paulus erklärt sich Lüdemann tiefenpsychologisch. Paulus habe sich insgeheim vom christlichen Evangelium der Liebe angezogen gefühlt, diesem Begehren aber zunächst nicht nachgegeben und den inneren Zwiespalt durch unerbittliche Verfolgung der Christen zu bewältigen versucht. Vor Damaskus sei es dann in Form einer Christusvision mit vorübergehender hysterischer Blindheit zum katastrophenartigen Durchbruch der lange verdrängten Sehnsucht gekommen.

Sind die Ostervisionen nur Begleiterscheinungen eines Trauerprozesses?

Aus kulturanthropologischer oder sozialpsychologischer Perspektive werden die visionären Ostererfahrungen der Anhänger Jesu von *John J. Pilch* als Erfahrungen eines veränderten Bewusstseinszustands (*alternate state of conciousness, ASC*) interpretiert, wie sie 80% der damaligen mediterranen Bevölkerung auch ohne die Benutzung von Drogen oder anderen Stimulanzien zugänglich gewesen sei. Die Visionäre hätten Jesus in einer anderen Wirklichkeit gesehen und dies so interpretiert, dass Gott ihn vom Tod auferweckt habe (PILCH 2002, 39-42; 2011, 146-163). *Pieter F. Craffert* sieht in den Ostervisionen der Jünger die logische Konsequenz der Praxis Jesu, sich und seine Anhänger regelmäßig in veränderte Bewusstseinszustände versetzt zu haben, wobei nun allerdings Jesus selbst als Gesehener zum Gegenstand der ASC-Erfahrungen geworden sei (CRAFFERT 2008, 383-419). Dabei zieht Craffert in Erwägung, dass Jesus zu Lebzeiten mit seinen Leidens- und Auferstehungsankündigungen (Mk 8,31; 9,31; 10,33-34) zu den ASC-Erfahrungen der Jünger nach seinem Tod beitrug.

Kulturanthropologische Zugänge

Während sich seit Strauß die Diskussion um die Grundlagen des Osterglaubens auf die Erscheinungstraditionen fokussiert und die Entdeckung des leeren Grabes für eine spätere Legende gehalten wird, gibt es auch immer wieder Versuche, die Tradition vom leeren Grab als ältesten Kern der Osterüberlieferung zu rehabilitieren (vgl. vgl. THEISSEN/MERZ ⁴2011, 40-41). *Hans von Campenhausen* (1903-1989) brachte eine Reihe wichtiger Argumente für die Historizität der

Rehabilitierung der Geschichte vom leeren Grab

Entdeckung des leeren Grabes (Mk 16,1-8) und für die zeitliche wie sachliche Priorität der Grabesgeschichte gegenüber den Erscheinungsüberlieferungen vor. Auch für *Wolfhart Pannenberg* (1928-2014) gibt es gute Gründe, von einem historischen Kern der Geschichte vom leeren Grab auszugehen. Allerdings bleibe das leere Grab ohne die Erscheinungstraditionen, bei denen es sich um objektive Zeugnisse für die Realität des Ostergeschehens und nicht um subjektive Visionen handele, mehrdeutig.

Die historische Rückfrage nach den Ereignissen, die zum Osterglauben führten, lässt sich nicht ausblenden, sondern erweist sich als unumgänglich. Dabei fokussiert sich die Diskussion um die Grundlagen des Glaubens an die Auferstehung Jesu zu Recht auf die Erscheinungstraditionen. Auch wenn sich die Geschichte vom leeren Grab nicht vorschnell als ungeschichtliche Legende beiseite schieben lässt, kommt ihr keine Beweiskraft zu, wie dessen bereits in der Antike belegte Erklärung durch Leichnamsdiebstahl oder Scheintod Jesu zeigt. Die alte Bekenntnistradition kannte das leere Grab nicht oder hielt seine Erwähnung für bedeutungslos. Zudem lässt sich die leibliche Auferstehung auch ohne leeres Grab denken, da der Auferstehungsleib Jesu nach paulinischem Verständnis als neugeschaffener himmlischer Leib nicht mit seinem irdischen Leib identisch war (1Kor 15,45-49). Vor diesem Hintergrund ist es ganz richtig, wenn Graß den Eifer, mit dem man sich in der Auferstehungsapologetik immer wieder auf das leere Grab und dessen Nachweis stürzte, als »ungesund« bezeichnete und die Wirklichkeit des leeren Grabes nicht als einen Punkt betrachtete, mit dem der christliche Glaube steht oder fällt. »Gott brauchte das Grab nicht leer zu machen, um sein Osterwunder zu tun. Gott konnte auch Jesus einen Auferstehungsleib geben, ohne die Elemente seiner irdischen Leiblichkeit einzubeziehen« (GRASS 1956, 185). Der entscheidende Bezugspunkt des Osterglaubens sind damit die Überlieferungen von Begegnungen mit dem Auferstandenen. Dass es sich um objektive Visionen handelte, ist nicht beweisbar. Umgekehrt lassen sich die Ostererfahrungen der Anhänger Jesu aber auch nicht vorschnell als subjektive Trugbilder oder Halluzinationen abtun, die sich dem Prozess des Trauerns oder der Erfahrung eines veränderten Bewusstseinszustands verdanken. Über die seelische Verfassung oder vermeintliche ASC-Erfahrungen der Auferstehungszeugen lassen sich nur Spekulationen anstellen. Ebenso willkürlich ist es, die Auferstehung Jesu allein deshalb in Frage zu stellen, weil sie dem vernunftbetonten Weltbild der Moderne widerspricht. Diesbezüglich wird zu Recht darauf hingewiesen, dass es unterschiedliche Zonen der Wirklichkeit gibt und Gottes Handeln in der Geschichte nicht kategorisch ausgeschlossen werden kann. Wie bei vielen Gerichtsverhandlungen lässt sich bei den Ostererscheinungen das tatsächliche Geschehen nicht beweisen, sondern man ist auf Zeugenaussagen verwiesen und steht vor der Frage, inwieweit diesen Glauben geschenkt werden kann. Immerhin basiert die alte Bekenntnistradition aus 1Kor 15,5-7 auf dem Zeugnis von mehreren hundert Personen, die beteuerten, den auferstandenen Herrn gesehen zu haben. Die Mehrzahl von ihnen war zu der Zeit, als Paulus den ersten Korintherbrief schrieb, noch am Leben (1Kor 15,6) und konnte zu ihrer Christuserscheinung befragt werden.

Marginalien:
- Zusammenfassende Bewertung
- Die Fokussierung auf das leere Grab Jesu als Auferstehungsbeweis ist »ungesund«

■ Didaktische Perspektiven der Ostergeschichten

Bedeutungsverlust der Auferstehung Jesu im Unterricht

In Analogie zur Passion Jesu wird auch bei der Auferstehung Jesu das eklatante Missverhältnis zwischen ihrer zentralen Bedeutung für die christliche Theologie einerseits und ihrer untergeordneten Rolle in der Religionspädagogik andererseits beklagt. Während in der Evangelischen Unterweisung und im Hermeneutischen Religionsunterricht Kreuz und Auferstehung Jesu noch eminent wichtige theologische Themen darstellten, hätten sie mit dem Problemorientierten Religionsunterricht ihre dominante Stellung verloren und seien vor allem in den höheren Schulstufen in den Hintergrund getreten (RICKERS 2001, 1115-1117). Hinzu kommen erhebliche Verständnisschwierigkeiten und Zweifel, welche die Berichte von der Auferstehung Jesu bei Kindern und Jugendlichen hervorrufen.

Empirische Studien in der Primarstufe

Empirische Untersuchungen vermitteln einen Eindruck von der ambivalenten Haltung der Schülerinnen und Schüler zur Osterbotschaft, zeigen aber auch, dass die Auferstehung Jesu für die meisten ein spannendes Thema ist. *Gottfried Orth* und *Helmut Hanisch* ziehen aus ihren Interviews mit Neun- bis Elfjährigen über Glaubensfragen das Resümee, dass die Auferstehung Jesu eine größere Zahl von Kindern beschäftigt als der Tod Jesu, sich jedoch vielfach als Stolperstein auf dem Weg zum Glauben an Jesus erweist. Für Norbert steht fest, dass Jesus »halt wieder auferstanden« und zum Vater zurückgekehrt ist, und Jakob versucht die Auferstehung Jesu mit dem Bild des Lichts verständlich zu machen. Bei Liesel hingegen »wechselt es immer«, ob sie an die Auferstehung Jesu glaubt oder nicht, und Klaus hält sie für »ziemlich schlecht glaubbar«, zumal er vom Leichnam Jesu vermutet, »daß den jemand weggetragen hat und woanders vergraben hat, daß einer den einfach woanders hingeschleppt hat« (ORTH/HANISCH 1998, 152-153). *Christian Butt* geht in seiner auf dem Feld der Kindertheologie angesiedelten Untersuchung der Frage nach, wie Schulkinder in der vierten Klasse in Gruppendiskussionen und schriftlichen Ausarbeitungen mit den neutestamentlichen Auferstehungsgeschichten umgehen und welche Vorstellungen von der Auferstehung Jesu sie in Auseinandersetzung mit den Texten entwickeln (BUTT 2009, 67-296). Als Basis des Denkens der Viertklässler über die Auferstehung Jesu macht er eine christologische Zwei-Naturen-Lehre aus, die sowohl die göttlichen als auch die menschlichen Eigenschaften Jesu anspreche. Die Historizität der Ostererzählungen sei ein wichtiges Thema, wobei immer wieder Fragen und Zweifel an der Auferstehung Jesu laut würden, in manchen Diskussionsbeiträgen der Kinder aber auch die historische von der den Glauben betreffenden Ebene unterschieden werde. Unter dem Strich kommt Butt zu dem Ergebnis, dass Kinder im ausgehenden Grundschulalter als »Exegeten« großes Engagement und beachtliche Kompetenz bei der Auslegung der Ostererzählungen zeigen.

> Bei Liesel »wechselt es immer«, ob sie an die Auferstehung Jesu glaubt oder nicht

»Kinder haben an dem kindertheologischen Gespräch über die Auferstehung Jesu großes Interesse und sind dafür leicht ansprechbar. Die Schülerinnen und Schüler entwickeln mit Hilfe der gelesenen biblischen Texte, ihrem vernetzten biblischen Wissen und durch eigene Gedankenkonstruktionen zur Auferstehung Jesu unterschiedliche Denkwege, denen gemeinsam ist, dass sie alle eine christologische Bestimmung als Ausgangspunkt haben. Kirchliche Traditionen oder auch theologische Lehre spielen in diesem Zusammenhang eine untergeordnete Rolle. Die entstandenen Denkwege beeindrucken durch ihr klares, nachvollziehbares theologisches Denken.« (ebda., 295)

Nach der im sechsten Jahrgang eines evangelischen Gymnasiums durchgeführten Untersuchung von *Helmut Hanisch* und *Siegfried Hoppe-Graff* zur Rezeption von Jesusbildern und Christusvorstellungen kannten zwar die meisten der seit Beginn ihrer Schulzeit am Religionsunterricht teilnehmenden Jugendlichen biblische Berichte von der Auferstehung Jesu, waren aber nicht in der Lage, sie mit anderen Teilbereichen der Christologie zu vernetzen und in die Entfaltung ihrer Vorstellungen über Jesus einzubeziehen. Ebenfalls befragte Fünftklässler eines städtischen Gymnasiums, die am Ethikunterricht teilnehmen, konnten die Osterberichte meist nur unpräzise oder bruchstückhaft wiedergeben und versahen sie teilweise mit eigenwilligen Interpretationen (HANISCH/HOPPE-GRAFF 2002, 116-117.181). Die nach den christologischen Vorstellungen von Elftklässlern in Religionskursen an Gymnasien fragende und auf 386 Aufsätzen zum Thema »Was ich von Jesus denke« basierende Studie von *Tobias Ziegler* kommt zu dem Ergebnis, dass die Aneignung der Auferstehungsaussagen für die meisten Jugendlichen eher problematisch ist. Jesu Auferstehung werde nur von 40% der Jugendlichen erwähnt, wobei ein Drittel der Befragten Zweifel an ihrer Wahrheit bekunde, während ein anderes Drittel in ihr ausdrücklich einen Beweis für ein Leben nach dem Tod oder für die Existenz Gottes sehe (ZIEGLER 2006, 308-310).

Für die didaktische Erschließung der Auferstehung Jesu bieten sich unterschiedliche Wege an (LACHMANN 1999, 31-40). Im *sachkundlichen Ansatz* geht es darum, dass Kinder und Jugendliche die Erzählungen von der Auferstehung Jesu als Quelle des Osterfestes wahrnehmen und zwischen biblischen Inhalten von Ostern und nicht spezifisch christlichen Motiven wie dem Osterhasen oder dem Osterei unterscheiden können. Der *biblisch-theologische Ansatz* bemüht sich darum, durch die vertiefte Beschäftigung mit den neutestamentlichen Ostertexten einen Zugang zur Botschaft von der Auferstehung Jesu herzustellen und deren Hoffnungspotenzial zu erschließen, das in der exemplarischen Überwindung der Todesmacht durch den auferweckten Christus als »Erstling der Entschlafenen« (1Kor 15,20) liegt. In diesem Zusammenhang bietet sich auch das Herausarbeiten von Gemeinsamkeiten wie Unterschieden in den Ostergeschichten an. Dabei ist darauf zu achten, dass neben der Rückfrage nach dem historischen Ursprung des Osterglaubens die aktuelle Lebensrelevanz der Auferstehungsbotschaft nicht aus dem Blick gerät und die hermeneutische Kompetenz einer Interpretation der biblischen Ostertexte als existenziell bedeutsamer Glaubenszeugnisse gefördert wird. Der *erlebnisorientierte oder erfahrungsbezogene Ansatz* stellt die Osterbräuche und Begehung des Osterfestes in den Mittelpunkt, um die Osterfreude einzufangen und den Schülerinnen wie Schülern an Phänomenen aus ihrer eigenen Lebenswelt die Bedeutung von Ostern als des von Freude erfüllten Festes der Auferstehung Jesu zu vermitteln. Dabei kann der Religionspädagogik der eigentlich kritisch zu betrachtende Sachverhalt zugute kommen, dass Ostern im Zuge der Kommerzialisierung zunehmend zu einer Art »Weihnachten im Frühling« mutiert und damit verstärkt in den Schülerfokus rückt. Mit dem *symboldidaktischen Ansatz* lässt sich die Symbolkraft, die Osterei, Osterwasser, Osterhase, Osterkerze, Osterfeuer und Osterlamm als Zeichen für Licht, Fruchtbarkeit oder neues Leben innewohnt, als Verstehensbrücke für die Erschließung des tieferen Sinns der Ostergeschichten und des Ostergeschehens nutzbar machen.

»Auferstehung sehen lernen«

Den empirischen Studien zufolge sind allerdings viele Schülerinnen und Schüler kaum in der Lage, Verbindungslinien von der Auferstehung Jesu zur allgemeinen Totenauferstehung oder zum eigenen postmortalen Ergehen herzustellen (Butt 2009, 277-279). Für eine auf die eigene Existenz bezogene Aneignung der Ostergeschichten erweist sich deren von *Ingo Baldermann* geforderte Einbindung in ein umfassendes Konzept von »Auferstehung sehen lernen« als bedeutsam, das vor dem Hintergrund kindlicher Todesangst oder Erfahrungen mit dem Tod auf ein entdeckendes Lernen an biblischen Hoffnungstexten abzielt (Baldermann 1996, 198-233; ders. 1999, 1-132). Erste notwendige Schritte auf dem Weg, Auferstehung zu lernen, seien ein emotionales Eintauchen in die Welt der Klagepsalmen, in denen sich die Erfahrung der Schönheit des Lebens mit der Erfahrung der Härte des Todes zu einer der Todesmacht standhaltenden Gottesgewissheit verbinde, und die Begegnung mit den von der Wiederaufrichtung Kranker oder Verstorbener handelnden Wundergeschichten, die mit ihren fragmentarischen Entwürfen von Erlösung und Befreiung Vorauserfahrungen der Auferstehung beinhalten. Die Ostergeschichten selbst seien als Geschichten der Erwartung und Hoffnung zu vermitteln, die mit ihren Bildern neu erweckten Lebens in eine von der Todeserfahrung geprägte Welt hineingeschrieben seien und mit ihrer Gegenerfahrung unsere Wirklichkeit verwandelten. Auferstehung warte nicht erst am Ende des Lebens und jenseits dieser Welt auf uns, sondern verwandle schon jetzt Todeserfahrung in die Ahnung neuen Lebens. Man könne den Schülerinnen und Schülern im Unterricht zwar nicht die Begegnung mit dem Auferstandenen vermitteln, sie aber mit den biblischen Erfahrungsmustern der Hoffnung ausstatten und so dazu befähigen, im Angesicht des allgegenwärtigen Todes die Wirklichkeit der Auferstehung für sich selbst zu entdecken.

Didaktisch ist das Hoffnungspotenzial der Ostergeschichten zu erschließen

■ Schlüsseltext 1: Entdeckung des leeren Grabes (Mk 16,1-8)

Aufbau und Inhalt von Mk 16,1-8

Die Einleitung der Erzählung (16,1-4) handelt von dem durch die Salbungsabsicht motivierten Gang zum Grab und der Entdeckung des wider Erwarten offenen Eingangs der Grabkammer. Nach dem mit Sonnenuntergang eingetretenen Ende des Sabbats kaufen Maria von Magdala und Maria, die Mutter des Jakobus, sowie Salome wohlriechende Öle zur nachträglichen Salbung Jesu. Die drei Frauen sind den Leserinnen und Lesern des Markusevangeliums bereits als Beobachterinnen der Kreuzigung Jesu bekannt (Mk 15,40), zwei von ihnen sollen zudem Augenzeuginnen der Grablegung Jesu gewesen sein (Mk 15,47). Am nächsten Tag begeben sich die Frauen in aller Frühe zum Grab. Ihr Gespräch auf dem Weg dorthin kreist um das Problem des Verschlusssteins, der den Zugang zum Grab blockiert. Umso größer ist die Überraschung, dass der Stein, dessen Größe nochmals eigens betont wird, bereits weggewälzt wurde. Im Zentrum der Erzählung steht dann die Angelophanie (16,5-7). Beim Betreten des Grabes finden die Frauen einen Jüngling vor, dessen leuchtendes Gewand ihn als himmlisches Wesen kennzeichnet. Dass Engel in Gestalt von Jünglingen oder Männern auf der Erde wandeln, ist im antiken Judentum eine vertraute Vorstellung (*2Makk* 3,26.33; *Tob* 5,9). Das Entsetzen der Frauen stellt die stilgemäße Reaktion auf die Begegnung mit dem Göttlichen dar. Der Jüngling fordert die Frauen auf, nicht zu erschrecken, und verkündigt ihnen die frohe Botschaft der Auferweckung Jesu, des Nazareners und Gekreuzigten, durch Gott (*Passivum Divinum*). Auf die Proklamation der Osterbotschaft folgt ein Beauftragungswort des Jünglings an die Frauen. Sie sollen dem Jüngerkreis um Petrus ausrichten, dass Jesus ihnen in Galiläa erscheinen wird. Damit schließt sich der Kreis, denn Galiläa ist im Markusevangelium als Schwerpunkt des Wirkens Jesu gewissermaßen die Heimat und der Ursprungsort des Evangeliums. Der Abschluss der Erzählung (16,8) besteht aus der Schilderung der von Furcht gekennzeichneten Reaktion der Frauen, die das Grab Jesu fluchtartig verlassen und aus Angst über das Erlebte schweigen. In der ältesten Textüberlieferung kommt das Markusevangelium damit zum Abschluss. Da man dieses Ende als unbefriedigend empfand, sind in den ersten Jahrhunderten unterschiedliche sekundäre Markusschlüsse entstanden (GNILKA [5]1999, 350-358), von denen Mk 16,9-20 der mit Abstand bekannteste ist. Dass Markus die Erzählung vom leeren Grab in 16,1-8 selbst bildete (YARBRO COLLINS 2007, 781), ist unwahrscheinlich. Vermutlich hat der Evangelist sie bereits als Bestandteil seines Passionsberichts vorgefunden und lediglich geringfügig überarbeitet (BECKER 2007, 14-21).

Die Parallelberichte bei Matthäus und Lukas stellen Bearbeitungen von Mk 16,1-8 dar. Nach Mt 28,1-8 begeben sich nur zwei Frauen, nämlich Maria Magdalena und die »andere Maria«, zum Grab. Das Kaufen der Salben am Vorabend und die Salbungsabsicht sind weggefallen, um den Verschlussstein sorgen sie sich nicht. Der Jüngling aus Mk 16,5 wird nun unmissverständlich als Engel des Herrn gekennzeichnet und die Angelophanie machtvoll gesteigert, wobei das Motiv der Grabwache neu hinzugetreten ist. Begleitet von einem apokalyptischen Beben, kommt der Engel des Herrn in blitzartiger Gestalt vom Himmel herab, lässt mit seiner furchterregenden Erscheinung die Grabwächter erstarren, rollt den Stein weg und verkündigt den Frauen unter Verweis auf das leere Grab die Auferstehung Jesu. Den Auftrag des Engels, die Jünger über das Geschehen zu informieren und ihnen Erscheinungen des Auferstandenen in Galiläa anzukündigen, führen die Frauen anders als bei Markus sofort aus. In der lukanischen Fassung der Geschichte (Lk 24,1-12) ist statt Salome die aus Lk 8,3 bekannte Johanna als dritte Frau neben Maria Magdalena und Maria, der Mutter des Jakobus, am Gang zum Grab beteiligt. Wie bei Matthäus fehlt der Dialog der Frauen über die Frage, wer den Verschlussstein wegrollen könnte. Zudem treffen die Frauen um Maria Magdalena gleich zwei Engel im Grab an, was eine Steigerung des wunderhaften Elements darstellt. Die beiden Engel verkündigen zwar die Auferstehung Jesu, beauftragen die Frauen aber nicht, die Jünger zum Empfang von Erscheinungen Jesu nach Galiläa zu senden. Bei Lukas sind die Erscheinungen des Auferstandenen vielmehr in Jerusalem und dessen Umgebung lokalisiert (Lk 24,13-49). Weitere sekundäre Züge finden sich am Ende. Die Frauen verbreiten sogleich unter den Jüngern die Botschaft von der Auferstehung Jesu, woraufhin Petrus aufbricht, um sich persönlich vom leeren Grab zu überzeugen. In der wohl von Markus unabhängigen, aber ein späteres Überlieferungsstadium repräsentierenden Parallele bei Johannes (Joh 20,1-10) begibt sich Maria Magdalena allein zum leeren Grab. Die Salbungsabsicht fehlt, da Jesus nach Joh 19,40 bereits vor der Grablegung einbalsamiert wurde. Maria Magdalena informiert

Aspekte der Parallelüberlieferung

Bei Lukas treffen die Frauen gleich zwei Engel im leeren Grab an

Simon Petrus und den »Lieblingsjünger« über den weggerollten Verschlussstein, woraufhin sich beide ein Wettrennen zum Grab liefern. Der Lieblingsjünger kommt als erster an, lässt aber Petrus beim Betreten des Grabes den Vortritt. Dort entdecken sie das Schweißtuch und die Leinentücher Jesu, während sich von seinem Leichnam keine Spur findet. Im weiteren Verlauf der Erzählung ist ähnlich wie bei Lukas von zwei im leeren Grab sitzenden Engeln die Rede (20,12).

Der Bericht des Petrusevangeliums

Im apokryphen Petrusevangelium (MARKSCHIES/SCHRÖTER 2012, 683-696) ist der weitgehend mit Mk 16,1-8 übereinstimmenden Geschichte vom Gang der Frauen zum leeren Grab (*EvPetr* 50–52) eine phantasievolle Legende vorgeschaltet, in der erstmals vermeintliche Details der Auferstehung Jesu erzählt werden, um der gegen das Christentum gerichteten These vom Diebstahl des Leichnams Jesu durch die Jünger den Wind aus den Segeln zu nehmen. Die Grabwache wird von dem Hauptmann Petronius als besonders glaubwürdig wirkender Autoritätsperson angeführt und ist um jüdische Würdenträger bereichert. Übereinstimmend berichten diese scheinbar unverfänglichen Zeugen dem Statthalter Pontius Pilatus, wie sie mit eigenen Augen den Auferstandenen, gestützt von zwei Engeln, die zuvor vom Himmel herabgestiegen waren, aus der Grabhöhle herauskommen sahen (*EvPetr* 35–49).

Das Petrusevangelium schildert die Auferstehung Jesu im Detail

Das Grab Jesu

Nach dem Kreuzestod Jesu erbat der dem Synedrion zugehörige Josef von Arimatäa von Pontius Pilatus den Leichnam zur Bestattung. Er besaß in unmittelbarer Nähe von Golgotha (Joh 19,41) eine Grabstätte in Form eines in den Felsen geschlagenen Kammergrabes, das man betreten konnte und dessen Eingang zum Schutz gegen Tiere mit einem Rollstein verschlossen war. Drei unterschiedliche Grabstätten in Jerusalem werden als Ort der Beisetzung Jesu in Erwägung gezogen. Aller Wahrscheinlichkeit nach wurde Jesus in jener Gruft bestattet, die seit ältester Zeit als seine Grabstätte verehrt und unter Kaiser Konstantin mit der Grabeskirche überbaut wurde. Das 1867 nördlich des Damaskustores entdeckte, in einer gepflegten Parkanlage gelegene Gartengrab hingegen vermittelt zwar einen anschaulichen Eindruck von einem Felsengrab aus neutestamentlicher Zeit, kommt aber schon wegen der relativ großen Entfernung zu Golgotha nicht ernsthaft als Begräbnisstätte Jesu in Betracht. Als Phantasiegebilde erwies sich die von *Simcha Jacobovici* und *James Cameron* in dem Dokumentarfilm »The Burial Cave of Jesus« (2007) medienwirksam verbreitete These, ein 1980 im Jerusalemer Vorort Talpioth entdecktes Familiengrab habe Jesus, Maria Magdalena und einem gemeinsamen Sohn namens Jehuda als letzte Ruhestätte gedient.

Unterschiedliche Darstellung der Grablegung Jesu

Nach den synoptischen Evangelien (Mk 15,46; Mt 27,59; Lk 23,53) hüllte Josef von Arimatäa den Leichnam Jesu in ein Leinentuch (*sindon*), ohne dass eine Einbalsamierung des Toten erfolgt wäre. Dass die Frauen bei der Entdeckung des leeren Grabes auch das Grabtuch Jesu vorfanden, wird von den Synoptikern nicht berichtet. Allerdings erblickt Petrus nach Darstellung von Lk 24,12, als er sich in das leere Grab beugt, dort mehrere Tücher (*othonia*). Auch das Johannesevangelium spricht im Kontext der Grablegung Jesu im Plural von Tüchern (*othonia*), mit denen der Körper des Toten umhüllt wird (Joh 19,40). Neben Josef von Arimatäa ist dort der Pharisäer Nikodemus an dem Geschehen beteiligt, der eine ungewöhnlich große Menge von Myrrhe und Aloe besorgt. Diese aromatischen Substanzen werden in pulverisierter Form auf die Grabtücher Jesu aufgebracht, um den Leichengeruch zu verhindern. Myrrhe ist ein wohlriechendes Harz, bei

Aloe handelt es sich um eine duftende Holzart. Im Johannesevangelium bleibt es Petrus vorbehalten, am Ostermorgen als erster das leere Grab in Augenschein zu nehmen. Dabei findet er neben den Leinenstücken (*othonia*) auch noch ein Schweißtuch (*soudarion*) vor, das Jesus vor der Bestattung auf den Kopf gelegt worden war. Über den weiteren Verbleib des Grabtuchs erfahren wir im Neuen Testament nichts. Nach jüdischem Verständnis waren Grabtücher als Gegenstand, der mit einem Toten in Berührung gekommen war, unrein. Daher ist kaum damit zu rechnen, dass die toratreue Jerusalemer Urgemeinde das Grabtuch Christi aufbewahrte. Das apokryphe Hebräerevangelium aus 2. Jh. überliefert die rätselhafte und in ihrem geschichtlichen Wert zweifelhafte Nachricht, dass Jesus nach der Auferstehung das Leinentuch einem Knecht des Hohepriesters übergeben habe, bevor er sich seinem Bruder Jakobus zeigte (Hieron., *vir. ill.* 2).

Umstritten ist die Frage, ob mit dem Grabtuch von Turin (KOLLMANN 2010; HESEMANN 2010) als der wohl berühmtesten Reliquie der Christenheit das Grableinen Jesu erhalten geblieben ist. Auf ihm zeichnen sich in unscharfen Umrissen der Körper und das Gesicht eines gekreuzigten Mannes ab. Zum Mythos wurde das Grabtuch, als sich 1898 bei ersten Fotoaufnahmen herausstellte, dass auf dem Fotonegativ mit Umkehrung der Helligkeitswerte ein gestochen scharfes Bild des einst in das Leinen gehüllten Mannes sichtbar wird. Dieses Phänomen bleibt bis heute rätselhaft. Ein Radiokarbontest, dessen Seriosität allerdings auch von vielen Wissenschaftlern in Zweifel gezogen wird, kam 1988 zu dem Ergebnis, dass das Grabtuch aus dem Zeitraum zwischen 1260 und 1390 stammt. Lässt man ihn außen vor, dann deutet die Summe der Indizien darauf hin, dass in das heute als Grabtuch von Turin verehrte Leinen der Leichnam eines Mannes eingehüllt war, der in der Antike in Palästina gekreuzigt wurde. Damit besteht durchaus die theoretische Chance, dass es sich um das Grabtuch Jesu handelt. Sichere Beweise dafür gibt es angesichts der Vielzahl von Kreuzigungen, die während der römischen Herrschaft vorgenommen wurden, nicht. Allerdings weisen die offensichtlichen Spuren einer Dornenkrönung und die wohl aus einer Seitenwunde resultierende Blutmenge im Leinen auf Jesus von Nazareth hin. Auf die Frage, wie das Abbild des Gekreuzigten auf das Leinen gelangte, gibt es bislang keine überzeugende wissenschaftliche Erklärung. Im Falle seiner Echtheit würde das Grabtuch von Turin aber keinen Beweis für die Auferstehung Jesu darstellen. Die von einzelnen Grabtuchforschern vertretene Theorie, das Bild im Grabtuch sei das Ergebnis der vom Auferstehungsleib Jesu am Ostermorgen freigesetzten Strahlungsenergie, bleibt reine Spekulation. Genaueren Aufschluss über das tatsächliche Alter der Reliquie könnte nur eine Wiederholung des Radiokarbontests unter verbesserten Rahmenbedingungen und fachkundiger Aufsicht geben.

In der spanischen Stadt Oviedo wird seit dem frühen Mittelalter ein Bluttuch verehrt, bei dem es sich um das im Johannesevangelium erwähnte Schweißtuch aus dem Grab Jesu handeln soll. Das stark verschmutzte Leinentuch scheint den aufgrund von Verletzungen blutbedeckten Kopf eines männlichen Erwachsenen umgeben zu haben. Gerichtsmedizinische Untersuchungen zeigten, dass die Blutflecken in Analogie zu denen im Grabtuch von Turin der Blutgruppe AB zuzuordnen sind. Darüber hinaus gibt es zahlreiche weitere Übereinstimmungen zwischen beiden Reliquien. Allerdings führte ein Radiokarbontest zu dem Ergebnis, dass das Bluttuch von Oviedo aus dem 7. Jh. stammt. Auch hier wird das Test-

---

Das Grabtuch von Turin

Das umstrittene Grabtuch von Turin ist die »Mutter der Reliquien«

Bluttuch von Oviedo und Seidentuch von Manoppello

ergebnis in Frage gestellt und die Vermutung geäußert, dass eine Kontamination des Gewebes zu einer Fehldatierung geführt habe (HESEMANN 2000, 206-207). Anders als beim Grabtuch von Turin deutet allerdings nichts darauf hin, dass bei dem Radiokarbontest unprofessionell vorgegangen wurde. Alternativ zum Bluttuch von Oviedo wird seit einiger Zeit das Muschelseidentuch von Manoppello als das Schweißtuch aus dem Grab Jesu ins Gespräch gebracht. Das auch als *Volto Santo* (Heiliges Antlitz) bekannte Objekt zeigt das geschundene und blutbefleckte Gesicht eines Mannes mit langen Haaren und Bart, dessen Nase gebrochen zu sein scheint. Daran, dass eine Abbildung Jesu vorliegt, können kaum Zweifel bestehen. Bei dem Material handelt es sich um Muschelseide, die aus den hauchdünnen und doch äußerst widerstandsfähigen Ankerfäden der im Mittelmeer anzutreffenden Steckmuschel gewonnen wird. Der Stoff des Tuches schimmert und changiert in unterschiedlichen Rot- und Brauntönen. Bei Gegenlicht verschwindet das Antlitz völlig und das Material wird durchsichtig wie Glas. Das Bild wird seit dem 17. Jh. in der Kirche des kleinen Abruzzendorfes Manoppello aufbewahrt, die zu einem angrenzenden Kapuzinerkloster gehört. Wie es dorthin kam, ist unklar. Versuche, das Objekt als das wirkliche Schweißtuch der Veronika plausibel zu machen und seine Geschichte lückenlos bis in das Grab Jesu zurück zu verfolgen, wo es bei der Bestattung Jesu in Höhe des Gesichtes über das heute in Turin aufbewahrte Grabtuch gelegt worden sei (BADDE 2006), erweisen sich als phantasiereiche Spekulation. Vermutlich ist das Muschelseidentuch von Manoppello das Werk eines mittelalterlichen Künstlers, der das Bildnis mit einer bislang allerdings noch nicht ergründeten Technik hergestellt hat.

Bei Gegenlicht wird das Volto Santo durchsichtig wie Glas

Historischer Wert der Geschichten vom leeren Grab

An der Geschichte vom leeren Grab scheiden sich die Geister (THEISSEN/MERZ ⁴2011, 535-439). Die einen sehen in ihr das Urgestein des Osterglaubens, die anderen halten sie für eine späte Legende, zumal Paulus noch keine Kenntnis von ihr zu haben scheint und Ungereimtheiten im Erzählablauf bestehen. Die Totensalbung erfolgte gewöhnlich vor der Grablegung, womit das nach Mk 16,1 entscheidende Motiv für den Gang der Frauen zum Grab fraglich wirkt. Zudem befand sich unter den klimatischen Bedingungen Palästinas ein Leichnam am dritten Tag bereits im einsetzenden Verwesungszustand (Joh 11,39). Andererseits handelt es sich bei der Geschichte vom leeren Grab kaum um eine Erfindung, da man dann nicht Frauen, deren Zeugnis in der Antike wenig galt, zu Bürgen des Osterglaubens gemacht hätte. Zudem wird das leere Grab in der antichristlichen Polemik der Antike nie bezweifelt, sondern in der Leichnamsdiebstahls- und Scheintodhypothese vorausgesetzt. Auch wenn die Historizität des leeren Grabes nicht auszuschließen ist, kommt ihm allerdings keine Beweiskraft für den auf den Erscheinungen Jesu gründenden Auferstehungsglauben zu.

Didaktische Anknüpfungspunkte

Die Geschichte vom leeren Grab endet mit der Aufforderung des Engels, dass die Jünger nach Galiläa und damit in ihre Alltagswelt zurückkehren sollen, um den Auferstandenen dort gemäß seiner Ankündigung (Mk 16,7) zu sehen. Dieses offene Ende bietet einen didaktischen Impuls, sich auf die Suche nach dem Auferstandenen zu machen und ihn in den alltäglichen Erfahrungen wiederzufinden, »in dem Glück und in dem Zorn, in meiner Verzweiflung und in meinen Träumen« (BALDERMANN 1996, 231). Als meditativer Einstieg zur Behandlung von Mk 16,1-8parr. in der Grundschule (ZERBE ²2013, 28-37) eignet sich ein in den Sitzkreis gelegtes schwarzes Tuch mit Stein, Todesanzeige und Osterkerze.

Nachdem die Schülerinnen und Schüler die Geschichte vom leeren Grab in Form des Bibeltextes oder einer Nacherzählung kennengelernt haben, können sie in Sprech- und Gedankenblasen festhalten, was den Frauen in den einzelnen Szenen (Weg zum Grab; Entdeckung des weggerollten Steins und des Engels bei der Ankunft am Grab; Botschaft und Auftrag des Engels) wohl durch den Kopf gegangen ist. Anschließend schreiben sie in Dreiergruppen auf, was die Frauen den Jüngern gesagt haben könnten, reflektieren über die Gedanken der Jünger und stellen sich vor, wie sie selbst an deren Stelle die Osterbotschaft weitererzählen würden. Abschließend beschäftigen sich die Schülerinnen und Schüler mit dem Satz »Ich glaube an die Auferstehung der Toten« aus dem Apostolikum und mit unterschiedlichen Ostersymbolen. Für Jugendliche eröffnen sich mit Hilfe des Films »Der Club der toten Dichter« Möglichkeiten eines erfahrungsorientierten Zugangs zur Auferweckung Jesu. Die Geschichte von dem vermeintlichen Scheitern des jungen Lehrers Keating und dem Aufstand der Schüler kann unter dem Aspekt, dass der in den Augen der Welt als Verlierer Dastehende der eigentliche Sieger ist, in enger Parallele zum Evangelium vom Tod und der Auferstehung Jesu gesehen werden (STRATMANN 1992, 19-24).

> Der »Club der toten Dichter« eröffnet erfahrungsbezogene Zugänge zur Auferstehung Jesu

■ Schlüsseltext 2: Erscheinung Jesu vor Maria Magdalena (Mt 28,9-10/Joh 20,14-18)

Anders als bei Markus und Lukas ist bei Matthäus und Johannes mit der Entdeckung des leeren Grabes unmittelbar eine Erscheinung des auferstandenen Jesus verbunden, die Maria Magdalena entweder allein (Joh 20,11-18) oder in Begleitung der »anderen Maria« (Mt 28,9-10) zuteil wurde. Mt 28,9-10 bietet eine in äußerster Knappheit gehaltene Erscheinungsgeschichte. Irgendwo auf dem Rückweg vom Grab in die Stadt begegnet Jesus den beiden Frauen und entbietet ihnen den Freudengruß. Als Reaktion ergreifen Maria Magdalena und die andere Maria dessen Füße, was einen Akt der Verehrung darstellt (vgl. 2Kön 4,27), und huldigen ihm. Den Abschluss der Szene bildet eine Beauftragung der Frauen durch Jesus, die das aufnimmt, was beide in Mt 28,7 bereits von dem Engel am Grab erfahren haben: Sie sollen die Jünger zum Aufbruch nach Galiläa anweisen, wo ihnen der Auferstandene erscheinen wird.

> Erscheinung Jesu vor Maria und der »anderen Maria«

Die johanneische Szene von der Begegnung zwischen Maria und Jesus am leeren Grab (Joh 20,11-18) ist deutlich umfangreicher. Sie beginnt damit, dass Maria am Grab Jesu als Ausdruck ihrer persönlichen Trauer weint. Beim Hineinbeugen in die Grabkammer erblickt sie dort, wo sich das Kopfende und das Fußende des verschwundenen Leichnams Jesu befanden, zwei Engel. Anders als in Lk 24,5-7 sind die Engel nicht Verkündiger der Auferstehungsbotschaft, sondern leiten durch die Frage »Frau, warum weinst du?« Marias Interpretation des leeren Grabes als Umbettung des Leichnams Jesu ein. Als Maria sich vom Grab abwendet, wendet sich auch die Situation. Sie bemerkt Jesus, hält ihn aber für den Gärtner und verbleibt in der Vorstellung des an einen anderen Ort überführten Leichnams. Erst als Maria von dem vermeintlichen Gärtner mit ihrem Namen angesprochen wird, ereignet sich das Erkennen. Der auferstandene Herr verbietet Maria, ihn zu berühren, offenbart ihr seinen bevorstehenden Aufstieg zum Vater

> Begegnung Marias mit dem vermeintlichen Gärtner

und erteilt den Auftrag, die Kunde davon an die Jünger weiterzugeben. Die Erzählung schließt mit der Notiz, dass Maria den Jüngern von ihrer Begegnung mit dem Auferstandenen berichtet und die aufgetragene Botschaft ausrichtet.

Historische Bewertung

Die Erscheinungsberichte Mt 28,9-10 und Joh 20,11-18 teilen zentrale Motive miteinander (Begegnung der Maria Magdalena mit dem Auferstandenen; Berührung bzw. Verbot der Berührung; Beauftragung zur Weitergabe der Auferstehungsbotschaft an die Jünger) und gehen vermutlich auf einen gemeinsamen Traditionskern zurück (SCHNACKENBURG 1975, 375). Weniger wahrscheinlich ist die Annahme, dass Johannes die Erzählung in Abhängigkeit von den synoptischen Evangelien geschaffen hat. Völlig kontrovers wird die Frage nach dem historischen Wert der Mt 28,9-10/Joh 20,11-18 zugrundeliegenden Tradition diskutiert, da in der alten Bekenntnisformel 1Kor 15,3b-7 wie auch in Lk 24,34 Simon Petrus als derjenige begegnet, der den auferstandenen Herrn zuerst gesehen hat, und von Ostererscheinungen vor Frauen nichts verlautet. Vor diesem Hintergrund nimmt man häufig an, dass es sich bei den Berichten in Mt 28,9-10 und Joh 20,11-18 um historisch wertlose Erweiterungen der Geschichten vom leeren Grab handele (LÜDEMANN 1994, 165.192-196). Höhere Plausibilität hat aber die Annahme für sich, dass Maria Magdalena schon in 1Kor 15,3b-7 durch Petrus als Empfänger der Ersterscheinung des Auferstandenen verdrängt wurde (HEINE 1989, 179-194). Neben androzentrischen Tendenzen, im Überlieferungsprozess die zentrale Rolle von Frauen in der Jesusbewegung zu unterdrücken, dürfte dabei die Zeugnisunfähigkeit der Frau im antiken Judentum eine Rolle gespielt haben. Im Talmud wird die Frau gemeinsam mit Würfelspielern, Wucherern und Sklaven zu jenen Personen gerechnet, deren Zeugnis vor Gericht nicht zulässig ist (*bRH* 22a). Auch in der griechischen Welt war Maria Magdalena kaum dazu geeignet, die Reputation des Christentums zu steigern. Der platonische Philosoph Celsus verhöhnt die Christen um 178 n. Chr. mit den Worten: »Dass er nun, der sich lebend nicht helfen konnte, als Toter auferstanden ist und die Merkmale seiner Strafe zeigte, und die Hände, wie sie durchbohrt waren – wer hat dies gesehen? Ein halbrasendes Weib, wie ihr sagt, und vielleicht noch ein anderer von derselben Gauklerbande« (Orig., *Cels.* 2,55). Maria Magdalena als ursprünglich erste Epiphaniezeugin ist also wohl schon in vorpaulinischer Zeit aus der »Schusslinie« genommen und durch Petrus als vermeintlich glaubwürdigeren Zeugen ersetzt worden, um die Botschaft von der Auferstehung Jesu nicht unnötig in Misskredit zu bringen.

> Das Zeugnis von Frauen hatte in der patriarchalen Welt keinen Wert

Didaktische Anknüpfungspunkte in der Primarstufe

Der Grundschullehrplan des Landes Nordrhein-Westfalen von 2008 formuliert im Hinblick auf die Beschäftigung mit Mt 28,1-11 und Joh 20,11-18 die Kompetenzerwartung, dass die Kinder am Ende der vierten Klasse die Rolle von Frauen als ersten Zeuginnen der Auferstehung unter Genderaspekten zu deuten vermögen. Um sich in die Gefühlslage Marias zu versetzen, können die Schülerinnen und Schüler einen Tagebucheintrag Marias zu der Begegnung mit Jesus am Ostermorgen verfassen. Eine andere Möglichkeit ist, dass sie in Ich-Form einen Brief an Johanna schreiben, in dem Maria ihre Wahrnehmung des Joh 20,14-18 geschilderten Ereignisses darlegt, und anschließend in Kleingruppen die wechselnden Gefühle Marias verklanglichen oder tänzerisch darstellen (ZERBE ²2013, 35). Die Veränderung Marias, die von Trauer erfüllt zum Grab ging und voller Freude zurückkehrte, lässt sich auch mit spielerischen Mitteln unter dem Aspekt erschließen, dass die Begegnung mit dem Auferstandenen ein Leben verwandeln kann (WALZ/RIEDEL 2011, 50-56).

In der Sekundarstufe I bietet sich die Erzählung in Joh 20 als Einladung dazu an, über »Leerstellen« in biblischen Texten ins theologische Gespräch zu kommen (SCHIEFER FERRARI 2008, 62-67). Ergänzend können die Schülerinnen und Schüler im Zuge eines Vergleichs von Mt 28,9-10/Joh 20,14-18 mit 1Kor 15,5-7 gemeinsam überlegen, warum Maria Magdalena bei der paulinischen Aufzählung der Auferstehungszeugen völlig übergangen wird, und sich mit ausgewählten Aspekten der Wirkungsgeschichte von Maria Magdalena beschäftigen. Ein für die späte Sekundarstufe I und die Sekundarstufe II konzipierter Unterrichtsentwurf zur Begegnung Jesu mit Maria (SCHAMBECK 2009, 168-174) erhebt die Wirkungsgeschichte von Joh 20,1.11-18 in der bildenden Kunst zum Schlüssel, um den Schülerinnen und Schülern die Welt des Textes zu öffnen und sie zu ermutigen, an dieser Welt selbst weiter zu bauen. Ausgangspunkt des Lernprozesses ist die Betrachtung verschiedenartiger Bilder zum Bibeltext, die unterschiedliche Stationen der Erzählung thematisieren und ein reiches Repertoire an Bedeutungen widerspiegeln. Die Kunstwerke werden mit der Lebenswelt der Schülerinnen und Schüler kontextualisiert, indem diese sich ein bestimmtes Bild auswählen, es einem Mitschüler oder einer Mitschülerin vorstellen und sich dann eine Frage überlegen, die sie Maria Magdalena angesichts des von ihnen gewählten Bildes stellen würden. Sowohl das Bild als auch die dazu formulierte Frage werden im Plenum präsentiert. Nachdem Joh 20,1.11-18 vorgelesen wurde, haben die Schülerinnen und Schüler die Aufgabe, Antworten aus dem Text auf ihre Fragen zu finden und umgekehrt vom Text aufgeworfene Fragen an sie herauszufinden. Dieses Zugehen der Lernenden auf den Text und des Textes auf die Lernenden löst neue Bewegungen aus. Die Schülerinnen und Schüler werden gebeten, ihre anfangs ausgewählten Bilder und die dazu formulierten Fragen wieder hervorzuholen und in Gestalt von Farben, Formen oder Wörtern Eintragungen in das Bild vorzunehmen. Die Bewegungen und Veränderungen werden in einer Abschlussrunde mit dem Impuls »Was mir wichtig geworden ist« verbalisiert.

Didaktische Anknüpfungspunkte in der Sekundarstufe

Werke der bildenden Kunst können die Textwelt von Joh 20 erschließen

■ Schlüsseltext 3: Die Emmausjünger (Lk 24,13-35)

Die von Lukas zwischen die Entdeckung des leeren Grabes (Lk 24,1-12) und die Erscheinung des Auferstandenen vor allen Jüngern (Lk 24,36-49) platzierte Episode von der Begegnung Jesu mit den Emmausjüngern (Lk 24,13-35) stellt eine der faszinierendsten Ostergeschichten schlechthin dar. Sie bezieht ihre besondere Spannung daraus, dass die Leserinnen und Leser des Lukasevangeliums von Anfang an um die Identität des unbekannten Wanderers wissen, während die beiden am Geschehen beteiligten Jünger über weite Strecken im Dunkeln tappen und den auferstandenen Herrn erst an der Handlung des Brotbrechens erkennen. Unter dem Gesichtspunkt der geographischen Dynamik lässt sich die Erzählung in die drei Szenen »auf dem Weg von Jerusalem nach Emmaus« (24,13-27), »in Emmaus« (24,28-32) und »zurück in Jerusalem« (24,33-35) gliedern (WOLTER 2008, 775), wobei schon allein aufgrund des Umfangs der Schwerpunkt auf der

Kontext und Aufbau von Lk 24,13-35

ersten Szene mit dem Dialog zwischen Jesus und den Emmausjüngern liegt. Die einzelnen Szenen sind durch Inklusionen miteinander verzahnt. Der Schluss (24,33-35) knüpft an die Einleitung (24,13-14) an und die Formulierung »Da wurden ihre Augen aufgetan und sie erkannten ihn« (24,31) greift die Aussage »Ihre Augen aber waren daran gehindert, ihn zu erkennen« (24,16) auf.

Herkunft und Traditionskern

Die Erzählung von den Emmausjüngern zählt zum Sondergut des Lukasevangeliums. Vom Vokabular, der Syntax, dem Stil und dem Inhalt her trägt sie klar die Handschrift des Evangelisten. Allerdings herrscht weitgehende Einigkeit darüber, dass Lukas die Episode nicht selbst entwarf, sondern eine vorgefundene Erzählung umfassend überarbeitete und ausgestaltete, wobei nicht zuletzt die Gesprächsszenen (24,17-27) auf sein Konto gehen. Für die Rekonstruktion der vorlukanischen Erzählung lässt sich die Parallele im unechten Markusschluss (Mk 16,12-13) heranziehen, die vermutlich nicht von Lk 24,13-35 abhängig ist, sondern auf die auch von Lukas verarbeitete Tradition zurückzugreifen scheint (BOVON 2009, 553-554). Der älteste Traditionskern berichtete folglich davon, dass Jesus zwei über das Land wandernden Jüngern in unbekannter Gestalt begegnete und diese nach dem Erkennen des Auferstandenen den anderen Jüngern davon erzählten.

Lokalisierung von Emmaus

Das in der Erzählung den Zielpunkt der Wanderung und den Ort des Wiedererkennens Jesu darstellende Emmaus lässt sich nicht eindeutig identifizieren. Nach den besten Bibelhandschriften soll es 60 Stadien (etwa 11 km) von Jerusalem entfernt gelegen haben. Zur Lokalisierung hilft dies nicht weiter, da von einem 60 Stadien von Jerusalem entfernten Emmaus nichts bekannt ist. Mindestens sechs unterschiedliche Orte werden in Erwägung gezogen (WOLTER 2008, 776-77). Bereits die altkirchliche Tradition ging davon aus, dass Lk 24,13 sich auf das in antiken Quellen vielfach bezeugte Emmaus oder Ammaus bezieht, das etwa 30 km nordwestlich von Jerusalem an der Straße nach Tel Aviv lag und im 3. Jh. in Nikopolis umbenannt wurde. Vor diesem Hintergrund nennen einzelne Bibelhandschriften 160 statt 60 Stadien. Dabei handelte es sich aber um eine Stadt, während Lk 24,13 von einem Dorf spricht. Zudem müsste man den Emmausjüngern, die noch am selben Abend nach Jerusalem zurückwanderten, einen etwa 60 km langen Tagesmarsch zutrauen. Alternativ kommen noch das etwa 5 km nordwestlich von Jerusalem liegende Ammaus (Joseph., *bell.* 7,217) und das 11 km nördlich von Jerusalem gelegene Bir El-Hammam ernsthafter in Betracht.

Das biblische Emmaus lässt sich nicht mit letzter Sicherheit lokalisieren

Klopas/Kleopas

Nach Lk 24,18 trug einer der beiden Emmausjünger den Namen Kleopas, eine Kurzform des griechischen Kleopatros. Auch wenn dies häufig verneint wird, dürfte dieser Kleopas mit Klopas identisch sein, dessen Frau Maria sich unter den bei der Kreuzigung Jesu anwesenden Frauen befunden haben soll (Joh 19,25), wobei der recht seltene Name Klopas wohl eine semitische Variante von Kleopas darstellt (BAUCKHAM 2006, 47). Nach dem von Euseb zitierten Zeugnis Hegesipps war Klopas der Bruder von Josef und damit der Onkel Jesu (Euseb, *hist. eccl.* 3,10,11). Als nach dem Märtyrertod des Herrenbruders Jakobus im Jahr 62 n. Chr. der Leitungsposten der Jerusalemer Urgemeinde vakant war, setzte sich in der Stichwahl Symeon, der Sohn von Klopas und Maria, durch. Aus der Darstellung Eusebs geht hervor, dass das enge Verwandtschaftsverhältnis zum Herrn der ausschlaggebende Grund für die Wahl Symeons in das Bischofsamt war. Der zweite Jünger der Emmausgeschichte bleibt namenlos. Einzelne Bibelhandschriften wollen ihn entweder als den besagten Klopassohn Symeon oder als den Apostel Nathanael identifizieren, doch handelt es sich dabei um spätere Tradition.

Im Zentrum der auf dem Weg von Jerusalem nach Emmaus angesiedelten ersten Szene der Ostererzählung steht das weitgehend aus der Feder des Lukas stammende Gespräch der beiden Jünger mit ihrem zunächst unerkannt bleibenden Weggefährten. Auf dessen Frage, was sich zugetragen habe (Lk 24,19a), geben die beiden Jünger einen summarischen Bericht über Jesus von Nazareth und dessen Kreuzigung sowie die Entdeckung des leeren Grabes (24,19b-24). Die Betrachtung Jesu als »ein Prophet, mächtig in Tat und Wort vor Gott und dem ganzen Volk« bietet eine Art Kompendium der lukanischen Christologie, in der Jesus als endzeitlicher Wunderprophet eine zentrale Rolle spielt (Lk 4,24; 7,16). Unter völliger Ausblendung der Tatsache, dass Pontius Pilatus juristisch für den Tod Jesu verantwortlich ist, wird wie in den Reden der Apostelgeschichte (Apg 2,23.36; 3,13-16) die Schuld an der Kreuzigung Jesu einseitig der Jerusalemer Priesteraristokratie und den Oberen des jüdischen Volkes angelastet. Nachfolgend porträtiert Lukas die Emmausjünger als Repräsentanten der Hoffnungslosigkeit und Unkenntnis. Mit der Aussage, dass der Kreuzestod Jesu die auf ihn gesetzte Hoffnung der Erlösung Israels zerstört habe, wird ihnen die traditionelle jüdische Messiaserwartung zugeschrieben, der zufolge ein gekreuzigter Messias unvorstellbar ist. Auch auf den Kurzbericht der Frauen von der Entdeckung des leeren Grabes und der Engelbotschaft, dass Jesus lebe, können sie sich keinen Reim machen, da die das Grab inspizierenden Jünger zwar die Angaben der Frauen bestätigt sahen, den Auferstandenen aber nicht erblickten. Die Hoffnungslosigkeit der Emmausjünger angesichts der Kreuzigung Jesu und ihre Verwirrung über die Geschehnisse des Ostermorgens bilden die Kontrastfolie für die Botschaft des unerkannten Weggefährten, der nun aus der Rolle des scheinbar Unwissenden und Aufklärungsbedürftigen heraustritt, indem er das Unverständnis seiner Begleiter tadelt und ihnen die Notwendigkeit des Leidens des Messias unter Berufung auf die Schrift erläutert. Während die Leserinnen und Leser des Lukasevangeliums längst wissen, dass der Unbekannte von sich selbst spricht, bleibt dies den Emmausjüngern nach wie vor verborgen und erschließt sich ihnen erst in der Mahlszene.

Die Emmausgeschichte zählt zu jener Gattung von Ostergeschichten, in denen der Auferstandene sich seinen Anhängern zeigt, ohne von diesen erkannt zu werden. Folglich gehört eine Entschlüsselungsszene, die den Seinen die Augen öffnet, hier zum unverzichtbaren Erzählinventar. In anderen Erscheinungsberichten vollzieht sich das Wiedererkennen dadurch, dass der Auferstandene seine Anhänger anspricht (Joh 20,16), ihnen die Kreuzeswunden zeigt (Lk 24,40; Joh 20,20) oder ein Wunder aus der Erdenzeit wiederholt (Joh 21,5-7). In der Emmausperikope dient die Brothandlung Jesu als Wiederkennungsritus (Lk 24,30-31). Die Art und Weise, wie der vermeintlich unbekannte Wanderer über dem Brot das Dankgebet spricht, es bricht und austeilt, öffnet den Emmausjüngern die Augen, da die Erinnerung an das Handeln Jesu beim Speisungswunder (Mk 6,41) und letzten Abendmahl (Mk 14,22) wachgerufen wird. In Lk 24,35 »und sie legten ihnen dar, was auf dem Weg geschehen war und wie er von ihnen beim

Brotbrechen erkannt wurde« gilt das Mahl mit dem Auferstandenen als eine Art Präfiguration der Mahlfeier der Kirche, die bei Lukas als »Brotbrechen« bezeichnet wird (Apg 2,42.46; 20,7.11).

Religionsgeschichtliche Parallelen

Schon der Christengegner Celsus brachte im späten 2. Jh. n. Chr. vor, auch von anderen Gestalten der Antike würden leibhaftige Erscheinungen nach dem Tod erzählt, ohne dass die betreffenden Personen deshalb als Götter gälten, und verwies in diesem Zusammenhang auf den Dichter und Magier Aristeas von Prokonessos (Orig., *Cels.* 3,26). Im Hintergrund steht die schon von Herodot (5. Jh. v. Chr.) überlieferte Erzählung, dass Aristeas einst in Prokonnesos in eine Walkerei gekommen und plötzlich gestorben sein soll. Der Walker verschloss die Werkstatt und machte sich auf, um die Angehörigen des Verstorbenen zu unterrichten. Während sich in der Stadt die Nachricht vom Tod des Aristeas verbreitete, berichtete ein gerade eingetroffener Reisender, er habe Aristeas unterwegs auf dem Weg nach Kyzikos getroffen und sich mit ihm unterhalten. Als man im Haus des Walkers nachsah, sei tatsächlich keine Leiche gefunden worden (Hdt., *hist.* 4,14). Mit dem Motiv, dass man als Reisender unterwegs einem vermeintlich Verstorbenen begegnet und sich mit ihm unterhält, erinnert die Erzählung Herodots frappierend an die Emmausgeschichte, dürfte diese aber nicht direkt beeinflusst haben.

> Auch Aristeas erschien unterwegs Reisenden, während man ihn für tot hielt

Didaktische Anknüpfungspunkte

In der Beschäftigung mit der Emmausgeschichte, für deren didaktische Erschließung das Elementarisierungskonzept essenzielle Impulse liefert (GÖLLNER/BRIEDEN/KALLOCH 2010, 173-281), können Kinder und Jugendliche die Kompetenz erwerben, das Ostergeschehen als Begegnungserfahrung zu deuten, die einen Weg aus Trauer, Angst und Tod zu Hoffnung, Mut und neuem Leben aufzeigt. Ein Unterrichtsentwurf zu Lk 24,13-35 für die Grundschule (ZERBE ²2013, 38-44) beginnt damit, dass die Lehrkraft zwei Fußspuren auf den Boden legt, zu denen eine dritte hinzukommt, bevor die zwei ersten Fußspuren wieder zurückführen. Nachdem die Kinder Gedanken darüber angestellt haben, was passiert sein könnte, wird ihnen die Emmausgeschichte in Form einer altersgerechten Nacherzählung nahegebracht. Durch eine Bildbetrachtung, für die sich das Gemälde »Das Abendmahl in Emmaus« (1601) von *Michelangelo Merisi da Caravaggio* mit seiner Darstellung des Wiedererkennungsmoments beim Mahl anbietet, lässt sich ein Eintauchen der Schülerinnen und Schüler in die Gefühlswelt der Emmausjünger in Gang setzen. Anschließend können sie Mutmaßungen über die Traurigkeit der Jünger auf dem Weg nach Emmaus und deren Glücksgefühle auf dem Rückweg nach Jerusalem anstellen und auf einem Arbeitsblatt in Gedankenblasen festhalten, was den Jüngern wohl durch den Kopf ging, als sie Jesus beim Brechen des Brotes wiedererkannten (ebd., 40.43). Am Ende formulieren die Schülerinnen und Schüler Elfchen (kurzes Gedicht aus elf Wörtern, die in festgelegter Folge auf fünf Zeilen verteilt werden) und gestalten mit ihren Gedichten eine Osterwand im Klassenzimmer. In der Sekundarstufe I/II können die Jugendlichen sinnbildlich auf den Weg nach Emmaus mitgenommen werden, wo sich ihnen neue Möglichkeiten des Wahrnehmens und Sehens erschließen (PETZOLD 2001, 385). Mit bibliodramatischen Elementen eröffnen sich Perspektiven einer ganzheitlichen Erschließung der Emmausgeschichte als Trauerweg (RIEDEL 1991, 89-99).

XI. Texte der Apostelgeschichte zur Frühzeit der Kirche

Die Apostelgeschichte des Lukas steckt voller Dramatik und Spannung. Ihre Mischung aus mitreißenden Erzählungen, die von der Ausbreitung des Evangeliums gegen alle Widerstände berichten, aus spektakulären Wundern und aus ausgefeilten Reden macht sie zum wohl aufregendsten und lebendigsten Buch des gesamten Neuen Testamentes. Lukas hatte im zweiten Teil seines Doppelwerks schriftstellerisch deutlich größere Gestaltungsmöglichkeiten als in seinem Evangelium, wo er den Stoff weitgehend in den von Markus vorgegebenen Rahmen einpassen musste. Mit der Apostelgeschichte schuf er ein völlig eigenständig konzipiertes Werk, das unter Rückgriff auf unterschiedlichstes Quellenmaterial ebenso abwechslungsreich wie anschaulich von der Frühzeit der Kirche und dem Wirken ihrer Gründergestalten erzählt.

Ein Buch voller Spannung und Dramatik

■ Die Apostelgeschichte und ihr didaktisches Potenzial

Lukas hat die Apostelgeschichte wahrscheinlich in der Zeit zwischen 90 und 100 n. Chr. als Fortsetzung seines Evangeliums konzipiert und damit etwas völlig Neues geschaffen. Das vorrangige Interesse liegt in der erstmaligen Darstellung dessen, wie durch Gottes Handeln die Kirche entstand und das Evangelium sich von Jerusalem aus über Judäa und Samaria in die gesamte Welt ausbreitete. Mit dieser Zielsetzung stellt die Apostelgeschichte ein Stück antiker Historiographie dar (SCHRÖTER 2009, 27-47) und steht in der Tradition von Geschichtswerken sowohl aus dem alttestamentlich-jüdischen wie auch aus dem hellenistisch-römischen Bereich. Der Form nach kann man sie am ehesten als eine historische Monographie bezeichnen, in der sich Lukas der Darstellungsmittel der antiken Historiographie bedient, um die theologische Aufgabe einer religiösen Geschichtsbetrachtung zu bewältigen. Dabei dürfen die antiken Geschichtsschreiber, denen fiktive Reden der Protagonisten und die Integration von Wundern als probate Stilmittel der Darstellung galten, nicht mit den Maßstäben der neuzeitlichen Geschichtswissenschaft gemessen werden. Anders als bei den paganen Geschichtsschreibern gehören allerdings »kritischer Abstand zum Berichteten und prüfende Abwägung zwischen verschiedenen Versionen hier erst gar nicht zum Repertoire des Berichterstatters«, so dass man die Apostelgeschichte als ein Stück apologetischer Historiographie zur Etablierung der eigenen Identität gegenüber der Außenwahrnehmung betrachten kann (BACKHAUS 2007, 57). Zudem stehen angesichts der Zielsetzung des Lukas, die Verbreitung des Evangeliums zu schildern, naturgemäß die religiöse Geschichtsbetrachtung und das insbesondere in den Reden der Apostelgeschichte sichtbare Verkündigungsanliegen im Vordergrund.

Die Apostelgeschichte als historische Monographie

Wunder und fiktive Reden zählen zum Repertoire antiker Historiker

Trotz der Tatsache, dass Lukas in hohem Maße eigene Gestaltungstendenzen verfolgt und für etliche der von ihm geschilderten Begebenheiten nur über lückenhafte Informationen verfügt, ist der Geschichtswert der Apostelgeschichte grundsätzlich hoch zu veranschlagen. Das Werk stellt die wichtigste Quelle für eine Rekonstruktion der Anfänge der christlichen Kirche dar, enthält eine

Geschichtswert der Apostelgeschichte

Vielzahl nachweislich zutreffender Nachrichten und verdient allgemein größeres Zutrauen, als ihm in der Forschungsgeschichte oftmals zugebilligt wurde. Für die Darstellung des Lebens der Urgemeinde (Apg 1–5; 12) standen Lukas vermutlich alte Jerusalemer Traditionen zur Verfügung. Bei seinen Ausführungen zum missionarischen Wirken des Philippus (8,5-40) und Petrus (9,32–11,18) konnte er sich wohl auf im Kern zuverlässige Erzählüberlieferungen über die großen Gestalten der Frühzeit der Kirche stützen. Der Bericht über die »Erste Missionsreise« und den Apostelkonvent dürfte aus Quellen der direkt in die Geschehnisse involvierten Gemeinde von Antiochia stammen. Auch die Darstellung der weiteren Aktivitäten des Paulus und seines Endes basieren in beträchtlichem Umfang auf glaubwürdiger Tradition. Lukas war zwar kaum ein Paulusbegleiter, da er sich in manchen Punkten der Paulusbiographie schlecht oder falsch informiert zeigt und keinerlei tiefere Kenntnis paulinischer Theologie erkennen lässt (BROER/ WEIDEMANN ³2010, 138-143). Er hat aber gründlich über die Aktivitäten des Paulus recherchiert und weite Teile dessen, was er über das Wirken und das Ende des Paulus berichtet, werden von der Paulusbriefsammlung im Wesentlichen bestätigt. Das von der redaktionskritischen Forschung in den Raum gestellte Bild des Lukas als Erbauungsschriftsteller, der sich die Ereignisse nach Gutdünken zusammengereimt oder Episoden nach Bedarf frei erfunden habe, wird der Bedeutung seines Werkes nicht gerecht.

Didaktisches Potenzial der Apostelgeschichte

Aus der Lebendigkeit und Spannung, die Lukas in seine Darstellung von den Anfängen der Kirche und der Ausbreitung des Evangeliums hineingelegt hat, bezieht die Apostelgeschichte ein besonderes didaktisches Potenzial. »Der inspirierte Atem des gesamten Werkes provoziert zu didaktischer und methodischer Fantasie und dazu, die Linien immer wieder auch bis in die Gegenwart auszuziehen ...« (LÄHNEMANN 2001, 416). Von den Texten der Apostelgeschichte sind die Berichte von Christi Himmelfahrt (Apg 1,4-11), vom Pfingstwunder (2,1-13) und von der Taufe des äthiopischen Kämmerers (8,26-40) aus den Lehrplänen zum Religionsunterricht nicht wegzudenken. Hinzu kommt die Erzählung von der Bekehrung des Paulus vor Damaskus (9,1-9), die im nachfolgenden Kapitel dieses Buches zu Paulustexten für den Religionsunterricht behandelt wird. Als exemplarische Erzählung des sich ausbreitenden Christentums aus der Binnenperspektive eines christlichen Autors wirft die Apostelgeschichte zudem Fragen nach der Mission, dem Wahrheitsanspruch materialer Religion und dem Nebeneinander und Miteinander widerstreitender Weltanschauungen auf, die auch im Religionsunterricht geklärt werden sollten (STEINKÜHLER 2018).

Der inspirierte Atem der Apostelgeschichte provoziert zu didaktischer Phantasie

■ Schlüsseltext 1: Die Himmelfahrt Jesu (Apg 1,4-11)

Vergleich der beiden Himmelfahrtserzählungen

Lukas bietet an der Nahtstelle zwischen Evangelium und Apostelgeschichte einen kunstvollen Übergang, indem er die beiden Teile seines Doppelwerkes durch die Erzählung von der Himmelfahrt mustergültig miteinander verzahnt. Die Himmelfahrt steht am Ende des Evangeliums (Lk 24,50-53) und bildet zugleich die Ouvertüre für die Apostelgeschichte, wo sie sich direkt an das Proömium anschließt (Apg 1,4-11). Die grundlegende Überzeugung, dass Jesus in den Himmel entrückt wurde und nun bei Gott weilt, ließ sich sowohl als Abschluss des Erdenlebens Jesu als auch als Neubeginn der Geschichte des Erhöhten mit seiner Gemeinde verstehen (MÜLLER 2006, 213). Die ausführlichere Erzählversion hat Lukas sich für die Apostelgeschichte aufgespart, wo er den Erzählkern aus Lk 24,50-51 redaktionell ausgestaltete. Am Ende des Lukasevangeliums führt der Auferstandene die Jünger, nachdem er ihnen in Jerusalem erschienen ist und Mahlgemeinschaft mit ihnen gehalten hat, in das am Osthang des Ölbergs gelegene Bethanien. Dort segnet er sie und wird vor ihren Augen in den Himmel emporgehoben. Auch in der Apostelgeschichte geht der Himmelfahrt eine allerdings von Lukas selbst geschaffene Mahlszene mit letzten Verheißungen und Beauftragungen durch den Auferstandenen voraus (Apg 1,4-5), an die sich in Apg 1,6 ein vom weiteren Erzählverlauf her erschließbarer Szenenwechsel mit Verlagerung des Geschehens auf den Ölberg anschließt (PESCH ³2005, 65). Anders als in Lk 24 erteilt der Auferstandene den Jüngern dort weitere Anweisungen und Belehrungen, bevor er ihren Blicken entzogen wird (1,5-9). Neu gegenüber Lk 24,50-53 sind zudem das Motiv der Wolke, auf der Jesus entschwindet, und die Anwesenheit von zwei Engeln in weißem Gewand, die nach dem Vorbild der Geschichte vom leeren Grab (Lk 24,4-7) das Geschehen deuten (Apg 1,10-11). Die Wolke ist Zeichen der Epiphanie und Gegenwart Gottes (vgl. Lk 9,34-35), dient aber auch als eine Art Gefährt oder Träger der Entrückung und hat überdies eine verhüllende Funktion. Mit der Frage »Was steht ihr da und seht zum Himmel?« rügen die Engel die Reaktion der Jünger und mahnen eine Verhaltensänderung an. Anstatt dem entschwindenden Herrn wehmütig und untätig hinterherzuschauen, sollen die Jünger Zeugnis von ihm in der Welt ablegen. Zugleich werden sie mit dem Ausblick auf die Wiederkunft Jesu, die sich analog zu seinem Entschwinden von der Welt auf einer Wolke vollziehen wird, getröstet (Apg 1,11). Lukas kennzeichnet damit die Phase zwischen Himmelfahrt und Parusie als die Zeit der christlichen Missionsverkündigung.

Im Alten Testament, in Schriften des antiken Judentums und in der griechisch-römischen Literatur werden von zahlreichen Gestalten, die für ihre Anhänger über ihren Tod hinaus grundlegende Bedeutung gewonnen hatten, Entrückungen oder Himmelfahrten berichtet (LOHFINK 1971, 32-74; ZWIEP 1997, 36-79). Dabei geht es, anders als bei der ekstatischen Himmelsreise der Seele, um das sichtbare Entschwinden des gesamten Menschen von der Erde. Beim Aufstieg in den Himmel spielt häufig eine Wolke eine Rolle. Im Alten Testament heißt es von Henoch, dass Gott ihn am Ende seines Lebens zu sich nahm (Gen 5,24; vgl. äthHen 70,1-2). Elija soll vor den Augen seines Schülers Elischa mit einem von Pferden gezogenen Feuerwagen in den Himmel aufgefahren sein (2Kön 2,11). Nach Darstellung des Josephus entschwand Mose am Ende seines Lebens auf dem Berg Abarim in einer Wolke zu Gott (*ant.* 4,326). Die griechische Mythologie erzählt über Herakles, er sei vom Scheiterhaufen in einer Wolke zum Himmel getragen und der Unsterblichkeit teilhaftig geworden (Apollod., *bibl.* 2.7,7). Über Romulus, den legendären Gründer Roms, wird berichtet, dass er während einer Volksversammlung unter Donnerschlägen in einer Wolke den Blicken der Menschen entzogen und in den Himmel entrückt wurde, woraufhin man ihn als Gottheit verehrte (Liv., *urb. condit.* I 16). Im Kaiserkult wurde die Vorstellung von der Himmelfahrt zum festen Topos. Der römische Senat konnte einen ver-

Himmelfahrten in der Umwelt des Neuen Testaments

Himmelfahrten werden von zahlreichen Personen der Antike erzählt

storbenen Kaiser nur dann für göttlich erklären und in die Riege der Staatsgötter aufnehmen, wenn sich Zeugen für dessen leibliche Entrückung in den Himmel fanden. So schwor beispielsweise nach dem Tod des Augustus ein Prätor vor dem Senat, dass er den Kaiser vom Scheiterhaufen direkt in den Himmel habe auffahren sehen (Suet., *Aug.* 100,4). Schon der christliche Apologet Justin stellte im 2. Jh. die Himmelfahrt Jesu auf eine Stufe mit den Entrückungen des Hermes, Asklepios, Herakles, Dionysos, Perseus, der Disokuren und der römischen Kaiser, erklärte allerdings die Übereinstimmungen als Werk der Dämonen, welche die wahre Himmelfahrt bereits im Vorgriff nachgeäfft hätten (Just., *apol.* 1,21.54).

Sichtbare Himmelfahrt am 40. Tag nach Ostern

Von einer sichtbaren Himmelfahrt Jesu, die sich vierzig Tage nach Ostern vor den Augen der Jünger vollzog, weiß im Neuen Testament allein Lukas zu berichten. Dreimal wird in Apg 1,9-11 das Sehen des Geschehens betont. Traditionsgrundlage ist das durch Ps 110,1 als Schriftbeweis untermauerte frühchristliche Bekenntnis, dass der im Kreuzestod bis zum Äußersten erniedrigte Jesus nach seiner Auferstehung zur Rechten Gottes erhöht und zum kosmischen Weltenherrscher inthronisiert wurde (Phil 2,9; Röm 1,3-4). Auferstehung und Erhöhung scheinen dabei als identische oder zeitlich unmittelbar aufeinander folgende Ereignisse gedacht zu sein. Vor dem Hintergrund dessen, dass es zu einer Vielzahl von Erscheinungen des Auferstandenen vor seinen Anhängern gekommen war (1Kor 15,5-7), lag allerdings die erstmals von Lukas vertretene Vorstellung nahe, dass die Erhöhung nicht sofort erfolgt sein konnte, sondern der Auferstandene sich noch eine Zeitlang auf der Erde aufhielt. Wenn Lukas eine Zeitspanne von exakt vierzig Tagen zwischen Auferstehung und Erhöhung veranschlagt (Apg 1,3), schwingt die Bedeutung der vierzig als heiliger Zahl mit, wobei insbesondere an die vierzig Tage des Moses auf dem Berg Sinai (Ex 24,18) zu erinnern ist. Zudem begegnet das Schema der vierzig Tage auch im Zusammenhang mit der Entrückung Baruchs (*syrBar* 76,1-5). Bis sich die lukanische Vorstellung von der Himmelfahrt am vierzigsten Tag allgemein durchsetzte, verging allerdings mehr als ein Jahrhundert. Im 2. Jh. n. Chr. gehen der Barnabasbrief (*Barn* 15,9), der christliche Apologet Aristides (Arist., *apol.* 2), die Epistula Apostolorum (*EpAp* 18) und das apokryphe Petrusevangelium (*EvPetr* 39–40) davon aus, dass die Himmelfahrt noch am Tag der Auferstehung erfolgte. Gnostischen Gruppierungen zufolge soll Jesus hingegen nach der Auferstehung seine Anhänger noch 18 Monate unterwiesen haben (Iren., *haer.* 1.3,2). Nach der Pistis Sophia, einem gnostischen Evangelium, weilte Jesus nach Ostern sogar noch elf Jahre auf der Erde, bevor er in den Himmel aufstieg (*PistSoph* 1).

Die lukanische Vorstellung von den »40 Tagen« setzte sich erst allmählich durch

Narrative Entfaltung des Erhöhungskerygmas

Der Aufbau und die Motive der beiden lukanischen Himmelfahrtsberichte entsprechen dem Schema antiker Entrückungserzählungen in derart hohem Maße, dass von direkten Anleihen auszugehen ist. Lukas entfaltet das christologische Bekenntnis von der Erhöhung Jesu narrativ mit dem aus dem Alten Testament, der frühjüdischen Literatur und der paganen Überlieferung bekannten Motiv der Entrückung bedeutsamer Persönlichkeiten (ECKEY ²2011, 119), um seinen Leserinnen und Lesern die Apotheose (Vergöttlichung) des auferstandenen Herrn mit ihnen vertrauten Bildern verständlich zu machen. Vermutlich schwingen dabei auch kritisch-polemische Untertöne gegen den Kaiserkult mit, indem die Entrückung Jesu in Kontrast zu den römischen Kaiserapotheosen als die Einsetzung des wahren Weltherrschers gekennzeichnet wird (ROLOFF ³2010,

26). Die Feier von Christi Himmelfahrt am vierzigsten Tag nach Ostern kam frühestens im 4. Jh. auf und hat sich erst im 5. Jh. durchgesetzt (SCHMIDT-LAUBER 1986, 341-342). Zunächst beging man die gesamten fünfzig Tage (Pentekoste) nach Ostern als Freudenzeit. Als sich im 4. Jh. das Verständnis von Pentekoste/Pfingsten als fünfzigstem Tag nach Ostern etablierte, gedachte man an diesem Tag neben der Geistausgießung auch der Himmelfahrt, wie es etwa die Pilgerin Egeria um 387 für den Jerusalemer Festkalender bezeugt (Eg., *it.* 43,1-9). Egeria berichtet zwar auch schon von einem besonderen Fest am vierzigsten Tag nach Ostern, doch hatte dieses zunächst noch keinen Bezug zur Himmelfahrt Jesu (*it.* 42), sondern wurde erst später mit ihr verbunden.

Bei der Thematisierung der Himmelfahrt im Religionsunterricht sind Studien zu den Vorstellungen von Kindern und Jugendlichen über den Himmel zu berücksichtigen. Während seit der Neuzeit bekannt ist, dass sich um die kugelförmige Erde herum ein Weltall erstreckt, spiegelt die Erzählung von Jesu Himmelfahrt die Vorstellung wider, dass sich oberhalb der als Scheibe gedachten Erde über den Wolken der Himmel als Wohnort Gottes befindet. Kinder zwischen fünf und acht Jahren haben meist noch dieses archaische Verständnis vom Himmel als einem über der Erde befindlichen konkreten Ort, an dem Gott mit Jesus und den Engeln lebt, und deuten die Himmelfahrt Jesu als dessen Rückkehr in das als Himmelsdecke verstandene Firmament. Im Alter von etwa neun Jahren folgt ein Stadium »hybrider Vermengung« religiöser und naturwissenschaftlicher Himmelsvorstellungen, bei denen im Himmel Gott, Jesus und die Engel mit Raketen und Flugzeugen koexistieren, bevor ab etwa 16 Jahren die Vorstellung vom Himmel als religiösem Symbol in den Vordergrund rückt (FETZ 1985, 207-209). Symbolische Himmelsvorstellungen sind aber auch schon auf jüngeren Altersstufen nachweisbar.

> Vorstellungen vom Himmel

> Im Jugendalter rückt die Vorstellung vom Himmel als religiösem Symbol in den Vordergrund

Bei Christi Himmelfahrt handelt es um einen gesetzlichen Feiertag, dessen Bedeutung meist nur umrisshaft bekannt ist und dessen christlicher Charakter in erheblichem Maße von der Begehung als »Vatertag« überlagert wird. Vor diesem Hintergrund sollten die Schülerinnen und Schüler in der Beschäftigung mit Apg 1,4-11 dazu befähigt werden, Himmelfahrt in den christlichen Jahreszyklus einzuordnen und den biblisch-theologischen Hintergrund des Festes zu reflektieren. In allen Altersstufen ist ein symbolisches Verstehen der Himmelfahrtserzählung als Glaubensgeschichte mit existenziellem Gehalt zu fördern (LACHMANN/ADAM/RITTER 1999, 152-153). Für den Primarbereich eignet sich als Einstieg in die Thematik eine Betrachtung des kolorierten Kupferstiches »Christi Himmelfahrt« von *Matthäus Merian dem Älteren* (1593-1650), wo von dem in den Himmel auffahrenden Jesus nur noch die Unterschenkel und Füße zu sehen sind. Die Schülerinnen und Schüler können Spekulationen darüber anstellen, um welche Person es sich dabei handelt bzw. welche Geschichte dargestellt wird, und sich dann mit einer Nacherzählung von Apg 1,4-11 beschäftigen. Danach bildet die Klasse einen Stuhlkreis mit einem leer bleibenden Stuhl und versucht sich in die Situation der Jüngerinnen und Jünger zu versetzen, die den Abschied von Jesus verarbeiten müssen. Den Abschluss markiert ein gemeinsames Gespräch über die Bedeutung von Himmelfahrt und die unterschiedlichen Möglichkeiten, diesen Tag zu gestalten. Eine Alternative ist, den Ansatzpunkt beim Apostolischen Glaubensbekenntnis und dessen Aussage »aufgefahren in den Himmel, er

> Didaktische Perspektiven für die Primarstufe

sitzt zur Rechten Gottes« zu nehmen. Ein Erfahrungsbericht mit Drittklässlern (BUNTFUSS/FEIND 2008, 99-107) zeigt, dass die Kinder in der Lage waren, eine breite Palette an christologischen, soteriologischen und ekklesiologischen Implikationen der Himmelfahrtsgeschichte und des christlichen Bekenntnisses zur Himmelfahrt auszuschöpfen und in eigenständiger Weise sprachlich zum Ausdruck zu bringen. Sie kommentierten die Himmelfahrt mit Aussagen wie »Jesus ist bei seinem Vater im Himmel, dort wo er hergekommen ist. Dort geht es ihm gut, weil er einmal wieder seinen Vater sieht«, »Er sieht die Jünger von dort oben und beschützt sie« oder »Jesus macht dort oben Frieden, Glück und Freundschaft« (ebd., 102-103). Die Schülerinnen und Schüler können aus Stoff oder Papier einen Himmel basteln und Klebezettel mit ihren Vorstellungen, Träumen und Wünschen in den Himmel hängen, bevor im gemeinsamen Gespräch über die Bedeutung der Himmelfahrt Jesu und seines Sitzens zur Rechten Gottes nachgedacht wird.

»Jesus geht es im Himmel gut, weil er einmal wieder seinen Vater sieht«

Didaktische Perspektiven für die Sekundarstufe I/II

Für den Sekundarbereich I und II bieten sich ein Textvergleich von Lk 24,41-43 mit Apg 1,9-11 und die Beschäftigung mit ausgewählten religionsgeschichtlichen Parallelen an, wofür sich insbesondere die Berichte von der Himmelfahrt des Romulus und des Augustus eignen. Durch die Auseinandersetzung mit diesen Texten wird die Fähigkeit gefördert, die Himmelfahrt Jesu im Lichte antiker Mythen von der Gottwerdung bedeutsamer Personen zu deuten, eigene Vorstellungen von der Himmelfahrt Jesu zu entwickeln und die Bedeutung der Himmelfahrt als Teil des christlichen Glaubensbekenntnisses zu reflektieren. Ergänzend können die Schülerinnen und Schüler nach dem Modell von Rembrandts »Christi Himmelfahrt« (1636) eine eigene Himmelfahrtsszene entwerfen (BÜTTNER 2013, 15) und sich unter dem Leitmotto »Himmel abgeschafft« mit Textauszügen aus literarischen Werken von *Heinrich Heine, Bertolt Brecht, Christoph Schlingensief* und *Jostein Gaarder* auseinandersetzen, in denen die christliche Himmelsvorstellung scharfe Ablehnung erfährt (SPAETH 2013, 54-57).

■ Schlüsseltext 2: Das Pfingstwunder (Apg 2,1-13)

Kontext und Aufbau von Apg 2,1-13

Die Erzählung vom Pfingstwunder (Apg 2,1-13) steht im ersten Hauptteil der Apostelgeschichte (1,1–12,25), der sich der Zeit der Urkirche widmet und mit den Anfängen der Jerusalemer Urgemeinde einsetzt (1,1–5,42). Nach dem Prolog und der Himmelfahrt (Apg 1,1-14) berichtet Lukas vom Tod des Judas und der Nachwahl des Matthias in den Zwölferkreis (1,15-26), bevor er sich den Pfingstereignissen zuwendet. Deren Darstellung gliedert sich in das Pfingstwunder (Apg 2,1-13), die Pfingstpredigt des Petrus (2,14-41) und eine summarische Beschreibung des urchristlichen Gemeindelebens in Jerusalem (2,42-47). Die Erzählung vom Pfingstwunder wiederum zerfällt in zwei Szenen, die sich in Form und Inhalt deutlich voneinander abheben (KREMER 1973, 87-166). Zunächst wird von der Herabkunft des Geistes auf die in einem Haus versammelten Jesusanhänger berichtet (2,1-4) und danach die öffentliche Wirkung des Geschehens auf die in Jerusalem anwesenden Juden geschildert (2,5-13). Der ursprüngliche Kern der Pfingstgeschichte umfasste Apg 2,1-4.6a.12-13 und erzählte vom überraschenden Ausbruch geistgewirkter Zungenrede in der Urgemeinde am Pfingstfest, die von

Lukas durch Einfügung von Apg 2,6b-11 in ein Sprachenwunder uminterpretiert wurde (PESCH ³2005, 99-101). Umstritten ist die Frage, ob sich vom außergewöhnlichen Ereignis des Pfingstwunders auch außerhalb der Apostelgeschichte Spuren im Neuen Testament finden. Reflexe des Pfingstgeschehens könnten in 1Petr 1,11 und Eph 4,8 vorliegen. Gelegentlich wird der Versuch unternommen, das Pfingstwunder mit der Erscheinung des Auferstandenen vor den 500 zu identifizieren, die Paulus in 1Kor 15,5 erwähnt (LÜDEMANN 1994, 131-139). Dann wäre eine Christophanie von Lukas nachträglich in eine Theophanie (Apg 2,1-4) umgedeutet worden, was allerdings hypothetisch bleibt und auch energisch bestritten wird (KREMER 1973, 232-238).

Der Begriff Pfingsten geht auf das griechische *pentēkostē* (der fünfzigste [Tag]) zurück, das in Spätschriften der Septuaginta als Bezeichnung für das jüdische Wochenfest (*shavuot*) bezeugt ist (*Tob* 2,1; *2Makk* 12,32). Bei dem Wochenfest handelt es sich ursprünglich um ein Erntefest zur Darbringung der Erstlingsfrüchte am Jerusalemer Tempel (Ex 23,16; 34,22). Der Name leitet sich von den sieben Wochen der vorausgehenden Erntezeit ab. Der alttestamentliche Festkalender sieht vor, dass Shavuot am 50. Tag nach Beginn des Getreideschnitts (Dtn 16,9) oder nach Durchführung des »Schwingopfers« (Lev 23,14-15), bei dem ein Priester am Tempel die erste Getreidegarbe vor Jahwe durch die Luft schwingt, gefeiert wird. Später erfolgt dahingehend eine Präzisierung, dass die sieben Wochen, nach deren Ablauf man Shavuot begeht, vom Passahfest an gezählt werden (Philo, *spec. leg.* 2,162; Joseph., *ant.* 3,250-252), wie es sich bereits in Ex 23 andeutet. Das Jubiläenbuch projiziert um 150 v. Chr. die Anfänge des Wochenfestes in die Zeit der Schöpfung zurück und qualifiziert es als Bundeserneuerungsfest. Es sei von Beginn der Schöpfung bis zu den Tagen Noahs im Himmel gefeiert worden, bevor dann Gott mit Ende der Sintflut seine feierliche Begehung auf Erden zur Erinnerung an den Bund mit Noah angeordnet habe (*Jub* 6,17-21). Von seiner Bedeutung her kann sich Shavuot zwar nicht mit dem Passahfest oder dem Laubhüttenfest messen, zählte aber gemeinsam mit diesen in der Zeit des Zweiten Tempels zu den drei großen Pilgerfesten, die alljährlich eine riesige Zahl von Diasporajuden nach Jerusalem zogen. Mit der Tempelzerstörung im Jahr 70 n. Chr. wurde Shavuot zu einem bis heute in den Synagogen gefeierten Fest der Rückbesinnung auf den Empfang des Dekalogs am Sinai, weshalb es auch den Namen *Chag Matan Torah* (Fest des Geschenkes der Tora) trägt.

Neben dem Passah ist Pentekoste (Shavuot) das zweite Jahresfest, welches die Kirche vom Judentum übernommen hat, wobei diese Feste im Christentum eine neue Sinnfüllung erfuhren und aufgrund unterschiedlicher Kalender von Christen zu anderen Zeiten als von Juden gefeiert werden. Passah und Shavuot sind bewegliche Feste, die auf jeden beliebigen Wochentag fallen können. In der christlichen Tradition setzte sich dagegen im Zuge des altkirchlichen Osterfeststreits eine Abkopplung des Ostertermins vom Passah mit Festlegung von Ostern auf den Sonntag als Tag der Auferstehung Jesu durch. Dadurch fällt das am fünfzigsten Tag nach Ostern begangene Pfingstfest (der angebrochene Ostersonntag wird als erster Tag mitgezählt) automatisch auch immer auf einen Sonntag. Eine besondere Feier des fünfzigsten Tages nach der Auferstehung Jesu lässt sich für die Frühzeit des Christentums noch nicht belegen. Wo im Neuen Testament von Pentekoste die Rede ist (Apg 2,1; 20,16; 1Kor 16,8), bezieht sich der Begriff auf das jüdische Wochenfest. In der zweiten Hälfte des 2. Jh. bildete sich die Praxis heraus, nach dem christlichen Passah eine von Freude geprägte fünfzigtägige Festzeit zu feiern. Im 4. Jh. setzte es sich dann durch, den Abschlusstag dieser Festzeit als Pentekoste/Pfingsten zu betrachten und zum Gedenken an die Geistausgießung als eigenständigen Feiertag zu begehen (BIERITZ 1996, 383-384).

Der Ort des Pfingstwunders

Das Pfingstwunder der Geistausgießung trug sich nach Apg 2,2 in einem Haus in Jerusalem zu. Offenkundig denkt Lukas bei dem Ort des Geschehens an das schon zuvor erwähnte Haus, dessen Obergemach (Apg 1,13) den Aposteln nach dem Tod Jesu als Ort der Zusammenkunft diente. Es handelte sich um einen Raum im oberen Stockwerk eines Privathauses, in den man über eine Treppe oder Leiter hinaufstieg. Die exakte Lage des Hauses lässt sich nicht mehr bestimmen, zumal die Apostelgeschichte keinerlei Angaben dazu macht. Es befand sich wahrscheinlich im südlichen Teil der Oberstadt, die von den Christusgläubigen bald als Zion bezeichnet wurde, während dieser Begriff ursprünglich am Tempelberg und den damit verbundenen Verheißungen haftete. Nach dem Zeugnis des Epiphanius von Salamis (4. Jh.) soll bereits Kaiser Hadrian, als er 130 bei seiner Reise in den Vorderen Orient auch Jerusalem besuchte, an der Stelle des ursprünglichen Hauses mit seinem Obergemach eine kleine Kirche angetroffen haben. Das Obergemach aus der Apostelgeschichte zog angesichts seiner zentralen Bedeutung für das frühe Christentum geradezu magnetisch weitere biblische Traditionen an sich (KÜCHLER 2007, 613-618). Im Verlauf des 4. Jh. begann man, neben der Nachwahl des Matthias und dem Pfingstwunder dort auch die Feier des letzten Abendmahls Jesu, die Erscheinungen des Auferstandenen vor dem Jüngerkreis und dem ungläubigen Thomas sowie den Bischofsthron des Herrenbruders Jakobus zu lokalisieren. In einem weiteren Schritt der Legendenbildung kristallisierte sich schließlich die Überzeugung heraus, dass sich das Obergemach im Haus der Maria (Apg 12,12), der Mutter von Johannes Markus, befand. Der kleine Kirchenbau aus den Tagen Hadrians wurde Ende des 4. Jh. durch die prachtvolle Zionskirche ersetzt, die in den alten Quellen auch als »Mutter aller Kirchen« bezeichnet wird.

> Am Ort des Pfingstwunders soll schon im frühen 2. Jh. eine kleine Kirche gestanden haben

Heiliger Geist

Der Heilige Geist steht für die schöpferische Tätigkeit, die Kraft und die Wirkmacht Gottes. Im Alten Testament ist der Geist Gottes Träger des Lebens und Gegenstand endzeitlicher Hoffnung. Das hebräische Wort für Geist (*ruach*) hat die Grundbedeutung »Wind« und bezeichnet die göttliche Lebenskraft, die Adam bei der Schöpfung eingehaucht wird (Gen 2,7). Daneben kennt das Alte Testament ein Wirken des Geistes Gottes, das einzelne Gestalten zu großen Taten befähigt (Ri 3,10; 1Sam 10,6). In besonderer Weise zeigt sich der messianische Heilsherrscher als Träger des Geistes (Jes 11,2). In der alttestamentlichen Prophetie findet sich die Vorstellung von der endzeitlichen Erneuerung Israels durch Gottes Geist (Ez 36,26-27) oder der endzeitlichen Ausgießung des Geistes Gottes über sein Volk (Joel 3,1-5). Unter dem Eindruck der Erzählung von der Taufe Jesu durch Johannes, bei der sich der Himmel aufgetan und der Geist wie eine Taube auf Jesus herabgekommen sein soll (Mk 1,9-11), vollzieht sich für das frühe Christentum die Verleihung des Geistes (griech. *pneuma*) bei der Taufe (1Kor 6,11; Tit 3,5). Zudem können die Abendmahlselemente als Träger des Geistes gelten (1Kor 10,3-4). Nach langen Auseinandersetzungen um die Trinitätslehre wurde auf den Konzilien von Nizäa (325) und Konstantinopel (381) festgelegt, dass Gottvater, Sohn und Heiliger Geist eines Wesens sind (*homoousios*), das sich in drei unterschiedlichen Erscheinungsweisen verkörpert. Die Pfingstgeschichte ist von der prophetischen Vorstellung der endzeitlichen Ausgießung des Geistes Gottes geprägt (vgl. Apg 2,15-21). Lukas bedient sich alttestamentlich-jüdischer Motive, um das eigentlich unsichtbare Kommen Gottes und seines Geistes zu veranschaulichen. Sturm und Feuer sind verbreitete Ausdrucksmittel zur Beschreibung des Herannahens Gottes (Ex 19,18; 1Kön 19,11-12; *4Esra* 13,10). Im Kontext der Geistausgießung analogielos ist das Bild von den sich teilenden und so auf jede einzelne Person herabkommenden Feuerzungen (Apg 2,3). Entfernt erinnert die Szene an Num 11,25, wo Gott von dem Geist Moses nimmt und ihn auf die 70 Ältesten verteilt, die daraufhin in prophetische Verzückung geraten.

Bei der Erhellung der ursprünglichen Auswirkungen der an Pfingsten geschehenen Geistausgießung sollte man das Sprachenwunder Apg 2,5-11 zunächst ausblenden. Wörtlich heißt es Apg 2,4 »und sie wurden alle vom heiligen Geist erfüllt und begannen in anderen Zungen (*heterais glōssais*) zu reden, wie der Geist ihnen auszusprechen eingab«. Das griechische Wort *glossa* kann sowohl die Zunge als auch die von ihr hervorgebrachte Sprache bezeichnen. Wenn man »anderen« als Einfügung des Lukas betrachtet, lässt sich als Kern des Pfingstwunders geistgewirkte Zungenrede (Glossolalie) ausmachen (LÜDEMANN 1994, 130-131). Paulus rechnet die Glossolalie zu den vom Geist gewirkten Charismen (1Kor 12,10-11.28-30). Glossolalie ist zwar übersetzbar (1Kor 12,30; 14,13), aber kein Reden in Fremdsprachen, sondern ein Abgeben unartikulierter Laute oder unverständlicher Worte. In Apg 2,5-11 wird die ursprünglich wohl zugrundeliegende Glossolalie in ein Sprachenwunder uminterpretiert. In Jerusalem ansässig gewordene Diasporajuden, deren Muttersprache nicht das Hebräische oder Aramäische war, werden als Augenzeugen des Pfingstgeschehens eingeführt und sind verwundert, die Apostel in jenen Sprachen reden zu hören, mit denen sie selbst in der Fremde aufgewachsen sind. Diasporajuden siedelten nicht selten nach Jerusalem über, nachdem sie es in der Ferne zu Wohlstand gebracht hatten. Die in diesem Zusammenhang von Lukas angeführte Völkerliste (Apg 2,9-11), welche die weltweite Verbreitung der Juden anzeigt, hat ursprünglich wohl keinen Bezug zum Pfingstgeschehen. Einerseits führt sie auch Juden aus Judäa an (Apg 2,9), für die es aber in keiner Weise erstaunlich gewesen wäre, wenn sie die Apostel in ihrer eigenen Muttersprache, nämlich dem Aramäischen, hätten reden hören, da sie diese mit ihnen teilten. Andererseits fehlt in der Aufzählung Syrien, das in neutestamentlicher Zeit einen beträchtlichen jüdischen Bevölkerungsanteil hatte. Die Liste ist daher wohl in Syrien entstanden, von wo aus sie offenkundig den Horizont der damaligen jüdischen Welt abschreitet (vgl. ECKEY ²2011, 139-142). Die aus Entsetzen, Ratlosigkeit und dem spotthaften Vorwurf der Trunkenheit bestehende Reaktion der Beteiligten (Apg 2,12-13) dürfte den Abschluss des ursprünglich von Glossolalie sprechenden Pfingstberichts Apg 2,1-4 gebildet haben. Während man als Antwort auf das Sprachenwunder von Apg 2,6-11 eher Hochachtung vor den fremdsprachlichen Kenntnissen der Apostel erwarten würde, passen die Apg 2,12-13 beschriebenen Wirkungen gut zu Glossolalie, die mit ihren ekstatischen Zügen Entsetzen hervorrufen und als unverständliches Lallen von Verrückten aufgefasst werden konnte (1Kor 14,23).

Glossolalie und Sprachenwunder

Das Pfingstwunder bestand ursprünglich in geistgewirkter Zungenrede

Schülervorstellungen vom Geist

Die auf 33 Gesprächen mit Viert- und Achtklässlern beruhende empirische Studie von *Julia Gerth* zu den pneumatologischen Vorstellungen von Kindern und Jugendlichen zeigt, dass diese ganz eigene Geistkonzepte entwickeln und entfalten. In der Primarstufe ist die häufigste Vorstellung vom Geist die eines lieben Gespenstes, das unsichtbar bleibt und den Menschen meist hilft, sie aber manchmal auch erschreckt. Andere Schülerinnen und Schüler im Grundschulalter denken beim Geist an einen Heiligen, an einen Mann in weißem Gewand oder an einen König. In der Sekundarstufe I dominieren Engelvorstellungen, wobei meistens ganz konkret an einen Schutzengel gedacht wird. Neben diese personalen Vorstellungen vom Geist treten auch nichtpersonale symbolische Vorstellungen, in denen der Geist metaphorisch als innere Stimme, als im Herzen des Menschen wirksam werdender Teil Gottes, als unsichtbar bleibende, den Menschen helfende Kraft oder als die Seele verstanden wird (GERTH 2011, 344-345). Bei der Rezeption der Pfingstgeschichte zeigte sich, dass Viertklässler diese meist für wahr halten und sich in das Erzählgeschehen hineindenken können, während Achtklässler die Frage nach dem tatsächlichen Geschehen in den Mittelpunkt rücken und sich meist außerhalb der Geschichte positionieren (ebda., 313-316).

> Kinder und Jugendliche assoziieren mit dem Geist meist ein Gespenst oder einen Schutzengel

Didaktische Perspektiven für die Primarstufe

Im Gegensatz zu Weihnachten und Ostern entzieht sich das Pfingstfest der Kommerzialisierung und hat deshalb in einer konsumorientierten Gesellschaft Schwierigkeiten wahrgenommen zu werden. Umfragen wie etwa der YouTube-Clip »Das pinke Mikrofon: Was ist Pfingsten?« zeigen immer wieder, dass weite Teile der Bevölkerung allenfalls nebulöse Vorstellungen davon haben, warum Pfingsten gefeiert wird. In den Lehrplänen der Primarstufe wird die Pfingstgeschichte meistens im Zusammenhang mit dem Kirchenjahr und den christlichen Festen thematisiert. Damit verbindet sich die Kompetenzerwartung, dass die Schülerinnen und Schüler sich aufgrund der Beschäftigung mit Apg 2,1-13 mit dem Sinn des christlichen Pfingstfestes und dessen biblisch-geschichtlichen Ursprung vertraut zeigen. Zudem sollte vor dem Hintergrund der kindlichen Betrachtung des Heiligen Geistes als Gespenst in dessen tatsächliche Bedeutung eingeführt werden, wozu sich symboldidaktische Zugänge über die in Apg 2,1-13 zentralen Motive des Feuers und des Windes anbieten (LACHMANN/ADAM/RITTER 1999, 131-132). Die Kinder können sich mit der Symbolkraft und den Wirkungen von Feuer und Wind beschäftigen, die Pfingstgeschichte unter dem Aspekt der Veränderung von Menschen durch den Geist Gottes wahrnehmen und für Wirkungen des Geistes in Alltagssituationen sensibilisiert werden (FREUDENBERG [6]1999, 153-163).

Didaktische Perspektiven für die Sekundarstufe I

In der Sekundarstufe I kann die Thematisierung der Pfingstgeschichte als Ausgangspunkt dafür dienen, dass die Schülerinnen und Schüler mehr Klarheit über den Heiligen Geist an sich und als Teil der Trinität gewinnen. Als Einstieg eignet sich eine Betrachtung des Dreifaltigkeitsfreskos aus dem Chorgewölbe der Kirche Sankt Jakobus in Urschalling, wo die Trinität in drei Gesichtern und mit drei Oberkörpern dargestellt wird, aber insgesamt nur zwei Arme hat und aus einem gemeinsamen Unterkörper erwächst. Interessant ist zudem der Sachverhalt, dass das Gesicht des Heiligen Geistes weibliche Züge trägt. Alternativ kommt die Betrachtung der im 17. Jahrhundert von einem unbekannten Künstler aus Holz geschaffenen Skulptur »Dreigesicht« in Frage. Danach können sich die Schülerinnen und Schüler mit den pneumatologischen Aussagen des Apostolischen Glaubensbekenntnisses und des Glaubensbekenntnisses von Nizäa-Konstantinopel auseinandersetzen. Unter Aspekten des interreligiösen Lernens ist es wichtig, dass die Jugendlichen das jüdische Shavuot als Wurzel des christlichen Pfingsten wahrnehmen und sich der unterschiedlichen Bedeutung beider Feste – Juden gedenken der Gabe der Tora, Christen gedenken der Gabe des Heiligen Geistes – bewusst werden. In einem ersten Arbeitsschritt können sie die Aufgabe erhalten, im Internet nach Grußkarten mit der Aufschrift »Happy Shavuot« zu suchen und sich Informationen zu Shavuot zu verschaffen. Zur Vertiefung eignet sich die Arbeit mit Texten, in denen die Hintergründe und die Gestaltung des Shavuotfestes erläutert werden (RUPPEL u.a. 2000, 146-159).

■ Schlüsseltext 3: Taufe des äthiopischen Kämmerers (Apg 8,26-40)

Mit dem Märtyrertod des Stephanus und der Flucht der Hellenisten aus Jerusalem (6,1-8,3) öffnet sich in der Apostelgeschichte die Perspektive auf die Verbreitung des Evangeliums außerhalb Jerusalems. In diesem Zusammenhang werden zunächst die Aktivitäten des Philippus in Samaria und in der Gegend um Gaza geschildert (8,4-40). Nach der erfolgreichen Samariamission (Apg 8,4-25) folgt Philippus dem Befehl eines Engels und begibt sich um die Mittagszeit auf die Karawanenstraße zwischen Jerusalem und Gaza, die dann weiter nach Ägypten führt (Arrian, *anabasis* 2.26,1). Dort kommt es zur Begegnung mit einem »äthiopischen Mann«, der als Schatzverwalter im Dienst der Königin Kandake steht und sich zur Anbetung Gottes in Jerusalem aufgehalten hat (Apg 8,26-40). Bei ihm handelt es sich um einen Bewohner des südlich von Ägypten im heutigen Sudan gelegenen Königreichs von Meroë oder Kusch, das in der Antike als Äthiopien bezeichnet wurde (Hdt., *hist.* 4,183; Strabo, *geograph.* 17,1,2). Im Zentrum der Erzählung steht ein theologisches Gespräch der beiden Protagonisten über den Gottesknecht aus Jes 53, das zum Taufbegehren und zur Taufe des Äthiopiers führt. Der Schluss des Textes berichtet von der Trennung. Während Philippus auf wundersame Weise entrückt wird, um in den Küstenorten zwischen Azot (Aschdod) und Cäsarea das Evangelium zu verkünden, zieht der Kämmerer fröhlich seines Wegs nach Äthiopien.

Aufbau und Inhalt von Apg 8,26-40

Lukas konnte in Apg 8,4-40 und 21,8-14 wohl auf eine Sammlung von Philippusgeschichten zurückgreifen, die in den von Mitgliedern des Stephanuskreises gegründeten Gemeinden des östlichen Mittelmeerraums in Umlauf waren. Mit der Erzählung von dem äthiopischen Kämmerer ruft er seinen Leserinnen und Lesern nicht nur einen Meilenstein der frühchristlichen Missionsgeschichte in Erinnerung, sondern lenkt deren Phantasie auch auf die zauberhafte Welt des antiken Äthiopien, das durch Neros Nilquellen-Expedition (61/62 n.Chr.) verstärkt in den Fokus des Interesses gerückt war (vgl. Plin., *hist. nat.* 6,180-188). Im Erzählduktus der Apostelgeschichte markiert die Taufe des gottesfürchtigen Äthiopiers gegenüber der Evangeliumsverkündigung in Samaria einen weiteren gewichtigen Fortschritt in der Mission. Sie beinhaltet eine Expansion des Evangeliums über alle vorher erreichten Stadien hinaus und stellt eine Art Präludium zur Korneliusgeschichte (Apg 10,1–11,18) dar, wo Petrus den programmatischen Durchbruch zur Heidenmission erzielt.

Herkunft und Bedeutung der Erzählung

Philippus der Evangelist

Philippus (von Dobbeler 2000; Kollmann 2000) zählte zu den Hellenisten in der Jerusalemer Urgemeinde. Bei den Hellenisten handelte es sich um eine Gruppe griechischsprachiger Judenchristen, deren Leitfigur der Märtyrer Stephanus war. Philippus rangierte im Stephanuskreis an zweiter Stelle (Apg 6,1-7). Schon in der Alten Kirche hat man ihn häufig mit dem gleichnamigen Apostel Philippus aus dem Kreis der zwölf Jünger Jesu verwechselt. Um beide Personen auseinanderhalten zu können, erhielt er den Beinamen »der Evangelist« (Apg 21,8). Wie die anderen Hellenisten musste Philippus im Jahr 32 n. Chr. infolge des Stephanusmartyriums Jerusalem verlassen. Danach haben sich seine Aktivitäten auf Samarien mit dem Zentrum Sebaste und das Küstengebiet von Azot bis Cäsarea gerichtet. Philippus begab sich gezielt in solche Regionen Palästinas, die hellenistisch geprägt waren und in denen das nichtjüdische Bevölkerungselement den Ton angab. Er war maßgeblich dafür verantwortlich, dass die Verkündigung des Evangeliums erstmals die engeren Grenzen des Judentums überschritt. Später ist Philippus in Cäsarea sesshaft geworden, wo ihn der Apostel Paulus und der Prophet Agabus besuchten (Apg 21,8-14). Die vier Töchter des Philippus waren als Prophetinnen aktiv (Apg 21,9) und sind ein herausragendes Beispiel dafür, dass auch Frauen im Urchristentum bedeutsame Gemeindeämter innehatten und im Dienst der Verkündigung standen. Von Cäsarea siedelte Philippus wohl infolge des Jüdischen Krieges gemeinsam mit seinen Töchtern nach Hierapolis in Kleinasien über, wo er irgendwann im letzten Drittel des 1. Jh. n. Chr. verstarb (vgl. Euseb, *hist. eccl.* 3,31,4). Der Bischof Papias von Hierapolis lernte die Philippustöchter, die eine wichtige mündliche Quelle für Wundertraditionen in seinem nur fragmentarisch erhaltenen fünfbändigen Werk über die »Auslegung von Herrenworten« darstellen, noch persönlich kennen (Euseb, *hist. eccl.* 3,39,9).

Die Königin Kandake

Der »Äthiopier«, mit dem Philippus auf der Karawanenstraße zwischen Jerusalem und Gaza zusammentrifft, stand als Hofbeamter (*dynastēs*) und Schatzverwalter im Dienst der Königin Kandake (Apg 8,26). Bei Kandake handelt es sich um einen in seiner exakten Bedeutung unklaren Ehrentitel, den die regierende Königin (Strabo, *geograph.* 17,1,54; Plin., *hist. nat.* 6,35) oder die Königinmutter (Bion, *FHG III C* 1.668) des Reichs von Meroë tragen konnte. Angesichts der Probleme der meroitischen Chronologie, für die nur wenige Eckdaten vorhanden sind und bei der sich die Regierungsdauer der einzelnen Herrscher allein anhand von Größe und Ausstattung der ihnen gewidmeten Pyramiden schätzen lässt, erlaubt der Hinweis auf die Kandake keine genauere Datierung der Begegnung zwischen Philippus und dem Äthiopier. Hinter der Kandake von Apg 8,26 könnten sich die inschriftlich bezeugten Herrscherinnen Nawidemak oder Amanitêre verbergen, deren Regierungszeiten in die erste Hälfte des 1. Jh. n. Chr. fallen.

Physischer und religiöser Status

Zudem wird der äthiopische Kämmerer als Eunuch bezeichnet. Die hohen Beamten an orientalischen Königshöfen, zumal Schatzverwalter, waren oftmals Kastraten (Plut., *Dem.* 25,5). Damit war die Gefahr ausgeschlossen, dass sie sich weiblichen Mitgliedern des Königshauses unangemessen näherten oder Staatsvermögen unterschlugen, um damit eigene Nachkommen zu versorgen. Dass man wichtige Posten am Hof gerne mit Eunuchen besetzte, zog einen titularen Gebrauch von *eunouchos* als Synonym für Hofbeamte nach sich, worunter in Ausnahmefällen auch physisch unversehrte Personen mit eingeschlossen sein konnten. Die doppelte Charakterisierung des Äthiopiers sowohl als Eunuch wie auch als Beamter in Apg 8,27 legt allerdings nahe, dass sich ersteres auf den physischen Zustand, letzteres auf die berufliche Stellung bezieht und der Mann tatsächlich ein Kastrat war. Dies hat Konsequenzen für seinen religiösen Status. Die Notiz, er sei zum Anbeten nach Jerusalem gekommen, weist ihn ebenso wie die Lektüre des Jesajabuchs als Gottesfürchtigen aus, der sich von der jüdischen Religion angezogen fühlte. Um einen vollgültig zum Judentum übergetretenen Proselyten wird es sich dagegen nicht gehandelt haben. Nach der Gesetzesbestimmung von Dtn 23,2 (»Kein Entmannter oder Verschnittener soll in die Gemeinde des Herrn kommen«) konnten Kastraten keine vollwertigen Juden werden, da sie der geschlechtlichen Fortpflanzungsfähigkeit beraubt waren. In weisheitlicher Tradition wird zwar der gesetzestreue Eunuch seliggesprochen (Weish 3,14) und im Jesajabuch den am Sabbat wie am Bund festhaltenden Kastraten eschatologisches Heil verheißen (Jes 56,3-5). Doch setzte dies nicht die Bestimmung von Dtn 23,2 außer Kraft, die im antiken Judentum des neutestamentlichen Zeitalters nichts von ihrer Gültigkeit eingebüßt hatte (vgl. Philo, *spec. leg.* 1,324-325; Joseph., *ant.* 4,290-291).

Bei der Begegnung mit Philippus liest der Äthiopier gerade einen Abschnitt aus dem Jesajabuch über das Leiden und Sterben des wie ein Schaf zur Schlachtbank geführten Gottesknechtes (Jes 53,7-8), woraus sich ein Dialog darüber entspinnt, ob der Prophet mit diesen Aussagen sich selbst oder eine andere Person im Blick hat (Apg 8,32-35). Diese Szene ist neben 1 Petr 2,22-24 eine der neutestamentlichen Schlüsselstellen für die Interpretation des Todes Jesu im Lichte der Gottesknechttradition. Die deuterojesajanischen Aussagen vom Gottesknecht, der unter stellvertretender Hingabe seines Lebens die Verfehlungen der Schuldigen auf sich nahm und im Gegenzug von Gott erhöht wurde (Jes 52,13–53,12), sind ursprünglich wohl auf Israel bzw. die Exilsgemeinde gemünzt oder auf den Propheten Deuterojesaja selbst bezogen. Das frühe Christentum hat die Gottesknechtlieder dagegen christologisch gedeutet und fand in Jes 52,13–53,12 den heilvollen Tod Jesu in einzigartiger Weise alttestamentlich vorgezeichnet (WOYKE 2010, 200-225). Vielleicht hat bereits Jesus selbst seine Mission und seinen Leidensweg im Licht von Jes 53 betrachtet (Mk 10,45).

Christologische Deutung von Jes 53

Das frühe Christentum sah in Jes 53 den Tod Jesu vorgezeichnet

Im weiteren Erzählverlauf kommt es zur Taufe des Äthiopiers. Aus der Apostelgeschichte und den Paulusbriefen geht hervor, dass die Taufe von Anfang mit großer Selbstverständlichkeit der konstitutive Aufnahmeritus beim Eintritt in die Kirche war, und zwar unabhängig davon, ob sich Juden oder Heiden zum christlichen Glauben bekehrten. Das griechische Wort für taufen (*baptizein*) hat die Grundbedeutung »waschen«, »baden« oder »eintauchen«. Die christliche Taufe weist vielfältige Berührungen mit rituellen Waschungen oder Tauchbädern aus dem Bereich des antiken Judentums und der hellenistischen Mysterienreligionen auf (BARTH ²2002, 9-39). Die engsten Übereinstimmungen bestehen mit der Johannestaufe, in der sie ihren Ursprung hat. Jesus ließ sich von Johannes taufen (Mk 1,9-11) und führte als Schüler des Johannes dessen Taufe vermutlich eine Zeit lang fort (Joh 3,22.26; 4,1). Wenn die christliche Taufe ein einmaliges, nicht wiederholbares und von einem Täufer aktiv gespendetes Tauchbad zur Vergebung der Sünden darstellt, ist dies durch die Johannestaufe vorgezeichnet. Neu hinzugekommen sind bei der christlichen Taufe die Funktion als Aufnahmeritus

Die Ursprünge der christlichen Taufe

Die Modalitäten der Taufe

in die Gemeinde, die Übereignung des Täuflings an Christus und die Geistverleihung. Die Taufbefehle Jesu (Mt 28,19; Apg 1,5) sind von der Tendenz geprägt, die Taufpraxis der Gemeinde durch den auferstandenen Herrn legitimiert zu wissen.

Die Darstellung in Apg 8,38 gibt wichtige Informationen über die frühchristliche Taufpraxis preis. Täufer und Täufling steigen gemeinsam in ein Gewässer, wo die Taufe als Untertauchtaufe vollzogen wird, wie es bereits für die Taufpraxis des Johannes charakteristisch ist (BARTH ²2002, 35). Die Didache (Apostellehre), eine um 100 n. Chr. entstandene Kirchenordnung, schreibt vor, dass die Taufe nach Möglichkeit in »lebendigem Wasser« erfolgen soll (*Did* 7,1). Damit ist fließendes Wasser gemeint, dem wegen seiner Vitalität eine besondere symbolische Reinigungskraft im Hinblick auf das sich in der Taufe vollziehende Abwaschen der Sünden zugeschrieben wurde. Wenn kein fließendes Wasser zur Verfügung steht, soll auf ein stehendes Gewässer zurückgegriffen werden (*Did* 7,2). Das Übergießen des Kopfes mit Wasser wird nur als Ausnahme für den Fall der Wasserknappheit gestattet (*Did* 7,3). In der Didache geht der Taufe eine umfassende ethische Unterweisung voraus. Die spontane Taufe des Kämmerers durch Philippus wurde bald als derart problematisch empfunden, dass man in der handschriftlichen Überlieferung ein Glaubensbekenntnis ergänzte: »Er (Philippus) sprach aber zu ihm: Wenn du von deinem ganzen Herzen glaubst, ist es erlaubt. Der aber (der Kämmerer) antwortete und sprach: Ich glaube, dass Jesus Christus der Sohn Gottes ist« (Apg 8,37). Als im 16. Jh. die Verszählung im Bibeltext eingeführt wurde, stützte man sich auf Bibelhandschriften, die das Glaubensbekenntnis des Kämmerers enthielten, womit es zu Apg 8,37 wurde. In den heutigen Bibeln ist Apg 8,37 dagegen komplett aus dem Haupttext in den Fußnotenbereich verbannt worden, weil in wertvollen alten Handschriften, nämlich dem Codex Sinaiticus und dem Codex Vaticanus, die im 16. Jh. bei Einführung der Verszählung in Vergessenheit geraten waren, das Taufbekenntnis noch fehlt.

> Das Taufbekenntnis des Kämmerers fehlt in den alten Bibelhandschriften

Wassertaufe ohne Geistempfang?

Während sich schon in der vorpaulinischen Tradition mit der Taufe neben der Sündenvergebung auch die Übereignung des Heiligen Geistes verbindet (1Kor 6,11; 12,13), ist davon bei der Taufe des Kämmerers keine Rede. Daher nahmen der Codex Alexandrinus (5. Jh.) und weitere Handschriften in Apg 8,39 eine geschickte Einfügung vor, die aus dem ursprünglichen Text »Als sie aber aus dem Wasser stiegen, entrückte der Geist des Herrn den Philippus« den Satz »Als sie aber aus dem Wasser stiegen, fiel der Heilige Geist auf den Eunuchen herab; ein Engel des Herrn aber entrückte den Philippus« werden ließ. Da in der Apostelgeschichte die Taufe und die Übereignung des Geistes oftmals auseinanderfallen, wollten *Karl Barth* und *Markus Barth* theologisch zwischen Geisttaufe und Wassertaufe unterscheiden. Die »Geisttaufe« (keine wirkliche Taufe, sondern in übertragener Bedeutung die Geistverleihung durch Gott) sei als ein dem Menschen unverfügbarer Akt von der Wassertaufe, in der es lediglich um die bittende oder dankende Bestätigung der »Geisttaufe« gehe, streng zu trennen. Bei der Wassertaufe handele es sich folglich nicht um ein Sakrament, sondern um die Antwort des Menschen auf das Gnadenhandeln Gottes. Derartige Schlussfolgerungen aus der Apostelgeschichte verbieten sich allerdings, da dort die Trennung von Taufe und Geistempfang ein Konstrukt des Lukas darstellt, mit dem er bestimmte Absichten in seiner Geschichtsdarstellung verfolgt (PESCH ³2005, 281-285).

Als erste große Tauferzählung des Christentums eröffnet Apg 8,26-40 den Schülerinnen und Schülern die Chance, etwas über die frühchristliche Taufpraxis zu erfahren, die Taufe als Ausdruck von Gottes Nähe und Zuwendung verstehen zu lernen und eigene Taufvorstellungen zu entwickeln. Bei der Thematisierung der Taufe im Religionsunterricht sollte der Schwerpunkt auf dem erfahrungsbezogenen Umgang mit dem Symbol Wasser liegen. Die Wahrnehmung der Bedeutung von Wasser (belebendes und heilendes, aber auch gefährliches Element; Medium der Reinigung; Symbol von Aufbruch und Neuanfang; Inbegriff von Klarheit) stellt die Voraussetzung für das Verständnis des Symbolismus im Taufgeschehen dar, wo das Wasser durch den Bezug auf Tod und Auferstehung Jesu Christi einen neuen Sinn erhält (BIEHL u.a. 1993, 271). In der Primarstufe kann die Hinführung zur Taufthematik durch eine Kirchenerkundung erfolgen, bei der die Kinder Bekanntschaft mit dem Taufbecken machen und über dessen Funktion sprechen. Anschließend erhalten die Kinder, sofern sie getauft sind, die Aufgabe, sich bei ihren Eltern nach Details der Taufe (Datum; Ort; Taufpaten) zu erkundigen und Fotos von der Taufe mitzubringen. Die Bedeutung des Wassers als kostbares Symbol des Lebens lässt sich über »Wassergeschichten« wie »Christof findet Wasser« oder »Fatna aus dem Senegal erzählt von Wassermangel« erschließen (STEINWEDE/ LÜDKE 1994, 275-278). Bei der anschließenden Beschäftigung mit der Geschichte von dem äthiopischen Kämmerer sollte diese in Form einer kindgerechten Nacherzählung eingeführt werden, die den schwierigen und auf Nebenschauplätze führenden Begriff Eunuch völlig vermeidet. Die Kinder können die Taufe des Kämmerers mit den ihnen bekannten Taufpraktiken vergleichen und in das Gespräch darüber verwickelt werden, warum der Getaufte am Ende voller Freude weiterzieht (Apg 8,39). Ein wichtiger Aspekt vor dem Hintergrund von Fremdenfeindlichkeit ist zudem, dass die Taufe Menschen aus allen Teilen der Welt miteinander verbindet und im Mittelpunkt der ersten großen Tauferzählung des Christentums ein Schwarzer aus dem heutigen Sudan steht.

Didaktische Perspektiven für die Primarstufe

Bei der didaktischen Erschließung der Taufe steht die Symbolkraft des Wassers im Zentrum

Auch in der Sekundarstufe I spielen bei der Behandlung der Taufthematik Reflexionen über die unterschiedlichen Wirkungen von Wasser und Recherchen über die eigene Taufe eine wichtige Rolle (LÜCK/VOM STEIN 2013, 12-19). Ein gelungener Unterrichtsentwurf von *Ute Hinze* für den neunten Jahrgang (BIEHL u.a. 1993, 150-156) wählt den Zugang zur Taufe über die Symbole Durst und Wasser. Er beginnt damit, dass die Schülerinnen und Schüler ein Bild der in Bad Kreuznach stehenden Skulptur »Durst« des Bildhauers *Ludwig Cauer* betrachten und diese in Kleingruppen nachbilden, um sich emotional und körperlich in die Durstsituation hineinzuversetzen. Es folgt ein Gespräch über tatsächlichen und metaphorischen Durst und eine Behandlung der Erzählung »Der Durst« von *Antoine de Exupéry*. Danach gilt die Aufmerksamkeit der biblischen Geschichte von der Begegnung Jesu mit der Samaritanerin am Brunnen (Joh 4,1-15), wo doppeldeutig von tatsächlichem Wasser und Wasser des Lebens die Rede ist, und dem Gesangbuchlied »Du bist da, wo Menschen leben«, das von den Schülerinnen und Schülern umgedichtet wird. Zum Abschluss dieser Einheit wird wiederum in Kleingruppen ein Gegendenkmal »Wasser des Lebens« zu dem Bad Kreuznacher Durstdenkmal entworfen und nachgestellt. Danach folgt die Überleitung zur Taufe, bei der die Erinnerung an die eigene Taufe, das evangelisch-lutherische

Didaktische Perspektiven für die Sekundarstufe I

Taufverständnis und zwei Kirchenlieder zur Taufe im Mittelpunkt stehen. In diesen Block ließe sich gut die Geschichte von der Taufe des Kämmerers integrieren, um auch das neutestamentliche Taufverständnis angemessen zur Sprache zu bringen. Am Ende wird in der Klasse ein Streitgespräch über Säuglingstaufe und Erwachsenentaufe ausgetragen.

Didaktische Perspektiven für die Sekundarstufe II

Für die Sekundarstufe II hat *Rudolf Tammeus* einen symboldidaktischen Unterrichtsentwurf zum Thema »Taufe« vorgelegt (BIEHL u.a. 1993, 156-166). Zunächst artikulieren die Schülerinnen und Schüler ihre Gedankenassoziationen zu zwei Wasserbildern und benennen eigene Dursterlebnisse. Danach richtet sich der Fokus auf die symbolische Bedeutung des Wassers in der Taufe, indem die Schülerinnen und Schüler ein Foto mit einer Taufszene betrachten, eigene Taufaussagen formulieren und diese mit den Taufaussagen aus Luthers Kleinem Katechismus vergleichen. In einem biblisch-theologischen Block, in den sich auch Apg 8,26-40 sinnvoll einbinden ließe, wird anhand der narrativen Exegese »Taufe im Morgengrauen« aus dem Buch »Konflikt in Korinth« (HOLLENWEGER [5]1987, 23-27) ein frühchristlicher Taufgottesdienst nachgezeichnet und durch Einbeziehung von 1Kor 12,12-13; Gal 3,26-28 die Bedeutung der Taufe als Initiationsritus herausgearbeitet. Am Ende der Unterrichtseinheit stehen eine Diskussion über Sinn sowie Berechtigung der Säuglingstaufe und der Besuch eines Taufgottesdienstes.

XII. Ausgewählte Texte von und über Paulus

Der Apostel Paulus prägt mit seiner Theologie und seinen Aktivitäten wie kaum ein anderer die Christenheit. Neben Petrus und Jakobus gilt er als die wichtigste Gründergestalt der Kirche. Weite Teile der Apostelgeschichte widmen sich seiner Person und seinem Leben, seiner Tätigkeit und seinen Reisen. Die Paulusbriefe bieten ein lebendiges Zeugnis seiner Spiritualität und Lehren, aber auch der vielfältigen Konflikte, in die er verstrickt war. Paulus ist derjenige Apostel, der theologisch wie missionarisch die größte Wirkung entfaltet hat und doch zugleich umstritten wie kein anderer war. Als Symbolgestalt der beschneidungsfreien Heidenmission ebnete er dem Christentum den Weg zur universalen Weltreligion, zog damit aber scharfe Kritik vonseiten des toratreuen Judenchristentums auf sich und musste sich einer organisierten Gegenmission in seinen Gemeinden erwehren. Mit seinem literarischen Werk wurde Paulus zum Begründer einer spezifisch christlichen Theologie und sah sich gleichzeitig dem Vorwurf ausgesetzt, dass den inhaltsträchtigen Briefen ein schwächliches persönliches Auftreten und mangelnde rednerische Begabung gegenüberstehe (2Kor 10,10). An Kontroversen um das sachgerechte Verständnis seiner Theologie entzündete sich die Reformation. Angesichts der Bedeutung, die Paulus bis heute für die Christenheit hat, führt auch in der Schule kein Weg an ihm vorbei.

Gründergestalt der Kirche

■ Paulus und seine Briefe

Paulus, zu dessen Werdegang und theologischem Denken es eine Vielzahl hervorragender Gesamtdarstellungen gibt (BECKER ³1998; HORN 2013; LOHSE ²2009; SCHNELLE 2003; WISCHMEYER ²2012), wurde kurz nach der Zeitenwende im kleinasiatischen Tarsus, der Hauptstadt der römischen Provinz Kilikien, als Kind einer traditionsbewussten jüdischen Familie geboren (Apg 22,3). Das exakte Geburtsjahr und Details über den familiären Hintergrund sind unbekannt. Nach Darstellung der Apostelgeschichte hat Paulus von Geburt an das römische Bürgerrecht (Apg 16,37; 22,25-28) und das Stadtbürgerrecht von Tarsus (21,39) besessen. Beides deutet, wenn es den Tatsachen entspricht, auf einen gehobenen gesellschaftlichen Status der Familie hin. Tarsus war eine Hochburg griechischer Rhetorik und Philosophie, wobei die Stoa den Ton angab. Auch wenn der hellenistische Einfluss auf die geistige Prägung des Paulus nicht zu hoch veranschlagt werden sollte, stehen doch die Verwendung von Stilelementen aus der klassischen griechischen Rhetorik, die Rezeption stoischen Gedankenguts und der Gebrauch hellenistischer Metaphorik in den Briefen des Apostels mit seiner Herkunft aus Tarsus in Verbindung. Im Jugendalter siedelte Paulus nach Jerusalem über, um sich den Pharisäern anzuschließen und ein Torastudium zu absolvieren. Nach Apg 22,3 war er ein Schüler von Gamaliel I., dem zu jener Zeit bekanntesten pharisäischen Gesetzeslehrer. Der Pharisäer Paulus war als Randfigur an der Steinigung des Stephanus beteiligt (Apg 7,58), der sich mit seiner Gesetzes- und Tempelkritik in den griechischsprachigen Synagogen Jerusalems Feinde gemacht hatte. Als nach dem Märtyrertod des Stephanus seine Anhänger Jerusalem verließen und ein Teil von ihnen in Damaskus eine neue Bleibe fand, setzte Paulus

Der vorchristliche Paulus

ihnen nach, um sie an der Verbreitung des Christusglaubens in den Synagogen der Stadt zu unterbinden. Kurz vor Damaskus erfolgte unter dramatischen Begleitumständen die Bekehrung und Berufung des Paulus zum Apostel Jesu Christi, mit der sein Leben einen radikalen Bruch erfuhr. Durch das Damaskuserlebnis wurde er zum leidenschaftlichen Verkündiger jenes Glaubens, den er bis dahin auf das Schärfste bekämpft hatte.

Missionarische Aktivitäten

Die Zeit nach der Berufung bis zum Eintritt in den Dienst der Gemeinde von Antiochia bezeichnet man als die »unbekannten Jahre« (HENGEL/SCHWEMER 1998), da unser Wissen über diese ungefähr acht Jahre umfassende Phase im Leben des Apostels mehr als begrenzt ist. Paulus unternahm in Damaskus, im Nabatäerreich und in Kilikien erste Schritte als Verkündiger des neuen Glaubens (Gal 1,17.21), hat dabei aber kaum sichtbare Spuren hinterlassen. Mit dem um 40 n. Chr. auf Initiative von Barnabas erfolgten Eintritt in den Dienst der Gemeinde von Antiochia (Apg 11,25-26) begann eine neue Phase im Leben des Paulus, die knapp ein Jahrzehnt umfasste und ihn nachhaltig prägte. In die bewegten Jahre von Antiochia fielen die »erste Missionsreise« (Apg 13–14), der Apostelkonvent (Apg 15,1-21; Gal 2,1-10) und der antiochenische Streit (Gal 2,11-14; Apg 15,36-40), der im Jahr 49 n. Chr. die weitere Zusammenarbeit mit der Gemeinde von Antiochia abrupt beendete. Nach dem Bruch mit Barnabas und Antiochia stellte Paulus ein aus Silas (Silvanus), Timotheus und Titus bestehendes Mitarbeiterteam zusammen, mit dem er auf der »zweiten Missionsreise«

Die Zeit des Paulus in Ephesus war seine fruchtbarste wie krisenhafteste Lebensphase

beachtliche Missionserfolge in den urbanen Zentren Griechenlands (Philippi; Thessaloniki; Korinth) erzielte (Apg 16–18). Danach hielt sich Paulus von 52 bis 55 n. Chr. in Ephesus auf. Diese Jahre markieren die fruchtbarste und zugleich krisenhafteste Phase in seinem Leben als Apostel. Einerseits hat Paulus an keinem anderen Ort missionarisch und schriftstellerisch so intensiv gewirkt wie in Ephesus, andererseits ist sein Aufenthalt in der Stadt von dort erlittenen Leiden und schweren Konflikten mit der Gemeinde in Korinth überschattet (BECKER ³1998, 160-197). Paulus machte Ephesus zum Zentrum seiner Mission im westlichen Kleinasien, verfasste dort die Mehrzahl der zweifelsfrei von ihm stammenden Briefe und gründete eine Art Schule, in der sein geistiges Erbe gepflegt wurde. Deren Sitz befand sich wohl im Lehrsaal des Rhetors Tyrannos, wo Paulus über einen längeren Zeitraum predigte (Apg 19,9-10).

Das Ende des Paulus

Das Ende des Paulus wurde mit der Kollektenreise nach Jerusalem eingeläutet. In den paulinischen Gemeinden hatte man gemäß der Vereinbarung beim Apostelkonvent (Gal 2,10) über viele Jahre hinweg Geld für die Christusgläubigen in Jerusalem gesammelt. Als Paulus 56 n. Chr. mit der Kollekte in Jerusalem eintraf, kam es im Tempelareal zu einem Tumult, in dessen Verlauf er von der römischen Kohorte gefangengenommen und nach kurzer Haft in der Burg Antonia an den Amtssitz des Statthalters Felix in Cäsarea überstellt wurde. Dort erfolgte auf Betreiben des Jerusalemer Synedrions die Anklageerhebung gegen Paulus (Apg 24,1-6), doch Felix verschleppte den Prozess. Nachdem unter dem neuen Statthalter Festus 59 oder 60 n. Chr. das Verfahren wieder aufgenommen worden war (Apg 25,6-12), beantragte Paulus einen Prozess vor dem kaiserlichen Gericht in Rom, was ihm als römischem Bürger zustand. Dem Antrag wurde stattgegeben und Paulus in einem Gefangenentransport nach Rom überstellt. Als er dort nach einer mehrmonatigen Seereise mit spektakulärem Schiffbruch vor

Malta eintraf, kam er in den Genuss einer leichteren Form der Untersuchungshaft, bei der er unter Hausarrest gestellt wurde (Apg 28,30). Das Ende des Paulus bleibt in wesentlichen Punkten im Dunkeln (HORN 2001; PUIG I TÀRRECH/BARCLAY/FREY 2015), da die Apostelgeschichte nichts über seinen Tod berichtet. Dementsprechend wird spekuliert, Paulus könne nochmals freigekommen und zu der Röm 15,24 ins Auge gefassten Spanienmission aufgebrochen sein, wie es der um 95 n. Chr. in Rom geschriebene erste Clemensbrief offenkundig voraussetzt (1Clem 5,7). Wahrscheinlicher ist aber, dass Paulus direkt nach dem zweijährigen Hausarrest in Rom den Märtyrertod erlitt, entweder nach einem regulären Prozess durch Enthauptung, der bei römischen Bürgern normalerweise angewendeten Hinrichtungsart, oder in einem Akt von Willkür. Der älteste ausführlichere Bericht über den Tod des Paulus in Rom findet sich in den um 180 n. Chr. entstandenen Paulusakten und ist schon massiv von phantastischer Fabulierkunst geprägt. Dort wird berichtet, dass Paulus sich im Zusammenhang mit der Totenerweckung von Neros Mundschenk den Unmut des Kaisers zuzog und enthauptet wurde, wobei aus dem Hals des Apostels Milch statt Blut geflossen sei.

Im Neuen Testament sind dreizehn Briefe unter dem Namen des Paulus überliefert, wobei der in der Alten Kirche zuweilen dem Apostel zugeschriebene Hebräerbrief die Paulusbriefsammlung vervollständigt (BROER/WEIDEMANN ³2010, 263-594; KOLLMANN 2014, 223-266). Sieben davon, nämlich der Römerbrief, die beiden Korintherbriefe, der Galaterbrief, der Philipperbrief, der erste Thessalonicherbrief und der Philemonbrief, wurden mit Sicherheit auch von ihm selbst verfasst. Für den Rest (Epheserbrief; Kolosserbrief; zweiter Thessalonicherbrief; erster und zweiter Timotheusbrief; Titusbrief) ist die Bibelwissenschaft weithin zu der Überzeugung gekommen, dass sie erst nach dem Tod des Apostels unter seinem Namen entstanden sind, um in einer veränderten Situation wichtige Anliegen der paulinischen Theologie zur Geltung zu bringen. Diese pseudepigraphischen »Deuteropaulinen« heben sich stilistisch wie theologisch deutlich von den echten Paulusbriefen ab. Beim Kolosserbrief, zweiten Thessalonicherbrief, zweiten Timotheusbrief und Titusbrief ziehen aber auch kritische Bibelwissenschaftler zuweilen in Erwägung, dass sie doch von Paulus selber stammen könnten. Die Pseudepigraphie war in der Antike weit verbreitet. Beispielsweise sind unter den Namen von Pythagoras, Hippokrates, Platon oder Aristoteles zahlreiche Schriften überliefert, die sicher nicht von ihnen stammen. Dabei geht es weniger um dreisten Betrug als um ein Weiterdenken in den geistigen Bahnen des Meisters. Die unechten Paulusbriefe sind Ausdruck eines lebendigen Umgangs mit der Tradition, indem sie das theologische Erbe des Paulus unter veränderten Bedingungen fortschreiben und absichern wollen. Die von den Bibeln gebotene Reihung der Paulusbriefe spiegelt nicht die zeitliche Abfolge der Entstehung wider, sondern orientiert sich in absteigender Form am Umfang der einzelnen Schreiben. Dieses Gliederungsprinzip setzt mit dem ersten Timotheusbrief neu ein, was den Rückschluss darauf erlaubt, dass sich die Sammlung der Paulusbriefe in zwei Etappen vollzog. Die Paulusbriefsammlung ist der älteste Baustein des neutestamentlichen Bibelkanons, der um 200 n. Chr. Gestalt annahm, über dessen exakten Umfang aber noch bis weit in das 4. Jh. hinein gestritten wurde.

Die Paulusbriefsammlung

Von den 13 Paulusbriefen stammen 7 mit Sicherheit vom Apostel selbst

Zeittafel zum Leben des Paulus

30 v.Chr. -14 n.Chr.	Prinzipat von Augustus (Oktavian)	50 n.Chr.	Übertragung der Aufsicht über den Jerusalemer Tempel an König Agrippa II.
ca. 4 v.Chr.	Geburt Jesu. Tod von König Herodes dem Großen	50-52 n.Chr.	Paulus in Korinth (Apg 18,1-17). Prozess vor dem Statthalter Gallio. Abfassung des 1 Thessalonicherbriefs
ca. 5 n.Chr.	Geburt des Paulus in Tarsus (Apg 22,3)	52 n.Chr.	Reise des Paulus nach Antiochia, Jerusalem und Galatien? (Apg 18,18-23)
14-37 n.Chr.	Kaiser Tiberius		
ab ca. 25 n.Chr.	Paulus in Jerusalem. Zugehörigkeit zu den Pharisäern (Phil 3,5-6). Schüler von Gamaliel I. (Apg 22,3)	52-55 n.Chr.	Paulus in Ephesus (Apg 19). Lebensgefahr und vermutlich auch Haft (1Kor 15,32; 2Kor 1,8-10). Abfassung von 1 Korintherbrief (1Kor 16,8), Philipperbrief, Philemonbrief und Tränenbrief nach Korinth (2 Kor 10–13). Begründung einer »Paulusschule«
30 n.Chr.	Kreuzigung Jesu		
32 n.Chr.	Martyrium des Stephanus (Apg 6-7); Verfolgung der christusgläubigen Hellenisten durch Paulus (Gal 1,13-14; Apg 9,1-2). Bekehrung und Berufung des Paulus und Taufe in der Gemeinde von Damaskus (Apg 9,1-18; Gal 1,15-16)		
		54-68 n.Chr.	Kaiser Nero
		Herbst/Winter 55 n.Chr.	Paulus in Makedonien (Apg 20,1.3). Abfassung von Galaterbrief und Versöhnungsbrief nach Korinth (2Kor 1–8)
33/34 n.Chr.	Aktivitäten des Paulus in Arabien (Nabatäerreich) und Rückkehr nach Damaskus (Gal 1,17)	Winter/Frühjahr 55/56 n.Chr.	Paulus in Griechenland (Apg 20,2-3). Abfassung des Römerbriefs in Korinth im Haus des Gaius (Röm 16,22)
35. n. Chr.	Flucht des Paulus aus Damaskus (2Kor 11,33-34; Apg 9,23-25)	56/57 n. Chr.	Kollektenreise des Paulus von Griechenland durch Kleinasien nach Jerusalem (Apg 20–21; Röm 15,25-32)
35 n. Chr.	Paulus in Jerusalem. Besuch bei Petrus und erster Kontakt zum Herrenbruder Jakobus (Apg 9,26-30; Gal 1,18-19)	57-59 n.Chr.	Verhaftung des Paulus in Jerusalem und Überstellung nach Cäsarea. Verschleppung des Prozesses durch den Statthalter Felix (Apg 21–24)
ca. 35-40 n. Chr.	Paulus in Tarsus (Apg 9,30) bzw. in der Doppelprovinz Syrien-Kilikien (Gal 1,21)	59 od. 60 n.Chr.	Amtsantritt des Statthalters Festus; Besuch von König Agrippa II. und Königin Berenike bei Paulus. Überstellung des Paulus nach Rom mit Schiffbruch vor Malta (Apg 25–28)
37-41 n.Chr.	Kaiser Caligula. Judenpogrome in Alexandria und Antiochia.		
ca. 40 n.Chr.	Ankunft des Paulus in Antiochia und Lehrtätigkeit in der Gemeinde an der Seite des Barnabas (Apg 11,19-26). Entstehung des Namens »Christen« in Antiochia (Apg 11,26)	59/60-62 n. Chr.	Untersuchungshaft (Hausarrest) des Paulus in Rom (Apg 28)
		62 n.Chr.	Hinrichtung des Herrenbruders Jakobus in Jerusalem
41-44 n.Chr.	Königreich von Agrippa I. und Hinrichtung des Apostels Jakobus (Apg 12)	62 n.Chr.	Spanienmission des Paulus?
41-54 n.Chr.	Kaiser Claudius	zwischen 62 und 64 n.Chr.	Hinrichtung des Paulus in Rom durch Enthauptung
ab ca. 42 n.Chr.	»Erste Missionsreise« nach Zypern (Salamis; Paphos) und Kleinasien (Antiochia in Pisidien; Ikonion; Lystra; Derbe) (Apg 13-14)	ca. 64 n.Chr.	Brand Roms und Christenverfolgungen Neros. Kreuzigung des Petrus
		um 70 n. Chr.	Abfassung des Kolosserbriefs durch einen Paulusschüler
48 n.Chr.	Apostelkonvent in Jerusalem (Gal 2,1-10; Apg 15,1-21)	um 90 - 100 n. Chr.	Entstehung des Epheserbriefs, des 2 Thessalonicherbriefs und der drei Pastoralbriefe (1-2 Timotheusbrief; Titusbrief)
48/49 n.Chr.	Antiochenischer Streit (Gal 2,11-14; Apg 15,36-40)		
49 n.Chr.	Beginn der »zweiten Missionsreise« des Paulus mit Silas, Timotheus und Titus (Apg 16). Judenedikt des Kaisers Claudius (Apg 18,2)	ab 100 n.Chr.	Entstehung der Paulusbriefsammlung (13 Paulusbriefe und Hebräerbrief) als ältester Keimzelle des neutestamentlichen Bibelkanons
49/50 n.Chr.	Paulus in Galatien, Philippi, Thessalonike, Beröa und Athen (Apg 16-17)		

Paulus im Religionsunterricht

Die facettenreiche Person des Paulus bietet für den Religionsunterricht vielfältige didaktische Anknüpfungspunkte. Während die Paulustexte der Apostelgeschichte mit ihrem packenden Erzählstil und ihrer Lebendigkeit die Schülerinnen und Schüler schnell in den Bann ziehen, gilt allerdings die Vermittlung der Paulusbriefe mit ihren ebenso abstrakten wie komplexen theologischen Aussagen als schwierig. *Axel Wiemer* konstatiert ein »eigenartiges Missverhältnis« zwischen der Bedeutung der Paulusbriefe für den theologischen Diskurs, wo das Gespräch mit dem Apostel bis heute einen konstitutiven Bezugspunkt darstelle, und ihrer weitgehenden Abwesenheit in Lehrplänen und Unterrichtswerken, die dem paulinischen Denken keinen erkennbaren Platz einräumten und eine Beschäftigung mit ihm offenkundig für verzichtbar hielten. Der Paulus der Briefe stehe im Religionsunterricht eindeutig im Schatten seiner Biographie (WIEMER 2017, 1-5). Dabei lässt sich die paulinische Theologie durchaus in elementarisierter Form zur Sprache bringen, doch müssen dazu eine Reihe von Hindernissen aus dem Weg geräumt werden (MÜLLER 2012, 87-101). Dazu zählen etwa die Vorurteile, es sei bei der Behandlung der Paulusbriefe im Religionsunterricht immer das gesamte theologische Programm des Apostels zur Sprache zu bringen und man werde dem Reflexionsniveau des paulinischen Denkens nur dann gerecht, wenn dabei einschlägige Fachbegriffe wie Christologie, Soteriologie, Ekklesiologie, Pneumatologie und Eschatologie zur Anwendung kämen.

> Schattendasein der Paulusbriefe im Religionsunterricht

> Die Theologie des Paulus steht im Schatten seiner Biographie

Im Religionsunterricht der Primarstufe spielen ausgewählte Aspekte der Biographie des Paulus, insbesondere das Damaskuserlebnis, eine Rolle, während die Paulusbriefe für die Grundschule als zu anspruchsvoll gelten und weitgehend ausgeblendet bleiben. Einzelne Unterrichtsentwürfe zeigen aber, dass sich zumindest mit exemplarischen Zitaten aus den Paulusbriefen arbeiten lässt. *Sabine Benz* zeigt unter dem Leitmotiv »Best of Paul – Lebensworte für Grundschüler/innen« Wege auf, Kinder nach dem Vorbild von Baldermanns Psalmendidaktik in den kreativen und auf die eigene Existenz bezogenen Umgang mit Paulusworten wie Röm 3,23-24 oder Röm 8,38-39 einzuführen (BENZ 2008, 18-25). *Birgit Hoppe* und *Eva Yenny Korneck* haben eine Unterrichtseinheit »Mit Paulus über Gott reden – ein Glaubenskurs mit Kindern« konzipiert, in der Aussagen des Apostels zu existenziellen Fragen wie »Worauf vertraue ich in meinem Leben?« (Röm 8,38-39), »Worauf kann ich angesichts des Todes hoffen?« (1Kor 15,20), »Was bin ich wert?« (1Kor 1,28-29) und »Worin zeigt sich das Christsein?« (1Kor 13,13) im Mittelpunkt stehen. Gleichzeitig wird die Symbolkraft des Fisches didaktisch fruchtbar gemacht. Die Kinder schreiben die Pauluszitate auf bunte Papierstücke und kleben diese auf ein Plakat mit den Konturen eines Fisches, wo sie dessen Schuppen bilden. Ergänzend wird im Klassenzimmer eine Landkarte angebracht, auf der die Kinder mit Wimpeln die Orte markieren, an die sich die Briefe mit den behandelten Pauluszitaten richten (HOPPE/KORNECK 2012, 141-152).

> Paulus in der Primarstufe

Die intensivere Begegnung mit Paulus und seinem theologischen Denken ist in den Lehrplänen meist für die Sekundarstufe I (Jahrgang 7/8) vorgesehen. Aspekte der paulinischen Theologie und Ethik spielen zudem in der Sekundarstufe II in unterschiedlichsten Kontexten eine Rolle. Die große didaktische Herausforderung beim Thema »Paulus in der Schule« besteht darin, nicht nur auf der

> Paulus in der Sekundarstufe I/II

geschichtlichen Ebene des Lebenswegs, der Reisen und der schriftstellerischen Aktivitäten des Paulus zu verharren, sondern weitergehend seine Person und die Inhalte seiner Briefe so in den Blick zu nehmen, dass sich Anknüpfungspunkte und Verbindungslinien zur Lebenswelt der Jugendlichen ergeben. Zu den Kompetenzen, die in einer Unterrichtseinheit über Paulus erworben werden sollten, zählt nicht nur, den Lebensweg des Paulus in den entscheidenden Etappen darstellen und ausgewählte Themen seiner Theologie erläutern zu können, sondern auch, »zu Grundfragen des Lebens, wie sie in der Lebensgeschichte von Paulus und in seinen Briefen aufbrechen, eine eigene Position formulieren und argumentativ vertreten« zu können (RUPP 2012, 104-105). Wenn es dabei gelingt, Paulus den Jugendlichen als den Suchenden, Zweifelnden und Hoffenden nahezubringen, und wenn sie in dem Apostel den um Wahrheit Ringenden, den Scheiternden und den mit Ängsten Beladenen erkennen, eröffnen sich Chancen, dass sie sich auch existenziell mit den Ideen und Vorschlägen des Paulus für ein anderes Leben im Vertrauen auf Gott auseinandersetzen (MACHT 1997, 8).

■ Schlüsseltext 1: Der Leidenskatalog (2Kor 11,23b-33)

Kontext von 2Kor 11,23b-33

Der Leidens- oder Peristasenkatalog findet sich innerhalb der »Narrenrede« im dritten Hauptteil des zweiten Korintherbriefs (2Kor 10-13), in dem es um die Auseinandersetzung mit Gegnern der paulinischen Mission geht. Bei dem Briefabschnitt 2Kor 10-13 handelt es sich wahrscheinlich um den 55 n. Chr. in Ephesus abgefassten »Tränenbrief« (2Kor 2,4; 7,8), den Titus nach Korinth überbrachte. Die von Paulus ironisch als »Überapostel« (12,11) bezeichneten Gegner waren judenchristliche Wandermissionare, die sich aufgrund ihrer Wundertaten und pneumatischen Erfahrungen als wahre Apostel und Geistträger betrachteten. Als Vorwürfe gegen Paulus machten sie geltend, dass er schwach im Auftreten sei (10,10) und aufgrund unzureichender Machttaten nicht über die notwendigen »Zeichen des Apostels« verfüge (2Kor 12,12). Zudem kritisierten sie seinen Verzicht auf Unterhalt durch die Gemeinde (11,7-12; 12,13-18).

Paulus schlüpft in die Rolle des Narren, um sich selbst zu rühmen

In der »Narrenrede« (11,1-12,13) schlüpft Paulus in die Rolle des närrischen Wichtigtuers, um sich in parodistischer Form wie die Gegner in Korinth ebenfalls zu rühmen. Dabei rückt das Motiv der Kraft in der Schwachheit (12,9) in den Vordergrund. Gerade in der persönlichen Schwachheit und der um des Evangeliums willen erlittenen Leiden des Apostels findet die Gnade und Kraft Christi ihre Vervollkommnung. Dem Vorwurf fehlender Machterweise tritt Paulus entgegen, indem er am Ende der Narrenrede visionäre Erfahrungen und das Vollbringen von Wundern in Erinnerung ruft. Er hat der Pflicht Genüge getan, will sich aber lieber seiner Schwachheit rühmen, die sich in den um des Evangeliums willen erlittenen Leiden (11,23b-33) und in seiner Krankheit (12,7-10) zeigt. Der Text zeigt eindrücklich, wie stark die Theologie des Kreuzes das gesamte Dasein des Paulus bestimmt hat. Der Leidenskatalog wird auch als Peristasenkatalog bezeichnet. Der griechische Begriff *peristasis* bezeichnet die Umstände des täglichen Lebens. Die unangenehmen Fügungen des Lebens sind auch bei antiken Philosophen wie Epiktet, Seneca oder Plutarch in Auflistungen oder Katalogen gesammelt. Paulus orientiert sich in 2Kor 11,23b-33 aber auch an der Gattung der griechisch-römischen Ruhmeschronik, in der die Leistungen und Erfolge eines Herrschers oder einer anderen prominenten Person katalogartig zusammengestellt werden (SCHMELLER 2015, 246). Paulus macht neben 2Kor 11,23b-33 an weiteren Stellen seiner Briefe vom Stilmittel des Leidens- oder Peristasenkatalogs Gebrauch (1Kor 4,9-13; 2Kor 4,8-10; 6,4-10; Phil 4,11-13).

Der Leidens- oder Peristasenkatalog 2Kor 11,23b-33 weist eine klare Struktur auf (WOLFF 1989, 229; LANG ²1994, 344). Überschriftartig stellt Paulus voran, dass er bei der Verbreitung des Evangeliums vier typischen Notlagen, nämlich Mühen, Gefangenschaften, Schlägen und Todesgefahren ausgesetzt war, in denen er sich als Diener Christi bewährt hat. Im Gefängnis saß Paulus bis dahin auf jeden Fall in Philippi (Apg 16,23-40) und wahrscheinlich auch in Ephesus (2Kor 1,8-9). In der nachfolgenden Konkretisierung der Mühen, Schläge und Todesgefahren hat die erste Einheit »Von Juden bekam ich fünfmal vierzig (Geißelhiebe) weniger einen, dreimal wurden mir Stockhiebe versetzt, einmal wurde ich gesteinigt, dreimal erlitt ich Schiffbruch, einen vollen Tag habe ich in Seenot zugebracht« (11,24-25) die Verwendung von Zahlwörtern als Charakteristikum. Bei der Synagogenstrafe der 39 Geißelhiebe (STRACK/BILLERBECK ⁷1979, 527-530), die man vorzugsweise zur Ahndung von Unzucht oder kultischer Verunreinigung verhängte, wurden die Delinquenten gebeugt an eine Säule gebunden und erhielten mit einem handbreiten Lederriemen 39 Schläge, ein Drittel davon auf den Bauch und zwei Drittel auf den Rücken. Da Paulus sich nach dem Damaskuserlebnis weiterhin als Jude betrachtete und in den Synagogen predigte, war er auch der synagogalen Gerichtsbarkeit unterworfen. Paulus erhielt diese Strafe wohl, weil er mit der Verkündigung des gekreuzigten Jesus als Messias Israels in den Synagogen für Unruhe sorgte und wegen seines freizügigen Umgangs mit dem jüdischen Ritualgesetz als Abweichler vom rechten Glauben galt. Von der jüdischen Synagogenstrafe der 39 Geißelhiebe unterscheidet Paulus die römische Stockstrafe, die er bis dahin dreimal erlitten hatte, einmal davon in Philippi (Apg 16,22). Das »einmal wurde ich gesteinigt« spielt sicher auf die Vorgänge in Lystra an, wo sich der Volkszorn gegen Paulus in einer Steinigung entlud und man schließlich von ihm abließ und ihn vor die Stadttore zerrte, weil man ihn für tot hielt (Apg 14,19). Schiffbruch, wie ihn Paulus bei Abfassung des Leidenskatalogs dreimal erlitten hatte und dabei einmal 24 Stunden auf Trümmern eines Schiffswracks im offenen Meer getrieben war, kam in der Antike häufig vor. So berichtet Josephus davon, wie er auf der Fahrt nach Rom mitten auf der Adria in Seenot geriet und sich als einer von 80 Passagieren schwimmend auf ein vorbeifahrendes anderes Schiff retten konnte, während die restlichen 520 Schiffbrüchigen ertranken (Joseph., *vit.* 13-16). Paulus erlitt später, als er mit einem Gefangenentransport nach Rom überstellt wurde, vor Malta einen weiteren Schiffbruch (Apg 27).

Der nächste Abschnitt »oft auf Reisen, in Gefahren durch Flüsse, in Gefahren durch Räuber, in Gefahren von meinem Volk, in Gefahren von den Heiden, in Gefahren in der Stadt, in Gefahren in der Einöde, in Gefahren auf dem Meer, in Gefahren unter falschen Brüdern« (11,26) enthält eine Auflistung von Reisegefahren. Die lebensbedrohliche Gewalt der Flüsse machte sich für Reisende insbesondere in Regenzeiten beim Fährverkehr bemerkbar. Wegelagerer und Straßenräuber stellten in der Antike für jeden Reisenden eine Gefahr dar. Le-

> Gefangenschaften, Misshandlungen und Schiffbruch

> Paulus erlitt sowohl die Synagogenstrafe der 39 Geißelhiebe als auch die römische Stockstrafe

> Reisegefahren durch Natur und Menschen

bensbedrohliche Anfeindungen des Paulus durch Angehörige seines eigenen Volkes wie auch durch Nichtjuden sind in der Apostelgeschichte häufiger belegt (u.a. Apg 9,29; 14,5). Diesen Gefahren war Paulus in den Städten als Zentren seiner Mission, aber auch während seiner Aktivitäten in der arabischen Wüste (Gal 1,17) ausgesetzt. Bei den Paulus in Gefahr bringenden falschen Brüdern ist an Judenchristen zu denken, die gegen ihn arbeiteten (Gal 2,4) und deshalb die Bezeichnung »Brüder« nicht verdienten.

Entbehrungen, Sorgen und Flucht aus Damaskus

Danach zählt Paulus in 2Kor 11,27 »durch Mühe und Anstrengung, in schlaflosen Nächten oft, in Hunger und Durst, in Nahrungsmangel oft, in Kälte und dürftiger Kleidung« eine Reihe von Entbehrungen auf. Die an der Spitze der Liste stehenden Mühe und Anstrengung sind allgemeine Strapazen. Schlaflose Nächte hatte Paulus dadurch, dass er auf Gemeindeunterhalt verzichtete und von eigener Hände Arbeit lebte, um das Evangelium verkündigen zu können (1Thess 2,9; 1Kor 9,5; Apg 18,3). Der Mangel an Nahrung und warmer Kleidung unterstreicht die Armut eines Wanderlebens als Missionar, der auf fremde Unterstützung weitgehend verzichtet und den Launen des Wetters ausgesetzt ist (WOLFF 1989, 235). Abgeschlossen wird die Aufzählung der Leiden durch den Verweis auf die Anstrengungen und Sorgen, die tagtäglich auf den Gemeindegründer einstürmen (2Kor 11,28). Ergänzend kommt noch die spektakuläre Flucht aus Damaskus zur Sprache, bei der Paulus in einem Korb von der Stadtmauer herabgelassen wurde (11,32-33). Von diesem Ereignis berichtet auch Lukas, macht aber zu Unrecht die jüdische Gemeinde von Damaskus dafür verantwortlich (Apg 9,23-25), während in Wirklichkeit der Ethnarch des Nabatäerkönigs Aretas IV. dem Apostel nach dem Leben trachtete.

> Paulus wurde in einem Korb von der Stadtmauer in Damaskus herabgelassen

Didaktische Perspektiven

Der Leidens- oder Peristasenkatalog 2Kor 11,23b-33 eignet sich wie kein anderer Text dazu, Schülerinnen und Schüler in den steinigen Lebensweg des Paulus als Apostel Jesu Christi einzuführen. Dadurch, dass es sich um autobiographische Aussagen handelt, gewinnt die Schilderung der Leiden und Strapazen eine besondere Eindringlichkeit. Die vom Text aufgeworfene Frage, warum ein Mensch sich solche Dinge freiwillig antut, lässt sich mithilfe des Songs »Dieser Weg« von *Xavier Naidoo* vertieft erschließen. Der Song ermutigt zum Einschlagen eines steinigen und schweren Weges, mit dem sich grundlegende existenzielle Erfahrungen verbinden. Dieser Weg ist von Konfrontationen (»nicht mit vielen wirst du dir einig sein«) und schweren Anfeindungen (»manche treten dich«) gesäumt, hält aber auch positive Begegnungen bereit (»manche lieben dich, manche geben sich für dich auf, manche segnen dich«) und steht für ein Leben, das »so viel mehr« bietet. Mit seiner Unbestimmtheit und Offenheit lässt sich der Songtext, der weder den Weg noch das »so viel mehr« konkreter benennt, gut mit dem durch das Damaskuserlebnis eingeschlagenen Lebensweg des Apostels Paulus parallelisieren (WICKERSHEIM 2012, 208-211). Dabei gibt das Beispiel des Paulus Jugendlichen in einer Phase, wo sie auf der Suche nach Sinnangeboten und Idealen sind, Denkanstöße und Reibeflächen für die Auseinandersetzung mit der Frage, was im Leben zählt und welche Opfer man dafür bringen würde. In einem nächsten Schritt kann der Leidenskatalog als Ausgangspunkt für eine Beschäftigung mit der Biographie des Paulus und den zentralen Orten seines Wirkens dienen. Erste vertiefte Zugänge zu seiner Person eröffnen sich durch die Betrachtung von Paulusbildern (BÜTTNER 2008, 41-45). Unterhaltsame Einblicke in den

Lebenslauf und die Missionsreisen des Apostels Paulus ermöglicht das »P@ulus Online Spiel« der Evangelischen Kirche in Deutschland (SCHNITZLER/BREITKREUZ 2008, 38-40).

■ Schlüsseltext 2: Die Bekehrung des Saulus (Apg 9,1-9)

Saulus wird im Zusammenhang mit der Steinigung des Stephanus (Apg 7,58; 8,1) und der Verfolgung der Urgemeinde (8,3) in das Erzählgeschehen der Apostelgeschichte eingeführt. In Apg 9 kommt Lukas dann auf die Bekehrung des Saulus (9,1-9) und den Aufenthalt des erblindeten Verfolgers in Damaskus (9,10-19) zu sprechen, nachdem er sich zwischenzeitlich der Mission des Philippus aus dem Stephanuskreis zugewandt hatte (Apg 8,4-40). Der Bericht von der Bekehrung beginnt damit, dass Saulus sich vom Hohepriester in Jerusalem Empfehlungsschreiben an die Synagogengemeinden in Damaskus ausstellen lässt, um dort Anhänger des neuen Glaubens gefangen zu nehmen und nach Jerusalem zu führen (Apg 9,1-2). Damaskus zählte in neutestamentlicher Zeit zum Städtebund der Dekapolis und wies einen beträchtlichen jüdischen Bevölkerungsanteil auf (HENGEL/SCHWEMER 1998, 80-101). Die Stadt war für die aus Jerusalem geflüchteten Stephanusanhänger die nächstgelegene hellenistische Metropole außerhalb des jüdischen Kernlands. Paulus heftete sich an ihre Fersen, um die Werbung für den neuen Glauben in den Synagogen von Damaskus zu unterbinden. Die Information des Lukas, dass Paulus die Verhaftung der Christusgläubigen und ihre Überführung nach Jerusalem anstrebte, übersteigt allerdings das Maß des historisch Wahrscheinlichen, da sich die strafrechtliche Gewalt des Jerusalemer Hohepriesters kaum bis in die Dekapolis erstreckte. Kurz vor Damaskus empfängt Saulus neben einer hell strahlenden Lichtvision, die ihn zu Boden stürzen lässt, auch eine Audition in Form einer Himmelsstimme. Er wird vom erhöhten Christus auf seine Verfolgertätigkeit angesprochen und aufgefordert, sich nach Damaskus zu begeben, um dort weitere Anweisungen abzuwarten (Apg 9,3-6). Am Ende der Erzählung ist davon die Rede, dass die Gefährten des Saulus lediglich die Himmelsstimme hörten, ohne jemanden zu sehen, während bei Saulus die Macht der Lichtvision zur vorübergehenden Erblindung führte, so dass er wie ein Kind an der Hand in die Stadt geführt werden musste (Apg 9,8-9). In Apg 9,10-19 wird dann erzählt, wie Saulus in Damaskus von einem Christen namens Hananias durch Handauflegung von seiner Blindheit geheilt wird und die Taufe empfängt. Lukas greift in Apg 9,1-19 wahrscheinlich auf eine alte Gemeindeüberlieferung aus Damaskus zurück, in der die Lebenswende des Paulus nach dem Vorbild alttestamentlich-jüdischer Epiphanie- und Bekehrungserzählungen (vgl. Ex 3; *JosAs* 14) beschrieben wird (SCHWEMER 2007, 292). Wenn Lukas im Erzählduktus der Apostelgeschichte Paulus in fiktiven Reden noch zweimal auf sein Damaskuserlebnis Bezug nehmen lässt (22,6-16; 26,12-18), unterstreicht dies die Bedeutung, die er dem Geschehen für die frühchristliche Missionsgeschichte beimisst.

Das beliebte Sprichwort vom Saulus, der zum Paulus wurde, bringt zwar die radikale Lebenswende des Apostels anschaulich auf den Punkt, suggeriert aber einen damit verbundenen Namenswechsel, der nicht den Tatsachen entspricht.

Kontext und Aufbau von Apg 9,1-9

Der Verfolger der Christusgläubigen wird hilflos wie ein kleines Kind nach Damaskus geführt

»Vom Saulus zum Paulus«

Diasporajuden hatten häufig sowohl einen jüdischen als auch einen griechischen oder römischen Namen. Neben dem für die Öffentlichkeit bestimmten römischen Namen Paulus (»der Kleine«), der in den Briefen durchweg Verwendung findet, trug der Apostel zeitlebens den jüdischen Hausnamen Saul oder Saulus. Ohnehin erfolgt der von Lukas in der Apostelgeschichte aus dramaturgischen Gründen inszenierte Namenswechsel nicht etwa beim Damaskuserlebnis, sondern erst bei der etwa zehn Jahre später zu datierenden Zypernmission (Apg 13,9). Dort heißt es »Saulus aber, der auch Paulus genannt wird«. Eine ganz ähnliche Formulierung findet sich beispielsweise auf der Grabinschrift eines Juden aus Thessaloniki, der ebenfalls einen Doppelnamen trug: »Benjamin, der auch Domeitios genannt wird« (CIJ² 693c).

Die Verfolgertätigkeit des Saulus

Die entscheidenden Gründe dafür, dass der Pharisäer Saulus die Anhänger des Stephanus verfolgte, waren deren Glaube an einen gekreuzigten Messias und deren Umgang mit der Tora. Der vorchristliche Paulus muss die christliche Verkündigung, dass der gekreuzigte Jesus von Nazareth auferweckt wurde und der von der Schrift verheißene Messias Israels ist, als ungeheuerlichen Anstoß empfunden haben. Im antiken Judentum erwartete man einen machtvollen Messias, wie es sich in den wohl aus Pharisäerkreisen stammenden Psalmen Salomos widerspiegelt (*PsSal* 17). Nach der Tora steht ein am Holz aufgehängter Mensch unter dem Fluch Gottes (Dtn 21,23). Diese Aussage, die sich eigentlich auf gesteinigte und dann am Holz zur Schau gestellte Delinquenten bezieht, wird in der Tempelrolle aus Qumran auch auf gekreuzigte Personen übertragen (*11QT* 64,15-20). Paulus hat in seiner Zeit als Pharisäer den am Kreuzesholz hängenden Jesus sicher als einen von Gott verfluchten Menschen betrachtet (vgl. Gal 3,13). Im Rückblick bringt er seine Verfolgertätigkeit gegenüber der christlichen Gemeinde aber auch mit seinem Eifer für die väterlichen Überlieferungen und das Gesetz in Verbindung (Gal 1,13-14; Phil 3,6). Die Pharisäer waren bestrebt, das mosaische Gesetz um der Ehre Gottes willen besonders akribisch zu befolgen, und stellten der Tora Ausführungsbestimmungen aus dem Erbe der väterlichen Überlieferungen als nicht minder autoritatives Offenbarungszeugnis zur Seite (Joseph., *ant*. 13,297; Mk 7,3; Gal 1,14). Stephanus und seine Anhänger übten dagegen Kritik am Tempel und an einzelnen Vorschriften der Tora (Apg 6,11-14), womit sie in das Visier des Pharisäers Paulus gerieten. Wenn seine Verfolgertätigkeit, wie er selbst im Rückblick sagt (Gal 1,13.23; Phil 3,6), auf die Austilgung und Vernichtung der christlichen Gemeinde abzielte, schloss sie Anwendung körperlicher Gewalt mit ein. Insbesondere kommt die Synagogenstrafe der 39 Geißelhiebe in Betracht (Apg 22,19), die Paulus später als christusgläubiger Jude selbst mehrfach erlitten hat (2Kor 11,24). Auch Lynchjustiz an Anhängern des neuen Glaubens ist für den Pharisäer Paulus nicht auszuschließen.

Für den Pharisäer Paulus war Jesus ein von Gott Verfluchter

Die autobiographischen Aussagen des Paulus

Paulus bringt das Damaskuserlebnis in seinen Briefen an mehreren Stellen in geradezu stenographischer Kürze zur Sprache. Abhängig von der jeweiligen Briefsituation werden unterschiedliche Facetten des dramatischen Ereignisses autobiographisch ausgeleuchtet (DIETZFELBINGER ²1989, 43-75). Im Vordergrund steht die mit dem Damaskuserlebnis verbundene Berufung zum Apostel (1Kor 9,1; vgl. 1Kor 1,1; 2Kor 1,1; Gal 1,1; Röm 1,1), die bei Lukas unter den Tisch fällt, da dieser den Aposteltitel grundsätzlich den Mitgliedern des Zwölferkreises vorbehält und Paulus gewöhnlich nicht als Apostel bezeichnet. Neben der apostolischen Autorität leitet Paulus aus dem Damaskuserlebnis auch den Verkündigungsauftrag unter den Völkern ab (Gal 1,15-16; vgl. Apg 9,15; 26,16-18). Zudem bedient sich Paulus bei der Schilderung seiner Berufung der traditionellen Sprache der Ostererzählungen (1Kor 9,1; vgl. Joh 20,18.25) und stellt seine Christusvision vor Damaskus qualitativ auf eine Stufe mit den Erscheinungen, die den engsten Vertrauten Jesu im Kontext des Ostergeschehens zuteil wurden (1Kor 15,5-8). Über den konkreten Inhalt des Damaskusgeschehens äußert sich Paulus in unterschiedlicher Begrifflichkeit. Während in 1Kor 9,1 der Akzent auf dem aktiven Schauen des erhöhten Kyrios liegt, rückt in 1Kor 15,8 die passiv empfangene Erscheinung des auferstandenen Christus in den Vordergrund. In Gal 1,15-16 charakterisiert Paulus seine Berufung auf der Folie alttestamentlicher Prophetenberufungen als ein visionäres Offenbarungsgeschehen göttlichen Ursprungs. In Phil 3,8 wird die überwältigende Erkenntnis Christi als Grund der radikalen Umkehrung des bis dahin gültigen Wertesystems benannt, die im Damaskuserlebnis ihren Ausgangspunkt hat. Die überladene und in ihrem Sinn schwer zu erschließende Aussage 2Kor 4,6 deutet in Anspielung auf die Berufung an, dass Paulus vor Damaskus Jesus Christus mit dem sich auf seinem Angesicht widerspiegelnden Lichtglanz Gottes sah. Vielleicht handelte es sich um eine himmlische Thronvision nach apokalyptischem Vorbild, bei der Paulus den zur Rechten Gottes sitzenden Herrn in seiner Herrlichkeit erblickte. Mit dem Zitat aus der Schöpfungsgeschichte (Gen 1,3) betrachtet er seine Lebenswende zudem als Neuschöpfung, die er in seiner Verkündigung weitervermitteln soll.

Paulus lässt in seinen Briefen keinen Zweifel daran, dass sich für ihn mit dem Damaskuserlebnis eine grundlegende Neubewertung der Person Jesu Christi verband, zu deren Beschreibung er sich einer beeindruckenden Bandbreite christologischer Titulaturen bedient. Der am Kreuz gescheiterte und vom Gesetz verworfene Jesus erwies sich nun als der lebendige Kyrios (1Kor 9,1), der Christus (Phil 3,8; vgl. 1Kor 15,8), der Sohn Gottes (Gal 1,16), der Träger des göttlichen Lichtglanzes (2Kor 4,6) und damit das wahre Bild Gottes. Den einstigen Anstoß des Kreuzes rückte der Apostel in das Zentrum seiner Verkündigung (1Kor 1,18-25). Äußerst umstritten ist dagegen die Bedeutung des Damaskuserlebnisses für die Entwicklung der paulinischen Rechtfertigungslehre. Es geht um die Frage, inwieweit es vor Damaskus neben dem neuen Urteil über Jesus auch zu einer Neubewertung der Tora kam. Wurde für Paulus in der Begegnung mit dem Auferstandenen seine bisherige Existenzform als Knechtschaft unter dem Gesetz und Christus als dessen Überwinder offenbar (DIETZFELBINGER ²1989, 90-125) oder erschöpfte sich das Damaskuserlebnis ohne unmittelbaren Bezug zur Tora in der neuen christologischen Erkenntnis (SCHNELLE 2002, 299-318)? Damit verbindet sich die Kontroverse, ob die Rechtfertigungslehre bereits im Damaskusgeschehen angelegt ist und von Anfang an im Zentrum der paulinischen Theologie stand oder ob sie sich erst relativ spät in der Auseinandersetzung mit den Entwicklungen in Galatien herausgebildet hat und damit eher eine Nebenlinie im Denken des Apostels markiert. Die mutmaßlichen Motive des Paulus für die Verfolgung der Hellenisten, seine autobiographischen Aussagen zum Gesetz und sein weiterer Werdegang als Apostel sprechen dafür, dass er die Wende vom Verfolger zum Verkündiger des neuen Glaubens auch als Befreiung von Gesetz und Sünde verstanden hat. In Phil

Neubewertung Jesu und der Tora

Paulus hat seine Lebenswende vor Damaskus auch als Befreiung von Gesetz und Sünde verstanden

3,3-9 blickt Paulus auf seine vorchristliche Vergangenheit zurück und stellt dieser die christliche Gegenwart als Apostel gegenüber, wobei die Gesetzesthematik und die Glaubensgerechtigkeit eine wichtige Rolle spielen. Seine Toratreue als Pharisäer rechnet er zu den Gütern, die er früher auf der Gewinnseite verbuchte und die ihm angesichts der überwältigenden Erkenntnis Christi nun als Verlust erscheinen. Die an dieser Stelle beschriebene Umwertung aller Werte hat sicher im Damaskuserlebnis ihren grundlegenden Anfang genommen. In Röm 7,7-25 hebt Paulus zwar allgemein auf die Erfahrung eines jeden unerlösten Menschen vor der Zuwendung zu Christus ab. Doch wird man davon ausgehen können, dass autobiographische Züge in die Darstellung eingeflossen sind und er ein Stück weit auch sein eigenes früheres Erleben im Umgang mit dem Gesetz beschreibt. Während Paulus in Phil 3,4-6 und Gal 1,14 in der Retrospektive auf seine vorchristliche Vergangenheit das Bild eines von Stolz und Selbstsicherheit geprägten Pharisäers vermittelt, scheint Röm 7,7-25 einen inneren Konflikt widerzuspiegeln, der ihm erst später bewusst wurde (THEISSEN ²1993, 181-268). Dann hätte Paulus zutiefst mit den Forderungen des Gesetzes gerungen und auch die verzweifelte Erfahrung des Scheiterns am Gesetz gemacht. Vor diesem Hintergrund ist anzunehmen, dass mit dem Damaskuserlebnis eine Neubewertung der Tora verbunden war. Theoretisch hätte Paulus durchaus die Option gehabt, auch als Christusgläubiger ein Eiferer für das Gesetz zu bleiben, wie dies andere Pharisäer in der Urgemeinde taten (vgl. Apg 15,5; 21,20). Nichts deutet darauf hin, dass er nach der Berufung zunächst diesen Weg beschritt und erst wesentlich später ein neues Urteil über die Tora gewann. Für die Frühzeit des Paulus wird man sicher noch nicht die reflektierte Rechtfertigungslehre des Galaterbriefs und Römerbriefs voraussetzen dürfen, doch war deren Entwicklung bereits im Damaskuserlebnis angelegt und der Paradigmenwechsel im Blick auf die Tora vollzogen (WOLTER 2011, 28-30).

Bedeutung der Bekehrung

Dass das Damaskusgeschehen die Züge einer Berufung trägt, steht außer Zweifel. Umstritten ist die Frage, inwieweit man daneben auch von einer Bekehrung sprechen kann. Unter einer Bekehrung wird meist die Abwendung von einer Religion und die Hinwendung zu einer anderen Religion verstanden, die nach psychologischen Erkenntnissen in der Regel mit einer tiefen inneren Krise als Ursache für den Gesinnungswandel einhergeht. Wenn sich mit dem Begriff der Bekehrung die Vorstellung eines Religionswechsels vom Judentum zum Christentum verbindet, ist er nicht dazu geeignet, die radikale Kehrtwende im Leben des Paulus angemessen zu beschreiben. Im Kontext des Damaskuserlebnisses von Christentum als Alternative zu Judentum zu sprechen, wäre ein Anachronismus. Die christliche Kirche stellte zunächst eine innerjüdische Erneuerungsbewegung dar und die allmähliche Herausbildung des Christentums als eigenständiger Religion im Gegenüber zum Judentum vollzog sich erst in den nachfolgenden Jahrzehnten. Zudem beinhaltete das Damaskuserlebnis keinen Bruch des Paulus mit dem Judentum. Auch als Apostel Jesu Christi betont er seine jüdische Identität und sieht sich tief in der Religion seiner Väter verwurzelt (2Kor 11,22; Röm 9,3; 11,1). Assoziiert man dagegen mit Bekehrung einen radikalen Wandel der religiösen Einstellungen und Erfahrungen, der mit einer Veränderung der sozialen Beziehungen einhergeht, trifft dies auf das Damaskusgeschehen zu. Paulus hat innerhalb des Judentums einen klaren Orts-

> Paulus hat sich nicht vom Judentum zum Christentum bekehrt

wechsel vollzogen, indem er sich vom Pharisäismus abwandte und der Gemeinschaft der Christusgläubigen anschloss. Damit verband sich eine Neubewertung Jesu Christi, der Tora und der Rolle der Völkerwelt in Gottes Heilsplan. Paulus spricht zudem in Bekehrungssprache von seiner Lebenswende als einer Art Neuschöpfung (2Kor 4,6). Röm 7 bietet durchaus Grund für die Annahme, dass der Pharisäer Paulus vor seiner Hinwendung zum christlichen Glauben auch unter Schuldgefühlen oder seelischen Konflikten gelitten haben kann, wie sie einer Bekehrung oftmals vorausgehen. Wenn man das Damaskuserlebnis ausschließlich als Berufung und nicht auch als Bekehrung betrachtet, wird dies der radikalen Veränderung im Denken und im Leben des Paulus kaum gerecht (O'BRIEN 2004, 390).

Großer Beliebtheit erfreuen sich Versuche, das Damaskuserlebnis des Paulus durch psychologische Erwägungen in seiner tieferen Bedeutung zu erschließen. Während der Rationalismus die Christusvision noch auf Trugbilder des Paulus während eines Gewitters oder eines epileptischen Anfalls zurückzuführen versuchte, begründete *David Friedrich Strauß* (1808-1874) die Betrachtung des Damaskusgeschehens als rein innerpsychischen Vorgangs, bei dem Paulus die Vorstellung von der Auferstehung Jesu durch die Phantasie zur eigenen Erfahrung belebt habe. In Anknüpfung daran glaubte man im 19. Jh. in der angeblich durch eine nervöse Natur, ein cholerisches Temperament und eine Veranlagung zu Visionen gekennzeichneten Persönlichkeitsstruktur des Paulus die Erklärung für die dramatische Lebenswende finden zu können. Die im 20. Jh. entwickelten tiefenpsychologischen Deutungsmodelle machen wahlweise unter dem Einfluss von *Sigmund Freud* unterdrückte sexuelle Begierden, im Gefolge von *Carl Gustav Jung* einen unbewussten Christuskomplex oder in Anlehnung an *Erik H. Erikson* eine tiefe Identitätskrise des Paulus für das Damaskuserlebnis verantwortlich (REICHARDT 1999, 58-88; KOLLMANN 2013, 80-90).

Psychologische Erklärungsversuche

Die von der Freudschen Psychologie inspirierten Erklärungsmuster sehen in Röm 7 den Beleg für eine zwangsneurotische Entwicklung des Paulus aufgrund unbefriedigter sexueller Bedürfnisse. Vor Damaskus sei es dann in Form einer Halluzination als Wunscherfüllung zum katastrophenartigen Durchbruch der lange verdrängten Sehnsucht gekommen. Zuweilen glaubt man bei dem vorchristlichen Paulus unter Berufung auf Röm 7 aber auch die Verdrängung eines mit latenter Homosexualität einhergehenden Ödipuskomplexes durch strengste Gesetzesobservanz ausmachen zu können oder rechnet mit dem inneren Widerspruch zwischen einem am Realitätsprinzip des »Ich« orientierten Pharisäismus und dem am Lustprinzip des »Es« ausgerichteten Messianismus als Ausdruck primärnarzisstischer Wünsche nach Allmacht und Unsterblichkeit. *Carl Gustav Jung* dagegen diagnostizierte bei Paulus einen unbewussten Christuskomplex, der sich im Moment des Damaskusgeschehens mit dem Ich des Christenverfolgers verband und in sein Bewusstsein trat. Paulus sei unbewusst schon vor seiner Bekehrung Christ gewesen, habe aber den inneren Zweifel an seiner pharisäischen Lebensanschauung durch fanatischen Christenhass kompensiert. Auch vor Damaskus habe er sich zunächst noch der Öffnung gegenüber dem Christentum verweigert und mit psychogener Blindheit reagiert. Der innere Konflikt sei bei Paulus nie ganz erloschen, sondern habe sich später immer wieder in der plötzlichen Wiederkehr des im Damaskusgeschehen

Zwangsneurose oder Christuskomplex?

Psychologen vermuten einen Ödipuskomplex oder Christuskomplex bei Paulus

abgespaltenen Sauluskomplexes und in damit verbundenen Anfällen (2Kor 12,7) gezeigt. In Anlehnung an Jung wird das Damaskuserlebnis auch in der neueren Paulusforschung vereinzelt als eine durch die Predigt der Hellenisten förmlich zum Überkochen gebrachte innere Stauung bei Paulus erklärt, die in erster Linie aus unbewussten Konflikten mit dem Gesetz und verdrängter Sehnsucht nach Liebe resultierte (LÜDEMANN 1994, 108-112).

Identitätskrise?

Die an dem psychologischen Ansatz von *Erik H. Erikson* orientierten Deutungsmodelle beanspruchen Phil 3 und Röm 7 als Indiz für eine instabile oder unreife Identität des vorchristlichen Paulus, die sich exklusiver Abgrenzungen bedienen musste, und sehen im Damaskuserlebnis eine radikale Neuidentifikation. Diese sei Paulus als einziger Ausweg geblieben, nachdem das zum Auslöser und Verstärker von Begierde gewordene Gesetz seine identitätsstabilisierende Rolle verfehlt hatte, indem es Verunsicherung und Angst heraufbeschwor anstatt einen sicheren Rahmen zu bieten. Die skizzierten Ansätze zeigen, dass sich über die seelische Verfassung des Christenverfolgers Paulus viel spekulieren, aber wenig Zuverlässiges sagen lässt. Grundsätzlich können tiefenpsychologische Erwägungen zu einem besseren Verständnis der radikalen Wende im Leben des Paulus beitragen, zumal sich diese nicht allein auf der kognitiven Ebene abspielte. Allerdings stellt sich die Frage, inwieweit das Quellenmaterial belastbare Aussagen über die psychischen Abläufe beim Damaskusgeschehen zulässt. Vor allem Röm 7 gewinnt in diesem Zusammenhang geradezu den Status eines psychoanalytischen Protokolls und wird deutlich überstrapaziert. Dabei zeigt bereits die Vielzahl und Widersprüchlichkeit der aus diesem Text erhobenen Diagnosen, dass der tiefenpsychologischen Erhellung des Damaskusgeschehens deutliche Grenzen gesetzt sind. Zudem neigen viele psychologische Erklärungsmuster dazu, das Damaskuserlebnis auf die Halluzination eines psychisch instabilen Menschen zu reduzieren, und verneinen dabei die Möglichkeit eines Eingreifens Gottes in die Geschichte.

Das Quellenmaterial lässt keine belastbaren psychologischen Diagnosen zu

Didaktische Anknüpfungspunkte

Die Erzählung von der Bekehrung des Paulus in Apg 9,1-9 ist mit ihrer Dramatik und ihrem »umwerfenden« Charakter aus den Lehrplänen zum Religionsunterricht nicht wegzudenken. Die mit dem Damaskuserlebnis verbundenen Aspekte der Identitätssuche und Selbstfindung eröffnen Jugendlichen existenzielle Anknüpfungspunkte an die von der Lebenswende des Paulus handelnden biblischen Texte. Eine große didaktische Herausforderung besteht allerdings darin, nicht in antijüdische Klischees zu verfallen und das Damaskuserlebnis in einer Form zu thematisieren, in der die Hinwendung des Paulus zum Christusglauben weder als Religionswechsel und Bruch mit dem Judentum dargestellt noch mit einer Abwertung pharisäischer Frömmigkeit verbunden wird. Als Hinführung zur Thematik eignet sich eine Betrachtung des Gemäldes »Die Bekehrung des Heiligen Paulus« von *Hans Suess von Kulmbach* (1480-1522). Anschließend können sich die Schülerinnen und Schüler mit Apg 9,1-9 und ausgewählten autobiographischen Aussagen des Paulus zu seiner Berufung (Gal 1,13-16; 1Kor 15,8-10) auseinandersetzen. Zur vertieften Beschäftigung mit der Lebenswende des Paulus bieten sich fiktive Briefe an, in denen Saulus-Paulus an einen in Tarsus lebenden Freund namens Claudius zunächst sein Studium bei dem pharisäischen Gesetzeslehrer Gamaliel, dann die erste Begegnung mit Christusgläubigen in Jerusalem und schließlich sein einschneidendes Erlebnis vor Damaskus schildert

(VOM STEIN 2008, 11-14). Danach berichten die Schülerinnen und Schüler von eigenen Erfahrungen, wie sie einmal von einer Sache völlig überzeugt waren und dann aufgrund eines bestimmten Erlebnisses von ihrer Meinung abgekommen sind, und stellen den Satz »Mein Leben hat sich gedreht« in Form eines Standbildes oder eines gemalten Bildes dar (ebd., 13). In der Sekundarstufe II lassen sich die Verfolgertätigkeit des Paulus und die theologische Bedeutung des Damaskuserlebnisses mithilfe von Textpassagen aus bibelwissenschaftlichen Werken erschließen (JANTSCH 2014, 9-11).

■ Schlüsseltext 3: Das »Hohelied der Liebe« (1Kor 13,1-13)

Das in sich geschlossene und kunstvoll gestaltete »Hohelied der Liebe« (1Kor 13,1-13) zerfällt in drei Teile (LANG ²1994, 181). Zunächst wird die Nichtigkeit aller Charismen ohne die Liebe beschrieben (13,1-3), danach geht es um das Wesen und Walten der Liebe (13,4-7) und abschließend steht die Unvergänglichkeit der Liebe im Fokus (13,8-13). Die Liebe, die gepriesen wird, ist nicht die erotische Liebesbeziehung zwischen zwei Menschen, sondern die allgemeine Liebe (*agapē*). Das Hohelied der Liebe steht innerhalb des Briefabschnitts 1Kor 12,1–14,40, der sich mit den Geistesgaben in der Gemeinde von Korinth beschäftigt und dabei insbesondere auf die von einer Hochschätzung der Glossolalie (Zungenrede) hervorgerufenen Probleme eingeht. Der Lobpreis der Liebe wirkt dort auf den ersten Blick wie ein Fremdkörper, spielt aber im argumentativen Duktus von 1Kor 12-14 eine wichtige Rolle, indem er die Liebe zum entscheidenden Kriterium für die Beurteilung der Geistesgaben in der Gemeinde erhebt. Auch die höchsten Charismen sind nichts wert, wenn sie nicht von der unvergänglichen Liebe als grundlegender Gabe des Geistes durchströmt werden.

Aufbau und Kontext von 1Kor 13,1-13

Die traditionelle Bezeichnung von 1Kor 13 als das Hohelied der Liebe ist missverständlich, da es sich nicht um einen hymnischen, sondern prosaischen Text handelt, der die Stilform der in der griechischen Literatur weit verbreiteten und von dort auch in das Judentum vorgedrungenen Lobrede (*Enkomion*) aufweist. Zudem trägt der Lobpreis auf die Liebe auch Züge einer Priamel. Bei der Priamel handelt es sich um eine vergleichende Gegenüberstellung allgemein angesehener und begehrter Werte, von denen ein einzelner als Höchstwert besonders herausgehoben wird. Aus der antiken Literatur gibt es eine Reihe von Parallelen zum Hohelied der Liebe (CONZELMANN ²1981, 267-269). Im hellenistisch-jüdischen Schrifttum weist der Lobpreis auf die Wahrheit im 3. Esrabuch (2. Jh. v. Chr.) die größte Nähe zu 1Kor 13 auf. Er stellt in Priamelform die überragende Bedeutung der Wahrheit im Vergleich zu allen anderen Werken der Schöpfung heraus und betont ihre Unvergänglichkeit:

Literarische Form und antike Parallelen

»Die Wahrheit aber ist groß und mächtiger als alles. Die ganze Erde ruft nach der Wahrheit, der Himmel preist sie, alles Geschaffene erbebt und zittert. Nichts, gar nichts Unrechtes ist an ihr [...] Die Wahrheit aber bleibt und ist mächtig in Ewigkeit; und sie lebt und herrscht bis in alle Ewigkeiten« (*3Esr* 4,35-36.38).

Aus der griechischen Literatur kommt der Lobpreis des platonischen Philosophen Maximus von Tyrus (2. Jh. n. Chr.) auf die Liebe (*erōs*) dem paulinischen Hohelied der Liebe am nächsten:

»Die Liebe hasst nichts so sehr wie Zwang und Furcht. Und sie ist stolz und vollkommen frei und freier sogar als Sparta. Denn von allem unter den Menschen ist es allein die Liebe, wenn sie rein bei jemandem wohnt, die keinen Reichtum bestaunt, keinen Tyrannen fürchtet, vor keinem Thron erschrickt, kein Gericht scheut, nicht flieht vor dem Tod. Keine Bestie schreckt sie, kein Feuer, kein Abgrund, kein Meer, kein Schwert, kein Strick. Sondern sogar das Unpassierbare ist ihr passierbar und das Mächtige bezwingbar und das Schreckliche annehmbar und das Schwere tragbar. Alle Flüsse gewähren Furten, Stürme günstige Fahrtwinde, Berge ebene Fahrbahnen. Überall wagt sie, alles überblickt sie, alles beherrscht sie.« (Max. Tyr., *dial.* 20.2; CONZELMANN ²1981, 268)

Herkunft und ursprünglicher Kontext

Umstritten ist die Frage nach der Herkunft und Vorgeschichte des Hohelieds der Liebe. Manche meinen, dass Paulus das Lied bereits früher zu einem anderen Anlass geschaffen und dann bei Abfassung des ersten Korintherbriefs aufgegriffen habe, um es als passendes Argument in die Diskussion über die Charismen einzubringen (LANG ²1994, 181). Dass das Hohelied der Liebe am Anfang und am Ende durch die Motive der als Engelsprache bezeichneten Glossolalie und der Prophetie eng mit dem Kontext verzahnt ist (13,1.2.8.9), spricht allerdings eher dafür, dass Paulus es erst im Zusammenhang mit der Argumentation von 1Kor 12–14 gebildet hat (SCHRAGE ²2012, 276). Eine andere Frage ist, ob der Text in seiner Gesamtheit von Paulus stammt. Der Mittelteil (13,4-7) mit seinen lehrhaften Verbalsätzen über das Wesen und Walten der Liebe, in denen die personifizierte Liebe grammatikalisch zum Subjekt wird, hebt sich inhaltlich wie stilistisch deutlich vom Übrigen ab und hat weder etwas spezifisch Christliches an sich, noch ist er speziell auf die Konfliktsituation in Korinth bezogen. An dieser Stelle dürfte der Apostel einen traditionellen Lobpreis auf die Liebe, der vielleicht aus dem hellenistischen Judentum stammt, in sein ad hoc formuliertes Hohelied der Liebe integriert haben.

Das Wesen der Liebe nach 1Kor 13,4-7

In 1Kor 13,4-7 veranschaulicht Paulus das Wesen der Liebe durch eine Beschreibung dessen, was die Liebe tut und vor allem was sie unterlässt. Viele der in diesem Textabschnitt thematisierten Maximen haben Parallelen in der weisheitlichen Ethik des hellenistischen Judentums, insbesondere in den Testamenten der Zwölf Patriarchen und im Werk des Pseudo-Phokylides, einem moralischen Handbuch des antiken Judentums mit ethischen Lehrsätzen zum Geheimnis der rechten Lebensführung. Anders als dort ist bei Paulus aber nicht eine Person das Subjekt der Aussage oder des Tuns, sondern die Liebe selbst (SCHRAGE ²2012, 294). Wenn es in 1Kor 13,4 als erstes von der Liebe heißt, dass sie langmütig und gütig ist, geht es um ein Vermeiden vorschneller Reaktionen gegenüber anderen und um den gütigen Umgang mit den fehlbaren Mitmenschen. Indem die Liebe nicht eifert, vermeidet sie Neid und eifersüchtige Missgunst angesichts des Glücks oder Erfolgs anderer. Dass sie nicht prahlt und sich nicht aufbläht, bedeutet den Verzicht auf eine überzogene Zurschaustellung der eigenen Fähigkeiten und Verdienste. Der nächste Vers (1Kor 13,5) setzt damit ein, dass die Liebe die Grenzen der Schicklichkeit wahrt und nicht egoistisch den eigenen Vorteil sucht. Die nachfolgenden Aussagen setzen Konfliktsituationen mit anderen voraus, in denen die Liebe sich nicht zum Zorn reizen lässt und Vergebung übt, indem sie das Böse nicht anrechnet. Wenn sich die Liebe nach 1Kor 13,6 nicht an dem Unrecht, sondern der Wahrheit erfreut, geht es wohl um das von anderen Menschen erlittene Unrecht und somit um das

> Das Hohelied der Liebe spiegelt die weisheitliche Ethik des Judentums wider

Unterlassen von Schadenfreude. Den Abschluss bilden in 1Kor 13,7 vier Aussagen mit »alles«, die der Liebe eine unerschöpfliche Kraft zuschreiben. Sie trägt alles und erduldet alles, was ihr an Kränkungen, Anfeindungen, Leiden oder Entbehrungen zugefügt wird. Die Aussage »alles glaubt sie, alles hofft sie« hat wohl keinen tieferen religiösen Sinn und Gottesbezug, sondern ist auf den Nächsten gerichtet und bringt die Gewissheit zum Ausdruck, dass die Liebe an keinem Menschen verzweifelt oder ihn aufgibt.

Im Schlussteil des Hohelieds der Liebe stellt Paulus der Unvergänglichkeit der Liebe die Vergänglichkeit der Charismen gegenüber. Seine Aussagen richten sich indirekt gegen die enthusiastische Hochschätzung der Geistesgaben in der Gemeinde von Korinth. Prophetie, Glossolalie und Erkenntnis (Gnosis) bleiben Stückwerk und haben nur fragmentarischen Charakter, da sie im Gegensatz zur ewig bestehenden Liebe mit dem Anbruch der neuen Welt Gottes ein Ende finden werden. Um diese Diskontinuität zwischen der Bruchstückhaftigkeit der Gegenwart und der Vollkommenheit der eschatologischen Vollendung zu veranschaulichen, bedient sich Paulus zweier Vergleiche. Zunächst geht es um den in der antiken Rhetorik beliebten (vgl. STRECKER/SCHNELLE 1996, 375-377) Unterschied zwischen der Urteilsfähigkeit des Kindes und des Mannes, dann um die Divergenz zwischen dem gegenwärtigen Schauen mittels eines Spiegels und dem zukünftigen Schauen »von Angesicht zu Angesicht«. Das Bild vom Spiegel begegnet in der Antike häufig im Zusammenhang mit der Gotteserkenntnis (ZELLER 2010, 417). Nach Philo von Alexandria schaut der mit der Allgemeinbildung beschäftigte Mensch Gott als den Urheber der Wissenschaft wie durch einen Spiegel, während ihn der mit der Philosophie beschäftigte Mensch klarer sieht (Philo, *fug.* 213). Bei Plutarch begegnet die Sonne als Spiegelbild Gottes, durch das man ihn zu sehen vermag (Plut., *mor.* 765b). Vor diesem Hintergrund geht es bei der rätselhaften Spiegelschau in 1Kor 13,12 wohl um die in der Gegenwart gebrochene Gotteserkenntnis durch seine Schöpfungswerke, der in der zukünftigen Welt das direkte Schauen Gottes von Angesicht zu Angesicht gegenüberstehen wird.

Bruchstückhaftes Erkennen im Spiegel

Der Spiegel ist ein beliebtes Motiv im Zusammenhang der Erkenntnis Gottes

Die Trias »Glaube, Hoffnung, Liebe« (vgl. SÖDING 1992; ULRICHS 2007, 76-84) hat Paulus zuvor in ähnlicher Form bereits im ersten Thessalonicherbrief (1,3; 5,8) verwendet. Während dort in der Aufzählung der drei Begriffe die Liebe an zweiter Stelle steht, wird sie in 1Kor 13,13 betont an das Ende gerückt. Die Trias »Glaube, Hoffnung, Liebe« bildet dergestalt die Summe des christlichen Lebens, dass jeder der drei Begriffe das Ganze von jeweils einer anderen Seite her beleuchtet. Vorpaulinisch ist die Trias nicht belegt. Ob Paulus sie eigenständig gebildet oder bereits in der hellenistisch-christlichen Gemeindetradition vorgefunden hat, lässt sich nicht mit Sicherheit entscheiden. Bei der Aussage über das »Bleiben« von Glaube, Hoffnung und Liebe in 1Kor 13,13 geht es nicht nur darum, dass sie länger Bestand haben werden als Prophetie, Zungenrede und Erkenntnis, sondern auch um die ewige Gültigkeit. Ein ewiges Bestehen lässt sich zwar für den Glauben und die Hoffnung, die beide am Ende der Tage durch das Schauen abgelöst werden (2Kor 5,7; Röm 8,24-25), streng genommen nicht behaupten, doch sollte man die Worte des Paulus diesbezüglich nicht pressen. Bei der Aufzählung von »Glaube, Hoffnung, Liebe« kommt ihm alles auf die Liebe an, die er am Ende als größte von den Dreien über die beiden anderen stellt und

Die Trias »Glaube, Hoffnung, Liebe«

bei der einsichtig erscheint, dass sie in alle Ewigkeit Bestand hat. Dies gilt umso mehr, als unter dem Begriff auch die Liebe Gottes zu den Menschen mit eingeschlossen ist.

Didaktische Anknüpfungspunkte

Vielen Jugendlichen ist 1Kor 13,13 im Kontext von Hochzeiten bekannt. Nicht wenige von ihnen werden den Vers, sofern sie später einmal kirchlich heiraten, selbst als Trauspruch wählen. Die Trias Glaube, Hoffnung, Liebe hat das Potenzial, sie bei der Suche nach Orientierung und Lebenssinn zu unterstützen. Zum Einstieg können die Schülerinnen und Schüler ihre eigenen Assoziationen zu Glaube, Hoffnung und Liebe zum Ausdruck bringen, bevor sie sich mit der Bedeutung der Begriffe bei Paulus auseinandersetzen (BIGALKE/SÜDLAND 2012, 177). Zentrale Inhalte des Hohelieds der Liebe lassen sich mithilfe des Songs »Nicht von dieser Welt« erschließen (GÜNTHER 2015, 7-10), in dem *Xavier Naidoo* die Liebe besingt, die ihn am Leben hält und ohne die es schlecht um ihn bestellt wäre. Zunächst analysieren die Jugendlichen, welche Eigenschaften im Song der Liebe zugeschrieben werden und wie ein Ereignis beschaffen sein müsste, damit man sagen kann »So was ist nicht von dieser Welt«. In einem nächsten Schritt setzen sie sich unter Einbeziehung eines Textabschnitts aus einem neueren Paulusbuch (SCHNELLE 2003, 235-236) damit auseinander, wie Paulus in 1Kor 13 über die Liebe spricht und was Menschen zu einem von der Liebe geprägten Lebensstil motiviert. Abschließend werden die Ergebnisse in Beziehung zu der Message des Popsongs gesetzt. Eine andere Möglichkeit ist die Erschließung von 1Kor 13 mithilfe des Popsongs »Where is the love« von den *Black Eyed Peas* unter den Leitfragen »Kann Liebe die Welt verbessern?«, »Woher soll die Liebe kommen?« und »Wer handelt in unserer Welt aus Liebe?« (BIGALKE/SÜDLAND 2012, 185-186). Ergänzend können die Jugendlichen verschiedene Bibelübersetzungen von 1Kor 13 (Lutherbibel; Einheitsübersetzung; Volxbibel; Gute Nachricht) miteinander vergleichen, dann das Hohelied der Liebe in eigene Worte fassen und sich zudem mit modernen literarischen Verfremdungen des Textes (BERG/BERG 1986, 82-94) auseinandersetzen.

Xavier Naidoo besingt die Liebe, die ihn am Leben hält

■ Schlüsseltext 4: Die Auferstehung der Toten (1Kor 15,12-58)

Aufbau und Inhalt von 1Kor 15,12-58

Nirgendwo im Neuen Testament wird die Auferstehung von den Toten derart ausführlich erörtert, wie dies in 1Kor 15,12-58 der Fall ist. Es handelt sich keineswegs um die erste Äußerung des Apostels zum Thema, sondern Paulus sieht sich durch die »Auferstehungsleugner« in Korinth zu einer Reflexion und Präzisierung seiner aus 1Thess 4,13-18 bekannten Aussagen veranlasst. Das Briefkapitel 1Kor 15 zerfällt in drei große Teile. Nachdem Paulus zunächst die schon bei der Gemeindegründung in Korinth übermittelte Tradition von der Auferweckung Christi als Basis des christlichen Auferstehungsglaubens in Erinnerung gerufen hat (15,1-11), wendet er sich in zwei Argumentationsgängen, nämlich 15,12-34 und 15,35-58, der Auferstehung der Toten zu. Zunächst bemüht er sich um eine Widerlegung der Thesen der Gegner in Korinth (15,12-34), indem er ihnen die negativen Folgen ihres Denkens vor Augen hält (15,12-19), auf die Auferstehung aller Gläubigen als Folge der Auferweckung Christi verweist (15,20-28) und weitere Gegenargumente aus der Erfahrung anführt (15,29-34). Danach werden die

Modalitäten der Auferweckung der Toten beschrieben (15,35-58), wobei zuerst das Motiv der pneumatischen Leiblichkeit im Mittelpunkt steht (15,35-49) und dann der Gedanke der Verwandlung des Todesleibs in einen neuen geistlichen Leib entfaltet wird (15,50-58).

Dem Alten Testament ist die Vorstellung ewigen Lebens nach dem Tod weitgehend fremd. Prophetische Visionen wie Jes 26,19 oder Ez 37,1-14 wurden zwar im Nachhinein auf die Totenauferstehung gedeutet, stellen aber ursprünglich dem bildhaft im Tode befindlichen Israel einen Neubeginn nach dem Exil in Aussicht. Eine eigentliche Auferstehungsvorstellung findet sich im Judentum erst im hellenistischen Zeitalter bei Daniel (Dan 12,2-3) und im zweiten Makkabäerbuch (*2Makk* 7,9-14; 12,43-45), als sich unter dem Eindruck der Verfolgungs- und Martyriumserfahrungen der Makkabäerzeit (2. Jh. v. Chr.) die Theodizeefrage stellte und in der Hoffnung auf postmortale Gerechtigkeit eine Antwort fand. Auch um die Zeitenwende ergibt sich für das Judentum noch ein spannungsvolles und völlig uneinheitliches Bild im Blick auf postmortale Vorstellungen (SCHRAGE 2001, 119-123). Während etwa bei den Pharisäern und Essenern die Erwartung von Auferstehung und ewigem Leben einen zentralen Glaubensinhalt ausmachte, lehnten die Sadduzäer und Samaritaner den Gedanken eines Fortlebens nach dem Tod ab, da er in der Tora nicht bezeugt ist. In der griechisch-römischen Welt wurde entweder in Anlehnung an Epikur die Vorstellung vertreten, dass sich mit dem Tod auch die Seele unwiderruflich in ihre Atome zersetzt, oder unter dem Eindruck der Orphik und der platonischen Philosophie an ein Weiterleben und eine Himmelfahrt der vom vergänglichen Körper befreiten Seele geglaubt (BURKERT 1977, 432-447.473-479).

Ausgangspunkt der paulinischen Ausführungen über die postmortale Existenz der Christen ist die Behauptung einer Fraktion in der Gemeinde von Korinth, dass es keine Auferstehung gebe (1Kor 15,12). Was sich hinter dieser Parole konkret verbirgt, ist umstritten (SCHRAGE 2001, 111-119; ZELLER 2010, 456-459). Manche vermuten, dass die betreffenden Korinther unter dem Einfluss der Lehren Epikurs der Auffassung waren, mit dem Tod sei alles aus, was für Christen aber eine merkwürdige Vorstellung wäre. Andere nehmen an, es habe sich wie in 2Tim 2,18 um christliche Enthusiasten gehandelt, die sich kraft der Taufe oder der Erkenntnis schon im Besitz des ewigen Lebens sahen und in diesem Sinne die Auferstehung als bereits geschehen betrachteten. Am wahrscheinlichsten ist aber, dass die von Paulus kritisierten Korinther nicht die Zukünftigkeit der Auferstehung, sondern deren Leiblichkeit in Abrede stellten. Es handelte sich wohl um Gläubige, die im Horizont der platonischen Philosophie von einer Himmelfahrt der Seele ausgingen. Erlösung und ewiges Leben bestand für sie darin, dass die kraft der Taufe vom Geist getränkte, pneumatisch verwandelte Seele den vergänglichen Körper abstreifte und in die himmlischen Gefilde aufstieg (SELLIN 1986, 17-36.290). Dazu passt die offenkundig von den Auferstehungsleugnern geübte Praxis der Totentaufe (1Kor 15,29), bei der sich Lebende stellvertretend für bereits Verstorbene taufen ließen, um deren Seele nachträglich noch den Geist zukommen zu lassen.

Bevor Paulus auf die Leiblichkeit der Auferstehung zu sprechen kommt, stellt er die vorbildhafte Bedeutung der Auferweckung Christi für das postmortale Schicksal der Christusgläubigen heraus und ordnet die Auferstehung der Toten in

Religionsgeschichtlicher Kontext

Die jüdische Auferstehungsglaube entwickelte sich in der Zeit der Makkabäer

Die »Auferstehungsleugner« in Korinth

Auferstehung als Teil des apokalyptischen Szenarios

ein apokalyptisches Szenario ein, das sich von Ostern über die Wiederkehr Christi bis hin zur endgültigen Unterwerfung aller gottfeindlichen Mächte und zum Anbruch der universalen Herrschaft Gottes über den Kosmos erstreckt (1 Kor 15,20-28). Ausgangspunkt und Auftakt des apokalyptischen Geschehens ist die Auferweckung Christi als »Erstling« unter den Entschlafenen. Wie die Erstlingsfrucht gleichsam als Versprechen die Vollzahl der Ernte nach sich zieht, birgt das Ostergeschehen die Auferweckung der Gläubigen in sich. Diese schicksalhafte Verbindung zwischen den Gläubigen und ihrem Herrn wird mit dem Adam-Christus-Schema veranschaulicht (15,20-22). Dem ersten, irdischen Adam stellt Paulus antithetisch Christus als den zweiten, endzeitlichen Adam gegenüber.

Die Auferstehung von den Toten ist für Paulus Teil eines apokalyptischen Dramas

Während Adam mit seinem Sündenfall die Sterblichkeit des Menschen verursachte, ist durch Christus mit seiner Auferweckung von den Toten Unsterblichkeit in Form von künftiger Auferstehung in die Welt gekommen. Die Auferweckung Christi ist kein isoliertes Ereignis, sondern markiert den Beginn eines endzeitlichen Szenarios, das nach einem festen heilsgeschichtlichen Plan zur Überwindung der Todesmacht und zur Aufrichtung der Alleinherrschaft Gottes führen wird. Als nächster Schritt schließt sich an das Ostergeschehen die Auferweckung der zu Christus gehörenden Gläubigen bei seiner Wiederkunft (Parusie) an, die Paulus noch zu eigenen Lebzeiten erwartet (1 Kor 15,52; 1 Thess 4,15). Der Schlussakt des apokalyptischen Dramas (1 Kor 15,24-28) wird mit dem Ende dieser Weltzeit erreicht und ist dadurch gekennzeichnet, dass Christus nach Unterwerfung aller Mächte die Regentschaft an den Vater zurückgibt und sich ihm unter Verlust seiner Herrschergewalt unterordnet. Die Vorstellung eines sich von der Wiederkunft Jesu bis zum Weltende erstreckenden messianischen Zwischenreichs mit den auferstandenen Gläubigen, wie es die Johannesoffenbarung erwartet (Apk 20,1-6), spielt bei Paulus keine Rolle. Die Herrschaft Christi beginnt bereits mit dessen Auferweckung und Erhöhung zur Rechten Gottes. Zwischen Parusie und Weltende bleibt kein Raum für ein messianisches Zwischenreich (SCHRAGE 2001, 172-173).

Auferstehung in neuer Leiblichkeit

In 1 Kor 15,35-38 wendet sich Paulus der Frage zu, in welcher Gestalt die Toten auferweckt werden. Zentrale Aspekte sind einerseits die Leiblichkeit der Auferstehung, andererseits die unterschiedliche Beschaffenheit von Todesleib und Auferstehungsleib. Der Tod bedeutet für die Gläubigen nach paulinischem Verständnis weder einen bloßen Übergang der vom Leib befreiten nackten Seele in eine andere Welt, wie es wohl die »Auferstehungsleugner« in Korinth annahmen, noch zieht er eine ungebrochene Auferstehung des Fleisches mit Wiederbelebung der Toten in ihrer ursprünglichen Gestalt nach sich, wie es beispielsweise die apokryphe Petrusapokalypse mit ihrem Auferstehungsrealismus erhofft, sondern beinhaltet ein ganzheitliches Vergehen des irdischen Leibs mit späterer Neuschöpfung eines himmlischen Leibs. Dies veranschaulicht Paulus am Beispiel der Getreideaussaat, bei der das »Sterben« des in die Erde geworfenen nackten Samenkorns die Voraussetzung für seine »Wiederbelebung« als fruchttragende Pflanze darstellt. Vermutlich greift Paulus dabei auf Argumentationsmuster aus seiner Zeit als Pharisäer zurück, da auch die Rabbinen das Bild des Saatkorns verwenden, um das »Wie« der leiblichen Auferstehung der Gerechten zu veranschaulichen (*bSanh 90b*). Die unterschiedliche Beschaffenheit des Erdenleibs als »seelischer Leib« (*sōma psychikon*) und des Auferstehungsleibs als »geistlicher

Leib« (*sōma pneumatikon*) wird von Paulus durch einen nochmaligen Rückgriff auf die Adam-Christus-Typologie mit ihrer dualistischen Entgegensetzung von erstem und letztem Adam begründet (1 Kor 15,45; vgl. 15,21-22). Paulus schließt aus dem Schöpfungsbericht (vgl. Gen 2,7), dass der erste Adam nur zu einer »lebenden Seele« wurde, während Christus als der letzte Adam lebendigmachender Geist ist. Weitere Gegensatzpaare neben »seelisch – geistlich«, die dem von Adam als Urtypus des Todes repräsentierten irdischen Leib und dem von Christus als Urtypus des Lebens repräsentierten himmlischen Leib zugeordnet werden, sind »Vergänglichkeit – Unvergänglichkeit«, »Schmach – Herrlichkeit« und »Schwachheit – Kraft«. In 2 Kor 5,1-10 wird der Gedanke, dass Auferstehung ungleich mehr als nur ein leibloses Fortleben der Seele beinhaltet, vertieft.

In dem Schlussabschnitt 1 Kor 15,50-58 enthüllt Paulus das Geheimnis der Verwandlung, mit dem er die Aussagen über den neuen Auferstehungsleib auf die bei der Wiederkunft Christi noch am Leben befindlichen Gläubigen ausdehnt. In diesen Personenkreis schließt Paulus sich selbst mit ein (15,52). Der Bezugsrahmen ist das apokalyptische Szenario der Parusie Christi mit Auferweckung der Toten (1 Kor 15,23). Paulus greift in 1 Kor 15,51-53 die apokalyptische Tradition von 1 Thess 4,15-17 auf (ZELLER 2010, 521) und bereichert sie um den neuen Gedanken der Verwandlung. So wie die Toten in Christus beim Schall der endzeitlichen Posaune mit einem neuen unverweslichen Leib auferstehen, muss auch der sterbliche Leib der dann noch Lebenden durch eine schöpferische Verwandlung seitens Gottes die Unverweslichkeit und Unsterblichkeit anziehen. Die Vorstellung der bei der Parusie Christi erfolgenden Verwandlung des nichtigen Erdenleibs in einen verherrlichten neuen Leib begegnet auch in Phil 3,20 (vgl. Röm 8,11).

Das Geheimnis der Verwandlung

Auch die bei der Parusie noch Lebenden werden verwandelt

Im Neuen Testament ist die Auferstehung der Toten sowohl bei Paulus als auch in der Johannesoffenbarung als kollektives Geschehen in ein apokalyptisches Szenario eingebunden. Alle Verstorbenen in Christus werden bei der Wiederkunft des Herrn auf einen Schlag auferweckt werden (1 Thess 4,16; 1 Kor 15,23.52; Phil 3,20-21), bis dahin bleiben sie tot. In Spannung dazu vertritt Paulus allerdings in 2 Kor 5,1-10 und Phil 1,23 die uns vertraute Vorstellung eines sofortigen individuellen Weiterlebens nach dem Tod, was auf Entwicklungen in seinem Denken hindeutet (SCHNELLE 2003, 672-680). Ein weiteres Merkmal des neutestamentlichen Auferstehungsglaubens ist die Leiblichkeit des zukünftigen Lebens. Die Johannesoffenbarung, die nach der Auferstehung der Gläubigen und dem tausendjährigen Christusreich auch eine Auferstehung der Ungläubigen zum Gericht annimmt, setzt offenkundig eine »Auferstehung des Fleisches« mit identischer Beschaffenheit von Todesleib und Auferstehungsleib voraus (Apk 20,1-6.11-15), wie sie für weite Teile des frühen Christentums charakteristisch ist (LONA 1993) und von dem Christengegner Porphyrius verspottet wird (Porph., *fragm.* 93–94). Für Paulus wie auch für Jesus unterscheidet sich dagegen der Auferstehungsleib deutlich vom irdischen Leib. Paulus spricht von einem geistlichen oder verwandelten Leib (1 Kor 15,35-58), der sich einem Schöpfungsakt Gottes verdankt und dem himmlischen Leib des zu Gott erhöhten Christus gleichgestaltet ist (Phil 3,21), während Jesus an einen engelgleichen geschlechtslosen Leib denkt (Mk 12,25). Eine umstrittene Frage bleibt, wie leiblich sich Paulus den pneumatischen Auferstehungsleib tatsächlich vorstellt. Die Aussage von 1 Kor 15,50, dass Fleisch

Facetten des frühchristlichen Auferstehungsglaubens

und Blut das Reich Gottes nicht erben können, wurde von christlichen Gnostikern des 2. Jh. gegen den Glaubenssatz der Auferstehung des Fleisches ins Feld geführt und für ihr Konzept von leibloser Fortdauer der Seele beansprucht (Iren., *haer.* 5.9,1). Dies ist allerdings ebenso eine unrechtmäßige Vereinnahmung des Apostels wie der genau in die entgegengesetzte Richtung gehende Versuch des gefälschten dritten Korintherbriefs (SCHNEEMELCHER ⁵1989, 231-234), die Aussagen von 1Kor 15 dahin umzubiegen, dass Paulus eine Auferstehung des Fleisches mit unversehrtem Leib gelehrt habe.

Empirische Untersuchungen

Werner Thiede führte 1988 eine Befragung von 882 Schülerinnen und Schüler im Alter von 8-19 Jahren durch, die an Grundschulen, Hauptschulen oder Gymnasien in Bayern den evangelischen Religionsunterricht besuchten. Eine große Mehrheit wünschte sich eine gelegentliche oder sogar ausgiebigere Behandlung der Frage nach einem über den Tod hinausgehenden Leben. Die Frage »Glaubst du, dass mit dem Tod alles aus ist?« wurde lediglich von 17% der Befragten bejaht und weitere 5,3% gaben keine klare Antwort. Bei den 77,7% der Befragten, welche die Frage verneinen und damit den Glauben an ein wie auch immer geartetes Leben jenseits des Todes zum Ausdruck brachten, dominierte das Hoffnungsmotiv einer Unsterblichkeit der Seele. Damit verbanden sich die Vorstellungen, dass es für die unsterbliche Seele nach dem Tod in den Himmel oder das Paradies geht, dass sie mit Jesus oder Gott zusammentrifft oder dass es im Rahmen von Seelenwanderung zu einer Reinkarnation in Menschen, Tieren oder Pflanzen kommt. Die biblisch-eschatologische Auferstehungsvorstellung spielte in den Antworten derjenigen, welche die Frage eines Weiterlebens nach dem Tod bejahten, eine relativ geringe Rolle (THIEDE 1991, 268-289). Nach der Shell Jugendstudie von 2000 glauben dagegen nur 31% der Jugendlichen und jungen Erwachsenen an ein Weiterleben nach dem Tod, während 35% nicht daran glauben und 34% unentschieden sind. Dabei zeigt sich, dass der Glaube an ein Weiterleben nach dem Tod zu einer eher unverbindlichen individuellen Meinung geworden ist, die ohne strukturierende Kraft für Lebensführung und Einstellungen bleibt (FUCHS-HEINRITZ 2000, 166-167).

Der Glaube an ein Weiterleben nach dem Tod ist zu einer unverbindlichen Meinung geworden

Didaktische Anknüpfungspunkte

Angesichts einer stark ausgeprägten gesellschaftlichen Tabuisierung der Todesthematik stehen Kinder und Jugendliche einer Behandlung der Frage, ob und wie es nach dem Tod weitergeht, recht offen gegenüber. Dies gilt nicht zuletzt dann, wenn sie mit Todesfällen im familiären oder schulischen Umfeld konfrontiert sind. Vor diesem Hintergrund bietet es sich an, mit den Schülerinnen und Schülern unterschiedliche Vorstellungen von einem Weiterleben nach dem Tod zu erörtern und durch eine vertiefte Beschäftigung mit 1Kor 15 die Konturen christlicher Auferstehungserwartung zu profilieren, um das im christlichen Credo verankerte Bekenntnis zur Auferstehung der Toten und zum ewigen Leben als tragfähiges Hoffnungsmodell in den Dialog um das postmortale Schicksal des Menschen einzubringen. Angesichts dessen, dass sich für viele Schülerinnen und Schüler kein inneres Band zwischen der Auferstehung Jesu und der eigenen Erwartung über den Tod hinaus ergibt (BUTT 2009, 279), ist ein besonderer Akzent auf die christologische Grundlegung des Auferstehungsglaubens (1Kor 15,20-23) zu legen. In der Sekundarstufe I können die Schülerinnen und Schüler sich mit unterschiedlichen Möglichkeiten der Bestattung (Beisetzung auf einem Friedhof; Beisetzung auf einem besonderen Gräberfeld für Anhänger eines Fußballclubs;

Seebestattung; Beisetzung der Urne in einem Friedwald oder in einem Kolumbarium) auseinandersetzen und die Frage reflektieren, welche gesellschaftliche Auffassung vom Tod und welche Vorstellungen von Ewigkeit sich in den jeweiligen Bestattungsformen widerspiegeln (HUSMANN/MERKEL 2014, 166-167). In der Sekundarstufe II sollten die Jugendlichen unter Heranziehung geeigneter Texte unterschiedliche christliche Auferstehungsmodelle, namentlich das »katholische Modell« (Tod als Trennung der unsterblichen Seele vom verwesenden Leib; Läuterung der Seele im Fegefeuer; Auferstehung als Wiedervereinigung der Seele mit ihrem verherrlichten Leib) und das »protestantische Modell« (Tod als vollständige Vernichtung von Leib und Seele; Auferstehung als komplette Neuschöpfung) kennenlernen und bewerten (BAUER/BAUER/MINGENBACH 2006, 11-14).

■ Schlüsseltext 5: Verurteilung von Homosexualität (Röm 1,26-27/ 1Kor 6,9)

Paulus äußert sich an zwei Stellen zu gleichgeschlechtlicher Liebe. Die Aussagen des ersten Korintherbriefs finden sich in einem Lasterkatalog und betreffen bestimmte Formen männlicher Homosexualität. Katalogartige Schemata von Tugenden und Lastern, die ihren Ursprung in der hellenistischen Popularphilosophie haben und auch in der außerkanonischen Literatur des antiken Judentums begegnen, sind im Neuen Testament ein fester Bestandteil der ethischen Unterweisung (SCHRAGE 1985, 108-109). In dem Lasterkatalog 1Kor 6,9-10 erinnert Paulus die Korinther an ihre früheren Verfehlungen, die mit der Taufe bereinigt sind, und nimmt dabei auch zwei Formen männlicher Homosexualität in den Blick. Während die »Männerschänder« (*arsenikoitai*) Personen sind, die aktiv mit Männern oder Knaben sexuell verkehren, handelt es sich bei den »Weichlingen« (*malakoi*) um deren passive Gegenstücke. Beide Gruppen gehören zu den lasterhaften Personen, die das Gottesreich nicht ererben werden. Ähnlich werden im Lasterkatalog des deuteropaulinischen ersten Timotheusbriefs »Männerschänder« in einem Atemzug mit Muttermördern, Totschlägern, Menschenhändlern und ähnlichen Missetätern zu jenem Personenkreis von Gottlosen und Ungerechten gezählt, derentwegen das Gesetz gegeben wurde (1Tim 1,9-10).

1Kor 6,9

Paulus thematisiert Homosexualität innerhalb eines Lasterkatalogs

Die Aussagen des Römerbriefs zur Homosexualität sind grundsätzlicher gehalten und auf beide Geschlechter bezogen. Sie finden sich in dem vom Zorn Gottes handelnden Briefabschnitt Röm 1,18–3,20. Bevor Paulus in Röm 3,21–5,21 sein Evangelium von der Gerechtigkeit Gottes aus Glauben darlegt, macht er deutlich, dass allen Menschen gleichermaßen das Zorngericht Gottes droht und sie der Rettung bedürfen. In diesem Zusammenhang wendet er sich zunächst an die Heiden (1,18-32), um ihnen ihre Schuld vor Augen zu halten. Obwohl der Gott der Bibel sich in den Werken seiner Schöpfung offenbart, haben sie ihn nicht verehrt und andere Gestalten in den Rang von Göttern erhoben. Daher müssten sie die Folgen ihrer Gottesverachtung tragen, die für Paulus aus der Auslieferung des Menschen an sexuelle Perversionen und allgemeine Verfehlungen im zwischenmenschlichen Miteinander bestehen, welche nach göttlichem Recht den Tod verdienten. Mit sichtlicher Abscheu schildert Paulus zunächst die

Röm 1,26-27

schändlichen Leidenschaften der Frauen, die den natürlichen Verkehr in widernatürlichen verkehrt hätten (1,26). Da der Apostel nicht konkreter wird, lässt seine Aussage einen weiten Interpretationsspielraum (WOLTER 2014, 151). Versuche in der Literatur, den »widernatürlichen Verkehr« der Frauen auf Empfängnisverhütung oder sexuelle Handlungen mit Tieren (HAACKER ²2002, 53-54) zu beziehen, können nicht überzeugen. Vor dem Hintergrund der mit »gleichermaßen« eingeleiteten Aussage zu den Männern, die sich Röm 1,27 anschließt, ist recht eindeutig an gleichgeschlechtliche Liebe gedacht. Den Männern wird vorgeworfen, sie hätten den natürlichen Verkehr mit der Frau verlassen, seien in Begierde zueinander entbrannt, hätten Mann mit Mann Schande getrieben und den Lohn ihrer Verirrung an sich selbst empfangen. Insgesamt wird deutlich, dass Paulus im Römerbrief gleichgeschlechtliche Liebe unter Frauen wie unter Männern als schändliche Leidenschaft und todeswürdiges Vergehen (1,32) brandmarkt.

Bewertung von Homosexualität im antiken Judentum

Wenn Paulus sowohl weibliche als auch männliche Homosexualität entschieden verurteilt, orientiert er sich an der Ethik des antiken Judentums. Nach der Tora sollen homosexuelle Handlungen zwischen Männern mit dem Tode bestraft werden (Lev 20,13). Weibliche Homosexualität wird im Alten Testament nicht thematisiert, aber in dem um die Zeitenwende entstandenen Werk des Pseudo-Phokylides verurteilt (Ps.-Phok., *sent.* 192). Das negative Urteil des antiken Judentums über Homosexualität beruht im Wesentlichen darauf, dass sie den gottgewollten Zusammenhang von Sexualität und Fortpflanzung zerreißt. Philo von Alexandria behandelt Homosexualität in einem Atemzug mit zwei anderen vermeintlichen Übeln, nämlich dem Geschlechtsverkehr mit einer menstruierenden Frau und der Eheschließung mit einer nachweislich unfruchtbaren Frau, und macht sie für Bevölkerungsschwund und Verödung der Städte verantwortlich (*spec. leg.* 3,32-36). Während in der griechisch-römischen Welt gleichgeschlechtliche Liebe unter Einschluss von Päderastie weit verbreitet war und vielfach sogar idealisiert wurde (DOVER 1983; HUBBARD 2003), folgt Paulus der religiös begründeten Abscheu des Judentums gegenüber Homosexualität, die er als typisches Beispiel der sittlichen Verkommenheit und des gottlosen Wandels der Heiden betrachtet. Dabei geht er davon aus, dass der Mensch sich aus freien Stücken von Homosexualität abwenden kann (1Kor 6,11). Praktizierung von Homosexualität ist nach Paulus keine Möglichkeit von Christsein, vielmehr Kennzeichen vorchristlicher heidnischer Vergangenheit.

Paulus folgt dem negativen Urteil über Homosexualität im antiken Judentum

Aspekte der ethischen Urteilsbildung

Im Blick auf die aktuelle Diskussion um die ethische Bewertung von gleichgeschlechtlicher Liebe wird es aus unterschiedlichen Gründen der Komplexität der Thematik nicht gerecht, mit rein biblizistischer Argumentation Homosexualität pauschal zu verurteilen. Für Paulus war Homosexualität ein Laster, dem der Mensch aus freien Stücken nachgeht und von dem er sich »bekehren« kann. Wissenschaftliche Erkenntnisse zeigen dagegen, dass Homosexualität entweder eine angeborene Neigung darstellt oder eine Folge bestimmter Sozialisationsbedingungen ist. In beiden Fällen kann man sich weder durch eine gezielte Entscheidung noch durch besondere Willenskraft zur Heterosexualität umorientieren. Wenn Homosexualität angeboren ist, zieht dies die für viele Gläubige unbequeme Wahrheit nach sich, dass Gott Menschen nicht nur heterosexuell, sondern auch homosexuell geschaffen hat. Zudem liegt im antiken Judentum und damit wohl auch für den Judenchristen Paulus der Haupteinwand gegen Homosexualität darin begründet, dass sie keine Zeugung von Nachkommen ermöglicht. Heterosexuelle, die sich ohne Fortpflanzungsabsicht empfängnisverhütend der Lust erfreuen und auf Homosexuelle herabschauen, sitzen in Wirklichkeit aus biblischer Sicht mit diesen im selben Boot und können sich »wohl nur auf Kosten einer unbiblischen Überheblichkeit [...] in einer besonderen Nähe zu Paulus glauben« (VON DER OSTEN-SACKEN 1986, 39). Schließlich ist bei der Bewertung des neutestamentlichen Befunds auch zu bedenken, dass Homosexualität in der Antike überwiegend im Kontext von Päderastie, käuflicher Liebe und häufig wechselnden Beziehungen begegnet. Die paulinischen Aussagen zur Homosexualität können daher nicht unreflektiert zur Verurteilung der sogenannten »Homo-Ehe« instrumentalisiert werden, zumal der Satz »Es ist nicht gut, dass der Mensch allein sei« (Gen 2,18) auch für Homosexuelle gilt. Für gleichgeschlechtliche Paarbeziehungen, welche die entscheidenden Kriterien des christlichen Beziehungsverständnisses (Freiwilligkeit, Treue, Verbindlichkeit, gegenseitige Fürsorge) erfüllen, kann mit guten Gründen sowohl die seit 2017 mit der »Ehe für alle« im deutschen Recht gegebene vollständige Gleichstellung als auch eine Begleitung durch kirchliche Segenshandlungen befürwortet werden (vgl. KÖRTNER 1999, 247-249).

Eine der zentralen Aufgaben des Religionsunterrichts in höheren Jahrgangsstufen besteht darin, Jugendliche zu einem begründeten Urteil in Glaubens- und Lebensfragen zu befähigen und die Entwicklung von Gesprächsfähigkeit und Toleranz zu fördern. Dies gilt auch im Hinblick auf das kontroverse Thema Homosexualität, dem eine erhebliche Brisanz innewohnt und das eine besondere Sensibilität erfordert, zumal manche Schülerinnen und Schüler auf der Suche nach ihrer sexuellen Identität sind. Zum Einstieg in die Thematik eignet sich die Lektüre eines Interviews, in dem das katholische Gemeindemitglied *Jan Boris Rätz* über seine homosexuelle Partnerschaft und sein Christsein spricht (KALL 2014, 13). In einem nächsten Schritt bietet sich die Sichtung und Analyse der paulinischen Aussagen zur Homosexualität an. Um die biblischen und theologischen Implikationen des Themas herauszuarbeiten, eignet sich gut die aktuelle Debatte um die Segnung gleichgeschlechtlicher Paare (GRETHLEIN 2006, 265). Dazu können die Schülerinnen und Schüler sich in Kleingruppenarbeit mit konträren christlichen Stellungnahmen, etwa den »Leitgedanken der Deutschen Evangelischen Allianz zu Ehe und Homosexualität« (2017) und der Stellungnahme der Evangelischen Kirche von Kurhessen-Waldeck »Gottes Segen an den Übergängen des Lebens. Überlegungen zur Segnung gleichgeschlechtlicher Paare« (2003), beschäftigen und unter Berücksichtigung der Fragen, wie dort mit den biblischen Aussagen jeweils umgegangen wird, die liberalen wie die konservativen Argumente in einer Tabelle festhalten. Von Bedeutung ist zudem die Auseinandersetzung mit der Frage, wie sich die gesellschaftliche Bewertung von Homosexualität und die Gesetzgebung in den letzten Jahrzehnten radikal verändert haben. Zu diesen Punkten, beispielsweise zur Geschichte des erst 1994 endgültig gestrichenen § 175 des Strafgesetzbuches, können die Jugendlichen sich im Internet Informationen beschaffen. Am Ende der Unterrichtseinheit sollten die Jugendlichen über die Kompetenz verfügen, unter Einbeziehung der biblischen Aussagen eine begründete eigenständige Position zur Bewertung von Homosexualität und gleichgeschlechtlichen Lebensgemeinschaften vertreten zu können.

Didaktische Anknüpfungspunkte

Die Behandlung des Themas Homosexualität erfordert große Sensibilität

■ Schlüsseltext 6: Die Glaubensgerechtigkeit (Röm 3,21-31)

Kontext und Aufbau von Röm 3,21-31

Die Gerechtigkeit Gottes ist das Thema des Römerbriefs schlechthin. Am Ende des Briefeingangs (Röm 1,10-17) fasst Paulus die Offenbarung der Gerechtigkeit Gottes als Inhalt seines Evangeliums zusammen und stellt dies als eine Art Überschrift den lehrhaften Hauptteilen des Römerbriefs voran, in denen das Thema entfaltet (1,18-8,39) und in seiner Bedeutung für das Schicksal Israels bedacht wird (9,1-11,36). Bevor Paulus sein Evangelium von der Gerechtigkeit Gottes aus Glauben darlegt, macht er deutlich, dass Heiden wie Juden gleichermaßen das Zorngericht Gottes droht und sie der Rettung bedürfen (1,18-3,20). Die lange Abhandlung über die Schuldverfallenheit aller Menschen schließt mit der Feststellung ab, dass niemand aus Werken des Gesetzes gerechtfertigt werden kann. In Röm 3,21-31 setzt der Apostel mit einem betonten »nun aber« neu ein, um der Offenbarung des Zorngerichts Gottes über alle Menschen die Offenbarung der Glaubensgerechtigkeit am Kreuz Jesu Christi als Weg zu rettender Befreiung entgegenzustellen. Der Briefabschnitt gliedert sich in zwei Teile. Zunächst entfaltet Paulus unter Bezugnahme auf das im Christusgeschehen sichtbare Heilshandeln Gottes, was die Offenbarung der Gerechtigkeit Gottes meint und welche Bedeutung ihr für die Glaubenden zukommt (3,21-26). Danach wechselt der Stil, indem an die Stelle thetischer Formulierungen nun dialogisch formulierte Rede mit Fragen und Antworten tritt, in der die Gerechtigkeit aus Glauben gegen denkbare Einwände verteidigt wird (3,27-31).

Vorpaulinische Tradition

Der Abschnitt über die Offenbarung der Gerechtigkeit Gottes am Kreuz Christi (3,21-26) gilt geradezu als Herzstück und Basis des Römerbriefs, während alles andere Explikation sei (Wilckens ⁴2008, 199). Der gedrängte wie überfrachtete Satzbau von Röm 3,25-26 und ein für Paulus atypischer Sprachgebrauch – die Worte *hilastērion* (Sühne), *paresis* (Vergebung) und *proginesthai* (zuvor geschehen) begegnen sonst nirgendwo in den Paulusbriefen – geben Anlass zu der Annahme, dass Paulus hier ältere Überlieferung zitiert. Das vorpaulinische Traditionsstück umfasste wohl Röm 3,25.26a (Stuhlmacher ²1998, 55; Lohse 2003, 129) und sprach davon, dass Gott den gekreuzigten Christus Jesus öffentlich zur Sühne kraft seines Blutes eingesetzt hat, und zwar zum Erweis seiner (Gottes) Gerechtigkeit um der Vergebung der zuvor unter der Geduld Gottes geschehenen Sünden willen. Paulus hat diese vielleicht aus der Gemeinde von Antiochia stammende Tradition, die wegen des Sündenvergebungsmotivs im Zusammenhang mit der Taufe oder dem Abendmahl gestanden haben dürfte, aufgegriffen und die Worte »durch den Glauben« ergänzt, um betont das Glaubensmotiv hervorzuheben. Andere bestreiten die Möglichkeit, eine vorpaulinische Tradition zu rekonstruieren, räumen aber zumindest ein, dass Paulus Deutungen des Todes Jesu wiedergibt, die in der frühen Christenheit schon vor und neben ihm verbreitet waren (Wolter 2014, 244-246).

Der Tod Jesu als »Sühne«

In Röm 3,25 wird der Tod Jesu vor dem Hintergrund des Jom-Kippur-Rituals in Sühnekategorien gedeutet (Wilckens ⁴2008, 193; Wolter 2014, 256-259). Das von deutschen Bibeln meist mit »Sühne« oder »Sühnemittel« wiedergegebene Wort *hilastērion* aus Röm 3,25 bezeichnet in der Septuaginta den Deckel der Bundeslade (hebr. *kapporeth*), die sich im Tempel Salomos im Allerheiligsten befand und als Thronsitz Jahwes galt. Deshalb findet sich in älteren Lutherbibeln für *hilastērion* die Übersetzung »Gnadenstuhl«. Der erste Teil des Jom-Kippur-Rituals diente der Reinigung des Tempels von allen Sünden, die dort im Verlauf des Jahres durch den Klerus und die Kultgemeinde begangen worden waren. Dazu sprengte der Hohepriester das Blut eines Stieres für die Verfehlungen der Priester und das Blut eines Ziegenbocks für die Verfehlungen des Volkes auf den Deckel der Bundeslade (Lev 16,11-17). Vor diesem Hintergrund wird der Kreuzestod Jesu auf Golgotha in Röm 3,25 in tempelkritischer Akzentuierung als kultische Sühne verstanden. Dabei schwingt der Gedanke mit, dass die durch Jesus gewirkte Sühne das alttestamentliche Sühneritual, das alljährlich wiederholt werden musste und auf Israel beschränkt war, überbietet. Dieser Aspekt wird dann vom Verfasser des Hebräerbriefs breit entfaltet. Er stellt die kultische Komponente des Todes Jesu in den absoluten Mittelpunkt und betrachtet Jesus als wahren Hohepriester, der durch seine einmalige Selbstdarbringung das bewirkt hat, was die Riten am Jerusalemer Tempel nicht leisten konnten, nämlich die ewige Erlösung der gesamten Menschheit (Hebr 9,11-17). Andere verneinen für Röm 3,25 einen kultischen Bezug auf Lev 16 und denken stattdessen an die Märtyrertheologie der Makkabäerbücher als Traditionshintergrund (LOHSE 2003, 134-135), wo das Blut und der Sühnetod (*hilastērios thanatos*) der Frommen die Sünden Israels tilgt (*4Makk* 17,21-22). Abgesehen davon, dass das Sterben der Gerechten dort wohl ebenfalls im kultischen Horizont von Lev 16 interpretiert wird, handelt es sich um eine Selbsthingabe, während in Röm 3,25 wie beim Ritual des Versöhnungstages Gott selbst die Sühne vollzieht.

In Röm 3,27-31 setzt Paulus in lebhafter Rede, die durch einen raschen Wechsel von Fragen eines fiktiven Gesprächspartners und kurzen Antworten des Apostels gekennzeichnet ist, seinen Gedankengang fort und verteidigt die Lehre von der Gerechtigkeit durch Glauben gegen mögliche Einwände. Eine der zentralen Aussagen des Textabschnitts besteht darin, dass der Mensch durch den Glauben ohne »Werke des Gesetzes« gerecht wird (Röm 3,28; vgl. Gal 2,16), wie es schon in Röm 3,20 anklang. Der Begriff »Werke des Gesetzes« (*erga nomou*), um dessen Verständnis heftige Kontroversen entbrannt sind (WOLTER 2014, 233-237), kommt in der Bibel nur bei Paulus vor. Vergleichbare Wendungen finden sich in der syrischen Baruchapokalypse mit »Werke der Gebote« (*syrBar* 57,2) und in dem Qumran-Text *4QMMT* mit »Werke der Tora«. Vor allem im lutherischen Protestantismus verstand man unter »Werke des Gesetzes« lange mit großer Selbstverständlichkeit die Handlungen, die ein Mensch tut, um durch die Erfüllung von Geboten vor Gott gerecht zu werden. Die Aussagen in Röm 3,20.28 und Gal 2,16 wurden dann so interpretiert, dass für Paulus schon das Bemühen um Erfüllung der Tora als sündig und verfehlt gelte. Im Hintergrund stand das Zerrbild eines durch Leistungsfrömmigkeit geprägten und nach Selbstruhm strebenden Judentums, das die Tora zum Vorwand nehme, um seinem eigenen Willen Gott gegenüber Raum zu schaffen, und damit den Willen Gottes verfehlt habe. Es ist das Verdienst von *Ed P. Sanders* als Begründer der »New Perspective on Paul«, mit diesem antijudaistischen Klischee aufgeräumt zu haben (SANDERS 1985; vgl. LOHSE 2003, 140-145). Er weist darauf hin, dass im alttestamentlichen Denken die Erwählung und der Bund als Gnadengeschenk Gottes der Gabe des Gesetzes vorangehen. Die Tora wurde keineswegs gegeben, um sich Gerechtigkeit vor Gott zu verschaffen, sondern dient dazu, nicht aus dem Gnadenbund herauszufallen. Vertreter der neuen Paulusperspektive inter-

> Die Kontroverse um »Werke des Gesetzes«

> Die »New Perspective on Paul« räumt mit antijüdischen Klischees auf

pretieren zudem »Werke des Gesetzes« nicht auf *Handlungen*, die in Erfüllung der Tora getan werden, sondern auf *Vorschriften*, die in der Tora aufgeschrieben sind, um getan zu werden – unabhängig davon, ob dies auch tatsächlich geschieht (BACHMANN 2005, 69-134). Vor diesem Hintergrund beziehen sie die Aussage, dass Werke des Gesetzes nicht rechtfertigen, konkret auf den Wegfall der Beschneidung und des jüdischen Ritualgesetzes für die Christusgläubigen aus der Völkerwelt. Paulus betrachte die kultischen Regelungen der Tora als unnötiges Hindernis für die christliche Mission, ohne dass das gute Handeln diskreditiert würde. Dabei darf allerdings nicht übersehen werden, dass sich die Vorbehalte gegenüber der Tora für Paulus nicht in missionspragmatischen Erwägungen erschöpfen, sondern ungleich grundsätzlicherer Natur sind (Röm 7).

Gerechtigkeit Gottes

Das Leitthema nicht nur von Röm 3,21-31, sondern des gesamten Römerbriefs ist die Gerechtigkeit Gottes. Damit wird sowohl eine Eigenschaft Gottes als auch deren Auswirkung auf die Gläubigen umschrieben (WOLTER 2014, 119-125). Die Diskussion war lange Zeit von der Frage bestimmt, ob es sich bei dem Genitiv um einen *genitivus auctoris* handelt und die Gerechtigkeit Gottes als eine von Gott geschenkte oder zugesprochene Gabe letztlich die Gerechtigkeit des Menschen bezeichnet (BULTMANN ⁵1965, 271-285) oder aber ein *genitivus subjecticus* vorliegt und die Gerechtigkeit Gottes dessen heilssetzende Macht meint (KÄSEMANN ²1965a, 181-193). Grammatikalisch handelt es sich recht deutlich um einen *genitivus subjecticus*, der zunächst einmal eine Eigenschaft Gottes beschreibt, nämlich dass dieser gerecht ist. Die Grundlage für den paulinischen Gebrauch von Gerechtigkeit Gottes bildet das Alte Testament. Dort bezeichnet die Gerechtigkeit nicht nur eine Eigenschaft Gottes, sondern ist auch Inbegriff seines heilvollen Handelns in der Welt (Ri 5,11; Ps 71,19; Jes 54,17). Für Paulus wird die Gerechtigkeit Gottes als Heilsmacht im Christusgeschehen unter den Menschen sichtbar und wirksam. Er kann dabei an ältere Bekenntnistraditionen anknüpfen, die den heilvollen Sühnetod Christi als entscheidenden Erweis der Gerechtigkeit Gottes betrachten (Röm 3,25) und in ihm den Ermöglichungsgrund sehen, vor Gott Gerechtigkeit zu erlangen (2Kor 5,21). Das für Paulus Entscheidende ist die Verbindung von Glauben und Gerechtigkeit Gottes. Die im Christusgeschehen als Heilsmacht Wirklichkeit gewordene Gerechtigkeit Gottes stellt eine Gabe mit Geschenkcharakter dar, die im Glauben ergriffen werden will. Allein im Glauben an Jesus Christus als Versöhner und Herrn gewinnt der Mensch Anteil am Wirken des gerechten Gottes, der durch das Christusgeschehen Heil und Rettung herbeiführte, und kann angesichts des nahenden Gerichtes vor Gott Gerechtigkeit erlangen.

> Über den Sinn des Genitivs in »Gerechtigkeit Gottes« wird heftig gestritten

Didaktische Anknüpfungspunkte

Bei der Behandlung des Themas »Gerechtigkeit Gottes« im Religionsunterricht ist entscheidend, »dass die Relevanz der Rechtfertigungslehre gerade im Blick auf die eigenen existenziellen Fragen und Erfahrungen der Schüler herausgestellt werden kann« (ROTHGANGEL 2001, 426). Die Jugendlichen sind dem Druck der Konsum- und Leistungsgesellschaft ausgesetzt und befinden sich auf der Suche nach Identität, Bestätigung und Anerkennung. Vor diesem Hintergrund hat die paulinische Rechtfertigungslehre nichts an Aktualität eingebüßt. Als Einstieg in die Thematik bietet es sich an, mit dem Märchenmotiv »Spieglein, Spieglein an der Wand« zu arbeiten: »Schau dich an und vergleich dich dann mit anderen: Kannst du mithalten? Bist du gut genug? Oder bist du zu dick, zu alt, zu arm, nicht erfolgreich genug? Der Spiegel wird zum Medium von Rechtfertigung und Anklage« (MÜLLER 2009, 158). In einem nächsten Schritt können die Schülerinnen und Schüler überlegen, was sie unter Gerechtigkeit verstehen bzw. was sie für gerecht halten. Anschließend wenden sie sich dem Begriff der Gerechtigkeit Gottes im Römerbrief zu und arbeiten unter Einbeziehung eines Textes von *Horacio E. Lona* das paulinische Verständnis von Gerechtigkeit und Grundzüge der Rechtfertigungslehre heraus (JANTSCH 2014, 22). Hieran kann sich ein Unterrichtsgespräch zu der Frage »Von wem und wofür werde ich anerkannt?« anschließen. Im Mittelpunkt steht dabei der Aspekt, dass Gott alle Menschen vorbehaltlos anerkennt, während sich in unserer Gesellschaft Anerkennung in aller Regel durch Leistung verdient werden muss. Eine andere Möglichkeit ist die Erschließung der paulinischen Lehre von der Gerechtigkeit Gottes über Luthers »Turmerlebnis« (LACHMANN/ADAM/RITTER 1999, 289), wobei die Frage »Wie komme ich in den Himmel/ in das Paradies?« in den Mittelpunkt rückt. Die Schülerinnen und Schüler können sich mit autobiographischen Aussagen Luthers zum Turmerlebnis beschäftigen, seine Verzweiflung und die ihn quälenden Fragen herausarbeiten, seine Einsichten mit ihren eigenen Worten wiedergeben und darüber nachdenken, warum er sich derart über seine neue Erkenntnis von Röm 1,17 gefreut hat (JANTSCH 2014, 22). In einem nächsten Schritt können die Jugendlichen den Song »OMG« von *Materia* mit der Refrainzeile »Oh mein Gott, dieser Himmel. Wie komm ich da bloß rein?« analysieren, ihre eigenen Vorstellungen vom Himmel oder Paradies benennen und einen fiktiven Dialog Luthers mit dem lyrischen Ich des Songs entwerfen (GÜNTHER 2015, 13-18). Als Kontrast lässt sich der Song »Paradies« von den *Toten Hosen* einbringen (KÖNIG 2000, 106), der sich mit der Sichtweise auseinandersetzt, dass der Weg in das Paradies durch frommes und angepasstes Verhalten verdient werden muss, und dieses Opfer entschieden ablehnt (»Ich will nicht ins Paradies, wenn der Weg dorthin so schwer ist«).

> Die »Toten Hosen« wollen nicht um jeden Preis ins Paradies

■ Schlüsseltext 7: Die Errettung Israels (Röm 11,1-36)

Zu den leidvollen Erfahrungen des Apostels Paulus zählte, dass sich die Mehrheit seines eigenen Volkes dem rettenden Evangelium von Jesus Christus gegenüber nicht öffnete und dessen Verbreitung sogar behinderte. Im ersten Thessalonicherbrief ließ Paulus sich deshalb zu der polemischen Aussage hinreißen, die Juden hätten bereits das endzeitliche Zorngericht Gottes auf sich gezogen (1 Thess 2,14-16). Im Römerbrief hat sich die Haltung des Paulus zu dieser Thematik radikal verändert (SCHNELLE 2003, 681-685). Nachdem Paulus im ersten Hauptteil des Briefs sein Evangelium von der Gerechtigkeit Gottes aus Glauben ausführlich dargelegt und in unterschiedlichste Richtungen entfaltet hat (Röm 1,18–8,39), stellt er im zweiten Hauptteil des Schreibens das Schicksal Israels in den Mittelpunkt der Erörterung und spitzt das Thema der Gerechtigkeit Gottes auf die aktuelle Frage nach dem Weg Gottes mit seinem erwählten Volk zu (9,1–11,36). Zunächst wird Israel bei seiner Schuld behaftet und die Souveränität des Handelns Gottes betont (9,1–10,21). Nach einer einleitenden Klage um Israel, das sich mehrheitlich dem Evangelium verschließt (9,1-5), steht Gottes freies Erwäh-

> Kontext und Argumentation von Röm 9–11

lungshandeln im Mittelpunkt der Betrachtung. Isaak und Ismael sind beide leibliche Nachkommen Abrahams, doch nur Isaak wird durch das berufende Wort die eigentliche Abrahamskindschaft zuteil. Die Teilhabe an den an Israel ergangenen Verheißungen wird nicht durch Blutsbande konstituiert, sondern unterliegt der Erwählung. Selbst wenn Gott Israel verstoßen würde, wäre er nicht ungerecht (9,6-18). Diese Lehre von Gottes freier Gnadenwahl illustriert der Apostel anhand des Töpfergleichnisses (9,19-29). Danach wird Israels Ferne von Christus thematisiert (9,30–10,21). Es hat die Glaubensgerechtigkeit verfehlt und ist an Christus als dem »Stein des Anstoßes« zu Fall gekommen. Paulus attestiert Israel zwar Eifer für Gott, sieht diesen aber auf den falschen Weg gerichtet. Nachdem die Unentschuldbarkeit Israels aufgewiesen ist, läuft die Argumentation auf die Frage zu, ob Gott sein Volk verstoßen hat. Dies wird von Paulus entschieden verneint, indem er das Mysterium der Erlösung Israels enthüllt (11,1-36). Das Fallen Israels wird in heilsgeschichtlicher Perspektive als eine von Gott gewollte und zeitlich befristete Verstockung betrachtet. Israels Scheitern am Evangelium kommt der Errettung der nicht jüdischen Völkerwelt zugute, da es den Heiden unverhofften Heilsgewinn bescherte.

Doppelgleichnis vom Hebopfer und Ölbaum

In Röm 11,11-36 stellt Paulus heraus, dass die gegenwärtige Situation Israels nicht endgültig ist und für die Heidenchristen kein Grund zum Hochmut gegenüber dem erwählten Volk Gottes besteht. Mit dem Doppelgleichnis vom Hebopfer und vom Ölbaum veranschaulicht Paulus die bleibende Heilsbedeutung Israels. Wie ein kleiner Teil vom ersten Brotteig der neuen Kornernte, der am Tempel als »Hebopfer« dargebracht wird (Num 15,17-21), den ganzen Teig des Jahres heiligt, so ist Israel in seiner Gesamtheit durch die Erwählung der Erzväter geheiligt.

> Mit dem Bild vom Ölbaum bezieht sich Paulus auf die landwirtschaftliche Praxis

Und wenn die Wurzel des von Gott gepflanzten Ölbaums, die wie das Hebopfer für die Erzväter und deren Erwählung steht, heilig ist, dann sind es auch die Israeliten als dessen Zweige, die Kraft und Nahrung aus der Wurzel beziehen. Nachfolgend bezieht sich Paulus auf eine landwirtschaftliche Praxis seiner Zeit, die aus dem Columella zugeschriebenen Handbuch über die Bäume bekannt ist (Colum., arb. 5.9,16), nämlich dass alte Ölbäume durch das Einpfropfen wilder Ölzweige zu neuem Wachstum gebracht wurden (STUHLMACHER ²1998, 152). Das Bild vom Ölbaum und den Zweigen dient vor diesem Hintergrund als Warnung an die Christusgläubigen aus der Völkerwelt, sich nicht überheblich gegenüber Israel zu zeigen. Sie sind nachträglich in den edlen Ölbaum eingepfropft worden, werden von den an Abraham ergangenen Verheißungen als der Wurzel getragen und können jederzeit wieder abgehauen werden. Gleichzeitig wird betont, dass der Schöpfergott die Macht hat und willens ist, die Israeliten wieder in den aus der Wurzel Abrahams erwachsenen Ölbaum einzupfropfen, wenn sie von ihrem Unglauben befreit sind.

Das Geheimnis der Rettung Israels

Damit ist die Frage nach der Rettung Israels angesprochen, auf die Paulus in kühner prophetischer Schau eine Antwort gibt. Das Geheimnis besteht darin, dass die Verstockung Israels ihr Ende finden wird, sobald die Vollzahl der Heiden Eingang in das Heil gefunden hat. Ganz Israel wird dann gerettet werden. Mit »ganz Israel« ist nicht die Kirche als das geistliche Israel oder das Judenchristentum als auserwählter Rest Israels gemeint, wie häufig behauptet wurde, sondern im wörtlichen Sinne das reale oder ethnische Israel in seiner Gesamtheit (HAACKER 1999, 238-239), das sich in seiner überwältigenden Mehrheit dem

Evangelium gegenüber verschlossen hat. Die Aussage über die Rettung von ganz Israel wird mit einem Schriftbeweis aus Jes 59,20-21 untermauert. Während dort von Gott die Rede ist, versteht Paulus in Röm 11,26 unter dem am Ende der Tage vom Zion kommenden Retter wohl keinen anderen als Jesus Christus (1Thess 1,10; 4,16; 1Kor 15,23). Die zuweilen geäußerte These, Gott werde sein erwähltes Volk ohne jede Mitwirkung Christi erlösen, lässt sich damit kaum aufrecht erhalten. Allerdings bleibt die Aussage von der Rettung ganz Israels derart unbestimmt, dass sie viel Raum für Spekulationen lässt. Vielfach wird davon ausgegangen, dass es für Israel einen eigenen Heilsweg gibt, der am Evangelium vorbei führt und nach wie vor durch Toragehorsam gekennzeichnet ist. Größere Wahrscheinlichkeit hat aber die Annahme für sich, dass Paulus die Rettung Israels am Ende der Tage als eine Hinwendung des nicht mehr verstockten Gottesvolks zum Glauben an den sich bei der Parusie zeigenden Christus versteht (LOHSE 2003, 321-322). Die Rettung stellt insofern eine Art Sonderweg Gottes mit seinem erwählten Volk dar, als sie sich abseits der Evangeliumsverkündigung der Kirche vollzieht (THEOBALD 2000, 277-278). Ergänzend hebt Paulus hervor, dass Gottes Zusagen ihn niemals gereuen, sondern unverbrüchlich für immer in Kraft bleiben. Wenn Israels Ungehorsam im Heilsplan Gottes dazu diente, den Heiden das rettende Erbarmen zuteil werden zu lassen, wird auch Israel Barmherzigkeit erfahren. Die Kirche löst damit nicht einfach Israel als erwähltes Gottesvolk ab. Sie tritt vielmehr vorläufig an die Stelle des den Messias noch nicht erkennenden Israel und hält bis zur endzeitlichen Rettung Israels dessen Platz solidarisch offen. Dabei muss sie sich immer dessen bewusst sein, dass sie an der bleibenden Erwählungs- und Verheißungsgeschichte Israels partizipiert.

Vor dem Hintergrund der Schoah und im Bewusstsein der Röm 11,25-27 thematisierten endzeitlichen Errettung Israels abseits der Evangeliumsverkündigung der Kirche wird der »Judenmission«, die faktisch ohnehin kaum eine Rolle spielt, zunehmend eine Absage erteilt. Eine Vorreiterrolle kam dabei der Evangelischen Kirche im Rheinland zu, die 1980 in einem Synodenbeschluss die entscheidende Weichenstellung vornahm und dies 2008 durch einen Beschluss der Kirchenleitung untermauerte. Die Rettung ganz Israels werde in Röm 11,25-27 zur Sache Gottes und seines Messias erklärt. Wenn die Kirche die Rettung Israels zu ihren Aufgaben zähle, indem sie beispielsweise Judenmission betreibe, maße sie sich etwas an, was nach Überzeugung des Paulus Gott selbst vorbehalten bleibe. Im Jahr 2016 schloss sich auch die Synode der Evangelischen Kirche in Deutschland dem »Nein« zur Judenmission an.

Absage an die »Judenmission«

Die Rettung Israels bleibt Gott selbst vorbehalten

Vor dem Hintergrund immer wieder aufkeimender antijudaistischer und antisemitischer Vorurteile liegt die spezifische Bedeutung von Röm 11,1-36 für den Religionsunterricht darin, dass Schülerinnen und Schüler dort einer jüdisch-christlichen Verhältnisbestimmung begegnen, »die von der Verwurzelung des Christentums im Judentum, von der in der Christologie begründeten Verschiedenheit sowie von der Christen und Juden gemeinsamen Zukunftshoffnung geprägt ist« (ROTHGANGEL 2001, 433). Grundsätzlich ist in Lehrplänen und Schulbüchern mittlerweile das Bemühen deutlich erkennbar, die Verwurzelung des Christentums im Judentum angemessen zu betonen und das Judentum wohlwollend darzustellen, wobei aber der zentrale Text Röm 9–11 bislang nur eine untergeordnete Rolle spielt und bei weitem nicht die ihm gebührende

Didaktische Anknüpfungspunkte

Beachtung erfährt (Spichal 2015, 220-226). Ein besonderes symboldidaktisches Potenzial wohnt dem Ölbaumgleichnis inne, das Grundgedanken von Röm 11 exemplarisch zum Ausdruck bringt und Jugendlichen einen intuitiven Zugang zur Struktur der paulinischen Argumentation eröffnet. Die Schülerinnen und Schüler können sich zunächst vor dem Hintergrund eigener biographischer Erfahrungen (»Wo bin ich verwurzelt?«, »Was gibt meinem Leben Halt?«) mit der Bedeutung der die Äste nährenden Wurzel vertraut machen und sich dann anhand des Ölbaumgleichnisses die Verwurzelung des Christentums im Judentum vor Augen führen (Rothgangel 2001, 433-434). Zur Erschließung der Kernaussage von Röm 11,13-24, dass zur christlichen Identität das Wissen um die enge Verbundenheit mit dem Judentum dazugehört, eignet sich ein fiktiver Brief des Paulus, der den Grundgedanken des Ölbaumgleichnisses auf den Punkt bringt (vom Stein 2008, 6).

XIII. Texte der Johannesoffenbarung

Die Johannesoffenbarung entfaltete bereits früh eine große Wirkung und ist dennoch das umstrittenste Buch des Neuen Testaments, dem es nur mit erheblicher Mühe gelang, sich als Bestandteil des biblischen Kanons zu etablieren (KARRER 2017, 108-135). In der Frühzeit der Kirche stieß sie vor allem im Osten des römischen Reichs wegen ihrer Rätselhaftigkeit und ihrer Lehre von einem tausendjährigen Christusreich auf Erden bei vielen Gläubigen auf Ablehnung, wobei manche sogar den Häretiker Kerinth für ihren Verfasser hielten (Euseb, *hist. eccl.* 7,25,1-3). Auch Martin Luther äußerte sich in seiner Vorrede zum Neuen Testament 1522 kritisch über das Werk, das er weder für apostolisch noch für prophetisch hielt. Heute rückt die Johannesoffenbarung vor allem wegen ihrer brutalen Gerichtsschilderungen und der sichtlichen Freude des Autors an der blutigen Vernichtung der gottfeindlichen Mächte ins Zwielicht. Jugendliche stehen der Johannesoffenbarung meist ratlos gegenüber und können in aller Regel wenig mit ihr anfangen. Umgekehrt sind sie überrascht und merken auf, wenn sie realisieren, wie viele der ihnen aus Film und Popkultur bekannten apokalyptischen Motive, etwa die Schlacht bei Harmagedon oder »The number of the beast«, ihren Ursprung in der Johannesoffenbarung haben.

Umstrittenstes Buch des Neuen Testaments

■ Von der Zwiespältigkeit apokalyptischen Denkens

Die Johannesoffenbarung ist an die christlichen Gemeinden von Ephesus, Smyrna, Pergamon, Thyatira, Sardes, Philadelphia und Laodizea in der römischen Provinz Asia im Westen der heutigen Türkei gerichtet. Die sieben Sendschreiben an die Gemeinden (Apk 2,1–3,22), die der eigentlichen Offenbarung vorangestellt sind und die Gattung des prophetischen Briefs repräsentieren, vermitteln ein bedrückendes Bild von der Situation der Adressaten. Einerseits sind die Christen der Provinz Asia wegen der Verweigerung des Kaiserkults von Strafverfolgung durch die lokalen Behörden betroffen, andererseits durch innergemeindliche Konflikte in der Glaubenseinheit bedroht. Der Seher Johannes weiß von Zwangsmaßnahmen, die einzelne Christen bereits mit dem Leben bezahlt haben (2,13), und rechnet offenkundig mit einer allgemeinen Christenverfolgung (3,10), bei der viele vom Glauben abfallen könnten. Vor diesem Hintergrund besteht die primäre Absicht des Buchs darin, die Adressaten durch die Offenbarung der Endzeitereignisse zur Standhaftigkeit gegenüber dem Kaiserkult und zum Festhalten am christlichen Glauben zu ermutigen. Johannes enthüllt den göttlichen Heilsplan der Geschichte, wie er ihn auf der Insel Patmos in ekstatischen Visionen geschaut hat (1,9-20). Die Not der Gegenwart kann überstanden werden, weil das Ende dieses Äons nahe ist und der Anbruch der neuen Welt Gottes unmittelbar bevorsteht. Daneben geht es dem Verfasser aber auch um die Bekämpfung christlicher Glaubenslehren, die er für falsch hält. In den Gemeinden von Ephesus, Pergamon und Thyatira verfügt die christliche Gruppierung der Nikolaiten, denen Götzendienst und Unzucht vorgeworfen werden, über erheblichen Einfluss. Anders als der Seher Johannes propagierten die Nikolaiten keine strikte Abgrenzung von der heidnischen Umwelt.

Abfassungszweck und Adressaten der Offenbarung

Apokalyptik

Die Offenbarung des Johannes ist die einzige Apokalypse im Neuen Testament. Das Wort *apokalypsis* (Apk 1,1) bezeichnet die Offenbarung oder Aufdeckung von bisher Verborgenem. Konkret geht es um die Enthüllung der unmittelbar bevorstehenden Endzeitereignisse, wie sie in visionärer Ekstase geschaut wurde. Das Phänomen der Apokalyptik reicht in alttestamentliche Zeit zurück. Einzelne Prophetenbücher enthalten apokalyptische Passagen (Jes 24–27; Ez 7–9; 29–32) und mit dem um 165 v. Chr. entstandenen Buch Daniel findet sich im Alten Testament auch eine rein apokalyptische Schrift. Im antiken Judentum kursierte eine Vielzahl weiterer Apokalypsen, die sich auch bei den frühen Christen großer Beliebtheit erfreuten. Die bekanntesten sind die Henochapokalypse, die Himmelfahrt Moses, das vierte Esrabuch und die Baruchapokalypse. In den meisten Apokalypsen gibt es stereotyp wiederkehrende Elemente, die man als Stilmerkmale dieser Literaturgattung ansehen kann. Dazu zählen Visionen mit Jenseitsschilderungen, die Verwendung von Bildersprache und Zahlenschemata sowie ein ausgeprägter Dualismus, der den Gegensatz zwischen den zu Ende gehenden Reichen dieser Welt und dem bevorstehenden Reich Gottes zum Ausdruck bringt. Die gegenwärtige Welt gilt meist als der heillose Äon, der zumal in der Endzeit von bösen Mächten beherrscht wird und durch moralischen Verfall gekennzeichnet ist. Während heute mit dem Wort Apokalypse fast ausschließlich kosmische Katastrophen assoziiert werden, läuft die Geschichtsschau der antiken Apokalypsen auf die heilvolle neue Welt Gottes und damit auf ein »Happy End« zu.

> Apokalypsen laufen auf die neue Welt Gottes zu und haben ein »Happy End«

Charakter und Verfasser der Johannesoffenbarung

Apokalyptische Theologie spiegelt sich an vielen Stellen der neutestamentlichen Schriften wider (Mk 13; 1Thess 4,13-18; 2Thess 2,1-12; 1Kor 15,20-28). Zudem hat das frühe Christentum etliche Apokalypsen hervorgebracht, deren primärer oder einziger Zweck in der Enthüllung von Endzeitereignissen und Endzeitabläufen besteht. Eingang in den Kanon hat aber nur die Johannesoffenbarung gefunden, deren Besonderheit darin liegt, dass es sich um eine Apokalypse mit brieflichem Rahmen handelt, sie nicht unter einem Pseudonym veröffentlicht wurde und zudem auf fiktive Geschichtsrückblicke, das heißt auf die prophetische Schau längst geschehener Ereignisse, verzichtet. Ihr Verfasser ist ein ansonsten unbekannter Christ namens Johannes (KARRER 2017, 43-49). Die detaillierten Kenntnisse über die Situation in den Adressatengemeinden und die von ihm beanspruchte Autorität zeigen, dass er tief im kirchlichen Milieu der römischen Provinz Asia verwurzelt war, dort vermutlich als Wanderprophet durch die Gemeinden zog und sein Wort Gewicht hatte. Die Gedankenwelt und der sprachliche Charakter der Offenbarung weisen Johannes als Judenchristen aus, dessen Griechisch hebräisch eingefärbt ist und der möglicherweise aus Palästina stammte. Schon aufgrund der Entstehungszeit des Werks im späten 1. Jh. kann es sich nicht um den Apostel Johannes handeln, zumal er die Apostel als Größe der Vergangenheit verehrt (Apk 21,14) und von sich selbst nur als Diener Christi und Bruder der Propheten spricht (1,1; 22,8-9).

Zeitgeschichtlicher Hintergrund und Entstehungszeit

Der aktuelle zeitgeschichtliche Hintergrund der Johannesoffenbarung ist die Bedrohung der Gemeinden durch den Kaiserkult (Apk 13,12-15; 14,9-12; 16,12), der von den provinzialen Eliten aus freien Stücken als Loyalitätsbeweis gegenüber Rom erbracht wurde. Schon unter Nero wetteiferten die Städte der Provinz Asia um die Ehre, als Standort für den Bau eines Kaisertempels auserkoren zu werden

(Tac., *ann.* 4,55). Durch die Übernahme der begehrten Priesterämter steigerte die lokale Oberschicht ihre soziale Reputation und brachte ihre Verbundenheit mit der Reichsidee zum Ausdruck. Wer sich nicht am Kaiserkult beteiligte, war im gesellschaftlichen wie wirtschaftlichen Leben isoliert und musste mit Anzeigen bei den Behörden rechnen, die oft anonym eingereicht wurden. Zumindest in Smyrna scheinen nicht zuletzt Juden für die Anschuldigungen gegen Christen verantwortlich zu sein (Apk 2,9). Die Weigerung, den Kaiser anzubeten und ihm zu opfern, galt als Beweis mangelnder Loyalität gegenüber dem römischen Staat und konnte die Todesstrafe nach sich ziehen. Die Vorschläge zur Datierung der Johannesoffenbarung reichen von der Zeit Neros (54-68 n. Chr.) bis zu der Zeit Hadrians (117-138 n. Chr.). Am wahrscheinlichsten ist eine Abfassung des Werks in der Endphase der sich von 81-96 n. Chr. erstreckenden Herrschaft Domitians (BROER/WEIDEMANN ³2010, 678-282; KARRER 2017, 50-56), ohne dass dieser selbst systematische Christenverfolgungen angeordnet hätte. Die Zwangsmaßnahmen gegen Christen in Kleinasien gingen vielmehr auf die provinzialen Propagandisten des Kaiserkults zurück. In Ephesus wurde 90 n. Chr. westlich des Markts ein monumentaler Tempel zu Ehren der flavischen Kaiser eingeweiht, in dem eine etwa sieben Meter hohe Statue von Titus oder Domitian angebetet wurde. Das Bekenntnis im himmlischen Thronsaal »würdig bist du, unser Herr und Gott« (Apk 4,11) scheint ein gezielter Gegenentwurf dazu zu sein, dass sich Domitian als erster Kaiser mit dem Würdetitel »unser Herr und Gott« anreden ließ (Suet., *Dom.* 13,2). Wenn einzelne der um 112 n. Chr. von dem römischen Statthalter Plinius in der Provinz Bithynien und Pontus verhörten Verdächtigen angaben, sie hätten bereits zwanzig Jahre zuvor dem christlichen Glauben abgeschworen (Plin., *ep.* 10,96,6), belegt dies, dass es auch schon in der Regierungszeit Domitians in Kleinasien zu Zwangsmaßnahmen der lokalen Behörden gegen Christen gekommen ist.

> In Ephesus wurde 90 n. Chr. ein monumentaler Kaisertempel eingeweiht

Die apokalyptische Theologie steht immer wieder in der Kritik. Der ungeduldige Ruf des Sehers Johannes nach Rache an den Gottlosen (6,10) und seine sichtliche Freude an der Vernichtung der gottfeindlichen Welt durch furchtbare Plagen zog nicht zu Unrecht den Vorwurf inhumanen Denkens nach sich, auch wenn er vor dem Hintergrund blutiger Christenverfolgung nachvollziehbar sein mag. Der Psychologe und Religionskritiker *Franz Buggle* betrachtet vor diesem Hintergrund die Johannesoffenbarung mit ihren Strafphantasien und Gerichtsankündigungen gegenüber Menschen, die von den eigenen Glaubens- und Sittenmaßstäben abweichen, als ein Buch extrem sadistischer Inhalte (BUGGLE 1997, 119-127). Theologisch galt die Apokalyptik im Horizont des Programms einer »konsequenten Eschatologie« lange als ein nicht mehr zeitgemäßes Thema. *Rudolf Bultmann* bezeichnete die von der Johannesoffenbarung repräsentierte Glaubensrichtung als ein schwach christianisiertes Judentum, das den »eigentümlichen Zwischencharakter des christlichen Seins«, dass die Gläubigen durch das Christusgeschehen trotz des noch bevorstehenden Endes schon gegenwärtig in den Heilsstand versetzt sind, nicht erfasst habe (BULTMANN ⁵1965, 525-526). Zudem vertrat er die Auffassung, dass sich die mythische Eschatologie des Neuen Testaments durch die Tatsache der ausgebliebenen Wiederkunft Christi von selbst erledigt habe (DERS. ⁴1960, 18). Demgegenüber sprach *Ernst Käsemann* betont von der Apokalyptik als Mutter der urchristlichen Theologie und hob her-

> Zwiespältigkeit apokalyptischen Denkens

vor, dass apokalyptische Denkmuster nicht nur ein wichtiges jüdisches Erbe des Christentums darstellen, sondern ihnen auch eine unverzichtbare Bedeutung für eine realistische und nicht von Enthusiasmus geprägte Sicht der gegenwärtigen Wirklichkeit zukommt (KÄSEMANN ²1965, 105-131). Für *Ulrich H. J. Körtner* ist die Apokalyptik eine Form der Aufklärung, da sie – wenn auch überbelichtet und auf ein grobes Schwarz-Weiß-Bild reduziert – Strukturen des Bösen ans Licht bringe und entlarve. Die apokalyptische Vorstellungswelt führe zu dem Gedanken, dass Zerstörung auch heilsam und befreiend sein könne, damit Neues entstehen kann und Lebensmöglichkeiten gewonnen werden. Als Gegenentwurf zur weit verzweigten säkularen Apokalyptik unserer Zeit, die ohne Hoffnung auf Erlösung das Ende nahen sehe und dabei sogar eine gewisse Lust am Weltuntergang verspüre, erstarre christliche Apokalyptik nicht in Katastrophenangst. Vielmehr sei sie, der Gebärangst vergleichbar, durch die Hoffnung auf eine bessere Zukunft gekennzeichnet (KÖRTNER 1988, 278-323). *Eugen Drewermann* sieht vom Standpunkt der Tiefenpsychologie aus in den Bildern der biblischen Apokalyptik eine elementare Hilfe zur Lebensbewältigung. Die Weltuntergangsphantasien mit ihrer Nähe zu schizophrenem Erleben lösten das Problem, wie man mit einer Welt leben soll, die ganz anders sein müsste, um mit ihr leben zu können. Apokalyptische Weltdeutung sei die Extremform einer verzweifelten Hoffnung und eine für die menschliche Psyche hilfreiche Möglichkeit, auf eine als lebensfeindlich empfundene Außenwelt zu reagieren und die eigentliche Wirklichkeit der Innenwelt dagegen zu setzen (DREWERMANN ³1992, 467-591). Letztlich wird deutlich, dass sich an der Apokalyptik viel kritisieren lässt, sie aber auch wichtige Funktionen erfüllt. Das apokalyptische Denken beugt einem individualistisch verengten Heilsverständnis vor, hält das Bewusstsein für Gott als Herrn über die Geschichte wach, entmythologisiert die Ansprüche der politischen Herrscher und entlarvt die gegenwärtige Welt als unvollkommen. Auch losgelöst von ihrem zeitgeschichtlichen Kontext können apokalyptische Bilder wie die Vision der neuen Welt Gottes, die von der Kraft der Zukunft zeugen und die Gegenwart gleichsam als davon bereits durchleuchtet erscheinen lassen, Trost spenden und Hoffnung geben.

> Apokalyptisches Denken dient der Krisenbewältigung und ist eine Form der Aufklärung

■ Die Johannesoffenbarung im Religionsunterricht

> Apokalyptik in der Lebenswelt der Jugendlichen

Für Kinder ist die Johannesoffenbarung angesichts ihrer Komplexität und ihrer düsteren Bilder noch kein Thema. Jugendlichen erscheint sie als ein weithin fremdes und in vielerlei Hinsicht auch befremdliches Buch, das in den Lehrplänen zum Religionsunterricht der Sekundarstufe I und II kaum eine Rolle spielt. Andererseits erweist sich die Apokalyptik für Jugendliche als ein durchaus reizvolles Thema, das große Anziehungskraft ausübt. In der jugendlichen Subkultur treten in meist kurzlebigen modischen Trends, die maßgeblich durch Filme, Computerspiele und Rock- oder Popsongs geprägt sind, immer wieder apokalyptische Motive und Themen an die Oberfläche. Dabei geht es in erster Linie um unterhaltsam inszenierte und in der Regel nicht ganz ernst gemeinte Katastrophenszenarien vom möglichen Weltende und um das Auftreten von Helden, die der von der vollständigen Vernichtung bedrohten Menschheit Rettung bringen und sie vor dem Inferno bewahren. In dieser Hinsicht hat die Johannesoffenbarung, deren Inhalte das gesamte Spektrum vom Nervenkitzel des Grausamen und des Untergangs bis hin zum Traum von einem neuen Himmel und einer neuen Erde abdecken, den Jugendlichen einiges zu bieten und kann sie zur vertieften Auseinandersetzung mit apokalyptischen Denkmustern anregen.

Besondere Bedeutung gewinnt die Beschäftigung mit der Johannesoffenbarung im Religionsunterricht dadurch, dass die Apokalyptik mit ihren Vernichtungs- und Rettungsszenarien existenzielle Ängste und Hoffnungen der Jugendlichen anspricht. Weltuntergangsgefühle haben als Gegenentwurf zu einem ungebrochenen Fortschrittsoptimismus Hochkonjunktur und werden zum Nährboden dunkler apokalyptischer Phantasien. In unserer Gesellschaft steigen nicht nur bei den Heranwachsenden Zukunftsängste um das Fortbestehen der Erde und die Furcht vor einem von den Menschen selbst verantworteten Untergang der Menschheit durch Klimawandel, nukleare Katastrophen, Überbevölkerung und verschwenderischen Umgang mit Ressourcen. Vor diesem Hintergrund kommt der Auseinandersetzung mit der christlichen Apokalyptik in zweierlei Hinsicht eine wichtige Funktion zu. Einerseits aktiviert ein Ernstnehmen der Angst vor dem Weltende das Handlungspotenzial der Menschen, eine Veränderung der Welt zum Besseren herbeizuführen, um deren Untergang zu verhindern. Andererseits stellen die Visionen der christlichen Apokalyptik einen Tabubruch und eine produktive Provokation dar, weil sie daran erinnern, dass ein endloses Fortbestehen der Welt nicht garantiert ist. Indem von der Johannesoffenbarung Selbstverständliches in Frage gestellt und das zur Sprache gebracht wird, was eigentlich nicht gedacht werden darf, ist sie ein Stachel im Fleisch der irdischen Welt und kann dazu beitragen, Jugendliche »wieder aus dem Dämmerschlaf kritikloser Anpassung aufzuwecken« (POLAK 1999, 60).

Didaktisch ruft die Johannesapokalypse eine Reihe von Verständnisschwierigkeiten hervor (LEUTZSCH 2012, 645-647), bietet gleichzeitig aber eine Vielzahl von Anknüpfungspunkten an die Lebenswelt der Schülerinnen und Schüler (ROOSE ²2018, 274). So lassen sich mit Jugendlichen die Fragen erörtern, ob Gott tatsächlich die Geschichte lenkt, ob das Ende der Welt vorprogrammiert ist, welche Einflussmöglichkeiten dem Menschen auf den Geschichtsablauf verbleiben und ob die apokalyptischen Visionen einer aus kosmischen Katastrophen unvorstellbaren Ausmaßes geborenen neuen Welt eher tröstlich oder bedrohlich sind. In diesem Zusammenhang sollte die Johannesoffenbarung als eine Schrift in das gemeinsame theologische Gespräch eingebracht werden, die mit ihren finalen Hoffnungsbildern eines neuen Himmels und einer neuen Erde dazu beitragen kann, Angst, Rückzug und Resignation zu überwinden. Konzeptionell empfiehlt es sich, an elementare Fragen der Jugendlichen wie »Was kommt auf uns zu?«, »Wie sieht das Böse aus?«, »Gehen wir einer Katastrophe entgegen?« und »Gibt es überhaupt noch eine Hoffnung für diese Welt?« anzuknüpfen (RUPP 1999, 63-79). Methodisch kommt bei der Behandlung von Texten der Johannesoffenbarung, die Antwort auf diese Fragen geben, der Einbeziehung apokalyptisch eingefärbter Pop- und Rocksongs (SCHARR 1997, 96-99; RUPP 1999, 79), Filme oder Filmsequenzen (KIRSNER 1997, 19-23) und Bilder (FRISCH 1997, 26-28) eine wichtige Rolle zu.

■ Schlüsseltext 1: Die Vision der sieben Siegel (Apk 6,1–8,1)

Kontext und Aufbau der sieben Siegelvisionen

Der Seher Johannes stellt seiner Offenbarung des baldigen Weltendes sieben Sendschreiben an kleinasiatische Gemeinden voran (Apk 2,1–3,22), bevor mit der Thronsaalvision (4,1–5,14) die Wiedergabe der apokalyptischen Zukunftsschau einsetzt. Die Thronsaalvision bietet eine Art Vorspiel im Himmel und gipfelt in die Übergabe des Buchs mit den sieben Siegeln an den zur Rechten Gottes erhöhten Christus, der in Anspielung auf seinen Opfertod als das Lamm bezeichnet wird. Daraus ergibt sich, dass Christus als das Lamm Gottes die Verfügungsgewalt über das Buch mit den sieben Siegeln hat. Die nachfolgende Darstellung entwickelt sich aus der Öffnung der Siegel durch Christus, der von seiner Vollmacht über das Buch Gebrauch macht. Die ersten vier der sieben Siegel (Apk 6,1-8) betreffen die apokalyptischen Reiter. Das fünfte Siegel handelt von der Klage der Märtyrer, das sechste Siegel von kosmischen Katastrophen und vom »großen Tag des Zorns«. Die siebte Siegelvision schließt die erste Plagenreihe ab und leitet die Schreckensereignisse der sieben Posaunenvisionen (8,2–11,19) ein, die damit formal wie inhaltlich noch zum Buch mit den sieben Siegeln gehören. In den düsteren Bildern der sieben Siegel geht es um das Leiden wie auch das Heil der Christen und um die Plagen, von denen die Feinde Gottes und Christi betroffen sind. Die Schilderungen der mit den sieben Siegeln verbundenen Ereignisse zeigen, dass der Apokalyptiker Johannes die Gegenwart als Endzeit deutet, die mit der Erhöhung Christi zur Rechten Gottes bereits begonnen hat, deren Vollendung aber noch aussteht.

Die apokalyptischen Reiter

Die apokalyptischen Reiter aus den ersten vier Siegelversionen haben die Phantasie der Menschen, nicht zuletzt der Künstler, über die Jahrhunderte hinweg immer wieder beflügelt. Der Aufbau der vier Einzelszenen folgt einem einheitlichen Schema. Nachdem das Lamm das Siegel geöffnet hat, schaut Johannes ein Pferd mit einem Reiter, gibt den an den Reiter erteilten Auftrag bekannt und berichtet schließlich von der Durchführung des Auftrags. Die Darstellung erinnert an die Nachtgesichte des Propheten Sacharja. Dieser hatte zunächst einen Reiter auf einem roten Pferd und dahinter rote, braune und weiße Pferde geschaut (Sach 1,7-15). In einer weiteren Vision Sacharjas ist von vier Pferdegespannen mit roten, schwarzen, weißen und scheckigen Rossen die Rede (6,1-8), welche die vier Winde repräsentieren und im Auftrag Gottes die ganze Welt durchziehen. Der Seher Johannes ist von Sacharja inspiriert, thematisiert aber vier einzelne Reiter, von denen zumindest die letzten drei eine spezifische Unheilswirkung haben. Die mit ihrem Auftreten verbundenen Schreckensereignisse sind nach Überzeugung des Johannes willentlich von Gott bewirkt. Dies kommt nicht nur durch das bei der Beauftragung und Ausstattung der Reiter mehrfach verwendete *Passivum Divinum* (»wurde ermächtigt«, »es wurde ihm gegeben«) zum Ausdruck, sondern zeigt sich auch darin, dass die Katastrophen der sieben Siegel von Christus, dem Lamm, durch das Öffnen des versiegelten Buchs gezielt in Gang gesetzt werden.

> Die apokalyptischen Reiter beflügeln bis heute die Phantasie der Menschen

Der erste Reiter

Die Vision des ersten Reiters lautet: »Und ich sah, und siehe, ein weißes Pferd. Und der darauf saß, hatte einen Bogen, und ihm wurde eine Krone gegeben, und er zog aus als Sieger und um zu siegen« (Apk 6,2). Die Frage, ob der Reiter Symbol von Trost und Hoffnung ist oder für Vernichtung und Untergang steht, wird völlig kontrovers diskutiert (WITULSKI 2015, 48-106). Für eine Interpretation des Reiters als Heilsgestalt (BACHMANN 1998, 257-278) spricht der Sachverhalt, dass ihm anders als den übrigen Reitern keine Plage zugeordnet ist. Zudem haben in der Apokalypse die Farbe weiß und das Verb »siegen« (*nikān*) eine positive Bedeutung. Schon im 2. Jh. deutete Irenäus den ersten apokalyptischen Reiter auf Christus (Iren., *haer.* 4,21,3), der nach Apk 19,11-16 auf einem weißen Pferd wiederkehren wird. Dann würde sich allerdings das merkwürdige Bild ergeben, dass Christus als das Lamm durch das Lösen des Siegels sein eigenes Kommen als Reiter bewirkte. Näher liegt es im Rahmen einer positiven Deutung des ersten Reiters, diesen als eschatologischen Eroberer, der die gottfeindlichen Menschen besiegt (GIESEN 1997, 175), oder als Verkörperung der siegreichen Christen (SATAKE 2008, 218-219) zu betrachten. Viele Interpreten verweisen allerdings auf das einheitliche Erscheinungsbild aller vier Reiter und vertreten die Auffassung, dass der erste Reiter in Analogie zu den anderen Reitern eine Unheilsgestalt darstellt. Dabei wird der erste Reiter als der Antichristus (RISSI 1964, 414-418), die scheinbar siegreiche Macht der lebensfeindlichen Weltkräfte (HOLTZ 2008, 64) oder der römische Kaiser Trajan (WITULSKI 2015, 134-147) verstanden. Als Unheilsgestalt wäre er allerdings am ehesten auf die Parther zu deuten, die in neutestamentlicher Zeit vom Zweistromland her immer wieder die Ostgrenze des Römischen Reiches attackierten und in deren Heer dem Bogen als Waffe eine besondere Bedeutung zukam. Nachdem die Parther in der Regierungszeit Neros die Römer im Kampf um die Herrschaft über Armenien an den Rand einer Niederlage gebracht hatten, könnte der Seher Johannes mit dem ersten Reiter ein weiteres siegreiches Vordringen der Parther gegen die Römer im Blick gehabt und als Vorzeichen des Weltendes interpretiert haben (MÜLLER ²1995, 167; LICHTENBERGER 2014, 139).

> Der erste Reiter kann als Heilsgestalt oder Unheilsgestalt interpretiert werden

Während die Figur des ersten Reiters somit in mancherlei Hinsicht rätselhaft bleibt, handelt es sich bei den anderen drei Reitern zweifelsohne um Unheilsgestalten. Der Auftrag des auf einem feuerroten Pferd sitzenden und mit einem Schwert ausgestatteten zweiten Reiters besteht darin, den Frieden von der Erde zu nehmen, damit die Menschen einander umbringen (Apk 6,3-4). Vermutlich ist konkret an Bürgerkriege gedacht, wobei bereits die rote Farbe des Pferdes auf Blutvergießen anspielt. Der dritte Reiter, der auf einem schwarzen Pferd sitzt, bringt eine schwere Hungersnot. Er hat eine Waage in seiner Hand, die als Zeichen der Rationierung von Lebensmitteln zum Ausdruck bringt, dass jedem nur eine knapp bemessene Essensration zugeteilt wird. Die beim Kommen des Reiters ertönenden Worte »Ein Maß Weizen für einen Denar und drei Maß Gerste für einen Denar« (Apk 6,6) greifen die Rufe von Marktschreiern auf, wobei die Preise aber ein Vielfaches über dem Normalen liegen (MÜLLER ²1995, 168; SATAKE 2008, 219). Offensichtlich setzt Apk 6,6 eine durch Missernten oder Krieg bedingte Teuerungswelle bei Getreide voraus, die insbesondere die kleinen Leute schmerzlich trifft und sie an den Rand des Hungertodes treibt. Öl und Wein gibt es dagegen noch in Fülle. Ein Edikt aus dem Jahr 92/93 n. Chr., das von Domitians Legaten Antistius Rusticus stammt und die Stadt Antiochia in Pisidien betrifft, bestätigt, dass zur Zeit des Johannes in Kleinasien Nahrungsmittelknappheit herrschte und die Behörden Wucherpreise für Getreide unterbinden mussten (MÜLLER ²1995, 168-169). Als vierter Reiter auf einem blassgrünen Pferd kommt

> Der zweite, dritte und vierte Reiter

der Tod daher, in dessen Gefolge sich die Unterwelt befindet (Apk 6,7-8). Beide erhalten die Verfügungsgewalt über ein Viertel der Erde, um dort die Menschen durch Schwert, Hunger, Pest und wilde Tieren zu töten. Diese Katastrophenreihe ist von Ez 14,15-22 inspiriert. Insgesamt wird deutlich, dass Johannes mit den Plagen des zweiten, dritten und vierten Reiters irdische Schreckensereignisse seiner Zeit in den eschatologischen Horizont einordnet und als Auftakt der Endzeit deutet.

Das fünfte Siegel

Während die ersten vier Siegel die apokalyptischen Reiter betreffen, enthüllt das fünfte Siegel (Apk 6,9-11) die Klage der christlichen Märtyrer. Johannes sieht die Seelen derer, die um des Wortes Gottes und des Zeugnisses willen umgebracht wurden und Gott mit lauter Stimme anschreien, warum er nicht mit seiner richterlichen Gewalt an den Gottlosen auf Erden das von den Märtyrern vergossene Blut rächt. Die Vision orientiert sich offenkundig an einem aus Mk 13,9-13 bekannten apokalyptischen Schema, das nach Krieg und Hungersnöten von der Verfolgung spricht. Es geht um das Problem, dass sich Gerechtigkeit innerweltlich nicht durchsetzt. Der ungeduldige Ruf nach Rache ist befremdlich, da er dem Gebot der Feindesliebe widerspricht. Die Antwort auf die Klage der Märtyrer (6,11) zeigt, dass nicht die gottfeindlichen Kräfte die Geschichte bestimmen, sondern allein Gott (GIESEN 1997, 186). Er hat ein bestimmtes Maß der Verfolgung und des Martyriums festgelegt, bis die Wiederherstellung des Rechts und die Heilszeit beginnt. Für die Gemeinden des Johannes ist der Inhalt der fünften Siegelvision gleichermaßen tröstend wie bedrückend. Dass die Seelen der Märtyrer mit einem leuchtend weißen Gewand bekleidet werden, symbolisiert bereits deren himmlische Vollendung. Andererseits wird es nach wie vor zu Bedrängnis, Verfolgung und Märtyrertod kommen. In dieser Lage spricht Johannes die tröstliche Botschaft vom nahen Ende aus.

> Der Inhalt der fünften Siegelvision ist gleichermaßen tröstlich wie bedrückend

Das sechste Siegel

Mit der Öffnung des sechsten Siegels, das von kosmischen Katastrophen und dem Gerichtstag Gottes handelt, erreicht die mit den Siegeln verbundene Plagenreihe ihren Höhepunkt. Zugleich verschiebt sich die Perspektive. Während die Plagen der vorangehenden Visionen im Rahmen innerweltlicher Erfahrungen blieben, enthält die sechste Vision keinen Bezug mehr zur Gegenwart des Verfassers, sondern ist rein eschatologisch ausgerichtet und betrifft neben der Erde auch das Himmelsgewölbe. Die Öffnung des Siegels durch das Lamm löst Unheil ungeheuren Ausmaßes aus: Die Erde erbebt, die Sonne verfinstert sich, der Mond wird wie Blut, die Sterne des Himmels fallen wie reife Früchte eines Baums auf die Erde, der Himmel rollt sich wie eine Schriftrolle auf und weicht zurück, und alle Berge und Inseln geraten in Bewegung (Apk 6,12-14). Kosmische Katastrophen wie Erdbeben, Erschütterungen des Himmels, Sonnenfinsternis und ein blutroter Mond sind nach jüdisch-apokalyptischer Tradition untrügliche Anzeichen dafür, dass das Endgericht Gottes unmittelbar bevorsteht (Jes 13,13; Joel 3,4).

Versiegelung der 144.000

Bevor das siebte Siegel geöffnet wird, unterbricht Johannes die Darstellung durch zwei exkursartige Erweiterungen (Apk 7,1-8 und 7,9-17), die ein für die Christen tröstliches Kontrastbild zu den zuvor beschriebenen Plagen für die gottfeindlichen Menschen bieten. Zunächst geht es um die Vision der 144.000, die von Engeln auf der Stirn versiegelt werden (7,1-8). Das Siegel hat hier die Funktion des Besitzzeichens. Die Szene ist durch Ez 9,1-7 beeinflusst. Wie dort werden die Versiegelten als Eigentum Gottes gekennzeichnet und unter seinen Schutz gestellt. Die Versiegelung beinhaltet zudem einen Bezug auf die Taufe (2Kor 1,22; Eph 1,13), auch wenn sie nicht auf den Vollzug der Taufhandlung eingeschränkt werden kann (HOLTZ 2008, 70). Aus jedem der zwölf Stämme Israels empfangen 12.000 Personen das Siegel. Die Schar der 144.000 Versiegelten repräsentiert für den Seher Johannes die Kirche als den gewaltig vergrößerten Zwölf-Stämme-Bund und das neue Israel. Eine besondere Personengruppe innerhalb der Kirche, beispielsweise Judenchristen oder Märtyrer, hat er nicht im Blick. Die 144.000 Versiegelten bleiben als Eigentum Gottes am Tag des Zorns von Schaden bewahrt. Im weiteren Verlauf der Geschichtsschau wird enthüllt, dass die standhaft gebliebenen Gläubigen, die sinnbildlich die Jungfräulichkeit bewahrt und sich nicht dem Kaiserkult hingegeben haben, die Schar der 144.000 bilden. Sie werden am Ende der Tage mit Christus als dem Lamm auf dem Zion versammelt sein und dem Herrn ein neues Lied singen (Apk 14,1-5). Da es sich um eine Symbolzahl handelt, ist die Rettung nicht auf 144.000 Personen beschränkt.

Während die Versiegelung der 144.000 auf Erden geschah, schwenkt in Apk 7,9-17 die Kamera in den himmlischen Thronsaal zurück. Johannes sieht eine unzählbare Schar aus allen Völkern, die mit weißen Gewändern und Palmzweigen als Zeichen des Friedens Gott und dem Lamm ihren Lobpreis darbringt. Mit der erlösten Völkerschar sind die 144.000 Versiegelten gemeint (GIESEN 1997, 197), deren zukünftiges Geschick hier geschaut wird. Der gegenwärtig auf Erden leidenden Kirche (Apk 7,1-7) wird in einer der Zukunft vorgreifenden Szene das tröstliche Bild der bald triumphierenden Kirche vor Augen gehalten. Die Geretteten kommen aus der Situation einer großen Bedrängnis (7,14). Wenn es heißt, dass sie ihre Kleider gewaschen und hell gemacht haben im Blut des Lammes, ist dies eine Anspielung auf die Rettung durch den heilvollen Kreuzestod Jesu und die ethische Bewährung. Zur Belohnung werden sie die himmlische Seligkeit genießen, die mit alttestamentlichen Bildern (Jes 49,10; Ps 23,2; Jes 5,8) ausgemalt wird. Sie werden weder unter Hunger oder Durst noch unter sengender Hitze leiden, denn der erhöhte Christus wird sie weiden und zu den Wasserquellen des Lebens führen, und Gott wird jede Träne von ihren Augen abwischen (Apk 7,15-17; vgl. 21,4).

Himmlischer Gottesdienst

Johannes tröstet die bedrängten Gläubigen mit dem Bild der am Ende triumphierenden Kirche

Die siebte Siegelvision (Apk 8,1) fällt völlig aus dem Rahmen. Die Himmelsbewohner schweigen ein halbe Stunde lang, weil sie von dem machtvollen Handeln Gottes zugunsten der Heilsgemeinde zutiefst beeindruckt sind. Zugleich bringt die Öffnung des siebten Siegels aber auch das Gerichtsgeschehen der sieben Posaunen (8,2-11,19) in Gang, die somit Teil des Sieben-Siegel-Buchs sind. Indem dort jeweils ein Engel eine Posaune bläst, werden neue Plagen ausgelöst, welche die gottlosen Bewohner der Erde treffen. Wie bei der späteren Reihe der Schalenvisionen (Apk 16) hat Johannes seine Darstellung frei nach dem Vorbild der ägyptischen Plagen entworfen (Ex 7-10), deren Zahl er allerdings von zehn auf sieben reduziert, in veränderter Reihenfolge darbietet und kosmisch ausweitet.

Das siebte Siegel

Bei der Behandlung der Sieben-Siegel-Vision im Religionsunterricht bietet es sich an, die vier apokalyptischen Reiter in den Mittelpunkt zu stellen, die als Sinnbilder von Krieg, Hunger, Pest und Tod im populären Verständnis zum Markenzeichen alles Apokalyptischen schlechthin geworden sind. Manche Schülerinnen und Schüler assoziieren mit den apokalyptischen Reitern die gleichnamige deutsche Band, die für den Musikstil des »Melodic Death Metal« steht. Anderen sind

Didaktische Perspektiven

die apokalyptischen Reiter aus dem Roman »Jesus liebt mich« (2008) von *David Salier* bzw. aus dessen Verfilmung (2012) durch *Florian David Fitz* bekannt. Als Hinführung zu Apk 6,1-8 eignet sich eine Betrachtung des Holzschnitts »Die vier apokalyptischen Reiter« (1497/98) von *Albrecht Dürer* oder des Gemäldes »Die apokalyptischen Reiter« (1887) von *Viktor Michailowitsch Wasnezow*. In der anschließenden Beschäftigung mit dem biblischen Text können die Schülerinnen und Schüler in Gruppenarbeit mit Hilfe eines allgemeinverständlichen Kommentars (HOLTZ 2008, 63-65) die wesentlichen Inhalte von Apk 6,1-8 erschließen und über die Bedeutung der apokalyptischen Reiter debattieren. Danach besteht die Möglichkeit, unter Einbeziehung geeigneter Textmaterialien (KALL 2009, 2-17) im gemeinsamen theologischen Gespräch mit den Jugendlichen die Bedeutung der Apokalyptik und den besonderen Charakter der Johannesoffenbarung als apokalyptischen Buchs zu erörtern.

■ Schlüsseltext 2: Die beiden Tiere (Apk 13,1-18)

Kontext und Aufbau von Apk 13

In Apk 12,1-18 schildert Johannes, wie die Inthronisation Jesu im Himmel zu einem Krieg zwischen Michael und seinen Engeln mit dem als Drachen dargestellten Satan und seinen Engeln führt, bei dem der Drache mit seinen Engeln unterliegt und von Gott auf die Erde gestürzt wird. Der Drache verfolgt eine Frau, die mit ihrer Krone aus zwölf Sternen die auf die zwölf Apostel gegründete christliche Kirche symbolisiert (12,1), scheitert aber, weil der Frau wunderbare göttliche Hilfe zuteil wird (12,16). In seinem Zorn beschließt der Drache, gegen die dem Geschlecht der Frau zugehörigen Personen vorzugehen (12,17). Anders als die Kirche in ihrer Gesamtheit sind die einzelnen Gläubigen den Anschlägen des Satans gegenüber nicht immun (GIESEN 1997, 300). Für seinen Kampf gegen die Mitglieder der Kirche sucht der Drache auf Erden Mitstreiter und begibt sich dafür an den Meeresstrand (12,18). Damit ist der Einsatzpunkt für die Vision der beiden Tiere in Apk 13 gegeben, die den Drachen in seinem Vernichtungsfeldzug gegen die Christen unterstützen. Das Kapitel gliedert sich in zwei Teile. Zunächst ist von dem Tier aus dem Meer die Rede (13,1-10), danach richtet sich der Fokus auf das Tier aus dem Land (13,11-18). Hinter den beiden Tieren werden die Chaosmächte Leviatan, der aus Meer stammt, und Behemot, dessen Heimat das Land ist, sichtbar, deren gemeinsames Kommen die jüdische Apokalyptik für die Endzeit erwartet (*äthHen* 60,7-25; *syrBar* 29,4). Mit dem Drachen und den beiden Tieren tritt eine von Johannes bewusst gestaltete »perverse Trinität« (HOLTZ 2008, 97) der widergöttlichen Schreckensmächte auf den Plan.

Das Tier aus dem Meer

Das aus dem Meer steigende Tier repräsentiert die Macht Roms. Es trägt zehn Hörner, sieben Köpfe, auf den Hörnern zehn Diademe und auf den Köpfen lästerliche Namen (Apk 13,1). Später werden die sieben Häupter sowohl auf die sieben Hügel Roms als auch auf sieben Kaiser gedeutet (17,9), während die zehn Hörner für zehn weitere römische Kaiser im Gefolge des Tiers stehen (17,12). Bei den lästerlichen Namen ist an Epitheta wie Soter (Retter, Heiland), Kyrios (Herr), Divus (der Göttliche) und Augustus (der Erhabene) zu denken, die von den Kaisern getragen oder ihnen im Rahmen des Herrscherkults beigelegt wurden. Wenn das Tier vom Drachen auf dessen Thron gesetzt wird, kommt die Vorstellung von Rom als satanischer Macht zum Ausdruck. Mit den zehn Hörnern und der weiteren Beschreibung des Tiers (13,2) lehnt sich Johannes eng an die Vision in Daniel 7 an, wo vier Tiere aus dem Wasser steigen, die für die Weltreiche der Assyrer, Babylonier, Perser und Seleukiden stehen. Indem das Tier aus dem Meer die Gestalt eines Panthers hat, mit den Pranken eines Bären ausgestattet ist, über den Rachen eines Löwen verfügt und zehn Hörner trägt, vereinigt es charakteristische Merkmale aller vier Tiere aus Dan 7,2-7 in sich. Dass das Tier für die von den Kaisern repräsentierte Macht Roms steht, bestätigt sich in den Aussagen über die Christenverfolgungen (»und es wurde ihm gegeben gegen die Heiligen Krieg zu führen und sie zu besiegen«), die Weltherrschaft (»und ihm wurde Macht gegeben über alle Stämme und Völker und Sprachen und Nationen«) und den Kaiserkult (»und alle, die auf Erden wohnen, beten es an«). Insbesondere verkörpert das Tier den wiederkommenden Nero (MÜLLER, ²1995, 297-300; GIESEN 1997, 304), auf den die Aussage des Johannes bezogen ist, dass einer der sieben Köpfe von einer Todeswunde geheilt ist (Apk 13,3.14).

Als Nero im Juni 68 die Unterstützung der Prätorianergarde verlor und der Senat ihn zum Feind des römischen Gemeinwesens erklärte, war er politisch am Ende und beging Selbstmord. Allerdings soll er in den letzten Stunden vor seinem Tod den Plan erwogen haben, zu dem Partherkönig Vologaesus zu flüchten (Suet., *Nero* 47). Dies bildete den Nährboden für das Gerücht, Nero sei in Wirklichkeit dem Tode entronnen und werde wiederkehren. In den Thronwirren des Jahres 69 machten sich dies mehrere Personen zunutze, die in Kleinasien mit Anspruch auftraten, der noch lebende Nero und damit der rechtmäßige Kaiser zu sein (Tac., *hist.* II 8). Die Erwartung der Wiederkehr Neros hielt auch Einzug in das apokalyptische Denken. Das 5. Buch der Sibyllinen, eine jüdische Apokalypse aus dem 2. Jh., zeichnet Nero als Schreckensgestalt der Endzeit. In der ungefähr zeitgleich entstandenen »Himmelfahrt des Jesaja«, einer ursprünglich jüdischen und später mit christlichen Erweiterungen versehenen Apokalypse, kommt Beliar, der Satan, in der Gestalt des Muttermörders Nero auf die Erde herab und verfolgt die Kirche (*AsJes* 4,1-18). Mit den Aussagen über die wieder heil gewordene Todeswunde, die in Apk 13,12.14 zum entscheidenden Merkmal des Tieres wird, knüpft Johannes an die Legende an, dass Nero seinen vermeintlichen Selbstmord überlebte. Für ihn nimmt das Römische Reich immer mehr die Schreckensgestalt des in der Endzeit wiederkehrenden Nero an. Mit dem Tier aus dem Meer entwirft Johannes eine Kontrastfigur (SATAKE 2008, 293-294) oder satanische Parodie (MÜLLER ²1995, 250) Christi. Beide bekommen von übergeordneten Instanzen große Macht, wobei die Einsetzung des Tiers auf den Thron Satans in der Einsetzung des Lammes auf den Thron Gottes (3,21) ihre Entsprechung hat. Wie Christus (5,6; 19,21) trägt das Tier eine verheilte Todeswunde und ist mit Diademen als Herrschaftsinsignien bestückt. Umstritten ist, ob Johannes mit dem wiedergekommenen Nero den zu seiner Zeit regierenden Domitian (GIESEN 1997, 305) oder einen späteren Kaiser meint, was unter Einbeziehung von Apk 17 die größere Wahrscheinlichkeit für sich hat.

In Apk 13,11-18 sieht Johannes ein zweites Tier vom Land aufsteigen. Das Land ist die römische Provinz Asia, wo Johannes und seine Adressaten leben. Auch dieses Tier steht auf der Seite Satans, des Drachen, und spricht mit dessen Stimme. Später wird es als Lügenprophet bezeichnet (16,13; 19,20; 20,10). Anders als das Tier aus dem Meer hat es nicht zehn, sondern zwei Hörner wie ein Lamm

> Die Wiederkehr Neros

> Der Muttermörder Nero wurde zur apokalyptischen Schreckensgestalt

> Das Tier vom Land

und besitzt damit eine deutlich geringere Machtfülle. Es handelt in der Kraft des ersten Tieres und veranlasst die Bewohner der Erde zu dessen Anbetung. Der Befehl des zweiten Tieres, ein Bild für das erste Tier anzufertigen, bezieht sich auf die Kaiserbilder, die in den Tempeln angebetet werden. Da das zweite Tier sich für die Anbetung und göttliche Verehrung des ersten Tieres einsetzt, repräsentiert es die Priesterschaft des Kaiserkults in der Provinz Asia (GIESEN 1997, 312; SATAKE 2008, 294) oder den »Bund der Städte der Provinz Asia«, dem die Pflege des Kaiserkults und der Bau von Kaisertempeln oblag (MÜLLER ²1995, 253). Die Adressaten der Johannesoffenbarung haben weniger die kaiserliche Macht in Rom als vielmehr die mächtigen Propagandisten des Kaiserkults in ihrer unmittelbaren Umgebung zu fürchten. Das aus dem Namen oder der Zahl des ersten Tieres bestehende Malzeichen, das die Anhänger des Kaiserkults an der rechten Hand oder auf der Stirn tragen (13,16) und das ein Gegenbild zum Malzeichen Gottes (7,2) darstellt, ist kaum ein tatsächliches Zeichen, sondern symbolisch zu verstehen. Dieses »Zeichen« stellt die Voraussetzung für die Beteiligung am Wirtschaftsleben dar (13,17). Geschäftsleute oder Handwerker mussten Mitglied einer Gilde sein und an deren Feiern teilnehmen, die stets auch religiösen Charakter hatten und mit der Verehrung paganer Gottheiten verbunden waren. Am Ende des 1. Jh. n. Chr. war der Kaiserkult in Kleinasien mit den lokalen Kulten koordiniert und die Anbetung des Kaisers wohl fester Bestandteil der Götterverehrung der Gilden (GIESEN 1997, 314-315). Christen, die aus Gründen des Monotheismus den Kaiserkult konsequent verweigerten, war es nahezu unmöglich, am Geschäftsleben teilzunehmen.

Die Zahl 666

Die geheimnisvolle Zahl 666, die als gematrisches Rätsel den Namen des Tieres aus dem Meer bezeichnet (Apk 13,18), ist auf Nero gemünzt. Johannes gibt den Hinweis, dass es um die Zahl eines Menschen geht, sich hinter dem Tier also eine menschliche Gestalt verbirgt. Die Zahl 666 bildet im Hebräischen, das keine Zahlzeichen kennt und stattdessen Buchstaben mit festgelegten Zahlenwerten verwendet, die Quersumme von נרון קסר (Kaiser Neron). Damit bestätigt sich, dass mit dem Tier aus dem Meer der wiederkommende Nero gemeint ist (MÜLLER ²1995, 257; GIESEN 1997, 315-316). Andere bestreiten einen Bezug der Zahl 666 auf Nero und sehen in ihr als Kontrast zu der die Vollkommenheit verkörpernden Zahl 7 ein Symbol der völligen Unvollkommenheit (HOLTZ 2008, 100).

> Die mysteriöse Zahl 666 ist eindeutig auf Kaiser Nero gemünzt

Didaktische Perspektiven

Die Zahl 666 ist in der Lebenswelt der Jugendlichen als Verkörperung des Bösen schlechthin allgegenwärtig. Sie spielt insbesondere im Kontext des Satanismus, aber auch in der Gothic-Szene und der Dark-Wave-Bewegung eine Rolle. Vor diesem Hintergrund besteht bei vielen Jugendlichen ein großes Interesse, etwas über den biblischen Hintergrund und die ursprüngliche Bedeutung der Zahl 666 zu erfahren. Als Einstieg bietet sich die Beschäftigung mit dem Song »The number of the beast« (1982) von *Iron Maiden* an, der für Musikexperten unter den Top Ten der besten Heavy Metal-Songs aller Zeiten rangiert. Geschildert wird eine furchterregende nächtliche Begegnung mit dem Teufel, wobei der Songtext Zitate aus der Apokalypse (Apk 12,12; 13,18) bietet und sich ästhetischer Elemente des zeitgenössischen Horrorkinos wie der Schauerliteratur des 19. Jh. bedient. Die Schülerinnen und Schüler können die Message des Songs herausarbeiten und dann den Songtext mit den Aussagen der Johannesoffenbarung vergleichen. Zur vertieften Beschäftigung mit Apk 13,1-18 eignen sich Ausschnitte aus einem allgemeinverständlichen Bibelkommentar (HOLTZ 2008, 96-101). Im Gespräch über den Text kommt gegenwartsbezogenen Leitfragen wie »Wo begegnet uns heute das Böse?« und »Welche Hoffnung gibt es vor dem Hintergrund apokalyptischen Schreckens?« eine Schlüsselrolle zu. Am Ende der Unterrichtseinheit kann eine Betrachtung der Graphik »Die Anbetung des siebenköpfigen Tieres und des Tieres mit den Lammshörnern« (1497-1498) von *Albrecht Dürer* stehen, der mit den Köpfen des Tieres aus dem Meer jeweils eine der sieben Hauptsünden darstellt, nämlich Trägheit (Schnecke), Neid (Schlange), Völlerei (Straußenvogel), Hochmut (Löwe), Zorn (Kamel), Wollust (Hase) und Geiz (Hund oder Hyäne).

■ Schlüsseltext 3: Das Weltgericht (Apk 20,11-15)

Der Textabschnitt Apk 20,11-15 schildert den letzten Akt des Weltgerichts. In der vorangehenden Passage der Johannesoffenbarung war davon die Rede, dass die treu am Glauben festhaltenden Christen bei der Wiederkunft des Herrn auferstehen und ohne Gericht an der tausendjährigen Herrschaft mit Christus teilhaben werden (20,4-6). Nach Vollendung der tausend Jahre wurde der Satan nochmals zu einem letzten Kampf freigelassen, dann aber in den großen Feuersee geworfen und damit endgültig entmachtet (20,7-10). In Apk 20,11-15 schließt sich nun die zuvor bereits angekündigte (20,5) Auferstehung der Ungläubigen an, die eine Auferstehung zum Gericht darstellt. Im Mittelpunkt der Gerichtsszene steht eine göttliche Epiphanie. Johannes sieht Gott auf einem großen weißen Thron sitzen, der ein Symbol der himmlischen Reinheit ist und die Erhabenheit Gottes zum Ausdruck bringt. Himmel und Erde fliehen vor Gottes Angesicht, für sie gibt es keinen Platz mehr. »Gottes richterliche Gewalt ist so unwiderstehlich, dass selbst das Universum vor ihm keinen Bestand hat« (GIESEN 1997, 446). Als nächstes beinhaltet die Gerichtsvision, dass die aus dem Tod Auferweckten vor dem Richterthron Gottes stehen. Die Wendung »die Großen wie die Kleinen« betont die Universalität des Gerichts, dem niemand entkommen kann. Es werden Bücher geöffnet und das Gericht an den Toten vollzieht sich gemäß ihren schlechten Taten, wie sie in den Büchern aufgezeichnet sind. Die gesamte Szene erinnert an die Vision in Dan 7,9-10, wo Gott in einem schneeweißen Gewand auf dem Gerichtsthron sitzt, die Missetäter vor ihm erscheinen und ebenfalls Bücher aufgeschlagen werden. Daneben ist in Apk 20,12.15 auch von einem Buch des Lebens die Rede, in dem die Namen derjenigen verzeichnet sind, die vom Gericht ausgenommen bleiben. In einer Art Nachtrag erklärt Johannes, woher die vor dem Richterstuhl Gottes stehenden Personen kommen. Sie wurden zuvor von den Schicksalsmächten des Meeres, des Todes und des Hades freigegeben. Abschließend werden das Gerichtsurteil und dessen Vollstreckung festgehalten. Alle, die nicht im Buch des Lebens verzeichnet sind, erleiden dasselbe Schicksal wie der Satan, indem sie in den Feuersee geworfen werden und der ewigen Verdammnis anheimfallen. Gott hat sich damit endgültig gegen die Mächte des Bösen durchgesetzt. Im Anschluss entfaltet der Seher Johannes, wie sich das ewige Leben der Christen in einem neuen Himmel, auf einer neuen Erde und in einem neuen Jerusalem verwirklicht (21,1–22,5).

Kontext und Aufbau

»Zweite Auferstehung« Die Auferstehung der Gläubigen zum tausendjährigen messianischen Zwischenreich bezeichnet Johannes als erste Auferstehung und kündigt zugleich an, dass die übrigen Toten erst nach Vollendung der tausend Jahre wieder lebendig würden (20,5). Diese zweite Auferstehung wird nun in 20,12-13 geschildert. Dass Johannes dafür den Begriff Auferstehung meidet, berechtigt nicht zu der These, es sei gar nicht von einer zweiten Auferstehung die Rede (GIESEN 1997, 446-447). Wenn das Meer, der Tod und der Hades die Toten zurückgeben, damit diese vor den Richterstuhl Gottes treten (20,13), ist offenkundig an eine »Auferstehung des Fleisches« gedacht. Die Johannesoffenbarung thematisiert als einzige neutestamentliche Schrift ein messianisches Zwischenreich, das zwischen der Wiederkunft Christi mit Auferstehung der Gläubigen und der Auferstehung der Gottlosen zum Endgericht angesiedelt ist. Ein Vorbild bietet die jüdische Esraapokalypse, wo der Messias nach seinem Kommen vierhundert Jahre herrscht (*4Esr* 7,28). Wenn in der Johannesoffenbarung von tausend Jahren die Rede ist, steht das Schema der Weltenwoche im Hintergrund, wobei nach Ps 90,4 ein Tag vor Gott tausend Jahren entspricht. Auf die sechstausend Jahre dauernde Weltgeschichte folgt der siebte Tag als tausendjähriger Weltensabbat, an dem Gott ruht und der Messias mit den Seinen herrscht (*Barn* 15,3-5). Die auch als Chiliasmus bezeichnete Erwartung eines tausendjährigen Christusreiches auf Erden war im Christentum immer umstritten (MÜLLER ²1995, 341-343) und ein Grund dafür, warum die Johannesoffenbarung zunächst in vielen Kirchengebieten nicht zum Kanon der heiligen Schriften gerechnet wurde.

Buch des Lebens und »Bücher des Todes« Dass Gott beim Endgericht ein Buch des Lebens zur Verfügung steht, in dem die Namen aller Personen stehen, die an seiner zukünftigen Welt teilhaben, ist eine gängige Vorstellung in der jüdischen Apokalyptik (Dan 12,1; *äthHen* 12,1; 47,3; 103,2). Auch für die Bücher, in denen die bösen Taten der Gottlosen niedergeschrieben sind und die sich in Apk 20,12.15 faktisch als »Bücher des Todes« erweisen, gibt es zahlreiche Vorbilder in apokalyptischen Schriften des antiken Judentums (Dan 7,10; *äthHen* 90,20; 104,7; *4Esr* 6,20; *syrBar* 24,1). Die Gottlosen werden laut Apk 20,11-15 gemäß ihrer schlechten Werke gerichtet, während die standhaft am Christusbekenntnis festhaltenden Gläubigen im Buch des Lebens stehen und gerettet werden. Damit ist die Gerichtsszene durch ein unverbundenes und widersprüchliches Nebeneinander einer Verurteilung der Gottlosen nach ihren Werken und einer Rettung der Gläubigen aufgrund der freien Gnadenwahl Gottes geprägt (KRAFT 1974, 261). Unklar bleibt, ob es sich in Apk 20,11-15 um ein reines Verdammungsgericht an Gottlosen handelt und das Buch des Lebens nur dem negativen Nachweis dient, dass deren Namen nicht darin verzeichnet sind (GIESEN 1997, 447). Alternativ wird vermutet, dass auch Christen vom Endgericht betroffen sein könnten, die das tausendjährige Reich nicht erleben durften und denen im Rahmen der zweiten Auferstehung Gnade zugesprochen wird, weil sich ihre Namen im Buch des Lebens finden (MÜLLER ²1995, 347).

> Möglicherweise sind auch Christen von zweiter Auferstehung und Endgericht betroffen

Didaktische Perspektiven Die Bilderwelt der Gerichtsszene Apk 20,11-15 ruft Verständnisschwierigkeiten hervor. Gespräche mit Siebtklässlern zeigen, dass sie von dem Widerspruch zwischen dem nach den Werken erfolgenden Gericht an den Gottlosen und dem Gnadengericht an den Gläubigen gedanklich überfordert sind. Sie integrieren das Buch des Lebens in die Vorstellung der Werkgerechtigkeit und gehen davon aus, dass in diesem Buch die Namen derjenigen verzeichnet sind, die gute Taten vollbracht hätten (ROOSE 2006, 238-242). Auch gegen Ende der Sekundarstufe I ist die Gerichtsvorstellung Jugendlicher von der Erwartung eines Richtens des Menschens nach seinen Taten geprägt, »sei es, dass gute und böse Taten gegeneinander abgewogen werden, sei es, dass Christus vor allem die guten Taten sieht oder schlechte Taten gut macht« (GRAMZOW 2008, 121). Vor diesem Hintergrund ist bei der unterrichtlichen Behandlung von Apk 20,11-15 der Vorstellung einer einseitigen Tatgerechtigkeit gegenzusteuern und auch die Gnade Gottes zu thematisieren. Für die ausgehende Sekundarstufe I bietet *Hartmut Rupp* einen Unterrichtsentwurf, der Apk 20,11-15 unter dem Thema »Muss sich jeder für sein Leben einmal verantworten?« entfaltet (RUPP 1999, 78). Am Anfang steht eine Gerichtsverhandlung im Himmel. Dazu versetzt die Lehrkraft die Schülerinnen und Schüler in die fiktive Situation des Jüngsten Gerichts, wo sie über das Leben und Werk bekannter Personen wie Adolf Hitler oder Mutter Teresa richten sollen. Nachdem Informationen über die einzelnen Personen zusammengetragen wurden, formulieren die Jugendlichen in Kleingruppenarbeit ein Gerichtsurteil und schreiben dies in ein Buch. Dann stellen die Gruppen einander ihre Urteile vor und bedenken die zugrundegelegten Maßstäbe. Im Plenum erfolgt dann ein Klassengespräch, das unter der Leitfrage »Wie würde Gott urteilen?« steht. Im nächsten Schritt erhalten die Kleingruppen die Aufgabe, ihre Urteile mit Apk 20,11-15 und der Darstellung des Jüngsten Gerichts in einer Szene des Romans »Brudermörder« von *Nikos Kazantzakis* zu vergleichen. Dort hat der Priester Jannaros, der im griechischen Bürgerkrieg mit der christlichen Versöhnungsbotschaft zwischen rechten Regierungstruppen und linken Partisanen zu vermitteln versucht, die Traumvision, dass Christus bei seiner Wiederkunft als Weltenrichter Barmherzigkeit statt Vergeltung übt und Gerechte wie Ungerechte in das Paradies gelangen (KAZANTZAKIS [4]1979, 72-73). Am Ende der Unterrichtseinheit steht ein gemeinsames theologisches Gespräch über die Frage, ob sich jeder für sein Leben einmal verantworten muss. In der Sekundarstufe II kann der Song »Judgement Day« von *Nana*, der das Jüngste Gericht eindringlich besingt (»You can't run away, you can't run away, it's payback time, it's Judgement Day«), zum Einstieg in die Frage dienen, ob es ein Endgericht gibt und nach welchen Maßstäben dort geurteilt wird. Zur Vertiefung eignen sich ein Textvergleich von Apk 20,11-15 mit Mt 25,31-46 und eine Betrachtung von Michelangelos Gemälde »Das Jüngstes Gericht« (1534-1541) aus der Sixtinischen Kapelle in Rom.

XIV. Anhang

■ Literaturverzeichnis

Abkürzungen von Zeitschriften und Reihen richten sich nach SIEGFRIED M. SCHWERTNER, IATG³ – Internationales Abkürzungsverzeichnis für Theologie und Grenzgebiete, Berlin: De Gruyter ³2017.

G. ADAM (⁵2010), Erzählen, in: G. Adam/R. Lachmann (Hg.), Methodisches Kompendium für den Religionsunterricht, Göttingen: Vandenhoeck & Ruprecht, 137-162.
G. ADAM/R. LACHMANN (Hg.) (2006), Kinderbibeln. Ein Lese- und Studienbuch, Münster: Lit.
J. ADNA (1999), Jerusalemer Tempel und Tempelmarkt im 1. Jahrhundert n. Chr., ADPV 25, Wiesbaden: Harrasowitz.
S. ALKIER/B. DRESSLER (1998), Wundergeschichten als fremde Welten lesen lernen, in: B. Dressler/M. Meyer-Blanck (Hg.), Religion zeigen, Münster: Lit, 163-187.
M. ALBRECHT (2007), Für uns gestorben. Die Heilsbedeutung des Kreuzestodes Jesu Christi aus der Sicht Jugendlicher, ARPäd 33, Göttingen: Vandenhoeck & Ruprecht.
M. ALBRECHT (2008), Vom Kreuz reden im Religionsunterricht, Göttingen: Vandenhoeck & Ruprecht.
F. ANNEN (1976), Heil für die Heiden. Zur Bedeutung und Geschichte der Tradition vom besessenen Gerasener (Mk 5,1-20parr.), FThSt 20, Frankfurt a.M.: Knecht.
U. ARNOLD/H. HANISCH/G. ORTH (1997), Was Kinder glauben. 24 Gespräche über Gott und die Welt, Stuttgart: Calwer.
D.E. AUNE (1980), Magic in early Christianity. ANRW II 23/2, 1507-1557.
R.D. AUS (2010), Feeding the Five Thousand: Studies in the Judaic Background of Mark 6:30-44 par. and John 6:1–15, Lanham: University Press of America.
S. BACCHIOCCHI (1986), Sabbatical Typologies of Messianic Redemption, JSJ 17, 153-176.
M. BACHMANN (1998), Noch ein Blick auf den ersten apokalyptischen Reiter (von Apk 6.1–2), NTS 44, 257-278.
M. BACHMANN (2005), Keil oder Mikroskop? Zur jüngeren Diskussion um den Ausdruck *erga nomou*, in: M. Bachmann/J. Woyke (Hg.), Lutherische und Neue Paulusperspektive. Beiträge zu einem Schlüsselproblem der gegenwärtigen exegetischen Diskussion, WUNT 182, Tübingen: Mohr-Siebeck, 69-134.
K. BACKHAUS (2007), Lukas der Maler. Die Apostelgeschichte als intentionale Geschichte der christlichen Erstepoche, in: K. Backhaus/G. Häfner (Hg.), Historiographie und fiktionales Erzählen. Zur Konstruktivität in Geschichtstheorie und Exegese, BThS 86, Neukirchen-Vluyn: Neukirchener Verlag, 30-66.
P. BADDE (2006), Das Göttliche Gesicht. Die abenteuerliche Suche nach dem wahren Antlitz Jesu, München: Pattloch.
E. BADIAN (1997), Zöllner und Sünder. Unternehmer im Dienst der Römischen Republik, Darmstadt: Wiss. Buchgesellschaft.
I. BALDERMANN (1980), Die Bibel – Buch des Lernens. Grundzüge biblischer Didaktik, Göttingen: Vandenhoeck & Ruprecht.
I. BALDERMANN (²1993), Gottes Reich – Hoffnung für Kinder. Entdeckungen mit Kindern in den Evangelien, Neukirchen-Vluyn: Neukirchener.
I. BALDERMANN (1996), Einführung in die Biblische Didaktik, Darmstadt: Wiss. Buchgesellschaft.
I. BALDERMANN (1999), Auf der Suche nach der verlorenen Didaktik der Hoffnung, in: U. Mell (Hg.), Die Gleichnisreden Jesu 1899-1999. Beiträge zum Dialog mit Adolf Jülicher, BZNW 103, Berlin/New York: de Gruyter, 209-221.
I. BALDERMANN (2001), Art. Erzählen, Lexikon der Religionspädagogik 1, 435-441.
I. BALDERMANN (⁷2004), Wer hört mein Weinen?, Kinder entdecken sich selbst in den Psalmen, WdL 4, Neukirchen-Vluyn: Neukirchener.
E. BALTRUSCH (2012), Herodes – König im Heiligen Land. Eine Biografie, München: C.H. Beck.
H. BARDTKE/O. PLÖGER (1973), Zusätze zu Esther. Zusätze zu Daniel, JSHRZ I/1, Gütersloh: Gütersloher Verlagshaus.
P.W. BARNETT (1981), The Jewish Sign Prophets – A.D. 40-70, NTS 27, 679-697.

C.K. Barrett/C.J. Thornton (²1991), Texte zur Umwelt des Neuen Testaments, UTB 1591, Tübingen: Mohr-Siebeck.
G. Barth (1992), Der Tod Jesu im Verständnis des Neuen Testaments, Neukirchen-Vluyn: Neukirchener.
G. Barth (²2002), Die Taufe in frühchristlicher Zeit, Neukirchen-Vluyn: Neukirchener.
R. Bauckham (2006), Jesus and the Eyewitnesses. The Gospels as Eyewitness Testimony, Grand Rapids/Cambridge: Eerdmans.
E. Bauer/A. Bauer/H.-M. Mingenbach (2006), Auferstehung. Hoffnung auf Vollendung, Religion betrifft uns 4/2006, Aachen: Bergmoser und Höller.
U. Baumann/M. Wermke (2002). Religionsbuch 9/10. Berlin: Cornelsen.
J. Becker (1996), Jesus von Nazareth, Berlin/New York: de Gruyter.
J. Becker (³1998), Paulus. Der Apostel der Völker, Tübingen: Mohr-Siebeck.
J. Becker (2001), Maria. Mutter Jesu und erwählte Jungfrau, BG 4, Leipzig: Evangelische Verlagsanstalt.
M. Becker (2013), Feiertagsarbeit? (Der Kranke mit der »verdorrten Hand«), in: R. Zimmermann u.a. (Hg.), Kompendium der frühchristlichen Wundererzählungen Bd. 1. Die Wunder Jesu, Gütersloh: Gütersloher Verlagshaus, 248-256.
U. Becker (1963), Jesus und die Ehebrecherin. Untersuchungen zur Text- und Überlieferungsgeschichte von Joh. 7,53-8,11, BZNW 28, Berlin: Alfred Töpelmann.
H. Bee-Schroedter (1998), Neutestamentliche Wundergeschichten im Spiegel vergangener und gegenwärtiger Rezeptionen, SBB 39, Stuttgart: Katholisches Bibelwerk.
W. Behrendt (2001), Alle lieben Zachäus. Ein Beispiel für freies Arbeiten, selbständiges Lernen und offenen Unterricht, ZPT 53, 170-179.
S. Benz (2008), Best of Paul – Lebensworte für Grundschüler/innen. Kinder nach dem Baldermann-Prinzip kreativ mit Paulusworten umgehen lassen, entwurf 3/2008, 18-25.
S. Benz (2017), Die Sache mit dem Kreuz. Kreuzestheologie mit Grundschulkindern, entwurf 2/2017, 22-27.
R. Berbig (2008), Unglaubliche Weihnachten. 24 Rätselreisen um die Welt, München: dtv.
H.K. Berg (³1996), Ein Wort wie Feuer. Wege lebendiger Bibelauslegung, München: Kösel/Stuttgart: Calwer.
H.K. Berg (³2003), Grundriß der Bibeldidaktik. Konzepte – Modelle – Methoden, München: Kösel/Stuttgart: Calwer.
S. Berg (1988), Arbeitsbuch Weihnachten für Schule und Gemeinde, Stuttgart/München: Calwer/Kösel.
S. Berg/H.K. Berg (Hg.) (1986-1990), Biblische Texte verfremdet, 12 Bde., München: Kösel.
S. Berg/H.K. Berg (Hg.) (1986), Wer den Nächsten sieht, sieht Gott. Das Grundgebot der Liebe, Biblische Texte verfremdet 3, München: Kösel.
K. Berger (1984), Formgeschichte des Neuen Testaments, Heidelberg: Quelle & Meyer.
K. Berger/C. Colpe, (1987), Religionsgeschichtliches Textbuch zum Neuen Testament, Göttingen: Vandenhoeck & Ruprecht.
A. Bernhard (2015), The *Gospel of Jesus' Wife*: Textual Evidence of Modern Forgery, NTS 61, 335-355.
S. Betcher (2013), Disability and the Terror of the Miracle Tradition, in: S. Alkier/A. Weissenrieder (Hg.), Miracles Revisited. New Testament Miracle Stories and their Concepts of Reality, SBR 2, Berlin/Boston: de Gruyter, 161-181.
H.D. Betz (1995), The Sermon on the Mount. A Commentary on the Sermon on the Mount, including the Sermon on the Plain (Matthew 5:3–7:27 and Luke 6:20–49), Minneapolis: Fortress.
P. Biehl u.a. (²1991), Symbole geben zu lernen. Einführung in die Symboldidaktik anhand der Symbole Hand, Haus und Weg, WdL 6, Neukirchen-Vluyn: Neukirchener.
P. Biehl u.a. (1993), Symbole geben zu lernen II. Zum Beispiel: Brot, Wasser, Kreuz. Beiträge zur Symbol- und Sakramentendidaktik, WdL 9, Neukirchen-Vluyn: Neukirchener.
P. Biehl (²2007), Bibeldidaktik als Symboldidaktik. Sprung – Spurensuche – Wahrnehmung, in: G. Adam u.a. (Hg.), Bibeldidaktik. Ein Lese- und Studienbuch, Berlin: Lit, 54-65.
K.-H. Bieritz (1996), Pfingsten/Pfingstfest/Pfingstpredigt II: Das Pfingstfest in der Kirchengeschichte, TRE 26, 382-387.
K. Bigalke/A. Südland (2012), Glaube! Hoffnung? Liebe ... Die paulinische Trias im Religionsunterricht der Sekundarstufe I, in: P. Müller (Hg.), Paulus in der Schule. Grundlagen. Didaktik. Bausteine für den Unterricht, Stuttgart: Kohlhammer, 174-186.
J. Blinzler (⁴1969), Der Prozeß Jesu, Regensburg: Pustet.
D.L. Bock/R.L. Webb (Hg.) (2009), Key Events in the Life of the Historical Jesus. A Collaborative Exploration of Context and Coherence, WUNT 247, Tübingen: Mohr-Siebeck.

U. Böhm/G. Buschmann (³2006), Popmusik - Religion - Unterricht: Modelle und Materialien zur Didaktik von Popularkultur, Berlin: Lit.
W. Bösen (²1998), Galiläa. Lebensraum und Wirkungsfeld Jesu, Freiburg: Herder.
I. Böttcher (1999), Kreatives Schreiben, Berlin: Cornelsen.
C. Böttrich (2001), Themen des Neuen Testaments in der Grundschule, Stuttgart: Calwer.
G. Bornkamm (1963), Der Lohngedanke im Neuen Testament, in: ders., Studien zu Antike und Urchristentum, BevTh 28, München: Kaiser, 69-92.
U. Borse (1994), Die Entscheidung des Propheten. Kompositorische Erweiterung und redaktionelle Streichung von Joh 7,50.(53)–8,11, SBS 158, Stuttgart: Kath. Bibelwerk.
F. Bovon (²2012/²2008/2001/2009), Das Evangelium nach Lukas Bd. I-IV, EKK III/1-4, Zürich: Benziger/Neukirchen-Vluyn: Neukirchener.
S. Bramly/B. Rheims (1998), I.N.R.I., München: Keyahoff.
J. Brankaer (2017), Das Evangelium nach Maria und Das Evangelium des Judas. Gnostische Blicke auf Jesus und seine Jünger, Göttingen: Vandenhoeck & Ruprecht.
B. Brecht (1973), Gesammelte Werke Bd. 15. Schriften zum Theater 1, Frankfurt a.M.: Suhrkamp.
I. Broer (2010), Die Ankündigung des Immanuel (Jes 7,14), in: B. Kollmann (Hg.), Die Verheißung des Neuen Bundes, BThS 35, Göttingen: Vandenhoeck & Ruprecht, 171-186.
I. Broer/H.-U. Weidemann (³2010), Einleitung in das Neue Testament, Würzburg: Echter.
M. Bröking-Bortfeldt (²1989), Schüler und Bibel. Eine empirische Untersuchung religiöser Orientierungen. Die Bedeutung der Bibel für 13- bis 16-jährige Schüler, Aachen: Rimbaud.
R.E. Brown (1977): The Birth of the Messiah. A Commentary on the Infancy Narratives in the Gospels of Matthew and Luke, London: Geoffrey Chapman.
R.E. Brown (1993/1994), The Death of the Messiah. A Commentary on the Passion Narratives in the Four Gospels. Vol. 1-2, New York: Doubleday.
L. Brüning/T. Saum (⁵2009), Erfolgreich unterrichten durch kooperatives Lernen. Strategien zur Schüleraktivierung, Essen: Neue Deutsche Schule Verlagsgesellschaft.
A.A. Bucher (1987), Gleichnisse – schon in der Grundschule?, KatBl 112, 194-203.
A.A. Bucher (1989), »Wenn wir immer tiefer graben … kommt vielleicht die Hölle«. Plädoyer für die Erste Naivität, KatBl 114, 654-662.
A.A. Bucher (1990), Gleichnisse verstehen lernen. Strukturgenetische Untersuchungen zur Rezeption synoptischer Parabeln, Freiburg (Schweiz): Universitätsverlag.
A.A. Bucher (Hg.) (2003), »Im Himmelreich ist keiner sauer«. Kinder als Exegeten, JaBuK 2, Stuttgart: Calwer.
A.A. Bucher/F. Oser (1987), »Wenn zwei das gleiche Gleichnis hören …«. Theoretische und empirische Aspekte einer strukturgenetischen Religionsdidaktik, Zeitschrift für Pädagogik 33, 167-184.
F. Buggle (1997), Denn sie wissen nicht, was sie glauben, Reinbek: Rowohlt, 119-127.
R. Bultmann (1933), Zur Frage des Wunders, in: ders., Glauben und Verstehen. Gesammelte Aufsätze Bd. I, Tübingen: Mohr-Siebeck, 214-228.
R. Bultmann (⁴1960), Neues Testament und Mythologie. Das Problem der Entmythologisierung der neutestamentlichen Verkündigung, in: H.-W. Bartsch (Hg.), Kerygma und Mythos, Hamburg: Reich & Heidrich, 15-48.
R. Bultmann (⁵1965), Theologie des Neuen Testaments, Tübingen: Mohr-Siebeck.
R. Bultmann (⁹1979), Die Geschichte der synoptischen Tradition, FRLANT 29, Göttingen: Vandenhoeck & Ruprecht.
M. Buntfuss/C. Feind (2008), Aufgefahren in den Himmel – Das Bekenntnis zur Himmelfahrt Christi, in: G. Büttner/M. Schreiner, »Manche Sachen glaube ich nicht«. Mit Kindern das Glaubensbekenntnis erschließen, Stuttgart: Calwer, 99-107.
W. Burkert (1977), Griechische Religion der archaischen und klassischen Epoche, RdM 15, Stuttgart: Kohlhammer.
C. Bussmann/M. Karsch (2012), Unser Stern über Bethlehem. Entdeckendes Lernen zur Adventszeit mit den Klassen 3-6, Göttingen: Vandenhoeck & Ruprecht.
C. Bussmann/M. Karsch (2013), Jesus begegnen. Entdeckendes Lernen mit Paulus für die Klassen 3-6, Göttingen Vandenhoeck & Ruprecht.

C. Butt (2009), Kindertheologische Untersuchungen zu Auferstehungsvorstellungen von Grundschülerinnen und Grundschülern, ARPäd 41, Göttingen: Vandenhoeck & Ruprecht.

G. Büttner (1998), »Meine Oma hat zu mir gesagt, dass ich für sie ein Schatz bin". Gleichnisverstehen von Kindern und Jugendlichen, Glaube und Lernen 13, 152-164.

G. Büttner (2002), »Jesus hilft!«. Untersuchungen zur Christologie von Schülerinnen und Schülern, Stuttgart: Calwer.

G. Büttner (2008), Paulus – der Mann mit Stirnglatze, Bart und Schwert. Mit Paulusbildern unterrichten, entwurf 3/2008, 41-45

G. Büttner (2013), Himmelfahrt. Didaktische Strategien zum Wissensaufbau, entwurf 1/2013, 10-15.

G. Büttner u.a. (2014) (Hg.), Handbuch Theologisieren mit Kindern. Einführung – Schlüsselthemen – Methoden, Stuttgart: Calwer/München: Kösel.

G. Büttner/M. Schreiner (Hg.) (2006), »Man hat immer ein Stück Gott in sich«. Mit Kindern biblische Geschichten deuten. Teil 2: Neues Testament, JaBuK Sonderband, Stuttgart: Calwer.

G. Büttner/D. Veit-Jakobus (2013), Entwicklungspsychologie in der Religionspädagogik, UTB 3851, Göttingen: Vandenhoeck & Ruprecht: Vandenhoeck & Ruprecht.

D.W. Chapman/E.J. Schnabel (2015), The Trial and Crucifixion of Jesus. Texts and Commentary, WUNT 344, Tübingen: Mohr-Siebeck.

H. Conzelmann (^{2}1981), Der erste Brief an die Korinther, KEK 5, Göttingen: Vandenhoeck & Ruprecht.

J.G. Cook (2014), Crucifixion in the Mediterranean World, WUNT 327, Tübingen: Mohr-Siebeck.

W. Cotter (1999), Miracles in Greco-Roman Antiquity. A Sourcebook, London/New York: Routledge.

H. Cotton u.a. (2010), Inscriptionum Iudaeae/Palaestinae Vol. 1/1, Berlin/New York: de Gruyter.

P. Craffert (2008), The Life of a Galilean Shaman: Jesus of Nazareth in Anthropological-Historical Perspective, Eugene: Cascade.

J.D. Crossan (1992), The Historical Jesus. The Life of a Mediterranean Jewish Peasant, San Francisco: Harper & Row.

J.D. Crossan (1996), Jesus. Ein revolutionäres Leben, München: Beck 1994.

R. Deines (1997), Die Pharisäer. Ihr Verständnis im Spiegel der christlichen und jüdischen Forschung seit Wellhausen und Graetz, WUNT 101, Tübingen: Mohr-Siebeck.

A. Demandt (2005), Der Ursprung des Weihnachtsfestes, in: ders., Sieben Siegel. Essays zur Kulturgeschichte. Köln/Weimar/Wien: Böhlau, 1-18.

M. Dibelius (^{6}1971), Formgeschichte des Evangeliums, Tübingen: Mohr-Siebeck.

D. Dieckmann/B. Kollmann (2018), Die faszinierende Welt der Bibel. Geschichten – Menschen – Hintergründe, Stuttgart/Zürich/Wien: Reader's Digest.

H. Dierk u.a. (2015), Kursbuch Religion 1, Braunschweig: Westermann.

V-J. Dieterich (2012), Theologisieren mit Jugendlichen. Ein Programm für Schule und Kirche, Stuttgart: Calwer.

C. Dietzfelbinger (1978), Vom Sinn der Sabbatheilungen Jesu, EvTh 38, 281-298.

C. Dietzfelbinger (^{2}1989), Die Berufung des Paulus als Ursprung seiner Theologie, WMANT 58, Neukirchen-Vluyn: Neukirchener Verlag.

A. Dihle (1962), Die Goldene Regel. Eine Einführung in die Geschichte der antiken und frühchristlichen Vulgärethik, SAW 7, Göttingen: Vandenhoeck & Ruprecht.

A. von Dobbeler (2000), Der Evangelist Philippus in der Geschichte des Urchristentums, TANZ 30, Tübingen: Francke.

L. Doering (1999), Schabbat. Sabbathalacha und -praxis im antiken Judentum und. Urchristentum, TSAJ 78, Tübingen: Mohr-Siebeck.

D. Dormeyer (2013), Bedingungslose Nachfolge heilt Blindheit (Die Heilung des blinden Bartimäus bei Jericho) – Mk 10,46-52 (Lk 18,35-43), in: R. Zimmermann u.a. (Hg.), Kompendium der frühchristlichen Wundererzählungen Band 1: Die Wunder Jesu, Gütersloh: Gütersloher Verlagshaus, 359-370.

D. Dormeyer (2015), Kein Prozess Jesu. Die römische Strafjustiz gegen Juden nach den neutestamentlichen Passionsgeschichten und Josephus, in: N. Förster/J.C. de Vos (Hg.), Juden und Christen unter römischer Herrschaft, Göttingen: Vandenhoeck & Ruprecht, 127-140.

K. J. Dover (1983), Homosexualität in der griechischen Antike, München: Beck.

B. Dressler/H. Schroeter-Wittke (Hg.), Religionspädagogischer Kommentar zur Bibel, Leipzig: Ev. Verlagsanstalt.

E. Drewermann (1987/1988), Das Markusevangelium. Bilder von Erlösung Bd. I-II, Olten: Walter.

E. Drewermann (³1992), Tiefenpsychologie und Exegese II. Wunder, Vision, Weissagung, Apokalypse, Geschichte, Gleichnis, Olten: Walter.

E. Drewermann (1992/1994), Das Matthäusevangelium. Bilder der Erfüllung Bd. I-II, Olten: Walter.

M. Ebner (2013), Wessen Medium willst du sein? (Die Heilung des Besessenen von Gerasa) – Mk 5,1-20 (EpAp 5,9f.), in: R. Zimmermann u.a. (Hg.), Kompendium der frühchristlichen Wundererzählungen Bd. 1: Die Wunder Jesu, Gütersloh: Gütersloher Verlagshaus, 266-277.

W. Eckey (1998), Das Markusevangelium, Neukirchen-Vluyn: Neukirchener.

W. Eckey (²2006), Das Lukas-Evangelium Bd. I-II, Neukirchen-Vluyn: Neukirchener.

W. Eckey (²2011), Die Apostelgeschichte, Bd. I-II, Neukirchen-Vluyn: Neukirchener.

R. Englert (2005), »Das kann nicht wahr sein!« Wundergeschichten, in: U. Baumann u.a. (Hg.), Religionsdidaktik. Praxishandbuch für die Sekundarstufe I und II, Berlin: Cornelsen Scriptor 2005, 183-198.

R. Englert (2015), Die verschiedenen Komponenten ethischen Lernens und ihr Zusammenspiel, in: R. Englert u.a. (Hg.), Ethisches Lernen, JRP 31, Neukirchen-Vluyn: Neukirchener, 108-120.

R. Englert/F. Schweitzer (Hg.) (2017), Jesus als Christus – im Religionsunterricht. Experimentelle Zugänge zu einer Didaktik der Christologie, Göttingen: Vandenhoeck & Ruprecht.

K. Erlemann (1999), Gleichnisauslegung, UTB 2093, Tübingen: Francke.

K. Erlemann (2016), Kaum zu glauben. Wunder im Neuen Testament, Göttingen: Vandenhoeck & Ruprecht.

K. Erlemann/I. Nickel-Bacon/A. Loose (2014), Gleichnisse – Fabeln – Parabeln, UTB 4134, Tübingen: Francke.

M. Faass (2009), Der Jesus-Skandal. Ein Liebermann-Bild im Kreuzfeuer der Kritik, Berlin: Max Liebermann Veranstaltungs GmbH.

G. Fassbeck (2003), »Unermesslicher Aufwand und unübertreffliche Pracht« (bell 1,401). Von Nutzen und Frommen des Tempelneubaus unter Herodes dem Großen, in: S. Alkier/J. Zangenberg (Hg.), Zeichen aus Text und Stein, Tübingen: Francke, 222-249.

G. Fassbeck u.a. (2003), Leben am See Gennesaret. Kulturgeschichtliche Entdeckungen in einer biblischen Region, Mainz: Philipp von Zabern.

M. Felber/B. Weissenfeldt (2017), Maria – eine besondere Frau. Ein Beispiel für Religionsunterricht in konfessionell gemischten Lerngruppen, rpi-Impulse. Beiträge zur Religionspädagogik aus EKKW und EKHN 3, 24-25.

R. Feldmeier (1998) (Hg.), Salz der Erde. Zugänge zur Bergpredigt, Göttingen: Vandenhoeck & Ruprecht.

R. Feldmeier (2001), Gleichnisse, in: R. Lachmann/G. Adam/C. Reents (Hg.), Elementare Bibeltexte. Exegetisch – systematisch – didaktisch, Göttingen: Vandenhoeck & Ruprecht, 302-335.

W. Fenske (2000), Brauchte Gott den Verräter? Die Gestalt des Judas in Theologie, Gottesdienst und Unterricht, DaW 85, Göttingen: Vandenhoeck & Ruprecht.

W. Fenske (2003), Ein Mensch hatte zwei Söhne. Das Gleichnis vom verlorenen Sohn in Schule und Gemeinde, Göttingen: Vandenhoeck & Ruprecht.

R.L. Fetz (1985), Die Entwicklung der Himmelssymbolik. Ein Beitrag genetischer Semiologie, JRP 2, 206-214.

R.L. Fetz/K.H. Reich/P. Valentin (2001), Weltbildentwicklung und Schöpfungsverständnis, Stuttgart: Kohlhammer.

P. Fiedler (1980), Das Judentum im katholischen Religionsunterricht. Analysen, Bewertungen, Perspektiven, Düsseldorf: Patmos.

P. Fiedler (2006), Das Matthäusevangelium, ThKNT 1, Stuttgart: Kohlhammer.

S.M. Fischbach (1992), Totenerweckungen. Zur Geschichte einer Gattung, FzB 69, Würzburg: Echter.

H. Fischer (2012), Das große Ideenbuch für Weihnachten. 5 x 24 Unterrichtsvorschläge für die Sekundarstufe, Mülheim: Verlag an der Ruhr.

J. Fischer (2007), Vier Ebenen der Narrativität. Die Bedeutung der Erzählung in theologisch-ethischer Perspektive, in: K. Joisten (Hg.), Narrative Ethik. Das Gute und das Böse erzählen, Berlin: Akademie Verlag, 235-252.

H. Förster (2007), Die Anfänge von Weihnachten und Epiphanias. Eine Anfrage an die Entstehungshypothesen, STAC 46, Tübingen: Mohr-Siebeck.

Z. Frede/H. Landwehr (³2009), So steht es in der Bibel: Weihnachten, Ostern, Pfingsten, Donauwörth: Auer.

H. Freudenberg (Hg.) (⁶1999), Religionsunterricht praktisch – 3. Schuljahr, Göttingen: Vandenhoeck & Ruprecht.

H. Freudenberg (Hg.) (⁸2011), Religionsunterricht praktisch – 4. Schuljahr, Göttingen: Vandenhoeck & Ruprecht.

P. Freudenberger-Lötz (2012), Theologische Gespräche mit Jugendlichen. Erfahrungen – Beispiele – Anleitungen, München: Kösel/Stuttgart: Calwer.

J. Frey (2016), Das Vaterunser im Horizont antik-jüdischen Betens unter besonderer Berücksichtigung der Textfunde vom Toten Meer, in: F. Wilk (Hg.), Das Vaterunser in seinen antiken Kontexten. Zum Gedenken an Eduard Lohse, Göttingen: Vandenhoeck & Ruprecht, 1-24.

J. Frey/J. Schröter (Hg.) (²2012), Deutungen des Todes Jesu im Neuen Testament, UTB 2953, Tübingen: Mohr-Siebeck.

M. Fricke (2007), Von Gott reden im Religionsunterricht, Göttingen: Vandenhoeck & Ruprecht.

M. Fricke (2009), Was können Schülerinnen und Schüler mit der Bibel lernen? Konturen einer Bibeldidaktik für das 21. Jh., in: M. Bachmann/J. Woyke (Hg.), Erstaunlich lebendig und bestürzend verständlich? Studien und Impulse zur Bibeldidaktik, Neukirchen-Vluyn: Neukirchener, 69-84.

M. Fricke (2012), Biblische Themen, in: M. Rothgangel/G. Adam/R. Lachmann (Hg.), Religionspädagogisches Kompendium, Göttingen: Vandenhoeck & Ruprecht, 374-388.

W. Frisch (1997), Apokalyptische Motive in der modernen Kunst, entwurf 2/1997, 26-28.

U. Früchtel (²1994), Mit der Bibel Symbole entdecken, Göttingen: Vandenhoeck & Ruprecht.

E. Fuchs (²1965), Bemerkungen zur Gleichnisauslegung, in: ders., Zur Frage nach dem historischen Jesus. Gesammelte Aufsätze II, Tübingen: Mohr-Siebeck, 136-142.

W. Fuchs-Heinritz (2000), Religion, in: Deutsche Shell (Hg.), Jugend 2000, Opladen: Leske und Budrich, 157-180.

G. Gäbel (2007), Mehr Hoffnung wagen (Vom Senfkorn) – Mk 4,30-32 (Q 13,18f./Mt 13,31f./Lk 13,18f./EvThom 20), in: R. Zimmermann (Hg.), Kompendium der Gleichnisse Jesu, Gütersloh: Gütersloher Verlagshaus, 327-336.

V. Garske/U. Gers (2008), Der Besessene von Gerasa Mk 5,1-20. Interpretationen. Unterrichtsmodell, Paderborn: Schöningh.

T. Gensicke (2015), Die Wertorientierungen der Jugend (2002-2015), in: Shell Deutschland Holding (Hg.), Jugend 2015, Frankfurt a. M.: Fischer, 237-272.

E. Gerstenberger (1993), Das dritte Buch Mose. Leviticus, ATD 6, Göttingen: Vandenhoeck & Ruprecht.

J. Gerth (2011), Der Heilige Geist – Das ist mehr so ein Engel, der hilft Gott. Der Heilige Geist im Religionsunterricht der Grundschule und der Sekundarstufe I, ARP 47, Göttingen: Vandenhoeck & Ruprecht.

H. Giesen (1997), Die Offenbarung des Johannes, RNT, Regensburg: Pustet.

H. Gloy (1971), Themen statt Texte?, in: N. Schneider (Hg.), Religionsunterricht. Konflikte und Konzepte. Beiträge zu einer neuen Praxis, Hamburg/München, 67-79.

J. Gnilka (1986/1988), Das Matthäusevangelium, Bd. I-II, HThK I/1-2, Freiburg: Herder.

J. Gnilka (⁶2008/⁵1999), Das Evangelium nach Markus Bd. I-II, EKK II/1, Zürich: Benziger/Neukirchen-Vluyn: Neukirchener.

M.L. Goecke-Seischab/F. Harz (1994), Bilder zu neutestamentlichen Geschichten im Religionsunterricht, Lahr: Kaufmann.

A. Goldbeck (2016), Weihnachten. Das Wagnis der Menschwerdung, Religion betrifft uns 5/2016, Aachen: Bergmoser und Höller.

R. Goldman (1964), Religious Thinking from Childhood to Adolescence, London: Routledge and Kegan Paul.

R. Göllner/N. Brieden/C. Kalloch (2010), Emmaus: Auferstehung heute eröffnen. Elementarisierung - Kompetenzorientierung - Kindertheologie, Berlin: Lit.

H.-G. Gradl (2013), Glaube in Seenot (Die Stillung des Sturms) – Mk 4,35-41, in: R. Zimmermann u.a. (Hg.), Kompendium der frühchristlichen Wundererzählungen Band 1: Die Wunder Jesu, Gütersloh: Gütersloher Verlagshaus, 257-265.

C. Gramzow (2008), Er sitzt zur Rechten Gottes, des allmächtigen Vaters, von dort wird er kommen, zu richten die Lebenden und die Toten – Jugendliche bedenken Wiederkunft und Gericht Jesu Christi, in: G. Büttner/M. Schreiner, »Manche Sachen glaube ich nicht«. Mit Kindern das Glaubensbekenntnis erschließen, Stuttgart: Calwer, 108-122.

J.B. Green (2011), The Death of Jesus, in: T. Holmén/S.E. Porter (Hg.), Handbook for the Study of the Historical Jesus Vol. 3, Leiden: Brill, 2383-2408.

T. Greiner (2003), »Verstehst Du, was Du liest?« Jugendumfrage zum Thema Bibellesen, ZThG 8, 322-358.
C. Grethlein (2000), Methodischer Grundkurs für den Religionsunterricht, Leipzig: Ev. Verlagsanstalt.
C. Grethlein (2006), Ehe/Familie/Gleichgeschlechtliche Beziehungen, in: R. Lachmann/G. Adam/M. Rothgangel (Hg.), Ethische Schlüsselprobleme. Lebensweltlich – systematisch – didaktisch, TLL 4, Göttingen: Vandenhoeck & Ruprecht, 250-266.
B. Grom (^{5}2000), Religionspädagogische Psychologie des Kleinkind-, Schul- und Jugendalters, Düsseldorf: Patmos.
A. Grund (2010), Der Friedensherrscher aus Bethlehem (Mi 4,14–5,3), in: B. Kollmann (Hg.), Die Verheißung des Neuen Bundes, BThS 35, Göttingen: Vandenhoeck & Ruprecht, 259-270.
A. Grund (2011), Die Entstehung des Sabbats. Seine Bedeutung für Israels Zeitkonzept und Erinnerungskultur, FAT 75, Tübingen: Mohr-Siebeck.
W. Grundmann (^{6}1971), Das Evangelium nach Lukas, ThHKNT 3, Berlin: Ev. Verlagsanstalt.
M. Günther (2015), Rock 'n' Religion. Populäre Musik und biblische Texte im Religionsunterricht, Göttingen: Vandenhoeck & Ruprecht.
M.L. Günther (^{2}2012), Herodes der Große, Darmstadt: Wiss. Buchgesellschaft.
A.H.J. Gunneweg (1996), Markus 4,35-41 (4. Sonntag nach Epiphanias), in: R. Landau (Hg.), Calwer Predigtbibliothek, Bd. 1, Stuttgart: Calwer, 106-108.
K. Haacker (^{2}2002), Der Brief des Paulus an die Römer, ThHK 6, Leipzig: Ev. Verlagsanstalt.
G. Haderer (2002), Das Leben des Jesus, Wien: Ueberreuter.
F. Hahn (1963), Christologische Hoheitstitel. Ihre Geschichte im frühen Christentum, FRLANT 83, Göttingen: Vandenhoeck & Ruprecht.
H. Halbfas (1982), Das dritte Auge. Religionsdidaktische Anstöße, Düsseldorf: Patmos.
H. Halbfas (^{5}1994), Religionsunterricht in der Grundschule. Lehrerhandbuch 3, Düsseldorf: Patmos.
H. Halbfas (^{3}1997), Religionsunterricht in Sekundarschulen. Lehrerhandbuch 5, Düsseldorf: Patmos.
A. Hammer (2003), »Dein Leben ist mir das meine wert«. Erlösungsmythen in der Fantasy, in: W.H. Ritter (Hg.), Erlösung ohne Opfer?, BThS 22, Göttingen: Vandenhoeck & Ruprecht, 157-192.
H. Hanisch (2007), Wundergeschichten aus der Perspektive von Kindern und Jugendlichen, in: W.H. Ritter/M. Albrecht (Hg.), Zeichen und Wunder, Göttingen: Vandenhoeck & Ruprecht, 130-160.
H. Hanisch/A.A. Bucher (2002), Da waren die Netze randvoll. Was Kinder von der Bibel wissen. Göttingen: Vandenhoeck & Ruprecht.
H. Hanisch/S. Hoppe-Graff (2002), »Ganz normal und trotzdem König«. Jesus Christus im Religions- und Ethikunterricht, Stuttgart: Calwer.
E. Handke/J. Krasselt-Maier/U. Witten (2018), Für mich hätte er nicht sterben müssen. Deutungen des Todes Jesu als Zugang zur Christologie, entwurf 3/2018.
W. Harnisch (^{4}2001), Die Gleichniserzählungen Jesu, UTB 1343, Göttingen: Vandenhoeck & Ruprecht.
M. Häussler/A. Rieder (2010), Wunder und Gleichnisse im Religionsunterricht. RU praktisch sekundar, Göttingen: Vandenhoeck & Ruprecht.
K. Heinemeyer (1987), Wunder im Unterricht. Synoptische Wunder als Problem der Religionspädagogik in Konzeptionen und Rezeptionen, Hannover: Lutherhaus.
M. Hengel (1968), Nachfolge und Charisma. Eine exegetisch-religionsgeschichtliche Studie zu Mt 8,21f. und Jesu Ruf in die Nachfolge, BZNW 34, Berlin: de Gruyter.
M. Hengel (1976), Mors turpissima crucis. Die Kreuzigung in der antiken Welt und die »Torheit« des »Wortes vom Kreuz«, in: J. Friedrich (Hg.), Rechtfertigung (FS E. Käsemann), Tübingen: Mohr-Siebeck, 125-184.
M. Hengel/A.M. Schwemer (1998), Paulus zwischen Damaskus und Antiochien. Die unbekannten Jahre des Apostels, WUNT 108, Tübingen: Mohr-Siebeck.
J.K. Henning (1995), Lebenserfahrung – Medienerfahrung – Gotteserfahrung, in: M. Kress/W. Luley (Hg.), Die Bibel, Bd. 1: Das Alte Testament und seine filmischen Umsetzungen, München: Don Bosco, 46-60.
P. Henningsen/H. Gündel/A. Ceballos-Baumann (2006), Neuro-Psychosomatik. Grundlagen und Klinik neurologischer Psychosomatik, Stuttgart/New York: Schattauer.
F. Herrenbrück (1990), Jesus und die Zöllner. Historische und neutestamentlich-exegetische Untersuchungen, WUNT II/41, Tübingen: Mohr-Siebeck.
R. Herzog (1931), Die Wunderheilungen von Epidauros. Ein Beitrag zur Geschichte der Medizin und der Religion, Ph.S 22/3, Leipzig: Dieterich.

M. Hesemann (2000), Die stummen Zeugen von Golgatha. Die faszinierende Geschichte der Passionsreliquien Christi, Kreuzlingen/München: Hugendubel.

M. Hesemann (2010), Das Bluttuch Christi. Wissenschaftler auf den Spuren der Auferstehung, München: Herbig.

C. Hezser (1990), Lohnmetaphorik und Arbeitswelt in Mt 20,1-16. Das Gleichnis von den Arbeitern im Weinberg im Rahmen rabbinischer Lohngleichnisse, NTOA 15, Göttingen: Vandenhoeck & Ruprecht.

W.J. Hollenweger (⁵1987), Konflikt in Korinth/Memoiren eines alten Mannes. Zwei narrative Exegesen zu 1. Kor. 12-14 und Ezechiel 37, München: Kaiser.

T. Holtmann (2005), Die Magier vom Osten und der Stern. Mt. 2,1–12 im Kontext frühchristlicher Traditionen, MThST 87, Marburg: Elwert.

T. Holtz (2008), Die Offenbarung des Johannes, NTD 11, Göttingen: Vandenhoeck & Ruprecht.

B. Hoppe/E.J. Korneck (2012), Mit Christus leben – Paulus in der Grundschule, in: P. Müller (Hg.), Paulus in der Schule. Grundlagen. Didaktik. Bausteine für den Unterricht, Stuttgart: Kohlhammer, 141-152.

R. Hoppe (2004), Die jüdischen Religionsparteien und ihre Bedeutung für die Verkündigung Jesu, in: L. Schenke u.a., Jesus von Nazaret – Spuren und Konturen, Stuttgart: Kohlhammer, 66-77.

F.W. Horn (Hg.) (2001), Das Ende des Paulus. Historische, theologische und literaturgeschichtliche Aspekte, BZNW 106, Berlin/New York: de Gruyter.

F.W. Horn (Hg. (2013), Paulus Handbuch, Tübingen: Mohr-Siebeck.

F. Horst (1961), Der Eid im Alten Testament, in: ders., Gesammelte Studien zum Recht im Alten Testament, ThB14, München: Kaiser, 292-314.

B. Husmann/R. Merkel (Hg.) (2014), Moment mal! Evangelische Religion 3, Stuttgart/Leipzig: Klett.

T.K. Hubbard (2003), Homosexuality in Greece and Rome. A Sourcebook on Basic Documents in Translation, Los Angeles: University of California Press.

S. Jacobovici/C. Pellegrini (2007), The Jesus Family Tomb: The Discovery, the Investigation, and the Evidence that could change History, San Francisco: Harper.

S. Jacobovici/B. Wilson (2014), The Lost Gospel: Decoding the Ancient Text that Reveals Jesus' Marriage to Mary the Magdalene, New York/London: Pegasus Books.

T. Jantsch (2014), Paulus. Apostel mit Geschichte und vielen Facetten, Religion betrifft uns 4/2014, Aachen: Bergmoser und Höller.

W. Jens (1975), Der Fall Judas, Stuttgart: Kreuz Verlag.

J. Jeremias (1958), Die Kindertaufe in den ersten vier Jahrhunderten, Göttingen: Vandenhoeck & Ruprecht.

J. Jeremias (⁴1967), Die Abendmahlsworte Jesu, Göttingen: Vandenhoeck & Ruprecht.

J. Jeremias (1971), Neutestamentliche Theologie. Erster Teil: Die Verkündigung Jesu, Gütersloh: Gütersloher Verlagshaus.

J. Jeremias (¹⁰1984), Die Gleichnisse Jesu, Göttingen: Vandenhoeck & Ruprecht.

M. Jeub (2017), Der gekreuzigte Gott. Notwendige Selbstklärungen im Gegenüber zum Islam, entwurf 2/2017, 54-58.

C. Jochum-Bortfeld (2006), »Alle Menschen haben mich verachtet, ausgeschimpft und geprügelt.« Fünftklässler nähern sich dem Bettler Bartimäus (Mk 10,46-52), in: G. Büttner/M. Schreiner (Hg.), »Man hat immer ein Stück Gott in sich«. Mit Kindern biblische Geschichten deuten. Teil 2: Neues Testament, JaBuK Stuttgart: Calwer, 95-106.

F. Johannsen (1986), Gleichnisse Jesu im Religionsunterricht. Anregungen und Modelle für die Grundschule GTB 757, Gütersloh: Gütersloher Verlagshaus.

K.-P. Jörns (⁶2017), Notwendige Abschiede. Auf dem Weg zu einem glaubwürdigen Christentum Gütersloh: Gütersloher Verlagshaus.

A. Jülicher (²1910), Die Gleichnisreden Jesu Bd. 1-2, Tübingen: Mohr-Siebeck.

E. Jüngel (²1964), Paulus und Jesus. Eine Untersuchung zur Präzisierung der Frage nach dem Ursprung der Christologie, HUTh 2, Tübingen: Mohr-Siebeck.

C. Kähler (1998), Gleichnisse, Glaube und Lernen 13, 98-111.

A. Kall (2009), Apokalypse. Hoffnungsbotschaft in bedrängter Zeit, Religion betrifft uns 5/2009, Aachen: Bergmoser und Höller.

C. Kalloch (1997), Bilddidaktische Perspektiven für den Religionsunterricht der Grundschule. Eine Auseinandersetzung mit den Grundschulwerken von G. Lange und H. Halbfas. Hildesheim-Zürich-New York: Olms.

I. Kant (1999), Grundlegung zur Metaphysik der Sitten, ed. B. Kraft/D. Schönecker, Hamburg: Meiner.
S. Kantus/P. Wittmann (2018), Das Gleichnis vom verlorenen Schaf. Eine Unterrichtsidee für Klasse 1 und 2, entwurf 3/2018, 24-29.
M. Karrer (1991), Der Gesalbte. Die Grundlagen des Christustitels, FRLANT 151, Göttingen: Vandenhoeck & Ruprecht.
M. Karrer (2002), Jesus, der Retter (Sôtêr). Zur Aufnahme eines hellenistischen Prädikats im Neuen Testament, ZNW 93 (2002), 153-176.
M. Karrer (2017), Johannesoffenbarung Bd. I, EKK XXIV/1, Göttingen: Vandenhoeck & Ruprecht/Ostfildern: Patmos.
S. Karweick/S. Alkier (2006), »So hab ich Jesus ja noch nie erlebt!« Die so genannte »Tempelreinigung« in der 6. Klasse einer Realschule, in: G. Büttner/M. Schreiner (Hg.), »Man hat immer ein Stück Gott in sich«. Mit Kindern biblische Geschichten deuten, Stuttgart: Calwer, 150-167.
E. Käsemann (^{2}1965), Zum Thema der urchristlichen Apokalyptik, in: ders., Exegetische Versuche und Besinnungen II, Tübingen: Mohr-Siebeck, 105-131.
E. Käsemann (^{2}1965a), Gottesgerechtigkeit bei Paulus, in: ders., Exegetische Versuche und Besinnungen II, Tübingen: Mohr-Siebeck, 181-193.
H.-B. Kaufmann (1968), Muss die Bibel im Mittelpunkt des Religionsunterrichtes stehen?, in: G. Otto /H. Stock (Hg.), Schule und Kirche vor den Aufgaben der Erziehung, Hamburg: Furche, 79-83.
R. Kaufmann (^{3}2002), Einkehr in die Wüste, in: U. Luz (Hg.), Zankapfel Bibel. Eine Bibel – viele Zugänge, Zürich: TVZ, 107-119.
N. Kazantzakis (^{4}1979), Brudermörder, München: dtv.
E. Keller/M.L. Keller (1968), Der Streit um die Wunder. Kritik und Auslegung des Übernatürlichen in der Neuzeit, Gütersloh: Gütersloher Verlagshaus.
U. Kern (2015), Religion. Jesu Gleichnisse – Jesu Wunder. Sekundarstufe 5-8, Donauwörth: Klippert.
B. Kinman (2009), Jesus' Royal Entry in Jerusalem, in D.L. Bock/R.L. Webb (Hg.), Key Events in the Life of the Historical Jesus. A Collaborative Exploration of Context and Coherence, WUNT 247, Tübingen: Mohr-Siebeck, 383-428.
H.-G. Kippenberg/G.A. Wewers (1979), Textbuch zur neutestamentlichen Zeitgeschichte, Göttingen: Vandenhoeck & Ruprecht.
K. König (2000), Vom wem werde ich anerkannt?, ru 3/2000: Mensch Paulus, 104-106.
I. Kirsner (1997), Things to come – Apokalypse im Film, entwurf 2/1997, 19-23.
I. Kirsner/M. Wermke (Hg.) (2000), Religion im Kino. Religionspädagogisches Arbeiten mit Filmen, Göttingen: Vandenhoeck & Ruprecht.
H.J. Klauck (1987), Judas – ein Jünger des Herrn, QD 111, Freiburg: Herder.
H. Klein (2006), Das Lukasevangelium, KEK 1/3, Göttingen: Vandenhoeck & Ruprecht.
T. Klie (2003), Performativer Religionsunterricht. Von der Notwendigkeit des Gestaltens und Handelns im Religionsunterricht, Loccumer Pelikan 4/2003, 171-178.
T. Klie/S. Leonhard (Hg.) (2008), Performative Religionsdidaktik, PThh 97, Stuttgart: Kohlhammer.
M. Klinghardt (2007), Legionsschweine in Gerasa. Lokalkolorit und historischer Hintergrund von Mk 5,1-20, ZNW 98, 28-48.
P.-G. Klumbies (2013), Die Heilung eines Gelähmten und vieler Erstarrter (Die Heilung eines Gelähmten) – Mk 2,1-12 (Mt 9,1-8; EvNik 6), in: R. Zimmermann u.a. (Hg.), Kompendium der frühchristlichen Wundererzählungen Band 1: Die Wunder Jesu, Gütersloh: Gütersloher Verlagshaus, 235-247.
F. Kogler (1988), Das Doppelgleichnis vom Senfkorn und vom Sauerteig in seiner traditionsgeschichtlichen Entwicklung, fzb 59, Würzburg: Echter.
L. Kohlberg (1996), Die Psychologie der Moralentwicklung, Frankfurt a. M.: Suhrkamp.
M. Köhnlein (^{2}2011), Die Bergpredigt, Stuttgart: Kohlhammer.
B. Kollmann (1990), Ursprung und Gestalten der frühchristlichen Mahlfeier, GTA 43, Göttingen: Vandenhoeck & Ruprecht 1996.
B. Kollmann (1996), Jesus und die Christen als Wundertäter. Studien zu Magie, Medizin und Schamanismus in Antike und Christentum, FRLANT 170, Göttingen: Vandenhoeck & Ruprecht.
B. Kollmann (1996a), Das Schwurverbot Mt 5,33-37/Jak 5,12 im Spiegel antiker Eidkritik, BZ NF 40, 179-193.
B. Kollmann (1998), Joseph Barnabas. Leben und Wirkungsgeschichte, SBS 175, Stuttgart: Kath. Bibelwerk.

B. Kollmann (2000), Philippus der Evangelist und die Anfänge der Heidenmission, Bib. 81, 551-565.
B. Kollmann (2001), Erwägungen zur Reichweite des Schwurverbots Jesu (Mt 5,34). ZNW 92, 20-32.
B. Kollmann (2004), Jesus als jüdischer Gleichnisdichter, NTS 50, 457-475.
B. Kollmann (^{2}2009), Die Jesusmythen. Sensationen und Legenden, Freiburg: Herder.
B. Kollmann (2009), Gleichnisse im Religionsunterricht – Grundprobleme und Perspektiven, in: M. Bachmann/J. Woyke (Hg.), Erstaunlich lebendig und bestürzend verständlich? Studien und Impulse zur Bibeldidaktik, Neukirchen-Vluyn: Neukirchener, 147-166.
B. Kollmann (2010), Christliche Lebenspraxis im Angesicht der Bergpredigt, in: T. Naumann/A. Kurschus (Hg.), Wo ist denn nun euer Gott?, Neukirchen-Vluyn: Neukirchener Verlag, 60-74.
B. Kollmann (2010a), Das Grabtuch von Turin – ein Porträt Jesu? Mythen und Fakten, Freiburg: Herder.
B. Kollmann (^{3}2011), Neutestamentliche Wundergeschichten. Biblisch-theologische Zugänge und Impulse für die Praxis, UrbanTB 477, Stuttgart: Kohlhammer.
B. Kollmann (2011), Jesus and Magic: The Question of the Miracles, in: T. Holmén/S.E. Porter (Hg.), Handbook for the Study of the Historical Jesus Vol. IV: Individual Studies, Leiden/Boston: Brill, 3057-3085.
B. Kollmann (2012), Die Goldene Regel (Mt 7,12/Lk 6,31) – Triviale Maxime der Selbstbezogenheit oder Grundprinzip ethischen Handelns? in: H.U. Weidemann (Hg.), Er stieg auf den Berg ... und lehrte sie (Mt 5,1f.). Exegetische und rezeptionsgeschichtliche Studien zur Bergpredigt, SBS 226, Stuttgart: Kath. Bibelwerk, 97-113.
B. Kollmann (2013), Die Berufung und Bekehrung zum Heidenmissionar, in: F.W. Horn (Hg.), Paulus Handbuch, Tübingen: Mohr-Siebeck, 80-90.
B. Kollmann (2013a), Krankheitsbilder und soziale Folgen: Blindheit, Lähmung, Aussatz, Taubheit oder Taubstummheit, in: R. Zimmermann u.a. (Hg.), Kompendium der frühchristlichen Wundererzählungen Band 1: Die Wunder Jesu, Gütersloh: Gütersloher Verlagshaus, 87-93.
B. Kollmann (2013b), Die Wunder Jesu im Licht von Magie und Schamanismus, in: R. Zimmermann u.a. (Hg.), Kompendium der frühchristlichen Wundererzählungen Band 1: Die Wunder Jesu, Gütersloh: Gütersloher Verlagshaus, 124-139.
B. Kollmann (2013c), Brot und Fisch bis zum Abwinken (Die Speisung der 5000) – Mk 6,30-44 (ActJoh 93), in: R. Zimmermann u.a. (Hg.), Kompendium der frühchristlichen Wundererzählungen Band 1: Die Wunder Jesu, Gütersloh: Gütersloher Verlagshaus, 294-303.
B. Kollmann (^{3}2014), Einführung in die Neutestamentliche Zeitgeschichte, Darmstadt: Wiss. Buchgesellschaft.
B. Kollmann (2014), Neues Testament kompakt, Stuttgart: Kohlhammer.
B. Kollmann (2014a), Von der Rehabilitierung mythischen Denkens und der Wiederentdeckung Jesu als Wundertäter. Meilensteine der Wunderdebatte von der Aufklärung bis zur Gegenwart, in: B. Kollmann/R. Zimmermann (Hg.), Hermeneutik der frühchristlichen Wundererzählungen, WUNT 339, Tübingen: Mohr-Siebeck, 3-26.
B. Kollmann (2017), Exorzismen/Totenerweckungen und Naturwunder, in: J. Schröter/C. Jacobi (Hg.), Jesus Handbuch, Tübingen: Mohr-Siebeck, 310-327.
B. Kollmann (2018), Schwierige Texte für den Religionsunterricht? Zur Didaktik der Heilungswunder, Theo-Web. Zeitschrift für Religionspädagogik 17, 101–119.
M. Konradt (2015), Das Evangelium nach Matthäus, NTD 1, Göttingen: Vandenhoeck & Ruprecht 2015.
H. Korte (^{3}2004), Einführung in die systematische Filmanalyse, Berlin: Schmidt.
U.H.J. Körtner (1988), Weltangst und Weltende. Eine theologische Interpretation der Apokalyptik, Göttingen: Vandenhoeck & Ruprecht.
U.H.J. Körtner (1999), Evangelische Sozialethik. Grundlagen und Themenfelder, UTB 2107, Göttingen: Vandenhoeck & Ruprecht.
U.H.J. Körtner/M. Leutzsch (Hg.) (1998), Papiasfragmente. Hirt des Hermas, SUC 3, Darmstadt: Wiss. Buchgesellschaft.
M. Koschorke (^{5}2014), Jesus war nie in Bethlehem, Darmstadt: Wiss. Buchgesellschaft.
H. Kraft (1974), Die Offenbarung des Johannes, HNT 16a, Tübingen: Mohr-Siebeck.
R. Kratz (1979), Rettungswunder. Motiv-, traditions- und formkritische Aufarbeitung einer biblischen Gattung, EHS XXIII/123, Frankfurt a.M. u.a.: Peter Lang.
J. Kremer (1973), Pfingstbericht und Pfingstgeschehen. Eine exegetische Untersuchung zu Apg 2,1-13, SBS 63/64, Stuttgart: Kath. Bibelwerk.

G. Kroll (¹²2002), Auf den Spuren Jesu. Sein Leben – sein Wirken – seine Zeit, Leipzig: St. Benno.

U. Kropač (⁶2010), Biblisches Lernen, in: G. Hilger/S. Leimgruber/H.-G. Ziebertz (Hg.), Religionsdidaktik. Ein Leitfaden für Studium, Ausbildung und Beruf, München: Kösel, 416-433.

M. Küchler (1989), »Wir haben seinen Stern gesehen …« (Mt 2,29), BiKi 44, 179-186.

M. Küchler (2007), Jerusalem. Ein Handbuch und Studienreiseführer zur Heiligen Stadt, Göttingen: Vandenhoeck & Ruprecht.

H.-W. Kuhn (1982), Die Kreuzesstrafe während der frühen Kaiserzeit, ANRW II 25,1, 647-793.

J. Kunstmann (2004), Religionspädagogik, UTB 2500, Tübingen: Mohr-Siebeck.

M. Kwiran (1987). Theologische und didaktische Anmerkungen zur Behandlung von Wundergeschichten im Religionsunterricht, ru 17, 66-69.

R. Lachmann (1999), Geburt Jesu/Weihnachten, in: R. Lachmann/G. Adam/W.H. Ritter, Theologische Schlüsselbegriffe. Biblisch – systematisch – didaktisch, TLL 1, Göttingen: Vandenhoeck & Ruprecht, 84-92.

R. Lachmann (2001), Streitgespräche, in: R. Lachmann/G. Adam/C. Reents (Hg.), Elementare Bibeltexte. Exegetisch – systematisch – didaktisch, Göttingen: Vandenhoeck & Ruprecht, 259-274.

J. Lähnemann (2001), Apostelgeschichte, in: R. Lachmann/G. Adam/C. Reents (Hg.), Elementare Bibeltexte. Exegetisch – systematisch – didaktisch, Göttingen: Vandenhoeck & Ruprecht, 403-417.

G. Lämmermann (²1999), Religionspädagogik im 20. Jahrhundert, Gütersloh: Kaiser.

F. Lang (²1994), Die Briefe an die Korinther, NTD 7, Göttingen: Vandenhoeck & Ruprecht.

G. Lange (⁵2010), Umgang mit Kunst, in: G. Adam/R. Lachmann (Hg.), Methodisches Kompendium für den Religionsunterricht, Göttingen: Vandenhoeck & Ruprecht, 247-261.

G. Langenhorst (⁵2018), Bibel und moderne Literatur, in: M. Zimmermann/R. Zimmermann (Hg.), Handbuch Bibeldidaktik, UTB 3996, Tübingen: Mohr-Siebeck, 604-610.

C. Lanz (2018), Viel Geld – viel Glück?, in: EIBOR (Hg.), Wie reich macht Geld? Bausteine für den Religionsunterricht an berufsbildenden Schulen, RU praktisch – Berufliche Schulen, Göttingen: Vandenhoeck & Ruprecht, 47-53.

P. Lapide (1986), Er wandelte nicht auf dem Meer, Gütersloh: Gütersloher Verlagshaus.

M. Leutzsch (2012), Didaktik der Apokalypse, in: B. Dressler/H. Schroeter-Wittke (Hg.), Religionspädagogischer Kommentar zur Bibel, Leipzig: Ev. Verlagsanstalt, 634-648.

I. Leven/G. Quenzel/K. Hurrelmann (2015), Familie, Bildung, Beruf, Zukunft: Am liebsten alles, in: Shell Deutschland Holding (Hg.), Jugend 2015. Eine pragmatische Generation im Aufbruch (17. Shell Jugendstudie), Frankfurt a. M.: Fischer, 47-110.

H. Lichtenberger (2014), Die Apokalypse, ThKNT 23, Stuttgart: Kohlhammer.

A. Lindemann (1983), Die Kinder und die Gottesherrschaft. Mk 10,13-16 und die Stellung der Kinder in der späthellenistischen Gesellschaft und im Urchristentum, WuD NF 17, 77-104.

E. Linnemann (⁷1978), Gleichnisse Jesu. Einführung und Auslegung, Göttingen: Vandenhoeck & Ruprecht.

H. Loewy (³2011), »Solls der Chanukkabaum heißen«. Chanukka, Weihnachten, Weihnukka. Jüdische Geschichten vom Fest der Feste, Berlin: Verlag Das Arsenal.

U. Löffler (2015), Den Tisch der Freiheit und Gemeinschaft schmücken. Pessach und Abendmahl als »Themen« im Religionsunterricht der 5. und 6. Jahrgangsstufe, entwurf 2/2015, 22-27.

U. Löffler (2017), »Erschein' mir in dem Bilde«. Interpretationen des Todes Jesu in den Evangelien und in Werken der Bildenden Kunst, entwurf 2/2017, 46-53.

G. Lohfink (1971), Die Himmelfahrt Jesu. Untersuchungen zu den Himmelfahrts- und Erhöhungstexten bei Lukas, StANT 26, München: Kösel.

G. Lohkemper-Sobiech (1998), Bibliodrama im Religionsunterricht. Bd. 1-2, Mainz: Grünewald.

H. Löhr (Hg.) (2012), Abendmahl, UTB 3499, Tübingen: Mohr-Siebeck.

E. Lohse (1973), »Ich aber sage euch«, in: ders., Die Einheit des Neuen Testaments, Göttingen: Vandenhoeck & Ruprecht, 73-87.

E. Lohse (2003), Der Brief an die Römer, KEK 4, Göttingen: Vandenhoeck & Ruprecht.

E. Lohse (²2009), Paulus. Eine Biographie, München: C.H. Beck.

E. Lohse (2011), Vater unser. Das Gebet der Christen, Darmstadt: Wiss. Buchgesellschaft.

E. Lohse (2015), Die Wundertaten Jesu, Stuttgart: Kohlhammer.

H.E. Lona (1993), Über die Auferstehung des Fleisches. Studien zur frühchristlichen Eschatologie, BZNW 66, Berlin/New York: de Gruyter.

H.E. Lona (2007), Judas Iskariot. Legende und Wahrheit, Freiburg: Herder.
C. Lück/G. vom Stein (2013), Die Taufe – Wasser des Lebens, :in religion. Unterrichtsmaterialien für die Sekundarstufe I, 7/2013, Aachen: Bergmoser und Höller.
G. Lüdemann (1994), Die Auferstehung Jesu. Historie, Erfahrung, Theologie, Göttingen: Vandenhoeck & Ruprecht.
D. Lührmann (1987), Das Markusevangelium, HNT 3, Tübingen: Mohr-Siebeck.
N.P. Lunn (2015), The Original Ending of Mark: A New Case for the Authenticity of Mark 16:9-20, Cambridge: James Clarke & Co.
S. Luther/M. Zimmermann (2018), Sehnsucht ... Theologisieren mit Gleichnissen, :in religion 6/1018, Aachen: Bergmoser und Höller.
U. Luz (^{5}2002/^{4}2007/^{2}2012/2002), Das Evangelium nach Matthäus, Bd. I-IV, EKK I/1-4, Zürich u.a.: Benziger/Neukirchen-Vluyn: Neukirchener.
S. Macht (1997), Religionsunterricht praktisch. Unterrichtsentwürfe und Arbeitshilfen für die Sekundarstufe I. 9. Schuljahr, Göttingen: Vandenhoeck & Ruprecht.
S. Macht (2009), Wie ein Fenster zu Gott. Gleichnisse sehen lernen, Göttingen: Vandenhoeck & Ruprecht.
D. Mackay (1997), The Feedings in Mark: Miracle, or more than Miracle?, Colloquium 29, 119-130.
P.L. Maier (1996), The Inscription on the Cross of Jesus of Nazareth, Hermes 124, 58-75.
I. Maisch (1971), Die Heilung des Gelähmten, SBS 52, Stuttgart: Kath. Bibelwerk.
J. Marcus (2000/2009), Mark 1–8/8–16, AncB 27/27A, New Haven/London: Yale University Press.
C. Markschies/J. Schröter (Hg.) (2012), Antike christliche Apokryphen in deutscher Übersetzung Bd. 1/1-2, Tübingen: Mohr-Siebeck.
G.M. Martin (^{3}2011), Sachbuch Bibliodrama. Theorie und Praxis, Berlin: EB-Verlag.
D. Massa (2000), Verstehensbedingungen von Gleichnissen. Prozesse und Voraussetzungen der Rezeption aus kognitiver Sicht, TANZ 31, Tübingen: Francke.
J.P. Meier (1991/1994/2001/2009), A Marginal Jew. Rethinking the Historical Jesus, 4 vols., New York: Doubleday.
M. Meiser (2004), Judas Iskariot. Einer von uns, BG 10, Leipzig: Ev. Verlagsanstalt.
H. Mendl (Hg.) (2016), Religion zeigen – Religion erleben – Religion verstehen. Ein Studienbuch zum Performativen Religionsunterricht, Religionspädagogik innovativ 16, Stuttgart: Kohlhammer.
H.A. Mertens (^{6}1982), Brot in deiner Hand. Geschichten für Kinder von der Bedeutung des heiligen Mahles, München: Pfeiffer.
F.-A. von Metzsch (1998), Menschen helfen Menschen. Der barmherzige Samariter als Leitbild und in der Kunst, Neuhausen-Stuttgart: Hänssler.
R. Metzner (2011), Die Prominenten im Neuen Testament. Ein prosopographischer Kommentar, NTOA 66, Göttingen: Vandenhoeck & Ruprecht.
T. Meurer (2016), Die Dignität biblischer Texte bewahren – auch auf der Spielwiese des Performativen, in: H. Mendl (Hg.), Religion zeigen – Religion erleben – Religion verstehen. Ein Studienbuch zum Performativen Religionsunterricht, Religionspädagogik innovativ 16, Stuttgart: Kohlhammer 142-148.
K. Müller (1979), Jesus vor Herodes. Eine redaktionsgeschichtliche Untersuchung von Lk 23,6-12, in: G. Dautzenberg u.a. (Hg.), Zur Geschichte des Urchristentums, QD 87, Freiburg: Herder, 111-141.
K. Müller (1988), Möglichkeit und Vollzug jüdischer Kapitalgerichtsbarkeit im Prozeß gegen Jesus von Nazaret, in: K. Kertelge (Hg.), Der Prozeß gegen Jesus. Historische Rückfrage und theologische Deutung, QD 112, Freiburg: Herder, 41-83.
P. Müller (2001), Kindheitserzählungen nach Lukas und Matthäus, in: R. Lachmann/G. Adam/C. Reents (Hg.), Elementare Bibeltexte. Exegetisch – systematisch – didaktisch, Göttingen: Vandenhoeck & Ruprecht, 243-258.
P. Müller (2006), »Die Wolke ist Gott« Himmelfahrt (Lk 24,51-53; Apg 1,9-11), in: G. Büttner/M. Schreiner (Hg.), »Man hat immer ein Stück Gott in sich«. Mit Kindern biblische Geschichten deuten, Stuttgart: Calwer, 207-216.
P. Müller (2009), Schlüssel zur Bibel. Eine Einführung in die Bibeldidaktik, Stuttgart: Calwer.
P. Müller (Hg.) (2012), Paulus in der Schule. Grundlagen. Didaktik. Bausteine für den Unterricht, Stuttgart: Kohlhammer.
P. Müller (2014), Gleichnisse, in: L. Bormann (Hg.), Neues Testament. Zentrale Themen, Neukirchen-Vluyn: Neukirchener, 49-70.

P. Müller/G. Büttner/R. Heiligenthal/J. Thierfelder (2002), Die Gleichnisse Jesu. Ein Studien- und Arbeitsbuch für den Unterricht, Stuttgart: Calwer.

U.B. Müller (²1995), Die Offenbarung des Johannes, ÖTK 19, Gütersloh/Würzburg: Gütersloher Verlagshaus/Echter.

H. Multhaupt (1994), Zachäus, komm vom Baum herunter! Biblische Spiele für Gottesdienst, Schule und Gruppe, Mainz: Grünewald.

C. Münch (2013), Wundererzählungen heute unterrichten (Didaktik der Wundererzählungen), in: R. Zimmermann u.a. (Hg.), Kompendium der frühchristlichen Wundererzählungen Band 1: Die Wunder Jesu, Gütersloh: Gütersloher Verlagshaus, 140-155.

W. Neidhart (Hg.) (²1993), Erzählbuch zur Bibel Bd. 2. Geschichten und Texte für unsere Zeit weitererzählt, Lahr: Kaufmann/Düsseldorf: Patmos/Zürich: TVZ.

W. Neidhart (Hg.) (1997), Erzählbuch zur Bibel Bd. 3. Geschichten und Texte für unsere Zeit neu erzählt, Lahr: Kaufmann/Düsseldorf: Patmos/Zürich: TVZ.

W. Neidhart/H. Eggenberger (Hg.) (⁶1990), Erzählbuch zur Bibel. Bd. 1, Theorie und Beispiele, Lahr: Kaufmann/Düsseldorf: Patmos/Zürich: TVZ.

E. Netzer (1999), Die Paläste der Hasmonäer und Herodes' des Großen, Mainz: Philipp von Zabern.

F.W. Niehl (Hg.) (2003), Leben lernen mit der Bibel. Der Textkommentar zu Meine Schulbibel, München: Kösel.

F.W. Niehl (2003), Bibel verstehen, München: Kösel.

K.E. Nipkow (1986), Elementarisierung als Kern der Unterrichtsvorbereitung, Katechetische Blätter 111, 600-608.

M. Nowak (2002), Psychogene Lähmungen im Kindes- und Jugendalter, Zeitschrift für Kinder- und Jugendpsychiatrie und Psychotherapie 30, 199-210.

R. Oberthür (2015), »Das Vaterunser – einfach für Kinder!«, Katechetische Blätter 140, 22-27.

P.T. O'Brien (2004), Was Paul Converted?, in: D.A. Carson/P.T. O'Brien/M.A. Seifrid (ed.), Variegated Nomism Vol. II: The Paradoxes of Paul, WUNT II/181, Tübingen: Mohr-Siebeck, 361-391.

H. Omerzu (2003), Das traditionsgeschichtliche Verhältnis der Begegnungen von Jesus mit Herodes Antipas und Paulus mit Agrippa II, SNTU 28, 121-145.

G. Orth/H. Hanisch (1998), Glauben entdecken – Religion lernen. Was Kinder glauben Teil 2. Stuttgart: Calwer.

F. Oser/P. Gmünder (⁴1996), Der Mensch. Stufen seiner religiösen Entwicklung, Gütersloh: Gütersloher Verlagshaus.

K.H. Ostmeyer (2007), Gott knetet nicht (Vom Sauerteig) – Q 13,20f. (Mt 13,33/Lk 13,20f./EvThom 96), in: R. Zimmermann (Hg.), Kompendium der Gleichnisse Jesu, Gütersloh: Gütersloher Verlagshaus, 185-192.

K.H. Ostmeyer (2007a), Dabeisein ist alles (Der verlorene Sohn) – Lk 15,11-32, in: R. Zimmermann (Hg.), Kompendium der Gleichnisse Jesu, Gütersloh: Gütersloher Verlagshaus, 618–633.

R. Ott (1995), Lernen in der Begegnung mit der Bibel, in: H.-G. Ziebertz/W. Simon (Hg.), Bilanz der Religionspädagogik, Düsseldorf: Patmos, 291-309.

G. Otto/H. Rauschenberger (1970), Mainzer Thesen zum Religionsunterricht in der Grundschule, in: Evangelische Kommentare 5, 325-327.

A. Oveja (2007), Neunundneunzig sind nicht genug! (Vom verlorenen Schaf) – Q 15,4-5a.7, in: R. Zimmermann (Hg.), Kompendium der Gleichnisse Jesu, Gütersloh: Gütersloher Verlagshaus, 205-219.

N. Pauler (1996), Bibliodrama, SBTB 22, Stuttgart: Kath. Bibelwerk.

R. Pesch (⁵1989/⁴1991), Das Markusevangelium Bd. I-II, Freiburg, HThK II/1-2, Freiburg: Herder.

R. Pesch (³2005/²2003), Die Apostelgeschichte Bd. I-II, EKK V/1-2, Zürich: Benziger/Neukirchen-Vluyn: Neukirchener.

S. Petersen (2011), Maria aus Magdala. Die Jüngerin, die Jesus liebte, BG 23, Leipzig: Ev. Verlagsanstalt.

K. Petzold (2001), Kreuz und Auferstehung, in: R. Lachmann/G. Adam/C. Reents (Hg.), Elementare Bibeltexte. Exegetisch – systematisch – didaktisch, Göttingen: Vandenhoeck & Ruprecht, 360-386.

J. Piaget/B. Inhelder (1972), Die Psychologie des Kindes, Olten: Walter Verlag.

K. Piepenbrink (2002), Konstantin der Große und seine Zeit, Darmstadt: Wiss. Buchgesellschaft.

J.J. Pilch (2011), Flights of the Soul. Visions, Heavenly Journeys, and Peak Experiences in the Biblical World, Grand Rapids/Cambridge: Eerdmans.

M.L. Pirner (2006), »All I need is a miracle«. Wunder in der Popmusik als Impulse im Religionsunterricht, entwurf 4/2006, 45-48.
P.A. Pitzele (1998), Scripture Windows: Toward a Practice of Bibliodrama, Los Angeles: Torah Aura.
E.O. Plauen (^{5}2018), Vater und Sohn. Sämtliche Bildgeschichten, Hamburg: Nikol.
U. Pohl-Patalong (2005), Der Bibliolog. Gemeinsam die Bibel entdecken im Gottesdienst – in der Gemeinde – in der Schule, Stuttgart: Kohlhammer.
U. Pohl-Patalong (^{3}2013/^{2}2013), Bibliolog. Impulse für Gottesdienst, Gemeinde und Schule, Bd. 1: Grundformen, Bd. 2: Aufbauformen, Stuttgart: Kohlhammer.
W. Pöhlmann (1979), Die Abschichtung des Verlorenen Sohnes (Lk 15,12f.) und die erzählte Welt der Parabel, ZNW 70, 194-213.
R. Polak (1999), Apokalyptik – ein Thema für Jugendliche?, Glaube und Lernen 14, 47-62.
E.E. Popkes/G. Wurst (Hg.) (2012), Judasevangelium und Codex Tchacos. Studien zur religionsgeschichtlichen Verortung einer gnostischen Schriftensammlungen, WUNT 297, Tübingen: Mohr-Siebeck.
E.E. Popkes (2014), Der Krankenheilungsauftrag Jesu. Studien zu seiner ursprünglichen Gestalt und seiner frühchristlichen Interpretation, BThSt 96, Neukirchen-Vluyn: Neukirchener.
M.A. Powell (2000), The Magi as kings: an adventure in readerresponse criticism, CBQ 62, 459-480.
R. Preul (1977), Scriptura sacra im Unterricht – religionspädagogische Fragen zum Gegenwartsbezug der Bibel, in: C.-H. Ratschow (Hg.), Sola scriptura, Marburg: Elwert, 22-37.
A. Puig i Tàrrech/J.M.G. Barclay/J. Frey (2015), The Last Years of Paul, WUNT 352, Tübingen: Mohr-Siebeck.
E. Rau (1990), Reden in Vollmacht. Hintergrund, Form und Anliegen der Gleichnisse Jesu, FRLANT 149, Göttingen: Vandenhoeck & Ruprecht.
F. Rautenberg (2014), Der Mensch lebt nicht vom Brot allein, Bausteine Religion 3/2014, Aachen: Bergmoser und Höller.
W. Reinbold (1993), Der älteste Bericht über den Tod Jesu. Literarische Analyse und historische Kritik der Passionsdarstellungen der Evangelien, BZNW 69, Berlin/New York: de Gruyter.
A. Reinert (2018), Das Gleichnis vom verlorenen Sohn. Gnade, Rechtfertigung, Menschenwürde, entwurf 3/2018, 56-59.
M. Reiser (2011), Der unbequeme Jesus, Neukirchen-Vluyn: Neukirchener Verlag.
A. Reiss (2013), Reine Glaubenssache? Wunderbare Heilung. Religion 5-10. Themen – Unterrichtsideen – Materialien 12, 20-22.
A. Reiss (2014), Mit Kindern und Jugendlichen über Wunder theologisieren, in: B. Kollmann/R. Zimmermann (Hg.), Hermeneutik der frühchristlichen Wundererzählungen, WUNT 339, Tübingen: Mohr-Siebeck, 663-678.
I. Renz (2006), Kinderbibeln als theologisch-pädagogische Herausforderung, ARPäd 28, Göttingen: Vandenhoeck & Ruprecht.
B. Repschinski (2000), The Controversy Stories in the Gospel of Matthew. Their Redaction, Form and Relevance for the Relationship Between the Matthean Community and Formative Judaism, FRLANT 189, Göttingen: Vandenhoeck & Ruprecht.
I. Riedel (1991), Die Emmaus-Geschichte als Trauer-Weg. Erschließung eines Textes mit bibliodramatischen Elementen, JRP 8, 89–100.
U. Riegel (^{2}2018), Bibelverständnis und soziales Milieu, in: M. Zimmermann/R. Zimmermann (Hg.), Handbuch Bibeldidaktik, UTB 3996, Tübingen: Mohr-Siebeck, 674-677.
M. Rissi (1964), The Rider on the White Horse: A Study of Revelation 6:1-8, Interpretation 18, 407-418.
W.H. Ritter (1995), Kommen Wunder für Kinder zu früh? KatBl 120, 832-842.
W.H. Ritter (1998), Von der bildenden Kraft der Bergpredigt, in: R. Feldmeier (Hg.), Salz der Erde. Zugänge zur Bergpredigt, Göttingen: Vandenhoeck & Ruprecht, 173-215.
W.H. Ritter (1999), Gebet, in: R. Lachmann/G. Adam/W.H. Ritter, Theologische Schlüsselbegriffe. Biblisch – systematisch – didaktisch, TLL 1, Göttingen: Vandenhoeck & Ruprecht, 74-83.
W.H. Ritter (Hg.) (2003), Erlösung ohne Opfer?, BThS 22, Göttingen: Vandenhoeck & Ruprecht.
S.K. Roll (2003), Weihnachten/Weihnachtsfest/Weihnachtspredigt I. Geschichte, Theologie und Liturgie, TRE 35, 453-468.
J. Roloff (1970), Das Kerygma und der irdische Jesus. Historische Motive in den Jesus-Erzählungen der Evangelien, Göttingen: Vandenhoeck & Ruprecht.

J. Roloff (³2010), Die Apostelgeschichte, NTD 5, Göttingen: Vandenhoeck & Ruprecht.

H. Roose (2006), »So was gibt's vielleicht, wenn's um die Todesstrafe geht«. Siebtklässler lesen die Schilderung des Endgerichts aus der Offenbarung des Johannes, in: G. Büttner/M. Schreiner (Hg.), »Man hat immer ein Stück Gott in sich«. Mit Kindern biblische Geschichten deuten, Stuttgart: Calwer, 229-242.

H. Roose (²2018), Die Johannesapokalypse, in: M. Zimmermann/R. Zimmermann (Hg.), Handbuch Bibeldidaktik, UTB 3996, Tübingen: Mohr-Siebeck, 273-275.

H. Roose/G. Büttner/T. Schlag (2018), »Es ist schwer einzuschätzen, wo man steht«. Jugend und Bibel, JaBuKiJu 2, Stuttgart: Calwer 2018.

K. Rosen (1995), Jesu Geburtsdatum, der Census des Quirinius und eine jüdische Steuererklärung aus dem Jahr 127 nC, Jahrbuch für Antike und Christentum 38, 5-15.

M. Rothgangel (2001), Paulusbriefe, in: R. Lachmann/G. Adam/C. Reents (Hg.), Elementare Bibeltexte. Exegetisch – systematisch – didaktisch, Göttingen: Vandenhoeck & Ruprecht, 418-446.

G. Röwekamp (Hg.) (1995), Egeria. Itinerarium. Reisebericht, FChr 1/20, Freiburg: Herder.

U. Rudnick (2003), Judentum als Thema im christlichen Religionsunterricht – didaktische Perspektiven, Loccumer Pelikan 3/2003, 120-124.

H. Rupp (1998), Erzählwege als Lernwege. Die Erzählstrategien der Gleichnisse Jesu als Hinweise für einen lebendigen Unterricht, Glaube und Lernen 13, 165-180.

H. Rupp (1999), Elementare Fragen als Zugang zur Johannesapokalypse im Religionsunterricht, Glaube und Lernen 14, 63-79.

H. Rupp (2012), Paulus – elementarisiert und kompetenzorientiert, in: P. Müller (Hg.), Paulus in der Schule. Grundlagen. Didaktik. Bausteine für den Unterricht, Stuttgart: Kohlhammer, 102-111.

H. Ruppel u.a. (2000), Gerechtigkeit lernen. Religion 7/8, Stuttgart: Klett.

R. Sack (2008), Weihnachten in aller Welt. Mit 24 Geschichten durch den Advent, Lahr: Kaufmann.

S. Safrai (1994), Jesus and the Hasidim, Jerusalem Perspective 42-44, 3-22.

A.J. Saldarini (1988), Pharisees, Scribes, and Sadducees in Palestinian Society. A Sociological Approach, Wilmington: Michael Glazier.

G. Samuelsson (2011), Crucifixion in Antiquity. An Inquiry into the Background and Significance of the New Testament Terminology of Crucifixion, WUNT 2/310, Tübingen.

E.P. Sanders (1985), Paulus und das palästinische Judentum. Ein Vergleich zweier Religionsstrukturen, Göttingen: Vandenhoeck & Ruprecht.

D. Sänger (2007), Psalm 22 und die Passionsgeschichten der Evangelien, BTS 88, Neukirchen-Vluyn: Neukirchener.

A. Satake (2008), Die Offenbarung des Johannes, KEK 16, Göttingen: Vandenhoeck & Ruprecht.

A. Schalit (²2001), König Herodes. Der Mann und sein Werk, Berlin/New York: de Gruyter.

M. Schambeck (2009), Bibeltheologische Didaktik. Biblisches Lernen im Religionsunterricht, UTB 3200, Göttingen: Vandenhoeck & Ruprecht.

M. Schambeck (2013), Das Kreuz zwischen theologischer Lehre und existenzieller Irrelevanz. Religionsdidaktische Problematisierungen, in: J. Knop/U. Wildfeuer (Hg.), Kreuzzeichen. Zwischen Hoffnung, Unverständnis und Empörung, Ostfildern: Grünewald, 307-320.

M. Schambeck (2013a), Interreligiöse Kompetenz. Basiswissen für Studium, Ausbildung und Beruf, Göttingen: Vandenhoeck & Ruprecht.

M. Schambeck (2014), Berufung/Nachfolge, in: G. Büttner u.a. (Hg.), Handbuch Theologisieren mit Kindern. Einführung – Schlüsselthemen – Methoden, Stuttgart: Calwer/München: Kösel, 133-137.

H. Scharr (1997), Apokalyptik – Thema von Rocksongs, entwurf 2/1997, 96-99.

G. Schelbert (2011), Abba Vater. Der literarische Befund vom Altaramäischen bis zu den späten Haggada-Werken in Auseinandersetzung mit den Thesen von Joachim Jeremias, NTOA 81, Göttingen: Vandenhoeck & Ruprecht.

L. Schenke (1983), Die wunderbare Brotvermehrung. Die neutestamentlichen Erzählungen und ihre Bedeutung, Würzburg: Echter.

M. Schiefer Ferrari (2008), »Leerstellen-Lektüre« am Beispiel von Joh 20, KatBl 133, 62-67.

M. Schiefer Ferrari (2014), Gestörte Lektüre. Dis/abilitykritische Hermeneutik biblischer Heilungserzählungen am Beispiel von Mk 2,1-12, in: B. Kollmann/R. Zimmermann (Hg.), Hermeneutik der frühchristlichen Wundererzählungen, WUNT 339, Tübingen: Mohr-Siebeck, 627-646.

T. Schlag/F. Schweitzer (2012), Jugendtheologie. Grundlagen – Beispiele – kritische Diskussion, Neukirchen-Vluyn: Neukirchener.
T. Schmeller (2010/2015), Der zweite Brief an die Korinther Bd. I-II, EKK VIII/1-2, Zürich: Benziger/Neukirchen-Vluyn: Neukirchener.
H. Schmidt (1986), Beten lernen im Unterricht?, Glaube und Lernen 1, 56-74.
H.-C. Schmidt-Lauber (1986), Art. Himmelfahrtsfest, TRE 15, 341-344.
W. Schmithals (1970), Wunder und Glaube, BSt 59, Neukirchen-Vluyn: Neukirchener.
W. Schmithals (^{2}1986), Das Evangelium nach Markus Bd. 1-2, ÖTK 2/1-2, Gütersloh: Gütersloher Verlagshaus.
R. Schnackenburg (^{7}1992/^{4}1985/^{6}1992/^{3}1994), Das Johannesevangelium Bd. I-IV, HThK IV/1-4, Freiburg: Herder.
U. Schneekloth (2015), Jugend und Politik: Zwischen positivem Gesellschaftsbild und anhaltender Politikverdrossenheit, in: Shell Deutschland Holding (Hg.), Jugend 2015, Frankfurt a. M.: Fischer, 153-200.
U. Schnelle (^{2}2000), Das Evangelium nach Johannes, ThHK 4, Leipzig: Evangelische Verlagsanstalt.
U. Schnelle (2002), Vom Verfolger zum Verkündiger, in: C. Niemand (Hg.), Forschungen zum Neuen Testament und seiner Umwelt (FS A. Fuchs), Linzer Philosophisch-Theologische Beiträge 7, Frankfurt a.M. u.a.: Lang 299-323.
U. Schnelle (2003), Paulus. Leben und Denken, Berlin/New York: de Gruyter.
M. Schnitzler/T. Breitkreuz (2008), P@ulus – das Online-Spiel. Schüler/innen entdecken Paulus im Netz entwurf 3/2008, 38-40.
E. Schockenhoff (2014), Die Bergpredigt. Aufruf zum Christsein, Freiburg: Herder.
G. Scholz (1994), Didaktik neutestamentlicher Wundergeschichten, ARPäd 10, Göttingen: Vandenhoeck & Ruprecht.
L. Schottroff (1971), Das Gleichnis vom verlorenen Sohn, ZThK 68, 27-52.
L. Schottroff/S. Schroer/M.-T. Wacker (1995), Feministische Exegese. Forschungserträge zur Bibel aus der Perspektive von Frauen, Darmstadt: Wiss. Buchgesellschaft.
L. Schottroff/W. Stegemann (1978), Jesus von Nazareth – Hoffnung der Armen, Stuttgart: Kohlhammer.
W. Schrage (1985), Ethik des Neuen Testaments, Berlin: Ev. Verlagsanstalt.
W. Schrage (^{3}2011/1995/^{2}2012/2001), Der erste Brief an die Korinther, Bd. I-IV, EKK VII/1-4, Zürich: Benziger/Neukirchen-Vluyn: Neukirchener.
T. Schreiber (2013), Der Schatten des Galiläers. Nach dem Bestseller von Gerd Theißen, Gütersloh: Gütersloher Verlagshaus.
M. Schreiner (2014), Maria Magdalena, in: G. Büttner u.a. (Hg.), Handbuch Theologisieren mit Kindern. Einführung – Schlüsselthemen – Methoden, Stuttgart: Calwer/München: Kösel, 363-365.
J. Schröter (2009), Zur Stellung der Apostelgeschichte im Kontext der antiken Historiographie, in: J. Frey/C. K. Rothschild/J. Schröter (Hg.), Die Apostelgeschichte im Kontext antiker und frühchristlicher Historiographie, BZNW 162, Berlin: de Gruyter, 27-47.
J. Schröter (2014), Abendmahl, in: L. Bormann (Hg.), Neues Testament. Zentrale Themen, Neukirchen-Vluyn: Neukirchener Verlag, 249-274.
S. Schulte (2008), Gleichnisse erleben. Entwurf einer wirkungsästhetischen Hermeneutik und Didaktik, PTHe 91, Stuttgart: Kohlhammer.
E. Schürer (1973), The History of the Jewish People in the Age of Jesus Christ (175 B.C. – A.D. 135) Vol. I, hg. G. Vermes/F. Millar, Edinburgh: T. & T. Clark.
A. Schweitzer (^{9}1984), Geschichte der Leben-Jesu-Forschung, UTB 1302, Tübingen: Mohr-Siebeck.
F. Schweitzer (^{3}1994), Lebensgeschichte und Religion, Gütersloh: Gütersloher Verlagshaus.
F. Schweitzer u.a. (1995), Religionsunterricht und Entwicklungspsychologie. Elementarisierung in der Praxis, München: Kaiser.
F. Schweitzer (2003), Was ist und wozu Kindertheologie?, in: A.A. Bucher (Hg.), »Im Himmelreich ist keiner sauer«. Kinder als Exegeten, JaBuK 2, Stuttgart: Calwer.
F. Schweitzer (2006), Religionspädagogik, Gütersloh: Gütersloher Verlagshaus.
E. Schweizer (1967), Das Evangelium nach Markus, NTD 1, Göttingen: Vandenhoeck & Ruprecht.
A.M. Schwemer (2007), Erinnerung und Legende. Die Berufung des Paulus und ihre Darstellung in der Apostelgeschichte, in: S.C. Barton/L.T. Stuckenbruck/B.G. Wold (Hg.), Memory in the Bible and Antiqui-

ty. The Fifth Durham-Tübingen Research Symposium (Durham, September 2004), WUNT 212, Tübingen: Mohr-Siebeck, 277-298.

L. SCORNAIENCHI (2016), Der umstrittene Jesus und seine Apologie. Die Streitgespräche im Markusevangelium, NTOA 110, Göttingen: Vandenhoeck & Ruprecht.

G. SELLIN (1986), Der Streit um die Auferstehung der Toten. Eine religionsgeschichtliche und exegetische Untersuchung von 1 Korinther 15, FRLANT 132, Göttingen: Vandenhoeck & Ruprecht.

S. SIGG (2016), Die Bibel für Schüler lebendig machen. Motivierende Ideen und Methoden zur Bibelarbeit, Mülheim (Ruhr): Verlag an der Ruhr.

R. SINTERHAUF/N. STRATMEIER (2008), Jesus und die Ehebrecherin, Schulmagazin 5 bis 10, 49-52.

M. SMITH (1978), Jesus the Magician. Charlatan or Son of God?, San Francisco: Harper and Row.

T. SÖDING (1972), Die Trias Glaube, Hoffnung, Liebe bei Paulus. Eine exegetische Studie, SBS 150, Stuttgart: Kath. Bibelwerk.

R. SOHNS (2012), Die Bergpredigt. Der verlorene Kern des Christentum?, Religion betrifft uns 2/2012, Aachen: Bergmoser und Höller.

F. SPAETH (2013), Himmel abgeschafft. Vier literarische Texte in ihrer Auseinandersetzung mit christlicher Himmelsvorstellung, entwurf 1/2013, 54-57.

F. SPAETH (2014), Vaterunser, in: G. Büttner u.a. (Hg.), Handbuch Theologisieren mit Kindern. Einführung – Schlüsselthemen – Methoden, Stuttgart: Calwer/München: Kösel, 499-504.

J. SPICHAL (2015), Vorurteile gegen Juden im christlichen Religionsunterricht. Eine qualitative Inhaltsanalyse ausgewählter Lehrpläne und Schulbücher in Deutschland und Österreich, ARPäd 57, Göttingen: Vandenhoeck & Ruprecht.

M. STALLMANN (1958), Christentum und Schule, Göttingen: Vandenhoeck & Ruprecht.

N. STASZEWSKI (2012), Mona und der alte Mann. Das Kinderbuch zum Judentum, Mannheim: Sauerländer.

W. STECK (1982), Die Bibel im Religionsunterricht, in: F. Wintzer (Hg.), Praktische Theologie, Neukirchen-Vluyn: Neukirchener, 170-181.

W. STEGEMANN (2004), Dekonstruktion des rationalistischen Wunderbegriffs, in: F. Crüsemann u.a. (Hg.), Dem Tod nicht glauben (FS L. Schottroff), Gütersloh: Gütersloher Verlagshaus, 67-90.

M. STEINKÜHLER (2012), Bibelgeschichten für kleine Leute, Ostfildern: Grünewald.

M. STEINKÜHLER (2015), Religion mit Kindern 3. Materialien für die Grundschule, Göttingen: Vandenhoeck & Ruprecht.

M. STEINKÜHLER (2018), Apostelgeschichte, bibeldidaktisch (Primar- und Sekundarstufe), WiReLex (https://www.bibelwissenschaft.de/stichwort/200289) (abgerufen am 6.11.18).

D. STEINWEDE (1981), Biblisches Erzählen, Göttingen: Vandenhoeck & Ruprecht.

D. STEINWEDE/K. LÜDKE (1994), Religionsbuch Oikoumene 1/2. Werkbuch, Düsseldorf: Patmos.

D. STEINWEDE/K. LÜDKE (1997), Religionsbuch Oikoumene 4. Werkbuch, Düsseldorf: Patmos.

W. STENGER (1988), »Gebt dem Kaiser, was des Kaisers ist ...!« Eine sozialgeschichtliche Untersuchung zur Besteuerung Palästinas in neutestamentlicher Zeit, BBB 68, Frankfurt a. M.: Athenäum.

M. STORZ (2009), Jesus Christus, der »Superstar«? Judas und Jesus. Kopiervorlagen für den Religionsunterricht ab Klasse 10, Göttingen: Vandenhoeck & Ruprecht.

H.L. STRACK/P. BILLERBECK (^{9}1986), Kommentar zum Neuen Testament aus Talmud und Midrasch Bd. 1: Das Evangelium nach Matthäus, München: Beck.

H.L. STRACK/P. BILLERBECK (^{7}1979), Kommentar zum Neuen Testament aus Talmud und Midrasch Bd. 3: Die Briefe des Neuen Testaments und die Offenbarung Johannis, München: Beck.

C. STRECKER (2002), Jesus und die Besessenen, in: W. Stegemann u.a. (Hg.), Jesus in neuen Kontexten, Stuttgart: Kohlhammer, 53-63.

G. STRECKER (^{2}1985), Die Bergpredigt. Ein exegetischer Kommentar, Göttingen: Vandenhoeck & Ruprecht.

G. STRECKER/U. SCHNELLE (Hg.) (1996), Der Neue Wettstein 2/1-2. Texte zur Briefliteratur und zur Johannesapokalypse, Berlin/Boston: de Gruyter.

H. STREIB (2001), Faith Development Theory Revisited. The Religious Styles Perspective, The International Journal for the Psychology of Religion 11, 143-158.

R. STRELAN (2000), A Greater Than Caesar: Storm stories in Lucan and Mark, ZNW 91, 166-179.

A. STROBEL (1980), Die Stunde der Wahrheit. Untersuchungen zum Strafverfahren gegen Jesus, WUNT 21, Tübingen: Mohr-Siebeck.

S.A. Strube (²2018), Weihnachts- und Kindheitsgeschichten Jesu, in: M. Zimmermann/R. Zimmermann (Hg.), Handbuch Bibeldidaktik, UTB 3996, Tübingen: Mohr-Siebeck, 160-165.

R. Strunk/M. Maushardt (1978), Glück. Leistung des Schöpferischen (Lk 15,11-32), in Y. Spiegel (Hg.), Doppeldeutlich. Tiefendimensionen biblischer Texte, München: Kaiser, 57-76.

P. Stuhlmacher (²1998), Der Brief an die Römer, NTD 6, Göttingen: Vandenhoeck & Ruprecht.

P. Stuhlmacher (²2006), Die Geburt des Immanuel. Die Weihnachtsgeschichten aus dem Lukas- und Matthäusevangelium, Göttingen: Vandenhoeck & Ruprecht.

W. Sturm (⁵1997), Religionspädagogische Konzeptionen, in: G. Adam/R. Lachmann (Hg.), Religionspädagogisches Kompendium, Göttingen: Vandenhoeck & Ruprecht, 37-86.

K. Tamminen (1993), Religiöse Entwicklung in Kindheit und Jugend, FPT 13, Frankfurt a.M.: Peter Lang.

J. Theis (2005), Biblische Texte verstehen lernen. Eine bibeldidaktische Studie mit einer empirischen Untersuchung zum Gleichnis vom barmherzigen Samariter, PThh 64, Stuttgart: Kohlhammer.

J. Theis (2017), Einstellungen zur Bibel von Jugendlichen, WiReLex (https://www.bibelwissenschaft.de/stichwort/100267/) (abgerufen am 14.11.2018)

G. Theissen (⁵1987), Urchristliche Wundergeschichten. Ein Beitrag zur formgeschichtlichen Erforschung der synoptischen Evangelien, StNT 8, Gütersloh: Gütersloher Verlagshaus.

G. Theissen (²1993), Psychologische Aspekte paulinischer Theologie, Göttingen: Vandenhoeck & Ruprecht.

G. Theissen (2003), Zur Bibel motivieren. Aufgaben, Inhalte und Methoden einer offenen Bibeldidaktik, Gütersloh: Christian Kaiser/Gütersloher Verlagshaus.

G. Theissen (2003a), Die Goldene Regel (Matthäus 7:12//Lukas 6:31). Über den Sitz im Leben ihrer positiven und negativen Form, Biblical Interpretation 11, 386-399.

G. Theissen (²⁰2007), Der Schatten des Galiläers. Jesus und seine Zeit in erzählender Form, Gütersloh: Gütersloher Verlagshaus.

G. Theissen/A. Merz (⁴2011), Der historische Jesus, Göttingen: Vandenhoeck & Ruprecht.

M. Theobald (2000), Der Römerbrief, EdF 294, Darmstadt: Wiss. Buchgesellschaft.

M. Theobald (2009), Das Evangelium nach Johannes Bd. 1. Regensburg: Pustet Verlag.

M. Theobald (2013), »Steh auf!« Erweckung zum leben hier und jetzt (Die Heilung eines Gelähmten) – Joh 5,1-18, in: R. Zimmermann u.a. (Hg.), Kompendium der frühchristlichen Wundererzählungen Band 1: Die Wunder Jesu, Gütersloh: Gütersloher Verlagshaus, 690-704.

M. Theobald (2018), »Siehe, die Jungfrau wird empfangen« (Jes 7,14). Die »Geburtsankündigungen« Mt 1,18-25/Lk 1,26-38 im Licht ihrer schrifthermeneutischen, religionsgeschichtlichen und anthropologischen Voraussetzungen, in: H.-U. Weidemann (Hg.), »Der Name der Jungfrau war Maria« (Lk 1,27.) Neue exegetische Perspektiven auf die Mutter Jesu, SBS 238, Stuttgart: Kath. Bibelwerk, 20-106.

W. Thiede (1991), Auferstehung der Toten – Hoffnung ohne Attraktivität? Grundstrukturen christlicher Heilserwartung und ihre verkannte religionspädagogische Relevanz, Göttingen: Vandenhoeck & Ruprecht.

A. Thömmes (²2008): LebensWert. 94 Arbeitsblätter für den Religionsunterricht, München 2005: Deutscher Katecheten-Verein.

M. Tiemann (1995), Bibel im Film. Ein Handbuch für Religionsunterricht, Gemeindearbeit und Erwachsenenbildung, Stuttgart: Calwer.

M. Tiemann (2002), Jesus comes from Hollywood. Religionspädagogisches Arbeiten mit Jesus-Filmen, Göttingen: Vandenhoeck & Ruprecht.

E. Tönges (2003), »Unser Vater im Himmel«. Die Bezeichnung Gottes als Vater in der tannaitischen Literatur, BWANT 147, Stuttgart: Kohlhammer.

N. Troi-Boeck/A. Kessler/I. Noth (Hg.) (2015), Wenn Jugendliche Bibel lesen. Jugendtheologie und Bibeldidaktik, Zürich: TVZ.

F. Troue (2013), 44 plus 4 Methoden für die Bibelarbeit. Mit Kopiervorlagen für Klasse 3-10, München: Kösel.

P. Trummer (²1999), Daß meine Augen sich öffnen Kleine biblische Erkenntnislehre am Beispiel der Blindenheilungen Jesu, Stuttgart: Kohlhammer.

R. Tschirch (1997), Biblische Geschichten erzählen, Stuttgart: Kohlhammer.

G.H. Twelftree (Hg.) (2017), The Nature Miracles of Jesus, Eugene: Wipf and Stock.

H. Ulonska (1995), Streiten mit Jesus. Konfliktgeschichten in den Evangelien, BThS 11, Göttingen: Vandenhoeck & Ruprecht.

K. Ulrich-Eschemann (1996), Biblische Geschichten und ethisches Lernen. Analysen – Beispiele – Perspektiven, Frankfurt a.M. u.a.: Peter Lang.

K.F. Ulrichs (2007), Christusglaube. Studien zum Syntagma πίστις Χριστου und zum paulinischen Verständnis von Glaube und Rechtfertigung, WUNT II/227, Tübingen: Mohr-Siebeck.

G. Urbach (Hg.) (^{2}1981), Biblische Geschichten Kindern erzählen, GTB 640, Gütersloh: Gütersloher Verlagshaus.

B. van Iersel (1964/65), Die wunderbare Speisung und das Abendmahl in der synoptischen Tradition (Mk VI 35-44par. VIII 1-10par.), NovTest 7, 167-194.

C. van Randenborgh (2018), Das Gleichnis vom verlorenen Schaf. Digitale Medien nutzen, um den theologischen Kern eines Gleichnisses zu finden, entwurf 3/2018, 42-47.

J. Verheyden (2017), Gründung einer Gemeinschaft: Ruf in die Nachfolge/Die Bildung des Zwölferkreises, in: J. Schröter/C. Jacobi (Hg.), Jesus Handbuch, Tübingen: Mohr-Siebeck, 273-292.

G. Vermes (1973), Jesus the Jew. A Historian's Reading of the Gospels, London: Fontana/Collins.

D.O. Via (1970), Die Gleichnisse Jesu, BEvTh 57, München: Kaiser.

G. vom Stein (2008), Paulus begegnen, :in religion. Unterrichtsmaterialien für die Sekundarstufe I, 1/2008, Aachen: Bergmoser und Höller.

G. vom Stein (Hg.) (2016), RU für morgen 1. Differenziertes Material für Klasse 1-4, Göttingen: Vandenhoeck & Ruprecht.

P. von der Osten-Sacken, Paulinisches Evangelium und Homosexualität, BThZ 3 (1986), 28-49.

R. Vossen (2012), Weihnachtsbräuche in aller Welt. Von Martini bis Lichtmess, Hamburg: Ellert und Richter.

I. Walz/C. Riedel (2011), Christliche Werte vermitteln – ganz konkret. Maria Magdalena. Ein handlungsorientierter Unterrichtszyklus, Augsburg: Brigg.

J. Wattles (1996), The Golden Rule, New York/Oxford: Oxford University Press.

H. Weder (^{4}1990), Die Gleichnisse Jesu als Metaphern, FRLANT 120, Göttingen: Vandenhoeck & Ruprecht.

K. Wegenast (1970).Wundergeschichten der Bibel in der Grundschule?, in: ders., Glaube – Schule – Wirklichkeit, Gütersloh: Gütersloher Verlagshaus, 156-160.

K. Wegenast (1983), Religionsdidaktik Grundschule, Stuttgart: Kohlhammer.

H. Weinel (^{2}1905), Die Gleichnisse Jesu, Leipzig: Teubner.

H. Weinrich (1973), Narrative Theologie, Concilium 9, 329-334.

W. Weiss (1989), Eine neue Lehre in Vollmacht. Die Streit- und Schulgespräche des Markus-Evangeliums, BZNW 52, Berlin/New York: de Gruyter.

A. Weissenrieder (2017), Heilungen Jesu, in: J. Schröter/C. Jacobi (Hg.), Jesus Handbuch, 298-310, Tübingen: Mohr-Siebeck, 298-310.

D. Wickersheim (2012), Popsongs im Religionsunterricht als Zugang zu Paulus und zu paulinischer Theologie, in: P. Müller (Hg.), Paulus in der Schule. Grundlagen. Didaktik. Bausteine für den Unterricht, Stuttgart: Kohlhammer, 203-217.

A. Wiemer (2017), Der Galaterbrief im Religionsunterricht. Die Theologie des Paulus in ihrer Zeit und im Dialog mit Jugendlichen heute, Göttingen: Vandenhoeck & Ruprecht.

U. Wilckens (^{2}2000), Das Evangelium nach Johannes, NTD 4, Göttingen: Vandenhoeck & Ruprecht.

U. Wilckens (^{4}2008/^{4}2003/^{4}2008), Der Brief an die Römer Bd. I-III, EKK VI/1-3, Zürich: Benziger/Neukirchen-Vluyn: Neukirchener.

D. Wilhelm (1998), Wer heilt hier wen? Und vor allem: wovon? Über biblische Heilungsgeschichten und andere Ärgernisse, Schlangenbrut 62, 10-12.

M. Wilcox (1982), ταλιθα κουμ(ι) in Mk 5,41, in: J. Delobel (Hg.), Logia. Les paroles de Jésus, BEThL 59, Leuven: Peeters, 469-476.

O. Wischmeyer (Hg.) (^{2}2012), Paulus. Leben – Umwelt – Werk – Briefe, UTB 2767, Tübingen: Mohr-Siebeck.

A. Witmer (2012), Jesus, the Galilean Exorcist: His Exorcisms in Social and Political Context, New York: T&T Clark.

T. Witulski (2015), Die vier apokalyptischen Reiter Apk 6,1-8. Ein Versuch ihrer zeitgeschichtlichen (Neu-)Interpretation, BThSt 154, Neukirchen-Vluyn: Neukirchener.

C. Wolff (1989), Der zweite Brief des Paulus an die Korinther, ThHK 8, Berlin: Ev. Verlagsanstalt.

M. Wolter (2008), Das Lukasevangelium, HNT 3, Tübingen: Mohr-Siebeck.

M. Wolter (2011), Paulus. Ein Grundriss seiner Theologie, Neukirchen-Vluyn: Neukirchener.

M. Wolter (2014), Der Brief an die Römer Bd. I, EKK VI/1, Neukirchen-Vluyn: Neukirchener/Ostfildern: Patmos.
J. Woyke (2010), Der leidende Gottesknecht (Jes 53), in: B. Kollmann (Hg.), Die Verheißung des Neuen Bundes, BThS 35, Göttingen: Vandenhoeck & Ruprecht, 200-225.
A. Yarbro Collins (2007), Mark. A Commentary, Hermeneia 55, Minneapolis: Fortress Press.
B.H. Young (1998), The Parables. Jewish Tradition and Christian Interpretation, Peabody: Hendrickson.
W. Zager (2010), Inakzeptabler Gedanke. Die Sühnopfervorstellung geht auf die frühen Christen zurück, nicht auf Jesus, zeitzeichen. Evangelische Kommentare zu Religion und Gesellschaft 11, 34-35.
C. Zeile-Elsner (2015), Was passiert beim Abendmahl? Verwandelt – real präsent – zeichenhaft?, entwurf 2/2015, 40-48.
F. Zeilinger (2002), Zwischen Himmel und Erde. Ein Kommentar zur »Bergpredigt« Mt 5-7, Stuttgart: Kohlhammer.
D. Zeller (1998), Hellenistische Vorgaben für den Glauben an die Auferstehung Jesu?, in: R. Hoppe/U. Busse (Hg.), Von Jesus zum Christus. FS P. Hoffmann, BZNW 93, Berlin/New York, 71-93.
D. Zeller (2010), Der erste Brief an die Korinther, KEK 5, Göttingen: Vandenhoeck & Ruprecht.
R.M. Zerbe (^{2}2013), Jesus – Leiden, Tod und Auferstehung. 8 komplette Unterrichtseinheiten im Religionsunterricht der Grundschule Klasse 1-4, Donauwörth: Auer.
R.M. Zerbe (^{5}2018), Jesus und seine Wunder. 10 komplette Unterrichtseinheiten im Religionsunterricht der 3. und 4. Klasse, Donauwörth: Auer.
H.-G. Ziebertz (^{6}2010), Ethisches Lernen, in: G. Hilger/S. Leimgruber/H.-G. Ziebertz, Religionsdidaktik. Ein Leitfaden für Studium, Ausbildung und Beruf, München: Kösel, 434-452.
T. Ziegler (2006), Jesus als »unnahbarer Übermensch« oder »bester Freund«? Elementare Zugänge Jugendlicher zur Christologie als Herausforderung für Religionspädagogik und Theologie, Neukirchen-Vluyn: Neukirchener.
U. Zimmerer/C. Lohmann (2012), Schalom! Das Judentum in der Grundschule. Kindgerechte Unterrichtsmaterialien für die Klassen 3/4, Donauwörth: Auer.
H.O. Zimmermann (2004), Gleichnisse im Religionsunterricht, in: L. Schenke u.a., Jesus von Nazaret – Spuren und Konturen, Stuttgart: Kohlhammer, 348-376.
M. Zimmermann (2010), Kindertheologie als theologische Kompetenz von Kindern. Grundlagen, Methodik und Ziel kindertheologischer Forschung am Beispiel der Deutung des Todes Jesu, Neukirchen-Vluyn: Neukirchener.
M. Zimmermann (2013), »Wunder dauern etwas länger!« Theologisieren mit Jugendlichen zum Thema »Wunder«, Religion 5-10. Themen – Unterrichtsideen – Materialien 12, 23-25.
M. Zimmermann (^{2}2018), Kreatives Schreiben, in: M. Zimmermann/R. Zimmermann, Handbuch Bibeldidaktik, UTB 3996, Tübingen: Mohr-Siebeck, 550-555.
M. Zimmermann/R. Zimmermann (^{2}2018), Handbuch Bibeldidaktik, UTB 3996, Tübingen: Mohr-Siebeck.
R. Zimmermann (2007), Berührende Liebe (Der barmherzige Samariter) – Lk 10,30-35, in: ders. (Hg.), Kompendium der Gleichnisse Jesu, Gütersloh: Gütersloher Verlagshaus, 538-555.
R. Zimmermann (2008), Parabeln – sonst nichts! Gattungsbestimmung jenseits der Klassifikation in Bildwort, Gleichnis, Parabel und Beispielerzählung, in: ders. (Hg.), Hermeneutik der Gleichnisse Jesu. Methodische Neuansätze zum Verstehen urchristlicher Parabeltexte, WUNT 231, Tübingen: Mohr-Siebeck, 383-419.
R. Zimmermann (2013a), Frühchristliche Wundererzählungen – eine Hinführung, in: ders. u.a. (Hg.), Kompendium der frühchristlichen Wundererzählungen Bd. 1. Die Wunder Jesu, Gütersloh: Gütersloher Verlagshaus, 5-49.
J. Zumstein (2016), Das Johannesevangelium, KEK 2, Göttingen: Vandenhoeck & Ruprecht.
R. Zwick (^{2}2018), Bibel im Film, in: M. Zimmermann/R. Zimmermann (Hg.), Handbuch Bibeldidaktik, UTB 3996, Tübingen: Mohr-Siebeck, 627-633.
R. Zwick/O. Huber (Hg.) (1999), Von Oberammergau nach Hollywood. Wege der Darstellung Jesu im Film, Köln: Kath. Institut für Medieninformation.
A.W. Zwiep (1997), The Ascension of the Messiah in Lukan Christology, S.NTS 87, Leiden: Brill.

XIV. Anhang

■ Abkürzungen antiker Autoren und Schriften

Griechische und römische Autoren

Apollod., *bibl.*	Apollodor, *bibliotheca* (Bibliothek)
Apul., *flor.*	Apuleius, *florida* (Blütenlese)
Cass. Dio, *hist. rom.*	Cassius Dio, *historia romana* (Römische Geschichte)
Cic., *Rab.*	Cicero, *Pro Rabirio* (Verteidigungsrede für Rabirius)
Col., *rust.*	Columella, *de rustica* (Über die Landwirtschaft)
Col., *arb.*	Columella, *de arboribus* (Über die Bäume)
Diog. Laert., *vit. phil.*	Diogenes Laertius, *vitae philosophorum* (Leben der Philosophen)
Epict., *diss.*	Epictet, *dissertationes* (Lehrgespräche)
Herakl., *fragm.*	Herakleides, *fragmenta* (Fragmente)
Hdt., *hist.*	Herodot, *historiai* (Historien)
Horaz, *ep.*	Horaz, *epodoi* (Epoden)
Iambl., *vit. Pyth.*	Iamlichus, *de vita pythagorica* (Über die pythagoreische Lebensweise)
Isocr., *Nic.*	Isocrates, *Nicocles*
Isocr., *pan.*	Isocrates, *panegyricus* (Dankrede)
Liv., *urb. condit.*	Livius, *ab urbe condita libri CXLII* (Von der Gründung der Stadt an 142 Bücher)
Lucan, *bell. civ.*	Lucan, *bellum civile* (Der Bürgerkrieg)
Luc., *fug.*	Lucian, *fugitivi* (Die Entlaufenen),
Luc., *philops.*	Lucian, *philopseudes* (Der Lügenfreund)
Macrob., *saturn.*	Macrobius, *saturnalia* (Saturnalien)
Marc. Emp., *med.*	Marcellus Empiricus, *de medicina* (Über die Heilkunst)
Max. Tyr., *dial.*	Maximus von Tyrus, *dialexeis* (Vorträge)
Menander, *fragm.*	Menander, *fragmenta* (Fragmente)
Philostr., *vit. Apoll.*	Philostrat, *vita Apollonii* (Leben des Apollonius)
Plat., *soph.*	Platon, *sophistes* (Der Sophist)
Paul. Aeg., *med.*	Paulus von Aegina, *de medicina* (Über die Heilkunst)
Plin., *ep.*	Plinius d. Jüngere, *epistulae* (Briefe)
Plin., *hist. nat.*	Plinius d. Ältere, *historia naturalis* (Naturgeschichte)
Plut., *Alex.*	Plutarch, *Alexander*
Plut., *Cor.*	Plutarch, *Coriolanus*
Plut., *Dem.*	Plutarch, *Demetrius*
Plut., *mor.*	Plutarch, *moralia* (Moralische Abhandlungen)
Plut., *Numa*	Plutarch, *Numa*
Porph., *fragm.*	Porphyrius, *fragmenta* (Fragmente)
Quint., *declam.*	Quintilian, *declamationes* (Übungsreden)
Quint., *inst.*	Quintilian, *institutio oratoria* (Unterweisung in der Redekunst)
Sen., *ben.*	Seneca, *de beneficiis* (Über die Wohltaten)
Strabo, *geograph.*	Strabo, *geographica* (Geographie)
Suet., *Aug.*	Suetonius, *Augustus*
Suet., *Dom.*	Suetonius, *Domitianus*
Suet., *Nero*	Suetonius, *Nero*
Tac., *ann.*	Tacitus, *annales* (Annalen)
Tac., *hist.*	Tacitus, *historiae* (Historien)
Verg., *buc.*	Vergil, *bucolica* (Hirtengedichte)

Sammelwerke

CIJ	*Corpus Inscriptionum Judaicarum* (Corpus der jüd. Inschriften, ed. J.-B. Frey)
dig.	*digesta* (Digesten) [lat. Rechtssammlung]
FHG	*Fragmenta Historicorum Graecorum* (Fragmente griech. Historiker, ed. F. Jacoby)

PGM	*Papyri Graecae Magicae (Griechische magische Papyri, ed. R. Preisendanz)*
SIG³	*Sylloge Inscriptionum Graecarum (Sylloge griech. Inschriften, ed. W. Dittenberger)*
W	*Wunder von Epidauros (nach der Zählung von R. Herzog)*

Jüdische Autoren der Antike

Joseph., *ant.*	Josephus, *antiquitates Judaicae (Jüdische Altertümer)*
Joseph., *bell.*	Josephus, *de bello Judaico (Über den Jüdischen Krieg)*
Joseph., *vit.*	Josephus, *vita (Leben)*
Philo, *cher.*	Philo, *de cherubim (Über die Cherubim)*
Philo, *fug.*	Philo, *de fuga et inventione (Über die Flucht und das Finden)*
Philo, *hyp.*	Philo, *hypothetica*
Philo, *Flacc.*	Philo, *in Flaccum (Gegen Flaccus)*
Philo, *quod omn. lib.*	Philo, *omnis probus liber sit (Über die Freiheit des Tüchtigen)*
Philo, *spec. leg.*	Philo, *de specialibus legibus (Über die Einzelgesetze)*
Philo, *vit. Mos.*	Philo, *de vita Mosis (Über das Leben des Mose)*
Ps.-Men., *sent.*	Pseudo-Menander (»syrischer Menander«), *sententiae (Sprüche)*
Ps.-Philo, *lib. ant.*	Pseudo-Philo, *liber antiquitatum biblicarum (Buch der biblischen Altertümer)*
Ps.-Phok., *sent.*	Pseudo-Phokylides, *sententiae (Sprüche)*

Jüdische Schriften aus hellenistisch-römischer Zeit

1Makk	Erstes Makkabäerbuch
2Makk	Zweites Makkabäerbuch
3Esr	Drittes Esrabuch
4Esr	Viertes Esrabuch
4Makk	Viertes Makkabäerbuch
äthHen	äthiopisches Henochbuch
EpArist	Epistula Aristeae/Aristeasbrief
JosAs	Joseph und Aseneth
Jub	Jubiläenbuch
PsSal	Psalmen Salomos
Sir	Jesus Sirach
slavHen	slavisches Henochbuch
syrBar	syrische Baruchapokalypse
TestBenj	Testament des Benjamin
TestDan	Testament des Dan
TestIss	Testament des Issarschar
TestNapht	Testament des Naphtali
TestSim	Testament des Simeon
Tob	Tobit

Qumrantexte

CD	Cairo Documents (Damaskusschrift)
1QH	1QHodayot (Loblieder)
1QM	1QKriegsrolle
1QS	1QGemeinschaftsregel
1QSa	1QGemeinderegel
4QMMT	4QMiqtzat Ma'ase ha-Tora (einige Werke der Tora)
11QT	11QTempelrolle

Rabbinische Schriften

bBB	babylon. Talmud Baba Batra (letzte Pforte)
bBer	babylon. Talmud Berakhot (Segenssprüche)
bBM	babylon. Talmud Baba Metsia (mittlere Pforte)
bBQ	babylon. Talmud Baba Qamma (erste Pforte)
bJoma	babylon. Talmud Joma (Versöhnungstag)
bMeg	babylon. Talmud Megilla (Buchrolle/Esterrolle)
bRH	babylon. Talmud Rosh Hashana (Neujahrsfest)
bSanh	babylon. Talmud Sanhedrin (Gerichtshof)
bSchab	babylon. Talmud Schabbat (Sabbat)
bTaan	babylon. Talmud Taanit (Fasten)
DtnR	Deuteronomium Rabba (Midrasch zum Buch Deuteronomium)
GenR	Genesis Rabba (Midrasch zum Buch Genesis)
LevR	Leviticus Rabba (Midrasch zum Buch Leviticus)
mAb	Mischna Abot (Väter)
mBer	Mischna Berakhot (Segenssprüche)
mBQ	Mischna Baba Qamma (erste Pforte)
MekhEx	Mekhilta Exodus (Kommentar zum Buch Exodus)
mNed	Mischna Nedarim (Gelübde)
mJoma	Mischna Joma (Versöhnungstag)
mKer	Mischna Keritot (Ausrottungen)
mPea	Mischna Pea (Ecke des Ackers)
mPes	Mischna Pesachim (Passahfeiern)
mSanh	Mischna Sanhedrin (Gerichtshof)
mSchab	Mischna Schabbat (Sabbat)
mTam	Mischna Tamid (Brandopfer)
pBer	palästinischer od. Jerusalemer Talmud Berakhot (Segenssprüche)
pSanh	palästinischer od. Jerusalemer Talmud Sanhedrin (Gerichtshof)
pSchab	palästinischer od. Jerusalemer Talmud Schabbat (Sabbat)

Christliche Schriften und Autoren der Antike

1Clem	Erster Clemensbrief
ActPetrAndr	Akten des Petrus und Andreas
Arist., apol.	Aristides, Apologie
AscJes	Ascensio Isaiae (Himmelfahrt Jesajas)
Barn	Barnabasbrief
Clem. Alex., strom.	Clemens von Alexandria, stromata (Teppiche)
Did	Didache (Apostellehre)
Eg., it.	Egeria, itinerarium (Reisebericht)
EpAp	Epistula Apostolorum
Epiph., haer.	Epiphanius, Adversus haereses (Gegen die Häresien)
EvJud	Judasevangelium
EvPetr	Petrusevangelium
EvThom	Thomasevangelium
Hieron., vir. ill.	Hieronymus, de viris illustribus (Über berühmte Männer)
Ign., Magn.	Ignatius, Brief an die Magnesier
Iren., haer.	Irenäus, Adversus haereses (Gegen die Häresien)
Just., apol.	Justin, Apologie
Just., dial.	Justin, Dialog mit Trypho
Orig., Cels.	Origenes, Gegen Celsus
Orig., hom. Luc.	Origenes, Homilien zum Lukasevangelium

PistSoph   *Pistis Sophia*
Tert., adv. Marc.   Tertullian, *Gegen Markion*
Tert., bapt.   Tertullian, *de baptismo (Über die Taufe)*
Tert., spect.   Tertullian, *de spectaculis (Über die Schauspiele)*

■ Bibelstellen (in Auswahl)

Stelle	Seite	Stelle	Seite
Gen 1,27	135	Joel 3,1-5	260
Gen 2,24	135	Mi 4,14–5,3	64
Ex 20,8-11	188, 191	Sach 1,7-15	306
Ex 22,9-10	133, 136, 170	Sach 6,1-8	306
Ex 24,8	221	Sach 14,25	219
Lev 19,18	137, 166	Mt 1,18-25	55-58
Num 24,17	63	Mt 2,1-12	61-64
Dtn 4,30	174	Mt 5,3-12	129-132
Dtn 5,14	188, 191	Mt 5,13-16	132
Dtn 6,5	166	Mt 5,17-20	137
Dtn 23,2	265	Mt 5,19-20	74
Dtn 24,1	135	Mt 5,21-48	132-140
1Sam 21,1-7	187	Mt 6,9-13	140-145
1Kön 17,7-16	114	Mt 7,12	145-150
1Kön 17,17-24	110	Mt 8,18-27	104
1Kön 19,19-21	65	Mt 8,21-22	68
2Kön 2,11	255	Mt 9,1-8	100-101
2Kön 4,1-7	114	Mt 13,31-33	142, 164-166
2Kön 4,42-44	115	Mt 14,13-21	116
2Kön 4,8-37	110	Mt 14,22-33	93
Ps 22	232	Mt 18,1-35	170
Ps 22,3	122	Mt 18,12-14	170
Ps 22,16	24	Mt 18,21-35	142-143
Ps 22,7	101	Mt 20,1-15	158, 177-182
Ps 23	171	Mt 21,31	201
Ps 31,19	24, 122	Mt 26,26-29	221, 222
Ps 33,12	131	Mt 27,3-10	227
Ps 41,2	131	Mt 28,9-10	247-249
Ps 69,2	105	Mk 1,16-20	70-73
Ps 69,3	122	Mk 1,29-31	94
Ps 90,4	314	Mk 2,1-12	98-102
Ps 107,23-32	103,105	Mk 2,14	198
Jes 7,14	53, 55, 56	Mk 2,15-17	183, 199
Jes 11,1	64	Mk 2,23-28	187-192
Jes 53	54, 207, 265	Mk 3,1-6	192-194
Jes 56,7	217, 219	Mk 4,35-41	93, 94, 102-106
Jer 9,11	217	Mk 5,1-20	106-109
Jer 16,16	72	Mk 5,21-24.35-43	110-112
Jer 17,13	204	Mk 6,6b-13	67
Jer 31,31-34	221	Mk 6,30-44	112-117
Ez 9,1-7	308	Mk 8,1-10	113
Ez 14,15-22	308	Mk 8,22-26	117-118
Ez 34,11-16	171	Mk 9,33-37	194-195
Dan 7	311, 313, 314	Mk 10,1-12	135
Dan 12,2-3	287	Mk 10,13-16	194-197

Mk 10,17-21	73-76	1Thess 4,13-18	286, 288, 289
Mk 10,46-52	93, 117-122	Jak 5,12	133, 136
Mk 11,1-11	215-217	Jak 5,14-16	100
Mk 11,15-19	217-220	Apk 6,1-8	306-310
Mk 12,28-34	166	Apk 6,1–8,1	306-310
Mk 14,22-25	220-226	Apk 13,1-18	310-313
Mk 14,32-53a	226-230	Apk 20,1-6	288, 289
Mk 15,20b-41	230-234	Apk 20,11-15	289, 313-315
Mk 16,1-8	242-247		
Mk 16,9-20	235, 243		
Lk 1,26-38	52-54		
Lk 2,1-20	58-61		
Lk 6,31	145		
Lk 7,11-17	84		
Lk 7,36-50	77, 203		
Lk 8,1-3	76-79		
Lk 10,30-35	166-169		
Lk 11,2-4	140-143		
Lk 13,10-17	100		
Lk 13,18-21	142, 164		
Lk 15,3 7	170-172		
Lk 15,11-32	172-177		
Lk 16,19-31	74, 158		
Lk 18,35-43	93		
Lk 19,1-10	197-202		
Lk 22,15-20	221, 222		
Lk 24,13-35	249-252		
Joh 2,19-22	219		
Joh 5,1-18	99-102		
Joh 6,51-58	222		
Joh 7,53–8,11	202-206		
Joh 9,1-7	117, 118		
Joh 13,1-20	222		
Joh 20,14-18	247-249		
Apg 1,4-11	254-258		
Apg 1,15-20	227		
Apg 2,1-13	258-263		
Apg 8,26-40	263-268		
Apg 9,1-9	277-283		
Apg 9,23-25	276		
Apg 14,19	275		
Röm 1,26-27	291-293		
Röm 3,21-31	294-297		
Röm 7,7-25	280-282		
Röm 11,1-36	297-300		
1Kor 6,9	291-293		
1Kor 11,23b-25	221, 222		
1Kor 13,1-13	283-286		
1Kor 15,5-8	77, 236, 238, 239, 248		
1Kor 15,12-58	286-291		
2Kor 5,1-10	289		
2Kor 11,23b-33	274-277		
1Thess 2,14-16	297		